中国近三百年疑古思潮史纲

●路新生 著

复旦大学出版社

序　言

　　我在1990年3月出版《清初的群經辨偽學》一書，全書分為十章，討論清朝初年經書與經說辨偽的情況，一時頗受學界注目。當時這部書考辨了《易圖》、《古文尚書》、《子貢詩傳》、《申培詩說》、《周禮》、《大學》、《中庸》、《石經大學》等書，可說經部的偽書考辨了大半。由於這本書針對偽書作出系統性的論辨，有些學者在撰寫學術專書時，也開始模仿這書的體例。但是我總覺得這部書僅是討論"清初"這一小段時間範圍，自覺仍不夠全面。2001年我在賣大陸書的書店，買入路新生所著的《中國近三百年疑古思潮研究》，內容更為豐富。我那時想，路新生是何許人？怎麼寫出如此完備之書？不過，坊間介紹路新生的資料甚少，所以無法進一步瞭解路教授的生平與學術經歷。去年(2012年)6、7月間，有人告訴我說有位路新生教授想拜訪我，相約見面之後，才發現原來是《中國近三百年疑古思潮研究》的作者路先生。

　　路教授1978年考入華東師範大學歷史學系，1984年就讀華東師範大學歷史學研究所碩士班，1987年畢業，碩士論文是《崔述和他的考信錄》。這篇論文對崔述的治學解經法，有相當深入的分析。我們都知道胡適曾批評崔述說，"崔述全是宋學，而且是宋學中的朱學"。路教授以為胡適的話過於偏頗，不夠全面，未能反映崔述的治學風格，他認為崔述的學風，應該是"非今非古，非漢非宋，非朱非王，博采眾家之長，而自成一體"。路教授當時小小年紀，即有出人意表的見解，實在難得。1996年考上華東師範大學歷史系博士生，師從王家范教授。他將碩士論文的研究論題擴大，處理了清朝和近代三百年間的疑古思潮。這書分為六章。第一章，"理學清算與清初學術思潮"，討論了清初疑古思潮，特別重視陳確的《大學辨》、閻若璩的《尚書古文疏證》、胡渭的《易圖明辨》。第二章，"漢宋之爭與漢宋兼採：乾嘉間學術思潮的伏流與累積"，討論乾嘉考據學風，特別關注戴震和凌廷堪。第三章，"清代今文學之興起與疑古思潮的最初積累"，討論莊存與和清代今文經學之關係，劉逢祿、宋翔鳳之辨偽成果。第四章，"中國古典疑古思潮集大成者——崔述"。第五章，"中國近代史上的疑古思潮"，討論龔自珍、魏源、廖平、康有為等人之疑古辨偽的成就與影響。第六章，

"現代疑古思潮的湧動與發展",討論胡適的辨偽學、顧頡剛的疑古學,還有新文化運動中的疑古思潮學。就全面討論清代與近代的疑古辨偽學風來說,本書可說是當今最完備的著作。

我拜讀了該書後,發現這書有幾點特色:(一)文字淺白清通。路教授這書,有五十餘萬字,全部以最淺顯的文字表達,有高中畢業程度的人都可完全理解內容。因為現在許多教授在寫作論文時,文字往往過於雕琢,讀者有時看了反倒不知所云,難以理解,這都影響到學術研究成果的傳遞。因此,路教授一書文字淺顯,有利於這書的傳播。(二)引文簡潔扼要。馮友蘭在撰寫《中國哲學史》時,説到哲學史有敘述式和選錄式兩種體裁,西洋人所寫的都是敘述式的,中國人所寫的多為選錄式的,用這種選錄式的不容易系統地表現,馮友蘭認為他的《中國哲學史》兼用兩種方式,不過我覺得他用選錄式的還是太多了。臺灣在上一世紀五六十年代的碩、博士論文,往往皆以"某某考"作為研究論題,引錄資料可說長篇累牘。引文後的評述語,也多以"所言是也"作結。這些著作所以流傳不廣,主要原因就在此。然而,路教授的大作,引文非常簡潔扼要,引文後又做詳盡的解説,不怕有不懂之處。這是路教授這書寫作成功的地方。(三)寫作態度誠懇。這本"增訂本"哪些章節做過增訂都在《自序一》中作了很詳盡的説明,讀者只要看《自序一》就可以一目了然。另外最難得的是,在增訂本的《後記》中,提到當時在博士論文答辯時,湯志鈞教授特別指出路先生這本論文缺少姚際恆一節,是一大不足;並且告知台灣學界以林慶彰為首的團隊,已經編成了《姚際恆著作集》六大冊和《姚際恆研究論集》三大冊。但當時因為兩岸不能通音信,以致於路教授當時無法撰寫姚際恆這一章。直至去年(2012年)6、7月,路教授到文哲所拜訪我,我才送給他這兩套書。路先生在談到這件事情的時候,一點都不隱諱他著作的不足,態度非常誠懇。(四)追溯疑古思潮的源頭。每一種思潮都有它的起源、發展、變化。要論述某思潮的內涵時,是應該要先瞭解其起源。如同路教授這部書,在討論清初疑古思潮時,他就追溯到理學的清算,亦即理學的自我批判運動,由東林士子從辟二氏入手,主張尊孔讀經,棄形上而取形下,崇尚實學、實證、實踐。在討論近代史上的疑古思潮時,追溯到近代知識分子的救亡圖存,也討論到清代經學的嬗變與經世學風的勃興。以上的論述模式倘若沒有通貫整個清朝學術思想史的能力,是無法做到的。

2006年1月路教授出版了《經學的蜕變與史學的"轉軌"》一書,何謂"蜕變"?什麼是"轉軌"?路教授認為,所謂"蜕變"有三層意義:一是指古文經學向今文經學的蜕變;二是指今文經學內部的蜕變;三是從經學本身"衰落"意義上所言的蜕變。此外,所謂"轉軌",也包含三層意義:一是指歷史學的發展在史學內容選擇上發生的變化;二是指歷史學在史學形式的運用上發生變化;三是指在價值觀的判斷上傳統史學觀念的"裂變"。路教授所謂經學的"蜕變",應該是這部書"中編"所收三篇論文:

《"古"、"今"之變與經、史消長：晚清一種文化現象的透視》、《"義"、"事"之別與"古"、"今"之争：今、古文經治學方法論的争論及其現代學術意義》、《今文經學與晚清民初的史學"轉型"》，以及"下編"二篇論文《劉師培的古文經學研究及其現代史學意義》、《"經"、"史"互動：章太炎的經學研究及其現代史學意義》。原本路教授《中國近三百年疑古思潮研究》就以對經學的問題作出深入的討論為切入口。書中對陳確《大學辨》、閻若璩《尚書古文疏證》、胡渭《易圖明辨》、廖平《今古學考》等作出了堅實的考辨。這都足見路教授在經學方面擁有高度的造詣，只是他在史學方面的成就掩蓋了經學研究的成果。現在他的書明顯地對於經學提出討論，可見路教授有轉向經學研究的企圖心。當今中國大陸"國學熱"正興，研究經學的學風正當方興未艾。如果能多一人研究經學，便多一份力量。路教授執教於華東師範大學歷史學系，桃李滿天下，倘若能登高一呼，帶領更多青年學子投入研究經學，如此一來，經學復興之日，便指日可待。

2013 年 5 月 5 日　林慶彰誌於
"中央研究院"中國文哲研究所 501 研究室

---

* 因序作者要求，本序以繁體字刊行，特此説明。

自 序（一）

读者面前的这本名为《中国近三百年疑古思潮史纲》的书稿实际上是十多年前的旧作《中国近三百年疑古思潮研究》的"增订本"。"增订本"？有这必要吗？现如今"假作真时真亦假"的事情实在太多，在学术生态恶化的今天，披着"学术"外衣让人上当受骗也早已司空见惯。这可能会成为读者在拿到《史纲》书稿时的大担忧。我在这里想表明的心迹是：之所以把旧作拿来"增订"实在是有"真"理由的。

旧作由上海人民出版社于2000年出版，距今已13年。因时隔久远，现今已很难买到。我在为本校历史系学生开设选修课"中国近三百年学术史新论"时，学生曾经多次反映想买书却买不到的苦恼。外出访学，想多带几本旧作用来交流也拿不出，这也成了我的苦恼。读者和我都因为旧作的"绝版"而起苦恼，若旧作能够重版并可乘机对之"增订"一番，岂不是一件既利人又利己的好事？而之所以将增订后的旧作更名为"史纲"，是希望在"史"的规范下对近三百年疑古思潮作考镜源流的梳理，适当扩展"疑古思潮"的研究范围，并能将近13年来与疑古思潮研究相关的新成果"增"入，对旧作中不尽如人意处则予以"订正"。自然，在动笔"增订"旧作以前即须抱定将"历史"和"现实"隔开并尽力"求真"的信念。

出版于13年前的旧作，原起因于1992年立项1996年结项的国家社科基金的一个项目，当时的题目就叫"中国近三百年疑古思潮研究"。1996年我随王家范先生读博士，因"中国近三百年疑古思潮研究"课题虽已结项却还未成书，且还有相当部分的相关研究未能着手进行，因懒得重起炉灶选择新方向，于是就顺便将这"旧"课题作了我博士论文的"新"题目。17年前那番"焚膏油以继晷，恒兀兀以穷年"的劲头与往事尚历历在目，却已是今非昔比"廉颇老饭"了！回想当年青灯黄卷下的孜孜矻矻，虽不堪重负，因为真爱也就苦中取乐，"勉为其难"，戮力以赴，沉之潜之而乐此不疲了。此次"增订"心态依然。"增订"后的《史纲》虽大体一仍其旧，但有"增"有"订"。

首先应对"订"的部分做一番说明。

《文心雕龙·原道》有言：

> 文之为德也大矣，与天地并生者何哉？夫玄黄色杂，方圆体分；日月叠璧，以垂丽天之象；山川焕绮，以铺理地之形。此盖道之文也。①

宇宙有"道"，那么大自然也是爱美的。刘勰为大自然披上了一件"文"的美丽外衣。其"文"即天地玄黄之"色杂"，方圆之"形分"；日月叠璧附丽天穹，大地"文"理河山锦绣。然而，懂得欣赏宇宙"道之文"的又只是人："惟人参之，性灵所钟，是谓三才。"天、地、人"三才"中人是能够悟解天地的"惟一"，也只有人能够将天地对象化、拟人化，即所谓"为五行之秀，实天地之心"②。"人"既为天地之"心"，刘勰笔下的自然之"道"也就仿佛有了目的性：它好像是为人而存在。"天人合一"，寻求宇宙自然"道"归根结底是为了寻"人"之道。无论日月还是山川都不过是"外在因素"，它们的价值则"并非由于它直接呈现的。我们假定它里面还有一种内在的东西，即一种意蕴，一种灌注生气于外在形状的意蕴"③。所以东坡神游赤壁故地，东去大江，穿空乱石，千堆雪浪的价值并非"由于它直接呈现的"，"那外在形状的用处就在引导到这意蕴。因为一种可以指引到某一意蕴的现象并不只是代表它自己，不只是代表那外在形状，而是代表另一种东西，就像符号那样"④。于是切切真真的鉴赏对象——江石雪浪最终却"假幻"为东坡的"真意蕴"，即他借此引发了"周郎当年"的"历史性联想"。如此看来，日月山川的价值同样不在日月山川本身，而在能够使"人"对它起"叠璧""焕绮"的心灵感悟。观感而触"思"发，"思"发而成"言"，由"言"而变"文"。"心生而言立，言立而文明"，"文"的义务和作用就是将那个"为德也大矣，与天地并生"的"道"之"文"明明白白地用"文字"表达出来。据此，无论是作"文"还是作"史"都该明白："行文"实在也就是行"道之文"：舞文弄墨乃是在"替天行道"，是所谓"辞之所以能鼓天下者，乃道之文也"⑤。"文道"之义大矣哉！文章千古事。刘勰的高论对于今日学界是何等的警策！对我来说又是何等的鼓励！依照"道之文"的要求，回视13年前的旧作真真有"不忍卒读"之感！字词句的冗沓不达意自不必论，观念的疏漏偏颇，逻辑之有欠严密也在在不少。此次之"订"，首先视旧作之冗字、冗词、冗句若仇雠，一律删而去之。论述逻辑上的漏洞也尽可能弥补。《文心雕龙·风骨》："结言端直，则文骨成焉；意气骏爽，则文风清焉。……故练于骨者，析辞必精；深乎风者，述情必显。"撰文清通是谓"风"，挺拔而循"道"方有"骨"，文之"风骨"是谓"文风"。此次"增订"对于

---

① 周振甫：《文心雕龙今译》，北京：中华书局1986年版，第10页。
② 同上。
③ 黑格尔：《美学》第一卷，商务印书馆1979年版，第25页。
④ 同上。
⑤ 周振甫：《文心雕龙今译》，北京：中华书局1986年版，第14页。

"文风"之求亦"虽未能至而心向往之"矣！当然，"文"之求"道"，更重要的还在观念的调整即求"事理"之"真"。所以此次所"订"着力较多者还在学理方面。

旧作曾对理学的"形上之思"与"形下之用"作过两分的区别，并且指出：理学的形上之思主要袭取自佛老"二氏"，其形下之用则来自"自家"的传统文化——主要来自儒学。本书强化了对这一问题的分析。晚明清初的理学清算运动实乃"尊德性"之"哲学"转身为"道问学"之"考据学"的关键。但无论是晚明东林士子还是清初的顾、黄、王们，其清算理学的指向无不针对理学之"形上"而非其"形下"，即是说：传统的伦理道德价值观不是理学清算的对象，具有学术本体意义的"哲学"才是打击的目标。之所以如此概因"政治"即"资治"之需。发展了近800年的理学终于在理学清算运动中夭折并且导致了明清学风的丕变。理学的形上学精华被"弃之若敝履"，其形下践履之"用"即纲常名教则保留无虞，从而造成了乾嘉考据学的"理论灰白"。如若不将理学作"形上"、"形下"的区分，对于明代理学向清代考据学的转轨便终难免雾里看花、未着堂奥。明白了这一理数，则理学清算运动为何以"辟二氏"为津筏便可了然；清代"汉宋之争"中"道问学"、"尊德性"的确切内涵也就可以看得真切。

今文经学的"疑古（文经学）"全在其方法论"春秋重义不重事"的支撑与指引下进行。"春秋重义不重事"这一源自汉代的今文义法在庄存与手中复活，庄氏对此有理论上的阐发却尚未及于史学的实践。刘逢禄出。他不仅将这一方法论变本加厉为"实予而文不予"、"实不予而文予"，并以之运用于其"疑古"学中，全面贯彻于他的《左氏春秋考证》。他强断《左传》为刘歆伪造，以郑伯"杀"段之"假"乱晋献公害死太子申生之"真"，其经说史论每每颠倒黑白肆口月旦，实开近代魏源、康有为浮躁而急功近利的恶劣学风之先河。故此次所"订"，对"春秋重义不重事"尤其是对刘逢禄的"实予而文不予"及其妄解《左传》的批判着墨较多，希望以此为剖析魏源、康有为乃至于后起的"古史辨"疑古史学作一先发性的铺垫。

近代以降，西学东渐。以西学对中土的影响而言，无有可与严复版的线性进化论相比肩者。与严复同时，虽有康有为以孔子为精神拐杖以"公羊三世说"为理论基础创造的温良恭俭让的另版进化论的存在，但国人最终选择的却是严复而不是康有为。线性进化论风靡一时，大有"顺之者昌，逆之者亡"之势。它不仅取得了意识形态的正统地位，而且成为史学界最为流行的历史观。线性进化论教会人们懂得了"竞争"、"进化"的合理性，这或许是其本身"合理性"之所在，但血淋淋的弱肉强食、你死我活的争斗观念也随之深深浸入国人脑髓与史家意识。余英时先生曾经沉痛并且正确地指出："五四之后中国史学思想日益疏远本身的传统，转而越来越崇尚西方史学理论和方法，此时，中国史学研究和著作的素质开始显著滑落。"[①] "20世纪的中国史家"

[①] 《中国史学思想反思》，载《余英时英文论著汉译集》，上海古籍出版社2007年版，第396页。

成了"西方宏大理论的俘虏"①。其实,余先生指出"史学研究和著作的素质开始显著滑落"的现象并非始于"五四以后",其确切的时间坐标就在1902年,就在梁启超倡导的"史界革命"。我们只要看一看大约同期出版的夏曾佑的《中国古代史》②就可以明白:相较于传统"旧史学",所谓的"新史学"究竟是"进化"还是"退化"了。线性进化论同样也是五四以后"古史辨"疑古史学治史方法论的基石,疑古史学中出现的诸多弊端如过分"证伪"以及时人所批评的"默证法"等,都可以在其中找到线性进化论的理论踪影。以此,批判地剖析线性进化论,尤其着眼于其对于历史学发展的负面影响也就成为此次所"订"的重要内容。

以上三部分着墨较多,对旧作改"订"较大,庶几已是以"增"代"订"了。

13年来疑古思潮研究始终是我的兴趣所在,其间积累的一些新成果自然成了此次"增"的部分。

清初学者戴名世原并不为学界所重视。这或许是因为戴氏早遭《南山集》文字狱迫害而罹难,其著述因此大部飘零散佚而使然。但史家良知仍在,"史德"犹存,戴氏之作赖后世史家钩沉稽没而终于不泯。薄薄一本《戴名世集》,虽于戴氏之作挂一漏万,雪泥鸿爪中却仍然可见戴氏当年的风发意气、思如泉涌。戴氏思想之深刻、论理之透辟、史笔之雅致峻洁,读其文正是一种高级的精神享受。宜乎其生前即享有"直追龙门,而气魄雄厚,有过之无不及也"③之美誉,赞之者"以为有司马迁、韩愈之风"。戴氏之明慧,尤在于他深知"三不朽"中"立言"之不朽是为真正的不朽,立功立德之不朽均须倚靠立言之不朽而不朽。今更可为戴氏所论再赘一注:立言本身就是立功立德。戴氏身处明清易代学风丕变之历史节点,其论学蕴含丰富的时代讯息自不待言。在"辟二氏"之风炽烈的当下戴氏却将佛、老"一分为二",此大不同于世风者。戴氏辟佛之激切与理学清算之旨虽若合符契,但他为老子鸣不平,将中土"本有"之老与"外来"之佛严加剖判,此尤可注意者。戴氏是清代最早重视老子研究的学者,开清代诸子学研究之先河。是故此次"增订",将原发表于《华东师范大学学报》(2008年第5期)的《戴名世学论》一文补作第一章中的一节。

"尊德性"与"道问学"之争,不仅深刻影响着明清学风的转轨,是理解理学向考据学推身移步之枢机所在;且下至于乾隆年间,清代的"汉宋之争"仍然被笼罩于"尊德性"、"道问学"的精神内涵之下。然无论是"尊德性"还是"道问学",又均可对其作"学术本体"层面与"道德操作"即"践履"层面的两分剖析。前者应答的是"所以然"的问题;后者则涉及"应然"的问题。承袭清初"弃虚蹈实"之风,清儒根本否认宋明儒之

---

① 《中国史学思想反思》,载《余英时英文论著汉译集》,上海古籍出版社2007年版,第416页。
② 夏氏此书原名《最新中学中国历史教科书》,1902年应商务印书馆之约撰成,1904年出版。后改名《中国古代史》。见《中国历史大辞典·史学史》。
③ 戴名世:《重订南山集序》,《戴名世集》,第461页。

"尊德性"也是一门"学",且其"学"之绵密精致宏阔,原与考据学虽均为"学",却"类"同而"质"异。总体上的弃"虚"导致了乾嘉汉学枯涩无条贯甚至"不条贯"的"理论灰白",最可异者,连戴震、凌廷堪这样一些不满足于斤斤考订,乐于作"哲理性思辨"的学者却仍然蔑视宋明儒的"形上之思"。"只许州官放火,不让百姓点灯",他们自己可以大谈"性"、"情"、"理",宋明儒却谈不得,谈了亦非"学",谈了也白谈。此种学理上显现的悖论最可见出"汉宋之争"蔚然成风后的影响。且此种影响一直持续到20世纪初的"科玄之争"。即使到了现今也不能说此种影响已经踪影全无。"言古"而"节今"。按照《礼记》中"尊德性"、"道问学"的原始义,站在"学术本体"的立场,我们可以说:"尊德性"就是"道问学","道问学"也是"尊德性"。清儒重"蹈实";戴震与凌廷堪却不弃虚。戴震遂作《孟子字义疏证》,大申其自家的"形上",揭出了宋儒"以理杀人"之义。他强调从六经中体悟圣人之"心","己所不欲,勿施于人",提出了"以'情'代'理'"的主张。但戴震之"情"字依然缥缈质"虚",难以"把持","情"字言人人殊。凌廷堪虽"私淑"戴震却不满戴震于此,凌廷堪遂倡导一种更加"实在"、更具操作性同时也更符合"道问学"世风的"以'礼'代'理'"说。由此可见,"道问学"压倒"尊德性",汉宋之争的学术大背景一样制约着戴震、凌廷堪的治学。只是戴、凌二氏虽费尽心机却"理"而倡"情"、倡"礼"(戴震也重"礼",只是认为"情"先于"礼"),但他们并不能斩断"理"、"礼"之间的那一线精神统绪,否认不了"理"、"礼"的统一性。然而,戴、凌在"道问学"世风激荡下对于"理"之大举挞伐却在不经意间开启了"潘多拉魔盒"的盒盖:"理"可杀人——"理"、"礼"相通——那么,"礼"也是可以"吃人"的。戴震、凌廷堪种下的思想胎苗到了五四以后终于"弄假成真","礼教吃人"竟然发酵为一种社会思潮,并且与广义的"疑古思潮"产生了息息相关的联系。缘此,此次"增订"新增了第二章。其中的《"尊德性"还是"道问学"?——以学术本体为视角》一文发表于《天津社会科学》2008年第4期;《"道问学"世风激荡下的戴学与凌廷堪》原以《戴学与凌廷堪》为题发表于《史林》2008年第3期,此次作了部分文字上的修改。

  在五四以后兴起的疑古运动中,诸子学研究的诸多课题都曾是学界争论的热点。大批一流学者参与到这场大讨论中,大大促进了诸子学研究的"现代转型"。探讨这一诸子学研究的"转型"过程实质也就是在探讨"哲学史"这一门学科如何在中国"落户"成型的问题。在诸子学问题的大讨论中,胡适、章太炎、梁启超恰处在"新老交替"的关节点上。胡适虽然最终充当了诸子学研究现代转型的"旗手",但"新中有老","老中有新"。章太炎首倡诸子学研究当以"义理"为主,从而清晰地划出了诸子学研究的"传统型"与"现代型"之间的界线畛域,是为近代学界第一人。此种理念无疑深刻影响着胡适的《中国哲学史大纲》;梁启超对于胡适《大纲》的批评以及关于孔、老、墨、荀的论述,不仅构成了梁氏本人的诸子学研究成果,且对钱穆《先秦诸子系年》的总体架构影响深远。缘此,此次"增订"将原发表于《华东师范大学学报》2009年第6

期的《"新""老"之争与诸子学研究的现代转型》置于第六章中的一节。

蒙文通同样是一位处于"新老交替"节点上的学人。作为廖平弟子,他深受今文经学的影响,故对于古文经学所信奉的"六经皆史论"有真切的质疑;但他又听过刘师培授课,古文经学重实学、重证据的学风也深深浸染着蒙文通。蒙氏虽然出自"旧学"营垒,但他已非一介经师,而是一位有着现代史学学养的史家,故他能够既取今文经学重"义"之长以补古文经学枯涩之短;又能取后者重"事"亦即重"史"之长而纠正今文家"春秋重义不重事"方法论的大缺陷。蒙氏身处古史辨疑古思潮世风的激荡之下,疑古学在蒙氏治学上烙下了深刻的印痕。饶有兴味的是,当时的学界并不像今天的学界那样视"疑古派"与非疑古派为泾渭两分水火难容,且疑古派的方法论对于蒙氏学术体系的架构也存在着实质性的影响。厘清蒙氏之学既是"现代疑古思潮研究"的应有之义,对于客观公允地评价以顾颉刚为代表的古史辨疑古运动也具有相当的参考价值。据此,此次将发表于《齐鲁学刊》2010年第3期的《疑古史学对蒙文通的影响》增补为第六章中的另一节。

钱穆先生的《先秦诸子系年》不仅是今天进行诸子学研究的必读经典,此书根本就是20世纪30年代诸子学大讨论的直接成果。20世纪50年代,因郭沫若《十批判书》涉及"抄袭"钱穆《系年》而引发了余英时先生揭露郭沫若的一场学术公案。无论是钱穆的《系年》还是郭沫若的《十批判书》都可视为疑古运动的产物。大约在2006—2009年我对"诸子学研究的现代转型"问题感兴趣,因而细细阅读了梁启超、胡适以及钱穆、郭沫若有关诸子学的撰述。至于余英时的大作因当时影响很大也早就拜读过。这就发现余先生指责郭沫若"暗用"钱先生的研究成果而未注明的情况钱先生亦未能免却,即钱先生也"暗用"了胡适特别是梁启超的诸子学研究成果,钱先生同样未注明。考虑到《系年》与《十批判书》本身即与"疑古思潮"相关联,且对如何尊重前人的学术成果问题的讨论,其于端正当下学界的不正之风亦意义重大,故此次的"增订"将《史学月刊》2006年第5期发表的《〈互校记〉①与〈先秦诸子系年〉之史源发覆》作为"附录"收入。

13年前我曾在"自序"中这样写:"十五载之劳,一旦书稿杀青,'恂恂而未能出辞,惴惴兮怵惕'。我真诚地期待着方家的指教与点拨。"这仍然是我此时此刻的心境。不过可以将原先的"十五载之劳"改为"廿八载之劳"。

新生自识
2013年元月

---

① 《互校记》,原题《〈十批判书〉与〈先秦诸子系年〉互校记》,现略之如斯,以免文题冗长之弊。

自 序（二）

"疑古"这个词是由动词"怀疑"和名词"古史"复合而成的一个词，它的意思应当是指对古史的真实性表示怀疑。这种怀疑，落实于治学，往往以"辨伪"的方式表现出来。所以，如果将讨论的范围限定在"学术"范围内，我们可以说，"疑古"也就是"辨伪"。又因为怀疑的对象——"古史"实包含着有关古史记载的文本典籍和古史本身两个方面，因此，"疑古"或者说"辨伪"一词也就包含了对有关古史记载的文本典籍真实性的怀疑和对古史本身真实性的怀疑这两方面的内容。

疑古思想之在中国，其悠远的源头至少可以追溯到两千多年以前的先秦时代。《论语·子张》中子贡发出的"纣之不善，不如是之甚也。是以君子恶居下流，天下之恶皆归焉"的感叹，《孟子·尽心下》中的"尽信《书》不如无《书》，吾于《武成》取二三策而已矣"的提示，《韩非子·显学》中的"孔子、墨子俱道尧舜，而取舍不同。皆自谓真尧舜。尧舜不复生，将谁使定儒墨之诚乎？殷周七百余岁，虞夏二千余岁，而不能定儒墨之真，今乃欲审尧舜之道于三千岁之前，意者其不可必矣！无参验而必之者，愚也；弗能必而据之者，诬也。故明据先王，必定尧舜者，非愚则诬也"的论述，这些都是人们耳熟能详的有关疑古思想的表述。这其中不仅有如孟子的对记录史事的典籍的怀疑，而且也有如子张、韩非的对史实本身的怀疑。

在我国，疑古思想的出现虽然甚早，但疑古思想形成为思潮，出现如梁启超在《清代学术概论》中所说的那种因"环境之变迁"与"心理之感召"，"不期而思想之进路，同趋于一方向，于是相与呼应汹涌，如潮然"的现象，那还是近三百年间发生的事。在中国近三百年的学术思想史上，疑古思潮出现过三次：明清之交一次；清初一次；五四前后即中国现代史上一次。在这三百年间，时代的鬼斧神工开凿了一条坎坷不平、地貌独特的历史河床，先前疑古思想的涓涓溪流在这里汇集了、涌动了，澎湃汹涌为疑古思潮的滔滔大河。它奔腾着、跳跃着、咆哮着、歌唱着，它曾经那样富有生命力地、一往无前地行进过，并曾经对它所流经的那一段岁月的社会现实产生过巨大影响，以至于当疑古思潮的历史潮音已经平息近半个多世纪以后，人们仍然会发出"走出疑古时代"的呼吁。这说明,疑古思潮已经把它的风貌深深地烙在了人们记忆的底片之上,将它的精神融入了中华民族的品格之中。今天,当我们站在世纪之交的门槛回首往事,当我们站在疑古思潮河床的下游向它的上游眺望,油然而生的敬畏感使我们战栗、赞叹,也使我们朝乾夕惕,陷入沉思——对业已逝去了的祖辈先贤们所创造的历史遗迹折腰赞颂,一咏三叹,这是每一位史学工作者必然流露的真实情怀与职业习性。"往事不忘,后事之师",历史是一个民族不可或缺的记忆。因此,对于中国近三百年间所曾经发生过的疑古思潮进行系统的总结,其意义与重要性是不言而喻的。

在中国近三百年间的疑古思潮发展史上,直到五四以前,疑古思潮的历史虽然精彩纷呈,但对疑古思想乃至疑古思潮的历史总结却显得平淡而薄弱。在这期间,明清之交的阎若璩、陈确、胡渭,清代早期今文经学家庄存与、刘逢禄、宋翔凤,以及晚清的龚自珍、魏源、廖平、康有为、崔适等,他们虽都曾在疑古辨伪学上有过大贡献,但他们的著述,都还只能算是疑古的著述而不是对疑古思想的总结。与清代乾嘉间的崔述相前后的另一位疑古大家姚际恒的《古今伪书考》和崔述的《考信录》,对疑古方法和疑古学发展史上某些学者的学术成就曾经进行过片断的总结,但以内容所占的分量与比重而言,严格说起来,这些也都还只能算是疑古的著述而不是对疑古思想的总结。

五四以前,既然对疑古思想的总结都还谈不上,那也就更不用说对疑古思潮进行总结了。

"不识庐山真面目,只缘身在此山中。"

历史需要"远眺"而不能"近观"。那种能够产生"横看成岭侧成峰"的历史美感的必要条件是历史观察的距离感。只有当疑古思想形成一种思想界的"群体趋势"而发皇成疑古思潮,并且这股思潮已经行进过一段历史的河道,它本身,或者说它的一部分已经凝固成了"历史",只有到了这时,才能够对历史进行眺望,对疑古思想乃至疑古思潮进行总结。在这里,时间所拉开的空间上的距离感,使得历史的总结不会因为时间太短、距离过近而出现观察上的"死角"或"盲点"。

五四以后,新文化运动的狂飙席卷中国大地,对中国传统文化进行全面清理,成为新文化运动的重要组成部分。疑古思潮就在这样的时代氛围中勃然而兴,成为制约思想界总体走向的一种社会思潮。所以,以对社会现实所产生的影响和冲击的程度而言,在疑古思潮发展史上,又以五四前后即中国现代史上的那一次疑古思潮的涌动为最大、最深。到了这时,疑古思潮本身已经历了二百五十年的发展历程,时间既已足够长,后辈们所掌握的历史资源既已足够富有,当时又正处在疑古思潮如火如荼行进着的当口,需要总结历史的经验以服务于现实。只有到了这时,对疑古思想乃至疑古思潮进行历史的总结才有了可能;也只有到了这时,对疑古思想乃至疑古思潮进行总结的可能性才变成为现实性。

五四以后对疑古思想乃至疑古思潮的总结工作，可分为两个部分：一是搜集、整理历史上有关疑古思想和思潮的史料；二是撰写关于疑古思想和思潮"史"的著述。

顾颉刚先生既是"古史辨"疑古运动的主将，又是对疑古思想乃至疑古思潮进行历史总结的先驱。1920年顾先生自北大毕业，留校任助教。这年冬，他开始校点胡适嘱咐他整理的姚际恒的《古今伪书考》。顾先生又是最早想到要写一部"辨伪学史"的学者之一。因想要做辨伪学史，顾先生因此又想到首先应当作一部《辨伪丛刊》，将历史上有关疑古的史料搜集起来，以十万字为一集。顾先生最初拟收入的历史上的辨伪著述就达五十种之多。从1921年起，顾先生开始陆续标点宋濂的《诸子辨》、胡应麟的《四部正伪》。这时，顾先生将其整理《辨伪丛刊》的想法写信与胡适、钱玄同，进行了反复的探讨。胡适、钱玄同在给顾先生的回信中不仅对顾先生给予全力支持，而且对如何编辑《辨伪丛刊》，包括《丛刊》的体例、内容、时限，"伪史"和"伪书"的分别等发表了详尽的重要意见。可以说，顾先生搜集辨伪学史料的工作，是与胡适、钱玄同的支持、鼓励分不开的。

从20世纪20年代初到1935年《崔东壁遗书》问世，这期间学术界曾经掀起过一阵"崔述热"。1921年，受胡适的嘱托，顾颉刚决定标点崔述的《考信录》，整理《崔东壁遗书》。在整理《遗书》的过程中，1923年，胡适辑集了《大名县水道考》等崔述佚文；1928年，顾颉刚在居粤期间得到崔述夫人的《二余集》；为尽可能全面搜集有关崔述的史料，1931年，顾颉刚、洪迈亲往崔述故里大名县访问，并作《崔述故里访问记》；1932年，洪迈从燕京大学图书馆中得到崔述的《知非集》；1934年，顾颉刚从友人处得到崔述弟崔迈的佚文共七卷综七万言。以上这些新搜集的史料，最后全部被辑集到《崔东壁遗书》中，使《崔东壁遗书》成为有关崔述史料的一个最完备的本子。

新文化运动中的疑古先驱所搜集的史料，其完备、周密、系统的程度是中国历史上任何时期所无可比拟的。我们今天能够顺利地进行中国近三百年疑古思潮的研究，主要还是依靠五四以后疑古先驱们为我们准备的现成史料。这一筚路蓝缕之功应当永远铭记。

关于撰写有关疑古思想和思潮"史"的著述，约略又可以分为两端：一是对某些具有疑古思想学者的个案研究；二是对疑古思想和疑古思潮发展历史作通贯的叙述。

从对某些具有疑古思想学者的个案研究来看，胡适写于1925年的《科学的古史家崔述》是一部有影响的著述。1922年顾颉刚先生作《郑樵传》，对郑樵的疑古思想颇多发覆。

梁启超、钱穆分别写于1926年与1931年的《中国近三百年学术史》，是有关中国近三百年学术史研究仅有的两部同名专著。这两部专著并行于世，独步一时，在当时即被目为"双璧"，其所焕发出的旺盛生命力，七十年后仍属学界翘楚。任公先生以清儒对晚明学风的"反动"为切入点，横破诸家，娓娓道来，有截断众流之势；宾四先生则以理学在清代的延续为突破口,述学理的内在衍化,如剥茧抽丝,一线相悬;又如涟漪石投,层层展开,其内在理路历历可循。我的这部书受两位先生的恩泽不浅。虽决然不敢以"韦编三绝"自诩,但任公、宾四先生的两部专著,对明清两代具有疑古思想的学者如阎若璩、陈确、胡渭、崔述、庄存与、刘逢禄、宋翔凤、龚自珍、魏源、康有为、廖平等人治学的论述,却是我反复阅读细心揣摩的。以笔者的私愿,倘若两位先生能够凭借他们的如炬之目如椽之笔,依着两位先生的深厚学养,为我们留下一部《中国近三百年疑古思潮史》,那将是学界何等的幸事!惜乎两位先生未能瞩目于中国近三百年疑古思潮的通贯研究,在他们的《中国近三百年学术史》中对上述具有疑古思想学者的论述,亦仍然局限于"个案"而未能形成一部"疑古史"。

在"古史辨"疑古运动中,对疑古思想和疑古思潮作通贯研究的著述不多。1926年曹养吾先生写了一篇七万言的《辨伪学史》(收入《古史辨》第二册),对疑古思想作了一次成系统的总结。1935年,顾颉刚先生在燕京大学《史学年报》上发表了《战国秦汉间的造伪与辨伪》一文,在此文的"附言"中顾先生说:"去年春夏间,逼着自己作一篇序文,要把二三千年中造伪和辨伪的两种对抗的势力作一度的鸟瞰。"这说明,顾先生原是有志于作一部辨伪学史的。可惜顾先生此文只论及先秦以迄于秦汉间的疑古思想发展,秦汉以下的部分尚付阙如。直到1980年上海古籍出版社准备重新出版《崔东壁遗书》,顾先生始增写了秦汉以下的部分,且与原先写就的先秦以迄于秦汉的部分合并,作为《崔东壁遗书》的《序言》。

从40年代开始,疑古思潮渐趋消歇。在此后的近半个世纪中,我国学术界治学的视角,几乎很少对准过疑古思潮研究这一学术领域。近年来,学术界有了一些有关疑古思想的研究,或者说与疑古思想的研究多少有一点关系的译著、专著或论文。例如,1995年辽宁教育出版社出版了蒋庆的《公羊学引论》,1997年东方出版社出版了陈其泰的《清代公羊学》,1998年江苏人民出版社出版了由赵刚翻译的美国学者艾尔曼的《经学、政治和宗族——中华帝国晚期常州今文学派研究》,对清代今文经学的疑古思想均有所涉及。但这几部书从政治方面用力较多,在学理方面着墨较少,而且他们也还没有将疑古思潮作为研究的重点;人民出版社1998年出版了新加坡国立大学邵东方的《崔述与中国学术史研究》,该书对崔述的研究着力甚勤,但这是"个案"的研究而非疑古学"发展史"。此外,吕思勉《论学集林》中的《读崔东壁遗书》[1]、刘起釪的《古史续辨》[2]、徐旭生的《中国古史的传说时代》[3]、李学勤的《李学勤集》[4]中的有关篇目等,对于疑古思想的发展均有深刻论述。与内地相比,中国香港、台湾地区及国外学术界

---

[1] 吕思勉:《论学集林》,上海教育出版社1987年版。
[2] 刘起釪:《古史续辨》,中国社会科学出版社1991年版。
[3] 徐旭生:《中国古史的传说时代》,文物出版社1985年版。
[4] 李学勤:《李学勤集》,黑龙江教育出版社1989年版。

对疑古思想的研究起步要早,成绩也要大。例如,施耐德(Schneider, Laucnce A)(梅寅生译)的《顾颉刚与中国新史学》(Ku Chieh-kang and China's New History)①、余英时的《中国近代思想史上的胡适》②、许冠三的《新史学九十年》(上、下。见其中卷三"方法学派"中的第六章"顾颉刚":始于疑古终于信)③、王汎森的《古史辨运动的兴起》④、林庆彰的《清初的群经辨伪学》⑤、彭明辉的《疑古思想与现代中国史学的发展》⑥、逯耀东的《胡适与当代史学家》⑦等一批专著,对于中国近代的疑古特别是五四以后古史辨运动的兴起以及顾颉刚、胡适等疑古大家进行了深入的探讨。此外,王健文的《一个寂寞的史学家——典范变迁中的崔述》⑧,杜维运的《民国史学与西方史学》⑨等一批论文也述及了崔述的疑古思想和清代疑古思潮中的某些问题。然而,就总体来看,这些论著对于近三百年疑古思潮"史"的发展所作的梳理仍然是片段的。而且,将疑古思潮置诸学术史的大背景下研究二者之间的"互动"关系,这些论著也还有不尽如人意处。要之,综观近年以来内地与港台的学术界,对于近三百年以来疑古思潮的发展作通贯研究的著述仍告阙如。而如前所述,对近三百年疑古思潮的发生与发展作历史的总结是一项有意义的学术工作。有鉴于此,我把"近三百年疑古思潮研究"作为本书的专攻方向,正是想庚续40年代以后几乎中断、而且至今仍显薄弱的疑古思潮"史"的研究传统,希望为这一学术领域的繁荣贡献一点点绵薄之力。

40年代以前以及近年来学术界所取得的疑古思潮研究成果,基本上是我今天进行"近三百年疑古思潮研究"课题的基础和起点。在充分享受祖辈先贤留下的历史资源时,对于先贤们在这一学术领域的开拓中所付出的辛劳与取得的成就,我要表达的谢意与敬意是由衷而深切的。但与此同时,对于先贤们的研究成果我也仍然有些许未餍心理之处。因此,在这部书稿中试图在如下四个方面有所增益或者说有所突破。

首先自然是对时限的不满足。从20年代开始纵横捭阖于中国学术思想历史舞台上的疑古学者,他们正忙于"创造历史",对于他们亲身参与、亲手创造的那一段疑古思潮史,他们还没有来得及加以总结。而在中国近三百年疑古思潮发展史上,这一段历史又恰恰最为重要。这不仅是因为这一时段内的疑古离现实最近,因而对现实

---

① 施耐德:《顾颉刚与中国新史学》,台北华世出版社1984年版。
② 余英时:《中国近代思想史上的胡适》,台北联经出版事业公司1984年版。
③ 许冠三:《新史学九十年》,香港中文大学出版社1986年版。
④ 王汎森:《古史辨运动的兴起》,台北允晨文化出版公司1987年版。
⑤ 林庆彰:《清初的群经辨伪学》,台北文津出版社1990年版。
⑥ 彭明辉:《疑古思想与现代中国史学的发展》,台湾商务印书馆1991年版。
⑦ 逯耀东:《胡适与当代史学家》,台北东大图书公司1998年版。
⑧ 王健文:《一个寂寞的史学家——典范变迁中的崔述》,《历史学报(成大)》(18),台南,1992年12月,第153—172页。
⑨ 杜维运:《民国史学与西方史学》,收入孙中山先生与近代中国学术讨论集编辑委员会编:《孙中山先生与近代中国学术讨论集》第二册,台北,1985年。

的影响最大,而且因为这一时段内的疑古,它直接就是五四新文化运动的产物。五四新文化运动在历史学研究领域内的重要性,决定了现代疑古思潮研究在本书将要涉及的学术范围内所占有的重要地位。因此,本书对这一段疑古思潮的历史运动进行总结并以此为研究的重点,是"近三百年疑古思潮研究"课题的应有之义。

其次是对个案研究的补充。今文经学中的公羊学派是疑古思潮发展史上的重要篇章。从庄存与、刘逢禄、宋翔凤这样一些清代早期公羊学家,一直到龚自珍、魏源、廖平、康有为的晚清今文经学家,将他们放在"疑古"的学术范围中作个案的研究,并进行一番探源竟委的梳理,这是我在本书中试图实现,也是40年代以前的疑古学者的研究所阙如的。在清代今文经学的个案研究中,对清代今文家的治学方法论加以剖析无疑又最为重要。"春秋重义不重事",这是清代今文家奉若神明的方法论骨干。这里的"义"是指与"政治理想"、"价值判断"息息相关的"微言大义",这里的"事"也就是"史"。重"义"不重"事"也就是重"论"轻"史"。"春秋重义不重事"这一古老的《公羊》义法虽然起自汉代,但对这一义法进行方法论上具体而微的阐发,并将其全面运用于治学,运用于疑"古"(文经),那还是清代今文家,那还是刘逢禄、魏源、康有为等人。庄存与首先祭起这一湮坠近二千年的今文义法,刘逢禄对此复进行了"文予而实不予"、"实予而文不予"的强调,即认为根据治学主体的自我判断与选择,可以并且应当对历史事件及人物作出某种价值评判而不必顾及史实的真相。这样,清代今文家治学中"史"的意义就大大淡化了。至康有为,他对"春秋重义不重事"作了"春秋在义不在事"的一字之改,遂将"事"也就是"史"从治学中彻底剔除,从而为臆断史实、附会经说,以学术议政干政找到了一个方法论上的根据。清代,特别是晚清的今文家,对他们的治学进行政治意义和学术意义的二分评价,我认为是应该的,也是可行的。

再次是学理的建立。学术思想的运动、发展和变化,有它自己的一个"自在生命"。也就是说,学术思想沿着它固有的生命轨迹运动、发展与变化,是受制于它本身的内在规律的。而"学理"正是学术思想的自在生命与内在规律的灵魂。我认为,只有从学理着手去探求学术思想的运动、发展与变化,才能够真正进入它的堂奥,也才能够扪及学术思想跳动的命脉。举例来说,我注意到,从晚明开始,一直到乾嘉年间的近一百五十年中,弃"虚"蹈"实"是学风的一个总体发展趋势。这种学风的形成,滥觞于东林士子对理学的清算运动,这一运动在明亡清兴以后的清朝初年达到了高峰,乾嘉诸老即沿此清初余波而起形成了乾嘉考据学。在这一百五十年间,辟"二氏"(佛、老)——尤其是清除羼杂于理学中佛教的"形上"思辨之学,又是学术界最初进行理学清算的"把柄"与津筏,由此形成了从晚明一直延续到乾嘉年间对形上思辨学风的厌恶与摒弃。然而,从"致用"——更准确地说是"资治",即学术服务于政治——的角度看,恰恰是理学,对于纲常名教与现存制度之间的关系问题,曾经进行过最严密的理论阐述。在社会制度尚未发生根本性变革以前,理学的生命力终不会枯竭。因此，即便处在理学清算浪潮之中的清朝初年，在究竟应当如何处理理学的问题上，学术界已经有了不同看法，这其中已埋下了日后汉宋之争和汉宋兼采的端苗。从清初迤逦而下至于乾嘉年间，汉宋兼采之风潜滋暗长，始终不歇。清代的今文经学即在这一学术的内在矛盾与运动的背景下悄然再生，在湮坠近二千年后终至于死灰复燃。戴震、凌廷堪等富于哲思的乾嘉学人在批判宋学的同时却又不自觉地袭用着宋学重义理的方法论。基于这样一种视角，我对近三百年疑古思潮的考察，即以理学清算为入手处，而又以对辟"二氏"的学术追踪为切入点进行，对汉学与宋学二者相互关系问题的透视也始终交织于这一学术考察的全部过程。总之，环绕着学理内部的矛盾运动而次第展开学术思想的生命轨迹，这是我努力遵循的一条原则。

最后是观点的"纠偏"。在五四新文化运动中诞生的疑古运动，在全面清理中国传统文化的过程中，"反封建"那一层重要的社会使命是学者始终肩负的。在反封建的社会需要制约下，"打倒孔家店"虽是势所必然的社会趋向，但疑古运动中出现的某些全盘否定中国传统文化的偏激观点，却也是今天应当实事求是地加以指正的。例如，主张"把线装书丢进茅厕里去"，甚至要求废除汉字采用罗马字等，都是这种偏激观点的体现。表现在认识论和方法论上，疑古运动中又有"宁可疑而过，不可信而过"，以及时人所批评的"默证法"等罅隙。"科学"的口号，当它负荷起某些它无法承载的社会政治重任时，往往会质变成一种政治运动的工具，而渐次失却实事求是的本体精神。在时过境迁半个多世纪以后，对疑古运动中出现的这些过激观点予以"纠偏"，这也是本书稿的应有之义。

廿八载之劳，一旦书稿杀青，"恂恂而未能出辞，惴惴兮怵惕"。我真诚地期待着方家的指教与点拨。

目　　录

第一章　理学清算与清初学术思潮 …………………………………… 1
第一节　援佛入儒与理学兴衰 ………………………………………… 1
第二节　辟"二氏"与弃虚蹈实：清初理学清算之学术路径 ………… 18
第三节　陈确与《大学辨》 …………………………………………… 21
第四节　《伪古文尚书》的考辨与阎若璩的《尚书古文疏证》 …… 28
第五节　《易》学图书派批判及胡渭的《易图明辨》 ……………… 39
第六节　戴名世学论 …………………………………………………… 49
小结 ……………………………………………………………………… 63

第二章　汉宋之争与汉宋兼采：乾嘉间学术思潮的伏流与累积 …… 65
第一节　舍"道"就"器"与汉宋之争 ……………………………… 65
第二节　"尊德性"还是"道问学"？——以学术本体为视角 …… 76
第三节　"道问学"世风激荡下的戴学与凌廷堪 …………………… 102

第三章　清代今文经学之兴起与疑古思潮的最初积累 ……………… 118
第一节　庄存与学论 …………………………………………………… 118
第二节　刘逢禄的今文疑古学 ………………………………………… 135
第三节　宋翔凤学论 …………………………………………………… 178

第四章　中国古典疑古思潮的集大成者——崔述 …………………… 196
第一节　崔述生平和学风 ……………………………………………… 197
第二节　崔述的历史观和政治思想 …………………………………… 217

第三节　崔述考信辨伪的成就与不足 ·············· 236

第五章　中国近代史上的疑古思潮 ·············· 257
　　第一节　救亡图存与中国近代学风的演变 ·············· 257
　　第二节　论龚自珍学风 ·············· 295
　　第三节　论魏源学风 ·············· 318
　　第四节　廖平《今古学考》经学思想体系中的几个问题 ·············· 339
　　第五节　康有为学论 ·············· 358

第六章　现代疑古思潮的涌动与发展 ·············· 375
　　第一节　新文化运动与现代疑古思潮 ·············· 375
　　第二节　胡适辨伪学甄别 ·············· 381
　　第三节　顾颉刚的疑古学 ·············· 397
　　第四节　"新"、"老"之争与诸子学研究的"现代转型"——以章太炎、梁启超、胡适的诸子学研究为例 ·············· 414
　　第五节　疑古史学对蒙文通的影响 ·············· 433
　　第六节　关于新文化运动和"古史辨"疑古运动的几点思考 ·············· 446

附录　《互校记》与《先秦诸子系年》之史源发覆 ·············· 464
参考书目 ·············· 477
后记 ·············· 480

第一章
理学清算与清初学术思潮

中国近三百年疑古思潮的最初涌动,其学术动力来自于晚明东林士子出于"资治"之需而进行的理学清算亦即理学的自我批判运动。理学援"二氏"(佛、道)入儒,将佛、道两家具有宇宙本体论和万物化生论本质的形上思辨之内容与传统儒学纲常名教的形下践履之用相杂糅,遂将传统儒学形而上学化了。从朱熹到王阳明,理学内部的发展存在着一条对"理"、"气"、"道"、"器"、"心"、"性"等一系列概念内涵及其相互关系加以探讨的愈推愈密、愈进愈精、愈攻愈巧的运动轨迹,这可以视为理学的一种学术本体化倾向。这种倾向超出了传统治学目的论所预设的学术服务于现实政治的藩篱,因而东林士子由辟二氏入手,主张尊孔读经,弃形上而取形下,崇尚实学、实证、实践。理学的发展至此发生致命的折揳,走上了弃"虚"蹈"实"之路。本章所希望描述的正是理学内部上述矛盾运动的概貌,并期待以此厘清疑古思潮最初涌动的学术背景及其诸方面的表现与影响。

第一节 援佛入儒与理学兴衰

一、儒学为体,佛氏为用:论宋明理学的基本治学倾向

魏晋南北朝近四百年政治分裂局面的结束,初成于隋而巩固于唐。大唐建立了一统帝国,同时也终结了魏晋南北朝学术的分裂,完成了儒、释、道三家的统一。唐初,太宗命颜师古选"五经"定本,孔颖达撰《五经正义》,儒学结束了北学重训诂、南学重玄谈义理的局面,使儒学走上了经典化、规范化、定型化之路;佛学的北方重禅定、南方重义理的局面至唐代也告结束。开元年间编成道藏目录《三洞琼纲》,标志着统一道教的形成。然而,学术思想的发展运动有如潮汐起落,永无止境。儒学经官方钦定,隐示着儒学本身的僵化——僵化则潜伏着突破。儒归儒、释归释、道归道,原先的

南学北学之争,到了唐代一变而为儒、释、道三家之争——斗争则孕育着新生。到唐中叶以后,僵化的儒学日益失却活力,而儒、释、道三家之争则无宁日。改造儒学,同时吸收释、老之所长——儒、释、道三家合流的历史运动至唐中叶终于开始。拉开这场历史运动序幕的代表人物是韩愈。

韩愈,字退之,历来被视为"辟佛"的开山与健将,其《道统论》则被视为辟佛的宣言书。然而,陈寅恪先生却看出了韩愈在辟佛的同时又袭用佛氏,是故陈先生以韩愈为理学之先驱。陈先生有一篇《论韩愈》专门谈这个问题,他说:"退之从其兄会谪居韶州,虽年颇幼小,然其所居之处为新禅宗之发祥地。复值此新学说宣传极盛之时,以退之之幼年颖悟,断不能于此新禅宗学说浓厚之环境气氛中无所接受感发。然则退之之道统之说表面上虽由孟子卒章之言所启发,实际上乃因禅宗教外别传之说所造成。禅学于退之之影响亦大矣哉!"①陈先生复论禅宗何以影响韩愈的原因,指出:唐初所谓儒学,不过是继承了南北朝以来的烦琐义疏章句之学。高宗、武氏以后,偏重于进士词科之选,明经一科则大受冷落。到韩愈时"已全失去政治社会之地位"。而当时佛学内部正在开始进行一场类似于贾公彦、孔颖达诸儒诠释经典诂解经文的运动。陈先生指出:

> 新禅宗特指出直指人心见性成佛之旨,一扫僧徒烦琐章句之学,摧陷廓清,发聋振聩,固吾佛教史上一大事也。退之生值其时,又居其地,睹儒学之积弊,效禅侣之先河,直指华夏之特性,扫除贾、孔之繁文,《原道》一篇中心旨意实在于此。

韩愈首先"发见《小戴礼记》中《大学》一篇,阐明其说,抽象之心性与具体之社会组织可以融会无碍,即尽量谈心说性,兼能济世安民,虽相反而实相成,天竺为体、华夏为用。退之于此奠定后来宋代新儒学之基础"②。陈先生所论独具慧眼。他这里揭出了"体"、"用"这一对哲学上同时也是中国传统文化思想库中本有的概念。陈先生以"抽象之心性"与"具体之社会组织"相对举,并用"体"、"用"概括之,很显然,陈先生这里的"体"是指"抽象之心性",而"用"则是指"具体之社会组织"。《易·系辞上》:"形而上者谓之道,形而下者谓之器。""道"为无形,看不见摸不着;"器"有形,相对于"道体","器"处于比较低一级的地位。从中国传统对"形而上"的认识来看,陈先生将"抽象之心性"名之为"体",不妨可以说,这是陈先生从"形而上"的角度对"体"所作的界定;而名之为"用"的"具体之社会组织",则是从"形而下"的视角立论。用"天竺为体,华夏为用"来概括退之之学与宋明理学,我的理解,陈先生这里是说,韩愈借用了

---

① 陈寅恪:《金明馆丛稿初编》,上海古籍出版社1980年版,第286页。
② 同上书,第288页。

佛氏有关本体论的思想及其形上逻辑推理和思辨之形式,以之与传统儒学相嫁接,从而开启了宋代新儒学的先河。这便深刻点明了新儒学与佛氏之相关度以及新儒学治学的一般倾向与特点。宋明理学之袭用佛、老"二氏"——特别是袭用佛氏——以构架其宇宙本体论和方法论,它的"形而上"本质与特点受到了"二氏"特别是佛氏的根本性影响,这已是学术界公认的事实。但从治学目的论着眼,宋明理学毕竟仍以"资治"为归旨,就是说,"形上之思"只是宋明理学的治学形式,强调修、齐、治、平,凸显纲常名教,这才是它的治学目的。那么,从"体"、"用"二者之内涵定位来看,"体"是归本之体,"用"即下梢技用之用,"体"重于"用"。据此,我们不妨又可将陈先生对宋明理学"天竺为体,华夏为用"的概括颠倒为"华夏为体,天竺为用",即是说:理学只是借用了佛氏形而上的思辨形式,而其归本却在儒学之纲常名教。这也正如朱熹所说:"释氏只见得个皮壳,里面许多道理,他却不见。"①——"皮壳"无足轻重,自家的"道理"才是根本。因此,退之及宋明理学的援佛入儒,实质上可以理解为"儒学为体,佛氏为用"。至于理学袭用道家,南宋初易学家朱震有言:"陈抟以先天图传种放,放传穆修,穆修传李之才,之才传邵雍。放以河图洛书传李溉,溉传许坚,许坚传范谔昌,谔昌传刘牧。穆修以太极图传周敦颐,敦颐传程颢、程颐。是时,张载讲学于二程、邵雍之间。故雍著《皇极经世》书,牧陈天地五十有五之数,敦颐作《通书》,程颐著《易传》,载造《太和》、《参两》篇。"②而据朱熹所说,陈抟之学源于东汉末道家炼丹家魏伯阳。《朱子语类》卷六五:"魏伯阳《参同契》,恐是希夷之学,有些是其源流。"至于理学开山周敦颐,他的《太极图·易说》就是道教和儒家易说相结合的产物,是用儒家易说来说明《太极图》意蕴的一篇文献③。《太极图·易说》起首即言"无极而太极"④。先于并高于"太极"的"无极"这个概念,儒家经典中没有,它来自《周易参同契》。周敦颐在构筑其理学体系时也吸收了道家的万物化生思想。可知理学与道家也有千丝万缕的联系。宋学家的"易学哲学标志着古代易学哲学发展的高峰,而且成为宋明哲学的主要内容"⑤。从"体"、"用"兼备的角度看,理学家对道家的借用并以之与儒学相嫁接,本质上同样可以理解为"儒学为体,道学为用"。所以说,以儒学为"本"为"体",吸收佛、道——尤其是佛学——中形上思想元素,将儒学的伦理道德观建立在哲学思辨的基础之上,这是宋明理学的本质特征之一。

现在先来看儒学之"体"。这个"体"在韩愈谓之"道统"。它的核心内容被归结为修、齐、治、平,纲常名教。修齐治平,纲常名教,这很具体,是一种偏重于实践的道德

---

① 《朱子语类》卷九四,中华书局1983年版。
② 《宋史·朱震传》。
③ 参见邱汉生:《理学开山周敦颐》,《中国哲学》第五辑,三联书店1981年版。
④ 同上。
⑤ 朱伯崑:《易学哲学史》,北京大学出版社1988年版,第6页。

说教;也很古老,它在先秦,在孔子思想中已经存在,经过了董仲舒的袭用、改造与提倡,从秦汉大一统以来一直是培养、塑造民众的官方意识形态。几千年来它没有发生多大的变化,也没有更新多少内容,它慢慢浸入人们脑际,潜入民众的灵魂,成为中国人道德信仰和公众价值规范系统的精神主干。儒学偏重于实践,从方法论层面说,它使得作为新儒学的宋明理学在构筑其思想体系时陷入一种"两难"境地:一方面,儒学的实践性——"资治"治学目的论——本能地提醒理学家避免任何背离甚或是"偏离"资治治学模式的倾向,如朱熹在批判佛氏"务虚"时所说:"释氏说空,不是便不是,但空里面须有道理始得。若只说道亦是个空,而不知有实的道,却作甚用?"①对于佛氏中与儒学纲常名教相抵触的内容,理学家的批判尤其严厉。佛氏的"不忠不孝",主张"出世"而非"入世",这是理学家对它抱着高度戒备,不敢从正面加以肯定的主要原因。但另一方面,理学家在宣扬纲常名教这"自家"的道理时却又不得不借用佛氏的"皮壳",不得不袭用佛氏的范畴、命题、逻辑推理方法。这是为什么?唐末僧人宗密《原人论》说:"推万法,穷理尽性,至于本源,则佛教方为决了。"宋人也说:"儒门淡薄,收拾不住第一流人才。"②这些话值得玩味。如果说孔子的"仁"是原始儒学的理想境界,那么,"人"便是儒学的基本出发点。人是什么?人的关系又是什么?人应当怎样处理与人的关系?人为什么活着?人生的意义和价值究竟何在?等等。对于这一系列人生问题的终极思考,千百年来像磁石一样吸引着一代又一代的儒学精英。在没有找到一个"形而上"的、自认为妥帖的理由以前,莘莘儒士不会停止对它的追求与探索。如果说理学以前的儒学,其政治伦理观建立在由董仲舒开创,以阴阳五行、天人感应为精神实质的宗天神学理论基础之上,那么就应当承认,在改造原始儒学的过程中,董仲舒已经作出了将儒学政治伦理观形而上学化的第一次努力,即将纲常名教安顿在阴阳五行化的"神"的理论基础上。在经过了魏晋南北朝到唐代佛老思想大流行的激荡后,面对佛老,面对精于形而上哲学逻辑思辨的佛氏,已渐趋式微的儒学不免相形见绌而显得粗糙、肤浅、不成体系,这才出现了"儒门淡薄"之状。将儒学对于人的终极思考,将儒学的道德伦理规范重新安顿在形而上的"根本性"理由之上,能使人"理得"而"心安"。这就叫"推万法,穷理尽性,至于本源"。所以,借用二氏,尤其是借用佛氏的范畴、命题、逻辑推理为思维之形式,与儒学纲常名教的践履性内容相嫁接,用人之长补己之短,能收到使儒学思想体系更加精致、更加严密、更加具有理论性和系统性之效。因而理学家也不得不承认"佛家说心处尽有好处"③。看韩愈以后的理学发展,李(翱)、周(敦颐)、邵(雍)、张(载)等自不必论,即无论程朱还是陆王,其治学

---

① 《朱子语类》卷一二六。
② 见宗杲:《宗门武库》。
③ 《朱子语类》卷五。

的共通指向均着力于儒学的形而上学化。倘若滤去程朱陆王所共同遵循而少有变化的儒学伦理道德的践履性内容，单从思想形式着眼，从程朱到陆王（这里是以学派分而非以时序分），恰恰能划出一条愈推愈密、愈攻愈精、愈进愈巧的思想轨迹。而这一思想的运动轨迹，又在借用二氏，尤其是在借用佛氏的前提下才得以形成。

程朱思想体系的最高范畴是"理"，将"理"视为世界的本原。程颢称："吾学虽有所受，'天理'二字，却是自家体贴出来。"说"天理"的内涵有自己的深沉思考，这是对的。但将"天理"的发明权全归己有而否认有所承受则不符合实际。《宋元学案》称程颢"明道不废佛老书，与学者言，有时偶举示佛语"。程颢自己也承认，他曾"泛滥诸家，出入于老释者几十年，反求诸六经而后得之"①。朱熹"年十五六时，亦尝留心于禅"②，"熹于释氏之说，盖尝师其人，遵其道，求之亦切至矣，然未能有得"③。是程朱于佛学不可谓"无得"而实"有得"。在构筑"理"论的过程中，他们都受到了佛氏的深刻影响。

澄观云："会众妙而有余，超言思而迥出者，其唯法界欤。"④"法界"指现象的本源、本质，与"真如"、"空性"、"无相"同义。净觉说："高而无上，度不可及；渊而无下，深不可测；大包天地，细入无间，故谓之道也。"⑤《坛经》："心量广大，犹如虚空。……既空，能含日月星辰，大地山河，一切草木。"

试对比程朱所论。

朱熹谓："未有天地之先，毕竟先有此理。"程子云："天理云者，这一个道理，更有什穷已？不为尧存，不为桀亡。人得之者，故大行不加，穷居不损。这上头来更怎生说得存亡加减？"⑥

这是说"理"本自在，非人力所得左右。这与"法界"之"超言思（超人力）而迥出"可谓用语殊而神气同。

朱子又说："大则道无不包，小则道无不入，小大精粗，皆无渗漏。"⑦朱子之论与净觉所论"道"之高、之无度、之深不可测、之无所不在，从思想到语言均无异。朱子又云："太极无方所，无形体，无地位可顿放。""太极"在朱熹的学术用语中也就是"理"。太极之无方所，无形体，无地位可顿放，与《坛经》的"虚空心量"，亦可谓灵犀相通声气相投矣！

---

① 《二程集》，中华书局1981年版，第638页。
② 《朱子语类》卷一四。
③ 《朱文公集》卷三〇。
④ 《大正藏》卷三五。
⑤ 《楞伽师资记序》。
⑥ 《河南程氏遗书》卷二上。
⑦ 《朱子语类》卷三四。

在二程那里，对"气"这一范畴所论不多。在"气"的问题上朱熹发展了二程。他援"气"入"理"，使理得以借气而存，有了一个"顿放"的缘所，即所谓"气之所聚，理即在焉"①。从理涵于气而寓于气，推展到认识论，于是又有"理一分殊"说。朱熹谓：

> 体用一源，体虽无迹，中已有用。显中无间者，显中便具微。天地未有，万物已具，此是具体中有用。天地既立，此理亦存，此是显中有微。
>
> 言万个是一个，一个是万个。盖体统是一太极，又一物各具一太极。②

上述朱熹理涵于气及理一分殊说与佛氏的认识论、方法论亦极为相似。试对比《大正藏》卷四五："一一事中，理皆全遍……是故一一纤尘，皆撮无边真理，无不圆足。""初会理事者，如尘相圆小是事，尘性空无是理，以事无体，事随理而融通，由尘无体，即遍通于一切，由一切事，事不异理，全现尘中。"

以佛氏之论与朱熹之说相比勘，从佛氏的理涵于"事"，到朱熹的理涵于"气"，不过是一字之变，一念之转。二者之间重叠、变通、袭用吻合的思维轨迹历历可循。

朱熹"月印万川"说袭用佛释尤其明显。其谓：

> 本只是一太极，而万物各有禀受，又自各全具一太极尔。如月在天，只一而已；及散在江湖，则随处而见，不可谓月已分也。③

试对比《永嘉证道歌》：

> 一性圆通一切性，一法遍含一切法；一月普现一切月，一切水月一月摄。

既然体中有用，显中有微，为求得那"分殊"于各物之理，便须"格物"而"致知"。朱熹指出："万理虽具于吾心，还始教他知，始得。"④"一物格则一知至，其功有渐。"⑤每一次具体的"格物"而可达之"知"，可以理解为"小知"。待到日积月累，格物所得具体之知达到一定程度，便会"顿悟"而到达"豁然开朗"的境界，即所谓"理会得多，自当豁然有个觉处"⑥。"顿悟"所得之"知"，是贯通万物、畅达宇宙上下六合九州之知，此之"知"是为"大知"。

朱熹从"格物"入手而求"致知顿悟"，具有方法论的严密性。知识的融会贯通，离不开知识的日积月累，这是每一个曾经用心学习过的人都有的体会。但是，从治学的崇高追求着眼，这里所谓的"融会贯通"之"知"，充其量也仍然只能是"小知"（倘若自

---

① 《朱子语类》卷一。
② 《朱子语类》卷六七。
③ 《朱子语类》卷九四。
④ 《朱子语类》卷六〇。
⑤ 《朱文公文集》卷七二。
⑥ 《朱子语类》卷一八。

称"顿悟",已经达到了"豁然开朗"的大境界,此即如陈确所讥是为天下之"大妄人")。这样再来看朱熹之论,显然又存在着某种缺陷:首先是繁琐。"知"之须"格"方可"致",层次太多,容易陷入"见木不见林"的误区;与此相关联的第二个缺陷,那便是"格物"究竟能否"致知",其本身即会使人产生疑问。这里涉及一个"知识"的涵义与价值问题。一方面,人生有涯学海无边,宇宙之大万物之多,"格"而不"尽"。按照朱熹的"理一分殊"论,世界万物莫不有一个——而且只能有一个而不是几个——共通之理,这样,人们便有理由问:由"格物"所求得的"知"与那统贯万物之"理"是什么关系?事实上,朱熹的弟子就已不止一次向他提出过这个疑问。另一方面,自谓得"知",而此"知"并不入"心",与筋骨血肉分作两截,是与人生无涉,则可谓"知"而无"识"。而朱熹一派中"学"有此病者正大有人在。"格物致知"落实到学风,又表现为朱熹重小学、重音韵训诂、重儒学经典中名物典制的考订。遇有不明白的地方,要一项一项去"格",如此方能"致知",才可得儒学经典的"精义"。但"尽信书不如无书",遗留到后世的儒学典籍触处都是疑问,由于年代久远,这些疑问不是每一项都能够搞清楚的,有些疑问甚至永远没有搞清楚的希望。这样,格物不"尽","知"何以"致"?总之,如果按照朱熹格物致知的认识论、方法论路径做去,修行一生而"致知"无望都是可能的。朱熹自己就认为,格物而能致"知"最后得"豁然贯通"正果的只有极少数圣贤。这对于大多数人尤其是那些文化程度不高的山野村夫来说,实在是一条过于艰难的求道畏途。

正是由于朱熹认识论、方法论体系中存在这种罅隙,阳明起而矫之。阳明原亦奉朱熹"格物致知说",其苦格竹而终未能"知"方使他幡然醒悟朱熹之病。他摒弃并批驳朱熹的理本论,提出了"心外无理"的"心本论";又以"致良知"、"知行合一"与朱熹"理一分殊"、"格物致知说"相颉颃。阳明认为:"盖天地万物与人原是一体,其发窍之最精处,是人心一点灵明",如果没有人心,则宇宙万物俱无,不仅草木瓦石"不可以为草木瓦石",即天地也"不可为天地矣。"①

阳明将"物"变成"心"的外现对象,而又反转来与"心"相对待,即所谓"凡意之所发必有其事,意之所在之事谓之物"②。世界的构成完全成了纯主观的"心"本身运作的结果。用一己之心检验外物,自然可以"一步到位",从而省却许多层次与周折;同时,由于"心"的自我规定性,无须外求而只要向"内"求心安,这又使"悟道"不再是一件可望而不可即的难事。

如此说来,人之向内求"道",由"心"来检验自身,这是否便没有了准绳?阳明的原意并非如此。人要求得"心安",其检验的标准便是"良知"。而良知需"致",即所谓

---

① 《传习录》下。
② 《王文成公全书》卷二六。

"良知者,孟子所谓'是非之心,人皆有之'者也"。"知是心之本体,心自然会知。见父自然知孝,见兄自然知弟,见孺子入井自然知恻隐。此便是良知,不假外求。"①因此,良知发现也就是一个"行"字,将"知"、"行"打并成一处,就成了"知行合一",此即阳明所说"知行功夫,本不可离。只为后世学者,分作两截用功,失却知行本体,故有合一并进之说"。

这样,阳明由"心外无理"——"致良知"——"知行合一"的理论构架,一方面将"格物"一段拦腰截去,比起朱熹的格物致知来确实"简捷"了许多。这对于一般人特别是平民百姓,是一种更加亲切、更容易接受的修身理论,是故有论者谓阳明系为下层百姓设教②。但另一方面,阳明的理论又可能产生两种极端倾向:一是反对读书求知。典型例证是颜习斋的"读书无用论"③;二是阳明强调"本心"的能动作用,凸显并张扬了自我意识,照此路径发展,极易逸出封建意识形态禁锢的藩篱,泰州一派的出现,产生何心隐、李贽等"叛逆"思想家便是明证。这一点却是阳明创论之初万万没有料想到的。

阳明一派对朱熹的矫正,也同样受到了佛氏特别是禅宗的影响和启发。阳明的致良知与禅宗的"直指本心"毫无二致;华严宗的"冲深包博,总该万有,即是一心"④,也就是阳明"心外无物心外无理说"的翻版。阳明用孟子"性善论"为"致良知"说的奥援,但平心而论,孟子之说哪有这般精致圆融,哪有这种思辨色彩？阳明拉大旗当虎皮,这种"圣人其外,禅释其里"的伎俩瞒不过天下人耳目。人称阳明为"阳明禅",信然！

二、阳明后学援佛入儒之发展及其反动

理学发展到阳明后学,出现了一种值得重视的倾向:学界士子已不再像程、朱、陆、王那样"阳儒而阴释",他们公然打出了儒释相通旗号,要求混同两家之畛域。梨洲《明儒学案》评泰州学派云:

> 阳明先生之学,有泰州、龙溪而风行天下,亦因泰州、龙溪而渐失其传。泰州(王艮)、龙溪(王畿)时时不满其师说,益启瞿坛之秘而归之师,盖跻阳明为禅矣。……泰州之后,其人多能以赤手搏龙蛇,传至颜山农、何心隐一派,遂复非名教(重点号为笔者所加)之所能羁络矣。顾端文曰:"心隐辈坐在利欲胶漆盆中,所以能鼓动得人,只缘他一种聪明,亦自有不可到处。"羲以为非其聪明,正其学

---

① 《传习录》上。
② 参阅余英时:《士与中国文化》,上海人民出版社1987年版,第513—517页。
③ 关于习斋思想与阳明学派的渊源,钱穆所论甚详,见《中国近三百年学术史》之"颜习斋章"。
④ 《华严行愿品疏》。

术也。所谓祖师禅者，以作用见性，诸公掀翻天地，前不见有古人，后不见有来者。

梨洲谓何心隐辈"所以能鼓动得人"，"非其聪明，正其学术"，其识见显然高于顾端文而戳到了问题的要害。此"学术"非它，即"以作用见性"之佛释形上思辨之论是也。而梨洲指责泰州、龙溪一派，主要也是集中在泰州、龙溪的"祖师禅者"上。"复非名教之所能羁络"云云，明指颜山农、何心隐为名教罪人，而"诸公掀翻天地，前不见有古人，后不见有来者"之评，梨洲罪泰州一派亦可谓重矣！

现在且来看一看阳明后学如何"掀翻天地"，启瞿坛之秘而跻儒为禅。赵贞吉有对古今学术综贯之论，他说：

> 学术之历古今，譬之有国者。……通天下之物，济天下之用，而不必以地限也。……夫物不通方则用穷，学不通方则见陋。晦翁法程、张矣，而不信程、张。……凡诸灵觉明悟，通解妙达之论，尽以委于禅，目为异端，而惧其一言之污也。至太极、无极、阴阳仁义、动静神化之训，必破碎支离之。为善稍涉易简疏畅，则动色不忍言，恐堕异端矣。夫如此学道，乌得不陋？谓灵觉明妙禅者所有，而儒者所无；非灵觉明妙，则滞室昏愚，岂谓儒者必滞室昏愚而后为正学耶？①

为什么"灵觉明妙"只能是禅家专利儒学就用不得？赵贞吉这个诘问问得尖锐。赵以三代以来的通物济用、商品交换类比学术上的取长补短，认为既然佛氏确"灵觉明妙"，儒学便不应端一副拒人于外的架子，尽可大胆援佛入儒，更不必介意有落入"异端"之嫌。若是成见在胸，明见佛氏有好处也不屑取用，此适为孤陋自守，违背了"物不通方则用穷，学不通方则见陋"之理。

赵贞吉因见佛氏有这等好处，是故他"初不自讳其非禅学"，在答友人时甚至敢说：

> 仆之为禅，自弱冠以来，敢欺人哉！试观仆之行事立身于名教，有悖谬者乎？则禅之不足以害人明矣。仆盖以身证之，非世儒徒以口说诤论比也。②

赵氏此论，是对正统儒学拒绝正面承认并接受佛氏的公然挑战！试对比程、朱等援用佛氏时那种小心翼翼，"犹抱琵琶半遮面"，规避唯恐不及的心态，赵氏之大胆，其立场与程朱之迥异又何啻天壤！这种言论的学术史意义在于：它是一种信号，表明了阳明后学那种要求扯去遮羞布，名正言顺地援佛入儒，打通儒释壁垒的

---

① 《明儒学案·泰州学案二》，中华书局1985年版。
② 《明儒学案·泰州学案二》。

愿望。

与赵贞吉引为同调的是阳明后学的另一些士子,他们挣出手眼,力图从理论上论证儒释原本相通。焦弱侯、李贽之论有一定的代表性。焦弱侯师事耿天台、罗近溪,而又笃信李卓吾之学,"以为未必是圣人,可肩一狂字。坐圣门第二席。故以佛学即为圣学,而(程)明道辟佛之语,皆一一绌之"①。《明儒学案》所列弱侯《答友人问释氏》,连篇累牍均为焦氏对先儒驳斥佛氏的反批评,其中又以驳程颢为多。焦氏以儒释相互比勘,认为:佛氏精义与儒学毫无抵触,尤与《中庸》、《论语》无歧义。程颢批评佛氏谓:"释氏之学,若欲穷其说而去取之,则其说未能穷,固已化而为佛矣。"弱侯反唇相讥道:"伯淳未究佛乘,故其掊击之言,率揣摩而不得其当。大似听讼者,两造未具,而臆决其是非;赃证未形,而悬拟其罪案,谁则服之?为士师者,谓宜平反其冤狱,以为古今之一快!不当随俗尔耳也。"这是说,程颢对佛氏所知甚浅,没有资格对佛氏指手划脚说东道西。

程颢批评佛氏:"佛穷神知化,而不足以开物成务。"弱侯不同意此说,反驳道:"学不能开物成务,则神化何为乎?伯淳尝见寺僧趋进甚恭,叹曰:'三代威仪尽在是矣!'又曰:'洒扫应对,与佛家默然处合。'则非不知此理。而必为分异如是,皆慕攻异端之名而失之者也。不知天下一家,而顾遏籴曲防,自处于偏狭固执之习。盖世儒牵于名而不造其实,往往然矣。乃以自私自利讥释氏,何其不自反也!"②

其实,大程批判佛氏主要着眼于佛氏论中那些有悖于儒学纲常名教的内容,批判的矛头针对佛氏"不足以开物成务"的部分。大程并非将佛氏看得一无是处,他对佛氏的"穷神知化"即有所取,只是认为儒之取佛不能耽于形上之思,以至云遮雾绕,飘飘然落不到一个"实处",是故大程有"其说未能穷,固已化而为佛"的担忧。而弱侯从根本上就要打通儒佛壁垒,所以先拿儒学经典来证佛氏,然后"入室操戈","以其人之道还治其人之身",对于大程所喜佛氏之"穷神知化",弱侯绝口不提。其所抓"把柄",就在大程"不经意"间谈及佛氏于形下践履之用方面与儒学亦庶几相通处,以此作为驳斥程颢之口实。这是弱侯对儒学一贯坚持的辟佛理据中最后、也是最重要的一道关卡发起的冲击。而弱侯之论中可玩味者,在他提出"士师谓宜平反其冤狱,以为古今之一快"的主张。谁有"冤狱"?平反此"冤狱"究竟可以大快谁人之心?从弱侯这种颇带煽动性的言语中,我们可以体味出他的"肆无忌惮"。合观前文赵贞吉诘问程朱不避佛氏的实例,若没有要求打通儒释壁垒的社会氛围作基础,弱侯及赵贞吉等又何至大胆如此!以之与程朱等人要求"两分"地对待佛氏相比,弱侯等则要求"一塌刮子"肯定佛氏,二者立场之差异又不啻冰炭矣!

---

① 《明儒学案·泰州学案四》。
② 同上。

第一章 理学清算与清初学术思潮

李贽中年以前其学尚未守绳辙。自四十岁左右接受阳明学说。五十岁左右开始研究佛经。五十四岁以后，索性"入鸡足山，阅藏经不出"①。他晚年隐居麻城龙潭湖，剃发弃冠服，将其寓居地改为禅院，与禅僧无念、周友山等人谈经论佛，俨然已是一副出家和尚的嘴脸。而以混同儒释、以儒证释，又以卓吾为最放肆者。《焚书》卷三有《书黄安二上人手册》一文，卓吾以"贪"、"欲"二字论孔子与佛祖，他说：

人谓佛氏戒贪，我谓佛乃真大贪者。唯所贪者大，故能一刀两断，不恋人世之乐也。非但释迦，即孔子亦然。孔子之于鲤，死也久矣，是孔子未尝为子牵也。鲤未死而鲤之母已卒，是孔子亦未尝为妻系也。三桓荐之，而孔子不仕，非人不用孔子，乃孔子自不欲用也。视富贵如浮云，唯与三千七十游行四方，西至晋，南走楚，日夜皇皇以求出世知己。是虽名为在家，实终生出家者矣。故余谓释迦佛辞家出家者也，孔夫子在家出家者也，非诞也。

李贽的论断站得住吗？他提到孔子与妻、子的关系，而这些关系均需放在礼制的背景下方能够看出李贽论断之"妄"。

首先，李贽认为"鲤未死而鲤之母已卒，是孔子亦未尝为妻系也"。但众所周知，孔子夫妻关系并不好，孔子因而"出妻"即离弃其妻。既如此，孔子于妻本没有"系"的义务。另据《礼记·檀弓下》：

伯鱼之母死，期而犹哭。夫子闻之，曰："谁以哭者？"门人曰："鲤也。"夫子曰："嘻，其甚也。"伯鱼闻之，遂除之。

按《仪礼·丧服》："出妻之子为母期。"期，一年之丧也。孔子出妻，则其子孔鲤据古礼当为母服一年丧。"期"服已过，孔鲤犹哭，孔子据礼制责孔鲤，此举合"礼"却未必合"情"，尤可见出孔子不仅夫妻不和，且父子关系也不睦。故李贽所说"孔子之于鲤，死也久矣，是孔子未尝为子牵也"也同样说不通。

又，孔子真像李贽所说那样淡泊仕途吗？先看《论语·子罕》："子贡曰：'有美玉于斯，韫椟而藏诸，求善价而沽诸？'"这里，子贡将孔子誉为美玉，意思是说，把美玉藏在柜子里好呢，还是求得好价钱卖掉好呢？其潜台词则是问："先生是愿意怀才隐居，还是愿意等待重用？"孔子回答："沽之哉！沽之哉！我待沽者也。"即"卖掉！卖掉！我愿等待买主"。这是"韫椟而藏"、"待价而沽"一语的出典，也是孔子对"仕"的态度。看孔子连称"卖掉！卖掉！"那种语气之急切，可知孔子对"谋仕"态度的积极。他大概不会只是坐在家中被动地等人来请。所谓"待价而沽"，这只是子贡的意思。再看《论语·阳货》，季氏家臣公山不狃据费邑叛，召孔子，孔子欲往。是故《礼记》说"孔子三

---

① 袁中道：《李温陵传》。

月无君,则皇皇如也",人谓孔子入仕"积极",斯为信言!

现在要问,李贽绝非不知孔子与妻、子关系恶化,更非不明了孔子"入仕"的积极,他为什么要"曲解"孔子?我认为,李贽这是借用孔子的权威论证儒释之相通。李贽说的要害在于:他将儒家的入世精神曲解为佛氏的出家精神,而谓此系孔子开启先河者;他坚持并伸张了正统儒学最反感、最不能接受的佛氏不守纲常名教立场,而又臆断孔子与释迦同。这种论调否定、背离了经世资治与纲常名教这两个传统文化价值观绝不允许逾越的精神禁区。以之与程朱等批判佛氏不守纲常名教之未尝稍假辞色相比,李贽立场之迥异又何啻天壤!

若赵贞吉、焦弱侯、李卓吾辈混同儒释以儒证释的论调在明中叶以后出现是极可注意的。之所以说它"极可注意",是因为这种论调出现在作为社会统治思想和理论中枢的理学营垒中。它对于当时社会上种种"异端"思潮的形成,起到了理论启迪与推波助澜的作用。

众所周知,明中叶以后意识形态领域内发生了某些重大变化。在《拍案惊奇》等小说中,人们嗅到的是浓重的拜金主义气味,"都在这钱字上做了工夫,父母看作路人,兄弟认作别姓,那朋友一发是个外国四夷之人。单单只有那妻子,讨了他些便宜,若是势力到那极处,便是出妻献子,他也是甘心的了。所以世情渐次浇薄,民风专尚奢华,你争我夺,把个道义都撇在扬子江里"①。原居于士、农、工、商末位的商贾,因财大气粗而变得受人尊敬,正统士子则大为贬值。如《醉醒石》中写一个吕姓缙绅,靠当官积攒下万贯家财。吕某本读书人出身,但他有了钱就再不让儿子读书。有人劝他为儿子延请名师调教,他说:"读什么书!读什么书!只要有银子,凭着我的银子,三百两就买个秀才,四百两是个监生,三千是个举人,一万是个进士。……靠这两句书,这枝笔,包你老生头白。"《金瓶梅》第五十七回西门庆口吐狂言,声称"咱只消尽这家私,广为善事,就是强奸了常娥,和奸了织女,拐了许飞琼,盗了王母的女儿,也不减我泼天富贵。"再看明中叶以后铺天盖地的《绣榻野史》、《闲情别传》、《浪史》、《肉蒲团》等小说,"不以纵谈闺帏方药之事为耻"②,露骨地宣扬色情。

上述种种都是传统价值观和伦理道德观败坏的表现。上述变化的深层次原因,自然可以到社会现实的变化中去寻找。然而,从观念形态本身的变化中同样也能得到相当的解答。思想观念形态之"是"与"非",过去主要由"社会"来作评判,此为"他评";现在,师心自用的理学家却宣称可以自己来判断裁决,此为"自评"。他们的师心自用原本袭自佛氏的"直指本心",但理学家却宣称儒释本就是一家,消除了人们原先

---

① 瓮庵子:《生绡剪》第十二回。
② 鲁迅:《中国小说史略》。

对于"异端"的担心。这无疑给了上述种种"异端"思潮一种坚强的自信。

与此同时,传统的治学标准和治学目的论在学术圈内也遭到了怀疑。例如,"公安派"创始人袁宏道的文论就将"文以载道"的教条搁在一边,提出了"独创性灵"的文学创作论;汤显祖反对压抑人性,鼓吹"爱情至上",说爱情"一往而深,生者可以死,死可以生"①。至于李贽否定以《六经》为"万世之至论",反对以孔子之是非为是非,"排击孔子,别立褒贬,凡千古相传之善恶,无不颠倒易位"②,更是挣脱手眼、别出新异的典型了。学术圈内发生的这些变化,当然也可以有政治、经济等方面原因的说明,但如果从思想本体着眼,这种变化则主要是受到了禅宗与援佛入儒的阳明心学呵佛骂祖,强调"本心",尊重个人思考等因素的影响使然。顾炎武说:"盖自弘治、正德之际,天下之士厌常喜新,风气之变,已有所自来。而文成以绝世之资,倡其新说,鼓动海内。"③顾炎武深刻揭示了阳明心学迎合士大夫社会喜新厌旧之需,从而引动社会思潮发生重大变化的实情。作为这股社会思潮理论中坚的阳明后学,他们人数虽然不多,影响却不小。黄宗羲说:"李卓吾鼓倡狂禅,学者靡然从风。"④"靡然从风"四字点透了李卓吾援佛入儒对当世学风的影响。袁宏道《别龙湖师》对李贽的赞誉有"死去君何恨,《藏书》大得名"之说,亦可见李贽影响之大。以焦弱侯论,他不仅与学界名流均有往来,且与当时的"新潮"人物如达观、汤显祖、袁宏道、陶望龄也过从甚密,声气相投。他作为文坛领袖,身处"人士辐辏之地"的金陵,"主持坛坫如水赴壑,其以理学倡率王弇州(王世贞)所不如也"⑤。其影响更不容低估。

正是出于对阳明后学援佛入儒,扰乱儒释门庭已经造成或将造成严重社会后果的深切担忧,早在万历十五年(1587年),徐桓便上书,建议科举考试须以孔孟儒学为准,严禁士子在科场中牵合佛氏话头⑥。十九年,礼部又题奏"异端之害,惟佛为甚",故应严加禁止。与此同时,学术界的某些先达也开始了对阳明一派学人援佛入儒的批判。

罗钦顺(整庵)评陆王心学称:"象山之学,吾见得分明是禅"⑦,"从源头便是佛氏本来面目。"⑧"仆与王(阳明)、湛(若水)二子皆相知,盖尝深服其才,而不能不惜其学术之误。其所以安于禅学者,只为寻个理学不着。"⑨整庵主张严守儒释疆界,故认为

---

① 《汤显祖集》卷三三。
② 《四库全书总目提要》。
③ 《日知录》卷一八,《朱子晚年定论》。
④ 《明儒学案·泰州学案四》。
⑤ 同上。
⑥ 《明神宗实录》卷一八六。
⑦ 《困知记》附录,《答允恕弟》。
⑧ 《困知记》,《答陈倚御国禅》。
⑨ 《困知记》,《与林次崖金宪》。

学当"取证于经书"而不可"师心自用"①。他很清楚阳明一派援佛入儒主要袭用佛氏的形上思辨,是故整庵批驳阳明多从此等处着眼。例如他在和欧阳德辩难时就反复强调阳明的"致良知"与孟子的性善论根本不同,实际就是佛氏的"以知觉为性"②。杨慎(用修)则一针见血道破了阳明援佛入儒对纲常名教和世道人心的破坏,他指出:

> 道学、心学,理一名殊。……彼外之所行,颠倒错乱,于人伦事理大戾。顾异巾诡服,阔论高谈,饰虚文美观而曰:吾道学,吾心学,使人领会于渺茫恍惚之间,而无可著摸,以求所谓禅语。此其贼道丧心已甚,乃欺人之行,乱民之侪,圣王之所必诛而不以赦者也!何道学心学之有?③

杨慎坚决主张辟佛而本之于儒家经典,甚至认为离经即是叛道,谓:"逃儒叛圣者以六经为注脚;倦学愿息者谓忘言为妙筌。"④"得鱼忘筌"典出《庄子·外物篇》,亦谓"得意忘言",认为言辞者所以达意也,意既达言辞何用?是可忘之。杨慎此处点出"倦学愿息者谓忘言为妙筌",意实指理学所受禅宗"不立文字"之影响,仅凭一己穷神妙化之悟,不以儒学原典为本根的学风。

当然,罗整庵、杨用修辈对阳明学援佛入儒的批判,当时并没有引起士大夫阶层的普遍警醒与广泛响应,那是因为斯时禅悦之风尚盛,谈玄说妙的阳明心学正符合士大夫阶层的思想情趣,正如杨慎所说:"良知及知行合一之说一出,新人耳目。如时鱼鲜笋,肥美爽口,盘肴陈前,味如嚼冰,若久而厌饫,依旧是鹅鸭菜蔬上也。"⑤所以,罗钦顺、杨慎辈对阳明心学援佛入儒的批判,还仅仅是一个初步。阳明心学遭到士大夫阶层大规模的"围剿",还要等到万历末年,其代表便是东林士子。

三、资治与辟佛:东林学风转轨的内在动力

万历以降的明代社会,真可谓河溃鱼烂腐朽不堪了:神宗的不理朝政,一连串的赏赐、册封,连续不断的战争,北方后金的崛起,三饷加派,党派之争,魏忠贤专权等,把明代社会搅得"寰宇震动,四海沸腾"。随着社会现状的急剧恶化,文人士大夫资治卫道的神经就像冬眠初苏后的动物那样,在经历了"惊蛰"的震荡后一下子猛醒过来。东林党,这个晚明最具影响力的政治学术团体,率先发出了资治卫道的治学警告。顾宪成说:"官辇毂,念头不在君父上;官封疆,念头不在百姓上;至于水间林下,三三两

---

① 《困知记》,载《明儒学案·诸儒学案中一》。
② 参见《明儒学案·江右王门学案二》。
③ 《升庵全集》卷七五,《道学》。
④ 《升庵全集》卷二,《周官音诂序》。
⑤ 《升庵全集》卷七五,《蒋北谭戏语》。

两,相与讲求性命,切磨德义,念头不在世道上,即有他美,君子不齿也。"①顾允成说:"吾叹夫今之讲学者,恁是天崩地陷,他也不管,只管讲学耳。"所讲之事,"在缙绅只明哲保身一句;在布衣只传食诸侯一句"②。黄尊素"以开物成务为学,视天下之安危为安危",认为"苟其人志不在弘济艰难,沾沾自顾,拣择题目以卖名声,则直鄙为硁硁之小人耳"③。

与此同时,东林士子一反如赵贞吉、焦弱侯、李卓吾辈的混同儒释,而一致采取了严判儒释畛域,不使混淆的治学立场。试看梨洲《明儒学案》所举如顾宪成、高攀龙(景逸)、钱一本、孙淇澳、顾允成、黄尊素等,他们主观上反佛氏,严守儒释疆界的立场皆鲜明而坚确。顾允成甚至谓"自三代以后,其为中国财用之蠹者,莫甚于佛老,莫甚于黄河。一则以有用之金,涂无用之像;一则以有限之财,填无限之壑。此所谓杀机也"④。而下逮蕺山,尤以辟佛为治学第一要务。时高忠宪《高子遗书》刚面世,蕺山便"尽日翻阅",将高氏书中羼杂的佛氏之论一一剔出,向梨洲说明,并直断高氏之学谓"古之有朱子,今之有忠宪先生,皆半杂禅门"⑤。但作为东林领袖,高攀龙辟佛的主观立场实际上很坚确⑥。高攀龙尊儒而贱视佛氏,蕺山却仍以"半杂禅门"断高氏,是蕺山认为高的辟佛仍不够坚决与彻底。再看梨洲将蕺山批判高氏的杂禅之论置为《蕺山学案》卷首语,正透露了至蕺山时在士大夫阶层中存在辟佛的群体要求:辟佛已然成为当时人们所关注的一个学术热点。

更具意味的是顾宪成(泾阳)谈他由少而长对佛氏态度的变化,其文集《小心斋札记》有云:

> 余弱冠时好言禅,久之,意颇厌而不言;又久之,耻而不言;至于今,乃畏而不言。⑦(重点号为笔者所加)

泾阳对佛氏由"好"而"厌"而"耻",终至于"畏",态度的渐次变化,恰是一代士子对佛氏的主观感受由喜好向厌恶渐次转移,终至于视佛氏为洪水猛兽的那种带有普遍性心理状态的鲜明写照,此说亦为"辟佛已成为当时人们所关注的一个学术热点"的结论添一坚强的旁证。泾阳对佛氏的"畏"而不言,正是学界对佛氏群起而攻之的学术背景制约使然,与赵贞吉、焦弱侯、李卓吾时那种公然倡佛尊佛,时不过数十年,却已是物换星移,昨是而今非了!

针对阳明一派的袭用佛氏,东林士子多从本体论、认识论、方法论等形而上的角

---

① 《明儒学案·东林学案一》。
② 《明儒学案·东林学案三》。
③ 《明儒学案·东林学案四》。
④ 《明儒学案·东林学案三》。
⑤ 《明儒学案·蕺山学案》。
⑥ 参见《明儒学案·东林学案一》。
⑦ 《小心斋札记》。

度，对阳明一派进行鞭辟入里的批判，这一做法，恰与前文所说罗整庵、杨用修的做法相似。同中有异者，整庵时对阳明学形而上方面的批判尚少，且不成气候，下至于东林时却已蔚然成风。

阳明"天泉证道"有"无善无恶性之体"一说，于心性之论最为精微。顾宪成则对"天泉证道"尤再三辩难。他首先揭出阳明此说源于佛氏之"空"，谓"无善无恶，二氏之所谓空也"。"佛学三藏十二部，五千四百八十卷，一言以蔽之曰：无善无恶。"①然后专门着眼于阳明之论在形式逻辑和方法论方面的矛盾，揭出了阳明立说逻辑上的缺陷和阳明以"知"代"行"的方法论罅隙②。钱穆《中国近三百年学术史·引论》称："无善无恶一辩，实当时东林讲学宗要所在也。"无善无恶之辩何以成为东林讲学之宗要，概因此论实乃阳明援佛入儒之根骸与结晶，东林士子欲批驳阳明，若是未从形式逻辑、认识论、方法论这样的"形上"处着手，终是未搔到痛痒处。这一点泾阳自己说得最分明："弟辨四字于告子易，辨四字于佛氏难，以告子之见性粗，佛氏之见性微也；辨四字于佛氏易，辨四字于阳明难。在佛氏自立空宗，在吾儒则阴坏实教也。"③足见东林士子要剥除掺杂于儒学中的佛氏，非"入其室而操其戈"，从形上学之精微处入手难能奏其功效。

值得注意的是，东林士子对阳明一派的批判，并没有仅仅停留在对形上学诸问题的反复论证上。他们对阳明一派"学理"之清算，这只是一个中转、一个过渡，他们的旨意，最终落在维护纲常名教的政治性内容上，落在上引泾阳所谓阳明一派的"阴坏实教"上，这才是东林士子的最终关切所在。东林士子要修复"实教"，便须对阳明一派的自立新异、注脚六经痛下针砭。

阳明有言："求诸心而得，虽其言之非出于孔子者，亦不敢以为非也；求诸心而不得，虽其言之出于孔子者，亦不敢以为是也。"泾阳驳道："此两语，某窃疑之。圣人之心，虽千百载而上下冥合符契，可以考不谬，俟不惑，无有求之而不得者……于此正应沉潜玩味，虚衷以俟，更为质诸先觉，考诸古训……苟不能然。而徒以两言横于胸中，得则是不得则非，其势必至自专自用，凭恃聪明，轻侮先圣，注脚六经，无复忌惮，不亦误乎？"高景逸也说："自昔圣贤兢兢业业，不敢纵口说一句大胆话。今却不然。天下人不敢说底话，但是学问中人说以心性之虚，见为名教罪人者多矣。"又说："若以今日禅家话头去驳孔子，语语是病。"④

细绎泾阳、景逸之论，认为阳明一派不以孔子之是非为是非，"师心自用"自定是非，煽动起"无复忌惮"的社会思潮，蛊惑、怂恿了人们蔑视"名教"的情绪。可见泾阳、

---

① 《论学书》，《明儒学案·东林学案一》。
② 同上。
③ 同上。
④ 同上。

景逸之论的"定性"是定在一个严重的政治问题上,而绝不仅仅是一个学术问题。所以,从资治卫道的立场出发,东林士子要捍卫被阳明后学搞乱了的伦理纲常,就必须归本于孔子,必须归本于儒家经典而严判儒释疆界。在东林士子那里,资治卫道——辟二氏——尊孔读经——弃虚蹈实,这是一个具有内在关联的、一以贯之的理论逻辑链。而东林士子重提以孔子之是非为是非的"政治标准",这就非将学风逼向那研读儒学经典的"实学"之路而不可止。正是从这个意义上,我们说,余英时先生的《历史与思想》仅从理学内部的"道问学"和"尊德性"之争来诠释清代考据学的形成是不够的。余氏不足之处在于,他将理学内部的"道问学"与"尊德性"之争看成了"纯学术"之争,忽略或者说至少没有强调隐藏在"道问学"、"尊德性"之争背后更深层次的"资治卫道"治学目的论对学风的制约性影响,更没有揭示明清学风在由"虚"转"实"过程中排佛思潮所起的决定性作用。这就使余先生的论证缺少了一个必不可少的逻辑环节。

如前所说,泾阳之论中已提到"质诸先觉,考诸古训"。泾阳又说:"博文是开拓功夫,约礼是收敛功夫。"①高景逸则提出当仿"圣贤立教,必通上下,照古今"的治学主张;与泾阳一样,景逸也认为"格物愈博,则归本愈约"②。

众所周知,"博"与"约"是理学中长期争论不休的老问题,也是区别朱熹之学与阳明心学的重要标志之一:朱学主由"博"反"约",阳明学主因"约"涵"博"。现在祖出于阳明一派的泾阳、景逸却倾向到了由博反约的治学立场,这是王学营垒内部③学风上的一个重要变化,这说明,读书穷理在东林士子中正逐渐成为一个带有普遍性的共识。如高景逸就对当时一般学者"神短气浮"深致不满,认为其人"最受病处,在自幼无小学之教,侵染世俗,故俗根难拔"。对此景逸提出"必埋头读书,仪义理浃洽,变易其俗肠俗骨"医治其病④。顾允成也认为:"弟近来只信得《六经》义理亲切,句句是开发我道心,句句是唤醒我人心处。学问不从此入,断非真学问;经济不从此出,断非真经济。"黄尊素治学崇实,"凡五经中随举一句,先生即口诵传疏,澜倒水决,类如此"。

东林一派士子由资治出发而要求厘定儒释疆界;又由归本儒学进而主张崇实治经;黄尊素身体力行,以汉唐注疏解经,已非停留在理论的倡导和论证而落实于治学实践,开清代考据学之先声。这种学风,在阳明心学大盛之时,在阳明后学谈玄说妙,津津乐道于"心"、"性"之际难得多见。当时虽有罗整庵、杨用修一辈人辟佛而倡导实

---

① 《商语》,《明儒学案·东林学案一》。
② 《论学书》,《明儒学案·东林学案一》。
③ 按,东林士子之学派究竟当归入朱熹一派还是阳明一派?有谓东林之学为"新朱子学"者。台湾"中研院"文哲所持此论者颇多。钱穆先生则谓顾泾阳"教法,仍是阳明立诚宗旨"(见氏著《中国近三百年学术史》,"引论",中华书局1984年版,第10页)。此论甚确。故本书仍以为东林归入阳明一派为妥。
④ 《论学书》,《明儒学案·东林学案一》。

学,但响应者寥寥不成气候。现至于明季却已成为东林学子普遍认可的治学主张,这就预示着一个重要学术转机的到来。

众所周知,东林党是明季最具影响力的政治学术团体。自万历甲辰(1604年)到天启初,东林人士已全面掌握了内阁。时邹元标首召为大理寺卿;赵南星当了吏部尚书。此二人过去曾与泾阳同在林下讲学,被海内目为"三君"。同时韩爌、叶向高等人也入了阁,东林势力可谓盛极一时。加以东林人物分布极广,如钱穆《中国近三百年学术史·引论》所举,陆桴亭、李二曲受东林道南一派的影响,河北有孙夏峰,浙东有刘蕺山,钱穆谓"东林学风,几分中国",其社会影响之大,诚如黄宗羲所说:"凡一议之正,一人之不随流俗者,无不谓之东林,若是乎东林标榜,遍于域中,延于数世。"①

以东林士子所处的社会地位及其影响,其人挟执舆论清议之牛耳势,作开一代学术新风之努力,转移旧俗,辟导新路,东林当有任焉而不让!这一筚路蓝缕之大业,亦舍东林而莫属!是故明季学术路径趋向于弃虚蹈实,造成学术界普遍的仇佛心理和摒弃形上思辨的学风,东林士子因资治卫道之需而倡为辟佛读经之论,此实乃其间一至关重要之枢机。天启间魏忠贤专权打击东林党,东林势力曾一度受挫。但一俟崇祯当政诛灭魏阉,东林余烬便即刻复燃为复社势力,其治学主张便亦以此为传导而遗泽后世。明亡清兴以后顾亭林等一代学术大师遂全盘继承了东林遗风,并渐次演变为清代考据学。

第二节　辟"二氏"与弃虚蹈实:清初理学清算之学术路径

明亡清兴,周鼎转移,天崩地解。清初那些经历了明清易代历史大变故刺激的一代士子,在检讨明代灭亡的原因时,无不将明亡的历史责任推到阳明一派学人的"空言误国"上,追根溯源,清初诸大师又无不以佛氏为罪魁而深恶痛绝之。

顾炎武以阳明学为"禅学",又譬王学之空言误国如魏晋之清谈,谓其罪"深于桀纣"。他说:"以一人而易天下,其流风至于百有余年者,古有之矣!王夷甫之清谈、王介甫之新说。(原注:《宋史》林之奇言,昔人以王、何清谈之罪甚于桀纣。本朝靖康祸乱,考其端倪,王氏实负王、何之责。)其在于今,则王伯安之良知是也。""昔范武子论王弼、何晏二人之罪深于桀纣,以为一世之患轻,历代之害重;自丧之恶小,迷众之罪大。而苏子瞻谓李斯乱天下,至于焚书坑儒,皆出于其师荀卿高谈异

---

① 《明儒学案·东林学案一》。

论而不顾者也。"①王船山痛诋阳明一派援佛入儒,谓:"姚江王氏阳儒阴释诬圣之邪说,其究也,刑戮之民、阉贼之党皆争附焉,而以充其无善无恶圆融事理之狂妄。"②"故异端者,狂之痼疾,跖之黠者也。"③颜习斋《与同乡钱晓城书》:"仆尝有言,训诂、清谈、禅宗、乡愿,有一皆足以惑世诬民。宋人兼之,乌得不晦圣道误苍生至此!仆窃谓其祸甚于杨、墨,烈于赢秦,每一念及,辄为太息流涕,甚则痛哭。"李恕谷也说:"高者谈性天,撰语录;卑者疲精死神于举业,不惟圣道之礼乐兵农不务,即当世之刑名钱谷,亦懵然罔识,而搦管呻吟,自矜有学。……中国嚼笔吮毫之一日,即外夷秣马厉兵之一日,卒至盗贼蜂起,大命遂倾,而天乃以二帝三王相传之天下授之塞外。"

在清初诸大师中,梨洲的立场和言论最堪玩味。

《明儒学案·发凡》:

> 尝谓有明文章事功皆不及前代,独于理学,前代之所不及也:牛毛茧丝,无不辨晰,真能发先儒之所未发;程朱之辟释氏,其说虽繁,总是只在迹上。其弥近理而乱真者,终是指他不出;明儒于毫厘之际,使无遁影。

《学案·自序》则云:

> 有明事功文章,未必能越前代,至于讲学,余妄谓过之。诸先生学不一途,师门宗旨,或析之为数家,终身学术,每久之而一变。二氏之学,程朱辟之,未必廓如。而明儒深入其中,轩豁呈露,用医家倒仓之法,二氏之葛藤,无乃为焦芽乎?

《发凡》与《自序》,这是《学案》一书之眉眼,梨洲情神之所藉。他于其中两辨谓程朱及明代理学皆因辟佛而起,又谓明儒之辟佛尤精深于程朱,这是梨洲在为理学尤其是在为阳明心学强作辩解。与梨洲同时代的学者如亭林、船山、习斋、乾初等无不指王学援佛入儒、阳儒阴释。理学尤其是阳明心学之袭用佛氏,这是一个不争的事实。梨洲对此并非不清楚。他自己就曾说过:"先生(按:指王阳明)之学,始泛滥于辞章,继而遍读考亭之书,循序格物,顾物理、吾心终判为二,无所得入,于是出入于佛老久之。"④那么,梨洲何以要将阳明学之援佛入儒处或与佛有牵连处那样的要害问题轻轻放过,而仅着眼于阳明与佛氏的歧异?《明儒学案·师说》称阳明"特其与朱子之说不无牴牾,而所极力表彰者,乃在陆象山,遂疑其或出于禅。禅则先生固尝逃之,后乃觉其非而去之矣。夫一者诚也,天之道也;诚之者明也,人之道也,致良知是也。因明至诚,以人合天之谓圣,禅有乎哉?"看梨洲在《姚江学案》中为阳明所作非禅的辩解,

---

① 《日知录》卷一八,《朱子晚年定论》。
② 《正蒙注序论》。
③ 《尚书引义》卷五,《多方》。
④ 《明儒学案·姚江学案一》。

其所占篇幅之重,可谓连篇累牍。罗整庵之学与阳明心学截然二途。即便论及整庵,梨洲也要为阳明作一番非禅的强论。在阳明到底与佛氏有没有关联的问题上梨洲一而再、再而三喋喋不休,这究竟是为什么?我认为,梨洲这种欲盖弥彰的强辩恰恰透露了"禅"与"非禅"这一问题在当时社会认知上的严重性,它同时也透露出梨洲本人对这一问题的重视程度,表明了梨洲本人的辟佛立场:倘若没有当时那种普遍存在的仇视佛氏并牵连到阳明的社会心理作基础、作铺垫,梨洲为阳明之辩便无法理喻;换言之,正因为清初士大夫群体以亡国的切齿之恨归罪于援佛入儒的王学,这才引起了梨洲的严重关切。全谢山在《答诸生问南雷学术帖子》中曾说,梨洲治学不免余议者有二:"一则党人之习气未尽,盖少年即入社会,门户之见深而不可去;一则文人之习气未尽,以正谊明道之余技,犹流连于枝叶。"就是说,梨洲治学仍未能摆脱门户之见而坚持王学立场。倘若将梨洲这一看法拿到他为阳明所作非禅的强辩中来审视,恰恰说明梨洲之辩一定有仇佛而归诸阳明那种普遍的社会心理为基础。——众人皆因仇佛而归罪于阳明,这才使得本属于王学营垒的梨洲要在《学案》中为阳明作"非禅"的强辩与洗刷。

　　清初学术界仇佛心理蔓延的结果,便是佛氏连带形上思辨学风一并遭到摒弃,而使治学愈趋于实证。看清初诸大师,以船山最具哲学色彩,习斋亦富理论思辨。船山、习斋等为清算理学之需,尚不惜笔墨于言理辨性,但船山后继无人,颜李学派中途夭折,难以为继。其中的原因何在?我以为,学术界对形而上的学术问题普遍感到厌倦、缺乏兴趣,也就是说,理学形而上的发展,到了清初已失去生命力,失去了学者的内在心理支持,这肯定是重要原因之一。万季野谈他的治学经历时曾说:"某少受学于黄梨洲先生,讲宋明儒者绪言,后闻一潘先生(按:潘用微)论学。谓陆释朱老,憬然于心。既而同学竞起攻之,某遂置学不讲,曰:予惟穷经而已。"季野此说最能反映风气将变未变时学者的普遍心态。其说有两点值得注意:其一,潘先生论学,独独挑出朱陆为议论对象,又以释老相拟,可知此时释老一定已恶名昭著,理学即因与释老有牵连而一并遭到学者的排斥,季野同学竞起攻朱陆恰可为一旁证;其二,万季野仅仅听说"陆释、朱老"之评,便不假思索置"学"不讲,当时学界对形上思辨学风之厌弃从季野态度的决绝中恰可以洞见。而万季野由置学不讲进而以"穷经"为唯一治学取向,这也正是清初学风由"弃虚"而不得不"蹈实","蹈实"亦皆由"弃虚"——摒弃形上思辨学风——而来的一个显证。

　　要之,因清算理学之需而兴起的辟二氏,构成了清初学术运动的主题与中心。清初疑古思潮亦即缘此而发。作为清初疑古思潮的学术中坚,陈确、阎若璩和胡渭皆辟佛黜老,批判形上思辨学风者;戴名世虽非置身于理学清算运动的主流,但其治学中同样可见"辟二氏"之踪影,这就从另外一个侧面反映了清初清算理学运动的鲜明特点。

第三节　陈确与《大学辨》

一、《大学》一书源流及其在理学中的地位

《大学》原是《礼记》中的一篇，原作者是谁？郑玄以前的经学家没有说明，郑玄也没有说明，直到孔颖达撰《礼记正义》仍然没有说明。北宋司马光撰《大学广义》，是为《大学》单行本之始。但司马光没有窜改《大学》原文，更没有指明作者。大程（颢）始移易《大学》原文章节，成《大学定本》一书，又认为《大学》是孔子遗书，谓"初学入德之门"，读《大学》最为当紧。大程的《大学定本》一书是《大学》改定本之始。因大程此书，《大学》在儒学中的地位开始上升。小程（颐）也移易《大学》原文章节，另成了一种不同于程颢的《大学定本》。自二程以后，研究《大学》的学者逐渐增多，这也反映了《大学》地位的提高①。

到了南宋，朱熹撰《大学章句》和《大学或问》。他不仅如司马光那样将《大学》从《礼记》中抽出，且将《大学》与《论语》、《中庸》、《孟子》三书合并成《四书》，并将《大学》列于《四书》之首；他也不仅像二程那样窜改《大学》章节文字，将《大学》分为"经一章"、"传十章"，且指明《大学》为曾子和曾子门人所作。

自从朱熹表彰《大学》，《大学》取得了儒学经典的地位。《四书》和《五经》，宋以前学者重《五经》，宋儒重《四书》。因为这个缘故，宋以后，《大学》就依傍《四书》升到了儒学经典的首位。

朱熹治学，毕生精力近半施之于对《大学》的研究。在朱熹看来，儒学经典中《四书》最足以体现儒学精神。他认为，孔子所开创的儒学到战国时虽分为孟、荀两派，但能传孔学真谛的是孟而非荀。孟子以后儒学道统中断。直到二程，才将这不绝若线的儒学道统重新接上。从儒学道统的文本结晶看，孔子有《论语》，孟子有《孟子》，孔子之孙子思的门人是孟子的老师，《中庸》据说为子思所作，《中庸》便取得了儒学道统的地位。这样，《四书》中就只剩下《大学》无"着落"，需要"处理"了。朱熹认为，从格物、致知、诚意、正心、修身到齐家、治国、平天下，儒学"内圣外王"之理莫不详载于《大学》，所以，《大学》应当且足以取得儒学道统的地位。基于此，朱熹将《大学》分为"经"、"传"两部分："经"为孔子语而由曾子所转述；"传"则是曾子的意见而由曾子门人所记录。这是朱熹分《大学》为"经一章"、"传十章"的根据。因此，《大学》之"经"、"传"并非《大学》本有，而是朱熹出于道统论的考虑强加给《大学》的。

---

① 参阅周予同：《群经概论》，载《周予同经学史论著选集》，上海人民出版社1983年版。

从方法论层面看,《大学》又是朱熹"格物致知"方法论的理据所在。他认为,《大学》"一书之间,要紧只在'格物'两字"①。其《大学章句》又云:

  所谓"致知在格物者",言欲致吾之知,在即物而穷其理也。盖人心之灵,莫不有知;而天下之物,莫不有理;惟于理有未穷,故其知有不尽也。是以《大学》始教,必使学者即凡天下之物,莫不因其已知之理而益穷之,以求至乎其极。至于用功之久,而一旦豁然贯通焉,则众物之表里精粗无不到,而吾心之全体大用无不明矣。此谓"格致",此谓"知"之"至"。

以上是朱熹"格物致知"方法论的典型表述。朱熹释"知"为知识,是客观认知的外在对象与客体;训"格"为求、为探讨、为穷至,要求人们通过对天下万物穷究其理的途径而达于"致知"。

与朱熹迥然有别,阳明不同意释"知"为"知识",而认为"知"当训为"良知"之"知",是为"心"的本体。他也不同意训"格"为索求与探讨外在的物之理,而认为当训"格"为"正"。因此,所谓"格物",在阳明看来并非穷究物理之谓,"乃致吾心固有之良知之义",那么,"格物"实际上也就是"正心"的别解;而所谓"致知"云者,在阳明看来亦非扩充知识之谓,而是"正意念所在之事物"即回复"良知"。

正因为在认识论、方法论方面朱、王有如此分歧,而这种分歧又围绕着对《大学》基本内容的诠释而展开,因有与朱子立壁垒,阐明"致良知"之需,阳明乃撰《大学古本》。对于阳明此举,余英时先生解释为"是一种校勘的工作",认为这是"道问学"在晚明时已露端倪,"尊德性"亦不得不向"道问学"靠拢的征兆。我以为,余先生为了挖掘"道问学"在晚明的端绪,不免夸大了阳明《大学古本》在校勘学方面的意义。阳明撰《大学古本》,与其说是一种"校勘的工作",毋宁说是一种"哲学的工作",这样解似乎更加符合阳明原意,因为《大学古本》所论宋人移易《大学》原文章节、臆断《大学》作者等方面的"校勘性"内容并不构成其主体,所占分量也不大。阳明撰《大学古本》,旨意是落在与朱熹辩难"格物"与"致知"内涵上的。也就是说,《大学古本》谈"校勘"是假,是幌子;论"哲学"是真,是目的。阳明是为了建立或加强"致良知"理论体系才撰《大学古本》。因有此一层目的,《大学古本》开宗明义便指出:"《大学》之要,诚意而已矣;诚意之功,格物而已矣;诚意之极,止至善而已矣;止至善之则,致知而已矣。"又说:"致知云者,非若后儒所谓扩充其知识之谓也,致吾心之良知焉耳。良知者,孟子所谓是非之心人皆有之者也。"

这里,阳明以"诚意"为《大学》之要,又以"止至善"而至于"良知"的几个逻辑步骤解释《大学》之"要",这全是阳明理论体系的翻版与扩充。而"致知云者,非若后儒所

---

① 《朱子语类》卷一四。

谓扩充其知识之谓,致吾心之良知焉耳"一语,尤其明确无误指明了阳明撰《大学古本》欲与朱熹辩难,加强"致良知"思想体系的意图。

综观朱熹、阳明围绕《大学》而展开的论述,其宗旨,一在阐述格物致知;一以借论《大学》古、今本之异同,申发其致良知的理论体系,此朱王两家之歧异处;但两家的重点均在"形上"一边,换言之,对形上学的关注,是朱、王两家围绕《大学》而展开论战的学术"兴奋点"所在,此又为朱王两家的共同处,这一点应当引起特别注意。

陈确出,撰《大学辨》。他所处的时代,在经历了明清易主国祚换代的历史大变故刺激以后,尤其厌恶主观的冥想而导向实学的路径:这是一个由"道"而"器"、由"形上"转向"形下"、由心性的"尊德性"转向考据的"道问学"、由"理论"转向"践履"的思想大转折时代:这是一个学风丕变的时代。乾初与阳明,因浸染学风不同,学术背景大异,是故两家虽也都辨《大学》之伪,但立论的本旨却貌同而神异。

二、陈确及其《大学辨》

陈确(1604—1677),浙江海宁人,原名道永,字非玄。清顺治四年(1647年)四月退学后始改名,字乾初。

陈确早年好文学诗词,勇于见义。自四十岁时与祝开美同受业于刘宗周(蕺山),学风丕变,"一切陶写性情之技,视为害道而屏绝,其勇于见义,遇不平而辄发者,亦视为任气而不复蹈,惟皇皇克己内省,黜伪存诚,他不暇顾也"①。明亡,蕺山、开美皆殉难(蕺山绝食而亡,祝开美上吊而亡),乾初乃舍弃经生业,著述山中,著有《大学辨》、《禅障》、《性解》、《葬论》等。

陈确虽学出王门,但他经历过明清易主亡国之痛的大刺激,饱尝过业师刘宗周与密友祝开美因明亡而相继殉难带来的大打击,这自然促使乾初与当时士子一样对明亡之因作深刻的思考;与当时学界的认识相一致,乾初也认为明亡系由学者的"空言虚论"所致。是故他对于形上思辨学风同样感到厌倦。起而反省,将"虚论"与"禅"相关联而主张"实践"、"实学",主张当杜绝二氏。他说:"《学》、《庸》二书,纯言经济,而世不察,谓是言道之文,真可哑然一笑。"②又说:"今之学者,大抵皆舍其所已明,而日求其所未明……要皆未离乎虚知见而已:未离乎虚知见,即未离乎禅。此宋以来学者大病,弟每痛此,入于骨髓,深欲与同志一洗斯惑也。"③"弟细反病根只欠切实功

---

① 许三礼:《海宁县志·理学传》,载《陈确集》卷首,中华书局1979年版。
② 《与吴仲木书》,载《陈确集》,第74页。按:陈确此书撰于顺治九年(1652年)。书中对《大学》尚有肯定性评价;而至顺治十一年陈确撰《大学辨》(见《陈确集》,第31页)时,他对《大学》已持全盘否定态度。此亦可见在这两年中乾初治学观念之转变。
③ 《复吴裒仲书》,载《陈确集》,第96页。

夫。略欠切实,便是不诚,便是虚浮之学。"①

《四书》中《论语》、《孟子》已定性为"圣人"书,故陈确不论。但他将《大学》、《中庸》之旨定位于"纯"言经济,这个定位,联系他对"言道之文"、"虚知见"和"虚浮之学"的否定,可见其治学路径与晚明王门偏向于形上之思截然有别。尤可注意者,他对形上之思的否定与"禅"相互联系,恨佛痛禅"深于骨髓",表现出一种深恶痛绝的情绪化倾向。在《复朱康流书》中他更有大段议论②。陈确此信作于康熙二年癸卯(1663年)他59岁时,距其作《大学辨》已9年,正可视为《大学辨》一书的补充与说明。信中乾初对佛氏形上、形下两方面均全盘否定。对佛氏他有"咬牙切齿"之恨,有三"必不可"倿佛之说,意态坚决,行辞严厉。他大声疾呼儒学之士当严守儒释疆界,口、笔不涉二氏"以杜万世之祸本",这正是东林遗风的再现。东林士子基于卫道立场,对于阳明后学的援佛入儒进行过初步的清算。明亡后乾初辈接踵而起,亡国之痛的激荡使乾初一辈人将学者援佛入儒视为误国左道而深恶痛绝。在这种社会思潮下他们对理学援佛入儒作进一步清算,目的依然在卫道。有了这一层铺垫,我们再来看乾初辨《大学》,这也正是他严守儒释疆界,批判理学援佛入儒治学立场的应有表现。

陈确辨《大学》,引经据典,并借重于训诂小学,表现出一种完全不同于理学的治学风格。陈确首先对"大学"一语能否成立提出质疑,指出:"首言'大学'云者,非知道者之言也。子言之矣:'下学而上达。'夫学何大小之有?'大学'、'小学'仅见《王制》,亦读'太',在《大学》者疑即本此,亦犹宋人作《小学》也云耳。虽然,吾又乌知'小学'之不更胜'大学'也?"③

理学的形而上学化,逐渐偏向于形上思辨的治学路径,以此宋明儒将《大学》定位于"言道之书",这是符合学术逻辑的。现陈确强调"下学而上达",表彰小学而批评大学,此种立场与理学家殊不类。陈确又指出:"其曰'在明明德,在亲民,在止于至善'者,皆非知道者之言也。三言皆脱胎《帝典》。《帝典》自'克明俊德'至'黎民于变时雍',凡七句,此以三言括之,似益简切,而不自知其倍也。……古人之学,虽不离乎明,而未尝颛言明,推之《易》、《诗》、《书》可见,恶其逃于虚焉故也。"④

这里,乾初以《大学》与《尧典》相对勘,看出了《大学》之"三条目"剿袭《尧典》而又改动《尧典》的破绽,他指出《大学》语义不及《尧典》精湛,所辨平允。他又以《大学》专言"明"与《易》、《诗》、《书》之不同,认为《大学》之弊在"逃于虚"。"逃于虚"者,耽于形上之思之谓也。这就在批驳《大学》"务虚"的同时,表明了乾初本人"务实"的治学立场。

---

① 《与吴裒仲书》,载《陈确集》,第117页。
② 可参阅《复朱康流书》,载《陈确集》,第128页。
③ 《大学辨》,载《陈确哲学选集》,科学出版社1958年版,第2页。
④ 同上。

程、朱一称《大学》为孔子遗书,一谓《大学》为曾子所言,乾初驳道:

《大学》两引夫子之言,则自"于止"、"听讼"两节而外,皆非夫子之言可知;一引曾子之言,则自"十目"一节而外,皆非曾子之言可知。由是观之,虽作《大学》者绝未有一言窃附孔曾。而自汉有《戴记》,至于宋千有余年间,亦绝未有一人谓是孔、曾之书焉者。谓是千有余年中无一学人焉,吾不信也。而自程、朱二子表彰《大学》以来,至于今五百余年中,又绝未有一人谓非孔、曾之书焉者。……嗟乎!学者之信耳不信心,已见于前事矣,而又奚本之足据乎?

陈确从《大学》的内部矛盾入手,指出程朱谓大学为孔、曾之书不可信,言征据足,程朱未能为之辩。乾初认为自汉唐以来治《戴记》者多,然从未有将《大学》指为孔、曾之书者,这种学术上的考镜源流,也才称得上真正意义上的"校勘"和辨伪工作。对于学界那种一味盲从、口耳相传、以讹传讹,却不愿意认真思考的学风,乾初的批评亦极中肯綮。

然而,陈确之辨《大学》,非为考据而考据,为辨伪而辨伪,其考据辨伪背后有更深一层的旨意,那就是以绌佛氏为抓手,以考据辨伪为津筏,最终目的在于清算理学的形上思辨学风。由此出发,对于朱熹、阳明围绕《大学》争论所表现出的"形上"意态,乾初一概摒弃。追根溯源,乾初则直指《大学》之"窜于禅",亦即指朱、王之"窜于禅",理学形上思辨之学之"窜于禅"。

朱熹围绕对《大学》的解释展开其格物致知论,因有格物穷尽乃可"豁然贯通"而"知止"一说。乾初指出:"《大学》前篇,语语说梦。其尤虚诞近禅者,在'知止'二字;其全神所注亦只在此二字。所谓格物、致知者,亦惟欲致其'知止'之知而已。"①又说:"天下之理无穷,一人之心有限,而傲然自信以为吾无遗知焉者,则必天下之大妄人矣!又安得一旦贯通而释然于有限之事、之理、之日哉?""必谓格物之'尽'乃可'豁然贯通',此惟禅学之诞有之,圣学则无是也。""禅家之求顿悟,正由斯蔽也,而不可不察也。"②

"天下之理无穷,一人之心有限",陈确这是基于"人生有涯,学海无边"这一常识性认知而作出的正确判断。作为认知对象,从横向上说,客观世界之大,万物之繁,其"理"实际上是"格"不尽的;从纵向上看,每一种物理也都有探究不尽的深度。因此,人的认识永远达不到那种"知止"的境界。"心非吾一人之心,理非吾一人之理也,吾其又敢以吾之说为必无疑于天下后世哉!其敬以俟之知道者。"所以,人只当老老实实去"学",按照"道无尽,知亦无尽"③的标准衡量,宣称已经"知止"、已经"豁然贯

---

① 《与张考夫书》,《陈确集》,第583页。
② 《大学辨》,载《陈确哲学选集》,第3页。
③ 《答唯问》,《陈确集》,第561页。

通"，那是井底之蛙的狂妄，"傲然自信以为吾无遗知焉者，则必天下之大妄人矣"。所以说，必谓"格"尽万物乃可"知止"，乃可"豁然贯通"一个"理"字，那就只能借助于"顿悟"而不能成其功。这里，陈确之辨刺中了朱熹"格物致知"认识论、方法论的缺陷要害。

阳明解《大学》之要在乎致良知，致良知之要在乎诚意。乾初则指出："《大学》之所谓'诚'者非诚也。凡言'诚'者皆兼'内'、'外'言。《中庸》言'诚身'不言'诚意'。诚只在意，即是不诚。"

这是说，"诚"不能仅仅向"意"、"心"上求，去"意"、"心"上讨分晓，而尤须向"身"边求"诚"，把这"诚"表现出来、实践出来、"行"出来。如果只是一味向内求心之"诚"，却不见此"诚"之践履及功效，"则是心之所发犹虚而不实也，而何以谓之诚乎？"这个驳论，从实践论角度看极有见地。一个整日价说"诚"却从不见实践"诚"的人，可以视作虚伪，也就可以视为"不诚"。因此，检验诚与不诚，当然应结合"身"之实践来进行。

阳明又有"诚意之极，止至善而已矣"之论，陈确不同意。他说："'至善'未易言也；'止至善'尤未易言也。古之君子亦知有学焉而已。善之未至，既欲止而不敢；善之已至，尤欲止而不能；夫学何尽之有？善之中又有善焉，至善之中又有至善焉。"所以，"止至善"云云，此"皆末学之夸词，伪士之肤说也"①。

上述陈确对朱熹和阳明的批评有一鲜明的特征，即系针对理学形上思辨学风而发。乾初以形上思辨与佛氏相关联，《大学辨》的内在逻辑，终是趋向于"实学"、趋向于"形下"、趋向于"行"的。对于理学家借《大学》之名行"异端"之实，乾初深恶痛绝。他有一篇《异端论》专门谈撰《大学辨》的宗旨，他说：

> 异端而自为异端焉，不必辨也；吾道而异端焉，斯不可不亟辨矣。异端而人知其为异端焉，不必辨也；异端之倍道益甚，祸世益深，而人犹未觉其为异端焉，斯不可不亟辨矣。异端而人知其为异端者，佛老是也；异端之倍道益甚，祸世益深，而人莫觉其为异端焉者，葬师之说是也。异端而自为异端焉者，佛之为佛，老之为老是也；吾道而异端焉者，《大学》之教是也。吾之辨之，岂得已乎？然二氏之徒日繁，而其教日益横也，则奈何？曰：此非二氏之罪，而吾儒之罪也。辟夷狄而入处中国，非夷狄之罪，而中国之罪也。中国之大，而无人焉主之，则夷狄入而主之矣。吾儒而无人焉，则二氏之徒日繁，而其教日益横也，亦势所必至矣，又何尤焉！吾悲学者不己之忧而忧二氏，日喋喋焉，曰：尔老也，夷狄也；尔佛也，夷狄之尤者也。虽敝而舌乎，奚补于吾道。而奚损于二氏！②

---

① 《大学辨》，载《陈确集》，第2页。
② 《陈确集》，第166页。

按,陈确为"净化"儒学门庭而有上述儒释之辨,他的卫道立场坚决;但乾初之辨仍可商榷:他呵斥佛氏之掺杂于"吾儒",譬之为夷狄入中国,全然漠视佛氏在理学形而上学化过程中不可替代的作用或者说功绩,这是一种狭隘的宗派主义学术门户之见。乾初并没有站在学术本体的立场对二氏有益于学术本身、有益于训练中华民族的理论思辨能力、有益于丰富与加深儒学内涵等方面的功用作哪怕一丝一毫的肯定,这个批驳大失偏颇;乾初本人批驳朱熹、阳明,其"形上"的遗风仍然依稀可辨,这种理论素养离不开理学的长期熏陶,某种程度上也就是离不开二氏的理论滋养。从学理的逻辑上立论,乾初若要彻底摆脱二氏,那就首先应当:一是彻底剥除理学中的二氏要素,并证明离开二氏理学照样能够成立;二是彻底摒弃理学形上思辨之形式,而不可运用于乾初自己的论证。但这实际上是不可能的,乾初自己也做不到这一点。

从辨伪学角度着眼,乾初之辨《大学》非先秦所成书;非孔、曾之书;《大学》之"明明德"数语本自《尧典》等皆坚确难移,这与乾初主张并实践了"实学"有关。但乾初谓《大学》"杂于禅"一说似有重加考虑之必要。《大学》原载于《礼记》,《礼记》历来被认为成书于西汉,为戴氏所编,无异辞。那时佛教还未传入中国,怎么说《大学》中羼入了佛氏之论?除非乾初证明《大学》成书于佛学已传入中国之后,并能够拿出论据论证《大学》究竟在哪些方面杂入了佛氏,否则此说便难以成立。而乾初只有一个"《大学》杂于禅"的结论却没有足够的证据,这很难服膺人心。儒学缺乏成体系的形上学,而《大学》中存在能够使儒学形而上学化的思想胚芽,宋明儒利用了这一点,以之与二氏相杂糅,从而创造了理学。若站在学术本体的立场,对此当有正面的肯定性评价。然而陈确一辈人经历了国故鼎新历史变故的大刺激,厌恶"空言误国",转而求"实"求"致用"——实乃"资治",对于二氏,对于援佛入儒遂不免有上述情绪化的偏激之论。

陈确对于《大学》的批判,在清初学界曾经掀起波澜。黄宗羲说:"其论《大学》,以后来改本牵合不归于一,并其本文而疑之,即同门之友斷斷为难,而乾初执说愈坚,无不怪之者。"朱彝尊《经义考》也说:"《大学辨》始成,闻者皆骇。桐城张履祥、山阴刘伯绳、仁和沈甸华、海盐吴仲木,交相移书争,而乾初不顾。"①

现在要问,乾初辨《大学》,何以会在清初引起强烈反应?对这一问题,可以用钱穆先生的话来作答。钱穆说,《大学》一书"乃宋明六百年理学家发论依据之中心"②,陈确原为理学营垒中人,他反《大学》带有"同室反戈"的意味,处在理学余波荡漾中的清初学界,特别是像张履祥这样的"理学"学人,对此自不能嘿然无语,这也说明,乾初虽有考据辨伪的外表,但其宗旨落在理学清算一边,这一点终瞒不过同时代学人的耳目。但是,倘若再回头看一看清初学界究竟在哪些方面与乾初展开了论争,他们的结

---

① 《陈乾初先生墓志铭》(三),载《陈确哲学选集》,第56页。
② 钱穆:《中国近三百年学术史》,第51页。

论与乾初到底有哪些不同,我们便可以知晓,清初学人之驳陈确,多从阐发《大学》中有关"践履"的内容立论,以证《大学》与佛氏不相关。例如与陈确辩难最激烈的张履祥在《答陈乾初》一文中就写道:

> 前书谓《大学》为禅之权舆,以其言知不及行也;《大学》之书俱在,自篇首至末简,何一章之不及行乎? 即以"知"论,禅之言"知",说"顿"说"渐",总不致知者……且自诚意而往,正心、修身、齐家、治国、平天下,何一而非"行"之事乎? 仁兄归罪于此,正如折狱以嫌疑杀人矣。……谓《大学》非孔曾亲笔之书则固然已;谓《大学》为非孔氏之道、曾氏之学,则必不可。盖人未有外身、心、意、知、天下、国、家而可以为人者,则未有能外八条目而可以为学者。今且有人于此事事物物能明其理,意不妄发,心无私邪,视听言动具中体而无怨尤,由是施于家而父子兄弟夫妇以宜,施诸国而君臣上下以定,施之天下而物物能使各得其所,其得谓之圣人之徒乎? 其不得谓之圣人之徒乎? 而尚何俟深言也? 而又何禅之可以附托乎?①

张履祥之论可注意者,在他将《大学》的修、齐、治、平之旨归结为"实行"。张强调《大学》之"施"也就是强调《大学》的践履。对于《大学》中带有形上学思辨色彩的部分,张却绝口不谈;这些议论实际都带有申其一点不及其余的偏颇。然而,也正是从张履祥的偏颇中,我们可以体味出当时的学风特点。张履祥的立场,本质上与乾初并无二致;张履祥谓"今之儒名而禅实者,言致知不及格物",他的脚跟分明站在"格物"一边,这又与乾初的"实学"立场如出一辙。那么,张履祥辨《大学》之"非禅",与乾初辨《大学》之"杂于禅",两家结论虽然迥异,其申张"实学"、"实行"之旨却完全相同,亦可谓殊途而同归矣。

第四节 《伪古文尚书》的考辨与阎若璩的《尚书古文疏证》

一、《伪古文尚书》的形成及其辨伪

《尚书》一案,至为纷纭。《尚书》在西汉时有今文、古文之分。今文《尚书》出自汉初伏生,后分为欧阳和大、小夏侯,皆立于学官。今文《尚书》共28篇。除此之外,《泰誓》一篇晚出,但据《汉书·董仲舒传》,武帝刘彻即位之初,向大儒董仲舒提出何为

---

① 《答陈乾初》,载《陈确哲学选集》,第47—48页。

"受命之符"。董仲舒对策说:"臣闻天之所大奉使之王者,必有非人力所能致而自至者,此受命之符也。天下之人同心归之,若归父母,故天瑞应诚而至。《书》曰:'白鱼入于王舟,有火复于王屋,流为乌',此盖受命之符也。"①董子所引"《书》曰"为《泰誓》语。据此可知《泰誓》当出现于武帝初以前,并可知至董仲舒时《泰誓》已成为今文《尚书》中的一篇。因此,今文《尚书》又为29篇。

汉武帝时鲁恭王坏孔子宅,孔子后裔孔安国得到用先秦古文字写成的《尚书》,是为古文《尚书》,亦称"《逸书》"。古文《尚书》较今文《尚书》多16篇。

古文《尚书》在两汉时未立学官,直到三国魏始立学官,但这并不是说古文《尚书》在两汉时就无人研习。孔安国得古文《尚书》后"以今文读之",司马迁亦曾问古文《尚书》于孔安国。这说明,古文《尚书》在西汉时曾传授于民间。另据《后汉书·杜林传》,西汉末杜林得漆书《古文尚书》一卷,"常宝爱之,虽遭困难,握持不离身"。杜林原长于古文,得此漆书《古文尚书》后遇郑兴(原刘歆弟子)、卫宏、徐巡,其人亦皆好古文,于是声气相投,林出此书"以示宏等曰:'林流离兵乱,常恐斯经将绝。何意东海卫子、济南徐生复能传之,是道竟不坠于地也。古文虽不合时务,然愿诸生无悔所学。'"②此后,古文《尚书》经贾逵、马融、郑玄等相继鼓吹激荡,遂旗鼓大张。至东汉末郑玄撰《古文尚书注》,古文《尚书》已取得压倒今文《尚书》的优势。所以到魏文帝曹丕时古文《尚书》终得立于学官。经"永嘉之乱"(311年),今文和古文《尚书》同毁佚于兵燹。东晋初,豫章内史梅赜献《古文尚书》,此《古文尚书》较今文《尚书》多25篇。

梅赜所献《古文尚书》每篇之后都有孔安国的"注",这就是所谓的"孔安国传"(现称"伪孔传")。书前还有一篇据说是孔安国的"序"。此书在南朝梁开始取得学界的信任而公开流行。当时研究《尚书》的学者如蔡大宝、巢猗等都曾替此书作过疏。此书"初犹与今文并立,自陆德明据以作《释文》,孔颖达据以作《正义》,遂与伏生二十九篇混合为一"③。梅赜所献《古文尚书》从此成为经典。

对梅赜所献《书》的怀疑始于南宋吴棫。他撰《书裨传》,将梅赜所献书多出的25篇拿来与今文《尚书》相比,发现今文《尚书》文词古奥,很难读懂;而多出的古文《尚书》文从字顺,反倒容易读。今文理应好懂,反而难读;古文理应难读,反而好懂,吴氏遂怀疑梅赜所献书。朱熹稍晚于吴棫,其《语类》中也有不少对梅赜所献《尚书》表示怀疑之论。如《书临漳所刊四经后》:"《尚书》孔安国《传》,此恐是魏晋间人所作,托安国为名,与毛公《诗传》大段不同。今观序文,亦不类汉文章(汉时文字粗,魏晋间文字细),如《孔丛子》亦然,皆是那一时人所为。""某尝疑孔安国《书》是假书,如毛公《诗》,

---

① 《汉书·董仲舒传》。
② 《后汉书·杜林传》。
③ 《四库全书总目提要·经部·书类二》。

如此高简,大段争事。汉儒训释文字,多是如此,有疑有阙,今此却尽释之,岂有千百年前人说底话,收拾于灰烬屋壁中,于口传之余,更无一字讹舛,理会不得?兼小序亦可疑。……况先汉文字重厚有力量,今大序格致极轻,疑是晋宋间文章。况孔《书》至东晋方出,前此诸儒皆不曾见,可疑之甚。""汉儒以伏生之《书》为今文,而谓安国之《书》为古文。以今考之,则今文多艰涩,而古文反平易。或者以为今文自伏生女子口授晁错时失之,则先秦古书所引之文皆已如此。或者以为记录之实语难工,而润色之雅词易好,则暗诵者不应偏得所难,而考文者反专得其所易。是皆有不可知者。"

从朱熹的怀疑可以看出,他也多从文体入手抉摘梅赜所献书之可疑。以朱熹的学问和名气,他提出《古文尚书》可疑是有影响力的。此后,揭发的学者渐趋其多。元"吴澄诸人本朱子之说,相继抉摘,其伪益彰,然亦未能条分缕析以抉其罅漏。明梅鷟始参考诸书,证其剽剟,而见闻较狭,搜采未周"①。至阎若璩《尚书古文疏证》出,"乃引经据古,一一陈其矛盾之故,古文之伪乃大明"②。

二、阎若璩及其《尚书古文疏证》

阎若璩(1636—1704),字百诗,号潜邱。年少时多病,读书木讷但刻苦。15岁时颖悟开窍,曾集陶贞白、皇甫士安语自勉谓:"一物不知,以为深耻;遭人而问,少有宁日。"年比长,学有进,颇自负,以"读书种子"衡学界,仅得三人。其《潜邱札记》卷四《南雷黄氏哀辞》云:

> 当吾发未燥时,即爱从海内读书者游。博而能精,上下五百年,纵横一万里,仅仅得三人:曰钱牧斋宗伯;顾亭林处士;及先生梨洲而三。钱与家有世谊,余不获面;顾初遇之太原,持论岳岳不少阿,久乃屈服我;至先生则仅闻其名。……盖自是而海内读书种子尽矣!

阎氏身当明清之交,这时故国之亡在人们心头留下的隐痛并未逝去,阎却以"贰臣"钱牧斋与不事清廷、洁身自好的顾亭林、黄梨洲同举并列,可谓不伦不类;三人中阎氏对梨洲之亡虽也有"海内读书种子尽"之评,但他对梨洲的治学并不推服,他也根本不理解梨洲治学之苦心孤诣。据《左传·襄公二十五年》,崔杼弑君,齐太史与其弟因直书"崔杼弑其君"相继被杀,齐太史另一弟仍坚持写这句话,崔杼不敢再杀。南史氏听说此事,拿着竹简从楚国前往,准备直书其事,以死殉职。半路得知已经写成,乃还。对于这件事,梨洲曾说"此梼杌之书法"。梼杌为楚史官,梨洲强调南史氏继承了楚国史官秉笔直书的传统。阎氏却认为:

---

① 《四库全书总目提要·经部·书类二》。
② 同上。

南史,楚史官,执简而往书齐国之事,此何异于送死?且吃自己饭管人家闲事乎?太冲之徒粗,此其一班!①

在清初那样一个特殊的时代背景下,梨洲表彰古史官书法不隐是有深意的。阎氏身为史家却讥南史氏多管闲事,这种出自史家之口对南史氏的讥评还不多见,阎氏缺乏起码的史识。他说梨洲之徒粗,他本不解梨洲之用心,精神意趣与梨洲相去甚远。对于亭林,阎氏说"久乃屈服我",可见亦不甚推服。是故三人中唯钱牧斋一人为阎氏所服,从中益可见阎的识人趣向。

阎氏年二十时读《尚书》,对古文25篇发生怀疑。他沉潜三十余年,乃得其症结所在,作《尚书古文疏证》八卷。此为阎氏代表作。他另有《毛朱诗说》一卷,《四书释地》六卷,《潜邱札记》六卷,《孟子生卒年月考》一卷,《困学纪闻注》二十卷。

阎若璩走上辨伪考信之路,首先是其自身治学之旨趣使然。阎的路径趋向于实证。他曾说:"《颜氏家训》曰:学问有利钝,文章有巧拙。钝学累功,不妨精熟;拙文研思,终归蚩鄙。但成学士,自足为人。必乏天才,勿强操笔。此十言者可以教天下万世,不独吾徒之药石也。"②从治学特点看,阎若璩走的实际上是"钝学累功"之途,属于那种日积月累,苦苦穷年,宁守拙而摈取巧一路。

对于读书,阎若璩表现出特有的细心,他认为:"古人之事,应无不可考者。纵无正文,亦隐在书缝中,要需细心人一搜出耳。"③戴东原赞阎氏谓:"阎百诗善读书。百诗读一句书,能识其正面背面。"④阎氏子阎咏《先府君行述》也说:"府君读书,每于无字句处精思独得,而辩才锋颖,证据出入无方,当之者辄失据。常曰:读书不寻源头,虽得之殊可危。手一书,至检数十书相证,侍侧者头目皆眩,而精神涌溢,眼烂如电。一义未析,反复穷思,饥不食,渴不饮,寒不衣,热不扇,必得其解而后止。"

例如,某日阎氏在徐乾学寓邸夜饮,徐就"使功不如使过"一语出处求教阎氏。阎氏谓:"宋陈傅良时论有'使功不如使过'题,通篇具就秦穆公用孟明发挥,应是昔人论此事者作此语,弟不知出何书耳。"徐闻阎氏语极赞其淹博。越十五年,阎氏读《旧唐书·李靖传》,篇中引用"使功不如使过"语,阎氏认为此即语之出处。又越五年,读《后汉书·独行列传》言及索卢放,又用此语,阎乃知此语的原始出处⑤。为此闲闲一语,阎竟萦绕脑际二十年而未尝稍懈息,终至检得出处,阎氏读书用心之深细于此亦可洞见。这一小事亦可知阎氏"一物不知,以为深耻;遭人而问,少有宁日"的自勉确非虚语。

阎氏走上辨伪考信之路,又有家学渊源的背景。阎氏父修龄为淮上望社主办人

---

① 《潜邱札记》卷六,《与刘颂眉书》。
② 《潜邱札记》卷六,《与戴唐器书》。
③ 见《潜邱札记》卷六。
④ 段玉裁:《戴东原先生年谱》,载《戴震集》,上海古籍出版社1980年版,第489页。
⑤ 见《潜邱札记》卷二。

之一。修龄虽以诗名闻世,但望社学风却趋向于实证一路。据谢国桢《明清之际党社运动考》所引阮葵生《茶余客话》云:"陈碧涵先生为望社名诸生,专精三礼之学,淮士治礼经者多从之游。"谢国桢据此谓望社"以《三礼注疏》之学为尚,因此开出来阎若璩考古一派"①。另据谢氏同上书,收有李元庚《望社姓氏考》,从中可知阎若璩原就是望社成员。阎氏随父入望社,耳濡目染望社崇实学风,这对他最终走上辨伪考信之路,其影响亦不容忽视。

阎若璩辨梅赜所献《古文尚书》之伪,所列证据128条,从篇名、篇数、典籍、典制、天文、地理、语言习惯、文法诸方面对梅赜所献《尚书》进行了全方位的分析与批驳。例如,其卷一第一"言两汉书载古文篇数与今异",拿《伪古文尚书》篇数与《汉书·儒林传》、《汉书·艺文志》、《汉书·楚元王传》、《后汉书·杜林传》中所载有关《古文尚书》篇数的说法相勘,知《伪古文尚书》篇数不合《古文尚书》;卷一第三"言郑康成注古文篇名与今异",拿《伪古文尚书》篇名与郑康成《尚书注》所引16篇《古文尚书》篇名相对勘,知《伪古文尚书》篇名与《古文尚书》不合;其卷二第二十三"言晚出书不古不今非伏非孔",以《伪古文尚书》与郑康成《尚书注》所引16篇《古文尚书》及蔡邕熹平四年(175年)所刻《熹平石经》中的《尚书》相对勘,知《伪古文尚书》与《古文尚书》和《今文尚书》不唯文字有异,而且史实亦有舛讹;其卷四第五十五、第五十九、第六十二、第六十三诸条,从典章制度的角度论证《伪古文尚书》之伪;其卷四第六十四、卷五第七十三诸条,从遣词用语的特点抉摘《伪古文尚书》的罅漏;其卷六第八十一、八十二、八十三、八十四诸条以历法证《伪古文尚书》之伪;第八十五、八十六、八十七、八十八、八十九诸条以历史地理证《伪古文尚书》之伪。

阎若璩生活在明清之交那样一个弃虚蹈实学风转轨的时代,他崇尚实证的个人品性在所遭遇的社会思潮与学术环境哺育滋养下发展起来。《尚书古文疏证》繁征博引、反复厘剔、原原本本、有条有据,这种新学风大不同于晚明,这也使阎氏能够发人所未发,将辨《古文尚书》之伪的工作安放到了一个极为坚实的基础上。例如阎若璩辨孔安国献书事,这个问题,因司马迁曾说孔安国早卒,故人多谓其献书之事子虚乌有(附带说一句,后康有为等一批今文家均以孔安国早卒为据,称孔安国献书之事为刘歆伪造。他们如果仔细读《尚书古文疏证》,也就不会如此鲁莽灭裂下结论)。因此,这一问题对于辨清古文《尚书》源头至关重要。《汉书·楚元王传》:"鲁恭王坏孔子宅,欲以为宫,而得古文于坏壁之中,逸礼有三十九,书十六篇,天汉之后孔安国献之。"《汉书·艺文志》:"《书》得多十六篇,安国献之,遭巫蛊之祸,未立于学官。"阎若璩引后指出:

> 余尝疑安国献书,遭巫蛊之难,计其年必高,与马迁所云蚤卒者不合。信《史

---

① 谢国桢:《明清之际党社运动考》,中华书局1982年版,第176页。

记》蚤卒,则《汉书》之献书必非安国;信《汉书》献书,则《史记》之安国必非蚤卒。然马迁亲从安国游者也,记其生卒必不误者也。窃意天汉后安国死已久,或其家子孙献之,非必其身,而苦无明证。越数载,读荀悦《汉纪·成帝纪》云:"鲁恭王坏孔子宅,得《古文尚书》,多十六篇,武帝时孔安国家献之,会巫蛊事未列于学官。"于安国下增一"家"字,足补《汉书》之漏。①

对孔安国究竟有没有献书的问题,以往论者一般多抓住司马迁所说孔安国早卒,轻易否定孔安国有献书事。阎若璩宁愿下苦功仔细研读搜寻史料,他从荀悦《汉纪》中终于寻出证明。荀悦晚班固50年,亦东汉大史家,阎若璩引之立说,足为孔安国确有献书事添一强有力的佐证。

孔安国所献《古文尚书》中原有《伊训》一篇,刘歆《三统历》曾引用过《伊训》中"诞资有牧方明"语。到梅赜所献《古文尚书》也有《伊训》篇,但梅氏《伊训》却没有刘歆引用过的这句话。阎若璩据此断定梅赜所献《书》必为伪造而非出自孔安国②。阎氏善于从《伪古文尚书》的内部矛盾入手抉摘其罅漏,故其所辨精当难移。又如《泰誓》问题。如前所说,董仲舒《对策》曾引用《泰誓》,据此可知《泰誓》在武帝初已出现。但因其晚出,马融尝疑之。马融举《春秋》、《国语》、《孟子》、《荀子》、《礼记》这五部典籍曾经引用过的《泰誓》语,拿来与今《泰誓》相对勘,指出"今文《泰誓》皆无此语"。梅赜所献《古文尚书》有《泰誓》上、中、下三篇,阎若璩以梅氏《泰誓》与马融所举《泰誓》语相对勘,发现"伪作《古文》者不能博及群书,止据马融之所及,而不据马融之所未及"③,也就是说,马融所举今文《泰誓》漏引的原《泰誓》语,梅氏《泰誓》都补引了。但梅氏《泰誓》独独漏引了《墨子·尚同》篇曾引用过的《泰誓》语。阎若璩指出:

  墨子生孔子后孟子前,《诗》、《书》完好未遭秦焰,且其书甚真,非依托者比,而晚出之《古文》独遗此数语,非一大破绽乎?④

又如,真《古文尚书》有16篇,此说到底有没有根据?这也是《尚书》学上的一个重要问题。《古文尚书》多16篇,此说最早见于《汉书·儒林传》,人们一般均指为刘歆所说。但阎若璩指出,《汉书》"一则曰得多十六篇,再则曰逸书十六篇,是《古文尚书》篇数之见于西汉者如此也"⑤。据《后汉书·杜林传》,杜林曾在西州得漆书《古文尚书》一卷,此书贾逵曾为之作训;马融、郑康成曾为之传注。阎氏指出:该书"虽不

---

① 《尚书古文疏证》卷二,《第十七》,上海古籍出版社1987年版,第141页。
② 《尚书古文疏证》卷二,《第六》。
③ 《尚书古文疏证》卷二,《第七》。
④ 同上。
⑤ 《尚书古文疏证》卷一,《第一》。

言篇数,然马融《书序》则云'逸十六篇',是《古文尚书》篇数之见于东汉者又如此也"①。再参照郑玄所注《古文尚书》篇数,可知郑所注篇数,"上与马融合,又上与贾逵合,又上与刘歆合"②。这个问题,阎若璩找出五条证据,证明真《古文尚书》比《今文尚书》多 16 篇一说的确是有来历的。特别是阎氏所举东汉自杜林直到郑玄的例证,其中提到杜林一派弟子马融所作的《书序》称"逸《书》十六篇",郑玄所注《古文尚书》16 篇与之合,言征据足,体现了阎若璩治学的淹博细腻有裁断。

《四库全书总目提要》尝论阎氏《疏证》之不足谓"其书编次先后,未归条理,盖犹草创之本,其中亦有未核及疏略处。而诸条之后,往往衍及旁文,动盈卷帙……究为支蔓"。从《疏证》的夸靡炫博来看,《四库提要》之评允当。但《疏证》在辨伪学史和《尚书》学史上占有重要地位,这也是不争的事实。阎氏书面世,使得《古文尚书》之真伪这一千年聚讼未决的重大学术问题终于有了一个明确结论。其意义正如梁启超《中国近三百年学术史》所说:

> 《古文尚书》这部二千余年来公认为神圣不可侵犯之宝典,上自皇帝经筵进讲,下至蒙馆课读,没有一天不背诵它。忽焉真赃实证,发现出全部是假造……自此以后,今文和古文的相对研究,六经和诸子的相对研究,乃至中国经典和外国经典的相对研究,经典和野人之语的相对研究,都一层一层地开拓出来了。③

《四库提要》尝赞誉阎若璩著《疏证》谓"考证之学,未之或先",将阎氏及其《疏证》看成了一部"纯"考据著作。《疏证》卷二《第十七》亦自诩其著述之唯"真"是求,写道:"或问曰:子于《尚书》之学信汉而疑晋疑唐犹之可也;乃信史信传而疑经,其可乎哉?余曰:何经、何史、何传?亦唯其真者而已。经真而史传伪,则据经以正史传可也;史传真而经伪,犹不可据史传以正经乎?"《潜邱札记》卷二中又说:"不读郑注,无以窥宋注之源;不尽屏汉宋而专读正文,又无以深维作者之意。学者诚能沉酣于正文,而后稽之郑注,以穷其源;参之陈说,以定其归。"

读此说,似益觉阎氏之不专主汉宋那种"超家派"的公正,以及他的实事求是。《疏证》是不是一部"纯"考据之作?《疏证》是否像阎若璩自诩的那样唯"真"是求?辨伪学精髓在于实事求是、去伪存真。从此角度看,《疏证》的确发掘了《古文尚书》作伪真相,有实事求是的精神成分。但是,如果将阎氏辨《古文尚书》真伪放到清初理学清算的学术大背景下加以考察便可看出,阎著《疏证》并不是单纯的考据,它受到了清初理学清算学术思潮的激荡,这是客观背景的一方面;阎氏主观上也并非唯"真"是求。他在考据辨伪搞清史实的背后还有更深一层的意蕴,那就是清算理学。

---

① 《尚书古文疏证》卷一,《第一》。
② 《尚书古文疏证》卷一,《第三》。
③ 《梁启超论清学史二种》,复旦大学出版社 1985 年版,第 172 页。

《伪古文尚书·大禹谟》有所谓"十六字心传",又称"虞廷心传":"人心惟危,道心惟微,惟精惟一,允执厥中。"①它是数百年理学形上学在儒学经典中的重要根据。清初学界清算理学即多围绕着抉发"虞廷心传"的源流而展开。

李绂与阎若璩同先后,撰有《古文尚书考》,李绂指出:"《古文尚书》凡《今文》所无者如出一手,盖汉魏人赝作。朱子亦尝疑之,而卒尊之不敢废者,以'人心、道心'数语为帝王传授心法,而宋以来理学诸儒所宗仰之者也。"②

按:清初学者将《古文尚书》的辨伪当作一个"理学"问题来对待,这从李绂的话中可以看得很清楚。而李绂敏锐地将视角对准了"虞廷心传",这就从一个侧面反映出清初学者所关注的学术热点所在。李绂指出,"人心惟危,道心惟微"两语实出自荀子,荀子则引自《道经》。他指出:"孔孟为儒家而黄老为道家,自战国至汉无异辞。道家之书则曰'经',如老子《道德经》、庄子《南华经》、列子《冲虚经》、关尹子《文始经》,皆是。"

这是说,儒家经典初不称"经",只有"道家"称"经"。汉初崇尚黄老,武帝设立五"经"博士,恰是受了汉初遗风影响,"盖汉初尚黄老,儒者慕焉,因亦效道家者流,各尊其所治之书为经,自称曰经师"。

表面上看,李绂这里似在考察儒学以"经"命名的历史源流,但他的真实旨意实际上在于厘定儒、道门庭,将羼入儒学的道家革除儒门。所以他要从"经"的名称源头溯起,并指明儒学在汉武帝时已受到了道家"污染"。这种立场,恰与清初的学术大背景相一致。既然"孔孟为儒家而黄老为道家,自战国至汉无异辞",那么,汉儒因受黄老思想影响称"经"称"经师"也就不足为训;既然儒、道两家战国时已泾渭分明,荀子便不应引用《道经》——荀子为后世援道入儒开了一个恶例。李绂这是在借批荀而棒打宋明理学的援道入儒。

阎若璩《疏证》撰成后,黄宗羲曾为《疏证》作《序》。《序》的末尾梨洲有这样一段话:

> 忆吾友朱康流谓余曰:"从来讲学者未有不渊源于危微精一之旨,若无《大禹谟》则理学绝矣,可伪之乎?"余曰:"此是古今一大节目。'允执厥中',本之《论语》③。'惟危惟微'本之《荀子》④。《论语》曰:'舜亦以命禹',则舜之所言者即尧之所言也。若于尧之言有所增加,《论语》不足信矣。人心道心正是荀子性恶宗旨。惟危者以言乎性之恶;惟微者,此理散殊无有形象,必择之至精而后始与

---

① 朱熹:《中庸章句序》:"必使道心常为一身之主,而人心每听命焉,则危者安,微者著,而动静云为自无过不及之差",此解"十六字心传"最确。
② 转引自《崔东壁遗书》,上海古籍出版社1983年版,第596页。
③ 《论语·尧曰》:"咨尔舜,天之历数在尔躬,允执其中。"
④ 《荀子·解蔽》:"人心之危,道心之微。"

我一,故矫饰之论生焉。后之儒者于是以心之所有唯此知觉,理则在于天地万物,穷天地万物之理合于我心之知觉而后谓之道。皆为人心道心之说所误也。夫人只有人心,当恻隐自能恻隐,当羞恶自能羞恶,辞让是非莫不皆然。不失此本心,无有移换,便是允执厥中,故孟子言求放心不言求道心;言失其本心不言失其道心。夫子之从心所欲不逾矩,只是不失人心而已。然则此十六字其为理学之蠹甚矣!'康流不以为然。呜呼!得吾说而存之其于百诗之证,未必无当也。"①

梨洲序《疏证》,奠尾处大段涉及理学一些重要范畴、命题,其中透露了这样一个讯息:清初学界确是将《古文尚书》的辨伪作为一个"理学"问题来对待的,而"虞廷心传"之辨则成了众所瞩目的学术热点。朱康流"《大禹谟》可伪之乎?"的疑问适可提供一有力的佐证。在梨洲,他拈出一个"人心",认为"虞廷心传"在"人心"旁又设一"道心",殊为多事。梨洲用"当恻隐自能恻隐,当羞恶自能羞恶"来批判"惟精惟一"的"矫饰之论",这是用"践履"之"行"来驳"务虚"之"知";用形下之"器"排斥形上之"道"。这也正是清初弃"虚"蹈"实"学风的应有之义。梨洲与朱康流辩,在梨洲,主观上当然为了捍卫理学。殊不知理学之论人心,恰是借助于论"道心"之"微",也就是将形下践履安顿于形上之思的基础上,这才使理学"上""下"兼备,圆融无碍。如若抽去"道心",抽去了道心之"微",实乃抽去了理学之所以为理学的魂魄,不啻是对理学釜底抽薪的破坏与打击。值此求"器"不求"道",重"行"不重"知",取"形下"而弃"形上"的学风转轨时代,理学既遭清算,学人遂不免将理学分为两橛,取其"致用"(形下践履之用)而弃其"无用"(形上哲学之思),是故有梨洲这种既想捍卫理学,却又不自觉地破坏了理学的矛盾之举。于其中最可体味出学风将变未变时的消息。梨洲寄希望于阎氏《疏证》之作有助于提高学界对"虞廷心传"之害的认识,正可视为当时学界主流对辨《古文尚书》真伪的一种"理学期待"。

从主观上说,阎氏撰《疏证》,其理学清算的动机同样不应忽视。阎氏《疏证》卷二第三十一条"言人心惟危道心惟微纯出荀子所引道经"写道:

> 或难余曰:虞廷十六字为万世心学之祖,子之辞而辟之者,不过以荀卿书所引偶易为《道经》,而遂概不之信,吾见其且得罪于圣经而莫可逭(避也——笔者)也。余曰:唯唯否否。尧曰:咨尔舜,允执其中。传心之要尽于此矣,岂待虞廷演为十六字而后谓之无遗蕴与?且余之不信而加辟之者亦自有说。读两《汉书》,见诸儒传经之嫡派既如此矣;读注疏见《古文》卷篇名目之次第又如此矣,然后持此以相二十五篇,其字句之脱误愈攻愈有,捃拾之繁博愈证愈见,是以大放

---

① 见《尚书古文疏证》卷首。

厥词昌明其伪。不然徒以"道经"二字辄轻议历圣相传之道统,则一病狂之人而已矣,岂直得罪焉已哉!①

这里,阎若璩与李绂一样考证出了"虞廷心传"语本自荀子,而荀子引自《道经》。而阎引《论语》立论,意谓儒学经典原已有传心之要语,荀子不从"自家"元典中汲取营养,构筑"传心之要",而是引用"别家"的《道经》内容"扩充"《论语》。至《大禹谟》又将《论语》语演为十六字,此殊为多事。归本溯源是荀子多事。阎氏这里反复说明他辨"虞廷心传"只依据史实说话,辩白说其并没有"得罪圣经"之意;他之所以敢"大放厥词",是因为"虞廷心传"确为伪造,这些言论表明,当时陆王一派的势力尚强大,故阎氏以史实压陆王。阎这种自我表白恰恰暴露了他撰《疏证》的那一层理学清算动机。

《疏证》的奠尾为第128条"言安国从祀未可废因及汉诸儒",此条阎氏对汉代以下的经学有一个总体性评价。从孔安国开始直到晚明,对于在孔庙中谁人当祀,谁不当祀,阎氏都有明确的交代。阎功名心极重,汲汲乎属意于朝廷的任用与评价,属于那种暮齿心热、争誉邀宠的学者②。阎氏此条从历代学者中筛选出一个从祀者名单,谓"余之为斯论也,自以为不可复易",并以此条作为《疏证》的奠尾,其中一定寄托着阎氏的私心与暗想。因此,这一条在《疏证》中的特殊意义应当引起注意。

阎氏此条中提出当"罢祀"者,从西汉到晚明独独三人:王阳明、陆象山、陈白沙。阳明当罢祀,阎氏理由是阳明"亦仅以议论曰无善无恶是也"。又说:"辨无善无恶者众矣,而莫善于万历间顾、高二公。"③

如前所说,阳明有"无善无恶性之体"的"天泉证道",东林士子多批驳之,意在倡导一种弃虚蹈实学风。现阎氏重新拾起这一"理学"命题。而阎氏大段援引的恰恰是顾宪成、高忠宪批判阳明援佛入儒的原话,以此作为阳明当罢祀的理据。此论与《疏证》中的学术用语全不类。若仅从这篇文字看,阎根本就是一位"理学家"而不像"考据家"。这使他撰《疏证》的那一层理学动机暴露无遗。阎氏引用顾、高二人的辟佛之论,这就为阎氏撰《疏证》的理学背景再添一注脚:辟"二氏"这一清初学界瞩目的中心问题,同样也在阎氏的学术视野之内。

从阳明上溯,阎若璩再指陆象山、陈白沙亦当罢祀。关于象山当罢祀,他认为:"阳明之学出于象山,象山生平亦无可以,亦当以其议论曰颜子为不善学是也。此语果是,则孔子为非;孔子不非,则此语殆无忌惮。且荀卿之所以疵者在言性恶,与孟子相反。反孟子者既去,反孔子者顾可晏然而已乎?程子曰:既不识性,更说甚道?余

---

① 《尚书古文疏证》卷二,《第三十一》。
② 可参阅钱穆:《中国近三百年学术史》。
③ 《尚书古文疏证》卷八。

亦谓不识颜子而轻诋之,岂真读孟子而有得耶？不过取其便于己似己处标以为宗。不罢象山亦无以服荀卿之心。"

关于白沙当罢祀,阎氏指出:"或谓予:子既欲近罢阳明,远罢象山,则居于两公之间如白沙者亦应在所罢矣。予曰:然。亦以议论。白沙诗有云:'起凭香几读《楞严》';又云:'天涯放逐浑闲事,消得《金刚》一部经。'生平所学固已和盘托出,不为遮藏,较阳明予尤觉其本色。窃以儒如胡安定,虽粗然尚守儒之藩篱。如陆与陈与王,虽深,却阴坏儒之壶奥,故一在莫敢废;一在必当罢。"

这里,阎若璩已将理学中陆王一派彻底否定。阎若璩也承认陆王精细深微,但精细深微而阴坏儒学壶奥者反不如拙朴守定儒学藩篱者,所以说"一在莫敢废,一在必当罢"。阎氏的这个宁"下"毋"上",宁"拙"毋"灵"论,全是清初弃虚蹈实一派话头;他以象山非孔之"无忌惮";以白沙好佛不守儒学疆域为其当罢祀之据,这与他罪阳明之佞佛一样,用心皆深沉:阎氏要以陆王一派非孔佞佛的"确凿罪证"将其革除儒门,而又使清初陆王学者无以为之辩。

阎氏反陆王,其学术立场终在朱子一边。《潜邱札记》卷六《又与石企斋书》阎氏以陆子静为贼船,以朱子为金科玉律,褒贬分明。他又说:"近代儒者有言,虽使游、夏复生,不能尽《学》、《庸》、《语》、《孟》之蕴奥。然犹幸有朱子注在。愚童而习之,长而遵之,莫敢异说。"①

阎氏这种尊朱斥陆王的立场,显然陷入了清初学界"述朱述王"之纷争。反映在《疏证》中,也就并非像阎氏自诩的那样公正、不存门户偏见。对于这一点,毛奇龄看得最分明。在《与阎潜邱论尚书疏证书》中毛氏写道:

> 昨承示《尚书疏证》一书,此不过惑前人之说,误以《尚书》为伪书耳,其与朱陆异同则风马不及,而忽诟金溪(指陈白沙——笔者)并及姚江,则又借端作横枝矣。……今人以圣门忠恕,毫厘不讲,而沾沾于德性、问学,硬树门户,此在孩提稚子,亦皆有一诋陆辟王之见存于胸中。以尊兄卓识而拾人牙慧,原不为武,然且趋附之徒借为捷径,今见有以此而觊进取者。尊兄虽处士,然犹出入于时贤时贵之门,万一此说外闻,而不谅之徒藉为口实,则以此而贻累尊兄之生平者不少,吾愿左右罔之也。

众所周知,毛奇龄的门户在陆王一边。对于清初流行的非陆王思潮他感到不满。

---

① 《潜邱札记序》。又,复旦大学陈居渊教授于认真审阅拙著后指出:对于朱熹,阎若璩并非一味褒扬。陈先生告我,他在国家图书馆见过阎若璩《潜邱札记》手稿,其中原有不少批评朱熹的话。但乾隆朝尊奉朱熹,因此在编纂《四库全书》时阎若璩的这部分内容被完全删除。本人未遑查阅阎氏手稿,因此谨在此对陈先生提出的意见深表谢忱! 自然,拙著中阎若璩尊朱之论全是他自己的话,这部分内容是真实的,它仍然反映阎氏尊朱的基本立场。换言之,在清初"述朱述王"的学术争论中阎氏基本上站在朱学的立场而反王学,这一点仍然成立。

"孩提稚子亦皆诋陆辟王"一说,尤可见理学清算运动以陆王为众矢之的之时风盛况。毛氏病阎氏《疏证》"横生枝节",并以"拾人牙慧"相讥,批评阎氏原为考据作《疏证》,然终不免陷入"述朱述王"的世风之中。毛氏生性倨傲好争胜,"其文纵横博辨,傲睨一世"①,他见阎氏《疏证》得名,遂横生醋意,撰《古文尚书冤词》强与阎氏角。然毛氏强辞终不能夺阎氏正理,且《疏证》之未周全处经毛氏指摘阎氏又作了修正②,这就使阎氏更加立于不败之地。然而,结合《疏证》之辨"虞廷心传",尤其是《疏证》奠尾处阎氏非陆王的大段议论来看,毛奇龄终究点中了阎氏理学动机之要害。

第五节 《易》学图书派批判及胡渭的《易图明辨》

一、宋代《易》学图书象数派的形成及其批判

《周易》原为占筮用书。自汉代被立为经以后,它便被称为《易经》。《易经》内容包括《经》和《传》两部分。《经》包括"卦"和"爻"。卦有八卦六十四卦,爻有三百八十四爻。卦有卦名和卦辞,爻有爻题和爻辞。据汉代传说,伏羲画八卦,周文王重为六十四卦,并作卦、爻辞。《传》亦名《易传》,共十篇,是对《经》的解释。相传《易传》为孔子所作,汉经师称为"十翼"。因《易传》为孔子所作,故《易传》也是"经"。关于《周易》的性质和易学的流传,《四库提要》谓:"《易》之为书,推天道以明人事者也。《左传》所记诸占,盖犹太卜之遗法。汉儒言象数,去古未远也。一变而为京(房)、焦(赣),入于禨祥;再变而为陈(抟)、邵(雍),务穷造化,《易》遂不切于民用。王弼尽黜象数,说以《老》、《庄》,一变而胡瑗、程子(颐),阐明儒理;再变而李光、杨万里,又参证史事,《易》遂日启其论端。此两派六宗,已互相攻驳。"③

在易学史上最先形成的学派是汉代象数派。

《左传·僖公十五年》:"韩简侍曰:'龟,象也;筮,数也。物生而后有象,象而后有滋(滋生),滋而后有数。'"杜预注:"言龟以象示,筮以数告,象数相因而生,然后有占,占所以知吉凶。"

按照杜预的解释,"象"是占卜的结果,"数"则是筮法的结果。占卜起于殷商,筮占则为周代所创。此为象数之义。象数派的特点有三:一、以奇偶之数和八卦所象

---

① 《四库提要》语。
② 参见钱穆:《中国近三百年学术史》"阎若璩"章。
③ 《四库提要》经部《易》类小序。

征的物象解释《周易》经、传文。二、以卦气说解释《周易》原理。三、利用《周易》讲阴阳灾变①。

易学发展到两宋,复分化为义理、图书两派。义理一派,前引《四库提要》举了胡瑗、程颐,其实欧阳修、李觏解《易》已开义理派先河。胡瑗后学孙复、石介解《易》亦主义理。当然,北宋义理派的代表性人物是程颐。

义理派重视易学的传统,有排斥象数之倾向。义理派解《易》不取灾异谶纬而一归于探究性命道德之理。《程氏遗书》程颐答张闳中书:"有理而后有象,有象而后有数。《易》因象以知数,得其义,则象数在其中矣。必欲穷象之隐微,尽数之毫忽,乃寻流逐末,术家所尚,非儒者之务也。"

宋代的易学图书派,乃承接汉代象数派发展而来。关于图书派的传授系统,南宋初易学家朱震说:"陈抟传种放,放传穆修,穆修传李之才,之才传邵雍。放以河图、洛书传李溉,溉传许坚,许坚传范谔昌,谔昌传刘牧。穆修以《太极图》传周敦颐,敦颐传程颢、程颐。是时,张载讲学于二程、邵雍之间,故雍作《皇极经世书》,牧陈五十有五之数,敦颐作《通书》,程颐著《易传》,载造《太和》、《参两》篇。"②

朱震的易学立场以象数派为宗。或因程颐在理学中的地位,此说将程颐归于图书象数派传授系统,但这并不符合实际。当然,朱震提出了宋代图书象数派的创始人为陈抟,并清晰排列了自陈抟后宋代图书派的传授系统,这是有价值的。例如,黄梨洲易学属义理派,奉程颐为宋代易学正统而鄙薄图书象数派。但他也同意朱震的排列。他在《象数论序》中说:"然而魏伯阳之参同契,陈希夷(陈抟)之图书,远有端绪……其时康节(邵雍)上接种放、穆修、李之才之传,而创为河图先天之说,是亦不过一家之学耳。"

图书派除了以象数解《易》外,他们还信奉"河图"、"洛书"。关于"河图"、"洛书",《易·系辞传》曾经提到过它的来源("河出图,洛出书"),但很久以来没有人知道河图洛书到底为何物。图书派却认为"河图"、"洛书"作于伏羲时代,被祥瑞的龙马神龟负出水面。因图书派指认"河图"、"洛书"有如此久远神圣的来源,因此图书派尊伏羲而贬周孔,认为"学者当于羲皇心地上驰骋,不当于周孔脚迹下盘旋"。这是图书派大不同于汉代象数派之处。

宋代易学发展到朱熹,他乃对义理、图书两派进行总体性整合,成为宋代易学集大成的人物。从朱熹易学的基本立场看,他倾向于义理派,奉程氏易学为宗。然而,朱熹在肯定义理派的同时,对其完全排斥取象的倾向也提出了批评,认为义理一派的不足在于"又似直以易之取象无复有所自来,但如《诗》之比兴、与孟子之比喻

---

① 见朱伯崑:《易学哲学史》(上),北京大学出版社1986年版,第108页。
② 《宋史·朱震传》。

而已"①。

这是说,义理一派将取象看成了类似于《诗》之比兴、孟子之比喻的随意性举动,不承认《易》的取象有其来历和根据,走上了偏颇的一路。所以朱熹认为:"《易》之取象,固必有所自来,而其为说,必已具于太卜之官,顾今不可复考,则姑阙之。而直据辞中之象,以求象中之义,使足以为训诫而决吉凶,如王氏、程子与吾《本义》之云者,其亦可矣。固不必深求其象之所自来,然亦不可直谓假象而遽欲忘之也。"②他批评程颐:"《易传》言理甚备,象数却欠在。""伊川见得个大道理,却将往来合他这道理,不是解易。"③

细绎朱子之义,他要折中图书、义理两派,故终有杂糅两派之意。朱熹的易学虽奉程颐为宗,故倾向于义理派,但他认为《易》之取象必有所自来,故对程颐也有不满。他同意图书派所称《易》图作于伏羲时代,又提出了伏羲画卦,周文王作卦辞,周公作爻辞,孔子作十翼的观点。他说:

想当初伏羲画卦之时,只是阳为吉,阴为凶,无文字,某不敢说,窃意如此。后文王见其不可晓,故为之作彖辞。或占得爻处不可晓,故周公为之作爻辞;又不可晓,故孔子为之作十翼。皆解当初之意。④

朱熹所说文王作卦辞、周公作爻辞、孔子作十翼"皆解当初之意"。这个"当初之意"是指什么?是说文王、周公、孔子"三圣"所解都是伏羲所画之"卦",从而三圣与伏羲一道同风呢,还是指文王解伏羲之"当初",周公解文王"当初",孔子解周公之"当初",各人的"当初之意"各不相同?朱熹这里说得比较模糊。但在读了朱熹下面一段话以后,对朱熹之三圣"皆解当初之意"的确切含义便会有所体悟。朱熹说:

今人读易,当分为三等。伏羲自是伏羲之易,文王自是文王之易,孔子自是孔子之易。⑤

朱熹又在《答袁机仲书》中说:"自伏羲以上,皆无文字,只有图书,最宜深玩,可见作易本原精微。文王以下,方有文字,即今之《周易》。然读者亦宜各就本文消息,不可便以孔子之易为文王之说。"

结合上述朱熹的《易》论,很明显,朱熹所说三圣"皆解当初之意"是说文王、周公、孔子三人是为了"解"伏羲所画之卦而作彖辞、爻辞、十翼。但文王、周公、孔子的"解"符不符合伏羲原意?朱熹说法中一点都没有"三圣"与伏羲一道同风的意思,相反,

---

① 《朱文公文集·杂著·易象说》。
② 同上。
③ 《朱子语类》卷六十七。
④ 《朱子语类》卷六十六。
⑤ 同上。

"三圣"解《易》并不相同的思想却很明确。

因为朱熹对义理派不尽满意,对图书派有部分相信,他撰《周易本义》以综合义理、图书两派,该书篇首即赫然冠以邵雍的九图,以表示他兼宗邵雍图书派易学。朱熹又撰《易学启蒙》以进一步发明图书之义。

朱熹这种"读易三筹"说的立场,违背了圣圣授传、一脉相承的传统易学正统观,因此,朱熹易学在当时就遭到了袁机仲、薛季宣的反对。其后,元陈应润、吴澄,明归有光亦皆持批判态度。到了清初,学者社会弃"虚"蹈"实",重"器"轻"道",尊孔辟二氏。学风的转变具体到易学领域,出于道士陈抟的图书派便不能不成为易学界讨伐的重点。朱熹在一定程度上倾向于图书派,他对图书派"有所取",有悖于尊孔辟二氏时风。以朱熹的学术地位及其集易学大成的学术影响,他受到清初易学界的集中批判便很自然。"毛奇龄作《图书原舛编》,黄宗羲作《易学象数论》,黄宗炎作《图书辨惑》,争之尤力,然皆各据所见,抵其罅隙,尚未能穷溯本末,一一抉所自来。"胡渭出,撰《易图明辨》,"皆引据旧闻,互相参证,以箝依托者之口,使学者知图书之说,虽言之有故,执之成理,乃修炼术数二家,旁分易学之支流,而非作易之根柢"①。此书遂成为清初易学界批判图书派最具代表性的著作。

二、胡渭的《易图明辨》

胡渭(1633—1714),字朏明,号东樵,浙江德清人。曾客于徐乾学处,协修《大清一统志》。撰有《禹贡锥指》,阐释《尚书·禹贡篇》,将《禹贡》所涉九州分野及山水脉络的沿革条分缕析,受到康熙赞扬,胡渭得赐御书"耆年笃学"。《易图明辨》十卷则是胡渭的易学代表作。

《易图明辨》一书的发凡起例环绕批判图书派而展开。《易·系辞传》:"河出图,洛出书,圣人则之。"此言为图书派的经典根据。从这句话中引出的"河图"、"洛书"也就成了图书派的崇奉对象。胡渭要批判图书派,须先从辨明"河图"、"洛书"入手。故《易图明辨》第一卷首辨"河图"、"洛书"的缘起及流变,以阐明"伏羲作易之本不专在图书"之义。图书派为探讨"河图"、"洛书"与《周易》的关系,从而理解汉儒所说龙马神龟所负图书的图式以及河图洛书与卦象的联系等问题,他们遂在前人的基础上,将《系辞》中的"大衍之数"(《易·系辞上》"大衍之数五十")、"天地之数"(郑玄《易注》"天地之气各有五。五行之次,一曰水,天数也;二曰火,地数也;三曰木,天数也;四曰金,地数也;五曰土,天数也。此五者,阴阳无匹,阳五耦,故又合之。地六为天一匹也,天七为地二耦也,地八为天三匹也,天九为地四耦也,地十为天五匹也。二五阴阳各有合,然后气相得施化行也")与河图洛书相勾连,并制定了各种不同的图式,因此,

---

① 《四库提要》。

汉代象数派与宋代图书派之间便存在着一个演变传承的关系。为批驳宋代图书派，也就不能不将从汉代象数派至宋代图书派的学术演变源流作一番梳理。因此，《易图明辨》第一卷辨河图洛书后，第二卷便以精详的考证辨明从五行到"九宫"的传承源流；宋代图书派的图式化理论，渊源于东汉道家魏伯阳的《周易参同契》。要厘清图书派与道家的关系，先须剖析《周易参同契》。故《易图明辨》卷三主在考辨《周易参同契》与陈抟"先天太极图"之间的渊源；陈抟系胡渭批评的重点，是故《易图明辨》紧接着卷三，卷四再辨陈抟所传另一图"龙图"与《周易参同契》间的联系；至此，胡渭的考辨已下至宋代理学与道家的关系。所以，《易图明辨》卷五辨朱熹的《易学启蒙》；卷六、卷七辨"先天古易"；卷八辨"后天之学"；卷九辨"卦变"。从卷五到卷九，胡渭以五卷的篇幅浓笔重墨批判宋代图书派。卷十则为总结。总体上看，《易图明辨》结构规整，逻辑清晰，清算理学之意蕴一以贯之。其卷十总括宋代理学家援道入儒对易学带来的种种冲击。故此卷在《易图明辨》中占特殊地位。

万斯同与胡渭同先后。他为《易图明辨》作序赞道："读先生此书，一一为之剖析，洵大畅予怀。而其采集之博，论难之正，即令予再读书十年，必不能到。何先生之学大而精如此！"阮元则称《易图明辨》"引经据典，原原本本，于易学深为有功"。万斯同生当清初，学风转轨，弃虚蹈实；阮元考据名家，治学崇实。二人对胡渭《易图明辨》作实证考据方面的肯定自在情理之中。

的确，《易图明辨》考证精详。例如，按照朱震所说"陈抟以先天图传种放"，此为宋明以来学者的一致看法。但陈抟所传先天图图式究竟如何？《易图明辨》指出有两种说法值得注意：一是宋末元初学者袁桷《谢仲直易三图序》曾经提到：朱熹曾嘱其友蔡季通入四川寻找陈抟所传之图。蔡季通得到三图，秘而不传，后为谢仲直所获。一说谢仲直所获先天太极图即为三图之一；二是明初赵㧑谦《六书本义》提到，赵氏曾于陈伯敷处得一图，赵氏对此图"尝熟玩之，有太极函阴阳，阴阳函八卦之妙"。赵氏所得之图是否就是谢仲直所获先天太极图？赵氏本人没有说明，杨时乔《周易全书》谓："赵氏图书，世竞传之为真图书。"似有视赵氏之图为谢仲直所获之图的意思。胡渭指出："蔡氏所得之三图，清容（按：袁桷字）不言其形象，未知何如。据古则所传，以为蔡氏之所得，盖三图之中，此居其一，名曰先天图，亦曰太极图，取《参同契》之'月体纳甲'、'二用三五'与'九宫'、'八卦'混而一之者也。朱子发云：陈抟以先天图授种放，三传而至邵雍。则康节之学实出于希夷。"①

接着，胡渭将先天太极图与东汉道士魏伯阳《周易参同契》相比勘，详细分析了先天太极图中黑白两条鱼形和阴阳变化之论与魏伯阳道家炼丹术之间的理论联系，指出：先天太极图的理论阐述与魏伯阳《周易参同契》存在着明显的重叠，可见先天太

---

① 《易图明辨》卷三，巴蜀书社1991年版，第85—87页。下引《易图明辨》版本同，不另赘。

极图与道家杂糅之迹。其图式的构成虽有"自然而然之妙,非窃窥造化阴阳之秘者,亦不能为也",但"不可指以为伏羲之'河图'耳"①。

这里,胡渭并没能确证陈抟所传原始先天太极图的确切图式,但他以详尽的论据证明了赵㧑谦所传之图为承袭魏伯阳《周易参同契》,杂糅了道家理论而成,这是有重要学术意义的。

又如,为廓清《周易》与五行的关系,胡渭从首先提出水、火、木、金、土五行之名的《尚书·洪范》开始考察,先后列论《易大传》、《礼记·月令》、《汉书·五行志》、《左传·昭公九年》的"注疏"以及郑玄《易注》中有关五行相生相配之说,指出:《尚书·洪范》中的五行原没有相生相配之义,《易大传》中也没有五行相生相配之说。这种说法源于战国时阴阳家,"阴阳家五行嫁娶之法,取十干妃(配)合为义……与易道本不相谋"②。《汉书·五行志》始以天一地二之数解释火牡、水妃之义,又强将《易卦》的"坎"、"离"解为火牡、水妃。《五行志》本刘歆,郑玄《易注》则取刘歆说。由此胡渭再清理《易》与"数"相关联的源流,指出:早在吕不韦所撰《月令》中已有五行与数可相生相配的说法,由此推测,"似战国时已有以天地之数附会于《洪范》,而为五行生成之说矣,不待刘歆、班固也"。从先秦至两汉,裨灶、梓慎、吕不韦、刘向、刘歆、扬雄等人虽有主占候、时令、灾异、历数之别,但上述诸学人有一共同特点,即"皆言生成之数"。但值得注意的是,他们"虽皆言生成之数,却非为易而设"。只是从郑玄开始,才以生成之数注《易》。郑玄以"七、八、九、六为易之四象,水北、火南、木东、金西、土中,一生一成,各为配耦,虽未写以为图,而图已具"。由此可见,虽然郑玄还没有画出明确的"图",但他解《易》首次引进了"数"的概念,已经具有了后世所谓"河图"的萌芽。所以胡渭认为,郑玄以"数"解易,此即"河图之粉本"③。

通过胡渭的排比,关于"河图"、"洛书"与《周易》发生关系的演变源流就很清楚了:所谓五行相生相配之论原既非《洪范》本义,也不是《易大传》所有之义。但在先秦存在以天地之数附会五行的理论萌芽,刘歆始以《洪范》之五行释《易》,郑玄注《易》采刘歆说,为"河图"创定"粉本",所以,后世所谓的河图洛书说,之所以"谬种流传,变怪百出,原其弊,实《汉志》有以启之"④。

胡渭在《易图明辨》中用考据的方法挖掘图书派与道家的关系,其结论坚确难移。但这却并不是说,胡的考据是能够脱离清初理学清算学术大背景的"纯"考据。恰恰相反,胡渭的考据受到了理学清算的制约性影响。

胡渭的批判矛头首先对准了朱熹。他说:"河图之象不传,故《周易》古经及注疏,

---

① 《易图明辨》卷三,巴蜀书社1991年版,第85—87页。下引《易图明辨》版本同,不另赘。
② 《易图明辨》卷二,第38页。
③ 同上书,第39页。
④ 《易图明辨》,第42页。

未有列图书于其前者,有之,自朱子《本义》始。《易学启蒙》属蔡季通起稿,则又首本图书,次原卦画,遂觉《易》之作全由图书,而舍图书无以见易矣。学者溺于所闻,不务观象玩辞,而惟汲汲于图书,岂非易道之一厄乎?"①

以上一段话是《易图明辨》的第一条"按语",带有开宗明义的性质。胡渭指责朱熹《本义》书前列图的做法是本末倒置,这实际上涉及朱熹易学思想体系的一个核心问题:圣人传易是否一脉相承?在朱熹看来,易之鼻祖为伏羲,故在《本义》书前朱熹列图以尊伏羲;朱熹又认为,伏羲之易与文王之易、孔子之易有区别,这样,朱熹将所谓的伏羲之图放在《本原》的书首,也就成了他的"三圣之易有别论"的一种象征。朱熹说"图画最宜深玩",又认为"圣人"所传之易本不相同而当首尊伏羲,这种说法根本违背传统的三圣一体易学观,且给了宋代图书派"学者当于羲皇心地上驰骋,不当于周、孔脚迹下盘旋"这种尊伏羲贬周孔的论调以有力的理论支持。实际上,"羲皇心地"一说带有强烈的"理学"色彩。宋代图书派之所以能够成为理学形上学的重要派别,其中的主因就是图书派在"羲皇心地上驰骋"的旗帜下,以伏羲的名义附会《易经》自作新解,从而建立起了"理学化"的、"形上学"的易学体系。在理学清算的清初,图书派这种做法正是学术界挞伐的对象。受学术思潮的激荡,胡渭的整体理论框架与清初斥形上、辟二氏、追踵孔子的学术氛围若合符契。在胡渭看来,"三圣易学不同风"之论尤其可恶,"离经叛道,莫此为甚"②,是故《易图明辨》总括性的第十卷以大量篇幅批驳此论,而以影响最大的朱熹为重点,指出:

> 伏羲之世,书契未兴,故有画而无辞。延及中古,情伪渐启,忧患滋多,故文王系《彖》以发明伏羲未尽之意,周公又系《爻》以发明文王未尽之辞,一脉相承,若和符节。至于孔子绍闻知之统,集群圣之大成,论者以为生民所未有。使伏羲、文王、周公之意,而孔子有所不知,何以成孔子?既已知之,而别自为说,以求异于伏羲、文王、周公,非述而不作之指也。然则伏羲之象,得辞而益彰,纵令深玩图画,而得其精微,亦不外乎文王、周公、孔子所言之理,岂百家众技之说所得而窜入其中哉!九图虽妙,听其为易外别传,勿以冠经首可也。③

又谓:

> 近时博士家承邵、朱之说,谓三圣不同易,病分经合传之非古,归咎王弼。此不能三年之丧,而缌小功之察也。夫谓经传不可合者,以书同而道异,言同而人异,如《春秋》诸传于经,则诚未可合也。羲、文、周、孔奚不合之有?由孔子视三

---

① 《易图明辨》卷一,第2页。
② 《易图明辨》卷十,第253页。
③ 同上书,第228页。

圣为古,自视为传;由今视四圣则皆古也,皆经也,孔子何遽不如《左》、《公》、《穀》传《春秋》?世儒不病《左》、《公》、《穀》合《春秋》,而病《十翼》合《易》,以申四圣不同易之说,谬也。①

胡渭特别强调指出:"诋夫子《十翼》为一家言,离经叛道,莫此为甚!"②

这里,胡渭坚守四圣一体的传统易学观,他对朱熹的批判实有罅隙。朱熹认为:"文王重卦作繇辞,周公作爻辞,亦只是为占筮设。到孔子,方始说从义理上去。"③"至孔子乃于其中推出所以设卦观象系辞之旨,而因以识夫吉凶进退存亡之道。"④

《周易》从观象到义理,从"经"到"传",从文王、周公到孔子之"解"伏羲之卦,这其间一定经过了一个变化发展的过程,朱熹持变化发展的观点看待《周易》及其"经传",指出"三圣"之"解"不尽符合伏羲"原意",这种观点比起四圣一体的易学论来,当然更加合情入理。胡渭以三传与《春秋》的关系比拟《十翼》与《易》,理据不足。不说《春秋》三传到底解经不解经本身就有争论,即便"传"的确解经,然传既为经之"解",其中就不能不带有经师本人的观点,以此"传"必不完全符合经的原意,也因此"经"、"传"一定有别。虽然四圣是否真是《易》和《易传》的作者还有待探讨,但朱熹本经传有别的理念将伏羲、文王、周公、孔子各人的易还给各人,这种做法未可厚非。

在清初那样一个学风转轨的时代,辟"二氏"而严守儒学藩篱成为学界的普遍倾向。胡渭批判宋代图书派,归根结底也是为了剔除羼入儒学中的道家之论。胡渭认为:"老庄之徒,掊击仁义,故厌薄周孔之辞,以为不足道。儒者不能辞而辟之,反为之推波助澜,尊伏羲不言之教,抑三圣阐幽之辞,岂不悖哉!"⑤对于图书派的开山鼻祖陈抟,胡渭直呼为"老氏之徒",而谓:"希夷,老氏之徒也。著《指玄篇》,言导养还丹之事。……先天图于造化阴阳之妙,不无所窥见,要之,为道家之易,而非圣人之易,其可以乱吾经耶?"⑥

邵雍据陈抟之学撰为《皇极经世书》,成为宋代图书派重镇。对于邵雍,胡渭亦称为"老庄之徒",认为应将其革除儒门,他说:"……故吾以为,邵子之学与圣人之易,离之则双美,合之则两伤,学者不可以不审也。"⑦

胡渭认为,《周易》之精义,在于立人道,"学易者,亦学为立人之道而已"。但后儒却专着眼于《易》之"阴"、"阳",从中化衍出一整套形而上的理论,此为大谬。胡渭

---

① 《易图明辨》卷十,第228页。
② 同上书,第253页。
③ 《朱子语类》卷六十六。
④ 《朱文公文集·答黎季忱》。
⑤ 《易图明辨》卷十,第255页。
⑥ 同上书,第231页。
⑦ 同上书,第238页。

指出：

> 庄生曰：《易》以道阴阳。此非周之言，而古之言也。盖古者三易之法掌于太卜，一曰《连山》，二曰《归藏》，三曰《周易》。其经卦皆八，其别皆六十有四，非但彖爻之辞自为一书，即如《春秋》内外传所载繇辞，亦不得与焉。其所见者，唯二体六画，刚柔杂居之象，以为道阴阳宜也。至于文王系《彖》，周公系《爻》，则故以阴阳推之于人事，而所言无非仁义中正之归矣。孔子作《十翼》，则又发《彖》、《爻》之蕴，竭尽而无余焉。圣人之所以穷理而尽性，君子之所以反身而寡过，皆在此书，奚止道阴阳哉！

又说：

> 三圣所重在人道，而天地之道，亦无不备焉。伏羲时，未有文字，不得已而画奇耦以垂教。阴阳可以画见，而仁义不可以画见，故说者但以为道阴阳，而不知伏羲之旨，专在立人之道也。苟其有文字，则亦必言及仁义矣。伏羲而无言也。伏羲而有言，安知不与三圣同辞乎？①

> 盖《易》至孔子，而其道始为处忧患无大过之具，与《诗》、《书》、《礼》、《乐》同其切要，人伦日用所不可斯须去者，而非徒卜筮之书矣。幸而秦火不及，学者得见完书，上可以穷理而尽性，下可以反身而寡过。顾徒以农夫、红女、百工、商贾不能用，而欲崇不言之教，视《系辞》如糟粕，毋乃过为高论，堕老庄之环中而不觉也乎？②

细绎胡渭之义，他认为老庄之徒将《周易》仅看作道阴阳之书，这是老庄一家言，儒者却不应盲从。从文王、周公到孔子，均以人道为先，都是以人道"涵括"天地之道，也就是以人道涵括阴阳。伏羲时无文字，若有文字，伏羲也一定与三圣同，也一定首重人道。朱熹曾说《周易》原为卜筮之书，胡渭在这里否认《周易》或者说淡化《周易》的卜筮性质，强调《周易》切近人伦日用，其宗旨在于摒弃易学观中的"过高之论"，亦即摒弃易学中的形上学。是故他将视角对准理学家的援道入儒，并指出圣人君子之所以穷理尽性、反身寡过，皆受《周易》之"言人道"的启发而非受其道阴阳，亦即非受其形上学的影响。这样，胡渭就将传统的四圣一体易学观统一到了修身养性"践履"意蕴上。

胡渭突出《周易》中的人道意蕴而不以"阴"、"阳"为《周易》的思想内核，这是承袭明清之交普遍厌弃形上思辨，趋向形下之"器用"的社会思潮的反映。"阴"、"阳"是否为《周易》的思想内核，这并非本书所要讨论的要旨，也不是三言两语能够讨论得清楚

---

① 《易图明辨》卷十，第255页。
② 同上书，第62页。

的。但是,"阴"、"阳"肯定是《周易》中最重要的一对概念,这一点确然无疑。宋儒借助于"阴"、"阳"概念的阐发建立起庞大、细致、精微的理学形上思辨体系,在中国哲学史、思想史上占有无可取代的重要地位,这一点同样毫无疑义。若从学术本体角度看,与《周易》中的"人道"、"践履"之论相比较,基于"阴"、"阳"概念而由世世代代学者累积起来的易学思想,及其对《周易》的哲理阐发,智慧的光芒至今仍然闪烁。比起就人道的、践履性的内容来,前者也更加符合《周易》的本质。然而,宋儒援道入儒而解《易》,这种做法首先已触犯了正统儒学视佛老"二氏"为旁门左道的宗派主义学术情感,故已预先为明清之交学者清算理学留下了批判的隐患和把柄;当明亡清兴,社会无不痛诋理学"空言误国"之时,以辟二氏反佛老为切入口,清算理学的形上思辨就由预设而变为现实。以此来看胡渭的《易图明辨》,辟老庄、黜形上、主践履、倡实学,正是其主旨所在。朱熹作为理学集大成者,他既有三圣之易不同体的易学倾向,又有尊伏羲而贬周孔的易学言论,朱熹成为清初易学界的众矢之的,成为胡渭攻击的目标也就很自然。是故《易图明辨》的奠尾处这样写道:

> 其时康节上接种放、穆修、李之才之传,而创为河图先天之说,是亦不过一家之学耳。晦庵作《本义》,加之于开卷,读易者从之,后世颁之学官。初犹兼《易传》并行,久而止行《本义》,于是经生学士信以为羲、文、周、孔,其道不同。①

又谓:

> 按史,魏正始中,何晏、王弼等好老庄书,祖尚虚无,以六经为圣人之糟粕,天下士大夫慕效成风,迄江左而未艾。故范宁谓王、何之罪,深于桀纣。今观弼所注《易》,各依《象》、《爻》以立解,间有涉于老庄者,亦千百之一二,未尝以文王、周公、孔子之辞为不足贵而糟粕视之也。独为先天学者,欲尽废周孔之言,而专从羲皇心地上寻求,是其罪更浮于王、何矣!儒者不之辟,而反助其狂澜,以为三圣之易非即伏羲之易,何耶?!亭林、梨洲之论,大有造于易学,故殿之篇末,以告天下之习非而不悟者。②

今按:胡渭上述对朱熹的非难与他对宋代图书派的批驳联系在一起,这说明,胡渭将朱熹与宋代图书派视为了一丘之貉。故他对朱熹的易学被立在学官深致不满,认为蛊害士类败坏学风,朱熹无以辞其咎。前人谈及魏晋玄学时每罪王、何清谈之害烈于桀纣,顾炎武即有类似看法。现胡渭重提范宁评王、何故事,认为王弼、何晏虽喜老庄,却"未尝以文王、周公、孔子之辞为不足贵而糟粕之",远轻于图书派"欲尽废周孔之言,而专从羲皇心地上寻求"的罪孽,图书派之罪"更浮于王、何",也就是图书派

---

① 《易图明辨》卷十,第265页。
② 同上书,第266页。

"更浮于桀纣",那么,在这种评价标准下,朱熹应当摆在怎样的位置上,不是已经呼之欲出了吗?

第六节 戴名世学论

戴名世是清初《南山集》文字狱案的案主,字田有,一字褐夫,潜虚,安徽桐城人。戴氏因《南山集》案罹遭杀身之祸,也因此案而世誉昭著名垂史册。戴的治学,起脚于治经而最终落于治史。身处明清易代的敏感历史节点,戴氏治学饱含鲜明的个性与特色,并折射出了明清之交那个特殊历史时段的重要学术讯息。读戴氏之作,既是充分的精神享受,同时也能够从戴氏之作中捕捉到某些明清学术转轨变型的重要表现。

一、功名观、生死观

戴名世学养深厚。他于经、史、子学均有造诣,可谓"通人"。但戴氏一生怀才不遇。年五十七始中会试第一名,进士殿试一甲第二名,授翰林院编修。他自谓"士之学有根柢者,必高自位置,而不肯降志辱身以取富贵。成败利钝不以动其心,然而光芒照耀,亦未必尽无非常之志"①。由此可洞见戴氏的嶙峋傲骨,也因此可推知他的俾倪同侪落落寡合。戴氏此种秉性在传统社会中必然阔达无望,戴氏亦深知之,但他宁肯孤另独往也不愿阿世迎合。综观戴氏一生,物质生活贫困至极,屡屡说道"名世一妄愚人耳,劳苦困饿,拂乱空乏,人皆笑之"②;"困于饥寒,衣食日不暇给"③;在穷困潦倒中戴氏追求精神的自足。戴氏视富贵如浮云土埂而独钟情于学术,亟欲藉撰述留驻英名于天壤间,以此形成了他独特的功名观、生死观。

1934年南汇朱太忙为《戴南山集》作序,认为戴名世"好骂世而仍不忘于世,贪图富贵,与小人同朝,此亦有自取之咎"④。朱氏谓戴"不忘于世"是矣。然将戴氏视作硁硁好利之徒却难以服人。朱氏这个站不住脚的说法,实半袭自于方苞。方苞与戴名世亦熟稔。苞有《送左未生南归序》,谓其尝"每戒潜虚当弃声利,与未生归老浮山,而潜虚不能用,余甚恨之。辛卯之秋,未生自燕南附漕船东下,至淮阴,始知《南山集》祸作"⑤。辛卯(1711年)正是《南山集》案发的当年,是知方氏此文撰于《南山集》案发之后。方苞本人因替《南山集》作序也在当年受牵连入狱,险些被杀,后经李光地说

---

① 《山东学政条约》,转引自戴廷杰:《戴名世年谱》,中华书局2004年版,第170页。
② 《与赵良冶书》,《戴名世集》,中华书局1986年版,第2页。
③ 《与余生书》,《戴名世集》,第2页。
④ 《戴名世集》,第466页。
⑤ 方苞:《送左未生南归序》,《方苞集》,上海古籍出版社1983年版,第189页。

情始得康熙宽宥。苞劝戴名世、左未生归老浮山,讵知戴氏"身无分文"却"心忧天下"①。戴氏亟亟乎有用世之心,是方苞以隐名遁世相劝诫,与戴氏之秉性意趣不啻南辕北辙,未着边际。苞又谓戴氏未能"弃声利"。"声利"二字即"名利"的同义语。但方苞之论有两点疑问。先说"利"的疑问。戴氏一世穷困半生潦倒,与"利"无与,和"富贵"更不沾边。戴之穷陋,甚至其家奴童仆亦贱视之而怨望满腹②。戴虽亦曾售文燕市,蝇营苟活,然此非戴氏之智不知而自取贱役,实出于万般无奈:"盖家无担石之储","父死未葬,母老矣,旦夕无饔飧之养","诚计无复之而为此。"③是方苞以"利"字冠戴氏实于戴氏冤也枉哉。

　　第二点疑问即"名"的疑问。方氏戒潜虚当弃"名",但他自己为什么还要为《南山集》作序?戴生前文名已满天下,方苞似亦看中这一点而序《南山集》者。故若谓戴氏未能勘破"名"字,苞本人恐亦相类。读书人为"名"所累也常有之事。"名"与"利"虽每挂搭并提,但求名毕竟大不同于射利:"名"终究与建功立业或利国利民的善举、壮举相连,即所谓"了却君王天下事,赢得生前身后名"(辛弃疾《破阵子》:"醉里挑灯看剑")。求"利"则非着眼于民生国计而出于私欲,故一个"利"字往往与祸国殃民联系在一起。所以,"名"与"利"亟当分别对待。太史公尝赞文王、孔子、屈原、左氏、孙子、吕不韦、韩非为"风流倜傥之人",此数人皆因撰述而名垂青史,因而成为读书人心仪神往的楷模。史公亦见贤思齐者,其著史撰文,所愿惟在"藏之名山,传之其人"。史公身遭奇耻大辱却仍以蛆虫般苟活人间,精神支柱正在一个"名"字上——"虽万被戮,岂有悔哉!"

　　戴名世轻"利"重"名",对于"立言"得名的确看得极重。戴氏每于"胸中之思"一己之得,"掩遏抑郁,无所发泄"而"尝见之文辞","虽不求工,颇能自快其志"④。这种著文以自悦是"为己之学"而非"为人之学"的一种境界,也是"成名"的精神保证。所以戴氏能够认识到"天下之事,虽其荣华甚盛,然皆不逾时辄已飘零销落,独文字之在人间,愈远而长存"⑤。《左传·襄公二十四年》有言:"大(太)上有立德,其次有立功,其次有立言,虽久不废,此之谓不朽。"立功、立德、立言是谓"三不朽"。"三不朽"表露的是一种价值观。因为"不朽",上下求索,此亦人之好"名"使然。"三不朽"中之"立言"不朽,最为士大夫神往。然而世间多见的却是学人作者每每请"王公大人"作序,"王公大人赐之序则欣欣然以之自多,不自多其文而多王公大人之序以为荣耀"。此

---

① 可参阅戴名世:《山东学政条约》,载戴廷杰:《戴名世年谱》,第170页。
② 戴名世:《燕市杂录》,转引自戴廷杰:《戴名世年谱》,第211页,按《年谱》,此文作于康熙二十九年(1690年)戴氏38岁时。
③ 戴名世:《燕市杂录》,转引自戴廷杰:《戴名世年谱》,第209页。
④ 戴名世:《答朱生书》,《戴名世集》,第12页。
⑤ 戴名世:《送韩某序》,《戴名世集》,第144页。

种借重"政治人物"而近乎文丐的行径在戴氏看来最不可理喻。他指出,若"为文"需要"待王公大人而重",那么,"孟子七篇成而本请序于齐宣、梁惠;司马迁《史记》成而本请序于丞相公孙弘、大将军卫青也"。孟子、马迁终至于不朽,岂是齐宣王、梁惠王、公孙弘辈可比肩而论者!因此,"有识之士"当"自重其文",因为足有可恃者在故有这一点傲骨,而大可不必"求序于王公大人"①。是政治权贵与学者史家相较,戴名世不免轻看前者而更加青睐后者。这是文人的自恃,也是自重,其内核则是人格的独立。

戴氏曾将人分为"一世之人"与"百世之人",说"所谓百世之人者,生于百世之后,而置身在百世之前",这正是他对于"立言"不朽的一种诠释。戴氏论道:

> 世有一世之人,有百世之人。唐虞之揖让于廷而君臣咨警,吾自尧舜至今凡三千余年,而吾之身已三千余年而存矣。而吾所著之书传于后世,而后世之人读吾之书,如吾之声效乎其侧,是则吾之身且与天地无终极而存也。此之谓百世之人也。若夫一世之人,则止识目前之事而通一时之变,虽其至久远不过百年,以天地之无终极者视之,须臾而已矣。乃若生于一世而一时之事犹懵不能知,则庄周氏之所谓朝菌也,蟪蛄也。朝菌不知晦朔,蟪蛄不知春秋,吾安得百世之人而与之言百世之事哉!②

戴氏此论明慧而通达。肉胎凡身之人都有一副皮囊,故为"俗物";但人之为人,首在人有思想精神,故又能"脱俗"。皮囊的物质性束缚人的精神自由,此为在俗与脱俗之两难。然物质性的皮囊终要归于毁灭消散,惟"精神"可以永存,"灵魂"却能够脱皮囊而"出窍"。肉胎凡身烟消云散之际要使精神"脱颖而出",思想不致窒息泯没,贵在能够明晓"吾之身已三千余年而存"的途径,在生前即捍卫精神自由这一人格"底线",有此思想之独立才能为死后精神之永存立下根基。柳宗元有云:"天之杀,恒在善人,而佑不肖。"戴氏并非看不透这一点。但他更加认同"名"之永生而鄙夷"身"之苟活,认为肖小之徒,行尸走肉,虽生如死;世之精英,永垂不朽,虽死犹生。这也就认清了"小我"的个人终究要死灭;"大我"的人类却是不死的真理,树立起了将个人归属于人类的生死观。所以戴氏对其文友李本涵之死能够有坦然超俗的见解,谓"彼世之可以死者不少矣。天虽不能死之,而其死久矣。如海若(李本涵字)者,固未尝死也"③。戴氏之所以追求"吾所著之书传于后世,而后世之人读吾之书,如吾之謦欬乎其侧,是则吾之身且与天地无终极而存也"④的境界,根由在于他有深刻洞朗的生死观。

---

① 戴名世:《上大宗伯韩慕庐先生书》,《戴名世集》,第7页。
② 戴名世:《杜溪稿序》,《戴名世集》,第56页。
③ 戴名世:《祭李海若文》,转引自戴廷杰:《戴名世年谱》,第179页。
④ 戴名世:《杜溪稿序》,《戴名世集》,第57页。

在戴氏的价值认知体系中,"学者"也有高下文野之分。他认为学者中唯有史家最贵,指出:史家以如椽之笔留下不朽史著,读者能够"目见其事而耳闻其声也"。譬如读《尚书》,"南巢、牧野之战,吾亲在师中而面领其誓诰也";譬如读《左传》《史记》,可以"见其州次部居,发凡起例,含毫而属思也",以至于"后世战争之祸,贤君相之经营,与夫乱贼小人之情状"也"无不历历乎在吾之目"。神接千古而瞩目于当今,是谓读"活"了历史。后人之能够与历史"神交",产生"吾生于今而不啻生于古"之观感,全在于史家于撰述中"恢复"了历史的场景使然,史家也伴随"历史"而获得了永生。所以戴氏每欲步太史公后尘而以史家自况。戴氏关切之历史时段在晚明,"有志于先朝文献,欲勒为一书,所至辄访求遗编"①,又认为:

> 自朱子没后,群史繁秽,意中时时欲勒成一书,以继《纲目》之后。而有明一代之史,世无能命笔者。更经一再传,则终沦散放失,莫可稽考。当仿依太史公书,网罗论次,既成则以藏之名山,传之其人。平生之志,如此而已。②

众所周知,朱子《通鉴纲目》首重夷夏大防,正统之辨。戴氏殷殷然于晚明史,其楷模《纲目》,取义也正与朱熹同。殊不知夷夏和正统问题,正是立足将稳的清朝统治者之大忌。我们看戴氏之立世并非无友而踽踽独行者。其与君子如刘献廷(继庄)、万斯同(季野)、何焯(义门)、王源(昆绳)辈,喁喁然谦辞揖让,独于肖小之徒则疾言厉色不稍假借,故世人以"好骂人"之评强加于他。戴氏很知道自己遭世人忌恨"不合时宜",加以"所为文字尤不悦世俗"③,仇家也会因此横生枝端嫁祸于他,"仆古文多愤时嫉俗之作,不敢示世人,恐以言语获罪"④,戴避之犹恐不及,孰料仍然防不胜防,难逃甘当清廷鹰犬的文人落井下石的戕残,终于因此而见害。

方苞尝谓"潜虚死无子,其家人言:椟藏之文近尺许,淮阴某人持去。或曰尚存,或曰已失之矣。呜呼!是潜虚所自信为终不沈没者,其果然也耶?"⑤是戴氏之作虽非连薨接架,亦可谓著作累累矣。三百年来,戴氏因身遭斧钺而万戮不复,其撰述也雪摧霜剥大部飘零。然戴氏之作终至于不灭者,历史不可欺也。戴氏劫余仅存之作,赖后世史家秉持史德良知钩沈稽没而不泯,虽雪泥鸿爪,但他面对波澜壮阔的历史场景一咏三叹亦足以激荡人心因而永垂史册,是戴氏终究遗愿兑现,足称永存不朽了。

二、"夷夏大防":戴名世的经学特色

自清初理学清算运动确立弃虚蹈实的治学路径,学界一变明儒重《四书》之积习

---

① 戴名世:《天籁集序》,《戴名世集》,第 30 页。
② 戴名世:《赠刘言洁序》,转引自戴廷杰:《戴名世年谱》,第 214 页。
③ 戴名世:《上刘木斋先生书》,《戴名世集》,第 15 页。
④ 戴名世:《与刘大山书》,《戴名世集》,第 11 页。
⑤ 见《方苞集》,第 933 页。

而改重《五经》，经学之风稍稍振。戴氏一支原即有经学家风："余家世治《诗》，余亦治《诗》，后亦改治《易》。"①受时代思潮的激荡，戴氏也不免表现出重经的倾向。对于时下"《四书》之文，虽其至不肖者犹稍有所用力于其间，而至于经义，则虽能文之士亦或不免于卤莽以从事"②的作派戴氏深致不满。又据戴钧衡《戴南山先生年谱》，康熙三十年(1691年)戴氏39岁时尝"居京师，授经太常李愚庵先生家"③。看《戴名世集》中，诸如《春西狩获麟解》、《左氏辨》、《孔庙从祀议》、《自订周易文稿序》等，均为经学撰述，是知戴氏于经学确曾下过功夫。值得注意的是，戴氏治经与治史不分，他每每打通经、史，取史实而贯注以经学之义理，用"六经注我"的手法来表达其历史观。戴生活的时代去明清鼎革不久，反清复明的思潮暗流涌动。"夷夏大防"论正是这种思潮的特殊表现形式，也是戴氏经学思想的核心。阐发此种理念，最典型的例证体现在《八月庚申及齐师战于乾时我师败绩》一文中。

春秋之际天子式微诸侯坐大，血流漂杵争战频仍，史称"春秋无义战"。但孔子撰《春秋》却又为什么"不忍遽绝焉，且幸之，且惜之"，记载了那么多战事？戴氏认为，《春秋》此举目的就在于"以著君臣之分，明父子之亲，而严内外之防"。戴氏举例谓：

> 昔者王莽乘西汉之衰，不用尺兵寸铁而移汉祚，翟义起兵讨之，未成而身死。唐武氏之祸，唐几亡矣，李敬业起兵讨之，未成而身死。此二人者，自以国家旧臣，义不忍腼颜俯首而立于怨家之朝，身虽已残，家虽已破，甘心屠剖而不悔，而其风烈犹有以耸动英雄豪杰之心，故汉、唐既败而复兴。呜呼！此二人者可谓知大义矣。

今案，戴氏叙"无义战"之春秋，却又笔锋一转跳到汉唐，前挂后联，将原本与《春秋》了无关系的汉唐历史与春秋争战相联系，其中大有深意在。翟义为王莽之怨家，李敬业为武则天之怨家，怨家结怨，皆因王莽、武则天"篡位"而起。翟义讨王莽，李敬业伐武氏，这就是"不义之战"中的"义战"。戴名世借赞翟义、李敬业讨伐王莽、武氏，他要唤起人们思考一个问题：王莽、武则天篡位不合法，那么，清人入主中原合法吗？倘若不合法，明遗民又该怎么办？耐人寻味的正是戴氏所说的翟义、李敬业"义不忍腼颜俯首而立于怨家之朝"这句话。他鼓吹翟、李身残家破而不顾，躯体受屠剖而不悔，其要义正在以翟义、李敬业之"风烈"，"有以耸动英雄豪杰之心"。戴氏大严一君不事二主之义，明目张胆号召天下之"英雄豪杰"以翟义、李敬业"复兴""既败"之汉、唐为榜样，他这是在借"夷夏大防"的思想鼓吹反清复明。以此戴氏论道：

---

① 戴名世：《四家诗义合刻序》，《戴名世集》，第35页。
② 同上。
③ 戴名世：《戴名世集》，第506页。

今夫《春秋》之义,莫大于复仇,仇莫大于国之夺于人而君父之死于人也。故吾力能报焉,而有以洗死者之耻,上也;其次力不能报,而报之不克而死;最下则忘之;又最下则事之矣。吾尝读春秋,未尝不叹息痛恨于鲁庄公也。庄公者,桓公之子,齐人实杀桓公。盖昔者越败吴于樵李(古地名,又作醉李、就李。在今浙江嘉兴西南。后为嘉兴别称——笔者注)。阖闾死,夫差使人立于廷,苟出入,必谓已曰:"夫差,而忘越王杀而父乎?"则对曰:"唯,不敢忘。"三年乃报越。

又举后唐枭雄李克用不忘复仇之例指出:

晋王李克用之将终也,以三矢赐庄宗而告之曰:"梁,吾仇也,燕王吾所立,契丹与吾约为兄弟,而皆背晋以归梁。与尔三矢,尔其毋忘乃父之志。"庄宗受而藏之于庙,卒以灭梁,入于太庙,还矢先王而告以成功。吾观此二君者,其晚节末路不可谓贤,而皆能复父仇如此,其义烈岂不壮哉。

"卧薪尝胆"的典故耳熟能详;李克用历史上口碑极不堪,但他有"复仇"之举亦足以表彰为楷模。勾践尝胆,克用赐矢,要害就在"复仇"上。明社既屋,戴氏隐然有挽落日于既沈之想,则其借历史典故大伸"复仇"之义,反清复明之意呼之欲出。

再看戴氏论庄公:

呜呼!庄公之事,吾无论矣。后之臣子有遭其国亡其君死,而忘其仇而事其仇,且其国之亡也,彼实有以致之亡,君之死也,彼实有以致之死。然则彼亦与于逆乱者耳,又安知所谓仇耶。①

按:戴氏前谓读春秋而"未尝不叹息痛恨于鲁庄公",后又谓"呜呼!庄公之事,吾无论矣",要义均落于"复仇"二字上。然戴氏此责,庄公实不必受。文姜者,鲁桓妻鲁庄母也,与同父异母兄齐襄公私通已久,后狼狈为奸弑杀桓公。如此血海深仇庄公岂有不报之理!然齐强鲁弱,鲁庄一时竟无从措置。其必忍其所不能忍,自强不息,方可了却复仇夙愿。是故其间庄公四年文姜于鲁庄眼皮底下"享齐侯",鲁庄却与齐襄"同狩",忍之也;庄公八年齐、鲁联合伐郕,郕降。然郕深知齐强而鲁可欺,故降齐而置鲁不顾,鲁再受辱,鲁庄却毫无举动,并竟至于自谓有"罪",亦忍之也。鲁庄一忍再忍,实类于越王勾践忍辱负重。鲁庄内安其民而自修其德,"衣食所安,弗敢专,必以分人","小大之狱,虽不能察,必以情",积蓄力量,尤似勾践"十年生聚"。终于待到庄公十年"曹刿论战"大败齐师复仇成功。然鲁庄为"公"乃同于"帝",而崇祯已死,故拿鲁庄说事毫无意义,以此戴氏指桑骂槐痛责"臣子"。其所谓"臣子"遭君死亡国之变,"忘其仇"复"事其仇";所谓"且其国之亡也,彼实有以致之亡,君之死也,彼实有以

---

① 戴廷杰:《戴名世集》,中华书局1986年版,第409—410页。

致之死",这是在暗指吴三桂吗?法国汉学家戴廷杰大作《戴名世年谱》认为这正是针砭吴三桂,指出"是年十月,吴三桂孙世璠,自尽于滇南,三藩乱乃定"。戴廷杰认为,吴三桂乃明大臣,崇祯崩,三桂"背其君而事其仇,迎清兵入关",谓戴名世"之叹息痛恨,不独于庄公也,乃非于吴三桂而谁乎?"①吴三桂背君事仇,乃不齿于人类的民族罪人。但戴氏作此文时"三藩之乱"早已平定,对于吴三桂,戴氏大可直呼其名而厉詈之,而不必借庄公转弯抹角说事。且一观明清易代之际,卖国奸人类吴三桂之流又何止千百?对此戴氏鄙夷之而胸中素有块垒。《春秋》的夷夏大防思想早已深入人心,因此具有"经"的巨大影响力与"覆盖力"。利用"经"的"微言大义"和"暗示性功能",正可以将吴三桂"一类人"一网打尽。是故若将戴氏此论解读为普适性的"夷夏大防"思想而非仅仅针对吴三桂一人而发似更为准确。

在戴名世生活的时代,"扬州十日"、"嘉定三屠",清廷这些令人发指的暴行还是广大汉族人血淋淋的鲜活记忆,其留下的巨大历史阴影尚未磨灭。因此,"夷夏大防"、"反清复明"这些带有极端民族主义色彩的思想如地火般在汉人心底燃烧也就成为必然。这并不是一种已经没落过时之论调。戴氏伸论之,虽迂而不实,较之于同时代充当清廷鹰犬者,尤其较卖国事仇的吴三桂之流,毕竟可爱可敬多多。戴氏的经论中仍然饱含着历史性和进步性,其缘由在此。

三、为晚明烈士招魂:戴氏的史学

戴名世最耀眼的学术成就在史学。与戴同时代的学人对其史才即褒扬有加,认为"戴田有先生所作古文,直追龙门,而气魄雄厚,有过之无不及也"②。戴氏尝师事名士潘江木厓③。潘木厓也盛赞戴氏:"同里戴编修名世……初为古文,时人无知者。先生一见奇之,以为有司马迁、韩愈之风。编修感先生知,益奋于学,先生更发藏书资之,编修遂以文名天下。"④的确,戴氏叙史工整洁净,极富形容力表达力;戴氏论史则风发泉涌,中理劈肌。"阅史即阅世。"三百年后读戴的史学作品,尤其是欣赏他对于明清之交的英烈们惊天地泣鬼神的护国壮举所作的深刻而又恰如其分的描塑,仍然能够令人产生强烈而持久的心灵震撼。

戴氏的史学成就首先得益于他深具史学理论之素养。戴有一篇《史论》,专门谈史学理论问题,指出:史学的功用,"所以纪政治典章因革损益之故,与夫事之成败得失,人之邪正,用以彰善瘅恶,而为法戒于万世"。然而,"史之难作久矣,作史之难其

---

① 戴廷杰:《戴名世年谱》,第95页。
② 戴名世:《重订南山集序》,《戴名世集》,第461页。
③ 康熙时诏致博学鸿儒,曾经屡荐木厓而被拒之。
④ 戴廷杰:《戴名世年谱》,第49页。

人抑又久矣"①。戴氏素以史家自居,那么,他"作史之难其人抑又久"的感谓便不免带有自诩的意谓。然而,良史难求。刘知幾已有"才、学、识得一不易,兼三尤难"之说,故戴虽当仁不让以史家自况,其说却仍属平允。治史难,关键就在史实纷纭繁赜,甄别不易。戴氏举一家之例谓,一家之中"多不过数十人,少或十余人",然而家人的"诟谇",矛盾之起由已难断实情。推而至于一邑一国,地愈大人口愈众,"其事愈纷杂而不可诘",当政者治之,难于治家百倍。而治史譬如治邑理国,且有更难把握者。因为历史是"以数十百年之后,追论前人之遗迹,其事非出于吾之所亲为睹记",那么,希望通过治史恢复历史的真相并给古人故事以公允的评价确是难乎其难了。然而,治史难却非史学"无其道",史学也自有其可把握的"作法"。戴氏将史分别为"国史"、"野史",根据史学史已有的经验和教训,他指出:"国史"虽"出于载笔之臣",然"或铺张之太过,或隐讳而不详,其于群臣之功罪贤否、始终本末,颇多有所不尽",此为"国史"之阙,是故"势不得不博征之于野史"。而野史之短在于"或多徇其好恶,逞其私见","即或其中无他,而往往有伤于辞之不达,听之不聪,传之不审。一事而记载不同,一人而褒贬各别"②。按,晚明王世贞弇州《弇山堂别集》卷二十《史乘考误二》即已经分别史为国史、野史、家史三类,并且指明了各史体之优劣。戴氏"国史"、"野史"之分显然脱胎于此。但戴氏又有高于弇州者,即戴氏直探史学之主体——史家,注重作史者的"人品",尤其注意史学作品产生的背景性要素而力图"知人论世",这是王弇州所不具备的,也是戴氏对于史学理论的重大贡献。

戴强调要注意考察撰史者:

彼其人何人乎?贤乎?否乎?其论是乎?非乎?其为局中者乎?其为局外者乎?其为得之亲见者乎?其为得之遥听者乎?其为有所为而为之者乎?其为无所为而为之者乎?

戴一连提出了十余个诘问,其要义就在于强调治史应懂得"论其人之世",发"论世之说",将自身置于"历史的场景"之中"为古人担忧","设其身以处其地,揣其情以度其变","观其所论列之意,察其所予夺之故,证之它书,参之国史,虚其心以求之,平其情而论之",这才能够看出史料中"有可从有不可从"者,历史的实情于是"又已得其十八九矣"③。以上所论均戴氏治史的经验之谈,戴氏以金针度人,沾溉后学不少。

戴氏论史家驾驭史料撰史的主动性指出:

为史者虽征文考献,方策杂陈,而执笔操简,发凡起例者,亦不过良史一人

---

① 戴名世:《史论》,《戴名世集》,第403页。
② 同上。
③ 同上书,第404页。

而已。①

此论颇与实斋《文史通义》中"别识心裁"说异曲而同工,是戴氏已较实斋一著先鞭。面对纷繁杂陈的史料如何抉择去取?戴氏提出了一个颇有见地的原则:"观其文先审其人。"设若一事而三人言,"二人而正也,则吾从二人之言;二人而不正也,则吾仍从一人之言"。《文史通义》一大发明就在于章学诚提出了"史德"的概念。实斋以史家主体修养为发论之据,认为史家中如"魏收之矫诬,沈约之隐恶",对于此类"秽史"和"谤书"及其作者,人们"读其书先不信其人",意谓其"心术"正,则其史信,反之则否。以戴、章相较,是戴氏又已开实斋"史德说"之先声矣。

为故国存史,为明清鼎革之际的烈士招魂是戴氏史学中的亮点。在导致戴遭杀身之祸的那篇《与余生书》中他感叹明代"三百年无史"②,尤令戴不能释怀的是南明各朝史实的湮没。是故戴氏将大部分精力用在了有明一代史实的挖掘和史事的整理上。

左光斗是晚明政坛重要人物,也是晚明正义力量的典型代表;光斗之孙左云凤是戴的姑父,两人交往极深。戴十七八岁时即常与同学少年二十余人结集于云凤的醒园中研史读书,激扬文字,点评世事③。因此,戴名世对于左光斗怀有特殊的感情。戴为此撰《左忠毅公传》④六千言,该文容量为《明史》两倍。方苞有《左忠毅公逸事》,计六奇《明季南略》卷三亦载左光斗事迹。相较各本所言,独戴文最为详尽核实。该文保存了大量晚明政治史的珍贵史料。如有关左光斗受魏忠贤迫害入狱前后的记载,既有时人公论欲救光斗于水火,又有光斗舍己为人劝阻民众的场景。晚明时期急公好义的民风及左光斗为人处世的有价值讯息均可从中获悉。时魏忠贤派遣缇骑前往逮捕左光斗、杨涟:

> 缇骑至桐,光斗泣语诸弟曰:"父母老矣,吾何以为别。"家人环泣,生祭县中。父老子弟张檄示击缇骑,光斗曰:"是速死矣。"固止之。槛车出郭,县人拥马首号泣,焚香拜北阙,缇骑皆为流涕。壮士数百人潜行欲伏阙讼光斗冤,至黄河,光斗知之,固辞谢,乃还。容城举人孙锺元欲脱光斗于客氏,以告光斗,光斗曰:"吾虽不肖,岂能惧寺人之祸,而求生于媚人之手乎!"定兴人许显纯者,素无赖⑤,尤疾恶士大夫,及忠贤用事,显纯颇阿谄忠贤,求为狱吏,士大夫入狱者多不能免。至是显纯严刑汛光斗坐赃二万金。……先是光斗在狱,出片纸寄其家曰:"辱极污

---

① 戴名世:《史论》,《戴名世集》,第405页。
② 戴名世:《与余生书》,《戴名世集》,第2页。
③ 戴廷杰:《戴名世年谱》,第33页。
④ 《左忠毅公传》撰于康熙十五年(1676年)24岁时。见戴廷杰:《戴名世年谱》,第55页。
⑤ 按,许显纯,魏忠贤阉党,迫害黄宗羲父黄尊素至死。崇祯诛魏阉,宗羲入京诉父冤,袖铁锥锥刺杀许显纯,名震京师。见全祖望:《梨洲先生神道碑文》,载《鲒埼亭文集选注》,齐鲁书社1982年版。

极痛极！死矣！死矣！如二亲何。愿以此报天子，报二祖列宗。"

戴氏此记用笔平正无奇，但他平缓笔调下真挚情感的脉动却清晰若可触及。"史"之文体为散文，"读好的论文，如读散文诗，因为他实在是诗与散文中间的桥"①，此是谓"诗之义通于史"之另说，也是史家在"鉴赏历史"后运笔的应有之义。"文气"直接着"心声"：史家观史，胸中即有万顷波涛排山倒海，亦当如江河行地，虽历经坎坷跌宕，因饱观物换星移人间沧桑，入海时却波澜不惊，浩兮渺兮，苍茫而混然，此为深沉、厚度、含蓄，"内紧"而"外松"。如杜预序《左传》赞曰"其文缓"。吕东莱谓《左传》："文章从容委曲而意独至……故其辞气不迫如此。"左氏"不动声色"甚至"于马（司马迁）加一等"②。是故史笔需要的是淡定从容，如《艺概》所说史家运笔之"藏锋敛锷，韬光沈馨"③，而非铺张扬厉张牙舞爪声嘶力竭，盖史家之文有别于文家之文，亟需明晓"文尚华者日落，尚实者日茂。其类在色老而衰，智老而多"④的道理。作史叙事，峻急的意态或许能满足情感的宣泄，但舒缓的笔调却更加涵咏绵长。诚如实斋所言："文非情不得，而情归于正；文非气不立，而气贵于平。"戴氏能够很好把握"气"和"情"之度，这就使戴文总含有一种深沉隽永的意境。

方苞所撰名篇《左忠毅公逸事》⑤虽云传左光斗，实乃传史可法，故史料内涵不及戴文丰富。苞文与戴文均记录了左光斗识遇晚明抗清名将史可法之事而说法不同。苞文谓左光斗视学京畿，在一风雪严寒夜入古寺，见一生伏案而卧，案上之文"方成草"。左公阅毕，"即解貂覆生，为掩户。叩之寺僧，则史公可法也"。后考试时又拔史可法为第一⑥。按苞文，是左光斗原并不认识史可法。而据戴文，史可法在应童子试时已得左公青睐，收留了他并供其读书于府邸。方苞记左公史料得自于"先君子尝言"⑦，戴氏所记则从左氏后人处得之⑧，两相比较，戴氏所言更加可靠。

戴文言左光斗被捕后史可法去狱中探视事：

及光斗逮系，可法……乃衣青衣携饭一盂，伴为左氏家奴纳橐饘者，贿狱卒而入，见光斗肢体已裂，抱之而泣，乃饭光斗。光斗呼可法而字之曰："道邻宜厚自爱，异日天下有事，吾望子为国柱石。自吾被祸，门生故吏，逆党日逻而捕之，

---

① 周作人《美文》语，周氏此文作于1921年。转引自《周作人散文》"编者前言"，中国广播电视出版社1992年版，第13页。
② 刘熙载：《艺概》，第2—3页。
③ 同上书，第29页。
④ 同上书，第45页。
⑤ 见《方苞集》，上海古籍出版社1983年版，第237页以下。
⑥ 《方苞集》，第237页。
⑦ 同上。
⑧ 戴名世：《戴名世集》，第183页。

今子出身犯难,徇硁硁之小节,而撄奸人之锋,我死,子必随之,是再戮我也。"可法拜且泣,解带束光斗之腰而出。阅数日光斗死,可法仍贿狱卒入收其尸,糜烂不可复识,识其带,乃棺而殓之,得以归葬。①

对于此段记载,王树民氏在"订补"戴钧衡《戴南山先生年谱》之康熙十五年(1676年)名世24岁条下谓:

> 是年先生作《左忠毅公传》,附及史公可法之事,用伸钦仰之意。但所据者似出于乡人传闻,有略违于事实之处。

王树民认为,方苞《望溪集》中之《左忠毅公逸事》,为辗转闻自史公者,应较此为可信②。王氏复引戴氏《左忠毅公传》所言左光斗遇史可法事,指出:"二事应以方氏(苞)所记为正。"③

今按,王氏此说有容重加考虑。姑不论苞、戴二文记史可法探狱左光斗事大同小异,故均可据信,即从史料来源上看,戴氏《左忠毅公传》有云:

> 赞曰:余与左氏子弟游,得见公狱中手书,血迹斑斓,可悲也。当天启初,正人在位者不少,相继覆灭,海内寒心。而逆党根株蔓延,虽以烈皇帝之英武,不能尽为扫除,窃位酿乱,至于亡国,哀哉!④

是戴所记左光斗事并非"出于乡人传闻",而系得自左氏后人,首先得自于左光斗之孙左云凤。故戴氏之说的史料价值应当高于至少绝不低于方苞所记,其足成一说可以肯定。

史可法抗击清军护卫扬州而殉难事感人至深。可法面对清军大义凛然视死如归,对扬州城陷落后百姓的命运则念兹在兹,读来令人动容。此事不见于《明史》,待戴文而后传⑤。史可法临终之细节亦为《明史》所不载,戴文备载之,至为珍贵。此系戴氏亲闻,必可据:

> 四月十九日,公知事不支,召(史)得威入,相持哭。得威曰:"相国为国杀身,得威义当同死。"公曰:"吾为国亡,汝为我家存。吾母老矣,而吾无子,汝为吾嗣,以事吾母。我不负国,汝无负我!"得威辞曰:"得威不敢负相国,然得威江南世族,不与相国同宗,且无父母命,安敢为相国后。"时刘肇基在旁,泣曰:"相国不能顾其亲,而君不从相国言,是重负相国也。"得威拜受命。公遂书遗表上弘光皇

---

① 戴名世:《戴名世集》,第183页。
② 载《戴名世集》,第499页。
③ 同上书,第500页。
④ 戴名世:《戴名世集》,第183页。
⑤ 戴名世:《弘光乙酉扬州城守纪略》,《戴名世集》,第357页。

帝，又为书，一遗豫王，一遗太夫人，一遗夫人，一遗伯叔父及兄若弟，函封毕，俱付得威。诀得威曰："吾死，汝当葬我于太祖高皇帝之侧，其或不能，则梅花岭可也。"复操笔书曰："可法受先帝恩，不能雪仇耻；受今上恩，不能保疆土；受慈母恩，不能备孝养。遭时不造，有志未伸，一死以报国家，固其分也，独恨不从先帝于地下耳，四月十九日，可法绝笔。"书毕，亦付得威。

他如可法与其母、妻、伯叔父兄弟之诀别遗书亦为《明史》所不载，均赖戴氏保留了珍贵的独家记载方使此段历史不至湮灭。

史可法守卫扬州事，戴文详于《明史》多矣。戴氏所叙战争场面之恢弘惨烈摄人心魄。清军扬州屠城，名世未尽其言，其或有隐忧，或史料不备耶？虽然，于戴氏所述中仍然依稀可见当日抗清军民殊死搏斗的实情。

刘知幾曾提出良史当"善恶必书"的实录直笔准则。戴氏对此有深刻体认，并引申谓"吾以为子曰：'众好之，必察焉；众恶之，必察焉。'察之而有可好，亦未必遂无可恶者；察之而有可恶，亦未必遂无可好者。众不可骄也，亦不可徇也。"秉持这一治史求真的认知，戴将之贯彻到了撰史中。如上文戴尽言可法之抗清军抒国难，然清军破扬州城大量百姓被屠戮，史可法也有责任。对此戴氏并不讳言：

初，高杰兵之至扬州也，士民皆迁湖潴以避之，多为贼所害，有举室沦丧者。及北警戒严，郊外人谓城可恃，皆相扶携入城，不得入者稽首长号，哀声震地，公辄令开城纳之。至是城破，豫王下令屠之，凡七日乃止。①

在抗清护国战争中有大量死难烈士如"提督刘肇基、都司千总等官姚怀龙、解学曾、吴魁、冯士、富近仁……二百人"②，又有抗薙发坚持明代衣冠服饰的"画网巾先生"③，明清鼎革之际绝食而亡的杨维岳④等一大批"小人物"甚至"引车贩浆"者流，戴氏均为之树碑立传，此最为不易。文武高官抗清死节，史家为之立传固属当然；而一介书生或匹夫平民，既无资历可号召于众人，唯以一己血肉之躯抵挡压顶泰山，为故国螳臂当车，以卵击石，作悲壮的一搏，则更属难能可贵而不容泯灭。戴氏担心其忠烈事迹湮没不传，特为之搜幽寻佚，极力表彰，此皆备足桑海之史料，同时也表现出史家应有的品性良知和职业道德。

四、辟佛与"解放"老子：戴名世的子学观

戴氏的诸子学研究对于老子着力较多。在研究老子的同时戴鄙夷且贱视佛释。

---

① 戴名世：《弘光乙酉扬州城守纪略》，《戴名世集》，第359页。
② 同上。
③ 戴名世：《画网巾先生传》，《戴名世集》，第168页。
④ 戴名世：《杨维岳传》，《戴名世集》，第160页。

这种意态与清初"辟二氏"(佛、老)的时代心理息息相关。戴氏撰有《老子论》上、下两篇。该文名为评论老子,实以释、老分别对待,且以辟佛为要务。其开篇即云:

> 自孔子没而出而惑世诬民者有两家,曰老,曰佛,为后世儒家之所訾诮。

正统儒学之"訾诮"二氏,正是清初带有鲜明时代特色的思潮,是理学清算运动的产物。然而,戴氏虽以佛、老并提,却将二者畛然划界,指出:其"尝读老子之书,反覆细绎,其言颇有可采,而非佛氏之所及者"。戴认为,佛学之盛,系"乘中国气虚而入,其言荒唐不可致诘,而托于天人性命之理,学士大夫多惑之"①。又说:

> 彼佛之徒……不动声色,而吾儒之徒皆为之固其壁垒,树其旗帜,相与裂眦大呼……以快彼之心而后已,则为吾道患者不在于佛明矣。故佛之佛易去也,儒之佛不易去也;明心见性之佛易去也,福田利益、轮回生死之佛不易去也。士苟有志者,共伸讨贼之义,而勿操同室之戈,使儒之佛还为儒,则佛之佛不攻而自破。②

戴氏这种言论,与略早于他的陈确《异端论》如出一辙③。站在学术本体的立场来看,无论是戴氏还是陈确,上述那种对于佛释带有情绪化的批判均难以立足。但这却是他们那个时代的典型言论。与当时士大夫之辟佛多瞩目于对佛学"形上"内容大加挞伐不同,戴氏从佛中分析出"形上"和"形下"两个层次,并特重其"形下",指出:

> 今夫佛氏之为患也,莫大于窃吾儒性命精微之旨以为明心见性;而其最浅陋惑人之甚者,莫过于福田利益、轮回生死之说。④

按,戴氏此说既有张冠李戴、本末倒置处,也有精到而中肯者。要说以"精微之旨"创为"明心见性"学说,并非佛窃儒,而是儒窃佛。儒学中有的是纲常名教的"实用性"内容,却缺乏具有形上思辨的"理论色彩",故从佛老二氏中袭用其形上之思想,这是理学家援佛入儒的根本原因所在。换言之,理学的援佛入儒应当是清初学界的共识。这一点只要一读亭林、梨洲、船山、习斋等人著述中不胜枚举的批评性论述就够了。那么,戴氏在这个常识性问题上强词夺理,硬性据佛之功为儒有,其中透露出了戴氏尊儒贱佛的理念。当然,理学的主要特点为形上思辨,这一点还是被戴氏点中,而戴氏所谓"精微之旨"能够"为患"云云,他也并未能够逃脱时代思潮的罗网,所秉持的仍然是弃"虚"(形上思辨之论)蹈"实"(重实践、实学)的宗旨。戴氏辟佛特色在于

---

① 戴名世:《老子论上》,《戴名世集》,第399页。
② 戴名世:《阕里纪言序》,《戴名世集》,第52页。
③ 《陈确集》,中华书局1963年版,第166页。
④ 戴名世:《阕里纪言序》,《戴名世集》,第52页。

对佛学中"福田利益、轮回生死之说"的"形下"内容的分析。他看到了世人不能以"孔子之道教天下",而"必假手于佛"的现实,对于这种状况戴虽极不满,发出"吾叹之久矣"的感喟,却也不得不承认"轮回生死之说"虽"尤荒谬不通",但的确能够产生"或往往有所忌惮,故亦可藉以慑服天下之人,使稍敛其邪志"的效应①。如此说来,佛学是"上"、"下"兼备的。佛学之"上"能够迎合士大夫的哲思之好;其"下"则满足了汪洋大海般芸芸民众的精神日用。佛释能够馨动一世其根源在此。在清初理学清算运动中学人的辟佛一般仅仅瞩目于佛学的形上内容,实际上生死轮回因果报应的形下部分才是佛学更具"杀伤力"的原因所在。戴氏看到了这一点,是他超然于同侪的卓识处。

与辟佛的立场大相径庭,戴氏对于老子却充满了温情。他认为,不应将老子摒弃革除,指出,孔子"未尝不于异端为兢兢",但却并不视老子为异端,"既不能辞而辟之,而复与其弟子间关道路,从之问礼,且叹服而许与之",戴氏诘问道:"将谓孔子者亦老氏之徒耶?"且老子之"数语叮咛"孔子"不以为非","则其书未可尽非也","不见其有谬戾圣人者也"。

在如何对待佛、道的问题上,戴氏一方面坚决反对佛释,同时又每为老子辩护,认为"老子之负谤于天下者,非老氏之过也,为老氏之说者之过也"。戴进一步指出:

> 庄周、列御寇之流,其言依仿老子,吾观其书,大抵悯世之昏浊,为洸洋自恣以适己志,此文人学士之雄者耳,不得与老子并。……而申不害、韩非之流,惨礉少恩,假托老子以自重,其实未得老子之万一也。
>
> 自申不害、韩非假托老子之说,而使老子蒙诟于万世。浸寻而至于秦、汉以后,为老子之徒者,筑宫以祀之,刻木以像之,造立鬼神名字而自异其衣冠,往往祷赛祈请,又依仿浮屠氏之书,作为鄙俚无稽怪诞之言,曰"是老子也"。则老子之冤,亘万世而莫之白矣。……此岂老子之罪乎?②

今按,戴氏指出法家如"申不害、韩非"者流,"惨礉少恩",却"假托老子以自重",此说颇中肯綮。戴分析老子之说与"道家"、"道教"的区别亦属细密熨帖。然而,戴希望通过挞伐庄子以抬高老子,毕竟找错了对象。老、庄同流一脉,是为不刊之论。老子借助于对黄金时代的追念挞伐现实世界"道"的沦丧,虚构了一个"小国寡民"、"邻国相望,鸡犬之声相闻,民至老死不相往来"的乌托邦理想世界,故老子强调任其自然;试比读庄子《天地篇》:"至德之世,不尚贤,不使能……端正而不知以为义,相爱而

---

① 戴名世:《老子论上》,《戴名世集》,第399页。
② 同上书,第399—402页。

不知以为仁,实而不知以为忠,当而不知以为信。"庄子的精神与老子同调,要义亦在任其自然。是故戴之病庄实为冤庄诬庄。问题在于:像戴氏这种为老子美言的做法在清初难得一见,戴何以发为此论? 如前所说,因理学清算运动之需,清初辟佛、老二氏成为时代的主潮。但细究佛、道两家之文化根源实不相同:佛是外来的"别家"文化,道却是"自家"本有的。因此,清初学界在普遍辟佛辟道的主流思潮旁边还存在着一股要求将佛、道区别对待的伏流。例如惠栋之父惠士奇《易说》即认为老、庄精于《易》,与同时之胡渭、毛奇龄、黄宗炎的辟道立场大相径庭。戴名世上述对佛、老应区别对待的言论正是受到时代思潮影响的产物。戴氏"解放老子"之论虽然罅隙难免,但却有相当的学术价值,即这是清初子学研究兴起的滥觞。清代的诸子学研究,从经学附庸到挣脱附庸地位而独立并蔚为大观,这是一个逐渐发生、次第展开的过程。而老、庄、荀、孟的研究则是最初的突破口。戴名世的老子研究正好处在这一学术链的端口。自从清初有解放老庄之论,为后来诸子学中的老庄研究开启了先河。因此,戴名世的老子研究是有意义的。

〈小结〉

在理学八百年发展史上,理学家对于"理气"、"道器"、"形而上"、"形而下"、"格物致知"、"知行合一"、"道心人心"、"致良知"、"主敬"、"主静"等一系列概念的内涵及其相互关系进行过深入细致的探讨。这一大片前人未曾或甚少涉足的深层次学术处女地,有赖于理学家的辛勤拓展与耕耘,渐渐由生地变成了熟地。从学术本体的角度看,理学涉及面之广,逻辑推理之严密,思想体系之宏大精深,真真创造了中国学术思想史上一个空前的时代! 能够取得如此灿烂的学术成果,又莫不得益于佛老"二氏"的理论滋养、熏陶和影响。假如将"二氏"——即便如朱熹所说是"皮壳"——从理学中抽去,理学也就不复存在,从而中国学术思想史上这一段辉煌也就不复存在。从这个意义上可以说:"二氏"于中国学术思想发展之功大矣哉!

但若换一个角度,如果以政治为本体,上述看法则大谬不然。理学借助佛老在学术上所取得的巨大成就,是以"远离"(而非脱离)、"偏离"(而非背离)传统的"资治"治学目的论为代价的。从理学的"内在理路"看,一方面理学的治学旨归,最终要落实到偏向于修、齐、治、平,纲常名教的"资治"上,最终要归本于政治,理学家自己也认同这一点;另一方面,富于思辨的"二氏"却将人和人的思维拉向浩渺的苍穹,由"空中"鸟瞰"地面"。这是一对无法克服的矛盾与悖论。受理学学术范式本身的制约,理学趋向于形而上,终不免授人以"本末倒置"的批评把柄。所以,尽管程朱陆王绝无离经叛道之意,且又如此小心翼翼地规避"二氏",但由于儒学与"二氏"相嫁接所产生的理学之果中不能不隐含两种不同的治学价值观和方法论基因,这就使偏重于政治实践的儒学,可以"资治"为由,随时随地将"二氏"撵出其领地。尤要者,中国人文历史积淀的结果造成了一种文化积习:文人不仅以资治自律,且以资治律人,每每自觉或不自觉地用政治规定学术、评判学术。拿着资治的"尚方宝剑"去与援佛入儒和援道入儒的理学相较量,理学那里是它的对手?更遑论"二氏"!因此,在资治治学观的制约下,援"二氏"入儒的理学"劫数难逃",在理学清算的浪潮中其终将衰败式微的历史命运是早已注定了的。

第二章
汉宋之争与汉宋兼采：乾嘉间学术思潮的伏流与累积

第一节 舍"道"就"器"与汉宋之争

一、舍"道"就"器"：乾嘉考据学风形成的内在根据

明亡清兴，满清入主中国。对于在人数和文化发展水平上大大超过自己，同时又充满着民族对立和敌视情绪的广大汉族人如何有效地实行统治，这是摆在清朝统治者面前的一个严峻挑战。民族仇恨的思想情绪其源头何在？现实告诉了满清统治者：身遭亡国之痛的汉族文人士大夫，他们才是"人文渊薮，舆论的发纵指示所在"①（梁启超语）。正是他们，曾经一次又一次用思想的针筒将故国情思和夷夏大防的思想注入民众的脉管，撩拨起他们的抗清排满意识。为了巩固新生的政权，对处于社会意识和精神思想中枢的汉族知识分子的反抗，满清统治者曾经采用恩威并重、打击与怀柔相举的两手文化政策对付之。

从"威"的一面、打击的一面看，清朝统治者对清初汉族士大夫大开杀戒，广造文字狱，进行残酷的迫害与镇压。康、雍、乾三朝近一百四十年统治中的大规模迫害，著名的就有庄廷钺《明史》案、戴名世《南山集》案（康熙朝）；查嗣庭案、吕留良案（雍正朝）；陆生楠案、胡中藻案（乾隆朝）。这些文字狱大多靠无中生有，任意栽赃陷害而成。文网之下士大夫动辄得咎，风声鹤唳，杯弓蛇影，人人自危，其对清初知识界造成的心理压力是巨大的。潘柽章因受庄廷钺案牵连被杀，临死前在狱中就曾作诗："纵使平反能苟活，他年应废蓼莪诗。"

从"恩"的一面、怀柔的一面看，统治者为了笼络知识界，泯灭其抗清排满情绪，康

---

① 《中国近三百年学术史》，《梁启超论清学史二种》，复旦大学出版社1985年版，第108页。

熙十二年(1673年)曾荐举山林隐逸；康熙十七年又以修撰《明史》的名义举办"博学宏词科"，取汉族儒士五十名授予官职。此外，由政府出面网罗大批士人参与编纂包括《古今图书集成》、《四库全书》在内的大型文化类书籍。此举也确实笼络了一大批知识分子，如邵晋涵、戴震、周书昌等著名学者，都曾被征召入四库馆[1]。

正是着眼于此，梁启超《中国近三百年学术史》提出了清代考据学成因于清朝统治者的文化专制统治之说。这一著名论断在学术界广为流传，影响巨大。

梁的观点不能说没有道理，但是，将清代考据学的形成完全归结为文化专制的压力是不够全面的，因为它无法解释清初的全部学术现象。例如，就在庄廷鑨案发以后，知识界通过撰史以寄托故国情思——按照满清统治者的标准，也就是鼓吹"反满"——的举动并没有停止。王夫之的《永历实录》、黄宗羲的《永历纪年》、张岱的《石匮书后集》等，均作于庄氏案发之后。查继佐本已受到庄氏案的牵连，却仍在康熙十一年(1672年)写成《罪惟录》；温睿临明知有"抗颜逆行，伏尸都市"之险，却也在康熙中受万斯同之请作《南疆逸史》。由此可见，光靠压，并未能压住清初知识界的反满；至于"怀柔"一手，虽也曾笼络了一批知识分子，但如梁启超所说：这批"被买收的都是二三等人物，稍微好点的也不过新进后辈。那些负重望的大师，一位也网罗不着"[2]。如亭林、梨洲等一流学术大师，他们坚持民族气节，不与清廷合作，但清政府也并没有对他们下毒手。自康熙、雍正以来，统治者提倡宋学，表彰程朱理学，可是知识界的反宋学，对程朱理学提出质疑和批判的学者并不少，下至乾隆年间，反朱熹渐成风气，如章学诚所说："至今徽歙之间，自命通今服古之流，不薄朱子，则不得为通人"[3]，与政府褒扬朱熹的立场南辕北辙，学者也同样没有因此而遭到迫害，这是为什么？到了乾隆时考据学业已定型，那么也可以说，汉族士大夫已俯首听命，不再反满抗清，可是乾隆仍然大兴文字狱，没有停止对文化人的迫害，这又是为什么？这些问题，处处牵涉学术的发展路径和走向问题，若仅从文化专制或文字狱一边去求索其解显然不够。看来，考据学形成的更重要原因，还是要到学术发展的自身矛盾运动中去寻找。

如前所述，清初知识界秉承东林遗风，掀起了一场大规模的理学清算运动，切入点则在辟二氏，反形上思辨，提倡实证、实学。形上学的发展，至清初已失去了学者层心理趋向的"内劲"。从辟二氏，厌弃形上思辨学风的角度看，乾嘉考据学风亦秉承清初余波而起者。乾嘉间的一般考据家如洪亮吉、武亿、朱筠河、洪榜、阮元等皆辟佛氏[4]。但值得注意，乾嘉间学者对佛氏进行理论清算的兴趣已大不如清初。阮元曾

---

[1] 见章学诚：《章氏遗书》卷十八，《周书昌别传》。
[2] 《中国近三百年学术史》，《梁启超论清学史二种》，第108页。
[3] 《文史通义·书朱陆篇后》。
[4] 参阅江藩：《汉学师承记》。

为江藩《汉学师承记》作序云:"两汉经学,所以当尊行者,为其去圣贤最近,而二氏之说尚未起也。……浮屠之书,语言文字,非译不明。北朝渊博高明之学士,宋齐特达聪颖之文人,以己之说,傅会其意,以致后之学者,绎之弥悦,改而必从。非释之乱儒,乃儒之乱释。吾固曰:两汉之学,纯粹以精者,在二氏未起之前也。我朝儒学笃实,务为其难,务求其是,是以通儒硕学,有束发研经,白首而不能究者。岂如朝立一旨,暮即成诵者哉!"

阮元以理学与汉学(考据学)相对待,对理学的不屑一顾溢于言表。在阮元看来,只有汉学考据才是真学问,认为只要严守汉儒治学疆界,笃学实证如汉学家所为,则"大义微言,不乖不绝,而二氏之说,亦不攻自破矣!"其自负如此。

阮元又有《复性辨》一文,他说:

> 元读《庄子》,未尝不叹其说为尧舜孔颜之变局也。……文与博,正是周孔颜曾之学,而庄子以为灭溺,无以复性之初,然则禅家不立语言文字,儒家借良知为宗旨,非以庄子此说为祖乎?周孔颜曾之学,首重文博,后人才力浅弱,不能文,不能博,有复初之一说焉,可以不读书,日安佚,而其名愈高,孰不乐趋之。此亦如六朝佛典太繁,释家别开禅学,可以不说一切经而面壁见性也。

宋儒之学起于援二氏入儒。阮元讥弹宋儒"才力浅弱",而又以之与二氏相关联,从中透露出了乾嘉考据学者鄙薄理学、排斥二氏、唯汉学考据学独尊的心理。梁启超曾说,清学正统派人物"将宋学置于不议不论之列"。这"不议不论"四字的涵义是什么?它首先是一种汉学考据家对于宋学的傲然与冷漠,此谓"无意"于论议;其次是汉学家因鄙薄理学而导致其本身理论水平大退化,是谓"无能"于论议。看清学正统派人物,他们既没有,同时也拿不出一部高水准的批判二氏的理论专著,其中折射出汉宋之争中汉学家对于宋学的傲然与无能。究其原因,盖由于学者的治学兴趣已完全转向了考据一边。在这种时代氛围下,戴东原撰《孟子字义疏证》可说是一个特例。通过对这一特例的剖析,恰恰能够清晰地透视出乾嘉年间汉宋之争下的学术整体走向。

众所周知,清初诸大师因清算理学而辟佛,主要集中在对阳明王学援佛入儒的批判与清算上。对于程朱一派的援佛入儒,则还没有来得及下手。这就留下了一块学术空白。东原作《孟子字义疏证》正是想弥补这一空白。他在《答彭进士允初书》中谈著《疏证》的动机,指出:

> 宋以前,孔孟自孔孟,老释自老释。谈老释者高妙其言,不依附孔孟。宋以来,孔孟之书尽失其解,儒者杂袭老释之言以解之,于是有读儒书而流入老释者。有好老释而溺其中,既而触于儒书,乐其道之得助,因凭借儒书以谈老释者。对同己则共证心宗,对异己则寄托其说于《六经》、孔孟,曰:吾所得者,圣人之微言

奥义。而交错旁午,屡变益工,浑然无罅漏。①

这里,戴震指责士林学风好老释而"溺"于其中,借助于老释之言而"共证心宗",大谈"圣人之微言奥义",他以深湛的哲学素养看透了儒学的形而上学化未能离开援二氏入儒。

戴震这里指的是谁?

戴震是指程朱。戴震认为,程朱出入于二氏,用了二氏的理论来解《六经》、孔孟,又引《六经》、孔孟来反证二氏。程朱的这种做法严重扰乱了儒学门庭。戴震指出:

> 在程朱先入于彼,徒就彼之说转而之此,是以又可转而之彼,合天与心为一,合理与神识为一。而我之言,彼皆得援而借之,为彼树之助。以此解经,而《六经》、孔孟之书,彼皆得因程朱之解,援而借之为彼所依附。譬犹子孙未睹其祖父之貌者,误图他人之貌我其貌而事之,所事固己之祖父也,貌则非矣。实得而貌不得,亦何伤? 然他人则持其祖父之貌以冒吾宗,而实诱吾族以化为彼族,此仆所由不得已而有《疏证》之作也。②

戴震明确宣布了他撰《疏证》的动机:肃清程朱援二氏入儒之流弊,以"净化"儒学门庭。对于理学家援佛入儒,戴震譬之谓"异我族类",他对二氏之不满未异于清初诸儒。然而,戴氏既生于考据学大盛之乾隆间,深知其《疏证》这一辟二氏、谈"义理"之作,大违戾于弥漫在学术界的那种唯汉学考据是尊是从而鄙薄宋学之学术风气。为此,戴震将书名一改再改,初名"绪言",终因理学气太重,故定名为《疏证》。为迎合汉学世风,戴震可谓煞费苦心。戴震弟子洪榜深知此意,在给朱笥河的信中他写道:

> 戴氏论性道,莫备于其论孟子之书。而其所以名其书者,曰《孟子字义疏证》焉耳,然则非言性命之旨也,训诂而已矣!度数而已矣!③

按,洪榜之论可谓一针见血! 戴震以充满考据气的"疏证"二字名其书,是为了迎合学界的治学兴趣与口味,其用心良苦如此! 然而,学界对戴震此举并不理解,"群惜其有用精神耗于无用之地"④。"凡戴君所学,深通训诂,究于名物制度而得其所以然,将以明道也。时人方贵博雅考订,见其训诂名物有合时好,以为戴之绝旨在此。及戴著《论性》、《原善》诸篇,于天人理气实有发先人所未发,时人则谓空说义理,可以

---

① 见《戴震集》,上海古籍出版社 1980 年版,第 166 页。《戴震集》版本下同,不另赘。
② 《戴震集》,第 168 页。
③ 江藩:《汉学师承记》。
④ 章学诚:《文史通义》补遗续,《答邵二云书》。

无作,是固不知戴学者矣。"①《疏证》一书为戴震生平最为得意之作。洪榜撰《东原行状》,欲载戴氏的《与彭尺木书》,以明戴氏撰《疏证》之旨,朱笥河(筠)既是学界领袖,又为戴氏至交,然而他对洪榜此举竟全不理会,谓"可不必载,性与天道不可得闻,何图更于程朱之外复有论说!戴氏可传者不在此"②。学术界受制于汉宋之争世风,对形上思辨之宋学的鄙薄与厌弃,从中亦可以尽见了!章学诚曾论乾嘉考据学风时谓:

> 近三四十年学者风气,浅者勤学而暗于识,深者成家而不通方,皆深痼之病,不可救药。有如戴东原氏,非古今无其偶者,而乾隆年间,未尝闻其学识。是以三四十年中人,皆视为光怪陆离,而莫能名其为何等学。③

乾嘉年间学术界理论素养之退化一至于此!此即所谓乾嘉时的"理论灰白"。理学的发展已被拦腰斩断,到了乾嘉年间再无进路可循。学术界对形上思辨之学已经再也没有学术兴趣,是造成这种现象的根本原因。

二、汉宋兼采之风的潜滋暗长

清初的理学清算运动,辟二氏而弃虚蹈实,舍"道"就"器",由亭林、船山、梨洲、习斋等鼓吹于前,乾初、百诗、胡渭等就具体学术问题微观批驳于后,理学形上思辨学风遭到釜底抽薪的打击而趋于式微。但是,倘若对理学作两分的剖析,理学中是既有"道",又有"器";既有形上思辨之学,又有形下践履之用。就形下之用来看,趋于实践性,以纲常名教为核心建立起来的传统伦理道德观和价值观,在理学中曾经得到最严密的理论阐述和总结。因此,乾嘉考据学者虽然一般地排斥理学,但他们却没有任何理由反对理学中的"形下"之用,因为这关涉封建社会伦理道德观和价值观的根本转变。中国封建社会的发展与变化,到了乾嘉时还未足以使人们彻底抛弃原有的伦理道德价值尺度而另立新异。

对于汉学考据学来说,这是一个"两难":一方面他们厌弃宋学的形上思辨;另一方面,在行为价值观上却又不得不遵循宋学——在弃宋学之"道"的同时不得不用宋学之"器"。从思维逻辑上看,这一两难境地殊不易摆脱。为了弥补或者说走出这一困境,考据学者选择了一条由"道问学"入手的治学路径,走上了一条由文字、音韵、训诂入手探求经书"义理"以达于"明道"的治学之路。

戴震说:"圣人之道在《六经》。"④《六经》者,道义之宗,而神明之府也。……由

---

① 章学诚:《文史通义》内篇二,《书朱陆篇后》。
② 江藩:《汉学师承记》。
③ 章学诚:《文史通义·朱陆》。
④ 《与方希原书》,《戴震集》,第189页。

文字以通乎语言,由语言以通乎古圣贤之心志。"①

由"识字"入手加之以名物史实之考订,此谓"读懂"元典而后始能"明义",这不仅是戴东原的治学路径,也是汉学主流社会普遍遵循的治学原则。是故东原对"有汉儒经学,有宋儒经学"之说深致不满,谓:

> 言者辄曰:有汉儒经学,有宋儒经学,一主于故训,一主于理义。此诚震之大不解也者。夫所谓理义,苟可以舍经而空凭胸臆,将人人凿空得之,奚有于经学之云乎哉!惟空凭胸臆之无当于贤人圣人之理义,然后求之古经;求之古经而遗文垂绝,今古悬隔也,然后求之故训。故训明则古经明,古经明则贤人圣人之理义明而我心之所同然者乃因之而明。贤人圣人之理义非它,存乎典章制度者是也。②

东原之论恰可以钱大昕之说为之注脚。钱大昕也指出:"有文字而后有训诂,有训诂而后有义理。训诂者,义理之所由出,非有义理出于训诂之外者也。"段玉裁在谈到戴震的治学时又说:"先生……作书与玉裁曰:仆自十七岁时有志闻道,谓非求之六经、孔孟不得,非从事于字义制度名物,无由以通其语言,为之三十余年,灼然知古今治乱之源在是。"③

训诂明而后义理出,这成了乾嘉年间汉学考据家的治学准则。但训诂、音韵、考据,其治学的终极目标仍然在明"义理"即在"明道",仍然在由"下"而"上",由此迸发而探究"古今治乱之源",然后可以"古为今用"。此可见通经"致用"——实乃"资治"——的治学目的论,这在清儒考据学者仍然是一重未能超越的关隘。

为明道而入于训诂小学,但考据学之难,有如戴震所说:"至若经之难明,尚有若干事:诵《尧典》数行至乃命羲和,不知恒星七政所以运行,则掩卷不能卒业。诵《周南》、《召南》自《关雎》而往,不知古音,徒强以谐韵,则龃龉失读。诵古礼经,先《士冠礼》,不知古者宫室衣服等制,则违于其方,莫辨其用。不知古今地名沿革,则《禹贡》、《职方》失其处所。不知少广旁要,则《考工》之器不能因文而推其制。不知鸟兽虫鱼草木之状类名号,则比兴之意乖。而字学故训音声,未始相离。声与音,又经纬衡从宜辨。……凡经之难明,右若干事,儒者不宜忽之不讲。仆欲究其本始,为之又十年,渐于经有所会通。"④

考据其学烦难如此,一经上手,非矻矻穷数十年之功难有所成。一个学者的"数十年"可以说是他的"毕生",毕生从事于考据学,就会养成某种治学习惯,将这种个人

---
① 《古经解钩沈序》,《戴震集》,第191页。
② 《题惠定宇先生受经图》,《戴震集》,第214页。
③ 《戴东原先生年谱》。
④ 戴震:《与是仲明论学书》,《戴震集》,第183页。

第二章　汉宋之争与汉宋兼采：乾嘉间学术思潮的伏流与累积

的治学习惯拉长到一代学者连续不断的"数十年"中,则将形成一种"学风",在这一代学者所经历的时间跨度中,就会形成某些学界共同遵循的治学方法和准则,这样就形成了学术的内在规律与特点。以此来看考据学,考据学恰恰有其自身的特点、规律与治学要求。以此,考据学便导引着乾嘉诸学人走向了一个较为"纯粹"的学术领域,乾嘉考据学也就离开现实政治比较"虚"了一些、"远"了一些、"间接"了一些,而带有了学术本体化的倾向。唯其如此,文字学、音韵学、校勘学、版本目录学、历史地理学等专门学科才得以形成。更为重要的是,实事求是的优良学风正是在乾嘉考据学中被充分实践,得到发扬光大。

但同时也要看到,乾嘉考据学这种治学倾向,违戾了通经致用、学以资治的传统治学目的论。人们可以问:考据学于修、齐、治、平的资治大关目究竟有何裨益? 若说考据目的以"明道"资治为旨归,那么,醉心于考据,这是不是一种"舍本逐末"? 早在乾隆考据学风大盛之时,章学诚已就这些问题对考据学提出了诘难,指出:

> 近日学者风气,征实太多,发挥太少,有如桑蚕食叶,而不能抽丝。……①

> 以学问为铜,文章为釜,而要知炊藜莒羹之用,所为道也,风尚所趋,但知聚铜,不解铸釜。其下焉者,则砂砾粪土,亦曰聚之而已。②

实斋从"致用"亦即资治的角度对考据学的琐屑鲜有心得,"征实太多,发挥太少"提出了批评。而"发挥"云者,实即宋学义理之学。那么,"发挥义理"之圭臬何在? 实斋以"致用"为旨归,指出宋学之"空言义理"实即崇思辨谈哲理之风大不足取,指出:

> 三代以前,未尝以"道"名教,而道无不存者,无空理也。三代以前,未尝以文为著作,而文为后世所不及者,无空言也。③

> (宋学)第其流弊,则于学问、文章、经济、事功之外,别有见所谓"道"耳。以"道"名学,而外轻经济事功,内轻学问文章,则守陋自是,枵腹空谈性天,无怪通儒耻言宋学矣!④

> 不知"道"而道存,见谓有道而道亡。大道之隐也,不隐于庸愚,而隐于贤智之伦者纷纷有见也。⑤

章实斋上述学论,对考据学和宋学中带有学术本体意义的考据之学与形上思辨之学均作了否定。值得注意的是,章氏对宋学和考据学并没有一概打倒,而是肯定了他认为值得肯定的地方。对于宋学,章氏认为:

---

① 章学诚:《文史通义》外篇三,《与汪龙庄书》。
② 章学诚:《文史通义》外篇三,《与邵二云书》。
③ 章学诚:《文史通义》内篇二,《史释》。
④ 章学诚:《文史通义》外篇三,《家书五》。
⑤ 章学诚:《文史通义》内篇二,《原道中》。

> 学业将以经世也。……周公承文武之后，而身为冢宰，故制作礼乐，为一代成宪；孔子生于衰世，有德无位，故述而不作，以明先王之大道；孟子当处士横议之时，故力拒杨墨，以尊孔子之传述；韩子当佛老炽盛之时，故推明圣道，以正天下之学术；程朱当末学忘本之会，故辨明性理，以挽流俗之人心。其事与功，皆不相袭，而皆以言乎经世也。故学业者，所以辟风气也。风气未开，学业有以开之；风气既弊，学业有以挽之。人心风俗，不能历久而无弊……因其弊而施补救。① ……
>
> 盖性命事功，学问文章，合而为一，朱子之学也。求一贯于多学而识，寓约礼于博文，是本末之兼该也。……且传其学者，如黄、蔡、真、魏，皆通经服古，躬行实践之醇儒，是亦足以立教矣。② ……
>
> 或曰：子言学术，功力必兼性情。为学之方，不立规矩，但令学者自认资之所近与力能勉者而施其功力，殆即王氏良知之遗意也。……王氏致良知之说，即孟子之遗言也。良知曰致，则固不遗功力矣。③ ……

这里，章氏对宋学中有裨教化，即"切于人伦日用"的形下之"用"部分，给予了与其形上思辨之学截然不同的肯定性评价。对于考据学，章氏也作了部分肯定。他指出：

> 性命之说，易入虚无。朱子求一贯于多学而识，寓约礼于博文，其事繁而密，其功实而难。……然沿其学者，一传而为勉斋（黄干）、九峰（蔡沈）；再传而为西山（真德秀）、鹤山（魏了翁）、东发（黄震）、厚斋（王应麟）；三传而为仁山（金履祥）、白云（许谦）；四传而为潜溪（宋濂）、义乌（王祎）；五传而为宁人（顾炎武）、百诗（阎若璩），则皆服古通经，学求其是，而非专己守残，空言性命之流也。……④
>
> 同一门户，而陆王有伪，朱无伪者，空言易而实学难也。……⑤
>
> 训诂章句，疏解义理，考求名物，皆不足以言道也。取三者而兼用之，则以萃聚之力，补遥溯之功，或可庶几耳。⑥

按："上"为"空言"，谓"义理"；"下"为实学，谓考据。实斋说"陆王有伪，朱无伪者，空言易而实学难"，是谓陆王有"上"无"下"而朱熹"上"、"下"兼备。实斋本自诩为乾隆年间之陆王，却有如此贬低陆王褒扬朱学之论，此"异论"实有其必然：这是在考

---

① 章学诚：《文史通义》内篇六，《天喻》。
② 章学诚：《文史通义》内篇二，《朱陆》。
③ 章学诚：《文史通义》，《博约下》。
④ 同上。
⑤ 章学诚：《文史通义》内篇二，《朱陆》。
⑥ 章学诚：《文史通义》内篇二，《原道下》。

据学大盛下实斋所受浸染之显迹，也是"道问学"之考据风气逼迫实斋而然。此中最能看出考据学之影响力。然细绎章氏上论，考据实学之明道功用，非"空"言心性，见谓有"道"之学可比拟，即所谓"空言易而实学难"。但章氏之所谓"以萃聚之力，补遥溯之功"是什么意思？他在《文史通义·解经中》曾说："制度之经，时王之法，一道同风，不必皆以经名；而礼，时为大，既为当代臣民，固当率由而不越，即服膺六艺，亦出尊王制之一端也。"

这个《解经中》的说法，可当得"以萃聚之力，补遥溯之功"一语的注脚。即是说，考据学当以证明当代典制与六经一道同风为己任，以古证今，以今溯古。但倘若当代典制与"经术精微"有不符甚至根本违忤之处，考据学者该怎么办？章氏没有提出这个问题，更没有回答这个问题。从章氏的治学立场看，他没有也不会想到这一层。他所凸显的只是"礼，时为大，既为当代臣民，固当率由而不越"——章氏着眼的只是"顺"：从当臣民的一面说，要坚信时王之制虽无经之"名"却有经之"实"，实斋着眼于伦理道德价值观之"用"，故有此论；从身为文人史家的一面说，则应以证明时王之制何以与《六经》相同相通为己任，这都是"顺"，也就是主张大家都当顺民。这是章氏对考据汉学既褒又贬之枢机所在。合而观之，汉学可遥溯时王之制与《六经》相同、相通之理，此为宋学所缺。然其"末学"专务考索，故实斋对其有只知聚铜，未解铸釜之讥；宋学注重性命事功，此又为汉学所短。然其说一入"虚无"，进于形上思辨境界，则将陷入"见谓有'道'而道亡"之误区。是故当以汉宋二学之可用部分"萃而聚之"，以成"通经致用"之效。从肯定汉宋两家资治的实用性内容来看，章氏主张兼采，他是开乾隆间汉宋兼采风气之先河的学者。

章实斋之友邵晋涵论修《宋史》宗旨谓："宋人门户之习，语录庸陋之风，诚可鄙也。然其立身制行，出于伦常日用，何可废耶？士大夫博学工文，雄出当世，而于辞受取与，出处进退之间，不能无簟豆万钟之择。本心既失，其他又何议焉！此著《宋史》之宗旨也。"①

撰《宋史》之宗旨被邵晋涵归结为表彰宋儒的修身制行；对于汉学家，他则主张于"博学工文，雄出当代"的同时毋忘以宋学家的立身行事为楷模，邵晋涵亦主汉宋兼采，与章实斋引为同调者。

许宗彦与章实斋同先后。其《鉴止水斋集》卷十六有《原学》，亦以资治致用为尺度，对汉宋二学均提出了批评。他说：

> 古之所谓学者，将明道而行之也。所谓道者，内足以善其身心，外推之家国天下而无弗达，民咸被其利。……圣人之教学也，期于有用焉耳，今之治经者吾

---

① 《清史稿》卷四八一，《本传》。

惑焉！其言曰：圣人所以明道者，辞也；以成辞者，字也；由字以通其辞，由辞以通其道，必有渐。……考之苍雅，攻其训诂，其有不通，又必博稽载籍，展转引申以说之。一字之谊，纷纭数千言，冗不可理，而相推以为古学。夫六书特小学之一耳，古之时惟年十五以下者为之，今则穷老毕精竭虑于此。……然而不为是者，则群斥以为空疏。夫学之虚实，至易明也。积之内，见之外，行其所学，贤不肖皆见焉；言其所学，而贤不肖皆可知焉。斯之谓实学矣。联牍殚翰，返之心，无当于仁义礼智之数，推之家国天下，一无所施之，执人人而告之，茫然不知其所谓，则真所谓迂疏寡效者也。

按：许氏此论全面否定了汉学考据学由字通其辞，由辞以通其道，训诂明而后义理出的治学路线。清儒考据之学是否与"内足以善其身心，外推之家国天下而无弗达"了无干系或者说毫无裨益？换言之，从"道问学"和"尊德性"二者的关系看，执著于"道问学"是否就一定妨碍"尊德性"？这个问题且待下文分解。但是有一点可以肯定：乾嘉诸学人之"立身行事"——也就是他们的"尊德性"——多光明磊落。试问其人之操行难道与他们的喜学嗜读——与他们的"道问学"一点关系也没有吗？"开卷有益"，"耳濡目染"，多读儒学经典，考通考熟其中的史实，经典所隐含的道理也就明了，这对学人的立身行事必然会产生有益的影响。且按许氏所说，为学首先需"积之于内"，然后才能行之于外，焉知乾嘉考据学者的读书治学就不是"积之于内"？如前所述，考据学本身有它的治学特点和规律，一经上手，非矻矻穷数十年之功难有所成。为什么就不允许学者按照自己的治学兴趣，遵循考据学的治学特点和规律去治学？显然，许氏之批驳乾嘉考据学，还是站在工具论的立场。

许氏又有《学说篇》，他写道："所谓下学而上达者，《诗》、《书》执礼，则下学也；知天命，则上达也。后之儒者，研究心性而忽略庸近，是知有上达而不知由于下学，必且虚无惝恍而无所归。考证训诂名物，不务高远，是知有下学不知有上达，究其琐屑散乱，无所综纪，圣贤之学不若是矣。"①

许氏此论与实斋对汉、宋二学既褒又贬者实曲异而工同。"上达"而不可务"虚"不止，"下学"则不能以"纯考据"为旨归，无论是求下学还是求上达，皆应有"度"而不能"过度"，这个"度"就是"致用"，就是"资治"。而许氏在这里既主上达亦主下学，在掌握"度"的前提下，他实际上也已提出了汉宋兼采的治学主张。

如果说章、邵、许等人本非考据营垒中人；他们对考据时风有微词而主汉宋兼采还符合情理，那么，来自考据圈内的焦循对专门考据学亦不免踟蹰疑惑而主汉宋兼采，这就值得玩味了。

---

① 《鉴止水斋集》卷十四。

第二章　汉宋之争与汉宋兼采：乾嘉间学术思潮的伏流与累积

焦循治学崇实，本为考据专家，阮元为他作传称之为"通儒"，可见推崇之深。焦氏论学极推重戴东原，曾说：

> 循读东原戴氏之书，最心服其《孟子字义疏证》。说者分别汉学宋学，以义理归之宋。宋之义理诚详于汉，然训诂明乃能识羲、文、周、孔之义理。宋之义理，仍当以孔之义理衡之，未容以宋之义理即定为孔子之义理也。①

焦循批评宋儒师心自用，认为当遵循"训诂明然后义理出"的路径，这仍然是汉宋之争下鄙薄宋儒的论调。然而，焦循用"训诂明然后义理出"来解戴东原的《孟子字义疏证》，将戴氏此书视为一部训诂考据之书，此亦可谓不深识戴氏者。戴氏《疏证》貌为考据，实谈义理，究其质乃辟佛氏之作。但从焦循不识戴而强调的"训诂"只为津筏，求得"义理"方为目的之一面来看，焦的治学仍可归入汉学考据营垒。然而，若由此而谓焦氏对考据学一无疵议，则实有不尽其然者。焦循有《与刘端临教谕书》，其论学谓：

> 国初经学，萌芽以渐而大备。近时数十年来，江南千余里中，虽幼学鄙儒，无不知有许郑者。所患习为虚声，不能深造而有得。盖古学未兴，道在存其学；古学大兴，道在求其通。前之弊患乎不学，后之弊患乎不思。证之以实，而运之于虚，庶几学经之道也。乃近来为学之士，忽设一考证之名目。循去年在山东时，曾作札与孙渊如观察，反复辨此名目之非。②

焦氏谓以"考据"名清儒之学不妥。焦氏所谓的"患乎不学"的"前之弊"，是指理学之"空疏"；而焦氏所谓"患乎不思"的"后之弊"，则明显是指考据学之琐屑无条贯，未能以"通其道"为旨归。焦循"虚"、"实"有致之论，亦与章实斋相桴鼓者。

再看焦循驳世人以清儒之学限定于考据之一途之论，他指出：

> 仲尼之门，见诸行事者曰德行，曰言语，曰政事；见诸著述者曰文学。自周秦以至于汉，均谓之学……无所谓考据也。……经学者，以经文为主，以百家子史天文术算阴阳五行六书七音等为之辅，汇而通之，析而辨之，求其训故，核其制度，明其道义，得圣贤立言之旨，以正立身经世之法。以己之性灵，合诸古圣人性灵，并贯通于千百家著书立言者之性灵。……盖惟经学可言性灵，无性灵不可以言经学。……赵宋以下，经学一出臆断，王伯厚之徒习而恶之，稍稍寻究古说，摭拾旧闻，此风既起，转相仿效，而天下乃有补苴掇拾之学。本朝经学盛兴，在前，如顾亭林、万充宗、胡朏明、阎若璩。近世以来，在吴有惠氏之学，在徽有江氏之学、戴氏之学，精之又精，则程易畴名于歙，段若膺名于金坛，王怀祖父子名于高

---

① 《雕菰楼集》卷十三，《寄朱休承学士书》。
② 《雕菰楼集》卷十三。

邮,钱竹汀叔侄名于嘉定。其自名一学著书授受者,不下数十家,均异乎补苴掇拾者之所为,是直当以经学名之,乌得以不典之称之所谓考据者混目于其间乎?①

按:理堂此文作于乾隆乙卯(1795年)间,正是考据学风大盛之时。但时人既以"考据"名清儒,且此种指称风靡而能够为世人所接受,则"考据"之名绝非一人向壁虚构独造杜撰而可成其效者,此可断言。以"考据"名清儒亦非指鹿为马之评如焦循所指责者。理堂别出心裁,纠葛于"经学"、"考据学"名称之争,又以补苴掇拾与惠、戴、程、段、王怀祖父子、钱大昕叔侄之学相对举,认为二者楚河汉界泾渭分明,有本质的不同,理堂之深意在于,他对世人只重考据不求贯通的学风不满,他要"纠偏"。清儒考据学素有"朴学"之名,现焦氏独提出治经学当言"性灵","无性灵不可以言经学",他这是要以宋学之"灵"来补朴学之"拙"。惠、戴、程、段诸学人被视为汉学领袖,焦氏身为考据营垒中人,他要在"考据学"与"经学"之间划出一条界线,是故借汉学领袖立说。而理堂以六书七音训诂之学,落实于明经义"以正立身经世之法"的治学目标,这就为他的治经学当言"性灵"而"无性灵不可以言经学"之论提供了一个准确的注解:焦循的这个"性灵"绝非宋儒形上之"思",而是宋学的形下践履之"用"。

要之,乾隆年间虽然考据学风大盛,崇汉信汉衍为时尚,但在以资治致用为旨归的传统治学目的论制约下,汉宋兼采之风潜滋暗长。这种治学主张不仅存在于非专门考据的学者层中,而且也朦胧地存在于专门考据的学术圈内。时人病考据学之短,在于其拙朴琐屑鲜有心得,是故在主"道问学"的同时又主"尊德性",表现出汉宋兼采的特点。至于汉学家之采宋,亦非采宋学之形上思辨而采宋学之形下践履。就像千百年来传统士大夫群形成的固定思维定势一样,"经世致用"治学目的论在清儒那里依然是一重难以逾越的思想关隘。

第二节 "尊德性"还是"道问学"?
——以学术本体为视角

"尊德性"和"道问学",这是中国传统文化中一对影响深远的概念。无论是"道问学"还是"尊德性",从中都可以发展出一整套的"治学理念"。因此,就"探讨治学理念"这一论旨而言,传统学术概念中无有要于"尊德性"、"道问学"者。而在中国学术史上有关"尊德性"与"道问学"之争,也无不与从这两个概念中发展出来的治学理念

---

① 《雕菰楼集》卷十三,《与孙渊如观察论考据著作书》。

息息相关。因为这一对概念的重要,对它们的解读历来众说纷纭,至为繁赜,构成了中国学术史上一道独特的景观。往哲先贤对这一对概念的艰苦思考,既给我们留下了一笔巨大的精神财富,同时也使这一对概念成为一种"历史的存在",它们对于"现实世界"至今仍然发挥着活泼而深刻的影响。因此,厘清这一对概念,其"现实意义"不言而喻。

一、"尊德性"、"道问学"原始义的再理解

"尊德性"、"道问学"的提法源于《礼记·中庸》:

> 大哉,圣人之道!洋洋乎,发育万物,峻极于天。优优大哉,礼仪三百,威仪三千,待其人然后行。故曰"苟不至德,至道不凝焉"。故君子尊德性而道问学,致广大而尽精微,极高明而道中庸,温故而知新,敦厚以崇礼。

郑玄的《礼记注》(以下简称"郑注")最早对上段话中的"尊德性"和"道问学"进行了解释:

> 德性,谓性之至诚者;道,犹由也;问学,学诚者也。

意思是说,"德性"的本质是"至诚"。"道"是取径、道路。"道问学"即是人通过自身修养的途径达到"诚"的境界。何谓"诚"?《孟子·离娄上》曰:"诚者,天之道也。"《中庸》解"诚"也说:"诚者,天之道也。诚之者,人之道也。诚者,不勉而中,不思而得,从容中道,圣人也。""诚"既然是"天之道",是"性之德",那也就是说,"诚"是人的天赋之"德"。因此,所谓的"德性"即是人的"天性",它不学而能,无须"外求",是与生俱来的"本能"与"天性"。郑注系针对"学习"而发,我们可以说:"尊德性"就是尊重、遵从人在"学习"过程中与生俱来的本能和天性。

郑注强调"德性"是人的"天性",这一点很重要。因为郑注不仅开启了后世"德性之知"说①的先河,而且,提出对于"至诚"的"德性"应当"尊",这就昭示了尊重、遵从每一个人的本能和天性的必要性。这里的"尊重"和"遵从",应当理解为不仅是"他人"而且也是"自我"的应然。如果将这个原则运用到"治学"中,那么人不仅应尊重他人发自天性的治学选择,而且应自重出于"本能"的治学行为。"学"而求"诚",其中蕴含着学而求"心安"的可贵的思想芽蘖。可以说在传统儒学的认识论体系中,原本并不缺乏重视个人主观感受的要素。只要学者秉其"良知"(不学而知是谓"良知")而治学,这一"行为"或者说"践履"(治学本身即为"践履")就符合人的"德性",不管是"学"的内容还是形式,不仅他人应当尊重,而且学者本人也应坚守。

---

① 例如,宋明以降,"德性之知"即先由张载发掘之而以之与"见闻之知"相对待,二程复述之,陆九渊强调之,阳明光大之,形成了理学发展史上"德性之知"说的学术链。

当然，郑注也存在致命的缺陷，即将"问学"的目的规定在修身"践履"的范围之内。郑注所谓"问学,学诚者也","问学"即是问此"学","学"的内容也仅仅在学习为"诚"。按照传统语境的规定性,只有"圣人"才具备"至诚"的素养,问学而求"至诚",也就是问学而向圣人学习、靠拢。而"内圣"只是"外王"的必要准备,"修、齐"归根结底是为了"治、平"。问学的目的也就在于:(1) 修身养性培养善端,"问学"只是工具;(2) 治国平天下,"问学"仍然只是工具。郑玄实际上并没有对于"问学"本身的独立价值加以肯定——"问学"是"第二位"的。"学"不是目的而只是达到目的的手段,"学"非"自足"而为"他足",非"第一义"而是落在"第二义"上,郑注在"学"的本体之外加上了一个"成圣"的目的论。郑玄对于"尊德性"和"道问学"相互关系的解释有曲解原文之嫌。

按照《中庸》的原文,"君子尊德性而道问学",这个"而"字,在古汉语中本义为"须",引申而作语助词或连词。

《说文》:"而,须也。"段玉裁注:"各本作颊毛也,象毛之形。……引申假借为语词。或在发端,或在句中,或在句末,或可释为然,或可释为如,或可释为汝,或可释为能者。古音能与而同,假而为能。"

《辞源》:"而,连词。"其义项中有"并且"之义。《辞源》并举《左传·桓公元年》:"宋华父督见孔父之妻于路,目逆而送之,曰:美而艳。"

《辞海·语词分册》:"而,作语助,表并列关系。欧阳修《醉翁亭记》:'泉香而酒冽。'"

根据以上辞书,对照《礼记·中庸》有关"尊德性"、"道问学"的用法,很显然,"尊德性"和"道问学"这两个概念在《中庸》中用作并列关系①。《中庸》的作者并没有在"尊德性"和"道问学"之间作孰先孰后的安排,更不存在对于"尊德性"和"道问学"孰高孰低的"价值定位"。换言之,按照《中庸》,尊德性并不先于、更不高于道问学。到了郑注,道问学却成了附庸和工具,尊德性才是目的。这显然是一种"过度解释"。

其次,郑玄作为历史上权威的经解家,他明确而直接地将"问学"与"践履"——实即"致用"、"资治"联系在一起,影响极为深远。郑玄以后,历代思想家在治学目的论的阐发上都未能摆脱郑玄的桎梏。虽然在"问学"(包括问"尊德性"的形上思辨之学和问"道问学"的考据实学)的过程中,先贤也曾经表现出某些以"学"本身为目的的"纯"学术倾向,但这种倾向不成气候,很快就被"致用"的目的论所湮没。这其中既包括具有"纯学术"治学倾向的学者摇摆、迷茫起而检讨所发生的作用,更多的则是如汪洋大海般饱受"致用"目的论影响的学者群对于"纯学术"的剿杀与批判所造成的

---

① 正如后文中提到的"致广大而尽精微,极高明而道中庸,温故而知新"一样,其中的"致广大"、"尽精微"、"极高明"、"道中庸"、"温故"、"知新"也是并列关系。

第二章　汉宋之争与汉宋兼采：乾嘉间学术思潮的伏流与累积

后果。

非为"知识"而知识，知识必须有实用（狭义的）价值，不允许"纯知识"①的存在，这是中国传统文化缺乏"知性"的根本原因所在。牟宗三曾尖锐地指出，中国传统文化"其用心唯是以成圣贤人格为终极目的"②。他认为，道德理性之能够"通出去"，必须于精神主体中转出"知性主体"，这也就是"学统"的开出。但中国传统学人对于"纯知识"缺乏"知性"的兴趣，"中国文化在全幅人性的表现上，从知识方面说，它缺少了'知性'这一环，因而也不出现逻辑数学与科学"③。在中国文化系统中，"仁"的一面特别彰著，"而智一面则始终未独立地彰著出来"④。余英时也指出，"在西方的对照下，中国的超越世界与现实世界不是如此泾渭分明，这也许部分地与中国人缺乏知识论的兴趣有关"⑤。牟宗三、余英时的论点在郑玄对于"尊德性"和"道问学"相互关系的解释中得到了印证。

另外值得注意的是，郑注将道问学的内容框定在学习为"诚"，而"诚"隶属于本能之"德性"，因此，郑玄意中的道问学就是返回人的"本性"，郑注从来没有认可过道问学之"学"是指"外在于"人的、必须通过"后天"的学习才能掌握的各种"知识"。然而，《中庸》在提出了"尊德性"和"道问学"的同时，紧接着还有所谓"礼仪三百，威仪三千"，以及"致广大而尽精微，极高明而道中庸，温故而知新，敦厚以崇礼"，这些话头不容忽视，它们是对于"尊德性"和"道问学"内涵的具体展开。其中的"礼仪三百，威仪三千"，这些"繁文缛节"当然反映着"道问学"的具体指向，即历史上的典章制度正在"道问学"所关注的范围内。而"致广大、极高明、温故、敦厚"都可以视为"尊德性"的内容；"尽精微、道中庸、知新、崇礼"则可以视为"道问学"的要求⑥。这样，问题就来了：《中庸》既然提到了"礼仪三百，威仪三千"以及"知新、崇礼"这些内容，当然必须掌握，而要掌握这些知识，显然不是靠一个"诚"字能够奏效。也就是说，《中庸》中还有一些"外在于"人，必须通过"后天"的学习才能够了解并掌握的"知识"，郑注忽略或

---

① 此"纯知识"系指学风而言，谓不带有任何功利色彩的为求知而求知。韦伯在《学术与政治·学术作为一种志业》中曾经谈到："在学问的领域里唯有那纯粹向具体工作（Sache）献身的人，才有'人格'。不仅研究学问如此，就我们所知，伟大的艺术家，没有一个不是把全部心力放在工作上；工作就是他的一切。"见该书第165页，广西师范大学出版社2004年版。
② 牟宗三：《历史哲学》，台湾学生书局1984年版，第183页。
③ 同上书，第191页。
④ 同上书，第165页。
⑤ 余英时：《从价值系统看中国文化的现代意义》，载《内在超越之路》，中国广播电视出版社1993年版，第11页。
⑥ 例如朱熹就说："为学纤毫丝忽，不可不察。若小者分明，大者越分明。如《中庸》说'发育万物，峻极于天'，大也；'礼仪三百，威仪三千'，细也。'尊德性、致广大、极高明、温故、敦厚'，此是大者五事；'道问学、尽精微、道中庸、知新、崇礼'，此是小者五事。然不先立得大者，不能尽得小者。此理愈说愈无穷，言不可尽，如'小德川流，大德敦化'，亦此理。千蹊万壑，所流不同，各是一川，须是知得，然其理则一。"

者说并没有明确提出"道问学"应当学习之。在这一点上,孔颖达的"疏"(以下简称"孔疏")始对此作了规定。孔疏:

> 此一经明君子欲行圣人之道当须勤学。前经明圣人性之至诚,此经明贤人学而至诚也。君子尊德性者,谓君子贤人尊敬此圣人道德之性,自然至诚也。而道问学者,言贤人行道由于问学,谓勤学乃致至诚也。

自然,孔疏同样没有为"学"本身的存在价值给予充分肯定。"勤学"也只是为了"行圣人之道"。然而,孔颖达在解释以何种途径才能得到圣人之"道"时提出了"勤学"。他虽然未能就勤学究竟学"什么"给出一个明确答案,但在读了孔疏以后,毕竟能够使人认为:孔疏并没有排除或者说至少包含了"学"的内容应当是指"外在于"人的、必须通过"后天"的学习方才能够掌握的知识。这就为后人将"学"的对象指为"后天"的知识打开了一条通道。例如,宋代朱熹一派就是按照这一认识论原则来架构其方法论体系的。

孔颖达提出"道问学"应当"勤学"外在于人的"知识",他的解释和郑注有歧异。经学史上有一个原则叫做"疏不破注"。按照这个原则,孔疏对于郑注有所违背。但也正因为孔疏与郑注在"道问学"具体指向上的歧异,导致了以后历代思想家们的争论。换言之,自从郑注强调"道问学"在学"诚","德性之知"说的传统便胎育了;而孔疏则将"道问学"规定为学习"外在知识",这又奠定了后世"闻见之知"说的基础。这两种认识论倾向后来发展成为两种不同的治学风格,并发生了激烈而长久的争论。这个争论,首先开启于朱熹和陆九渊的"鹅湖之辩",并持续地影响着宋代以后直至明清间长达千余年的学术发展史。

根据上述郑注和孔疏对于"尊德性"和"道问学"的解释,并顾及这一对概念在思想史上的际遇,现在可以作如下归纳:

(1)"尊德性"具有双重维度或者说双重指向。首先,它是指一种关乎伦理道德的"践履性"说教,其所解决的是"应然"问题。这一点郑注和孔疏已经指出。唐宋以后,这一点基本上得到了学界的认可。如朱熹即认为,陆九渊一派学者"多持守可观"。又说"熹自觉虽于义理上不敢乱说,却于紧要为己为人上多不得力。今当反身用力,去短集长,庶几不堕一边耳"①。朱熹的这段话从陆九渊的引用中也得到了证明。陆九渊说:

> 朱元晦曾作书与学者云,陆子静专以尊德性诲人,故游其门者多践履之士。②

---

① (清)王懋竑:《朱熹年谱·朱子论学切要语卷之一》,中华书局1998年版,第424页。
② 《朱子语录》上。

"持守可观"、"为己为人上多不得力"以及"反身用力,去短集长"云云,这都是在道德践履的层面上对于"尊德性"的指陈。而"尊德性"要求从"诚"出发,"诚"的正当性使得"尊德性"因其道德践履而天然具备了一种正面的道德评判特质与功能。

其次,尊德性因为涉及"德性",以此为原点,它必须对于一系列和"德性"相关的"学术性"问题作出规定,其所解决的是"所以然"问题。例如,陆王均主张"立其大本",那么,何谓大本?"心"、"性"、"良知"、"良能"、"主静"、"主敬"等概念的内涵又是什么?如果说不学而知是谓良知,不学而能是谓良能,那么,良知、良能如何"涵养"?"德性"为何能不靠"外物"而自我显露?从遇见需要良知、良能呈现之事,到良知、良能当下提撕、当下践履之时,这一思维和实践的全过程是怎样发生的?人在主观上又应当怎样把握?等等。这一系列问题,是"尊德性"一路治学的内在要求。遵循此种路径行去,自然要谈"心"谈"性",用今天的话说,也就是要求学者就人的主体思维过程的逻辑关系,心理活动的趋向等问题给出一个"学理"上的解释。这是阳明一派"玄而又玄"不得不如此的内在根据。一旦"尊德性"讨论并且试图解答这些问题,它也就由阐发践履的"形下"层面提高或者说是"升华"到了一个讨论"学术"的"形上"层面。而探讨以上"心"、"性"诸概念,必然地、内在地规定了"尊德性"之"学"的形上思辨的"哲学"发展路向。

(2) 按照郑注和孔疏,"道问学"也有两重维度或指向:"问学"而"求道",且"学"非指其他,系指以圣人为标准的求"诚",那么"道问学"的初旨也带有强烈的践履性。然而,道问学既然主张学习后天知识,主张通过"读书"而"明道",这里的"书"又特指"经",那么,经书中包含了大量的古典用语、史实和典章制度。古今悬隔,要理解以上知识就只能以考据为津筏。因此,"道问学"的内在规定性指向考据学。

二、"鹅湖之辩"再分析

关于"鹅湖之辩"的材料并不多,《陆象山年谱》淳熙二年(1238年)条下有简单记载①,《宋元学案》较《陆象山年谱》其说略详,但朱熹与象山两家治学的分歧早已存在,对此学界心知肚明。否则吕伯恭也就不会为了调和朱陆矛盾而出面组织鹅湖之会。

在《大学章句》中朱熹曾经对于其格物致知方法论有典型的表述:

> 所谓致知在格物者,言欲致吾之知,在即物而穷其理也。盖人心之灵,莫不有知,而天下之物,莫不有理。惟于理有未穷,故其知有不尽也。是以《大学》始教,必使学者即凡天下之物,莫不因其已知之理而益穷之,以求至乎其极。至其

---

① 《陆象山先生全集》卷三十六,宣统庚戌江左书林校印本。

用力既久,而一旦豁然贯通,则众物之表里精粗无不到,而吾心之全体大用无不明矣。此谓格物,此谓知之致矣。

以上朱熹释"知"为知识,是客观认知的外在对象与客体;训"格"为求、为探讨、为穷至,要求人们通过对天下万物穷究其理的途径而达于"致知"、"明道"境界。"格物致知"落实到学风上,也就表现为朱熹重实学考据,主张熟读儒学经典,考尽其中所涉及之史实,以达到理解儒学原典之"义理"。这里,读书是谓"格物","提炼"出经书之义理便是"致知"。

"格"尽万物始能够"致知"、"明道",朱熹之走上实学考据一路可以说是一种学理的必然。此正如《朱子语类》卷六十四《中庸三》所表达的那样:

圣贤之学,事无大小,道无精粗,莫不穷究无余。至如事之切身者;固未尝不加意;而事之未为紧要,亦莫不致意焉。所以《中庸》曰:"君子尊德性而道问学,致广大而尽精微,极高明而道中庸,温故而知新,敦厚以崇礼。"这五句十件事,无些子空阙处。又云:圣贤所谓博学,无所不学也。自吾身解谓大经、大本,以至天下之事事物物,甚而一字半字之义,莫不在所当穷,而未始有不消理会者。虽曰不能尽究,然亦只得随吾聪明力量理会将去,久久须有所至,岂不胜全不理会者乎!若截然不理会者,虽物过乎前,不识其名,彼亦不管,岂穷理之学哉!

朱熹事事"严密理会,铢分毫析",象山对此大不以为然。他认为:"急于辨析,是学者大病,虽若详明,不知其累我多矣。"①象山的路径在先立定"大本",亦即养成"内定"之功。他指出:

真能为主,则外物不能移,邪说不能惑。所病于吾友者,正谓此理不明,内无所主;一向萦绊于浮论虚说,终日只依藉外说以为主,天之所与我者反为客。主客倒置,迷而不反,惑而不解。坦然明白之理可使妇人童子听之而喻;勤学之士反为之迷惑,自支离之说以自萦缠,穷年卒岁,靡所底丽,岂不重可怜哉?使生在治古盛时,蒙被先圣先王之泽,必无此病。惟其生于后世,学绝道丧,异端邪说充塞弥满,遂使有志之士罹此患害,乃与世间凡庸恣情纵欲之人均其陷溺,此岂非以学术杀天下哉?②

这里,象山的"萦绊于浮论虚说","依藉外说以为主,天之所与我者反为客",均系针对朱熹。而象山以"资治"、"致用"为圭臬,用"以学术杀天下"之名冠朱熹,其罪朱熹亦可谓重矣!《陆象山先生全集》卷二有《与曹挺之》:

---

① 《陆象山先生全集》卷十,《与詹子南》。
② 《陆九渊集》卷一。

> 大抵学者且当大纲思省,平时虽号为士人,虽读圣贤书,其实何曾笃志于圣贤事业? 往往从俗浮沉,与时俯仰,徇情纵欲,汨没而不能自振,日月逾迈而有泯然与草木俱腐之耻。到此能有愧惧,大决其志,乃求涵养磨砺之方,若有事役,未得读书,未得事亲,亦可随意自择,亦可商量程度,无不有益者。①

象山要求士子读书时时不忘圣贤事业,此种论调,自然是那个时代的老生常谈,但并非没有疑问:为什么读书只能是为圣贤事业而读书? 从"践履"的角度,象山提出"求涵养磨砺之方"。怎样"涵养"? 如何"磨砺"? 是否只能靠苦思冥索,静坐"打禅",靠内心的独自体验,由"内"而"外"? 由"外"而"内",由求"外在"知识而递进"致知",就不是一条"求涵养磨砺"的正道吗? 由于象山过分强调"内定"之功,是故他断然以"道问学"为"尊德性"的附庸,"尊德性"为"道问学"的目的,指出:

> 朱元晦曾作书与学者云:"陆子静专以尊德性诲人,故游其门者多践履之士,然于道问学处欠了。某教人岂不是道问学处多了些子? 故游某之门者践履多不及之。"观此,则是元晦欲去两短,合两个长。然吾以为不可,既不知尊德性,焉有所谓道问学?②

有人区别朱熹与象山之学,一为"形上",一为"形下":"或谓先生之学,是道德、性命,形而上者;晦翁之学,是名物、度数,形而下者。学者当兼二先生之学。"象山根本不同意这一区分,他说:

> 足下如此说晦翁,晦翁未伏。晦翁之学,自谓一贯,但其见道不明,终不足以一贯耳;吾尝与晦翁书云:"揣量模写之工,依放假借之似,其条画足以自信,其节目足以自安",此言切中晦翁之膏肓。③

以"学术"为视域,此一分别"形而上"、"形而下"极中肯綮,原无懈可击。殊不知象山之旨趣非在"学术"一边,而是在"闻道"的政治一边,故此种评价对于象山来说,实属牛头不对马口。象山骨子里是将"学术"与道德实践,与政治搅混在一起的。

然而,象山以致用、资治为旨归而责难朱熹,委实错怪了朱熹。朱熹何尝不主张学以致用? 朱熹的"道问学",不过是以道德践履为旨归的"道问学",所以他认为:

> 某向来自说得尊德性一边轻了,今觉见未是。上面一截便是一个坯子,有这坯子,学问之功方有措处。④

---

① 《陆象山先生全集》,宣统庚戌江左书林校印本。
② 《陆九渊集》卷三十四。
③ 同上。
④ 《朱子语类》卷六十四。

何谓"胚子"？"胚子"即底子，为基础，是根本，道问学所获得的种种"知识"，不过如同往践履的"尊德性"这具"瓷胎"上绘图施色而已。所以，在朱熹的意识底层，"道问学"仍然不过是工具，只是朱熹所认定的修身践履的路径方法不同于象山。这一点，从朱熹对象山的反批评中看得最分明。朱熹认为：

> 子思说"尊德性"，又却说"道问学"，这五句是为学用功粗精，全体说尽了。如今说却只偏在"尊德性"上去，无"道问学"底许多工夫，恐只是占便宜。自了之学，出门动步便有碍，做一事不得，事变日新而无穷，安知他日之事，非吾辈之责乎！

此段议论，显然系因不满象山学风而发。晦庵认定为人处世的"践履"准则只蕴含在圣贤书中，不苦读经典，自然不得，且只能是一种投机取巧的表现。故云"无道问学底许多工夫，恐只是占便宜"；他批评象山为"自了之学"，并指出此种学风之结果"出门动步便有碍，做一事不得"。晦庵在"事"上用功，谓事事马虎不得，因为"事变日新而无穷，安知他日之事，非吾辈之责乎？"由此得出结论："若只是自了，便待工夫做得二十分到，终不足以应变。"是晦庵对象山学风的指责，根本也是落脚在践履上的。明白这一点，也就容易理解朱熹何以反唇相讥，谓象山一派的"尊德性"，也不过是"纸上功夫"而已。《朱子语类》卷六十四：

> 文蔚以所与李守约答问书请教。曰："大概亦是如此。只是'尊德性'工夫，却不在纸上，在人自做。"①

但是，"尊德性"为什么不可以"在纸上"作工夫？即为什么不可以将"德性"之内涵作为一门"学"来探讨，来"穷研深究"？朱熹并没有给出一个合理的解释。

综上，朱陆两家互相指责对方治学"不致用"，这恰恰透露出两家治学目的论的相同。朱陆之学有歧异，这固然是一个不争的事实；但在朱陆歧异的背后，两家之"同"却更加值得注意②。换言之，朱陆两家在鹅湖之辩中所阐发的对于治学目的论的看法更加值得重视。可以说，朱陆的歧异只是在"方法论"层面上，而在"目的论"层面上，两家非但不异而且全同。

三、颠覆与悖论：清儒对于明代学风的反思

象山与朱熹有争论，但却未能阻挡朱学的风靡一世。从南宋末年起已是一种

---

① 《朱子语类》卷六十四。
② 关于朱陆异同的争论起于明世。下至于清初，此一问题成为当时的一个学术热点。读者可参阅钱穆：《中国近三百年学术史》第七章，中华书局1984年版。

朱学独占的局面①。直到明代中叶,朱学依然独领风骚。如《明史·儒林传序》所说:

> 明初诸儒,皆朱子门人之支流余裔也。

但这并不是说对于朱学的不满和批评不存在。朱熹之路径,原亦有其内在的限制,其风格虽然中规中矩但却缺乏活泼灵动,并不符合明代中叶市民社会崛起后的社会文化需求。且此种学风发展到极端,自然难免饾饤繁琐、见木不见林的支离破碎之弊。到了元、明两代朱学被八股化,其拘滞、沉闷、僵化的面目尤其可憎。加以朱学走入考据之途后与文人世代相传的"廊庙情结"大相径庭,学界对于朱学的批评遂不可免。例如,早在宋元之交,朱学后劲许衡(鲁斋)就从致用的立场批评朱学一派的学人:"不社于道德,不能以为文,不关乎世教,不足以言文。道德其本,世教其用与。"②元代的吴澄(草庐)也指责朱子后学陷于记诵词章之俗学③。下至于明代,在朱学内部遂逐渐滋长出"变异"的因子。其中,最可玩味者便是被黄宗羲称为使"有明之学""始入精微",与阳明之学"最为相近"的陈白沙,原本是朱学一派吴与弼(康斋)的门人。当然,白沙的路径后与康斋渐行渐远,故白沙并不认可康斋。对此黄宗羲《明儒学案·崇仁学案》有辛辣的批评。其论吴与弼(康斋)之学谓:

> 言心,则以知觉与理为二,言工夫,则静时存养,动时省察。……白沙出其门,然自叙所得,不关聘君,当为别派。于戏! 椎轮为大辂之始,增冰为积水所成,微康斋,焉得有后世之盛哉!④

王夫之《张子正蒙注·序论》也说:

> 朱子以格物穷理为始教,而檃括学者于显道之中。乃其一再传,而后流为双峰、勿轩诸儒,逐亦蹑影,沈溺于训诂,故白沙起而厌弃,然而遂起姚江王氏阳儒阴释,诬圣邪说。

要之,白沙由朱门中变异特出,此一点最足以说明朱学发展到明代中叶业已穷途末路而不得不变之事实,此实为阳明学之所以接踵陈白沙而起并风靡一世之枢机所在。如《明史·儒林传序》所说:

> 王守仁别立宗旨,与朱子背驰,其门徒遍天下;其教风靡天下……嘉、隆以

---

① 读者可参阅嵇文甫:《晚明思想史论》,东方出版社1996年版。
② 《许文正公遗书》卷八,转引自〔日〕冈田武彦:《王阳明与明末儒学》,吴光等译,上海古籍出版社2000年版,第22页。
③ 《吴文正公集》卷二十二,《尊德性道问学斋记》,转引自〔日〕冈田武彦:《王阳明与明末儒学》,吴光等译,上海古籍出版社2000年版,第20页。
④ 《明儒学案》卷一,中华书局1985年版。

后,笃信程朱而不迁者几无。明儒无非敷衍伊洛之绪言,探索性命之奥旨,离儒教之指归亦远矣。至于经学,也未闻足以称名者。①

就"尊德性"、"道问学"二者的关系而言,阳明完全接承象山之绪,认为"道问学"只是手段,"尊德性"才是目的。所谓"道问学即所以尊德性"②是也。阳明并断然谓"德性之良知,非由于见闻耳","德性岂可以外求哉?"③又说"致良知"是学问大头脑,是圣人教人第一义。"今云专求见闻之末,则是失却头脑,而已落在第二义。"④"后世之学,琐屑支离,正所谓采摘汲引,其间亦宁无小补?然终非积本求原之学。句句是,字字合,然而终不可入尧舜之道也。"⑤

对于朱熹一派"锱铢必较"的考据学风,阳明有"玩物丧志"之讥。象山尚未直白指责朱熹"玩物丧志",阳明则对此直言不讳。《传习录·答顾东桥书》:

  朱子所谓格物云者,在即物而穷其理也。……务外遗内,博而寡要,吾子既已知之矣,是果何谓而然哉?谓之玩物丧志,尚犹以为不可欤?⑥

对于"纯知识",中国传统文人"玩物丧志"的批评貌似振振有词,实亦不经推敲。"玩物"何必一定"丧志"而不能"养志"?以"纯知识"的考据而言,学者只要本其"良知"而考,有何不妥?黄宗羲尝论吴与弼治学,"独处小楼,玩《四书》、《五经》、诸儒《语录》,体贴于身心,不下楼者二年"⑦。其学之神韵皆在此一"玩"字。在求知的过程中,只要是由衷喜爱,兴趣使然而不得不然,自会摈弃功利之心,对于知识也的确会有"把玩"、"玩味"之求。这种"把玩"、"玩味",是心无旁骛、反复琢磨、悉心体验、艰苦思索的同义语。将学问作为"物"来"把玩"、"玩味","学"之精品才能随之而出。其间最能够培育人的"求真"(求"真实"、求"真诚")意识,此实为学人最大、最要之"志"之"本",也是学者职业道德的集中体现。阳明学的"潜意识"因被"致用"占据,故亦未能免俗。

梨洲尝谓阳明学"精微",精确点出了阳明学的特点。阳明的这个"精微",全从"尊德性"的"致良知"中产出,其实也正是"把玩"、"玩味""良知"涉及的诸概念内涵的结果。

因阳明学产自"良知",故特重"本心"和"自我",追求活泼泼的天性流露;亦因

---

① 《明史》始修于清初,时已处在理学清算的惊涛骇浪之中,宜乎《明史》大书阳明学之"弊害"。然其点出阳明学之风靡,终为确论。另,船山之批评"姚江王氏阳儒阴释,诬圣邪说",背景亦与《明史》同。
② 《传习录下》。
③ 《王阳明全集》卷二,《语录二》。
④ 同上。
⑤ 《王阳明全集》卷四,《文录一》。
⑥ 《传习录·答顾东桥书》,远方出版社2004年版,第67页。
⑦ 《明儒学案》卷一,《崇仁学案一》,《聘君吴康斋先生与弼》。

为阳明学结胎于"良知",处处都涉及一个"心"字。要解开此一"心结",必走向高妙幽微的境界而不可止。由此遂逐渐滋生出阳明后学的两种发展趋势:(1)形上思辨的哲学、心理学倾向;(2)师心自用、唯我独尊的自由主义倾向。前一种倾向,终至于要走上学术本体的路径;后一种倾向则胎育出了泰州李贽、何心隐一派的"狂禅",蔑视名教,离经叛道。两种倾向均大大越出了"资治"治学目的论所能够容忍的"政治底线"。以此,东林士子首先在王学内部树立起批判的旗帜。下历明清革故,国鼎他移,沧海桑田,经历了这一历史大变故的刺激,清初士子起而反省明亡的历史原因,无不将明代灭亡的历史责任推到了阳明心学的"空"言心性上。对于"尊德性"和"道问学",清初学人亦与东林士子一样,完全站在"致用"的立场上发表意见。

顾炎武以孔子所主张的"好古敏求"、"多闻多见"、"博文约礼"而例朱熹,谓:

> 朱子一生效法孔子,进学必在致知,涵养必在主敬,德性在是,问学在是。如谬以朱熹为支离,则是吾夫子所谓好古敏求、多闻多见、博文约礼,皆早年之支离,必如无言、无知、无能为晚年自悔之定论也。①

"支离"二字,是陆王一派诟病朱熹一派常用的口头禅,因此,亭林"述朱"翻案是对于晚明王学重"尊德性"而轻"道问学"立场的反拨。所谓"德性在是,问学在是",这个"学",正是朱熹所主张的"博学"之学,也正是实实在在的"外在"之学。当然,亭林的"博学于文"最终还是要落实到"行己有耻"的"践履"上,"学"在亭林那里并没有独立的价值。

对于"尊德性"和"道问学"的关系,亭林已经露出了尊"道问学"而轻"尊德性"的端倪。在《与友人论学书》中亭林写到:

> 孔子曰:"下学而上达";颜渊曰:"博我以文。""自曾子而下,笃实无若子夏,而其言仁也,则曰:'博学而笃志,切问而近思。'""今之君子则不然……一皆与之言心言性,舍多学而识,以求一贯之方,置四海之穷困不言,而终日讲危微精一之说。"②

这里,"下学上达"实即由"道问学"起脚始能够达于"尊德性"的另一种说法,也和朱熹的"格物致知"说灵犀相通。而"舍多学而识,以求一贯之方,终日讲危微精一之说"云云,则是对阳明否认"闻见之知"的反批评。亭林更引用《孟子》谓:"《孟子》一书,言心言性,亦谆谆矣。乃至《万章》、《公孙丑》……孟子之所答者,常在乎出处、去

---

① 《日知录》卷十八,《朱子晚年定论》,上海古籍出版社1985年版。
② 《顾亭林诗文集》,中华书局1959年版,第40页。

就、辞受、取与之间。"①此说中的韵味就在于亭林将"尊德性"严格压缩到了践履的层面,而否定了心性可以并且应当作为一门"学"来钻研。

黄宗羲是清初学人中对于"尊德性"和"道问学"论述较多的一位学者。清初学界有"述朱"、"述王"之争。受这一浪潮的冲击,梨洲亦发表了看法。他秉承其师刘蕺山调和朱陆②的立场,谓:

> 考二先生之生平自治,先生之尊德性,何尝不加功于学古笃行,紫阳之道问学,何尝不致力于反身修德?③

梨洲欲以朱熹"道问学"之长补象山"尊德性"之短;又欲以象山"尊德性"践履之长来补"道问学"之短,然梨洲"取长补短"的旨归,却绝不在"尊德性"、"道问学"本身所蕴含的学术要素上,而是着眼于朱陆两家学的政治功用。此正如梨洲所明言:

> 二先生同植纲常,同扶名教,同宗孔、孟。④

因此,梨洲指出:即使朱陆"意见终于不合,亦不过仁者见仁,知者见知,所谓'学焉而得其性之所近'"⑤。

当然,梨洲身处理学清算"弃虚蹈实"的清初,他的学风终究还是偏向"道问学"一边的。梨洲家喻户晓的论调是:

> 明人讲学,袭语录之糟粕,不以六经为根柢,束书而从事于游谈,故受业者必先穷经,经术所以经世,故兼令读史,又谓读书不多,无以证斯理之箸之变化,多而不求于心,则为俗学。⑥

在清初学者中,习斋既不"述朱"也不"述王",而是程、朱、陆、王一概扳倒,因此,无论是重知识的"道问学"还是好玄思的"尊德性",习斋均予以否定。《四存编·存学编》中有一段话专门论及理学的学风,很有看点。习斋写到:

> 宋儒惟胡子立经义、治事斋,虽分析已差而其事颇实矣;张子教人以礼而期行井田,虽未举用而其志可尚矣。至于周子得二程而教之,二程得杨、谢、游、尹诸人而教之,朱子得蔡、黄、陈、徐诸人而教之,以主敬致知为宗旨,以静坐读书为工夫,以讲论性命、天人为授受,以释经注传纂集书史为事业。嗣之者若真西山、许鲁斋、薛敬轩、高梁溪,性地各有静功,皆能著书立言,为二世宗。信乎为儒者,

---

① 《顾亭林诗文集》,第40页。
② 刘蕺山撰有《朱陆异同论》,意在调和朱陆。
③ 黄宗羲:《宋元学案》。
④ 同上。
⑤ 《宋元学案》卷五十八,《象山学案》。
⑥ 全祖望:《鲒埼亭文集·梨洲先生神道碑文》,齐鲁书社1982年版,第105页。

煌煌大观,三代后所难得者矣。而问其学其教如命九官、十二牧之所为者乎?如《周礼》民之礼明乐备者乎?如身教三千,今日习礼,明日习射,教人必以规矩,引而不发,不为拙工改废绳墨者乎?此所以自谓得孔子真传,天下后世亦皆以真传归之,而卒不能服陆、王之心者,原以表里精粗,全体大用,诚不能无憾也。

陆子分析义利,听者垂泣,先立其大,通体宇宙,见者无不竦动。王子以致良知为宗旨,以为善去恶为格物,无事则闭目静坐,遇事则知行合一。嗣之者若王心斋、罗念庵、鹿太常,皆自以为接孟子之传,而称直捷顿悟,当时后世亦皆以孟子目之。信乎其为儒中豪杰,三代后所罕见者矣!而问其学其教如命九官、十二牧之所为者乎?如《周礼》教民之礼明乐备者乎?如身教三千,今日习礼,明日习射,教人必以规矩,引而不发,不为拙工改废绳墨者乎?此所以自谓得孟子之传,与程、朱之学并行中国,而不能服朱、许、薛、高之心者,原以表里精粗,全体大用,诚不能无憾也。①

按:习斋尝出入于程、朱、陆、王,因浸染既久,故对于理学两大阵营所知甚深。他说朱学之"宗旨"在"主敬致知";"工夫"在"静坐读书";"事业"在"释经注传纂集书史"。但因"其学其教"不类于"命九官、十二牧之所为者",与《周礼》之教民亦相径庭,是故"不能服陆、王之心";陆王一派主张"先立其大";阳明"以致良知为宗旨,以为善去恶为格物,无事则闭目静坐,遇事则知行合一",却也因为"其学其教"不类于"命九官、十二牧之所为者",与《周礼》之教民亦相径庭,故虽然"当时后世亦皆以孟子目之",却不能服朱学一派之心。此种议论,言简意赅,最得要领;其点明理学两大阵营互相攻讦,要害均在于认为对方治学不能"致用",此论尤剀切而中肯。

但是,理学两大阵营的治学均"不能无憾",这是习斋本人的立场,这一立场则大可商榷。就治学而言,为什么不能以"主敬致知"为"宗旨",以"静坐读书"为"工夫"?尤其是为什么不能以"释经注传纂集书史"为"事业"?就陆王一派而言,何以不能"以致良知为宗旨,以为善去恶为格物"?归根到底就是问:无论是"道问学"之"学"还是"尊德性"之"思",允许不允许将其作为一种"事业"?难道"九官、十二牧"式的"学"与"教"就能够囊括"学"的全部内容吗?无论是"教"也好,"学"也罢,就只能以"《周礼》之教民"为圭臬吗?习斋的"致用观"太过急功近利,是故对于任何稍稍"偏离"(绝非"背离")"实用"的治学倾向一概予以否定。故习斋对于理学两大阵营虽然所知甚深,其批评却南辕北辙,不着边际。习斋之论与他所生活的时代的价值观虽然不悖,故尝能够从中汲取某些"历史"的意义与价值。

就亭林、梨洲、习斋三家学对于清学的影响而言,亭林最大,梨洲次之,习斋最弱。

---

① 《习斋四存编·存薛编》,上海古籍出版社2000年版,第81—82页。

在处理"尊德性"与"道问学"两个概念的相互关系问题上,亭林式的强调"道问学"而以"尊德性"之"学"为不足道的观念在清初已隐然显现。下至于乾隆年间,考据学大盛,尊奉"道问学"的思潮自然所向披靡。而处在汉宋之争的时代浪潮中,学者社会尊考据而鄙薄宋学,于是学界遂踵武亭林而发展之。乾隆年间用"道问学"压"尊德性",这正是汉宋之争在哲学领域内的集中反映。

清儒之鄙夷"尊德性",可以戴震、钱大昕为典型。

戴震《与是仲明论学书》作于他治学的早年1757年。《书》中已认为,宋明儒"谓大道可以径至者,如宋之陆,明之陈、王",不过是打着"尊德性"的旗号,"假所谓'尊德性'以美其名"。戴震斩截地问道:

> 然舍夫"道问学",则恶可命之"尊德性"乎?①

到了晚年,戴震作《孟子字义疏证》。这部书戴震最看重,谓:"仆生平论述最大者为《孟子字义疏证》一书,此正人心之要。"②书中戴震完全否认陆王一派所谓德性之知不假闻见的观点。他指出,人生而同质长而有别,良莠不齐,那全是因为"后天"所学之差异造成。故云:

> 古圣贤知人之材质有等差,是以重问学,贵扩充。③

良知、良能本身到底是强还是弱?是"圆满"、"自足"还是"不足"?这些问题不仅是阳明一派思考的核心,同时也是戴震的"学术兴奋点"所在。两家对于以上问题的理解南辕北辙。在阳明看来,良知、良能强大、圆满、自足,因此不需要再通过"后天"的学习加以"补充"。推而极之,阳明于是认为:

> 闻日博而心日外,识益广而伪益增,涉猎考究之愈详而所以缘饰其奸者愈深以甚。④

在《拔本塞源论》中阳明甚至说:

> 记诵之广,适以长其傲也;知识之多,适以行其恶也;闻见之博,适以肆其辩也;辞章之复,适以饰其伪也。
>
> 知识愈广,而人欲愈滋,才力愈多,而天理愈蔽。⑤

世间以"知识"文饰其奸者确有其人。因此,倘若处理不当,"知识"反能够成为人

---

① 《戴震集》,上海古籍出版社1980年版,第184页。
② 《戴东原手札真迹》,转引自余英时:《论戴震与章学诚》,第104页。
③ 《孟子字义疏证》,载《戴震集》,上海古籍出版社1980年版,第281页。
④ 《王阳明全集》卷八,《文录五》,第271页。
⑤ 《传习录》。

性之牵累羁绊。"大本"不立,良知蒙蔽,知识愈多,其结果是"为虎作伥",足以使其人为恶愈便。这个吊诡的命题想来恐怕是困扰阳明一生的疑问所在。然而,阳明的结论终过于决绝而走向了极端。从负面看,"知识"融入性命,小人利用来行恶之例尽管不绝;但从正面看,更多的则是正人君子从"知识"中汲取营养而自我完善,最终造福社会的例证。因此,阳明的揭露只能是"片面的深刻"。

阳明寄希望于"回复"良知,孟子的性善论是他全幅理论的逻辑起点。问题在于,与"性善论"相反的例证有没有?换言之,孟子的性善论本身恐怕也存在罅隙。关于"良知",胡适有一段论述颇精当。他说:"良知家以为人人皆有良知,'良知是完完全全的',故能有这种平等的见解。这是多么大的一个假定啊。……然而那个大假定是不容易成立的。"①笔者的案头有一部李宗吾写的"奇书"《厚黑学》,尽管观点不无偏激,所举例证却正可为胡适的论断下一注脚。李宗吾举例谓:正在吃奶的小儿见兄长走来,一定要推他打他;小儿见母亲口中的糕饼,便自然伸手去夺。此亦人之本性即"良知"、"良能"。而唐太宗杀兄弟李建成、李元吉,又逼其父退位交出皇权,正是以上"良知"、"良能"的"扩充"②。此种人性本恶的实例,想来象山、阳明亦不容置喙,无可辩驳。

戴震说:"常人学然后能明礼义。若顺其性之自然,则生争夺。以礼义为制其性,去争夺者也。"③这是戴震眼见无数人性先天弱小和不足的实例以后对于良知良能本已"自足",无须"后天"培养的深刻批评。他进一步指出,宋明儒强调良知"当下呈现",他们所谓"天与我"的"德性之知不假外求"的理论实际上袭用于佛、老二氏:"其所谓理,别为凑泊附着之一物,犹老、庄、释氏所谓'真宰'、'真空'之凑泊附着于形体也。"因宋明儒的"理"完全自足,故无须"言学以明理"。然而,人"心"与"五官"、"形体"虽有不同,却都需要靠"营养"才能存活。五官、形体之养有赖于饮食男女;"心"的滋养则离不开圣贤遗留下的《六经》。所以,戴震一反陆王一派"德性之知不假外求"的观点而重"道问学",对于"尊德性"则不屑一顾,他斩截地认为,宋明儒"详于论敬而略于论学"④。

戴震以"论敬"与"问学"相对举,他断然将"论敬"的"尊德性"排除在"学"之外,这也就从根本上否认了"论敬"之"尊德性"具有"学"的合法性。

戴震身处考据学鼎盛的乾隆年间,学界普遍的价值取向是崇汉(考据)、信汉而鄙薄宋学(义理、哲学思辨)。宜乎东原对于宋明儒围绕着"尊德性"而建立起来的形上思辨之"学"嗤之以鼻。但东原此论实亦可商榷。宋明儒的"论敬"之"详"何以就算不

---

① 胡适:《戴东原的哲学》,安徽教育出版社1999年版,第95页。
② 李宗吾:《厚黑学》,求实出版社1989年版,第12页。
③ 《孟子字义疏证》,上海古籍出版社1980年版,第299页。
④ 《孟子字义疏证》,载《戴震集》,第280页。

上"论学"？即以戴本人而言，其《原善》、《绪言》、《孟子字义疏证》诸篇实亦即近"论敬"的一路，诚如章实斋所言：

> 戴著《性论》、《原善》诸篇，于天人理气，实有发前人所未发者，时人则谓空说义理，可以无作。①

既如此，何以戴震自己论得"性与天道"②，宋明儒就论不得？此东原之自相悖论者。

相比于戴震，钱大昕没有专门的"理论著述"，但这并不是说晓征对包括"道问学"、"尊德性"在内的一些重大理论问题没有自己的思考。《潜研堂集》中有一篇《抱经楼记》，晓征以表彰抱经楼主人，同时也是他的好友卢文弨藏书丰富，学识精湛为题，表达了他对"道问学"和"尊德性"问题的看法。晓征写道：

> 守残专己者，辄奉一先生之言以为依归，虽心知其不然，而必强为之辞。又有甚者，吐弃一切，自夸心得，笑训诂为俗儒，诃博闻为玩物，于是有不读书而号为治经者，并有不读经而号为讲学者。

"抱残守缺"是清儒诋诃宋明理学常用的话头。晓征的"守残专己"亦针对宋学而发。晓征引"玩物丧志"一语，尤其证明了他的通篇言论是批驳宋学，且针对陆王一派。从学术源流上说，乾嘉考据学正是朱熹一派的血脉（参见章学诚《文史通义·朱陆》），以此，晓征完全不同意陆王的论调。孔子说"博学于文"，颜渊说"博我以文"，子思说"博学之，审问之"，孟子也说"博学而详说之"。诸"圣人"均有关于"博学"的语录，晓征一一引用后下断语道：

> 圣人删定《六经》以垂教万世，未尝不虑学者之杂而多歧也，而必以博学为先，然则空疏之学，不可以传经也审矣。

清儒每以"经学"自夸而蔑视"空言心性"的宋学。而晓征将"空疏"的宋学断然排除在"传经之学"以外，实质上也和戴震一样，从根本上否认了宋学，否认了"尊德性"也是一门"学"。是故晓征指出：

> 孟子有言："学问之道无他，求其放心而已矣。"求放心者，存心之谓也。能存其心，然后可以知性而明德矣。礼曰："君子尊德性而道问学。"德性，天之所以与我者也。知德性之当尊，于是有问学之功。古人之学问，将以明德性也。夫以孔

---

① 章学诚：《与史馀村》，载《章学诚遗书》，文物出版社1985年版，第643页。
② 戴震密友朱笥河语。戴震死后，其弟子洪榜撰《东原行状》，欲载戴氏的《与彭尺木书》，以明戴氏撰《孟子字义疏证》之旨，朱笥河全不理解，谓"可不必载，性与天道不可得闻，何图更于程朱之外复有论说！戴氏可传者不在此"。语载江藩：《汉学师承记》。

子大圣,犹曰"好古敏以求之",又曰"德之不修,学之不讲,是吾忧也"。天下岂有遗弃学问而别为尊德性之功者哉?①

晓征意谓当认识到"道问学"也是人生而有之的本能,即"天之所以与我者也"的一种"德性"。他将"道问学"提升到"尊德性"的高度,这是很具"现代意识"的文化观念。但晓征绝口不提"尊德性",根本不承认"尊德性"也同样是一种"学",看不到"尊德性"的"通核"②、广漠、空灵、抽象,具有与"道问学"的考据不同的色彩与特质。晓征厚"己"薄"彼",这就致使他那颇具"现代意识"的表述大大地打了一个折扣。

四、民初以来有关"尊德性"、"道问学"的论述及其评价

清儒根本蔑视"尊德性"中发展而来的形上思辨之"学",这是考据鼎盛、崇汉信汉而鄙视宋学的产物。自清儒开此先河,在时过将近二百年后我们仍然能够清晰地感受到清儒的影响。清儒的考据,在新文化运动中确然被视为"科学"而受到尊崇,理学则大受冷落。1923年发生了著名的"科玄之争"。站在"科学派"一边的胡适即基本承袭清儒的观点,认为科玄之争是历史上理学与反理学之争(汉宋之争)的现代版③;"科学派"的另一位主将丁文江则学舌清儒,谓"宋元明之理学家",以及"陆象山、王阳明、陈白沙高谈心性的一班朋友"均是"玄学鬼"。丁对于"玄学鬼"的嬉笑怒骂,任意嘲讽,颇生动地刻画出了当时最前卫的那部分学人对于理学实亦即"哲学"的轻蔑④。而到了1926年,顾颉刚在他那篇著名的《古史辨序》中仍然写到:

神学家和哲学家傲然对科学家说:"你们的眼光是囿于象内的,哪能及得到我们'与造物者游'的洞见理极呢?"话虽说得痛快,但试问他们的识解是从什么地方来的?不是全由于他们的幻想吗?我知道,最高的原理是不必白费气力去探求的了。

我有了这一个觉悟,知道过去的哲学的基础是建设于玄想上的,其中虽有许多精美的言论,但实际上只是解颐之语而已,终不成以此为论定。⑤

在事过半个多世纪之后,我们仍然能够从牟宗三、余英时这一些"第三代新儒学"(学界有此称呼者,此处借用)的言论中看到类似于胡适、丁文江、顾颉刚们的相关论述。

例如牟宗三在《从陆象山到刘蕺山》中有关于"知识"的精辟论述:

---

① 钱大昕:《潜研堂集》,上海古籍出版社1989年版,第277页。
② 焦循评论论学风语,转引自胡适:《戴东原的哲学》,第86页。
③ 读者可参阅胡适在"科玄之争"中发布的《科学与人生观序》、《孙行者与张君劢》等文论。
④ 丁文江:《玄学与科学》,载《科学与人生观》,山东人民出版社1997年版,第52页。
⑤ 《古史辨》第一册《自序》,上海古籍出版社1982年版,第34页。

> 然道问学亦有与道德践履不直接相干者，或根本是不相干者，如所谓中立者，例如读数学或研究物理，此则不知尊德性，亦可有道问学。外在知解、客观研究、文字理会，大抵皆属此类。此为纯智之兴趣，亦有其相当之独立性（朱子此种兴趣甚强）。
>
> 既知尊德性，则道问学，于个人身上，随缘随分皆可为，不惟无碍于道德之践履，且可以助成与充实吾人道德之践履。"宇宙内事，乃己分内事"，则一切道问学皆有真实而积极之价值。①

但在论及自"鹅湖之辩"下逮清代的"尊德性"、"道问学"之争时牟先生基本上肯定象山而否定朱熹。他写到：

> 若于朱、陆同异而欲得一决定答复，则说：同者同讲道德（内圣之学），异者端绪之异，而朱子所取之端绪决定是错。②

牟先生认为，朱熹错就错在他"读书考古"得到的"知识固有其独立的意义与价值，然与道德践履不相干，至少亦不是本质的相干者"。牟先生指出：

> 依知识之路讲道德，即成为"闲议论"。朱子即是依知识之路讲道德者，故其讲法即成为"闲议论"而无价值。朱子对于知识本身之追求甚有兴趣。若止于此，则亦无碍。但他却要依此路讲道德实践……此就道德实践言为不中肯。不中肯由于不见道。③

何以依知识之路讲道德就是"闲议论"，就是"无价值"？知识与"道德践履"真不相干吗？换言之，牟先生将"求知"本身排除在"道德践履"之外，此大不可通者。求知难道不是人的一种"行为"吗？是"行为"，也便不能不承认"治学"也是人的一种实践活动，这其中不可能没有道德践履伴随其左右，正如人"应当"孝顺父母，在求知时人同样有一个"应当"的问题。这个"求知的应当"就是治学本身的道德准则，是和日常行为的孝父母、悌兄长、信友朋一样的"应当"，即治学同样存在着一条道德的准绳。进一步来看，这个治学的"应当"，因为直逼学者之人心，遂绝对与治学"德性"之培养息息相关④。"知识"本身是一个系统，它并不单单是指知识的"成果"和"内容"，在本文所需要探讨的论旨语境下，知识尤其是指求知的态度和手段，这些构成了"知识"不

---

① 牟宗三：《从陆象山到刘蕺山》，上海古籍出版社 2001 年版，第 65 页。
② 同上书，第 34—35 页。
③ 牟宗三：《从陆象山到刘蕺山》，上海古籍出版社 2001 年版，第 26 页。
④ 在这个世风日见喧嚣浮躁的当下，学术的造假、剽窃早已屡见不鲜，人谓学术是一块"最后的净土"，现在也已被"腐败"得面目全非。此种现象的造成，很大程度上是某些假"学者"将学术作为其谋求现实功利的敲门砖，以此在"治学"的过程中学术良知完全泯灭。倘若以"求真"（求真实与秉真情）之"道德践履"为治学不可逾越的绳律，何至于发展到如此难以收拾的地步！此益发可见"治学"过程中道德践履的存在与重要。

可或缺的要素。因此,如何求知,以何种态度、方式、手段求知,这里决然涉及"人格"和道德修养问题,是有一个良知的"自我拷问"即道德践履蕴含其中的。那么,治学的这个道德准绳究竟应该定位于何处? 陋见以为,治学的道德准则应当定位在"求真"上。这个"真",借用"尊德性"的语义,也就是一个"与生俱来"的"天性"之"诚"。"真"不仅是指"真实"之真("真实"因为其"信"而符合"诚",故符合人的天性;相反,虚假违背人的天性即违背"诚"),而且也指"真情"、"真诚"之真。即是说,治学的准则应当定位在学者秉其良知(真诚、真情)而求得事物的真实本相上。能不能以"真"、"诚"来求知,对于学人是一个巨大的考验。同理,以良知的当下"呈现"而"道问学"(鸟兽虫鱼之知,音韵典制之"考据",均属此例),本身既符合"真诚"的"尊德性",同时也是符合"正义"的"尊德性",因此应当具有道德评判的合法性、正义性。

余英时先生认为,"学术思想较之政治是更具有根本性质的人类活动"。在考察了中国历史的实际情况后,余先生指出:

> 以实际情形言,政治在整个中国文化体系中却一向是居于中心的位置。传统社会的人才几乎大部分集中在政治方面,便是明证。自汉代经学与利禄相结合以后,学术思想的领域便很难维持它的独立性,而成为通向政治的走廊。从博士制到后代的翰林制,传统的学术机构是附属于政府的,因此并没有自主的力量。中国知识分子无形中养成了一种牢不可破的价值观念,即以为只有政治才是最后的真实,学术则是次一级的东西,其价值是工具性的。现代中国最流行的错误观念之一便是把一切希望都寄托在政治变迁上面。①

余先生以上一番言论,深刻点明了中国学术因汲汲乎向政治靠拢而造成的内在固有缺陷。然而,在讨论到宋明理学向清学的嬗递时,余先生为了证明从晚明至清初"道问学"压倒"尊德性",却不恰当地为"尊德性"戴上了一顶"反智识主义"的帽子。

在《从宋明儒学的发展论清代思想史》中余先生提出了一对术语——"智识主义"(Intellectualism);"智识主义"的对立面则是"反智识主义"(Anti-intellectualism)。基于朱学学风重考据的特点,余先生认为,在宋明理学中,朱学一派代表着智识主义的治学倾向;他又认为,清儒的考据之学,正是朱学智识主义治学倾向的复活。而王学一派,则代表着反智识主义的治学倾向。智识主义与反智识主义这两种治学倾向的冲突,贯穿于宋明理学发展的全部历史过程,其最初的标志,则始于朱、陆的"鹅湖之辩",而"下逮明代,王阳明学说的出现,把儒学内部反智识主义的倾向推拓致尽"。"白沙、阳明所代表的反智识主义,在明代儒学史上诚占有主导地位。"②"正因为明代

---

① 余英时:《试论中国文化的重建问题》,载《内在超越之路》,中国广播电视出版社1993年版,第66页。
② 余英时:《从宋明儒学的发展论清代思想史》,载《论戴震与章学诚》,三联书店出版社2000年版,第296页。

儒学偏在象山'尊德性'一面,故反智识主义的气氛几乎笼罩了全部明代思想史,实不仅阳明一人而已。"①

余先生为学风严谨的朱学冠以"智识主义"的评价,对此笔者表示赞同。但他对王学"反智识主义"的定位是否准确?

据上海译文出版社 1989 年版《英汉大词典》,对 lntellectualism 一词的解义是:(1) 智力(或悟力)的运用;追求学问的精神;(2) 理智主义,唯理智论(主张知识为纯粹理性的产物,现实的最高原则为理性)。

在辞源学的意义上,intellectualism 一词脱胎于 intellect,而后者又是从拉丁文 intellectio 一词演化而来。其原义为"感觉"、"知觉"、"领悟"、"体验"、"理解"。根据上述解释,无论是这一词的现代义还是古义,其实 intellectualism 的本义倒是更加接近陆王一派依"尊德性"而建立起来的那一套形上思辨之学的。因此,余先生将"尊德性"之"学"定位于"反智识主义"(Anti-intellectualism),这一定位的前提必须建立在"尊德性"不配称为"学"的基础上。而按照本文的前述,"尊德性"之学足以称为"学",以此,余先生谓晚明学风是"反智识主义"(Anti-intellectualism)也就站不住脚。余先生的这一观点,仍然不自觉地受到了胡适、丁文江、顾颉刚们的影响,即不承认尊德性的形上思辨之学也足以称为"学"。

其次牵涉的问题是阳明一派学者对读书的态度。阳明是不是反对读书?对于朱熹和当时一般士子那种"寻章摘句"、"支离决裂"、"训诂经文"的读书,阳明确实反对。他认为,"盖平日解经最为守章句者,然亦多是推衍文义,自做一片文字,非惟屋上架屋,说得意味淡薄,且使人看者,将注与经做两项工夫,做了下梢,看得支离。至于本旨,全不相照"。时人"多从册子上钻研,名物上考索,形迹上比拟。知识愈广,而人欲愈滋;才力愈多,而天理愈蔽"。从反对支离决裂的读书治学出发,阳明揭橥"致良知"。具体到治学与修身的关系上,阳明主张"先立其大",先从"心"上讨定分晓,读书则系明心之一助耳。

那么,根据阳明的这种治学倾向,是否便可为之下一个"反智识主义"的评判?我认为不能。阳明有"拔本塞源论",其中有这样一段话:

……有训诂之学,而传之以为名;有记诵之学,而言之以为博;有词章之学,而侈之以为丽。若是者纷纷籍籍,群起角立于天下,又不知其几家。万径千蹊,莫知所适。……记诵之广,适以长其傲也;知识之多,适以行其恶也;闻见之博,适以肆其辨也;辞章之富,适以饰其伪也。

余英时先生引了这一段话,并下断语谓:

---

① 余英时:《从宋明儒学的发展论清代思想史》,载《论戴震与章学诚》,第 299 页。

这一段话极力说明离开"尊德性"而务博学之失,可以说是阳明反智识主义的最明确的表示。

但我们注意到,余先生漏引了阳明这段话前面的一段话。阳明写道:

盖至于今,功利之毒,沦浃于人心之体,而习以成性也几千年矣。相矜以知,相轧以势,相争以利,相高以技能,相取以声誉。其出而仕也,理钱谷者则欲兼夫兵刑……处郡县则思藩臬之高,居台谏则望宰执之要。故不能其事则不得以兼其官,不通其说则不可以要其誉。

接着这段话之后,才是余先生所引的那段话。通贯了来看,余先生漏引的那段话似更加紧要,因为它揭示了阳明之论系针对近千年来相沿成习的科举制度而发,认为科举制造就了大批"官迷",这批以读书沽名钓誉谋取官禄者,将读书与修身分为毫不相干之两橛,和他们相比较,那些未读书或少读书的人,因未受或少受利欲场之污染,心地反倒要纯净些。基于晚明学界的这种现状,阳明忿而至极,故发为过正矫枉之论有如余英时先生所引者。所以,阳明"拔本塞源论"的主旨,并非一般地反对读书求知,而是反对为私欲所蔽的读"私"书,"私"读书。关于这一点,钱穆先生之说极确。他认为:

元仁宗皇庆中定制,改遵朱氏《章句》、《集注》。明承元旧,又编《五经》、《四书》、《性理大全》,然后往者书院私人之讲章,悬为朝廷一代之令甲,亦犹夫熙宁之《三经》矣。功利所在,学者争趋,而书院讲学之风亦衰。其敝也,学者惟知科第,而学问尽于章句。阳明良知之学,即针对当时章句训诂功利之见而发。①

阳明弟子黄以方向他提问"读书所以调摄此心,但一种科目意思牵引而来,何以免此?"时,阳明答道:"只要良知真切,虽做举业,不为心累。且如读书时,知得强记之心不是,即克去之;有欲速之心不是,即克去之;有夸多斗靡之心不是,即克去之。如此,亦只是终日与圣贤印对,是个纯乎天理之心。任它读书,亦只是调摄此心,何累之有?"阳明此说足与其"拔本塞源论"相发明,亦可知阳明并非一般地反对读书,而是反对得小遗大,蔽于私欲的读书法。读书若得法,正可与圣贤印对,此意益可证阳明并非一般地反对从书本求知识。

阳明大弟子徐爱论阳明之学谓:"吾师之教,谓人之心有体有用,犹之水木有根源有枝叶流派。学则如培浚溉疏,故木水在培溉其根,浚疏其源。根盛源深,则枝流自然茂且长。故学莫要于收放心,涵养省察克治是也,即培浚其根源也。读书玩理皆所以溉疏之也。"被黄宗羲誉为阳明真传的邹东廓则认为:"良知之教,乃从天命之性,指

---

① 钱穆:《中国近三百年学术史·引论》,中华书局1984年版,第7页。

其精神灵觉而言。好问好察以用中也；诵诗读书以尚友也；前言往行以蓄德也，皆求明之功也。"这里，徐爱与东廓的读书玩理、好察好问、诵诗读书、前言往行等语，皆可证他们并非一般地反对从书本求知识，只是认为读书求知当有益于身心涵养而不可成其牵累。

泰州学人以禅入"空"，已不仅为梨洲所讥，而为学界所共病之。然泰州学派中人，却仍然并非一书不读以"空"入空者。颜山农与罗近溪论克除私欲，即引《孟子》所论四端为其立论之据。近溪谓其治学经历："尝苦格物之论之不一，错综者久之，一日而释然，谓：《大学》之道，必在先知，能先知之则尽。《大学》一书，无非是此事物。尽《大学》一书物事，无非是此本末始终。尽《大学》一书本末始终，无非是古圣《六经》之嘉言善行。"这是近溪将《大学》与《六经》打通，沈潜深思后得出的体会。近溪先并不信阳明之学而奉程朱，乃至于格物而废寝忘食，终未果，大病一场险些送命。在病中他读了阳明的《传习录》，又去寻象山、慈湖（杨简）的书来读，苦思冥索，"回头将《论语》再来细读，真觉字字句句重于至宝。又看《孟子》，又看《大学》，又看《中庸》，更无一字一句不相照映。"近溪以《六经》、《四书》为根柢，反复熟读潜玩，使之融为一片，化作己说。此种上下求索的读书治学，殊非一"反智识主义"的断语所能容者！王心斋"从父商于山东，常衔《孝经》、《论语》、《大学》袖中，逢人质难，久而信口能谈，如或启之"，后虽因家贫而不得专攻于学，"然默默参究，以经证悟，以悟释经，历有年所，人莫能窥其际也"（黄宗羲评价语）。这种援疑质理、默默参究、以经证悟、穷究深思并没有脱离经典文献，分明亦是一派好学景象，亦与"反智识主义"无涉。所以，从王学并非一般地反对读书求知，从阳明一派学人治学读书的具体实际角度看，余英时先生为王学所下的"反智识主义"断语难以成立。

〈余论：论"尊德性"就是"道问学"，道问学就是尊德性〉

"余论"的标题这样起，似有"同义反复"之嫌。然而，考虑到本文的论旨，本标题作此"同义反复"的强调仍有其必要。

所谓"尊德性"就是"道问学"，是说当"尊德性"脱离了"应然"的"实用性"、"践履性"指陈而进入"所以然"的"学"的范畴以后，尊德性所涉及的对于"道"、"器"、"心"、"性"等"哲学性"问题的探讨，其本身自然是一种"学"。

据《传习录》：（徐）爱问："格物，物字即是事字，皆从心上说。"曰："然。身之主宰便是心，心之所发便是意，意之本体便是知，意之所在便是物。"

这里，阳明与徐爱的问答，由对修身途径的探讨，转向了对心、意、物、知等概念的内涵及其相互关系的探讨，这正是一种学术本体化的芽蘖。

罗近溪与客问答：

第二章 汉宋之争与汉宋兼采:乾嘉间学术思潮的伏流与累积

客曰:"古今学术,种种不同。而先生主张,独以孝、弟、慈为化民成俗之要,虽是浑厚和平,但人情世习已多顽劣。即今刑日严,犹风俗日偷,更为此说,将不益近迂乎?"近溪答道:"夫人情之凶恶,孰胜于战国、春秋?世习之强悍,孰胜于战国、春秋?今考订《四书》所载之行事言辞,非君臣问答于朝廷,则师友叮咛于授受。夫岂于人情略不照了,世习总未筹画也哉!乃其意气之发扬,心神之谆切,惟在于天经地义所以感通而不容已者,则其言为之独至。"

客所责难近溪的治学,实质上反映了世俗的看法,即认为阳明一派治学迂阔无当。而近溪借《四书》相关于战国、春秋社会人情风俗之答客问,则代表了阳明一派学者对其治学与明代社会现状之相关度的基本看法。尤可注意者,在近溪答语中"乃其意气之发扬,心神之谆切,惟在于天经地义所以感通而不容已者,则其言为之独至"数语。这是说治学者心有所感发为议论,其必至于畅达而不可遏,迂阔与否,时论耳,论者只要理得便自可心安,更不必在意旁人以急功近利之眼光所作的价值评判。近溪此论,实带有强烈的治学主体论色彩。

徐爱《赠薛尚谦》:"予始学于先生,惟循迹而行。久而大疑且骇,然不敢遽非,必反而思之。思之稍通,复验之身心,既乃若有见,已而大悟,不知手之舞、足之蹈,曰:此道体也,此心也,此学也。"又自云其治学在于追求"坦坦然、荡荡然乐也"的境界。

不消说得,阳明一派因在"良知"、"心性"中浸润长久,他们的"尊德性"之论全从"本真"出发,讲求一个"情趣",那是本性的天然流露。阳明即主张"乐是心之本体"[①]。泰州学人罗汝芳(近溪)则说:

> 所谓乐者,窃意只是个快活也。岂快活之外复有所谓乐哉?生意活泼,了无滞碍,即是圣贤之所谓乐,即是圣贤之所谓仁。盖此仁字其本源根柢于天地之大德,其脉络分明于品汇之心元。故赤子初生,孩而弄之则欣笑不休,乳而育之则欢爱无尽。盖人之出世,本由造物之生机。故人之为生,自有天然之乐趣。故曰,"仁者人也"。

王艮亦有《乐学歌》。其辞云:

> 人心本自乐,自将私欲缚。私欲一萌时,良知还自觉。一觉便消除,人心依旧乐。乐是乐此学。学是学此乐。不乐不是学,不学不是乐。乐便然后学,学便然后乐。乐是学,学是乐。呜呼!天下之乐,何如此学。天下之学,何如此乐?[②]

[①] 转引自嵇文甫:《晚明思想史论》,东方出版社1996年版,第25页。
[②] 黄宗羲:《明儒学案》卷三十二,《泰州学案一》,中华书局1985年版。

"乐"出于天性。治学讲求一个"乐"字,这一定是"尊"其"德性"之学,是"为己之学",即是符合"真"、"诚"之学。从治学反求诸己,勿为外因所动、外物所累的治学主体意识看,近溪、徐爱、阳明之论同出一辙,这也可以说是阳明一派治学的一个共通特点。阳明一派的治学,其初始之出发点固然在致用的"资治",而以对心、性的悟了为其入手处。但出航的思想之舟一经起程,舵手自己有时也是难以驾驭的。阳明一派学者由收敛人心进而涉及心性本身的问题时,就不得不对相关诸概念的实质、内涵及其相互关系等问题进行研究,思维之舟遂将阳明一派学者引向了更加抽象、更加高级的思想苑围。这种形而上的研究,在思维的某一时间与空间段中离现实政治比较远了些,间接了些,也就是比较具有了纯学术的意义,比较具有了学术本体化的倾向。如此,资治的治学羁绊有所松动,哲学、逻辑学、心理学、伦理学等学科的萌芽才得以出现。

韦伯在赞扬苏格拉底时指出:"只要发现美、善,或者例如勇气、灵魂,或任何事物的正确概念,就等于把握到这件事物的真实存在。"①这是对于作为"学"的哲学的高度肯定。在建构尊德性的理论大厦时,宋明儒曾经付出了艰苦卓绝的努力,他们构造的理论体系体大思精,思想内涵深刻而丰富。阳明《答顾东桥书》中有一段涉及治学目的论的阐述,他分析"知"、"行"的关系,何等绵密细致;他所论述的"思"、"辨"、"问"三者顺序之先后,何等雄辩。此中蕴含着阳明艰苦的思考。是经"千死百难"后所得的"一点滴膏血"(阳明自况其"致良知"之论语)。其理论思考之架构过程,宁非"道问学"之功耶? 阳明此段议论,谓"学"便是"行",若站在学术本体的立场来看,真真石破天惊! 其中包含着以"学"本身为目的的思想芽蘖②。

而道问学就是尊德性,一方面是指清儒一秉其"良知"而考据,另一方面,则是取尊德性"价值评判"之特质而言。即是说,清儒出于一己之本性,老老实实去考,去"学",这样的为学就是正人君子之学,就应当给予伦理道德层面的正面评价,而不能像章实斋,尤其不能像魏源、康有为那样将考据学一贬到底。

王鸣盛在《十七史商榷·序》中谈他治学的甘苦和愉悦:

> 暗砌蛩吟,晓窗鸡鸣,细书饮格,夹注跳行,每当目轮火爆,肩山石压,犹且吮残墨而凝神,搦秃毫而忘倦。时复默坐而覼之,缓步而绎之。仰眠床上而寻其曲折。忽然有得,跃起书之,鸟入云,鱼纵渊,不足喻其疾也。

那种覃思苦索,怡然自得,忘情物外,不得不然的境界,相信每一位倾心于"学术"的学者都能够感同身受。我相信,这种"兴趣"使然的治学在清儒中具有普遍性。例

---

① 马克斯·韦伯:《学术与政治》,广西师范大学出版社2004年版,第171页。
② 参阅《传习录》,远方出版社2004年版,第69页。

如段玉裁《戴震年谱》即记戴震的"自乐",戴尝言:"作《原善》首篇成,乐不可言,吃饭亦别有甘味。"①此适为"为己之学",与阳明、近溪的"尊德性"之学一样出于"本真"。这种为学之乐,是超乎功名利禄之乐,自人心本体自然流淌出来。因为源自心的本体,因此不能自已。自此,"学"与本体之心已经浑然融合为一了。

再看清儒的"实事求是"。戴震说:"读书每一字必求其义","一字之义,必贯群经本六书以为定诂"②,"寻求而获,有十分之见,有未至十分之见。所谓十分之见,必征之古而靡不条贯,合诸道而不留余议。巨细必究,本末兼察"③,这种态度,全以"求真"为根柢,借用象山的话来说,求真这个"大本",才真真是学者首先应该"立定"的。所以,从这个意义上说,"道问学"就是"尊德性"。

黑格尔在《哲学史讲演录》中曾经指出:

> 时代的艰苦使人对于日常生活中平凡的琐屑兴趣予以太大的重视,现实上很高的利益和为了这些利益而作的斗争,曾经大大地占据了精神上的一切的能力和力量以及外在的手段,故而使得人们没有自由的心情去理会那较高的内心生活和较纯洁的精神活动,以致许多较优秀的人才都为这种艰苦环境所束缚,并且部分地被牺牲在里面。因为精神世界太忙碌于现实,所以它不能转向内心,回复到自身。

马克斯·韦伯也认为:

> 如果知识的追求是一项"志业",它本身即是有价值的。④

> 在今天,学问是一种按照专业原则来经营的"志业",其目的,在于获得自我的清明(Selbstbesinnung)及认识事态之间的相互关联。学术不是灵视者与预言家发配圣礼和神恩之赐(Gnabengabe)。⑤

作为精神活动的学术研究,只有努力摆脱附庸和婢女的地位,摆脱外在的、对象化的束缚,努力将视角转向本体,它才能获得发展。而这些条件的获得,除了社会环境外,更大程度上取决于学者的自身努力,取决于治学主体修养程度的提高。社会是难以驾驭的,但学者自身可以驾驭。倘若每一位学者都重视主体修养,把握自身,驾驭好自身,这就会形成一种治学主体的群体意识,凝聚成一股伟大的力量。本书追踪"尊德性"和"道问学"这一对概念在"历史上"的际遇,并站在"现代"的立场上对其重新解读,正是有感于当下学风的浮躁和急功近利,希望在这喧嚣的世风中吹入一点

---

① 《戴震集》,上海古籍出版社1980年版,第465页。
② 洪榜:《戴东原先生行状》,《二洪遗稿》,北平通学斋影印本。
③ 戴震:《与姚姬传书》,《戴震集》,上海古籍出版社1980年版,第185页。
④ 马克斯·韦伯:《学术与政治》,第174页。
⑤ 同上书,第185页。

"自我把持"的冷风。私意认为,中国学术真正走上"现代化"之路,实有赖于此种学术主体意识的形成和伟大力量的凝聚。

第三节 "道问学"世风激荡下的戴学与凌廷堪

戴震是乾隆年间考据学的代表人物。从方法论、价值观着眼,戴震有一套成体系的学术,因称为"戴学";凌廷堪则是乾隆年间考据学的另一位翘楚。礼学研究是凌廷堪的重要学术贡献,他提出了"以礼代理"的治学理念。凌廷堪后出于戴震却未能结识戴,他钦佩戴震故自称为戴的"私淑弟子"。凌廷堪的治学与戴学间存在着千丝万缕的联系,某些方面可以说是戴学启发的产物;某些方面又超越了戴震。而无论戴震抑或凌廷堪,他们的治学特点,都无不折射着考据学大盛下的"道问学"世风。厘析戴、凌二人就"尊德性"、"道问学"发表的意见,转而联系二人有关"理"、"情"、"礼"的认知,既可从中觑破以汉反宋、"汉宋之争"的那一线精神或者说学理的脉络,同时亦因"'理'、'礼'相通",故可从戴、凌之论中寻找到其与五四后的"礼教吃人论"之间的历史联系。

一、由"博"返"约":戴震与凌廷堪的治学取径

"博"与"约","博"指"博学","约"谓"约束"。《论语·雍也》:"君子博学于文,约之以礼。"《论语·子罕》:"夫子循循然善诱人,博我以文,约我以礼。"通过学习知识,从中抽绎出原理,这可以理解为"治学"语境下的"博约"关系。朱熹一派"格物致知"的治学观,具体到"博"与"约"的关系上,"格物"是谓学习知识;"致知"则指陈从知识中抽象出原理,故朱熹主由"博"返"约",因而其认识论的路径是"由外而内";陆王一派主"先立其大本"、"致良知"。"大本"、"良知"也可以解谓"约",故陆王一派主"由约涵博",认识论的路径是"由内而外"。清代考据学秉承清初理学清算之余波而起,从治学的角度看,汉学考据家大体上遵循朱熹"格物"的路径。戴震是考据学的领袖,他曾经说:

> 仆自十七岁时,有志闻道,谓非求之《六经》、孔、孟不得,非从事于字义、制度、名物,无由于通其语言。宋儒讥训诂之学,轻语言文字,是犹渡江河而弃舟楫,欲登高而无阶梯也。为之三十余年,灼然知古今治乱之源在是。①

---

① 段玉裁:《戴震年谱》,载《戴震集》,上海古籍出版社1980年版,第480页。

第二章　汉宋之争与汉宋兼采：乾嘉间学术思潮的伏流与累积

按：这是戴震离去世仅四月的"丁酉(1777年)正月十四日"写给段玉裁的信①，故可视为戴震对其一生治学的总结与定位。

戴震的治学，自然大不同于"先立其大本"的陆王。他看清了陆王一派"德性之知不假外求"那一套认识论的弱点，指出："惟学可以增益其不足而进于智。益之不已，至乎其极，如日月有明，则圣人矣。"

这里，戴震的理论基础仍然没有离开孟子的"性善说"。但戴却进一步丰富了孟子，即人之"性善"，不仅是指人本性的"善良"之善，而且是指人能够见贤思齐的"好善"之善。这种"好善"，就来自"心"这个本体。而心之好善，又必须有一个能够"拿得住"、"靠得稳"的倚靠，那就是"学"。这个"学"非为内在的、自悟自明的；而是外在的，只有通过艰苦的学习才能掌握，才能"知"的。这里，戴震主张"学"而后"知"，走的实际上是朱熹的治学路径。戴震认为，人有着倾向"理义"的本能而动物于此阙如。理义之"养心"，就和饮食男女滋养耳、目、口、舌一样。但这个"理义"绝非一己之"意见"，它隐藏在圣贤遗留下的《六经》之中，需要通过"后天"的刻苦学习才能够掌握。非苦苦穷年于音韵训诂、考据，则终不足以"读"那悬隔千年的儒学典籍。诚如戴震在被段玉裁誉为戴"平生所志所加功，全见于此"②的《与是仲明论学书》中所说：

至若经之难明，尚有若干事：诵《尧典》数行至"乃命羲和"，不知恒星七政所以运行，则掩卷不能卒业。诵《周南》、《召南》，自"关雎"而往，不知古音，徒强以协韵，则龃龉失读。诵古《礼经》，先士冠礼，不知古者宫室、衣服等制，则迷于其方，莫辨其用。不知古今地名沿革，则《禹贡》职方失其处所。不知"少广""旁要"，则考工之器不能因文而推其制。不知鸟、兽、虫、鱼、草、木之状类名号，则比、兴之意乖。……凡经之难明，右若干事，儒者不宜忽之不讲。仆欲究其本始，为之又十年，渐于经有所会通，然后知圣人之道。③

因此，考据仍然是戴震治学中一层不可或缺的基础性功夫。戴震"于经疏虽然不能尽记，但经注则无不能背诵"，他在治经上花的苦功是实实在在的。

然而，清代一般的汉学考据家却仅仅限于考据，他们有"下"而无"上"，无意同时也无能于"致知"即"上翻"，做一个"哲学家"。如王鸣盛所说："盖学问之道，求于虚不如求于实，议论褒贬皆虚文耳。"④戴震治学与同时代一般清儒的绝大差异处，也可以说戴震高于同时代学者之处就在于他的"上"、"下"兼备：他认识到考据只是手段，是

---

① 段玉裁：《戴震年谱》，载《戴震集》，上海古籍出版社1980年版，第480页。
② 《戴震年谱》"丁丑"条下，载《戴震集》，第461页。
③ 《戴震集》，第184页。
④ 王鸣盛：《十七史商榷·序》，上海书店出版社2005年版，第1页。

"舟楫",是"阶梯",而不是治学的目的。治学最终是要"渡江河"而"登高",也就是要读"懂"儒学典籍,从而获得其中蕴涵的道理。"读懂"儒学典籍也就是"会通","会通"是谓"闻道"。这是戴震终身奉行而不渝的治学理念:戴震并不满足于仅仅做一个考据家,他更愿意做一个哲学家。所以,戴震对于时下那班仅能襞绩补苴的学者心存鄙夷,他曾说:

> 君子务在闻道也。今之博雅能文章、善考核者,皆未志乎闻道。徒株守先儒而信之笃,如南北朝人所讥:"宁言周孔误,莫道郑服非",亦未志乎闻道者也。

要之,乾隆年间汉学考据学风之盛,沿清初理学清算弃"虚"蹈"实"之波而起,遂有汉宋之争,并孕育出以"道问学"压迫"尊德性"之世风。"道问学"之理念,"问学"而求"道",就必然遵循"由博返约"的治学路径。

在"问学"的问题上,凌廷堪同样深受时代思潮之激荡和戴震的影响,对于宋以来的学风,次仲同样深致不满。在《戴东原先生事略状》中他写道:

> 自宋以来儒者多剽窃释氏之言之精者,以说吾圣人之遗经。其所谓学,不求之于经,而但求之于理;不求之于故训典章制度,而但求之于心。

次仲的这个批评,与戴震一样,系针对宋明儒的形上思辨而发。次仲指责宋儒重"理"重"心"而轻视"经",其说毫无"故训典章制度"的根据,那么,次仲所主张的治学之道,便与陆王南辕北辙而和戴震相同。即次仲也认为,只有通过"学"亦即"博",而后从中绅绎出"道"即"约",这个"道"才是可靠的。因此,次仲大力表彰戴震的治学路线,指出:

> 先生(戴震)则谓义理不可舍经而空凭胸臆,必求之于古经。求之古经而遗文垂绝,然后求之故训。故训明则古经明,古经明则圣人贤人之义理明,而我心之所同然者乃因之而明。义理非他,存乎典章制度者也。……义理不存乎典章制度,势必流入于异学曲说而不自知。故其为学,先求之于古六书九数,继乃求之于典章制度;以古人之义,释古人之书,不以己见参之,不以后世之意度之;既通其辞,始求其心,然后古圣贤之心不为异学曲说所汩乱。盖孟荀以还所未有也。

清儒大多信奉"实事求是"。在这一点上,次仲也有独特的理解。他说:

> 昔河间献王实事求是。夫实事在前,吾所谓是者,人不能强辞而非之;吾所谓非者,人不能强辞而是之也。如六书九数及典章制度之学,是也。虚理在前,吾所谓是者,人既可别持一说以为非;吾所谓非者,人亦可别持一说以为是也。

如义理之学是也。

次仲的批评不可谓无据。在宋明儒那里的确存在着许多无法"论定"的概念,例如"良知"、"良能"、"先立其大",以及"主敬"还是"主静"等。这些概念皆可谓之"约"。对这些概念之所以众说纷纭,盖因争论的双方均没有一个拿捏得住的理据,未从"实事"出发,不是首先立足于"六书九数、典章制度"的"博学",而是各执其"虚理"在那里争论无休,所以永远无法服膺对手。宋明儒的这个软肋,归根到底仍然是"由约涵博"、"先立大本"即重"尊德性"而轻视"道问学"的认识论造成的。嘉庆八年(1803年)凌廷堪给钱大昕写了一封信。信中他将"尊德性"和"道问学"的问题与"礼"联系在一起,提出了独到的见解。他说:

> 亲亲之杀,尊贤之等,礼所生也。是仁而后有义,因仁义而后生礼,故仁义者,礼之质干;礼者,仁义之节文也。夫记曰:"致知在格物。"物者,礼之器数仪节也。若泛指天下之物,有终身不能尽识者矣。智者,知也,所以知此礼也,即记之致知也。信者,诚也,所以行此礼也,即记之诚意也。盖先习其气数仪节,然后知礼之原于性,知其原于性,然后行之出于诚,皆学礼有得者,所谓德也。故曰德者,得也,即知仁勇三者天下之达德也。记曰:"意诚而后心正",若舍礼而言诚正,则正心不当在诚意之后矣。①

宋明儒常将"仁义"、"诚"挂在嘴边指为"德性",但这些所谓的"德性",原只是一个"空理"。到底是不是符合"仁义",一个人人品是"诚"还是不诚,这都需要有一个实实在在可以"靠得住"的标准来衡量,这个标准在凌廷堪看来就是"礼"。因为"仁义非物",所以"必以礼焉为物";因为"仁义无形",所以"必以礼焉为形"。"礼焉为物"、"礼焉为形",次仲强调"物"、"形",即指"礼"的"实在"与"可靠"。而"礼"包括了如何处理君臣、父子、夫妇、昆弟、朋友相互关系的所有内容,所以这就是"所谓道也",处理好了这五者的关系,即"天下之达道也"。

值得注意的是凌廷堪对于朱熹"格物致知"方法论的分析。按照朱熹的"格物致知"说,必"格"尽天下万物然后方能"致知"而达"道"。次仲则指出,人生有限,学海无涯,朱熹方法论所导致的结果必然是"终身不能尽识"万物,因而也就终生不能达"道"。次仲对朱熹"知识主义"方法论的批评正中其要害。一味"格物",其结果往往落入支离破碎、见木不见林的窠臼。这不仅是朱学的弱点,也是乾隆年间一般汉学家的普遍弱点。戴震对此有清醒的认识。在考据学的营垒中,凌廷堪也算是一位不斷斷于考据而能够求"贯通"追求"得道"的学人,是故他对于时下那些"好古之士"放弃"求道"的宗旨感到不满,认为他们虽然"欲矫其非,然仅取汉人传注之一名一物而辗

---

① 凌廷堪:《复钱晓征先生书》,载《校礼堂文集》,中华书局1998年版,第221页。

转考证之,则又烦细而不能至于道"①。但需要指出的是:朱熹的"格物致知"方法论,根本上仍然是"道问学"先于、重于"尊德性"。即是说,清儒所普遍遵循的"训诂明然后义理出"的治学路线,与朱熹灵犀相通。无论是戴震还是凌廷堪概莫能外。章学诚《文史通义·朱陆篇》已经烛微洞见地指出了戴学与朱熹的血缘关系。也因此,戴震虽然在《孟子字义疏证》中批评了朱熹的"援佛入儒"即他的"形上思辨",并严厉指责宋儒"以理杀人",但对于朱熹重"道问学",讲求明考六经中事事物物的实学学风,戴震仍然给予了肯定,并誉朱熹为与郑玄并列的大儒;在对于"格物致知"的理解上,凌廷堪虽然指出了朱熹必"格"尽天下万物方能"致知"之方法论罅隙,却不能不认同朱熹由"博"返"约"的基本治学取径,指出:

> 盖文者,载道之器,非虚车之谓也。疏于万代载籍,其文必不能信今;昧于当时掌故,其文必不能传后。安有但取村童所恒诵者而摹拟之,未博先约,便谓得古人神髓,何其浅之乎视古人也!②

"未博先约"正是批评"先立其大"的"尊德性"治学路线而回复到由"博"返"约"之"道问学",此旨归根结底也就仍然不出朱熹"格物致知"的藩篱。只是朱熹之格物系指天下万物;而凌廷堪则将所格之物浓缩到了"礼之器数仪节",认为"礼"中的"大经大法"固然"悉本夫天命民彝",即便是礼中的"一器数之微,一仪节之细",也"莫不各有精义弥纶于其间"。所以说"格物者,格此也。《礼器》一篇皆格物之学也"。这就在弥补了朱熹方法论不足的同时,又将"格物"安顿到了一个带有考据特质的"有用"的、"实际"的、可具"操作性"的平台上,从而使得"蹈实"之学摆脱了纯考据轨辙,走上了一条"致用"之路,将"考据"的格物学变成了"致用"的格物学。

二、"辟二氏"与"弃虚蹈实"——凌廷堪治学的切入点

佛、道"二氏"(尤其是佛)的形上思辨方法论,曾经决定性地影响着理学思想体系的形成与发展。理学家将传统儒学的伦理道德观、价值观建立在"形而上"的、哲学思辨的基础之上,从而形成理学的本质特征。这一全部历史过程,离不开"二氏"的理论滋养。换言之,在中国学术史上,使传统儒学彻底改变长于践履短于思辨之旧观者,惟在理学,惟在理学之采用二氏。关于这一点,陈寅恪先生有深刻的体认。他指出,理学家"避其(笔者按,指佛)名而居其实,取其珠而还其椟,采佛理之精粹,以之注解四书五经,名为阐明古学,实则吸收异教,声言尊孔辟佛,实则佛之义理,已浸渍濡染,

---
① 凌廷堪:《戴东原先生事略状》,载《校礼堂文集》,第317页。
② 凌廷堪:《与江豫来书》,载《校礼堂文集》,第212页。

与儒教之宗传,合而为一"①。基于"二氏"在学术史上的重要性,"辟二氏"也就成为理解自晚明以来兴起,至清初达到高峰的"理学清算"运动的关键性命题。

下至于乾隆年间,汉宋之争已然成为学界关注的热点,一般的汉学家既轻视宋学而弃"虚",连带地,汉学家遂亦不屑于"辟二氏"这样的"理论探讨"。只有那些对"义理"或者说"哲学"仍然感兴趣的学人,才会注目于佛道两家对宋学的浸染并进而辟之。

凌廷堪很有哲学的兴趣,对乾隆年间有"考"无"论"缺乏义理的学风深致不满,指出:

> 搜断碑半通,剌佚书数简,为之考异同,校边旁。而语以古今成败,若生雾之中,此风会之所趋,而学者之所蔽也。②

> 好古之士……仅取汉人传注之一名一物而辗转考证之,则又烦细而不能至于道。③

次仲又以"博士"名答弟子问道:

> 弟子曰:然则今之学者万全而无病乎?博士曰:恶是何言欤!夫伪士不可以乱真儒也,犹之鱼目不可以混美珠也,虚声不可以美实学也。④

时风所被,泥沙俱下。在乾嘉年间"家家许、郑,人人考据"的世态下鱼目混珠者大有人在。次仲对"虚声"的指摘,与章实斋的学者不可趋风会之论实异曲而同工,开嘉、道、咸以降沈子敦、陈兰甫等论学之先声。凌氏以"闻道"为治学之旨归,与戴震一样,架构起一套理论体系同样是凌廷堪的追求。受《疏证》的影响,析"理"而"辟二氏",便也成了凌氏刺入宋学腹地的理论利器。《疏证》从剖析"理"字入手,指出:"《六经》、孔、孟之言以及传记群籍,'理'字不多见"⑤,凌廷堪也认为:"考《论语》及《大学》皆未尝有一'理'字,徒因释氏以'理事'为法界,遂援之而成此新义。"⑥

凌廷堪且对理学进行了全方位的批评,他的"参照系"也和戴震一样,恰恰落在了"辟二氏"上,落在了批评理学袭用二氏"精微"的形上思辨上。凌氏有关"辟二氏"之

---

① 此为陈寅恪1919年与吴宓倾谈语,见《吴宓日记》(二),三联书店出版社1998年版,第102页。按,时寅恪先生正在美国哈佛大学留学,其最擅长者在梵文、巴厘文等"死文字"的研究,然其对于宋学竟有如此深刻的认识。联想寅恪先生终身对于佛教"中国化"的关注以及对于宋代学术的推崇,其间由对宋学之理解,一转手而为研讨佛教中国化之历程,并就寅恪先生自身之秉性所长,而为对宋代史学抱最高之敬意,宋学在寅恪先生的学术世界中诚占有极重要之地位。此亟当引起学界之注意。
② 《大梁与牛次原书》,《校礼堂文集》卷二十三,第200页。
③ 《戴东原先生事略状》,载《校礼堂文集》,中华书局1998年版,第317页。
④ 《校礼堂文集》卷四,《辨学》。
⑤ 载《戴震集》,第286页。
⑥ 《好恶说下》,载《校礼堂文集》卷十六,中华书局1998年版,第143—144页。

论不胜枚举。如说：宋儒"无端于经文所未有者，尽援释氏以立帜"①；"如曰舍礼而可以复性也，必如释氏之幽深微眇而后可"②；"彼释氏者流，言心言性，极于幽深微眇，适成为其为贤知之过，圣人之道不如是也"。"后儒置礼器不观而高言慎独，则与禅家之独坐观空何异？"③不管是程朱还是陆王，他们援佛、道入儒，"玄而又玄"，在次仲看来均负有扰乱"圣学"之责。此种学风均与"圣学"了无关系。他指出：

> 鄙儒执洛闽以与金溪争，或与阳明争，各立门户，交诟不已，其与圣学何啻风马牛乎？明以来，讲学之途径虽多，总之不出新安（朱熹）、姚江（阳明）二派，盖圣学为禅学所乱将千年矣。④

弃"虚"蹈"实"的学术风气起自清初，下至于乾隆年间此风一以贯之，未曾中断。凌廷堪厌恶"虚理"，提倡"实学"、"实用"亦踵武此风而起者。凌氏有一篇《好恶说》，系理解其"以礼代理"治学体系的重要文字。他以"好恶"立论，旨归则落在"实用"上。他说：

> 好恶者，先王制礼之大原也。人之性受于天，目能视则为色，耳能听则为声，口能食则为味，而好恶实基于此，节其太过不及，则复于性矣。《大学》言好恶，《中庸》申之以喜怒哀乐。盖好极则生为乐，恶极则生喜，又极则为乐，又极则为哀。过则佚于情，反则失其性矣。先王制礼以节之，惧民之失其性也。然则性者，好恶二端而已。⑤

按，凌廷堪以耳、目、口、舌之"好恶"为"性"的表现，他的基本理论要素来自戴震。《疏证》即引用孟子而同样以"好恶"立论，谓：

> 《大学》言治国平天下，不过曰"所恶于上，毋以使下，所恶于下，毋以事上"，以位之卑尊言也。"所恶于前，毋以先后，所恶于后，毋以从前"，以长于我与我长言也。"所恶于右，毋以交于左，所恶于左，毋以交于右"，以等于我言也。曰"所不欲"，曰"所恶"，不过人之常情，不言理而理尽于此。⑥

戴震又说：

> 孟子言："口之于味也，有同耆焉；耳之于声也，有同听焉；目之于色也，有同美焉，至于心独无所同然乎？"明理义之悦心，犹味之悦口，声之悦耳，色之悦目之

---

① 《好恶说下》，载《校礼堂文集》卷十六，中华书局1998年版，第143—144页。
② 《复礼中》，载《校礼堂文集》卷四，第30页。
③ 《慎独格物说》，载《校礼堂文集》卷十六，第145页。
④ 《好恶说下》，载《校礼堂文集》卷十六，中华书局1998年版，第143—144页。
⑤ 《好恶说上》，《校礼堂文集》卷十六，第140页。
⑥ 《孟子字义疏证》，《戴震集》，第269页。

第二章 汉宋之争与汉宋兼采:乾嘉间学术思潮的伏流与累积

为性。①

如此说来,次仲之论,是不是一袭戴震而无所创获?此亦不然。对于自清初理学清算运动下至于戴震为止的近百年学术发展,凌氏有一个整体性批评。在《好恶说》中,他首先批评了清初的理学清算运动,认为:

> 近时如昆山顾氏,萧山毛氏,世所称博极群书者也。而昆山攻姚江,不出罗整庵之《剩言》,萧山攻新安,但举贺凌台之《绪语》,皆入主出奴余习,未尝洞见学术之隐微也。②

清初的理学清算,仍然未能离开"述朱述王"的话语体系。无论是顾炎武批评王阳明,还是毛奇龄批评朱熹,在次仲看来均为门户之见,因此均未中肯綮。戴学系继亭林而起者③。因此,次仲在评判亭林以后紧接着便对戴震提出了批评,而这一点似为当今学界所未尝措意,却尤其值得注意。他说:

> 又吾郡戴氏,著书专斥洛闽,而开卷仍先辨"理"字,又借"体"、"用"二字以论小学,犹若明若昧。陷于阱攫(陷阱)而不知也。其余学人,但沾沾于汉学、宋学之分,甚至有云"名物则汉学胜,理义则宋学胜"者,宁识宋儒之理义乃禅学乎?④

戴震在《题惠定宇先生授经图》中曾经论及乾隆年间"有汉儒经学,有宋儒经学"⑤,凌廷堪对于所谓"名物则汉学胜,理义则宋学胜"之说的非难源于戴震。但凌廷堪并非全盘接受戴震,对于他"私淑"钦佩的戴震,对于戴震最为自得的《疏证》,次仲仍然不满,并因此而作《好恶说》。凌廷堪的着眼点在于"实用",实用也是凌廷堪"以礼代理"之礼学的逻辑起点。因此,对于《疏证》仍从"哲学"或曰"形上学"的方法和路径入手清算宋明儒的做法,次仲感到不尽餍足。意谓宋明儒"玄而又玄",已经入了佛道二氏之"魔障"而不自知,即所谓"后儒熟闻夫释氏之言心言性,极其幽深微眇也,往往怖之,愧圣人之道以为弗如,于是窃取其理事之说而小变之,以凿圣人之遗言。……以是为尊圣人之道,而不知适所以小圣人也"⑥。如今东原仍然纠缠于"理"、"体"、"用"等"概念"的探讨,所以是"犹若明若昧。陷于阱攫(陷阱)而不知也"。

---

① 《孟子字义疏证》,《戴震集》,第 269 页。
② 贺凌台,贺钦(字克恭)之孙。贺钦之学主陈献章,陈献章以"主敬"、"收放心"故其重"心"。贺钦则强调笃行持学。参见《明儒学案》之《白沙学案》。
③ 戴学系继亭林而起的"浙西"之学,与"浙西"治学相颉颃的则是"浙东"之学。见章学诚:《文史通义·朱陆》。
④ 《好恶说下》,载《校礼堂文集》卷十六,中华书局 1998 年版,第 143—144 页。
⑤ 戴震说:言者辄曰:有汉儒经学,有宋儒经学,一主于故训,一主于理义。此诚震之大不解也者。夫所谓理义,苟可以舍经而空凭胸臆,将人人凿空得之,奚有于经学之云乎哉!载《戴震集》,上海古籍出版社 1980 年版,第 214 页。
⑥ 《复礼下》,载《校礼堂文集》卷四,第 31 页。

这是凌氏的自负。然而，公正地看，次仲对于戴震的批评理据并不充分，他对于戴震的理解亦尚不够透辟。从学理上对宋儒拨乱反正，这原本是戴震绕不过去的学术之"坎"。此正如戴在《疏证》"自序"中点明的那样："盖言之谬，非终于言也，将转移人心；心受其蔽，必害于事，害于政。"① 盖戴欲与宋儒论"理"，宋儒既已"虚"，则东原势亦不能不从"虚"处入手，不能不"开卷仍先辨'理'字"。所谓"入其室而操其戈"，若不从"虚"处、"哲理"处批驳宋儒，则只能隔靴搔痒，断难点中宋儒之"命穴"而直指其脏腑。

《疏证》开篇即言："理也者，情之不爽失也。"戴震拈出一个"情"字，这是戴震在理论上的重要建树。戴以"推己及人"为构架其思想大厦的逻辑起点，反复强调"以我之情絜人之情"，"诚以弱、寡、愚、怯与夫疾病、老幼、孤独，反躬而思其情，人岂异于我？"② 是《疏证》之旨归与凌廷堪同，即戴震亦以"实事"、"实用"落脚，昭昭明矣！且戴震虽将"情"提升到一个足够的高度，谓"情得其平，是为好恶之节"，但这个"平"，并非出于"臆想"的一己之见。他指出，"心之所同然始谓之理，谓之义；则未至于同然，存乎其人之意见，非理也，非义也。凡一人以为然，天下万世皆曰'是不可易也'，此之谓同然"③。

要之，戴震从批驳宋儒"以理杀人"，以"臆见"杀人入手而重"情"。不妨这样说：戴学之有别于宋学处，就在于戴震提出了"以情代理"说，此即戴震所言：

> 人之常情，不言理而理尽于此。惟以情絜情，故其于事也，非心出一意见以处之，苟舍情求理，其所谓理，无非意见也。未有任其意见而不祸斯民者。④

戴震此论，在当时具有一定的代表性。戴的学友程瑶田就说：

> 人之言曰：天下止有一理。余以为此亦一是非，彼亦一是非，乌在其为一理也。……今人之各执一是非也……各是其是，是人各有其理也，安见人之理必是，而我之理必非也。于是乎必争。故言理者必缘情以通之情也者，出于理而妙于理也。⑤

程瑶田此论旨意与戴震同，其有关判断"是非"的阐发则与凌廷堪之关于"实事求是"的议论不谋而合。而戴震的理论贡献就在于指出所谓的"合情"，并非合一己之"臆见"，而是合诸六经典制史实的"精神实质"之情。戴学的这一基本理论预设，已较

---

① 《戴震集》，第263页。
② 同上书，第266页。
③ 同上书，第267页。
④ 《孟子字义疏证》，《戴震集》，第269页。
⑤ 程瑶田：《通艺录》，转引自张寿安：《以礼代理——凌廷堪与清中叶儒学思想之转变》，河北教育出版社2001年版，第29页。

宋明儒的"德性自足,不假外求"的理念大进了一步。然而,正是在怎样"推己及人"的"操作性"上,戴震的逻辑结构似乎出现了罅隙:"推己及人"是戴申发"己所不欲,勿施于人"的理论前提。但"推己及人"本身还有"前提",那就是:推者本人必须是一位正人君子,这样,推己及人所产生的效果才是正面的;反之,若推者本人为肖小之徒,其以小人之"喜好"而度人,而推己及人,其效果只能是负面的。换言之,"己所不欲,勿施于人","己之所欲,施之于人",这个"欲"在戴震则表达为"情",而这个"情"、这个"欲",君子和小人之差别不啻天壤,则戴震以此为理论出发点是有漏洞的。戴震的这个"情",从某种程度上说仍然是一种"自制"而非"他制":戴震给"自我解释""情"的内涵留下了太大的余地,这是他理论架构上的大漏洞。凌廷堪提出"以礼代理",正是针对戴震说而发。指出:

> 夫性具于生初,而情则缘性而有者也。性本至中,而情则不能无过不及之偏,非礼以节之,则何以复其性焉。父子当亲也,君臣当义也,夫妇当别也,长幼当序也,朋友当信也,五者根于性者也,所谓人伦。而其所以亲之、义之、别之、信之,则必由乎情以达焉者也。非礼以节之,则过者或溢于情,而不及者则漠焉遇之,故曰喜怒哀乐之未发谓之中,发而皆中节谓之和。其中节也,非自能中节也,必有礼以节之,故曰非礼何以复其性焉。①

"性本至中,而情则不能无过不及之偏",这正是对戴震"以情代理"说的纠偏,意谓若仅以"情"为圭臬,容易出现偏差,因此是靠不住的。相比较而言,"礼"的内涵较之于"情"要确切、严密得多。其种种繁文缛节的规定性,基本上消弭了任意解释的可能。因此"以礼代理"说的提出,是对戴震"以情代理"说的重要补充与纠正。凌氏的理论更加严密,其"可操作性"也就更强。

戴震从批驳宋儒的"性"、"理"二元论入手,认为宋儒之所谓"理"剿袭于佛释之"如有物焉"的"真宰"、"真空",实为宋儒"臆想"之产物,那么,戴是想找一个切实可凭依的"抓手"的。他将这个抓手最后归依到六经上,落在对于六书九数、典章制度的考订上,这就使得戴的治学委曲烦细而难以克竟。这一点,连戴震自己也不能否认。其《与是仲明论学书》即云:

> 至若经之难明,尚有若干事:诵《尧典》数行至"乃命羲和",不知恒星七政所以运行,则掩卷不能卒业。……仆欲究其本始终,为之又十年,渐于经有所会通。②

看戴震"会通"所需掌握的知识,涉及古天文历算、音韵训诂、礼制、历史地理、鸟

---

① 《校礼堂文集》,第27页。
② 《戴震集》,第183页。

兽鱼虫、名物典制,规模庞大内容艰深。相比较而言,凌廷堪以"礼"为切入点,这就大大精炼了"学"的范围,提高了"学"的现实性。

三、凌廷堪的"以礼代理"

明中叶以降,工商业发展,市民阶层兴起。灯红酒绿、丰富多彩的物质生活引诱,使得勤俭安分之习渐次陵替淡漠。复因晚明王学流弊丛生,士大夫猖狂无忌惮,意识形态领域内种种"异端"思潮泛滥,遂导引民间出现了大量逾礼越制的"民俗"。方志中这方面的记载屡见不鲜。若谓"俗尚浮华,疏于礼节"①;"尚侈靡者,僭礼逾分之不顾"②;"至嘉靖中,庶人之妻多用命服,富民之室亦缀兽头,循分者叹其不能顿革。万历以后迄于天崇,民贫世富,其奢侈乃日甚一日。"③晚明士人对此忧心忡忡。顾宪成《小心斋札记》已有士子"以仁义为桎梏,以礼法为土苴","猖狂无忌,破坏名教"之说。

明清易代,沧海桑田。当士大夫阶层群起而反思明代灭亡之原因时,批评晚明礼崩乐坏、纲纪松弛成为学界关切的重点问题。人们痛感世风浇薄,要求将"越轨"的民俗重新拉回到"礼"的轨辙上来。陆陇其谈当时的风俗时即认为:"风俗承明季之衰,其浇侈之习,已非一日。愚以为,欲反今日之俗而登之隆古,无他,亦惟以三代所以导民者导之而已。非敢谓三代之法可一一施之今也,然其大体固有不可得而易者。"陆氏又指出当定"经制",认为:

> 今民间冠婚丧祭制礼,宫室衣服饮食之节,初未尝有定制也。惟其力之所为则无所不可。富者炫耀,贫者效尤,物力既绌,则继之以贪诈。故靡丽日益,廉耻日消。诚宜画为定制。④

又如,顾炎武在《日知录》卷五、卷六详细考察了《三礼》中的先秦古礼制,指出了"今人三年之丧有过于古人者三事"的弊端。亭林又引《仪礼·丧服篇传》和《礼记·杂记》,反复申明为母服丧之"期"(一年)的概念,认为:"期者,父在为母。传曰:何以期也?屈也。至尊在,不敢伸其私尊也。"并指出,父在服母丧之"期",并非厚父而薄母,"资于事父以事母而爱同。天无二日,土无二王,国无二君。以一治之也。故父在为母齐衰期者,见无二尊也"。亭林的这一见解与陈乾初大同小异。再如,颜习斋以"思古人"自号,其《四存编·存治编》全是习斋有关古礼的论述,认为"井田、封建、学校"皆应当恢复古制,"则无一民一物之不得其所,是之谓王道。不然者不治"⑤。为

---

① 嘉靖《赣州府志》卷一,《地理志·风俗》引旧志,天一阁藏明代方志选刊。
② 嘉靖《常德府志》卷一,《地理志·风俗》,天一阁藏明代方志选刊。
③ 乾隆《震泽县志》卷二十五,《风俗》,光绪十九年刊本。
④ 《日知录》卷十三"宋世风俗"条。
⑤ 《四存编》,上海古籍出版社2000年版,第142页。

第二章　汉宋之争与汉宋兼采：乾嘉间学术思潮的伏流与累积

了恢复井田制，习斋甚至画了《井田经界图说》、《方百里图说》两幅复杂的图，以使井田制的恢复具有"可操作性"。是故习斋弟子李塨《存治编书后》谓："先生《三存编》、《存性》、《存学》，皆悟圣学后着，独《存治》在前，乃壮岁守宋儒学时所作也。当是时，仁心布濩，身任民物之重已如此，其得圣道也盖有由矣。"①是习斋之研习古礼，更在其思想未发生反对宋儒的大变化之前了。以上例证说明，明清之交时要求恢复礼制以规导人心，这在士大夫阶层中是一种带有普遍性的企望。这是清初"礼学"兴起的一重背景；礼制本身的"繁文缛节"，迎合了清初弃"虚"蹈"实"学风的内在需求，则是礼学兴起的另一重背景。

然而，逾礼越制之风到了乾隆年间仍然盛行不衰。社会生活从婚假、丧葬到衣饰、饮食、祭祀等无不存在②。淫葬之风直到乾隆年间仍有遗绪。据乾隆《介休县志》卷四《风俗》记载，山西介休之俗"将葬前数日，遍粘讣纸，先一夕灵案前，盛陈祭品，鼓吹参灵，次晨发引，诸亲毕集，丧仗列衢，至数里而遥，祭筵或数十桌，远近观者如堵，名曰闹丧，此富贵之家奢靡相尚，虽千金不恤也"③。广东澄海有所谓"闹夜"，"丧则裂帛散宾，盛筵款客，送葬至墓所，鼓乐优觞，通宵聚饮，谓之闹夜。旦复设膳，不惜罄财力为之，丧主不给，则亲朋代席，竞夸奢靡以为豪举"④。崔述《救荒策》作于乾隆三十九年，崔谈当时民俗侈靡亦谓："今里巷之间，侈靡征逐日以益甚，优伶之戏街喧巷咽……生子，娶妻、丧葬之事，中人之家常不减百余筵。"⑤

如此看来，凌廷堪的"以礼代理"说在乾隆年间出现并非偶然。"以礼代理"说从两方面满足了时代的要求：一方面，"礼学"之"实"足以取代"理学"之"虚"而符合时代的"道问学"之好；另一方面，"礼学"特别是《仪礼》所具有的实用性⑥，符合源远流长的"经世"治学目的论，被认为可用来制约乾隆年间的逾礼越制之风。

清初学界本来并没有"以礼代理"的说法。然而，社会上既然存在着一股研求古

---

① 《四存编》，上海古籍出版社2000年版，第158页。
② 乾隆年间礼制之坏，可参阅张仁善：《论清朝中期以后社会生活的反礼法趋势》，《中国史研究》1992年第2期。又如《扬州画舫录》卷六谓：乾隆年间"一婚假丧葬，堂室饮食，衣服舆马，动辄数十万"。昭梿《啸亭续录》卷二对于时人在衣饰上的逾礼有生动的描述，谓："定制，惟皇上御服朝衣，于腰阑下前后绣团龙各四；近日南中所绣朝服衣料，无论品级，皆用团龙各四。"原先只有卿大夫以上才能乘坐肩轩的旧制一变而为优伶赴演亦乘轩前往。钱泳：《履园丛话》卷二一载：药商每有喜庆宴会，"辄着青天五品补服"。
③ 乾隆三十五年刊本。
④ 乾隆《澄海县志》卷十九，《崇尚》。
⑤ 载《崔东壁遗书》，上海古籍出版社1983年版，第687页。
⑥ 朱熹即认为，《仪礼》较《周礼》更具实用性，当视之为《三礼》之纲领（参见王汎森：《清季的社会政治与经典诠释——邵懿辰与〈礼经通论〉》，载《中国近代思想与学术的系谱》，河北教育出版社2001年版，第27页）。在汉宋之争的学术大背景下，次仲无疑属于汉学大本营。次仲反对理学，在"格物致知"的方法论层面，也不同意朱熹的解释。然在礼学上却与朱熹同路，并且开了清季邵懿辰《礼经通论》的先声，成为自清初江永、李光地以来的又一位重要学人，这是一个饶有趣味的问题。次仲在礼学上延续了宋儒的轨辙，这是否可以视为一种"汉宋兼采"？

礼的潜流,这就为"以礼代理"说的产生提供了一片学术的大背景。例如戴震在《疏证》中已经提到了应以"礼"来规约"欲"。只是戴所关注的重点在"以情代理",他没有将"礼"放在首位来强调。在时代需要的催迫下凌廷堪的"以礼代理"说应运而生。

《续修四库全书》中收入了凌廷堪的代表作《礼经释例》。其底本系李慈铭同治元年(1862)所购,前有李亲笔所题:"凌次仲先生《礼经释例》十三卷,同治纪元正月购于京师厂肆。越缦学人李慈铭谨识。"李慈铭并谓"卷首《复礼》三篇",可知《复礼》原与《礼经释例》为一书。《复礼》实为解读《礼经释例》之津筏。而《复礼》与凌氏的《好恶说》基本精神完全一致。如前所说,凌氏《好恶说》系针对戴震而发,故有理由认为,"以礼代理"说的提出,当在凌氏得读戴震《疏证》以后。当然,这并不是说凌廷堪的"以礼代理"说系"剿袭"戴震而来。次仲的学术贡献仍然是"原创性"的,其中蕴含着凌氏个人的才智与心血。

凌廷堪之礼学以《仪礼》为标的。《礼经释例》最大的贡献就在于凌氏寻觅到了《仪礼》之"例",提供了解读《仪礼》的管钥。凌氏指出:

> 《仪礼》十七篇,礼之本经也。其节文威仪,委曲繁重。骤阅之如治丝而棼,细绎之皆有经纬可分也。乍覩之如入山而迷,徐历之皆有涂径可跻也。是故不得其经纬涂径,虽上哲亦苦其难;苟其得之,中材固可以勉而赴焉。经纬涂径之谓何,例而已矣。①

《仪礼》号称难读,但凌氏认为只要掌握了其中的规律,也就若纲举目张,难懂之处即刻迎刃而解。例如,《仪礼》中有《乡饮酒》,又有《有司》。两家所涉及的礼制,既有"异中之同",又有"同中之异"。这里的"异中之同"是说《乡饮酒》与《有司》虽篇名不同却有相通之处。凌氏举例谓:《乡饮酒》为饮食之礼。而《有司》'彻祭毕饮酒',其例亦与之同"。"尸即乡饮酒之宾也,侑即乡饮酒之介也。主人献尸,主人献侑,主人受尸酢,即乡饮酒之主人献宾、主人献介、宾酢主人也。主人酬尸,奠而不举,即乡饮酒之主人酬宾、奠而不举也。旅酬无算爵,即乡饮酒之旅酬无算爵也。此异中之同也。"②

今案,《有司》中的"主人献尸,主人献侑,主人受尸酢"、"主人酬尸,奠而不举"等说法,很令读者茫然费解。但经凌氏将其与《乡饮酒》"串读",现试将《乡饮酒》中的"宾"、"介"③代入《有司》中的"尸"、"侑",即会使人恍然大悟:原来"主人献尸,主人献侑,主人受尸酢,即《乡饮酒》之主人献宾、主人献介、宾酢主人也。主人酬尸,奠而不举,即《乡饮酒》之主人酬宾、奠而不举也"。而凌氏所谓的"同中之异",则是说《乡

---

① 《礼经释例序》,载《校礼堂文集》,第241页。
② 同上。
③ 《乡饮酒》中有"宾"、"介"、"众宾",系乡中之贤人。其中"宾"最优,"介"次之,又其次为"众宾"。

饮酒》与《有司》二者所"同"的礼仪中又存在着某些差异。他指出:"有司彻献尸、献侑之礼,主人、主妇、上宾凡三献;乡饮酒但主人一献而已。有司彻献尸、献侑毕,复有献长宾、主人自酢及酬宾之仪;乡饮酒但献众宾而已。……此同中之异也。"①

《乡饮酒》与《有司》之间存在着如此微妙的联系,这是必须在细读、熟读《仪礼》,使之了然于胸后方能够洞见的。次仲对之加以精细的抉发,其间所付出的辛劳不言而喻。诚如凌氏自己所说:"回忆草创之初,矻矻十余年,稿凡数易矣。"②引申触类,举一反三,凌廷堪以"串读法"归纳出《仪礼》十七篇共246例。例如:《士冠礼》与《乡饮酒》、《乡射》之间,《聘礼》与《士昏礼》之间,《聘礼》与《士相见礼》之间,均存在着类似于《乡饮酒》和《有司》那样一种"同中有异"及"异中之同"的联系。凌廷堪以十余年之苦功为后人解读《仪礼》提供了重要的方法,于《仪礼》学厥功甚伟。

次仲礼学思想的特色在于他强调实用,并用一个"仁"字来贯穿礼。凌氏希望将礼与传统儒学糅合为一,以此为世人循礼而不逾制寻找理论根据。他认为,"亲亲"和"尊尊"是礼学的关键,即所谓:"仁者,人也。亲亲为大。""义者,宜也,尊尊为大。"③这里所谓的"亲亲"是指"亲亲之等"。这是一种以血缘关系为准绳,按照关系人双方对应的亲疏远近来规约礼制的繁简杀等。传统"五礼"以丧礼为重,因为丧礼最能反映宗法制度下人们祭祖敬天的情感需求。凌氏论丧礼之"服"的等级谓:昆弟,亲也;从父昆弟则次之;从祖父昆弟又次之,此之谓"亲亲之等"。

凌氏之论是基于人之常情亦即"人性"的考量而作出的结论。人之有"情",自然对父母最亲,伯父、伯母次之;兄弟姊妹又次之;堂兄弟姊妹、表兄弟姊妹又次之。正因为人本于血缘关系之远近而与其亲属有各个情感疏密之不同等级,于是才会产生"亲亲之杀"的礼制等级。此即传统儒学之"爱有差等"说之体现。以此,"昆弟之服则疏衰裳齐期,从父昆弟之服则大功布衰裳九月,从祖昆弟之服则小功布衰裳五月,所谓亲亲之杀也"④。在丧服中"过"与"不及"在凌廷堪看来均不可。"以昆弟之服服从父昆弟、从祖昆弟则谓之过";而"以从祖昆弟、从父昆弟之服服昆弟,则谓之不及"。

而所谓"尊尊为大",则是指因人"贤等"之不同,其所受到的礼遇自然也就不一,以此产生了一种"尊"的等级性。例如,"乡饮酒礼"原为乡党间的大礼,诸侯之乡大夫每三年需大比,献乡之贤能于君。"宾"为乡中大贤,"介"次之,"众宾"又次之。凌氏以"乡饮酒"之礼为例指出:"故献宾则分阶,其俎用肩;献介则共阶,其俎用胉脊;献众宾则其长升受,有荐而无俎;所谓尊贤之等也。"⑤与"亲亲之杀"的礼制一样,"尊尊

---

① 《礼经释例序》,载《校礼堂文集》,第241页。
② 同上书,第243页。
③ 《复礼中》,载《校礼堂文集》,第29页。
④ 同上。
⑤ 同上。

之等"也有一个"过"和"不及"的问题。对于"宾"、"介"、"众宾"的礼遇,若"以献宾之礼献介、献众宾则谓之过;以献介、献众宾之礼献宾则谓之不及"①。如果说"亲亲之杀"是"亲情"在礼制上的反映,是基于"人性"考量的结果;那么,"尊尊为大"同样也是人性的产物。按照戴震、凌廷堪的理解,人之为人,是因为人有见贤思齐的本能。人们根据对象"贤等"之不同而给予不同的礼遇,因此,"尊尊为大"是尊贤在礼制上的反映。无论是"亲亲"还是"尊尊",都有一个"等级"的精神贯穿其中。但这和现代意义上的"不平等"无关。情感有疏有亲,只要家庭存在,"亲亲之杀"就永远存在;"尊"之差等则是另一种情感的需求,只要人品差贤之不等不能祛除,"尊尊为大"也就是社会的一种必然选择。因此,基本上来说,"礼"是基于"人性"的本能而产生的一种社会规约。如此,包括丧服在内的五礼各有不同的礼制规范,这是可以理解的。次仲的可贵之处在于,他秉持"仁"的基本出发点,用"仁"对于"亲亲"、"尊尊"这样一些貌似冷冰冰的字眼进行了"人性化"的新诠释,凌廷堪希望通过人与人之间关系的探讨,营造一种礼的基础上的和谐秩序。凌氏的基本精神在此。这种站在"人性"立场上对于"礼"的诠释,即使在今天读来,仍然有着鲜活的现实价值。

按照"道问学"的规定性,礼学基本上可以归入这一范畴。这是礼学研究能够一度吸引众多清儒学术热情的重要原因。凌廷堪"以礼代理"说的提出,也正是"道问学"思潮的激荡使然。在厘清凌、戴学论之相关度时最值得注意的仍然是戴震的《疏证》。

《疏证》并不否认"礼"的合理性并且强调以"礼"规约"情"、"欲"。戴重礼而轻理,其中已经埋伏着"以礼代理"的某些思想芽蘖。从礼学的角度看,凌廷堪的"以礼代理"说弥补了戴的瑕疵与不足,是进一步完善戴说的产物。

但《疏证》最具社会影响力的论断是提出宋儒"以理杀人"。戴企图从根本上斩断理、礼之间的那一线精神脉络,这使得他和凌廷堪有关"理"、"礼"的学说出现了严重的矛盾。《礼记·乐记》:"礼近于义";《礼记·礼运》:"礼者,义之实也。""义"者,"宜"也,从本质上说,礼是一种伦理即人伦之"理"。曾国藩对这一点看得极分明,他说:

> 古之君子之所以尽其心、养其性者,不可得而见。其修身、齐家、治国、平天下,则一秉乎礼。自其内焉者言之,舍礼无所谓道德;自外焉者言之,舍礼无所谓政事。②

按:修身养性虽"不可得而见",却是立世为人之本,此"本"实亦即"理";修齐治平则"一秉乎礼"。"理"、"礼"二者,"礼"形之于外;"理"则积蕴于内。这就点明了问

---

① 《复礼中》,载《校礼堂文集》,第30页。
② 《曾文正公全集·杂著》。

题的要害:"理"、"礼"根本上相通而非相悖。宋儒的"理学"与"礼学"并非扞格难通而是相辅相成。朱熹重视《仪礼》研究亦为曾国藩之论添一明证。

正是出于对清儒"以礼代理"说悖论的担忧,方东树《汉学商兑》大申特申"理礼相通",其所说较曾国藩尤剀切而著明。他指出:

> 礼不过是"四端五常之一,理则万事万物咸在","礼者理也",理乃礼之本据,"是礼之所以然,在内,居先";而"礼者为迹,在外,居后",礼只是"理之节文",是理之外在呈现。①

此论一针见血地指出了戴震特别是凌廷堪"以礼代理"说的矛盾。换言之,无论是戴震还是凌廷堪,他们并不能从根本上撼动宋儒以礼教为基础建立起来的伦理道德观的思想大厦。然而,在18世纪弃"虚"蹈"实",重"道问学"轻"尊德性"的时代大潮中,戴、凌却在无意间掀开了"潘多拉魔盒"的盒盖:人们可以这样体会戴震、凌廷堪的学说:既然"理"可以杀人,"理"又是"礼"的基础;那么,礼教是否也能杀人?这成了一个潜伏着的巨大疑问。也即是说,戴、凌的是"礼"非"理"论,在不经意间触动了对传统伦理道德观重新估值的按钮。这是一个最为敏感的"禁区",因为它涉及的是传统伦理道德观的合法性问题。闯入这一禁区,无疑将引发维护传统伦理道德观念人们的激切反应。戴震死后对他的批评始终不断,其根本原因在此。章学诚、方东树、魏源、康有为、王国维、屠寄、杨守敬、孟森、钱穆等均对戴切齿詈责。其中半数以上学者的批评虽纠葛于《水经注》案,但学人们在痛责戴震剽窃赵一清《水经注》研究成果时无不从宋儒最为关切的"诚信"入手指责戴震"道德亏欠",意谓戴之立身处世既有污点,又有何资格指责宋儒?是触动诸学人之神经,群起而攻击戴震《水经注》研究之真正原因仍然在《疏证》提出的宋儒"以理杀人"。以"名教"、"践履"为把柄批评戴震,构成了戴学研究史上一道独特的景观。但随着19世纪西学的涌入以及传统伦理道德观本身的缺陷,对之重新估值毕竟有着不可遏制的强烈社会需求。正如张寿安教授指出的那样:清初思想界即已存在着对人之情欲的正视,这导致了"情"与"理"或"情"与"礼"之间的尺度重审视。它"为19世纪末以降的反礼教思想提供了相当的暗示性"②。从这个意义上说,凌廷堪正好处在"礼秩重建"的学术思想链的重要关节点上。因此,以"尊德性"、"道问学"之争的时代思潮为背景,理清凌廷堪与戴学之间的关系,披览凌氏"以礼代理"的礼学思想之源起及其内涵,对于重新认识晚清乃至五四新文化运动后的反礼教运动,都有着不容忽略的学术意义。

---

① 方东树:《汉学商兑》卷中之上,北京:三联书店1998年版。
② 张寿安:《十八世纪礼学考证的思想活力》,"绪论",北京大学出版社2005年版。

第三章
清代今文经学之兴起与疑古思潮的最初积累

第一节 庄存与学论

一、庄存与的身世与治学倾向

庄存与(1719—1788),字方耕,江苏武进人。撰有《春秋正辞》、《周官记》、《周官说》、《毛诗说》等。乾隆乙丑(1745年),他中式科一甲二名进士,累官至卿贰(礼部左侍郎)。乾隆十三年(1748年),翰林院散馆,庄氏因大考列二等遭弘历斥责;二十三年,庄氏主满蒙童生试,童生闹堂,庄氏因受累遭革职①。早年仕途之坎坷,当使方耕对在乾隆朝任官之艰难有一独到而深刻的体认。庄氏曾经以经术傅成亲王于上书房十余年,后又与和珅同朝。这正是乾隆由比较清明逐渐走向昏聩,他的好大喜功、刚愎自用的跋扈作风也在逐渐暴露。自乾隆任用于敏中、和珅以后,吏治大坏,贪贿成风,社会矛盾日趋尖锐。这时庄氏正身处清廷统治的心脏,耳濡目染着乾隆朝歌舞升平的表象,对于隐藏在这种表象背后的深刻社会危机,庄氏并不难看清。但他面对着乾隆这样一位拒绝纳谏,且对文人屡开杀戒,大兴文网的君主,庄氏欲说不能,欲罢也不能,内心矛盾而痛苦。龚自珍在论庄氏处境以及庄氏所作选择时曾说:"方是时,国家累叶富厚,主上神武,大臣皆自审愚贱,才智不及主上万一",在这一片大臣们的浑浑噩噩中,庄氏亦只能"自韬,污受不学之名"②。何谓"自韬"?"自韬"者,宁韬锋亦不愿露锷而遭猜忌之谓也。而"不学"之名是乾隆早年就加给庄氏的,庄氏对此宁肯"污受"之,也就是不愿在公开场合谈论学问而宁可以守拙自处。但庄氏绝非心如枯井之辈。魏源说:"(庄氏)在乾隆末,与大学士和珅同朝,郁郁不合,故于《诗》、《易》君

---

① 《清史稿·本传》。
② 《龚自珍全集》上册,中华书局1959年版,第141页。

子小人进退消长之际,往往发愤慷慨,流连太息。读其书可以悲其志云。"①合观龚、魏二位"知情者"之论,对于庄氏何以选择长于微言大义的今文经学,似可有一层更加感性的体悟:庄氏是以解经的方法隐晦曲折地表达其心志。看庄氏创立的"常州学派",庄述祖是方耕亲侄,庄绶甲是方耕亲孙,刘逢禄为庄氏外孙,宋翔凤亦然。这种以血缘亲情为纽带形成的学派,在其发韧之初,作为开创者的庄存与本人恐怕亦有欲说不能、欲罢不能而不得不如此的苦衷。阮元《庄方耕宗伯经说序》称庄氏治学"于《六经》皆能阐抉奥旨,不专为汉宋笺注之学,而独得先圣微言大义于语言文字之外"。又谓其"所学与当时讲论或枘凿不相入,故密不示人"②。庄氏同郡后学董士锡则说:"庄先生存与以侍郎官于朝,未尝以经学自鸣,成书又不刊板行世,世是以无闻焉。"③治学"密不示人",只能授学于至亲;"未尝以经学自鸣",却不妨悄然讲学于子孙叔侄之间,这样做,比较缜密而安全。

今文经学长于发挥,善于附会,多"非常异议可怪之论"。今文经学家将其对于社会现实的看法寄托于解经之中,用"经"这张神圣的皮,包裹起他们的真实意图,这种治学方法,是中国封建专制主义中央集权统治文人通经致用、以学资治的一种较为安全的特殊方法。自董仲舒采用这种方法治学,代代相传几成"国粹"。方耕现仍然用之,他伴君如伴虎,又要学以致用,于是今文经学"微言大义"的附会经说就成了方耕首选的治学路径。在乾隆的文化专制统治之下,方耕惴惴不安的戒备心理是存在的。其说经闪烁其词,隐讳不露,难以索解,以至于在方耕死后三十年,龚自珍和庄绶甲、宋翔凤还在揣摩他的经说之义,"粤嘉庆二十有三年,绶甲始为书测君志,以告绶甲友。……越己卯之京师,识公之外孙宋翔凤,翔凤则为予推测公志如此"④。经义难明需"推测",这正是方耕为避文网而不得不如此的写照。所以,方耕之选择今文经学,其中或许自有一层难言的苦衷。而今文经学的长于发挥,从本质上说,却与宋学灵犀相通。学而"恣肆",如若没有义理为之根底是不可理喻的。

《清儒学案·方耕学案》称:

> 方耕于六经皆有撰述,深造自得,不斤斤分别汉宋,但期融通圣奥,归诸至当,在乾隆诸儒中,实别为一派。

董士锡评庄氏之学谓:

> 方乾隆时学者莫不由《说文》、《尔雅》而入,醇深于汉经师之言,而无溷以游杂。其门人为之,莫不以门户自守,深疾宋以后之空言。固其艺精,抑示术峻,而

---

① 《武进庄少宗伯遗书序》,《魏源集》,中华书局1976年版,第237页。
② 《味经斋遗书》卷首。
③ 同上。
④ 《龚自珍全集》,第143页。

又乌知世固有不为空言而实学恣肆如是者哉！不知者以为乾隆间经学之别流，而知之者以为乾隆经学之正汇也。

按，《清儒学案》以乾隆间"别为一派"冠庄氏之学，此与董士锡称庄氏学为"乾隆间经学之正汇"殊不类。平心而论，庄氏学与时风稍不同，故应以《清儒学案》所评近是。但细绎董氏之评方耕学，亦并非全无道理。因为从"汉学"的角度看，今文经学乃西汉之学，是较许郑之学去古更近的汉学。董氏又云方耕治学"笃实而恣肆"，这里的"笃实"是指庄氏治学仍重考据，亦即仍不违时风。而这里的"恣肆"，也就是今文经学的长于发挥，善于附会，多"非常异议可怪之论"。因今文经学本质上与宋学相通，因此庄氏之学也就有了《清儒学案》所说的"不斤斤分别汉宋"，亦即汉宋兼采的特点。例如，《春秋》书法有"弑"，庄氏解"弑"而引"程子云"，方耕解《春秋经·桓公元年》："春王正月。"又引程子曰，他解《春秋经·桓公四年》再引程子曰："人理灭矣，天运乖矣！阴阳失序，岁功不成矣！故不具四时。"①

众所周知，"春王正月"是《春秋经》的第一句话，其中包含的"微言大义"最丰富，以此"春王正月"之解历来为今文经学家所重。庄存与亦重此解，是故他将"春王正月"之解安排在《春秋正辞》的提纲挈领篇——《奉天辞第一》之中。而他在解释此语时两引程子言，这在崇尚考据、摒弃宋学的乾隆年间并不多见。这一方面透露了宋学与今文经学之部分相通；另一方面，它也反映了庄存与主观上对宋学的重视。——方耕以人理说天运，将宋学与今文义法相糅杂，他这是引宋入（西）汉，汉宋兼采。

方耕治今文经学，因开创之初，家派壁垒未及立，因而方耕治学不仅引宋入汉，汉宋兼采，抑且混用今（文经）、古（文经），不别家派。今文经学虽长于发挥，但却缺少典制之实，上达有余而下学不足。时风崇尚考据汉学，亦即崇尚古文经学。庄氏撰《周官记》，即以古文经的《周礼》典制之长，来补今文经的《公羊》政论之短。庄氏孙庄绶甲为《周官记》作"跋"道："先大父治经也，最先致力于《礼》，病《周官》礼经六篇《冬官》司空独亡，以为周家制度莫备于《周官》，《周官》式法根氏皆在《冬官》。……欲为《冬官》补亡而阙失不可理，遂原本经籍，博采传记诸子，为《周官记》五卷。……先大父治《礼》本郑氏学，又遍览晋、唐、宋、明以来说《礼》之书，择善而从，为郑氏拾遗补阙。"这里有两点值得注意：一是方耕治学本郑康成而从治《礼》入手，他撰《周官记》是为郑康成拾遗补阙，庄氏之治今文经学系由治古文经学转手而来，从绶甲之说可以洞见。第二，方耕以为周代典制莫备于《周官》，而《周官》式法根氏全在《冬官》，这已全然不顾今、古两家之壁垒，把脚跟站到古文经学一边去了。何休早有《周礼》为战国阴谋之书一说，方耕这样赞《周礼》，显然违背了"家法"。

---

① 《味经斋遗书》卷首。

《春秋正辞》是庄存与最重要的今文经学著述。在《春秋正辞》中，他的解经虽然主要采用《公羊》义法，引述较多的是董仲舒、刘向、何休，但方耕解《春秋》绝不仅限于引用今文经解，他大量引用《左传》解经立说，这是庄存与经学中的一个极为凸出的特点。如《春秋经·僖公二十九年》，庄氏二引《左传》解经。《春秋经·隐公七年》、《桓公元年》庄氏均引《左传》解经。且方耕又每先引《左传》后《公羊》、《穀梁》、刘向、何休，这说明，方耕认为在此等处《左氏》之解较今文家为优。同时也说明，庄氏认为《左氏》解经。当然，方耕《春秋正辞》引用最多的还是《公羊》义法，还是董子、刘向、何休，因此，方耕基本上属今文家。但是，方耕信今文而不排斥古文，上引他重《周礼》，引用《左传》解经，已在在证明了这一点。这与刘逢禄不同，与晚清以降魏源尤其是康有为，视今古文经畛域如水火冰炭泾渭分明之观念更有绝大区别，这是在治清代今文经学派的学术源流时应当注意的一个问题。另，方耕在解《春秋经·文公六年》时一方面引用《左传》语作为经解语，同时又引《国语·鲁语》为《左传》经解之辅，是在方耕看来《左传》与《国语》明为两书，未可混一，这也与刘逢禄乃至康有为的看法不同。

二、庄存与经学思想体系中的几个观点

1.《春秋》重义不重事

《孟子·滕文公下》：

> 世衰道微，邪说暴行有作，臣弑其君者有之，子弑其父者有之。孔子惧，作《春秋》。《春秋》，天子之事也。是故孔子曰："知我者其惟《春秋》乎？罪我者其惟《春秋》乎？"

《离娄下》：

> 王者之迹熄而诗亡，诗亡然后《春秋》作。晋之《乘》，楚之《梼杌》，鲁之《春秋》，一也。其事则齐桓、晋文，其文则史，孔子曰："其义则丘窃取之矣。"

在中国学术思想史上，孟子第一个指出孔子作《春秋》；孟子也是第一个指出《春秋》有着"事"——亦即史——和"义"分别的人。孔子对《春秋》之"义"有所"窃取"，这个"义"也就是"微言大义"。所谓"微言大义"，就是孔子在叙述春秋二百四十二年的史事时，通过采用一些特殊的修辞方法，来表示他的价值取向和判断。在孔子那里，"义"与"事"孰重孰轻？孔子自己没有说，根据孟子的话，我们也还得不出一个明确的结论。但孔子在《春秋》中的确有对"事"的隐讳处，《春秋》三传均有这方面的记载。例如，《公羊·闵公元年》："《春秋》为尊者讳，为亲者讳，为贤者讳。"《穀梁·成公元年》："《春秋》为尊者讳敌不讳败，为亲者讳败不讳敌。"《左传·僖公元年》在论《经》何

以不书"即位"时说:"公出复入不书,讳之也。讳国恶,礼也。"此外,《史记·匈奴列传》也说:"孔氏著《春秋》,隐、桓之间则章,至定、哀之际则微,为其切当世之文而罔褒,忌讳之辞也。"这样说来,在《春秋》中,孔子对于"事"的确有"曲笔"而非"直书"处。叙"事"可用"曲笔",可以不顾事实真相而随意记载,这都是为了表达某种"义",因此,在孔子这里,事实上存在着"重义轻事"倾向。这是一种非实事求是的不良倾向,孔子开了一个不好的头,比起"南、董之杖气直书,不避强御"来,孔子缺少那种"善恶必书,斯为实录"的良史精神,对此不必为孔子讳。然而,在孔子的矛盾思想体系中,还有着主张"直笔"的另一面,这一点也不应忽视。例如,《左传·宣公二年》载董狐不畏强御,据实直书,孔子赞曰:"董狐,古之良史也,书法不隐。"《论语·卫灵公》:"子曰:直哉史鱼!邦有道,如矢,邦无道,如矢。"史鱼是卫国的史官,无论邦有道还是邦无道,史鱼都据实直书,孔子以"直哉"评之,对史鱼是赞许的。但是,到了董仲舒传《春秋公羊》学,他没有对孔子思想体系中主张据实直书的一面给予必要的总结,没有将孔子这一闪光思想糅入《春秋公羊》学中;而是对《春秋》重义轻事的不良倾向给予了强调并进行了条例的总结。换言之,孔子为尊者讳、为王者讳的思想糟粕在董仲舒看来却成了孔子"微言大义"的体现,因此是孔子思想的精华所在,这一点特别应当注意。在《春秋繁露》中,董仲舒指出了《春秋》有"正辞",有"诡辞"。"正辞"与"诡辞"相对待,要在一讳一不讳。《春秋繁露·玉英》:"《春秋》之书事,时诡其实,以有避也;其书人,时易其名,以有讳也。"因为要回避些什么,所以有话也不正说,而是隐晦地说,曲折地说,这就叫"诡其实",也就是"讳",即掩盖事实的真相。例如,晋文公称霸,两次召见周天子,而《春秋》因要为周天子讳,于是,《经·僖公二十八年》载为"天王狩于河阳"。不说周天子被召,而是说周天子在河阳狩猎。董仲舒《春秋繁露·玉英》对此解道:"晋文再致天子,讳致言狩。""诡晋文得志之实,以代讳避致王也。"要之,从董仲舒开始,"春秋重义不重事"有了"理论"上的总结与说明。何休撰《公羊解诂》,继续发挥《公羊》学的"非常异议可怪之论",他对《公羊》义法进行梳理,提出《春秋》有"文致太平",《解诂》定公七年:

  《春秋》定、哀之间文致太平,欲见王者治定,无所复为,讥,惟有二名,故讥之。此《春秋》之制也。

  这里,何休谈到了《春秋》"定、哀之间"的"文致太平",这说明,何休是清楚定、哀之间天下大乱的"历史事实"的,但他认为孔子将这一段历史"文致"了:历史事实明明不太平,孔子却要将其"描绘"成太平。孔子这样做,是因为他要藉此表达其政治理想。因此,"文致太平"就成了"《春秋》之制"即孔子微言大义的精华所在。这样,史实的真实性也就无足轻重:何休进一步强化了"春秋重义不重事"的倾向。

  然而,《春秋》之"义",毕竟要靠齐桓、晋文之"事"为其骨干,它离不开"史"之文。

如果没有史事,皮之不存,毛将焉附?《春秋》之"义"又从何"谈"起?既然《春秋》一书已经与"史"结下不解之缘,那么也就容不得治《春秋》者可以不顾史实信口解说。所以,尽管《春秋》外罩着孔子和"经"的光环,尽管《春秋》本身就有重义轻事的倾向,今文《公羊》一派的"春秋重义不重事"之论,在中国学术思想发展史上依然受到了有史学意识的学者社会的抵制与批评。例如,桓谭(东汉初年人)《新论》就说:"《左氏传》和《春秋经》,好比衣服有表有里,不可缺一,如果有经无传,即使圣人关着门想十年,也想不出道理来。"《春秋》的道理也就是"义"要靠史事才能够说明,这是对"春秋重义不重事"倾向的委婉批评。刘知幾《史通》有《惑经》篇,他站在实录的立场,认为孔子修《春秋》有十二义"未喻",根本缺陷,就是为尊者讳,为贤者讳。刘知幾指出:"盖明镜之照物也,妍媸必露,不以毛嫱之面或有疵瑕,而寝其鉴也;虚空之传响也,清浊必闻,不以绵驹之歌时有误曲,而辍其应也。夫史官执简,宜类于斯。苟爱而知其丑,憎而知其善,善恶必书,斯为实录。观夫子修《春秋》也,多为贤者讳。……河阳召王,成文美而称狩。斯则情兼向背,志怀彼我。苟书法其如是也,岂不使为人君者靡惮宪章,虽玷白圭,无惭良史也乎?"史家撰史,意存警世。即使从这个原则出发,《春秋》文过饰非也违背了修《春秋》欲使乱臣贼子惧的初衷。对于这一矛盾与悖论,刘知幾反问道:"《春秋》之所书,本以褒贬为主,自夫子之修《春秋》也,盖他邦之篡贼其君者有三,本国之弑逐其君者有七,莫不缺而靡录,使其有逃名者。而孟子云:'孔子成《春秋》,乱臣贼子惧。'无乃乌有之谈欤?"这里,刘知幾指出了《春秋》的文"讳"之短,可谓一针见血。正是站在史家的立场,刘知幾撰《申左篇》,认为,在《春秋》三传中,《左传》有"三长",而《公》、《穀》有"五短"。"三长"根本的长处是《左传》"博总群书,每事皆详";而"五短"中最根本的短处是"于内则为国隐恶,于外则承赴而书,求其本事,大半失实"。刘的这个"三长五短"论,是对"春秋重义不重事"方法论的严厉批判。《史记·太史公自序》引董仲舒的话:"子曰:我欲载之空言,不如见之于行事之深切著明也。"司马贞《索引》:"孔子言我欲徒立空言,设褒贬,则不如附见于当时所因之事。人臣有僭伪篡逆,因就此笔削以褒贬,深切著明而书之,以为将来之诫者也。"这是说,孔子作《春秋》、立褒贬,以"事"亦即以"史"为据。若不以史事为褒贬依据,那就是"载之空言"。而"载之空言"是"不如见之于行事深切著明"的。司马贞虽不是针对"春秋重义不重事"的《公羊》义法而发,却是对这一义法的否定。要之,自东汉以降,伴随着古文经学的逐渐兴盛和今文经学的逐渐衰落,"春秋重义不重事"的《公羊》义法日益失去学者层的信任;相反,相信《春秋》义从史出,重视《春秋》"史"的意义的学者则相对越来越多。下至清朝,受弃虚蹈实学术思潮的制约,这一倾向越发明显。顾炎武《日知录》卷四有"鲁之《春秋》"条,将《春秋》分为自惠公以上和自隐公以下两段,认为前半段《春秋》事涉西周鼎盛时期,又因保存了周礼,因此孔子对这一段历史采取了述而不作的态度全盘照搬;自隐公以下,世道衰微史失其官,孔子惧,而以己意作《春秋》。

照顾炎武说来,《春秋》叙事之上下限原远不止现在人们所看到的,它的叙事年限要长得多,至少要长一半,可惜孔子的前半段《春秋》没有流传下来。顾炎武此说大概没有多少根据,大半出于推测。但顾的说法有没有根据在这里并不重要,重要的是顾对"史"与《春秋》相关度的重视与强调:一则说因有良史,周礼得以成,因而也才有了孔子"述而不作"的《春秋》;二则说孔子系因见"史失其官"方"惧"而"作"《春秋》,换言之,孔子作《春秋》是为了继续业已中断的史官事业。对于顾炎武这一释解,阎若璩仍觉不满,他要更进一步。他说:"按杜元凯《春秋经传集解序》,便知《春秋》一书其发凡以言例皆周公之垂法,仲尼从而修之,何必言起自伯禽与成之古良史哉?"①这是说,孔子修《春秋》一遵周公之旧典而无所变,故《春秋》叙事之上限,实际还不止到伯禽而当至周公。这里,阎直接以孔子为史家,他所凸显的仍然是《春秋》"史"的意义,与顾说如出一辙。要之,强调与凸出《春秋》"史"的意义,在清代学术史上带有普遍性。"春秋重义不重事"的今文义法,并没有得到清代前期汉学主流社会的遵循与认可。至常州今文一派出,湮坠二千年的今文经学死灰复燃,"春秋重义不重事"的今文义法得到了常州今文一派的重视。庄存与首先祭起了这一理论。

《春秋要指》是庄存与的另一部重要经学著作,它囊括了庄氏《春秋公羊》学的几乎所有重要观点。就在此书中庄提出了"《春秋》重义不重事"的观点,认为读《春秋》,要领在于细心体悟圣人之心,所以,《春秋》之"辞"必以"圣人之心"存之,以"微言大义"的形式表现出来,以此,"史不能究",游夏之徒不能赞一词。方耕明确指出:"《春秋》非记事之史也。"②

这样,我们再来看庄存与为顾炎武《日知录》卷四《鲁之春秋》条所作的评语,庄氏写道:

　　《春秋》之义:不可书则辟之;不忍书则隐之;不足书则去之;不胜书则省之。辞有据正,则不当书者皆书;其可书以见其所不可书;辞有诡正,而书者皆隐其所大不忍,辟其所大不可,而后目其所常不忍、常不可也。辞若可去可省而书者,常人之所轻,圣人之所重。《春秋》非记事之史,不书多于书,以所不书知所书,以所书知所不书。

这里,庄氏对"春秋重义不重事"作了具体而微的治学方法论上的解释:《春秋》有"辟"、"隐"、"去"、"省"的"书法",在面临不同的价值评判时,对于所掌握史料的"处理"不一样,这个"处理"原则就是:历史上虽确有其事,但因"不可书"、"不忍书"、"不足书"、"不胜书",那就可以"辟"、可以"隐"、可以"去"、可以"省"。在这里,"不可书"、

---

① 《日知录集释》卷四。
② 《清经解》卷三八七。

"不忍书"、"不足书"、"不胜书"都带有"书"者的主观选择甚至主观情绪(如"不忍书")。而且,"书"的目的并不是希望读者了解事实真相,而是为了"明义",通过"可书"来理解"不可书";通过"所不书"来理解"所书";通过"隐"来理解其所"大不忍"、"大不可",然后再由这"大不忍"、"大不可"来理解圣人的"常不忍"、"常不可"之心。总之,不可将《春秋》视为记"事"之"史",而必须看到在所记史事背后的微言大义,甚至要透过"所不书"知"所书",看到在"所不书"背后"书"的原因即微言大义。这样一种对"春秋重义不重事"的阐释,就为阐释者的任意附会开启了一条方法论的途径。这对后世今文经学的影响,对康有为《新学伪经考》和《孔子改制考》的影响是重大的。

2. 以"天"规王与巩固王权

方耕所重《春秋》之"义",大多关涉他所生活时代的现实问题。然而,乾隆两耳充塞,喜谀言而拒谏切。其《书程颐论经筵札子后》云:"夫用宰相者,非人君其谁乎?使为人君者但居高处,自修其德,惟以天下之治乱副之宰相,己不过问。幸而所用若韩、范,犹不免有上殿之相争;设不幸而所用若王、吕,天下岂有不乱者?此不可也。且使为宰相者,居然以天下之治乱为己任,而目无其君,此尤大不可也。"①

乾隆显然是在点评程颐而发此论。程颐曾上经筵札子,大申士儒"师"君"相"君之义。其言曰:"臣以为,天下重任,惟宰相与经筵:天下治乱系宰相,君德成就责经筵。由此言之,安得不以为重。"②乾隆读程颐论经筵肯定不悦甚至发怒,是故对敢以天下为己任的文人士大夫作公然警告。不啻是谓:尔等文人且勿像程颐那样自作多情,做不为相则为师之想入非非,此路在我乾隆处行不通!须知"相"既为人君所"用",予夺之权也就在我。乾隆帝这话其实并没有说错,也没有一点让人看不明白的地方,但数千年来形成的文人士大夫关切时政的思维定势,几成为一种政治"情结":文人入仕的兴趣自在政治一边,此不消说得;文人治学时亦力图使学术意识形态化即"政治化",无论是治经还是治史,他们都时时注视着现实政治的需要而不会或者很难进入那种为学术而学术的境界。到了乾隆年间特别是到乾隆中晚年以后,任用奸臣,政治恶化,文人关切时政之心愈切。所以,尽管有乾隆帝的公然恫吓,但犯颜直谏者仍然前仆后继。时方耕"自顾以儒臣遭世极盛,文名满天下,终不能有所补益时务,以负廑隆之期"③。他选择了以今文经解谏切君主,议论时政之路。《春秋》称"王"而不称"天子",对此方耕发挥道:"不称天子何也?贬天子。可贬乎?曰:以天道临之可也。君臣之义,嫡妾之辨,人莫大焉,天莫大焉。"④

---

① 转引自钱穆:《中国近三百年学术史·引论》。
② 《二程集》第二册,中华书局1981年版,第539—540页。
③ 《龚自珍全集》,第142页。
④ 《春秋正辞·奉天辞第一》。

天子可贬，亦即君主可以规谏。因为君是天之子，对"天"而言，"天"为父"君"为子；天为君，君为臣，所以，君主不可违忤天意。违忤"天"意，天就可"贬君"，就像君可以贬臣，父可以贬子。三纲之理被方耕移到了"天"与"君主"相互关系的阐释上。基于这种认识，方耕解经多用五行灾异符瑞，借助"天意"解经规君。《春秋正辞》中有《奉天辞第一》。何谓"奉天"？"奉天"即"尊天"，所以方耕将《奉天辞》摆在"第一"的重要位置，以示"天"在《春秋公羊》学中，在庄存与经说体系中的地位。以此，方耕在《春秋正辞》中提出"当察五行祥异"，在庄看来，《春秋》所言灾异皆人主作孽而上天之报应。人主"不用圣人而纵骄臣，将以亡国"[①]，于是《春秋》以火灾警戒之；"遂不服辜，仍宠其子，三桓专政自此始，阴盛极矣"[②]，于是《春秋》以水灾警戒之；襄公七年"用众城费。费，季氏邑也。易常扰民之应"[③]，于是《春秋》以虫灾警戒之。

  意识形态是政治体制的喉舌。中国封建专制主义中央集权统治之下的意识形态，就其内容看，神化王权与遏制王权构成其矛盾的对立统一的两个重要或主要方面；而倡导民本又成为它在遏制王权方面的重要内容。今文经学作为两汉尤其是西汉的意识形态，典型地体现了这两方面的特点和内容。董仲舒作为今文《公羊》学的开山大师，他综合了先秦儒、法、名、阴阳家等学派思想，将神权、君权、父权、夫权贯穿起来，创立了阴阳五行化的以神学性、宗法性为特征的今文经学体系。他将封建统治神秘化，认为人君代表上天的意志统治人间，人间的统治秩序是上天统治秩序的再现。这种理论是今文经学留给后世的负面性历史遗产，这是一方面；但另一方面，阴阳五行化的今文经学在神化王权的同时，对王权又有一定的遏制，这一点同样重要。在中国封建政治体制下，原并不存在遏制君主和王权的根本办法，但存在一定程度上遏制君主、遏制王权的办法，这就是今文经学家所创立的借助"天意"，借助于五行符瑞灾异规谏君主的一整套理论。这套理论因有"天意"作后盾、作挡箭牌，它对于保护规谏者自身的安全具有一定意义；又因为这套理论终归要落实到今文经学的另一命题——"天命所授者博，非独一姓"——之上，所以它对于遏制君主的为所欲为和王权过度膨胀具有积极意义。方耕继承了西汉今文经学思想，他的今文经说一方面有神化王权的本质；另一方面，他也希望利用今文经说遏制君主的权力。

  当然，方耕经说之旨并非是要取消王权，而是为了巩固王权。在庄存与看来，王权的巩固稳定，其枢机又在王命授受。弑君篡位原本是春秋天下大乱的一个重要特征，然而方耕借用春秋故事，指陈的却是清代的现实。在天子授受的问题上，清初恰

---

① 《春秋正辞·奉天辞第一》。
② 同上。
③ 同上。

恰是乱而多险诈阴谋的。特别是康熙年间诸王子为争夺王储之位明争暗斗,兄弟阋墙,康熙二立太子,又两废太子,说明了这一问题的严重性和复杂性。历来传说胤禛即位系私改康熙帝传位遗诏而成,这个问题虽然以后成了不解之谜,但若将此事置于康熙帝诸子(尤其是胤禛)为争夺王位继承权而进行的你死我活的火拼背景下加以考察,胤禛私改遗诏之说似亦非空穴来风。他即位后为杜绝往故之非,立即实行秘密立储制,规定将君主立储诏书密置于乾清宫的"正大光明"匾额后。这种名曰"光明正大"实则鬼鬼祟祟的秘密立储制,恰恰暴露了王位继承问题的敏感、复杂而难断。方耕久处宫廷中枢深谙清廷掌故,他关切立储这样的重大问题。他说:"一国不可以无受,无受则谓之篡,父命尊矣。臣子一例,君命其臣皆谓之子,继子如继君,君命在是,子自外如在国。君以国为体,继体则为之后。是故无父命曰篡,无君命曰篡,不为之后曰篡,昆弟争国曰篡。"看方耕在《春秋正辞》中对"弑"、"篡"之解释喋喋不休,不厌其烦,都是有感而发,是在藉解《春秋》为清代君主立教训。

3. 大一统

"大一统"的观念是《春秋公羊》学中政治思想的主干,它在《公羊传》中有朦胧的表述,而首先由董仲舒进行了理论上的总结,又由何休加以强化。董仲舒的"大一统"论着眼于巩固封建统治下的"舆论一律"①。何休《公羊解诂》发展了董仲舒,强调的是大一统的"形而上"理论根据。《公羊传》隐公元年:"元年者何?君之始年也。春者何?岁之始也。王者孰谓?谓文王也。曷为先言王而后言正月?王正月也。"何休论道:"变一为元。元者,气也,无形以起,有形以分,造起天地,天地之始也。故上无所系,而使春系之也。不言公,言君之始年者,王者、诸侯皆称君,所以通其义于王者,惟王者改元立号。《春秋》托新王受命于鲁,故因以录即位,明王者当继天奉无,养成万物。"何休以"气"说"元","无形以起,有形以分",是说"无形"之气构成了宇宙万物的本原,"气"之落实于"有形"之物,何休的这个命题带有唯物论倾向。封建统治自然也是"有形以分"的一种(即"惟王者改元立号"),因而封建统治也是"无形以起"的。在这里,"气"之"无形以起"的理论意义,不仅仅在于"气"的物质性,更在于"气"的"无形性"。"气"既起于无形,封建统治之起也就无形可究,这就强调了王权"系之于天"的神秘性。所以何休《公羊解诂》说:"统者,始也,总系之辞。夫王者始受命改制,布政施教于天下,自公侯至于庶人,自山川至于草木昆虫,莫不一一系于正月,故云政教之始。""一国之始政,莫大于正始。故《春秋》以元之气,正天之端,正王之政;以王之政,正诸侯之即位,以诸侯之即位,正境内之治。诸侯上不奉王之政,则不得即位,故先言'正月',而后言'即位'。政不由王出,则不得为政,故先言'王',而后言'正月'也。王者不承天以制号令则无法,故先言'春',而后言'王'。天不正其元则不能成其化,故

---

① 参阅《汉书·董仲舒传》。

先言'元',而后言'春'。五者同日并见,相须成体,乃天人之大本,万物之所系,不可不察也。"

从山川草木的自然界到诸侯庶人的人类社会,何休都将其归为"元"即"气"的运动法则使然。这样,他就找到了一个将王权"形而上"的理论路径。这种理论鼓吹封建统治的亘古不变,在坚定人民信念麻痹民众头脑的同时,对于巩固中央集权统治,维护国家统一,其正面的意义也巨大而深远。

今文经学在湮坠了近二千年之后,到了庄存与,从巩固王权出发,他也提出了大一统,他说:

> 公羊子曰:何言乎王正月?大一统也。记曰:天无二日,土无二主,国无二君,家无二尊,以一治之也。子曰:吾说夏礼,杞不足征也。吾学殷礼,有宋存焉;吾学周礼,今用之,吾从周……《春秋》所以大一统者,六合同风,九州共贯也。董生曰:《春秋》大一统者,天地之常经,古今之通谊也。今师异道,人异论,百家殊方,指意不同,是以上无以持一统,法制数变;下不知所守。臣愚以为诸不在六艺之科孔子之术者,皆绝其道,勿使并进。邪辟之说灭息,然后统纪可一而法度可明,民知所从矣。①

这里,方耕借董子之言作为"六合同风,九州共贯"的注脚,他和董仲舒一样,也提出了一个意识形态一体化,也就是政治一体化的主张。因此,所谓的"大一统",在方耕这里不仅仅是一个地理概念,而首先是一个政治概念。既然是以"一"治之,就有一个由谁来"一之",也就是由谁来执"统"的问题。方耕强调"天无二日,土无二主,国无二君",执"统"者当然是国君,巩固王权就是方耕的前提。但是,执"大一"之"统",君主是否就可为所欲为?不行。在方耕看来,君主受命于天,必须对天负责,这也就是以天道临天子,天子可贬的根据。而天不贬天子以王权授之的前提是,天子必须先正己,即所谓"皇惟飨德,乃配天地"②。这样,就有了如下一个顺序:君正其德——天授王权——巩固王权——大一统。

在上述顺序中,因为君正其德是顺从天意,天第一位,天子第二位,所以,方耕《春秋正辞》将《奉天辞》摆在"第一",紧接着《奉天辞》的才是《天子辞第二》。这样,我们再来看方耕所强调的另一《公羊》义法——"通三统",就可以体悟出庄氏在阐释"通三统"上同样贯穿着一个王权可授可不授的制约王权思想。

4. 通三统

"三统说"最先由董仲舒提出,认为每个新王朝建立之始,必须改正朔、易服色以

---

① 《春秋正辞·奉天辞第一》。
② 《春秋正辞序目》。

顺应天意。"正"指一岁之始,即农历正月;"朔"指一月之始,即初一日。夏以建寅(正月)为岁首,色尚黑,主忠,称黑统;商以建丑(十二月)为岁首,色尚白,主敬,称白统;周以建子(十一月)为岁首,色尚赤,主文,称赤统。历史的运动就按照三统次序循环往复,周而复始。

如果说"大一统"的内涵是通过神化王权来巩固王权,那么"通三统"的精义则是通过遏制王权,申明"天命所授者博,非独一姓"之义以达到巩固封建政治体制的目的。"天命所授者博,非独一姓"的命题,至少在刘向那里已有明确表述。

据《汉书·刘向传》,刘向尝上疏奏云:

> 臣闻《易》曰:"安不忘危,存不忘亡,是以身安而国家可保也。"故圣贤之君,博观终始,穷极事情,而是非分明。王者必通三统,明天命所授者博,非独一姓也。……是以富贵无常。不如是,则王公其何以戒慎,民萌何以劝勉?……自古及今,未有不亡之国也……孔子所谓"富贵无常",盖谓此也。

"通三统"在历史上的政治实践是"立二王后",即册立业已失败的王者后裔(如周朝立夏之后杞和商之后宋)为诸侯以示自我警戒,提醒自己勿蹈失败者之覆辙。而这种政治操作在理论上就表现为"天命所授者博,非独一姓"。这个建立在神化王权基础上的理论,其逻辑终端虽然落在巩固王权上,但它的逻辑过程却是遏制王权,申发民本。这一理论是今文经学家的独创。今文家在阐释、发挥这一理论,并用它干政议政时曾经付出过沉重的甚至是生命的代价。据《汉书》记载,早在昭帝元凤三年(前78年),眭孟因见泰山、上林有异象而上书"推《春秋》之义",鼓吹汉王当"禅以帝位,而退自封百里,如殷周二王后,以承顺天命",结果眭孟伏诛①。宣帝神爵二年(前60年),盖宽饶上书奏事,他引《韩氏易传》言"五帝官天下,三王家天下,家以传子,官以传贤。若四时之运,功成者去。不得其人,则不居其位"。书奏,"遂下宽饶吏",后盖宽饶自尽②。此事距眭孟伏诛不到二十年。成帝间梅福谏外戚王氏专权,谓"方今君命犯而主威夺,外戚之权日以益隆……建始以来,日食地震,以率言之,三倍《春秋》",又建议成帝"宜建三统,封孔子之世以为殷后"。待到王莽专权,梅福遭受打击,弃妻子去九江③。甘忠可、夏贺良等言推世运而伏诛在前,谷永与甘、夏同时,却并不理会言天命遏制王权的严重后果,仍然上书直谏。

自从今文经学创立以来,用"天命所授者博,非独一姓"的理论制约王权申发民本的今文经学家可谓代不一数。他们不顾个人的荣辱安危,用一己之生命去拼,去争取,去为民请命。他们屡伏屡起,义无反顾,前仆后继,从而在自觉担当社会责任的同

---

① 《汉书·眭孟传》。
② 《汉书·盖宽饶传》。
③ 《汉书·梅福传》。

时极大地丰富了中国"民本"的思想宝库。"天下者,天下之天下也,非一人之天下也"的思想近二千年来深入人心,其理论的源头就在今文经学;而其最初的理论依据,就是今文经学家申发的"天命所授者博,非独一姓"。现在今文经学湮坠近二千年后的乾隆年间,庄存与重新提出"通三统"说,他的着眼点仍然落在"天命所授者博,非独一姓"的制约王权、申发民本上。在《春秋正辞·奉天辞第一》中庄存与写道:"刘向曰:王者必通三统,明天命所授者博,非独一姓也。按,日月星辰之行始于日至;阴阳风雨之气征于丑仲;王政民事之序揆于寅正,三正并行而不悖。"

日月星辰之行,阴阳风雨之气,王政民事之序,这三个环节是一个有机整体,其中任何一个环节出现紊乱,就是乱套,就不是三正并行,其"报应"也就最终表现为"天命所授者博,非独一姓"上。庄氏引用刘向之言解释三统之义,重点在"王政民事之序揆于寅正",即所谓"民者,君之本也"①。"民者,《春秋》之所甚爱也。"②因此,君主必须体恤百姓。天命所授虽在王身,但因君主祸国殃民触怒天意,天就有权收回此王"统"而重新授予新王。庄存与饱读经史,他阐发"天命所授者博,非独一姓",对于先辈们因利用这一理论干政议政所曾遭受的迫害与打击,庄肯定清楚;庄氏久居宫廷,对于乾隆的刚愎自用,拒绝纳谏知之甚深。尤其在那个文网四布,文人士大夫噤若寒蝉的时代,对于自己阐发这一理论可能出现的后果,庄存与也应当深知其中利害。那么,庄氏仍然趋之赴之,他至少在一定程度上是将个人的安危置之不顾的。

当然,虽然"三统说"的逻辑过程是遏制王权申发民本,但它的逻辑终端,仍然在巩固封建专制统治,这也就是"三统说"所认为的不管历史如何运动变化,不管"统"如何更替,它只能在"三"的范围内循环。而此一循环本身,就显示着"天不变,道亦不变"的实质。"统"可以"更替",这"更替"就是今文经学家的"更化"之义。董仲舒在二千年前提出"三统说"时就曾强调过王权更化,二千年后庄存与重新提出"三统说",其中的王权"更化"也就成为他阐发与强调的另一个重点。

5. "更化说"

庄存与主张"变",他认为:"变化之为言,天道也。"③人们应当自觉认识到这一点,顺应而变化之,才能立于不败之地。他说:"顺变化之道以正天下之动,其在时乎?刚,善也,失其时,则不善也;柔,未善也,得其时,无不善也。推地道从天时以明人事之吉凶。……变化成于寒暑之运,天之进退。""必随天地之道,随天地之时。天有时而人逆焉,则天下不随焉。随,必随时。时者,天之为也。"④

得其时,不善者可以变"善",失其时,善者可以变成"不善"。何谓"得其时"?

---

① 《春秋正辞·诸夏辞》。
② 《春秋正辞·外辞》。
③ 《系辞传论》,载《味经斋遗书》,第5页。
④ 《彖象传》,第6页。

"得其时"是说得其规律,把握机遇,关键就看能否认识规律,从而把握机遇。天地四时、阴阳寒暑变动不居,人类社会也处在不断的变动之中,所以说"贵者无常贵,贱者无常贱"①。明乎此,君主当朝乾夕惕,自强不息,及时除弊。方耕说:"不知其然而然谓之变,制之使然谓之改。自古以来,小大之业,远近之俗,上下同流,不得其所,虽有圣人之法,断断无所用之,必至于非圣无法而后止。革之称名,殆非文王之所愿也。"②

"制"者,强制也。"变"有自然之变,有带有强制性的"改变"之变,倘若自觉顺应社会需要及时除弊,那就不会引起社会的激烈动荡,在"不知其然而然"之中完成"变";如果不肯变,那就是"天有时而人逆焉",逆天道而动,那就要"必至于非圣无法而后止",不变也得变,结果革命性地引起改朝换代,这种一定要以"革"来称其名的局面,必然引起社会大动荡,此种局面,"圣人"如周文王者不愿看到,所以说"殆非文王之所愿也"。

然而,"变"虽然必须,"变"中却有不变者在。在庄存与看来,"变"的目的就在于最终保持"不变"。他举鸟兽毛羽蜕变之例谓:"毛羽以时更,革不更。不更乃所以更,且其更者,必如其故。"③

"毛羽"随四时而更,更旨在"不更"即"革"之不变。"皮之不存,毛将焉附?"在这里,"毛羽"是指封建制度下的种种需要剔除的弊端。"革"则是指"皮",是指封建制度本身。无论"毛羽"怎样变,无论封建制度有多少需要剔除的毛病,封建制度本身终究不变。"不更乃所以更",为了封建体制永葆无虞,那就要"更"也就是"变",但是无论怎样变,变来变去还是"必如其故"。封建体制不容变,因此任何带有革命性的举动都是大逆不道,哪怕是"汤武之放伐亦然。天之所废必若桀纣,否则虽名之曰幽厉,天命未改,诸侯不得行汤武之事焉"④。

按:庄存与这里评骘历史事件和人物的标准是"成王败寇"。汤武放伐桀纣,因为汤武成功,成了"圣人",所以是允许的;幽、厉虽无道,导致西周灭亡,但是,幽、厉以后平王东迁,平王还是"周天子",周气数未尽,所以"天命"也就"未改","诸侯"也就"不得行汤武之事",不得革命——哪怕社会已经黑暗到如幽、厉的统治。所以说,今文经学的,从而庄存与的这一套"更化"论,与"大一统"、"通三统"之论相结合,一方面对于遏制王权,保护民众,在理论上具有一定的积极意义;它也为庄氏以后的清代今文家用它解释历史运动开辟了想象的空间,为清代的今文经学家附会经说发议论、干时政、敦促君主及时变法准备了可供利用的思想素材;但在另一方面,"更化"说和"大

---

① 《春秋正辞·诸夏辞》。
② 《彖传论》下篇,第42页。
③ 《彖象传》,第18页。
④ 《尚书既见》卷三,第16页。

一统"、"通三统"之论相结合,其旨归最终落在神化封建体制,巩固封建统治上。这三种理论相互支持、相互渗透,你中有我,我中有你,织成了一张体系比较全备、逻辑比较严密的理论之网,其结果,使得封建体制的亘古不变成为不容怀疑的绝对真理,其负面的影响也应当加以清算。

"更化说"要旨在于剔除弊政,针对乾隆间的弊政,庄存与用解经的方式提出了他的具体主张:正君德、整吏治、重农抑商。

6. 正君德、整吏治、重农抑商

庄存与《序冬官司空记》一文撰于乾隆四十八年(1783年)。是时和珅擅权,政治昏暗,吏治大坏,乾隆亦由励精图治转向昏聩。庄存与遂借此文大发议论。

庄存与曾在《春秋正辞·奉天辞》中点出过"田猎"、"奸谋",在《序冬官司空记》中又点出修宫室,筑台榭,侈舆马,耽田猎,恣佚游,这些都能在乾隆年间找到实例。因此,庄氏之论应有所指陈。《序冬官司空记》中有"天子僭天,诸侯僭天子,大夫僭诸侯"之论。天子处于政治体制的最高端。他领袖群伦就是对"天"负责。若天子本人腐败堕落,"僭天"的结果必然一级背叛一级,闹到"天下荡然"社稷不保。大乱的根源即先由天子僭天引起。一切黑暗政治皆由君德不正导致,是故庄在《春秋正辞·奉天辞》中提出以正君德为纲领,他说:"故为人君者正心以正朝廷,正朝廷以正百官,正百官以正万民,正万民以正四方。四方正远近莫敢不一于正,而无邪气奸其间者。是以阴阳调而风雨时,群生和而万民殖。"

"君德"需"正"。庄存与认为,君德正的重要标准首在重用正人君子,不用奸佞小人。"小人荣,君子之耻也;小人得,君子之失也",君子和小人营垒分明势不两立,此起彼伏,是故君主"必先毋用小人"①。"寒暑积而恶始熟矣,一旦名辱身危,以快天下之心,而养之者已大过矣。"任用小人,养痈遗患,责任全在君主。小人也有小人之术,一般就是阿谀奉承投上所好。君主往往蔽于视听而不自知,自以为"穷神知化,卒堕于女子小人之术数,至于国有两君而不寤也"。庄存与这里似有所指,和珅专权,乾隆帝任用奸佞,一定就是庄氏此论的背景。

在庄存与看来,能否重农,是君德正与不正的另一标准。即所谓"谷之报人不甚迟,不甚速,不大息,不大耗","人之生道在谷,谷者生民之本也"②,故明君当以农业为本。乾隆年间一个突出的社会问题是土地兼并致使大量农业人口脱离本业,国家赋税收入严重受损;同时,失去土地的农民因断却生路而啸聚山林,铤而走险,成为社会动荡的重要源头。乾隆三十九年(1774年),山东王伦起事,即因为土地兼并、农民破产而起。其首领孟灿被捕后供说起事之因,提到因年岁歉收,地方官额外加征,"激

---

① 《系辞传论》,载《味经斋遗书》。
② 《彖象传》,第21页。

变以致"①。给事中李漱芳所上奏折亦可为一旁证。奏折道:"寿张奸民聚众滋扰,大半皆无告饥民激成。"②但乾隆帝不承认,反驳说:"朕临御三十九年,遇有水旱偏灾,不惜帑金蠲赈,并酌予缓带,俾纾民力。若两炀稍有不时,必多方询问,以通民隐,何致有穷黎之事?"③这种掩耳盗铃、自欺欺人的骄横意态,暴露了乾隆帝根本听不得任何不同意见,寻常奏谏对他不起作用。方耕对此知之甚深,因此他只能借解经抒己意,强调君主重农。方耕在《春秋正辞·内辞》中提出"上农"、"任地"、"辨土"、"审时"四项主张,认为君主如果夺农时而"妨神农之事"则"天殃加焉"。"天殃"亦即触怒"天意"遭致"天罚"。天意不可违,方耕借"天"言说,告诫统治者应真正认识到重农对国家长治久安的决定性意义,他在《周官记》中写道:

> 古先圣王之所以导其民者,先务于农。农非徒为地利也,贵其志也。民农则朴,朴则易用,易用则边境安,主位尊。民农则重,重则少私义,少私义则公法立,力专一。民农则其产复,其产复财重徙,重徙则死其处而无二虑。民舍本而事末则不令,不令则不可以守,不可以战。民舍本而事末则其产约,其产约则轻迁徙,轻迁徙则国家有患,皆有远志,无有居心。民舍本而事末则好智;好智则多诈,多诈则巧法令,以是为非,以非为是。

重农抑末是中国封建社会的老生常谈。方耕这里采用了本、末二业的对比以强调农业的重要性。问题是重农须以农有土地为条件,如此才能使其"朴",使之"产复"因而"重徙",失去了这一前提,一切都谈不上。所以说"农非徒为地利也,贵其志也",这里的"志",除去上文所说的"朴"、"产复"、"重徙"之义外,还有更重要的一层意蕴,那就是"愚"。民愚则易治,淳朴老实脑筋不活,不会有歪门邪道,因而好统治。民若弃农经商,离开土地的束缚后品性亦移易,好智多诈,巧法令,游行四方不固定,则国家有隐患。从有利于政治统治着眼,庄存与的重农,在保证农民不破产有饭吃的前提下将农固着于土地,滞固之愚昧之以便于管理和统治,从而使专制王权根基永固,这真真是两千年来封建专制主义成功统治的经验之谈。庄氏老辣,点中了要害。

7. 反对疑古

如前所述,庄存与治学重今文而不疑"古"(文经)。他"汉宋兼采",所采之宋学在宋学实用的"践履"一边而非其形上之思。是故正人心而有裨教化是庄氏治学的旨归。乾隆中期后吏治腐败贪贿成风民乱渐启,庄存与深刻认识到,收敛人心、涵养民意已经是一个尤其紧迫而不可须臾息的严重问题,学之当否,皆须以此圭臬衡量裁断之。由此出发,方耕岂但不疑古(古文经。按:古文经学典籍如《周礼》、《左传》中一

---

① 《清高宗实录》卷九六八。
② 《清高宗实录》卷九六七。
③ 《清高宗实录》卷九六八。

切可用以正人心而有裨教化者方耕皆用之），而且，他对于疑古辨伪之学本身是否合理亦颇怀疑。龚自珍尝引庄氏语写道：

> 辨古籍真伪，为术浅且近者也。且天下学僮尽明之矣，魁硕当弗复言。古籍坠湮十之八，颇藉伪书存者十之二。帝胄天孙，不能旁览杂氏，惟赖幼习五经之简，长以通于治天下。昔者《大禹谟》废，人心道心之旨、杀不辜宁失不经之戒亡矣！《太甲》废，俭德永图之训坠矣！《仲虺之诰》废，谓人莫己若之诫亡矣！《说命》废，股肱良臣启沃之谊丧矣！《旅獒》废，不宝异物贱用物之诫亡矣。《冏命》废，左右前后皆正人之美失矣！今数言幸而存，皆圣人之真言，言尤疴瘝关后世，宜贬须臾之道，以授肄业者。公乃计其委曲，思自晦其学，欲以借援古今之事势，退直上书房，日著书，曰《尚书既见》如千卷，数数称《禹谟》、《虺诰》、《伊训》，而晋代勦拾百一之罪，功罪且互见。公是书颇为承学者诟病。①

按：庄存与全站在宋学的立场对辨伪学横加指责。阎若璩开清代辨伪学先河，在庄存与看来为术近"小儿科"，认为阎辨《古文尚书》之伪大大损害了人心教化。在庄氏看来，只要对人心教化有益，伪造几部经书算不了什么。这是庄氏对考信辨伪学的一般认识和褒贬去取的一般尺度。庄将教化人心放到了高于史实重于求真的首要地位，所以他并不在乎学术界的诟病，公然在其著述中屡屡称道伪《古文尚书》。

然而，"六经皆史"，史以真为先，阎若璩以史家身份考订《古文尚书》之伪，何罪之有？要想正人心倡教化，尽可以"打开天窗说亮话"，堂堂正正宣扬就是，却不必伪托于"经"，假借"圣人"之言。这种偷偷摸摸的劣行一旦戳穿，就在亵渎了"经"的神圣性（神圣性以真实性为前提）的同时也亵渎了万民对"经"的信赖感。因其根本背离"诚信"准则，因此不仅无益反倒有害教化人伦；不仅无益于"道"的光大，反倒削弱或者说破坏了"道"赖以成立的基础。阎若璩当年站在卫道的立场上参与理学清算，他发《古文尚书》之覆。用他那个时代的真理观标准来衡量，阎氏言征据足无可指责；方耕之非难阎氏乃至否定辨伪考信学，则实迂阔不足取。

〈余论〉

庄存与治学，由汉学入而转手为今文，因其"不屑于考据"，故于考据学浅尝辄止而务心于"发挥"。至其所发挥者，因求引宋入（西）汉，汉宋杂糅；其所着眼于宋学者，又全在宋学的形下之用而非其形上之思，是故方耕之所发挥，远不能达到宋学之将形下之用安顿于形上之思基础上之博大精微，却只能以灾异符瑞权充形上为其形下立根基。故方耕之汉宋兼采，其于宋学亦浅尝辄止者。方耕后学若刘逢禄、宋翔凤乃至

---

① 《武进庄公神道碑铭》，《龚自珍全集》，第142页。

晚清以降之魏源、康有为辈，由汉宋兼采而渐次偏向于宋学，以至于采宋斥（东）汉，由东京而至西京，遂一反今文家尤重师训之遗规，悖方耕不别今、古之治学轨辙而高张疑"古"（文经）旗帜，今、古两家遂成水火之势矣！然刘逢禄、宋翔凤、魏源、康有为之于方耕之学虽稍有悖者，对于方耕所凸显的"《春秋》重义不重事"、大一统、通三统、王权更化等今文家法却奉行不替。换言之，方耕以"用"为先，以解经为津筏，以干政议政为旨归之治学总方针，基本上为方耕后学所遵循而又有所发展。在资治致用工具理性的制约之下，学术的严肃性逐渐被忽视。至康有为出，武断臆解史实之风衍而至极；庄氏之采宋，在刘逢禄、宋翔凤尚主朱熹；至魏源、康有为乃斥朱熹而取陆、王，"六经注我"之风起，浮躁而急功近利的学风遂弥漫于晚清学界，导其先路者，常州庄氏存与之学也。

第二节　刘逢禄的今文疑古学

刘逢禄（1776—1829），字申受，号思误居士，江苏武进（今常州）人。幼承母教，稍长，师从舅庄述祖治今文经学，庄述祖有"刘甥可师"之评。年二十五，以廪生拔贡，时与同邑李兆洛（字申耆）齐名，人称"常州二申"。嘉庆七年（1802年）入都朝考，落第，晤同邑张惠言，"谭《周易》、《三礼》之学"①。三十九岁始成进士。后授礼部主事，好引经义决事。撰有《春秋公羊经何氏释例》、《公羊春秋何氏解诂笺》、《穀梁废疾申何》、《左氏春秋考证》、《箴膏肓评》、《论语述何》，均收入《清经解》。又有《书序述闻》收入《续清经解》。《刘礼部集》十二卷则是刘氏的文集。

在鸦片战争以前的常州今文经学派中，庄存与开其先河而未分今、古；宋翔凤扬宋采（东）汉而疑古（文经）寥寥；刘逢禄出，他固守今文家法又兼采宋学，高张疑古旗帜而深自门户壁垒，对鸦片战争以后魏源、康有为等影响甚剧；五四以后兴起的"古史辨"疑古思潮，亦多有从刘逢禄处汲取素材而发扬光大者。因刘逢禄治学传自庄存与衣钵，从汉宋兼采一路而来，是故清理刘氏学术亦当以其治学的汉宋兼采为津筏，然后渐次进入刘氏的今文经学，则刘氏学之底蕴可以洞见。

一、汉学与宋学

刘逢禄学从方耕，方耕解经引宋入（西）汉，其治学"恣肆"但又有笃实的一面，刘逢禄治学亦然，尤其方耕的汉学考据学风刘逢禄亦承受之。看刘逢禄《论语述何》释"温故而知新"，他说：

---

① 刘承宽：《先府君行述》，《刘礼部集》附录。

故,古也,六经皆述古称先王者也;知新,谓通其大意以斟酌后世之制作,汉初经师皆是也。①

刘逢禄训"故"为"古","古"与六经先王之事相连而需"温",也就是对六经中的古史古事皆需知,皆需考。钱穆认为常州庄氏之学承考据学之末流②,从刘逢禄治学不弃考据,钱氏之论可谓知言。刘逢禄又有《五经考异叙》,起首便说:

  余束发诵经,有感于司马文正公之言,凡读书必先审其音,正其字,辨其句读,然后可以求其义。欲先校夫子所正今所存者:《易》十二篇,《尚书》二十八篇,《序》一篇,《诗》三百五篇,《礼古经》十七篇,《春秋》十一篇。仿陆元朗《经典释文》之例,采辑旧本经籍所引,旁稽近代名儒深通经义小学者之言,汇为一编,以为童蒙养正之始。③

由审音正字,辨其句读入手,然后通经义,明义理,这是由顾炎武开出先路,戴东原、钱大昕等乾嘉诸考据学者共同遵循的治学路径。刘逢禄申之,他对考据学亦有"理论"上的认识。从实践的角度看,刘有《诗声衍》二十七卷,该书亦由音韵小学入手者。刘氏认为,"许君《说文》为形书,而古韵未有专籍。近世顾、江、段、孔推衍递密,而收字未有全数,入声未审分配。乃研及精微,分为二十有六部。每部先收《毛诗》字,次收《说文》字,次收《广韵》字,每字复为推其本音,详其训诂。又为《条例》一卷,其名《诗声衍》,二十有七卷"④。刘又撰有《尚书今古文集解》,他自序撰述的凡例,第一便是正文字,谓"一曰正文字……经文之下必先审其音训,别其句读,详其衍脱,析其同异"⑤。所以,刘之子刘承宽说《尚书今古文集解》"别黑白而定一尊",其进路是"由训诂以通大义"⑥这一说法还是中肯的。在刘逢禄的春秋公羊学中,乾嘉考据学所习用的条贯排比方法他也采用,例如在《公羊何氏释例》中,刘逢禄对《春秋》所记灾异共列出一百四十五条,并对此进行了分类的排比与解析,这其中便有得益于他的考据学功底处。

这样看来,刘逢禄于考据学亦曾耕耘,亦有收获。但是,如前所引,刘的"温故而知新",其宗旨终落在"以斟酌后世之制作"上,他的"温故"之"知",并不带有学术本体意义。对于"故"中存在着的种种"学术"问题,刘逢禄并没有穷究底蕴、深钻研透的兴趣。为什么这样说?因为刘对清儒考据学风是颇有微词的。他在《春秋公羊解诂笺》

---

① 载《清经解》卷一二九七。
② 《中国近三百年学术史》第十一章。
③ 《刘礼部集》卷九。
④ 刘承宽:《先府君行述》,《刘礼部集》附录。
⑤ 《尚书今古文集解序》,《刘礼部集》卷九。
⑥ 同上。

中已指出,乾嘉考据学所主的东汉之学,那不过是"章句训诂之学",与"求其知类通达、微显阐幽"的董仲舒、何劭公,自不能比肩而论①。他又在《春秋公羊经何氏释例·释地例》中写道:

> 版图之要,水地之记,司徒、司马、司空之有司职之,岂圣王之事哉! 是故有所弗学而后其学博,有所弗问而后其问审有所弗思而后其思慎,有所弗辨而后其辨明。屑屑焉天文、地理、术数、兵法之求,亦浅之乎视圣人矣!②

试对比阮元为钱大昕《十驾斋养新录》所作序,他说:

> 国初以来,诸儒或言道德,或言经术,或言文字,或言天学,或言地理,或言音韵,或言金石诗文,专精者固多,兼擅者尚少。惟嘉定钱辛楣先生能兼其成。

阮元的这篇《序》,不仅是钱大昕学风的写照,且也是阮元的夫子自道,或是他心仪的一种治学境界。阮元卒于1849年,已晚刘逢禄二十年,其受清儒学风浸染仍如此。反观刘氏,谓有所弗学而后学博,有所弗问而后问审,有所弗思而后思慎,有所弗辨而后辨明,话虽然说得颇有"哲理",细细想来,却经不起推敲。弗学、弗问、弗思、弗辨,这是放弃对学术精益求精的追求。虽说人生有涯,学也无涯,学者不可能对于所有的学术问题都能做到无所不知,但是,做得到做不到"全知"是一回事;愿意不愿意去做、去追求又是一回事。刘的问题出在他放弃了对学术精益求精的无限追求,他甚至将天文、地理、术数、兵法之求也一概视之为未应屑其一顾的末流浅学,其与清儒治学旨趣之迥异何啻霄壤! 其与清儒治学价值取向之殊又何啻冰炭! 所以,刘逢禄对"温故"之"故"中种种带有本体意义的学术内容,并没有那种穷究底蕴、研深钻透的兴趣,对于乾嘉"纯"考据学风,刘逢禄是不满的。再看刘论"大学"与"小学",他说:

> 子夏言学必以行为本也,后世有仅明小学而不知大学者,子夏之所谓末学也。③

表彰大学原本是宋学家的立场而非清儒考据学的观点。刘氏以大学与小学相对待,并以"末学"冠小学,谓仅明小学便是无本之学,舍此就彼之间,表明了刘逢禄倾向于宋学,或者说汉宋兼采的治学立场。刘对汉学亦尝涉猎,但他对(东)汉学又颇有微词,因而选择了新(西)汉学之路,选择了今文经学;他曾在主(东)汉学的同时又重宋学,偏离了汉学轨道,可谓南辕北辙而欲作调人;他在走上今文经学之路以后,引宋人

---

① 《刘礼部集》卷三。
② 《刘礼部集》卷四。
③ 《论语述何》,载《清经解》卷一二九七。

(西)汉,汉宋兼采,而他所主的宋学,又恰恰是宋学中的形下学而非形上学。这样,一方面限制了刘在考据学方面的发展,使他只能承考据学之"末流"而未能深入其堂奥;另一方面,又限制了刘在形上学方面的发展,使他仅仅着眼于宋学的形下之"用"而非其形上之"道",故不能进入那种如宋儒一般的"禅化"境界。刘逢禄论《春秋》:

> 慎言行,辨邪正,著诚去伪,皆所以自治也。由是以善世,则合内外之道也。至于德博而化而君道成,《春秋》所谓大一统也。夫治乱之道,非可一言而尽。《易》变动不居,由一阴一阳而穷天地之变,同归于乾元用九以见天,则《春秋》推见至隐、举内包外,以治纤芥之慝,亦归于元始正本以理万事。故平天下在诚意,未闻枉己而能正人者也。《春秋》之化,极于凡有血气之伦,神灵应而嘉祥见,深探其本,皆穷理尽性之所致为治平者,反身以存诚,强恕以求仁而已。①

今文公羊一派最重大一统。刘将大一统的内涵,规定到"慎言行、辨邪正,著诚去伪"等宋学形下学的内容上,他这是要用宋学来"统"政治,来统摄治乱之道,用修齐治平来作《春秋》的注脚。"穷理尽性"、"反身存诚"、"强恕求仁",这些话头为宋学家所习用而清儒考据家一般摒弃不用,刘逢禄用之,他的治学旨趣与清儒考据学不同。刘又以宋学与《春秋公羊》学相联系,他这是引宋入(西)汉,引宋学形下学入(西)汉学,这是刘逢禄的汉宋兼采。《论语》曰:"君子喻于义,小人喻于利。"刘解道:"董子曰:皇皇求仁义,常恐不能化民者,卿大夫之事也。皇皇求财利常恐匮乏者,庶人之事也。故君子不可货取,而小人当因其所利而利之。"②

卿大夫与庶人有别,也就是君子与小人有别。卿大夫"化民",庶人"受化"。"因小人之利而利之",这是卿大夫居高临下的义务,也是他们的权力。君子当然不可以"货取",这是君子的自律;而小人之"利"也有一个当取不当取的界限。所以,刘逢禄这里所涉及的义利之辨,实际上当得宋儒天理人欲之辨的别解。在宋儒,为了辨明天理人欲之分,他们将形下之"器"安顿到了形上之"道"的基石上,宋学由此渐次走上形而上学化之路。历晚明清初,周鼎他移,沧海桑田,理学清算,学术主流社会皆对宋学口诛笔伐而弃其形上学,对宋学形下之用,则承袭无虞,这就使得儒学缺少了"理论根基"而欠完备。下逮乾嘉间,清儒承清初学风而起,他们以考据训诂为进路直探经书之"本义",本质上正是一种企图弥补形上欠缺,寻求形上与形下兼备的治学路径。同样受学术本身发展内在机制的制约,清学渐次走上"纯"考据之路,此种学风有悖于学者根深蒂固的资治治学目的论,是故今文经学不取此路径,庄存与不取,宋翔凤不取,刘逢禄也不取。他们虽然均受考据学风浸染,但因"另求发展",走上今文一路,也就

---

① 《释三科例下》,《刘礼部集》卷四。
② 《论语述何》,载《清经解》卷一二九七。

主动放弃或曰淡漠了由训诂经文求其义理即求其形上之道的治学路径。但是，仅仅依靠宋学的形下之"用"，"理论欠缺"并没有得到弥补，是故今文经学家转而以谶纬五行灾异符瑞权充形上，俾使"上下兼备"。这在庄存与、宋翔凤是如此，在刘逢禄也是如此。《论语·公冶长》："子贡曰：夫子之文章，可得而闻也；夫子之言性与天道，不可得而闻也。"刘逢禄解道："文章谓《诗》、《书》，执礼；性与天道，微言也，《易》、《春秋》备焉，难与中人以下言也。"①

性与天道本为宋儒学论所长，宋儒为论性与天道，杂采"二氏"入儒学，使儒学形而上学化，这是宋学中带有学术本体论色彩的最富价值处。但刘之"微言"显然性质不同，它不是指宋儒的形上学，而是指公羊学的"微言大义"，微言大义"难与中人以下言"，也就是《春秋公羊》学是卿大夫用来治民、"化民"的另一种说法。何为《春秋公羊》学中的性与天道？这就是《公羊》中的谶纬五行灾异符瑞。所以刘逢禄在文集中专列《释灾异例》②，他说：

> 人君自仁爱而天仁爱之，人君自昏昧而亦应以昏昧。……夫陈说先王而失谴告之旨，谓之不学无术……讳其事之著而不肯咸言于上，谓之曲学阿世。

这是说，人君有无德行，自有符瑞灾异为之报应。天有应，人臣当据实禀告。如果仅仅禀告"先王之事"而没有说明或者不能说明"天"的"谴告"之旨，即无法论证人事与天象的关系，那就是"不学无术"；若是明见有"天应"却见而不论，那就是"曲学阿世"。在这里，无论是"不学无术"也好，"曲学阿世"也罢，都有一个"学"的问题。学什么？刘认为：学，就是要学以天象符瑞灾异说人事，是故刘氏借子思之赞《春秋》而发挥道："昔子思之赞《春秋》也，曰'上律天时'，又曰'如四时之错行，日月之代明'，是以知圣人之文，天文也。懵者不知日月，童子不知经纬，以之言天，犹扣盘扪烛也。故深于天文者不惟知其位次度数而已，又能推其薄蚀危亡之故，本于人事而整齐之。"③

天文历数之学，涉及自然科学，原本与符瑞灾异无涉。今文经学家强使天象应人事，这是他们的天道观，本不足为训。但天文历数之学也是清儒考据学之所长。清儒研究天象历数，因解读经书中的相关问题而起，亦渐次发展成专学。那么，清儒于此应当说是有"学"有"术"的。这个"术"用在了对天文历数问题本身的探讨与解答上。但是，清儒仅仅以此为"学"而不取以天象说人事，或者说不取以学干政，按照刘逢禄的标准，那就是"惟知其位次度数而已"而不能"推其薄蚀危亡之故，本于人事而整齐之"，那就是"曲学阿世"。这里当问：清儒学既未"曲"，又未用于"世"，则何"阿"之有？刘恰恰说颠倒了。只有那些阿谀奉迎以符瑞溜须帝王者，此为"阿世"。至于见

---

① 《论语述何》。
② 见《刘礼部集》卷四。
③ 《释九旨例上》，《刘礼部集》卷四。

出帝王昏聩强以灾异切谏之,其良苦用心虽然可嘉,但比起"直谏"的无所顾忌、无所依托来,以灾异切谏帝王的做法终要差了一层。所以,如若按照刘逢禄对天文历数之学的功用规定做去,只能使此专门之学误入歧途。

刘逢禄卒于1829年,正当时局将变未变之际。这时,清儒考据之风虽然余风犹存,然而"致用"的治学目的论正在被越来越多的学者所思考,所采纳;今文经学一派重在"致用",自庄氏开启端绪,历经百年的发展,至刘氏时已蔚为气象,即将登堂入室,大有取清儒考据学而代之,成为清学大宗之势了。

二、今文家派与门户

刘逢禄之子刘承宽撰《先府君行述》,称刘治学"求公是而祛门户。说者谓府君墨守何(休)学,然《笺》中规何五十余事。至于母以子贵……之属则并舍《公羊》而从《穀梁》,甚至宋灾故一条则并舍三传而从宋儒刘原父、胡安国之说,又尝谓《汉志》有《公羊外传》五十余篇,今佚不存,《左氏》正可补其阙"。

刘治学是否"求公是而祛门户"? 事实并非如此。刘《春秋公羊解诂笺》确有"规何"之说,但总的倾向是"重何"、重《公羊》,即刘自己所说"何君生古文盛行之日,廓开众说,整齐传义,传经之功,时罕其匹,余宝持笃信,谓晋、唐以来之非何氏者,皆不得其门,不升其堂者也"①。所以,刘的"规何",乃是站在今文派而非"超家派"立场上的规何;刘舍三传而从宋儒,如前所述,刘氏治学,本倾向于宋学,因而这不能作为他"求公是而祛门户"的根据;《左氏》虽可补《公羊外传》之阙,但在刘逢禄看来,《左氏》既然不传《春秋》,那么,刘氏首肯《左氏》不过是首肯"非传品",并不涉及家派问题,是故亦未能以此作为他"求公是而祛门户"的理由。《穀梁传》为今文典籍,本应无异议。刘主《公羊》而斥《穀梁》,认为《穀梁》非今文正统,谓"《春秋》之有《公羊》也,岂第异于《左氏》而已,亦且异于《穀梁》"。《穀梁》"惟无其(按:指《公羊》——引者)张三世、通三统之义以贯之,故其例此通而彼碍,左支而右绌。是故以日、月、名、字为褒贬,《公》、《穀》所同而大义迥异者,则以《穀梁》非卜商高弟,传章句而不传微言,所谓中人以下不可语上者"②。这里,刘对《穀梁》又有一个"所谓中人以下不可语上者"的评价,意谓《穀梁传》仅中人以下者宜修,中人以上者则当由修《公羊传》入。此种贱《穀梁》贵《公羊》,视《穀梁》非今学正统的观念门户之见颇深,令人想起汉初立学官时《公羊》一派的排斥《穀梁》。何能以刘逢禄的偶尔引用《穀梁》而谓其"求公是而祛门户"? 相反,刘在《诗古微序》说:

尝怪西京立十四博士,《易》则施、孟、梁丘氏;《书》则欧阳、大小夏侯氏;《诗》

---

① 《春秋公羊解诂笺序》,《刘礼部集》卷三。
② 《春秋论下》,《刘礼部集》卷三。

则齐、鲁、韩氏;《礼》则大小戴氏;《春秋》则公羊、颜、严氏;《穀梁》江氏,皆今文家学。而晚出之号文者,十不与一,区别之严若是!岂非今学之师承远胜古学之凿空? 非若《左氏》不传《春秋》,《佚书》、《佚礼》绝无师说,费氏《易》无章句,《毛诗》晚出,自言出自子夏,而《序》多空言,《传》罕大义,非亲见古序有师法之言与?①

这里,刘逢禄贬古文而申今文,家派壁垒何其森严! 古学是否"凿空"? 刘自已就说东汉之学是为"章句训诂"之学,此学既章句经文训诂经义,则何"空"之有? 今学确有师法,但一学数家,五经而立十四博士,各家同解一经,经说各异,这说明,今文经学内部也并不统一。受利禄的制约,西汉时经博士间已开始了争斗,最典型的例证是《公羊》齐学与《穀梁》鲁学之争。学术之争背后实际上有着实实在在的政治利益也就是经济利益作支撑。但在基本价值观体系上,今古文经并不存在根本的矛盾,由此今古文经两派的互学、混说、互用(特别是今文家用古文经说),便存在着内在根据,而今文经学的"非常异议可怪之论"需要古文经学的典制、史事之长弥补其短,则使得这种可能性变为现实。所以,早在西汉前期,至少从贾谊时起,今、古二学的混说互用已经萌芽,据此也可以说,早在西汉前期,今、古二学合流的胚胎已在孕育。那么,今古二学间也就并不像刘所说的那样壁垒森严。刘歆提倡古文经学,到郑玄时以古学为主糅合今、古,今古文经终于合流。这正是西汉前期今、古二学合流的因,到东汉时结出的果。这是学术运动的内部机制使然,是学术发展的大势使然。刘逢禄对郑玄以古学为主杂采今、古遍注群经有"聊以创异门户,存一家之说"的评价,毋宁说是刘自己抱残守缺,坚持家派畛域。

刘逢禄《春秋公羊释例序》:

《春秋》言人人殊,唯公羊氏五传当汉景时,乃与弟子胡母子都等记于竹帛。是时大儒董生下帷三年,讲明而达其用,而学大兴……绵延讫于东汉之季,郑众、贾逵之徒曲学阿世,扇国师之毒焰,鼓图谶之妖氛,几使义彝重昏,昆仑绝纽。赖有任城何劭公修学卓识,审决白黑而定,寻董、胡之绪,补庄、严之阙,断陈、范之讼……五经之师罕能及之。天不佑汉,晋戎乱德,儒风不振,异学争鸣。杜预、范宁,吹死灰期复燃,溉朽壤使树艺。唐统中外,并立学官,自时厥后,陆淳、啖助之流,或以弃置师说解弦更张开无知之妄;或以和合传义断根取节生歧出之途,支窒错迕,千喙一沸而圣人之微言大义盖尽晦矣! 清之有天下百年,开献书之路,招文学之士,以表彰六经为首,于是人耻向壁虚造,竞守汉师家法,若元和惠栋氏、武进张惠言氏之于《易》,歙程易畴氏之于《礼》,其善学者也。禄束发受经,善董生、何氏之书若和符节,则尝以为学者莫不求知圣人,圣人之道备乎五经,而

---

① 《刘礼部集》卷九。

《春秋》者，五经之完钥也。①

　　这篇序文是刘结合其治学经历，对近两千年来的中国经学史所作的一个总体性、概括性的评骘。刘的门户之见极深。他首先点了郑众、贾逵的名，说郑、贾之徒"扇国师之毒焰"，以图谶"曲学阿世"。但是，刘歆服务于西汉新莽，有"国师"之目，郑众、贾逵服务于东汉，歆、众、逵各事其主，互不相干。说到刘歆之"毒"，在今文经学家看来，要不过刘歆以学术媚莽，颠覆汉政权。现刘逢禄谓郑众、贾逵"扇国师之毒焰"，这就好比说郑、贾也要用学术颠覆东汉政权，岂非张冠李戴咄咄怪事！读《后汉书·郑众传》，郑众显然是一位正身守节的正人君子。他"在位以清正称"，出使匈奴时坚守气节不屈拜，匈奴单于使重兵围郑，"断其水源灭其炊火"，（郑）众"拔刀自誓，单于恐而止"。郑众铁骨铮铮甚至在匈奴中也传为美谈，被誉为"义气壮勇，虽苏武不过"。再看郑众从政，敢于犯颜直谏。早在建武中就曾以"太子储君，无外交之义"忤逆皇太子之意，并谓"犯禁触罪，不如守正而死"。永平间，在对待匈奴的外交政策问题上他以国家民族利益为重，直抒己见而置个人安危于不顾，这样的学者套他一个"曲学阿世"的讥评，若非门户之见作祟何至于颠倒黑白如此？贾逵，从《后汉书》本传看，他喜用谶纬说政事。他以五彩神雀之符瑞附会汉廷，又说《五经》家皆无以证图谶明刘氏为尧后者，而《左氏》独有明文"。贾逵这种地方确有以图谶"曲学阿世"之嫌。但话又得说回来，开启以图谶"曲学阿世"先河的不是贾逵，也不是古文经学家，而恰恰是今文经学家(王先谦《汉书补注》引齐召南语指出，以汉为尧后者始自西汉今文家眭弘)。此风自西汉至于东汉，延绵不断达二百年。受时风浸染，贾逵以图谶媚汉廷，固不免"曲学阿世"之讥。但追根溯源，今文经学家须先不能免此讥评。刘不追根，不溯源，对今文经学家"鼓图谶之妖氛"的开先河之过不点名、不批评，一板子全打在古文经学家身上，若非家派门户观念作祟，又何至于厚此薄彼如此？儒学发展到魏晋而式微，玄学大兴。杜预、范宁不迎时风，独钟情于《左传》、《穀梁》。杜有《春秋左氏经传集解》，范有《春秋穀梁传集解》。对于《左》、《穀》二学功莫大焉。但在刘逢禄看来，《左传》、《穀梁》均为异学，是故他全然不顾杜、范之功，遂有一吹"死灰"而期其复燃，一溉"朽壤"而使其树艺之讥。不是家派门户观念作祟，刘氏之评又何至于如此？啖助、陆淳师徒二人，在疑《左传》一点上应当是刘的"先师"。但因啖助《春秋集传》不仅疑《左传》，且也有疑今文经学处。如说"公羊名高，穀梁名赤，未必是实"即是；陆淳《春秋集传纂例》系阐发其师啖助《春秋集传》之作，其中认为《左传》"叙事虽多，释义殊少，是非交错，混然难证"，是淳亦疑《左传》；又说"《公羊》辞辨"，是淳亦申《公羊》。但陆淳又认为《穀梁》也传经，并拿《穀梁》与《公羊》对举，谓"《穀梁》义深，《公羊》辞辨"，这与

---

① 《刘礼部集》卷三。

刘只承认《公羊》一家为今学正统而否认《穀梁》为今学的观点相枘凿。这样，尽管啖助、陆淳亦疑《左传》，刘并不以此为然。是故认为二人"或以弃置师说解弦更张，开无知之妄；或以和合传义，断根取节，生歧出之途"。至于刘逢禄对清代学术总结之片面亦皎然可见：作为清学主流的音韵训诂之学，刘逢禄未置一喙，这种"疏忽"是不应该的；清儒考据学分吴、皖两派，对此士林无异辞。对于在清儒考据学中占据大半壁江山的皖学一派，自江、戴以下至段玉裁、王念孙、王引之父子的发展统绪，刘逢禄同样不置一喙。刘说清学的特点为"人耻向壁虚造，竞守汉师家法"。如果说"人耻向壁虚造"是吴、皖两派共通的治学风格，"竞守汉师家法"却不是吴、皖两派的共通特点，而仅仅是惠栋吴派的治学特点。王引之《致焦循手札》："惠定宇先生考古虽勤，而识不高，心不细，见异于今者则从之，大都不论是非。来书言之，足使株守汉学而不求是者爽然自失。"所以，刘所凸出的重点实际上是落在表彰吴派上的。而恰恰在这一问题上，以戴震为首的皖派与吴派学风截然不同。戴震主张解经应"平心体会经文"，"必空所依傍"，就经文而求经义。洪榜《东原先生行状》引王鸣盛对惠、戴二人治学的评价谓"今之学者断推两先生，惠君之治经求其古，戴君求其是"；章太炎《检论·清儒》也认为："其成学者系统者，自乾隆朝始。一自吴，一自皖南。吴始惠栋，其学好博而尊闻；皖南始江永、戴震，综形名，任裁断，此其所异也。……栋承其父士奇学，弟子有江声、余萧客……大共笃于尊信，缀次古义，鲜下己见……震生休宁，受学婺源江永，治小学礼经算术舆地，皆深通……凡戴学数家，分析条理……上溯古义，而断以己之律令，与苏州诸学殊矣。"这里，王鸣盛所说吴派之"求其古"也就是章太炎所说的"学好博而尊闻"；而王氏所说戴学"求其是"亦即章氏所表彰戴的"综形名，任裁断"，点明了皖学一派不拘守汉儒家法与惠栋吴派拘守汉儒家法在学风上的重要差别。如果刘逢禄确实"求公是而祛门户"，他就应当凸出清学中不拘守汉儒家法的皖学一派，而不应凸出清学中拘守汉儒家法的吴派。现刘凸出的是清学惠栋吴学一派，而抹杀了戴东原皖学一派，这种以偏概全恰恰表明了他固守家派门户畛域的治学立场，同时也就否定了刘承宽对其父所作的"求公是而祛门户"的评价。

　　刘逢禄固守今文畛域，对于《周礼》，刘袭用何休，认为是"战国阴谋渎乱不验之书"①。但刘对《周礼》实阳绌而阴用之。刘承宽《先府君行述》："道光四年，越南贡使陈清为其国王母乞人参，得旨赏给，而谕中有外夷贡道之语，其使臣欲请改为外藩。部中以诏书难更易而拒之，又恐失远人心，府君乃为牒复之，曰：案《周官》大司马职，方氏王畿之外分九服。夷服去王国七千里，藩服去王国九千里，是'藩'远'夷'近也。又许氏《说文》谓'羌'、'狄'、'蛮'、'貊'，字皆从'物'旁，惟'夷'从'大'从'弓'者。"②

---

① 《公羊何氏释例·朝聘会盟例第十五》。
② 此事又载《清史稿·刘逢禄传》。

刘用《周礼》、《说文》巧妙安抚了越南贡使。《周礼》与《说文》既有用,刘却称《周礼》为"战国阴谋渎乱不验之书",又视古文经学为旁门左道,这种地方暴露了刘学德欠淳。

自庄存与创为常州今文一派,孔广森亦以《公羊》说《春秋》,并曾前于刘逢禄另创"三科九旨"而未遵何休。孔广森在《春秋公羊经传通义序》中写道:

> 夫周纲解弛,鲁道陵迟,攻战相寻,彝伦或熄,以为虽有继周王者,犹不能以三皇之象刑、二帝之干羽,议可坐而化也。必将因衰世之宜,定新国之典,宽于劝贤而峻于治不肖,庶几风俗可渐更,仁义可渐明,政权可渐兴。乌乎托之?托之《春秋》。《春秋》之为书也,上本天道,中用王法,而下理人情。不奉天道,王法不正;不合人情,王法不行。天道者:一曰时,二曰月,三曰日。王法者,一曰讥,二曰贬,三曰绝。人情者,一曰尊,二曰亲,三曰贤。此三科九旨既布,而一裁于内外之异例,远近之异辞。错综酌剂,相须成体。凡传《春秋》者三家,粤惟《公羊》有是说。

孔广森所举时月日、讥贬绝、尊亲贤,这些都是《公羊》原有义法,但却不是《公羊》学中的"三科九旨",《公羊》学中的三科九旨,由何休在《公羊传解诂》中首先阐发。而在刘逢禄的视野中何休的三科九旨占据着"无三科九旨则无《公羊》,无《公羊》则无《春秋》"①的特殊地位,不容孔广森另立新说,是故刘逢禄对于孔广森的《公羊春秋》学大不以为然,谓:

> 清兴百有余年,而曲阜孔先生广森始以《公羊春秋》为家法于以扩清诸儒,讵不谓素王之哲孙,麟经之绝学?乃其三科九旨不用汉儒之旧传,而别立时、月、日为天道科;讥、贬、绝为王法科;尊、亲、贤为人情科。如是,则《公羊》与《穀梁》奚异?奚大义之有?……又,其意以为三科之义不见于传文,止出于何氏《解诂》,疑非《公羊》本义。……何氏《序》明言依胡母生《条例》,又有董生之《繁露》、太史公之《史记自序》、《孔子世家》,皆《公羊》先师七十子遗说,不特非何氏臆造,亦且非董、胡特创也。②

很显然,刘此论系针对孔广森的自立新解而发。但是,孔广森怀疑何休的三科九旨不见于传文,惟见于《解诂》,故非《公羊》本义,他的批评是有理据的。因为何休所说"三科九旨者,新周故宋,以《春秋》当新王,此一科三旨也;所见异辞,所闻异辞,所传闻异辞,二科六旨也;内其国而外诸夏,内诸夏而外夷狄,是三科九旨也",这个说法的确不见于《公羊》传文,而是何休自己"悟"出来的。人们常说"六经注我,我注六

---

① 《春秋论下》,《刘礼部集》卷三。
② 同上。

经"。《经》是意识形态的文本结晶,经师即是意识形态的代言人,"注经"就注定要成为中国经学运动、发展的一种最重要的形式,并也注定要成为中国思想史运动、发展的重要形式之一。每一位经师在充当意识形态代言人时,总要用自己的经注为那个时代所面临问题作解答。因为时代不同,经师提供的答案各异,所以经师注经也就必不能彻底符合经的原义。假如经师注经彻底符合经义,那他的经注反倒失去了时代意义,个中真谛即如克罗齐所说:"一切真历史都是当代史。"因此,只要经学不亡注经也就不止,这就是"六经注我,我注六经"的内在根据;也是经师"悟"经的根据。就"三科九旨"来说,何休根据他的时代需要对《公羊》进行了发挥;孔广森的时代有别于何休,孔另立新解,也是因为何休的三科九旨不能满足需要。杨向奎在评述清代的今文经学时指出,孔广森另立三科九旨,旨在保持孔氏家族的政治经济地位①。孔氏借解经言心事,古来如此。即如刘逢禄,他看似在维护何休,而实际上,他强调的重点已转移到了"衰乱世"、"升平世"、"太平世"的"张三世"上而重申"天命所授者博非独一姓"的大一统,这一侧重点的转移,反映着刘逢禄所面临时代的新问题,它已不完全符合何休的三科九旨原义而符合刘逢禄的时代意义了。以此可以说,刘也有他的新经解。如此说来,对于孔广森另立新解,刘原不必究弹,只是刘缺少"求公是而祛门户"之心,对于经他自己可以另作新解,却不允许孔广森这样做,这说明,刘逢禄的门户之见根深蒂固。

三、"实予而文不予,实不予而文予"——刘逢禄治学方法论析

"春秋重义不重事"曾经是今文公羊家治学方法论的主干。在湮灭近 1 500 年后庄存与使之复活,"春秋重义不重事"重新成为常州今文一派治学方法论的基石。刘逢禄则秉承庄氏衣钵而进一步强化、发展了这一理论,提出了"实予而文不予,实不予而文予"的主张。他在《左氏春秋考证》中说:"余年十二读《左氏春秋》,疑其书法是非多失大义。继读《公羊》及董子书,乃恍然于《春秋》非纪事之书,不必待《左氏》而明。"

《春秋》非纪事之书,因而对《春秋》当有重义不重事之解。这种见解并非刘逢禄的"恍然"发明。庄存与已有明确论述,刘曾亲炙庄氏,似不应不提庄氏而将发明权据为己有。

刘氏《释三科例中》:

> 或曰,通三统者,新周、故宋、以春秋当新王也。夫制新王之法以俟后圣,何以必于鲁?曰:因鲁史之文,正以避制作之僭。祖之所逮闻惟鲁为近,故据以为京师张治本也。

---

① 见《绎史斋学术文集》,上海人民出版社 1983 年版。

何谓"因鲁史之文"？这是说孔子修《春秋》以鲁国之"史"为依据。因以史为据，能避"制作之僭"，也就是避免有杜撰、捏造史实之嫌。这里，刘逢禄提到了孔子作《春秋》"因鲁史"，这样说来，《春秋》是不是一部"纪事"之书？不是。刘指出：

> 《春秋》之托王至广，称号名义仍系于周，挫强扶弱常系于二伯，何尝真黜周哉！……何尝真王鲁哉！①

周因衰敝而需"新"，"新周"之义，在今文家来说也就是"黜周"的别解。《春秋》隐有黜周之义，但周天子仍在，王室仍在，系称号名义于周，也就是系称号名义于一个有着久远渊源的精神王室和文化统绪。所以，《春秋》有黜周之义却并非真黜周；鲁十二公为恶者多，《春秋》贬黜之不假辞色，但却仍须保持一个"王鲁"的外观，是故《春秋》名为"王鲁"却并非真王鲁。这叫什么？这就叫"实不予而文予"。即所谓《春秋》因鲁史以明王法，改周制而俟后圣，犹六书之假借，说诗之断章取义。……实不予而文予。《春秋》立百王之法，岂为一事一人而设哉！"②

这里，刘逢禄将《春秋》之撰述旨意视为与六书之假借、说诗之断章取义同，他已根本抽去了《春秋》之"史"的意义。"实不予而文予"是说"名"不必自"实"出，也就是价值判断不必自"史"出。"名"不符"实"，这恰恰是《春秋》的微言大义所在，是《春秋》的精华所在：一边是《春秋》有"黜周"之义，一边是《春秋》系名号于周之实；一面是《春秋》"王鲁"之"文"，一面是鲁十二公作恶多端，《春秋》讥贬之"事"。如果仅仅看到《春秋》之"实"、之"事"，看不到《春秋》之"文"、之"义"，那就不能算是真正读懂了《春秋》。因为《春秋》系为百王立法，而不为一人一事所设，所以《春秋》便可以而且应当对"实不予"之史事，对不应褒扬者给一个"文予"的、褒扬性的价值评判，反之亦然。这就好比六书之假借，说诗之断章取义。这里当问，为什么《春秋》为百王立法，非为一人一事所设，就可以而且应当"名不出实"、"名"、"实"不符？难道"名"副其"实"，对历史事件和人物作实事求是的评判，反倒不配或者说有碍于"为百王立法"吗？这是什么逻辑？"为百王立法"是"鉴古知今"、"知来藏往"，是用历史服务于当前和今后，那么，"史以真为先"，如若离开了真实，历史变成了一堆虚假的谎言，失去了人们对它的信赖与期待，历史也就死亡。历史既亡，"义"也就无从立，哪里还谈得上"为百王立法"？所以，与刘逢禄和今文经学家所说的恰恰相反，只有"名"、"实"相符、实事求是，这样得出的结论才经得起历史的检验，才谈得上对历史经验的总结，也才能"为百王立法"。

"名不出实"，"实不予而文予"，这是"春秋重义不重事"的《公羊》义法内在逻辑运

---

① 《释三科例中》，《刘礼部集》卷四。
② 《春秋论下》，《刘礼部集》卷三。

动的必然结果。这一观点为今文家的任情附会经义,肆口臆说史事奠定了治学方法论的理论基石。两汉时董仲舒、何休等已开启先河,下至庄存与、宋翔凤,常州今文一派踵董、何之绪而一脉相承,刘逢禄则于此变本加厉尤致意再三。他不仅对《公羊》学的"春秋重义不重事"有"理论"的重申与总结,尤为重要的是,刘将这种理论全面运用于他的疑"古"(文经)学中。随着疑古思潮在中国近现代社会的涌动与发展,刘在常州今文一派中的地位遂变得特殊起来。他不仅受到了康有为的重视,而且直到五四以后的疑古运动中,刘逢禄依然受到疑古健将们的青睐。从常州今文一派说,刘既有《公羊》学"理论",又有疑古"实践",确实不同于庄、宋;从治学方法论上说,康有为的疑古,不仅建立在"春秋重义不重事"的理论基础上,且变本加厉为"春秋在义不在事"的"托古",上承刘之衣钵而又有大发展;下至于五四以后的疑古健将,他们在接受刘逢禄乃至康有为的疑古遗产时,并没有对构成刘、康的方法论——"春秋重义不重事"——进行过一丝一毫的批判与清理,高举"科学"旗帜,张扬"实事求是"的治学精神,究心于方法论探讨的疑古健将们,竟然"遗漏"了对他们青睐着的疑古前辈们的治学方法论的探讨,这或许是他们的偏爱所致。这一理论上的失误遂使得五四以后疑古健将也终于要像他们的前辈刘逢禄、康有为一样,每不免贻笑大方,难逃学界之讥评。

四、张三世和大一统

1. 张三世

何休《公羊传解诂》:"所见者,谓昭、定、哀,己与父时事也;所闻者,谓文、宣、成、襄,王父时事也;所传闻者,谓隐、桓、庄、闵、僖,高祖、曾祖时事也。于所传闻之世,见治起于衰乱之中,于所闻之世,见治升平,至所见之世,著治太平,夷狄进至于爵,天下远近大小若一,用心尤深而详。"

这里,何休将《春秋》十二公按照时间远近分为"所见世"、"所闻世"、"所传闻世"的"三世"。刘逢禄承袭何休,将"张三世"作为《春秋》的要义加以强调,他说:

> 故分十二世以为三等:有见三世,有闻四世,有传闻五世。若是者有二义焉:于所见微其辞,于所闻痛其祸,于所传闻杀其恩,此一义也。于所传闻世见拨乱始治,于所传闻世见治廪廪进升平,于所见世见治太平,此又一义也。①
>
> 《春秋》起衰乱以近升平,由升平以极太平。②

在刘这里,"衰乱"、"升平"、"太平"这三世分别对应于"所传闻世"、"所闻世"、"所

---

① 《释三科例上》,《刘礼部集》卷四。
② 《释三科例中》,《刘礼部集》卷四。

见世"。由所传闻世的久远渐至于所见世的切近,历史便按照拨乱始治以至于极太平的轨迹运动。这是刘逢禄借助诠释《春秋》所表达的历史观。在由远及近的格局内,历史向前发展,这个历史观是进化的。但到了"极太平"以后历史又该如何运动?刘认为:"圣人迭治天下,彼三统相循环者。何也?曰:昔夫子告颜渊问为邦,曰行夏之时,乘殷之辂,服周之冕,而后终之以乐则韶舞。盖以王者必通三统而治道乃无偏而不举之处。自后儒言之则曰法后王;自圣人言之,则曰三王之道若循环。"①"圣人言三王之道若循环",历史运动的形式又是循环的。"道"既循环,其本质也就在"天不变,道亦不变",封建社会的政治形式亦不容变。但在三统、三世之内,则又应当变、必须变,即所谓"法后王"。在这里,变的理由是"天下无久而不弊之道"。刘指出:

> 三王之道若循环,非仅明天命所授者博不独一姓也。天下无久而不弊之道。穷则必变,变则必反其本,然后圣王之道与天地相终始。故正朔必三而改,《春秋》因损文而用忠,文、质必再而复,《春秋》因变文而从质。②

"天命所授者博,不独一姓",这个观点,庄存与已有论证。庄想借此警策帝王革除弊政免受天罚,从而保持王统不致中断。但是庄对"天命所授者博,不独一姓"的"三统循环"的论证,基本上还停留在谶纬符瑞灾异的水平,还没有涉及更高一层的理论归纳。现刘逢禄指出三统要义已不仅仅在"天命所授者博,不独一姓",刘更提出了一个"天下无久而不弊之道"的"变论"。这个理论来自《周易》。用"变"的理论解释王统更替,自然要比用谶纬符瑞灾异来作解释更具理论性。新王代旧王是变;革除弊政这也是变。刘将重点移到"变"上,指出道行日久而不能无弊,旨在敦促帝王自觉认识到"变"的必然性,用规律而不仅仅是谶纬符瑞灾异的天命来理解"穷则思变"之"变","变"因"穷"而起,这就将革除弊政的现实凸显出来了。这是刘逢禄秉承庄而又高于庄之处。但在刘这里,变中仍有不变者在,"变者必反其本",变了之后,便又开始了新一轮的循环。所以说,"正朔必三而改",改来改去总在"三"的倍数内改;"文、质必再而复",复来复去也总是文、质相替,这就是《春秋》之义。这种历史观不妨可称为"循环的进化论"。如将其中循环的成分剔除,它就成了进化的历史观。所以,今文公羊家的历史观,具备将其改造为近代社会所需要的历史观的基因。到了康有为的时代,进化论已经成为人们所熟知并被普遍接受的历史观,康遂对公羊三世说进行了改造,取其进化而弃其循环,建立起进化的新三世说。但如前所述,三世说只是今文公羊家对《春秋》的诠释,就《春秋》所涉及的历史内容来看,并不存在一个衰乱、升平、太平的"三世"划分。然而,因为有"春秋重义不重事"的方法论预设,三世说究竟有没有史实

---

① 《释三科例中》,《刘礼部集》卷四。
② 同上。

根据,这一点可以忽略不计。所以,刘逢禄可以说因三世说"辨内外之治,明王化之渐,施详略之文,鲁愈微而《春秋》之化愈广;世愈乱而《春秋》之文益治。甚至西狩获麟于《春秋》本为灾异,而托之以为治定功成之瑞"①。明明是"微",但因三世说之需却可以将其解释为王化愈广;明明是"乱",《春秋》之"文"却可以说成是"益治"。所谓"施详略之文"云云,恰恰为刘逢禄所说的《春秋》"犹六书之假借,说诗之断章取义"提供了一个注脚。所以,尽管"张三世"中有进化论成分并被康有为所利用,在政治上充当过历史进步的不自觉工具,对此应给予恰如其分的评价;但指出张三世之论学术上的虚构性同样必要。这种并非根据史实抽象出来的历史观仍然不过是"春秋重义不重事"的理论派生物,是一种出于臆想的先验的历史观。

2. 大一统

在刘逢禄的经学思想体系中,既然张三世之义本乎三统相循环的历史运动,历史运动的机理又本之于"天下无久而不弊之道"的"变",那么,只有"变",只有革除弊政才能保持王统。在王统循环更化的历史上,谁能存优汰劣,谁就有资格成为大一统的代表。缘于此,刘在《释三科例》中有"异内外"之论,他说:

《春秋》治万世之天下,不为一人一事立义,而其例必曰内诸夏而外夷狄,内其国而外诸夏,夫岂私其近已者哉?《春秋》以内为天下法,故小恶必书,言王者当动自克责为天下先。至于大恶,则讳不忍言,盖非恕内之词,而治内之词也。书之详故责之备,讳之深尤责之重也。……审言行,辨邪正,著诚去伪,皆所以自治也。由是以善世,则合内外之道也。至于德博而化,而君道成,《春秋》所谓大一统也。夫治乱之道非可一言而尽。《易》变动不居,由一阴一阳而穷天地之变,通于乾元用九以见天,则《春秋》推见至隐,举内包外以治纤芥之愿,亦归于元始正本以理万事。故平天下在诚意,未闻枉己而能正人者也。《春秋》之化,极于凡有血气之伦,神灵应而嘉祥见,深探其本,皆穷理尽性之所致为治平者,反身以存诚,强恕以求仁而已。

这里,刘逢禄提出了"王者当动自克责为天下先",认为《春秋》小恶必书,大恶讳不忍言的"书法"系为王者而设。恶虽小而必书,于规过切责之中明王者当防微杜渐,洁身自好之义。至于大恶,因其彰著人人皆知,原应大书特书,《春秋》却讳不忍言。"书之详故责之备",这好理解,但讳言大恶尤显切责之重,这怎么说?"讳大恶"非但不是"恕内",反倒是"治内",难道是想用文过饰非来唤醒作大恶者的良知吗?这种不合逻辑的混乱之论也只有用"春秋重义不重事"的理论加以关照方可勉强言说。那么,王者在明白了《春秋》的小恶必书,大恶讳不忍言的良苦用心以后,怎样"动自克

---

① 《释三科例上》,《刘礼部集》卷四。

责"？刘逢禄提出，当"审言行、辨邪正、著诚去伪"，要贯彻"穷理尽性，反身存诚、强恕求仁"的宋学精神。清代的今文经学家，自庄、宋到龚、魏、康，对于宋学，对于宋学中的形下践履之论，学术思想上的承继统绪未曾中断，刘逢禄于此亦然。在刘看来，君主"动自克责"贯彻宋学精神，就能够治为"善世"。君主德博而化进于四夷，终可成就"举内包外"的"大一统"。在这里，"包外"的前提是"举内"，是君主修德，贯彻宋学精神。因为一阴一阳，变动不居，这是《易》所包含的天理。变动不居之于王统，是"天命所授者博，不独一姓"，君主明乎此，居安思危及时除弊，才能保持天授之"统"。阴阳变动为天理，所以政权更迭也就不辨华夷，因而《春秋》既有攘夷之义，又有不攘夷之义。如果说"大一统"的巩固王权在庄存与那里主要聚焦为王命授受即确定王储的问题，它在刘逢禄这里就主要表现为"攘夷"还是不攘夷，亦即探讨清廷统治的合法性问题。《公羊何氏释例》有《秦楚吴进黜表》，专谈"华夷"，刘逢禄说：

> 余览《春秋》进黜吴、楚之末，未尝不叹圣人驭外之意至深且密。昔圣人序东周之《书》，唯存《文侯之命》及《秦誓》，著其盛衰大旨。其于删《诗》，则列秦于《风》，序《蒹葭》曰"未能用周礼"；序《终南》曰"能取周地"。然则代周而改周法者，断自秦始，何其辞之博深切明也。秦始小国辟远，诸夏摈之，比于戎狄。然其地为周之旧，有文、武贞信之教，无放僻骄佚之志，亦无淫佚昏惰之风，故于《诗》为夏声。其在《春秋》无僭王猾夏之行，亦无君臣篡弑之祸，故《春秋》以小国治之，内之也。吴通上国最后，而其强也最骤，故亡也忽焉。秦强于内治，败靖于后，不勤远略，故兴也勃焉。楚之长驾远取强于秦，而其内治亦强于吴，故秦灭国而终覆秦者楚也。……故观于《诗》、《书》，知代周者秦。而周法之坏，虽圣人不可复也，观于《春秋》，知天之以秦、楚狎主中国而进黜之义，虽百世不可易也。

按：刘逢禄此论有深意。他指出秦虽小国，诸夏以戎狄贱视而摒弃之。但诸夏并不深知秦，他们没有看到，秦居周旧地，承受的是周文化的滋养却剔除了周文化中的弊端。秦有文、武贞信之教，而无放僻骄佚之志，无淫佚昏惰之风，无僭王猾夏之行，无君臣篡弑之祸，故其内治强。相比于老大东周，虽是正宗诸夏的血脉，却已日暮途穷腐朽不堪，秦的生命力反要旺盛得多。《春秋》"内"秦亦即"重"秦。秦《诗》为"夏声"，也就是戎狄的秦国取得了代表华夏文化的正统地位。楚亦荆蛮，但其长驾远取强于秦而内治强于吴，是故秦、吴不敌楚。秦之"勃"也兴，是说秦文化根基不厚，似有"暴发户"意味，所以，"秦灭国而终覆秦者楚也"。楚怀王客死于秦时楚南公就说过"楚虽三户，亡秦必楚"。楚虽灭于秦，但秦终究被刘邦所灭，也就是终究被汉文化根基更加深厚的楚所灭。秦曾为"夏声"却终灭于楚，这是在告诫同样是"夷狄"出身的满清统治者要戮力进取，以免重蹈秦的覆辙，这就需要汲取而不是排斥汉文化。但在另一方面，刘也在告诫汉族士大夫，摒弃诸夏夷狄之辨的"攘夷"思想，真心诚意地拥戴满清王朝。众所周知,诸夏夷狄之辨,清初曾经是一个敏感话题。当时正值鼎革之际,晚明遗老曾经借助这一话题寄托他们反清复明的理想。到了刘逢禄的时代,清朝在统治百余年后其合法性似不应有疑。但实际情况并非完全如此,汉族士大夫的心里似乎还有疑问。例如大体上与刘逢禄相先后的龚自珍就曾借颂"史"而激励"孤根"之君子即汉族士大夫当洁身自好,不要"仆妾色以求容","俳优狗马以求禄",这说明,诸夏夷狄之辨的阴影还笼罩在部分汉族士大夫的脑际,刘要消除这个阴影,所以他借解经凸显《春秋》的不攘夷之义:不管是秦也好,楚也好,《春秋》并没有因其被诸夏视为戎狄荆蛮而贱之,反对其狎主中国而许之。

诸夏夷狄之辨是今文经学的重要内容。在今文家看来,读《春秋》不仅应知孔子赞齐桓、管仲有解被发左衽之功的攘夷之义,也当知《春秋》有许秦、楚狎主中国的不攘夷之义。皮锡瑞说:"《春秋》有攘夷之义,有不攘夷之义。以攘夷为《春秋》义者,但见宣十一年晋侯会狄于攒函,《解诂》有'殊夷狄'之文;成十五年叔孙侨如等会吴于钟离,《传》有'曷为殊会吴? 外吴也'之文。不知宣、成皆所闻世,治近升平,故殊夷狄。若所见世,著治太平,哀四年晋侯执戎曼子赤归于楚;十三年会晋侯及吴子于黄池,夷狄进于爵,与诸夏同,无内外之义矣! 外内无异,则不必攘;远近大小若一,且不忍攘。圣人心同天地,以天下为一家,中国为一人,必无因其种族不同而有歧视之意。而升平世不能不外夷狄者,其时世界程度尚未进于太平,夷狄亦未进化,引而内之,恐其侵扰。故夫子称齐桓、管仲之功,有被发左衽之惧,以其能攘夷狄,救中国而特笔褒予之。然则以《春秋》为攘夷,圣人非无此意,特是升平主义,而非太平主义,言岂一端而已,夫各有所当也。拨乱之世,内其国而外诸夏,诸夏非可攘者,而亦必异内外,故董子明言自近者始。王化自近及远,由其国而诸夏、而夷狄,以渐进于大同。"[①]

这里,皮锡瑞解《春秋》之攘夷与不攘夷,与刘逢禄一样,也是建立在三世说和大一统的理论基础之上的。皮锡瑞与康有为相先后。较之于刘,皮氏之论多了进化论内容,带上了他所处时代的特征。康有为撰《大同书》宣扬世界大同。《大同书》以进化论为核心,但它的理论形式却与皮锡瑞一样,袭用了建立在公羊三世说基础上的大一统义法。这样,再来看刘逢禄所论《春秋》大一统和《春秋》攘夷不攘夷之义,我们可以说刘氏之论中已经具备了可供后世今文家阐释、发挥的理论胚胎与理论形式。而后世的古文家如章太炎辈在鼓吹倒清反满的种族革命时,也以驳斥今文派的《春秋》不攘夷之说,转而凸显《春秋》内中国而外夷狄的攘夷之义为"抓手"而进行。学术问题从此便带有了严肃的政治现实意义,学术从此也就脱离了本体,成为政治斗争的工具。所以,刘逢禄的《春秋》大一统之论,其潜在的价值并不在当时而在今后。

---

① 皮锡瑞:《经学通论·春秋经通论》。

五、刘逢禄的疑古(文经)学

1.《左传》问题之缘起

《左传》又名《春秋左氏传》，学者每简称《左氏》。自汉以来，《左传》的学术际遇紧紧地与今古文经之争联系在一起。而汉代今古文经之争中的一项重要内容，就是《左传》到底"传"还是不"传"《春秋》。按照汉代今文家的说法，《左传》不传《春秋》；而按照古文家的意见则《左传》不仅"传"《春秋》，而且由于左丘明曾亲见孔子，他所撰写的《左传》较之于《公羊》、《穀梁》来，更加接近孔子原意，因而《左传》也就更加"传"《春秋》。

《史记·十二诸侯年表序》：

> 是以孔子明王道，干七十余君，莫能用。故西观周室，论史记旧闻，兴于鲁而次《春秋》，上纪隐，下至哀之获麟，约其辞文，去其烦重，以制义法。王道备，人事浃。七十子之徒口受其传指，为有所刺讥褒讳挹损之文辞不可以书见也。鲁君子左丘明惧弟子人人异端，各安其意，失其真，故因孔子史记具论其语，成《左氏春秋》。铎椒为楚威王傅，为王不能尽观《春秋》，采取成败，卒四十余章，为《铎氏微》。赵孝成王时，其相虞卿上采《春秋》，下观近世，亦著八篇，为《虞氏春秋》。吕不韦者，秦庄襄王相，亦上观上古，删拾《春秋》，集六国时事，以为八览、六论、十二纪，为《吕氏春秋》。及如荀卿、孟子、公孙固、韩非之徒，各往往捃摭《春秋》之文以著书，不可胜记。汉相张苍历谱五德，上大夫董仲舒推《春秋》义，颇著文焉。

太史公此说最早明确提出了左丘明撰《左氏春秋》。这里首先值得考虑的一个问题是"左丘明惧弟子人人异端"中"弟子"的内涵。这里的"弟子"是指什么人？是指孔子的弟子所谓"七十子之徒"，还是指左丘明自己的弟子？

刘歆《七略》：

> 仲尼以鲁史官有法，与左丘明观其史，有所褒毁贬损，不可书见，口授弟子。弟子退而异言，丘明恐弟子各安其意以失其真，故论其本事而作《传》。

很显然，刘歆将史公所说的"弟子"理解成了孔子的弟子。因为刘歆的这一理解，班固《汉书·艺文志》遂说："仲尼思存前圣之业……故与左丘明观其史记，有所褒讳贬损不可书见，口授弟子。弟子退而异言。丘明恐弟子各安其意，以失其真，故论本事而作传。"到了杜预为《左氏》作《集解》，他就明确宣布："左丘明受经于仲尼。"

上述种种将"弟子"说成是孔子弟子的理解，总因刘歆肇其端绪。但刘歆的理解似乎有误。第一，"左丘明惧弟子人人异端"，那么，左丘明应对此"弟子"有师生的约束力,如果这"弟子"是孔子的而非左丘明的,试问左丘明有什么资格去替孔子"惧弟子人人异端"?左丘明之"惧"便属越俎代庖。那么,我们看左丘明因惧弟子对《春秋》各持其解而作《左氏春秋》,他要用《左氏春秋》来"统一"弟子的思想,他对弟子的约束力是存在的。所以,将此"弟子"解为左丘明的弟子较为融顺。第二,孔子与弟子有约在先"不可以书见",左丘明若去为孔门弟子撰《左氏春秋》,以此"书见"示诸人人皆知"不可以书见"之约的孔门弟子,其人何能受?第三,《论语·公冶长》:"巧言、令色、足恭,左丘明耻之,丘亦耻之。匿怨而友其人,左丘明耻之,丘亦耻之。"孔子将左丘明列在自己前面,不像老师对待学生的态度。再看《史记·仲尼弟子列传》左丘明也不在孔门弟子之列。因此,左丘明不是孔子弟子。指出这一点很重要。因为左丘明不是孔子的弟子,所以对于《春秋》,他虽然也知道孔子与其弟子有"不可以书见"之约,但却没有遵守此约的义务。这样,左丘明撰《左氏春秋》以统一自己弟子的思想,就完全顺理成章。第四,太史公亦肯定指此"弟子"为左氏弟子而绝非孔门弟子,这一点是《史记》之"内证",故最具说服力。因为太史公在《十二诸侯年表序》中先说:"七十子之徒口受传指,为有所刺讥褒讳挹损之文辞不可以书见也",紧接着就说:"左丘明惧弟子人人异端,因孔子史记,具论其语,成《左氏春秋》。"后语左氏以"书见"示弟子,前语又说孔子与其弟子有"不可以书见"之约,太史公"左丘明惧弟子人人异端"中的"弟子"与孔子的弟子必不能出自同门,否则,太史公就是前后矛盾,自相悖谬。所以,太史公之"弟子"是指左丘明的弟子而非孔子的弟子。综上,《史记·十二诸侯年表序》中的"弟子",应理解为左氏的弟子,这样解,既符合太史公之意,于情理亦圆融无碍。

这样说来,左丘明是因为担心弟子读《春秋》后人人有自己的理解,为了统一弟子的思想而撰《左氏春秋》。那么,第一,左丘明授弟子《左氏春秋》,《左氏春秋》在先秦时应当有传衍;第二,左丘明用自己对《春秋》的理解而撰《左氏春秋》,《左氏春秋》中就一定有左丘明自己的思想即"义法",换句话说,《左氏春秋》是"传"《春秋》的——不过这个"传"是左丘明对《春秋》的"传",也就是对《春秋》的理解,这也正如《公羊传》是公羊对《春秋》的"传",也就是公羊对《春秋》的理解;《穀梁传》是穀梁对《春秋》的"传",也就是穀梁对《春秋》的理解一样。

我们说《左氏春秋》"传"《春秋》,因为这是以史为鉴。七十子之徒口耳相传孔子《春秋》的"微言大义",这个"义"离不开史实的支撑,这是以史为鉴;太史公所举铎椒、虞卿、吕不韦诸家引用《左传》①,"采取成败","上采《春秋》,下观近势","上观上古,删拾《春秋》",这也是以史为鉴,太史公对此予以了充分的肯定。从鉴古知今、古为今用的角度,太史公亦一视左氏之著书与七十子之徒之传《春秋》同仁,太史公并没有厚

---

① 史公所说铎椒、虞卿、吕不韦诸家引用的"《春秋》"系指《左传》,这一点前人已有定论。见《杨伯峻学术论文集》,岳麓书社1984年版,第218页。

此薄彼的意思。对于《春秋》的诠释,七十子之徒因得孔子口授传旨,或许更加接近《春秋》之"义"。但左丘明之撰《左氏春秋》因惧弟子"失其真"而起,即左氏之诠释《春秋》,主观上也"求真"。如果套用一句"《诗》无达诂"的成语而更之以"《春秋》无达诂",在时过境迁之后,对先存典籍的任何解释都不可能尽符原意,因此很难说在对《春秋》的诠释上《公羊传》、《穀梁传》一定比《左传》更加可信。要之,在孔子的时代他还是一位凡人,孔子所著书不是"经",还没套上神圣的光环,因此,《春秋》面世后激起读者去探求孔子著书之意蕴,应当是一件平常之事而非"经师"之举。当然,读者能不能得孔子《春秋》之义是一回事;允许不允许读者去"得"《春秋》之义,也就是允许不允许读者去理解《春秋》,去"传"《春秋》,这又是一回事。而在孔子的时代,任何读者都可以对《春秋》发表感想与评论,都可以对《春秋》作出自己的解释。在这个问题上,太史公肯定了读者去得《春秋》之"义"的权利(左丘明去得孔子《春秋》之义;铎椒、虞卿、吕不韦等去得《左传》之义),他的态度是鲜明的。与太史公绝然不同,刘逢禄根本不承认左丘明有理解《春秋》之义也就是"传"《春秋》的资格,他说:"丘明盖生鲁悼之后而未闻口授微旨,当时口说多异,因具论其事实,不具者阙之。曰,鲁君子则非弟子也。"①

　　非弟子就不配读《春秋》,更不配"传"《春秋》吗?至少太史公不这么看。刘的治学立场与太史公相去甚远,带有意识形态的垄断性。《汉书·王莽传》公孙禄议刘歆之罪,曰:"国师嘉新公颠倒五经,毁师法,令尔士疑惑,宜诛以慰天下。"刘逢禄对此发论:"证曰:改乱旧章之祸凶于尔国,害于尔家,公使之也,而数千载不悟,何哉!"②文字狱也不过如此了!刘逢禄流露出的党同伐异、专己斥彼的经生霸气,实际上触及了经学史上的一个重要问题,那就是:对于《春秋》,对于"经",谁有诠释权?也就是谁有明《春秋》之"义"的权力?

　　众所周知,司马迁的时代经学已经成立,《春秋》已成为"经",被意识形态化,诠释《春秋》的权力,已被收归官方所有,解释权被御定经师所垄断。从政府的立场来说,为了维护经学的独断性,解经权不许旁逸,须由经政府认可的经师——在西汉,也就是今文经师——来执掌;从御用经师的立场来说,经学因与利禄挂钩,勺子里的肉最好一家独享,他人不必干预。所以,在今文家看来,解经权理应由他们垄断。到了西汉后期,当刘歆想立《左传》等古文经学于学官,也就是想争取解经权,争取古文经学的意识形态化以分享今文经学的利益时,激起了今文家的厌恶,争论遂不可免。"哀帝令歆与五经博士讲论其义,诸博士或不肯置对",刘歆不得已,撰《移让太常博士书》相争:

---

① 《左氏春秋考证》,《皇清经解》本。
② 同上。

……孔子忧道之不行,历国应聘。自卫反鲁,然后乐正,《雅》、《颂》乃得其所;修《易》,序《书》,制作《春秋》,以记帝王之道。及夫子没而微言绝,七十子终而大义乖……陵夷至于暴秦,焚经书,杀儒士,设挟书之法,行是古之罪,道术由是遂灭。汉兴,去圣帝明王遐远,仲尼之道又绝,法度无所因袭。时独有一叔孙通略定礼仪,天下惟有《易》卜,未有他书。至孝惠之世,乃除挟书之律,然公卿大臣绛、灌之属咸介胄武夫,莫以为意。至孝文皇帝,始使掌故晁错从伏生受《尚书》。《尚书》初出于屋壁,朽折散绝,今其书见在,时师传读而已。《诗》始萌芽。天下众书往往颇出,皆诸子传说,犹广立于学官,为置博士。在朝之儒,唯贾生而已。至孝武皇帝,然后邹、鲁、梁、赵颇有《诗》、《礼》、《春秋》先师,皆出于建元之间。当此之时,一人不能独尽其经,或为《雅》,或为《颂》,相合而成。《泰誓》后得,博士集而赞之。故诏书曰:"礼坏乐崩,书缺简脱,朕甚闵焉。"时汉兴已七八十年,离于全经固已远矣。

及鲁恭王坏孔子宅,欲以为宫,而得古文于坏壁之中,《逸礼》有三十九,《书》十六篇。天汉之后,孔安国献之,遭巫蛊仓卒之难,未及施行。及《春秋》左丘明所修,皆古文旧书,多者二十余通,藏于秘府,伏而未发。孝成皇帝愍学残文缺,稍离其真,乃陈发秘藏,校理旧文,得此三事,以考学官所传经,或脱简,愍或脱编。博问民间,则有鲁国桓公、赵国贯公、胶东庸生之遗学与此同,抑而未施。此乃有识者所惜闵,士君子之所嗟痛也。往者缀学之士不思废绝之厥,苟因陋就寡,分文析字,烦言碎辞,学者罢老且不能究其一艺。信口说而背传记,是末师而非往古。至于国家将有大事,若立辟雍、封禅、巡狩之仪,则幽冥而莫知其原,犹欲保残守缺,挟恐见破之私意,而无从善服义之公心,或怀疾妒,不考情实,雷同相从,随声是非,抑此三学(案:"三学"指《逸礼》、《古文尚书》、《左传》。——引者),以《尚书》(案:指《今文尚书》。——引者)为备,谓《左氏》不传《春秋》,岂不哀哉!今圣上德通神明,继统扬业,亦闵此文学错乱,学士若兹,虽深昭其情,犹依违谦让,乐与士君子同之。故下明诏,试《左氏》可立不,遣近臣奉指衔命,将以辅弱扶微,与二三君子比意同力,冀得废遗。今则不然,深闭固距而不肯试,猥以不诵绝之,欲以杜塞余道,绝灭微学。……且此数家之事,皆先帝所亲论,今上所考视,其古文旧书,皆有征验,内外相应,岂苟而已哉!……若必尊己守残,党同门,妒道真,违明诏,失圣意,以陷于文吏之议,甚为二三君子不取也。①

刘歆此书是中国经学史上一篇极为重要的文献,对于厘清纷繁复杂的今古文经学之争,这篇文献的意义尤其重大,因此有必要对其重加探讨。

---

① 《汉书·楚元王传》。

首先值得注意的是刘歆上书时的一般态度以及他所处的社会情状。刘歆此书是在公开场合下对阻挠将古文经学立于学官的今文经学家们的"责让"。既是"责让"即批评,且又有哀帝命博士与刘歆"讲论其义",那么,刘歆应当有让博士们来"挑刺"反批评的充分思想准备。当时刘歆与博士对垒的情势如何?看刘歆上书以后,"诸儒皆怨恨","歆由是忤执政大臣,为众儒所讪",便可想见诸儒对刘歆欲立古文经学那种虎视眈眈的敌视心态。在这种情势之下,刘歆如果胆敢当着那么多博士的面造伪说谎,那他就是"自投罗网",刘歆不会那么傻。刘歆上疏以后,龚胜上疏奏弹劾,刘歆"深自罪责,愿乞骸骨罢",及儒者师丹为大司空,"亦大怒,奏歆改乱旧章,非毁先帝所立"①,这一条历来被作为刘歆造伪的证据。但这里的"改乱旧章"是不是就可以理解为刘歆作伪?我认为不可以。因为师丹说刘歆"改乱旧章",紧接着一语就是"非毁先帝所立",因此,这里的"改乱旧章",必不能训"章"为"章句"之章,这个"章"只当训为"章法"之章,师丹这里是说刘歆"改乱"先帝时已经立下的"章法"、"规矩"。这个章法规矩就是:以今文经学而非古文经学立于学官。刘歆要破这个章法规矩,所以师丹指责他"改乱旧章","非毁先帝所立"。哀帝在诸儒攻击刘歆时出来替刘歆说话,更为"改乱旧章"系指改乱先前的"章法"而不是指"章句"之"无中生有"、"捏造杜撰"的"造伪改乱"一解增添一有力的旁证。哀帝说:

歆欲广道术,亦何以为非毁哉?

按,"非"为否定,"毁"谓"毁坏";哀帝所谓的"道术"欲"广",明指刘歆要在今文经学的"官学"旁边再立古文经学于学官,以"广"解经之典籍,且当众否定了刘歆杜撰"章句"即"作伪"。换言之,哀帝这里的"非毁"恰恰涵盖"改乱旧章",是对师丹劾奏刘歆"改乱旧章,非毁先帝所立"的直接批评。据此我认为,师丹"改乱旧章"一说,是指刘歆要破先前立下的规矩,而不是指刘歆作伪。此外,刘歆上疏所举史事中的孔安国献书一事,时在"天汉之后",此说因与司马迁所说孔安国"蚤卒"年限不符,后人因指责刘歆之说不确,甚至有将此作为刘歆造伪的证据。但是,值得注意的是,当时博士们并没有就刘歆的孔安国"天汉之后"献书一说提出异议,这说明,刘歆所举孔安国献书之事,即便与"天汉之后"年代不符,至少在诸博士的观念中其意义并不严重,诸博士没有将此事视为刘歆"造伪"。以刘歆之遭诸博士怨恨,若诸博士认为刘歆所举孔安国献书年代系存心造伪,他们绝不会放过这一足以置刘歆于死地之良机。而诸博士之所以对刘歆所举孔安国献书事没有表示任何异议,这恰恰从一个侧面证明:孔安国献书必有其事。关于这一点,阎若璩《尚书古文疏证》有详尽的考证(见前"阎若璩"节)。因此,后人所说的孔安国献书年代不符,这只是一个"技术"的疏误,而不是

---

① 《汉书·楚元王传》。

"史实"的造伪。是故所谓的孔安国献书年代不符,也同样不能作为刘歆作伪的根据。

人们常说"做贼心虚"。但我们看刘歆上疏,一点也没有"心虚"之态。他要求立古文经学于学官,可谓"明目张胆",也可说是"堂堂正正",所说的话一点也不遮掩。特别是他所说"且此数家之事,皆先帝所亲论,今上所考视,其古文旧书,皆有征验"数语,话说得这么"硬",一则谓"古文旧书"之事"皆先帝所亲论",二则云"今上"即哀帝亦"所考视",直欲拉"先帝"与"今上"为证人,直可谓"斩钉截铁"了!刘歆绝不敢冒天下之大不韪,当着"今上",当着如此仇视他的诸博士的面撒谎,所以说刘歆所欲立之《左传》、《逸礼》、《古文尚书》,绝不可能是刘歆伪造,而肯定是"古文旧书"。即是说,刘歆《书》中所举有关古文经学的史实应当是可信的。看刘歆此《书》所揭露今文经学分文析字、烦言碎辞、学者罢老且不能究一艺的治学之弊,可谓切中要害。今文家在刘歆提出与之讨论古文经学的申请,且哀帝也下了命令,今文家就是"深闭固距,不肯置对",这在今天看来,很有一些心虚或者说故意刁难的意味。这其中一个重要原因,就在于今文家要将古文经学排斥在学术主流之外,以继续独享利禄的得益。而刘歆《书》中所指陈的国有封禅等大事,今文经学不足以用,古文经学足以用;他又打出《左传》撰主左丘明"好恶与圣人同"①的招牌与今文家角,凡此种种都是为了博取帝王对古文经学的好感,借王权之力争取古文经学的"工具"地位,以使古文经学意识形态化。

自从刘歆表彰古文经学以后,古文经学逐渐兴盛。尤其因刘歆好《左传》,经他的努力,《左传》在王莽时曾经一度被立于学官;东汉初《左传》又曾立于学官,旋即废。但随着东汉及东汉以后古文经学家的不懈努力,自东汉末以至于隋唐,古文经学终于成为经学正统,终于意识形态化;《左传》也终于成为《春秋》之"传"。正因为东汉以降古文经学占据了压倒今文经学的优势,所以,关于《左氏春秋》到底是否"传"《春秋》的问题,自东汉以降原没有太大的争议。不同意《左氏春秋》"传"《春秋》,甚至认为《左氏春秋》经刘歆伪羼,这样的学者虽然有,但人数不多,影响也不大。顾颉刚《五德终始说下的政治和历史》曾援引朱彝尊《经义考》卷一六九,对于历史上怀疑《左传》的学者作过一个整理②。总体来看,与相信《左氏》"传"《春秋》的学者相比,认为《左氏》不传《春秋》的学者人数究竟较少,他们的意见也比较简单而不成系统,加之古文经学在学术界所占据的优势地位,因此,不相信《左氏》"传"《春秋》的学者的意见在学术界并不占主导地位,也没有引起很大反响。

刘逢禄出。他撰《左氏春秋考证》,这是中国学术思想史上第一部系统怀疑《左传》的学术专著。刘站在今文经学的家派立场上对《左传》提出了全面质疑,谓《左氏》

---

① 《汉书·楚元王传》。
② 《古史辨》第五册,第540—542页。

不传《春秋》，又称《左氏》经刘歆伪造，其中的"君子曰"、"书曰"等皆为刘歆所增。刘撰《左氏春秋考证》之际，正值中国多变之秋的前夜。思想界因思"致用"而求"变"，对乾嘉考据学风感到不满的思潮正在滋长，因此对于乾嘉考据学者所信奉的古文经学感到不满，转而选择今文经学的学者正在增多，今文经学的势力正在壮大。刘逢禄的学风，与其师弟宋翔凤不同。宋虽也疑《左传》，但所论多拾刘逢禄陈说，少所创获。在宋那里，今古文经的家派壁垒也没有像刘那样畛域分明；刘学风尤其与其师庄存与大异：庄治学"今"（文经）、"古"（文经）不别。他撰《春秋正辞》虽主《公羊》义法，多用董仲舒、刘向、何休今文家言，但庄氏大量援引《左传》解经，这一点与刘大相径庭。所以，在中国学术思想史上熄迹已久的今古文经之争，是自刘逢禄以后，自刘逢禄《考证》出，才风波又起死灰复燃的。延至近代，今古文经之争由学术领域而蔓延至政治领域，它的"政治含金量"愈来愈高，终至于由康有为借此学术问题在政治上掀起了轩然大波，今古文经之争的问题遂成为人们关注的一个"社会热点"。而康有为明谓其撰两《考》系受刘逢禄等人启发；下至于五四以后的"古史辨"诸健将，亦仍然每援引《左氏春秋考证》立论，是故刘逢禄《左氏春秋考证》的面世所造成的影响，已远远超过了他的前辈学者；而刘的《考证》将《公羊》义法与考据相杂糅，他有一个"体系"，又有一个服务于这个体系的"考证"方法，其思绵密而其论巧辩，是故对刘逢禄《考证》的梳理，其难度也要远远超过对刘前辈学者的学术清理。

然考刘逢禄在《左氏春秋考证》中提出的《左氏》不传《春秋》说这一核心论点，其立说皆牵强武断难据。根据近年的田野考古资料，这一点已经给予了明确的结论。新出土的马王堆帛书中有《春秋事语》，其中就有关于《左传》的传说，这是重要的典籍遗产。根据学者的最新研究表明，马王堆帛书的发现再次证明《左传》的真实性无可怀疑，同时也证明载籍所述《左传》之学的传承也很可据[①]。当然，我们不能以现在能够掌握的田野考古资料来要求刘逢禄，因为刘无法得到这些资料。但是，即便就刘逢禄能够得到的资料来看，他断《左传》为伪造之说也完全不能成立。故本书所驳刘逢禄，均以刘能够看到和能够掌握的史料为根据而立论，这一点应当事先予以说明。

2.《左》、《公》、《穀》三家通解《春秋》说

《左传》"传"《春秋》吗？关于这个问题，刘逢禄的老师庄存与持肯定态度，这一点前文已经述及。刘虽然学出庄氏却不顾"师法"，持《左氏》不传《春秋》说，大违庄意。刘指出，《史记·十二诸侯年表》中只有"鲁君子左丘明作《左氏春秋》"之说，而无所谓"《左氏传》"一说，故认为："《左氏春秋》犹《晏子春秋》、《吕氏春秋》也。直称'春秋'，太史公所据旧名也。冒曰'春秋左氏传'，则东汉以后之以讹传讹者矣。"

在《史记·十二诸侯年表》中，的确只有"《左氏春秋》"说而没有"《春秋左氏传》"

---

① 李学勤：《论新出简帛与学术研究》，载《传统文化与现代化》1993年创刊号，第68页。

的说法。较"《左氏春秋》"一说,"《春秋左氏传》"的说法一是将"春秋"二字移到了"左氏"之前;二是多了一个"传"字。在这里,《左氏春秋》到底"传"还是不"传"《春秋》,这是问题的要害。如果《左氏春秋》"传"《春秋》,那么,《春秋左氏传》的说法就完全能够成立;如果《左氏春秋》不"传"《春秋》,那么,将"春秋"二字移到"左氏"之前并定性为《春秋左氏传》就属无稽之谈。

首先应当从《左传》的实际内容来判定《左传》到底"传"还是不"传"《春秋》。我们看到,《左传》中的确存在着大量的解经语,例如:《经·桓公元年》:"秋,大水。"《左传》:"凡平原出水为大水。"《经·隐公九年》:"三月,癸酉,大雨震电。"《左传》:"大雨淋以震,书始也。"《经·隐公九年》:"庚辰,大雨雪。"《左传》:"庚辰,大雨雪,亦如之,书失时也。凡雨自三日以往为淋,平地尺为大雪。"

上举诸条《左传》语,对应明确,明显是为解《春秋》而发,因此一定是解经语。

《左传》中不仅有解经语,而且经解每与《公》、《穀》义同或义近者。例如:上引隐公九年《经》"庚辰,大雨雪"。《公羊》解谓:"何以书?记异也。何异尔?俶甚也。"《穀梁》:"志疏数也。八日之间再有大变。阴阳错行,故谨而日之也。"

今按:《左传》对此条《经》解云"书失时",与《公》、《穀》两家解义相近。

隐公七年《经》:"夏,城中丘。"《公羊》:"中丘者何?内之邑也。城中丘何以书?以重书也。"《穀梁》:"城为保民为之也。民众城小则益城。益城无极,凡城之志皆讥也。"《左传》:"夏,城中丘,书不时也。"

今按:上述《左》、《公》、《穀》亦同解。是故庄存与释此条时曾以《左传》、《公羊》解同列,且先引《左传》解,并下评语道:

左丘氏曰:书不时也。咨十有二牧曰:食哉惟时。春耕夏耘秋收皆九日而毕,先时,戒之,后时则有辟。……王事惟农是务,无有求利于其官以干农。工谷不可胜食,由此道也。一日不作,终岁无获,若之何夺之?公羊子曰:以重书也。无旧无新营之曰城……殚弊民力,比于平地,清风戒寒,何岁不然?熟视无睹,曾不举手力役之暴,亚于师旅……圣人忧民固如此乎?①

尤可注意者,在涉及礼制、礼法等重大问题时,《左传》、《公羊》、《穀梁》每义同,这一点最重要。现举数条如下:

(1)《左传·隐公元年》:

秋,七月,天王使宰咺来归惠公、仲子之赗(fèng)。缓,且子氏未薨,故名。

---

① 《春秋正辞》。

按:"赗"者,助丧之物。惠公薨已逾年周天子始"赗",故曰"缓",此可见出《左传》"讥天子"之义。而宰咺来馈赗,又非仅对惠公,仲子亦与之。"子氏"者,仲子也,身份为鲁隐公妻,桓公母。此时鲁惠公薨,仲子却未薨,助丧之物连同仲子在内,不合礼法。是故《左传》下文曰:"……赠死不及尸,吊生不及哀,豫凶事,非礼也。"此"豫凶事",即指仲子未死而周天子馈赠丧礼品一事。

试对比《公羊传·隐公元年》:

秋七月,天王使宰咺来归惠公、仲子之赗。宰者何?官也。咺者何?名也。曷为以官氏?宰士也。惠公者何?隐之考也。仲子者何?桓之母也。……赗者何?丧事有赗。赗者,盖以马,以乘马束帛。车马曰赗,货财曰赙,衣被曰襚。桓未君则诸侯曷为来赗之?隐为桓立,故以桓母之丧告于诸侯。然则何言尔?成公意也。其言来何?不及事也,其言惠公仲子何?兼之,兼之非礼也。

今按:《公羊传》之"兼"者,指周天子"来归惠公、仲子之赗",即混同死、生,共送助丧礼品;《公羊传》"兼之非礼"与《左传》"豫凶事非礼"义同。

(2)《左传·桓公二年》:

夏,四月,取郜大鼎于宋。戊申,纳于太庙,非礼也。

《公羊传·桓公二年》:

……戊申,纳于大庙。何以书?讥。何讥尔?遂乱受赂,纳于大庙,非礼也。

今按:宋殇公为宋穆公兄宣公之子。穆公传位与殇公而非己之子公子冯,以报答宋宣公传位于己而非其子殇公之恩。公子冯是以奔郑。殇公却以怨报德,视公子冯为心腹大患,必欲除而后快。是故《左传·桓公二年》有宋殇公"十年十一战"伐郑之记载,皆为除去公子冯也,从而导致郑国之"民不堪命"。时孔父(又称孔父嘉,孔子六世祖)为宋殇公之司马。其妻美,宋华父督见之于路,"目逆而送之,曰:'美而艳'",遂起夺孔妻之想。他嫁祸于孔父,谓宋之伐郑皆孔父"则然"。他先杀孔父,然后弑君。《左传·桓公二年》云:"已杀孔父而弑殇公,召庄公于郑而立之,以亲郑。以郜大鼎赂公,齐、陈、郑皆有赂,故遂相宋公。"

华父督夺人妻,弑其君,行恶多端。他自知罪孽深重,故广行贿赂于各诸侯。鲁桓公、齐僖公、陈桓公、郑庄公皆收受之"以成宋乱",此是为"大恶"。故桓公二年《经》曰:

三月,公会齐侯(齐僖公)、陈侯(陈桓公)、郑伯(郑庄公)于稷(在宋境),以成宋乱。

按:"成"者,成就也。华父督弑君并就相位,复从郑引回公子冯立为君,此事动静极大,须得诸侯国认可方见稳妥,故其分别贿赂鲁、齐、陈、郑四国。各受贿诸侯良知泯灭是非不分助纣为虐,会于稷(在宋境),承认此事,"宋乱"终"成"。更有甚者,鲁桓公竟以受贿之鼎置诸祖庙,周天子对此一切却不闻不问听之任之,"上梁"先"不正",此尤为"大恶"。如《公羊·桓公二年》所云:

> 三月,公会齐侯、陈侯、郑伯于稷,以成宋乱。内大恶讳,此其目言之何?远也。所见异辞,所闻异辞,所传闻异辞。隐亦远矣,曷为为隐讳?隐贤而桓贱也。

按:《公羊传》揭出各诸侯助成"宋乱"之"大恶"本质,此义与《左传》全同。
(3) 庄公三年《经》:

> 春王正月,溺会齐师伐卫。

《公羊传》:

> 溺者何?吾大夫之未命者也。

《穀梁传》:

> 三年春,王正月,溺会齐师伐卫。溺者何也?公子溺也。其不称公子何也?恶其会仇雠而伐同姓,故贬而名之也。

试对比《左传·庄公三年》:

> 三年,春,溺会齐师伐卫,疾之也。

今按:鲁桓公妻文姜与齐襄公为同父异母兄妹,两人私通已久。故鲁桓公怀疑"同(即鲁庄公)非吾子",系文姜与齐襄公私生子。文姜将此事告知齐襄公,齐襄弑杀鲁桓公。溺,鲁公子。溺未经鲁庄受命,擅自出兵,是谓"吾大夫之未命者"。齐襄于鲁庄有杀父通母之仇,溺却会之伐卫,故庄公"疾之"。《左传》载之,此必为解经语,指明经义。可见《左传》、《公羊传》"疾"溺同义。《汉书·五行志》引刘歆说:"鲁公子溺专政会齐,以犯王命。"杨伯峻云:"刘歆治左氏,此当是左氏古义。"①"犯王命"者,犯庄公之命也。是以《穀梁传》谓:"溺者何也?公子溺也。其不称公子何也?恶其会仇雠而伐同姓,故贬而名之也。"杨伯峻认为"此自是《穀梁》义,与《左氏》义不同"②。然《左传》、《穀梁》异中有同,齐襄弑鲁桓,是为鲁之"仇雠"。
(4) 僖公二十八年《经》:"天王狩于河阳。"《公羊》解谓:"狩不书,此何以书?不与再致天子也。"《穀梁》:"全天王之行也。为天王讳也。"

试对比《左传》:

---

① 参阅杨伯峻:《春秋左传注》第一册,中华书局 2009 年版,第 161 页。
② 同上。

是会也,晋侯召王,以诸侯见,且使王守。仲尼曰:以臣召君,不可以训。故书曰:天王狩于河阳。言非其地也,且明德也。

今按:三传皆有为天子讳之义。《左传》针对《经》本有语而发,所解较《公》、《榖》为明。

以上可知,在事关伦理道德价值观的重大问题上,《左传》、《公羊传》、《榖梁传》三家绝不存在根本的矛盾抵牾,而是基本一致。这是今文家每每"杂用"《左传》以及今古文经最终能够合流的根本原因所在。

3. 先秦诸子《左氏》"传"《春秋》说

《左传》中确实存在着"解"《春秋》也就是"传"《春秋》的内容,那么,《左传》之"传"《春秋》在先秦时怎么看?从先秦诸子典籍中,不难寻绎到直呼《左传》为《春秋》的实例。我认为,这既是以往将史籍称为"春秋"的习惯性延续,同时更是视《左传》为《春秋》之"传"的显证。现举数例如下:

(1)《韩非子·奸劫弑臣》:"故《春秋》记之曰:楚王子围将聘于郑,未出境,闻王病而反。因入问病,以其冠缨绞王而杀之,遂自立也。齐崔杼其妻美,而庄公通之,数如崔氏之室。公往,崔子之徒贾举率崔子之徒而攻之。公如室,请与之分国,崔子不许;公请自刃于庙,崔子又不听;公乃走,逾于北墙。贾举射之,公坠,崔子之徒以戈斫公而死之,而立其弟景公。"

按:《韩非子》所引子围、崔杼弑君事,全本《左传·昭公元年》与《左传·襄公二十五年》,而韩非子谓"《春秋》记之"。

(2)《战国策》卷十七所记与《韩非子》同,而谓"《春秋》诫之曰"。

(3)《战国策》卷十七:"虞卿谓春申君曰:臣闻之《春秋》:于安思危,危则虑安。"

按:《左传·襄公十一年》:"《书》曰:居安思危。"《战国策》此引《左传》语而谓之《春秋》所云。

(4)《战国策》卷二十四:"昔者晋人欲亡虞而伐虢,伐虢者,亡虞之始也。故荀息以马与璧假道于虞,宫之奇谏而不听,卒假晋道。晋人伐虢,反而取虞,故《春秋》书之,以罪虞公。"

按:《战国策》所引晋人伐虢事载《左传·僖公二年》,《战国策》谓"故《春秋》书之,以罪虞公",此本《左传》罪虞之义,也就是认为《左传》所解符合《春秋》原义。

(5)《荀子·劝学》:"《春秋》之微也。"杨倞注:"微谓褒贬诅劝,微而显,志而晦之类也。"试对比《左传·成公十四年》:"《春秋》之称,显而微,志而晦,婉而成章,尽而不污,惩恶而劝善。非圣人,谁能修之?"

这里,荀子所谓"微"义与《左传》同而谓之"《春秋》之称",这是荀子视《左传》"传"孔子《春秋》之微言大义的显证。

(6)《韩诗外传》有荀子谢春申君书,亦引《左传·襄公二十五年》子围、崔杼弑君事,而称为"《春秋》之记"。益可证荀子视《左传》"传"孔子《春秋》。

(7)《吕氏春秋·求人》:"观于《春秋》,自鲁隐公以至哀公十有二世,其所以得之,所以失之,其术一也。得贤人,国无不安,名无不荣;失贤人,国无不危,名无不辱……虞用宫之奇,吴用伍子胥之言,此二国者,虽至于今存可也,则是国可寿也。"

按:虞未用宫之奇之谏而亡,事载《左传·僖公二年》;而伍子胥谏吴王,其语惟详《左传》,见昭公三十年、哀公元年。《吕氏春秋》以此为《春秋》之解,是《吕氏春秋》认为《左传》之解符合《春秋》本义。

4. 关于"君子曰"和"书曰"

综上可知,战国时荀子、韩非子、《战国策》、《吕氏春秋》均视《左传》为"《春秋》",也就是都认为《左传》"传"《春秋》。以此我们来看刘逢禄,他在《左氏春秋考证》中说:"余年十二读《左氏春秋》,疑其书法是非多失大义,继读《公羊》及董书,乃恍然于《春秋》非记事之书,不必待左氏而明。左氏为战国时人,故其书终三家分晋,而续经乃刘歆妄作也。"刘又认为,《左传》中的"书法"如"君子曰"、"书曰"等亦皆出于刘歆伪窜。

今按:前举《荀子》、《韩非子》、《战国策》、《吕氏春秋》,皆本《左传》义,也就是皆本《左传》"书法"。关于《左传》中的"君子曰"、"书曰"不可能出于后人的附益,也不可能出于刘歆的伪羼,这种文体先秦古籍中多有,散见于先秦诸子及《国语》、《战国策》诸书内。这些问题,20世纪二三十年代学术界曾经有过周详的论述,杨向奎先生亦有详解①。这里仅再补充《韩非子·难四》一条:"郑伯将以高渠弥为卿,昭公恶之,固谏不听。及昭公即位,惧其杀己也,辛卯,弑昭公而立子亶。君子曰:昭公知所恶矣。"

试对比《左传·桓公十七年》:

郑伯将以高渠弥为卿,昭公恶之,固谏不听。昭公立,惧其杀己也。辛卯,弑昭公而立公子亶。君子谓昭公知所恶矣。

按:《韩非子》不仅只字不变袭用《左传》,且《左传》原有的"君子谓",韩非亦袭用为"君子曰",此知"君子曰"必《左传》本有语,而非刘歆所伪。

5. 关于"郑伯克段"

《左传·隐公元年》:

郑伯克段……郑共叔之乱,公孙滑出奔卫。卫人为之伐郑,取廪延。郑人以王师、虢师伐卫南鄙。

---

① 见《绎史斋学术文集》,上海人民出版社1983年版。

按："郑伯克段"为隐公元年重要史实。因《古文观止》选为首篇，数百年传诵不绝而耳熟能详，它来自《左传》的生动描述。然而，《左传》之叙事却遭刘逢禄的横加指责。其《左氏春秋考证》驳左氏曰：

> 证曰：凡"书曰"之文皆刘歆所增益，或歆以前已有之，则亦徒乱《左氏》文采，义非传《春秋》也。……《春秋》有杀世子母弟目君之例，谓视专杀大夫为重耳。若讥失教，则晋侯杀申生亦失教乎？

按："郑伯克段于鄢"为《春秋经·隐公元年》本有语，《左传》有此语，益证《左传》"传"《春秋》而不应当相反。刘逢禄一秉今文家派立场谓《左传》不解《春秋》，故于郑伯克段多不可说而强为之说。

《公羊传·隐公元年》：

> 夏五月，郑伯克段于鄢。克之者何？杀之也。杀之，则曷为谓之克？大郑伯之恶也。曷为大郑伯之恶？母欲立之，已杀之，如勿与而已矣。

《穀梁》亦有论谓：

> 段，弟也而弗谓弟，公子也而弗谓公子，贬之也。段失子弟之道矣。贱段而甚郑伯也。何甚乎郑伯？甚郑伯处心积虑成于杀也。

按：郑伯于段终未成"杀"。《公羊》、《穀梁》为"大""郑伯之恶"而谓其"杀"段，不可信。因《左传·隐公十一年》郑伯即言之凿凿："寡人有弟，不能和协，而使糊其口于四方"，是太叔段十年后仍然存活。是故在段有没有被杀的问题上《史记·郑世家》采《左传》而不用《公羊传》、《穀梁传》。现刘逢禄一不顾段终未"成杀"之史实，更无视段的野心勃勃、多行不义，而强以晋侯杀申生类之。然晋献公杀太子申生之史实绝不支持刘逢禄之论。

《左传·庄公二八年》：

> 晋献公娶于贾（姬姓国），无子。烝于齐姜（晋献公父晋武公妾），生秦穆夫人及太子申生。又娶二女于戎，大戎狐姬生重耳，小戎子生夷吾。晋伐骊戎，骊戎男女以骊姬，归，生奚齐，其娣生卓子。骊姬嬖，欲立其子，赂外嬖梁五与东关嬖五（郦姬男宠）……

又，《左传·僖公四年》：

> 初，晋献公欲以骊姬为夫人……立之。生奚齐，其娣生卓子。及将立奚齐，既与中大夫成谋，姬谓太子曰："君（晋献公）梦齐姜，必速祭之！"太子祭于曲沃，归胙于公。公田，姬寘诸宫六日。公至，毒而献之。公祭之地，地坟。与犬，犬毙。与小臣，小臣亦毙。姬泣曰："贼由太子。"太子奔新城。公杀其傅杜原

款。……或谓太子："子辞,君必辨焉。"太子曰："君非姬氏,居不安、食不饱。我辞,姬必有罪。君老矣,吾又不乐。"曰："子其行乎！"太子曰："君实不察其罪,被此名也以出,人谁纳我？"十二月戊申,缢于新城。

今按：晋献公,暴君昏君；太子申生,天下孝子。献公受郦姬蛊惑,"将立奚齐",废太子,屡屡加害于申生而申生以孝心一忍再忍,郦姬终置毒于胙而诬系申生所为。世间见有后母歹毒继子者,皆无过于郦姬。申生对所遭构陷不申辩；身遇危亡处境拒遁亡,最终不惜自缢,皆为取悦于献公（即所谓"君非姬氏,居不安、食不饱。我辞,姬必有罪。君老矣,吾又不乐"）。献公对申生一片孝心却冷若冰霜铁石不动,故《经》并不谓太子自缢而亡,而直接加罪于献公。《经·僖公五年》：

春,晋侯杀其世子申生。

按：此"罪在王也"之经义重要。《左传·襄公十三年》："书曰'天王杀其弟佞夫',罪在王也。"此适与《经·僖公五年》同义。是献公又何谈刘逢禄所比拟之郑伯"失教"哉！刘逢禄,"经学家"也,对《经·僖公五年》之经义竟"敢"视而不见,有失本分；若以"美学"的眼光审视此段"历史",申生的不幸,实为"无辜地碰到他身上的",故"设法营救和援助"应当是每一个具有同情心的善良人自然而然的想法。"如果救援不可能,那种苦痛和灾难的情景只能使人痛心。"①对献公之昏聩刘逢禄不谴责,于申生仁厚孝父乃至于无辜受害不礼赞不同情,其史评或曰经论根本缺乏悲悯心与仁慈心,已全然抛弃了中国传统文化重"人性"之品格。传统学人中似刘逢禄者实不多见。其为郑伯加以"杀世子母弟目君之例"的罪名,将郑伯克段与献公杀申生混为一谈,甚至将郑伯克段视同郑伯弑君,混淆是非,莫此为甚。

郑伯既已"悔"克段后置姜于城颍,却又碍于曾有"不至黄泉毋相见"之誓言而陷入两难。颍叔考用孝言馨动庄公,又为庄公设计一个掘地道使其母子相见,而又不违背"君无戏言"庄公有誓在先的两全方案。对此《左传》有赞语：

君子曰：颍叔考纯孝也。爱其母,施及庄公。

这纯是左氏天性流露发自肺腑的赞语。左氏史家,心有波澜,笔生春秋,行文至此衷心而赞。读《史记·郑世家》,太史公于颍叔考孝心之赞美亦隐于叙事中,含蓄而隽永。刘逢禄却驳道：

证曰：考叔与庄公,君臣也。不可云"施及",亦不可云尔,类不辞甚矣！

今按：刘因视《左传》不传《春秋》,故不许《左传》有"君子曰",强断为刘歆伪造；

---

① 黑格尔《美学》第三卷下册,商务印书馆1981年版,第289页。

于颍叔考之与郑伯,则不许左氏流露天性,故以君臣有别病《左传》"施及"之"不辞"。然细味颍叔考规劝庄公之含蓄,再看《左传》赞颍叔考于庄公之"施及",这里的"施及"不应像刘逢禄般解为含有居高临下的"布施"之义,而应解为类似于《易·乾》"云行雨施"之"施",即润物细无声的散布感化之义。再退一步,臣下于君主即"切谏"亦当行,更遑论"施及"哉?据此,刘逢禄之"不辞"说非《左传》之"不辞",而是刘氏之"强辞"。

6.《左传》"学"至汉代的传衍与汉代学者的"杂"用今古

《左氏》在先秦已经有传衍,《史记·十二诸侯年表序》中所提到的铎椒、虞卿、吕不韦、荀卿、孟子、公孙固、韩非都是先秦时人;刘师培《左庵集》卷二有《周季诸子述左传考》,对这一问题有详尽的考证,可以参考。此外,晋武帝咸宁间魏古墓出土的竹简古书,其中有一种叫《师春》,据《晋书·束晳传》和杜预的《春秋左氏经传集解后序》说,《师春》完全抄袭了《左传》的卜筮事,连上下次第及其文义都和《左传》相同。魏古墓的主人一般认为是魏襄王,则《左传》至少在魏襄王以前已经很流行(杨伯峻:《左传成书年代论述》,《杨伯峻学术论文集》,岳麓书社1984年版)。要之,《左传》在先秦的传衍,至战国时已经形成一"学",这可以从《荀子》、《韩非子》、《战国策》、《吕氏春秋》等典籍大量引用《左传》得到确认。

《左传》以其对《春秋》所涉史实详赡而生动的描述得到了学者的认可,在先秦时它已广泛传布,形成一"学",并被先秦诸子目为"《春秋》",这种情况一直延续到汉代。从汉初直到新莽间,存在着一个《左传》"学"的传衍统绪。《汉书·儒林传》:

> 汉兴,北平侯张苍及梁太傅贾谊,京兆尹张敞,太中大夫刘公子皆修《春秋左氏传》。谊为《左氏传训诂》,授赵人贯公,为河间献王博士。子长卿为荡阴令,授清河张禹长子(如淳曰:非成帝师张禹)。禹与萧望之同时为御史,数为望之言《左氏》。望之善之,上书数以称说。后为太子太傅,荐禹于宣帝,征禹待诏,未及问,会疾死。授尹更始。更始传子咸及翟方进、胡常。常授黎阳贾护季君,哀帝时待诏为郎,授苍梧陈钦子佚,以《左氏》授王莽至将军,而刘歆从尹咸及翟方进受,由是言《左氏》者本之贾护、刘歆。

这是班固所排列的一个《左传》于汉代的授受系统。在这个系统中,班固所提到的张苍、贾谊、张敞、萧望之等人后来均被视为今文专家,班固却谓该诸学者授受《左传》古文经学;这在今文经学派看来,混乱了家法,所以,刘逢禄对《汉书》这个说法完全不同意,他驳《汉书》道:

> 证曰:《张苍传》曰:好书略术;曰:习天下图书计籍,又善用算律术;曰:苍尤好书,无所不观,无所不晓,而尤邃律术;曰著书十八篇,言阴阳律术事而已,不闻其修《左氏传》也。盖歆以汉初博及群书者惟张丞相,而律术及谱五德可附《左氏》,故首援之。《贾生传》曰:能诵《诗》、《书》属文;曰:颇通诸家之书而已,亦

未闻其修《左氏传》也。盖贾生之学疏通知远,得之《诗》、《书》;修明制度本之《礼》,非章句训诂之学也。其所著述存者五十八篇……皆与《左氏传》不合……《张敞传》曰:本治《春秋》,以经术自辅其政。其所陈说以《春秋》"讥世卿"最甚。"君母下堂则从傅母",皆《公羊》义。《萧望之传》曰:治《齐诗》;曰:从夏侯胜问《论语》礼服。其《雨雹对》以季氏专权卒逐昭公;《代匈奴对》以大士丐之不伐丧,亦皆《公羊》义……未闻引《左氏》也。善《左氏》、荐张禹亦歆附会。要之,此数公于《春秋》、《国语》未尝不肄业受之,特不以为孔子《春秋传》耳。歆不托之名臣大儒则其书不尊不信也。

刘逢禄此论是他关于《左氏》无师传也就是《左传》不可信的主要论据,他以家派畛域范围汉代学者,认为张苍、贾谊、张敞、萧望之等既已修今文经学,便不可再涉足古文经学,不能再涉足《左传》。刘逢禄的论断涉及汉代今、古文经家法这样一个重大的学术问题。学界历来存一种将今文经和古文经看作冰炭难容、泾渭两分的观点,经过康有为的鼓吹以及五四以后"古史辨"学者的宣扬似已成定论,这个观点实自刘逢禄启之。正是从刘的深自壁垒开始,今古文经的宗派畛域凸显出来。但是,刘逢禄之论汉代今古文经冰炭难容,并不符合汉代的学术实际情况,其中的牵强武断处在在不少。现结合《左传》在汉代的传衍以及汉代学者的"杂"用今古,来分析一下刘逢禄之论。

首先是《汉书》的可信度问题。刘的驳论基本上以《汉书》为据,而《左传》学有师传之说《汉书》同样言之凿凿,刘引《汉书》又驳《汉书》,出尔反尔,于理不通,首先在逻辑上陷入了悖论。在《考证》中,刘动辄谓《汉书》中此处经刘歆伪羼,那里是刘歆附会。自从刘逢禄谓《汉书》经刘歆伪窜一说问世以来,下至于廖平、崔适以及五四以后"古史辨"顾颉刚、钱玄同诸大家,无不从刘说而推演发扬之。但是从刘逢禄以下诸大家均忘记了一个最根本的史实,那就是:刘歆死在班固之前,刘歆没有任何条件和可能去"伪窜"在他死了很久之后才面世的《汉书》。

我们知道,刘歆卒于公元23年,班固生于公元32年,也就是说,刘歆死了9年之后班固刚刚出生。

而据《汉书·班固传》:"固著《汉书》自永平中始受诏,潜精积思二十余年,至建初中为成。"即是说,刘歆之死距班固撰成《汉书》的建初中至少相隔53年,刘歆何能于死后去伪羼《汉书》?如果说刘歆原有伪羼古文经学或《左传》之某说,班固明知刘歆作伪而将之采入《汉书》,那么,这笔账也应当算在班固而不应算在刘歆的头上,是班固作伪而不是刘歆作伪。因此,说刘歆有伪羼《汉书》的嫌疑根本站不住脚。

那么,如果按照今文经学家,按照刘的论证逻辑,说班固明知故犯,说班固作伪,这种可能性存不存在呢?这种可能性同样不存在。因为按照今文家的说法,按照刘逢禄的说法，刘歆伪羼古文经学和《左传》是为了助莽篡汉，而刘歆的这个"政治污点"恰恰是班固极为重视的。《汉书》完全站在以刘氏王朝为正统的立场，他认为："汉绍尧运，以建帝业"①，绍尧运的是舜，舜受禅让而接替尧的帝位，也就是汉直接着尧实行舜的历数和天运，那么，王莽已经根本被排斥在外了。再看《汉书》将王莽排在"列传"之末，这正是为了显示王莽"篡汉"的大逆不道。刘歆因在王莽篡汉过程中曾经担任要职，在《王莽传》中班固对此持严厉的批判态度，有过详尽细致的论述。换言之，班固对于刘歆绝非一味盲从，尤其是在牵涉到刘歆"助莽篡汉"的政治经历时，班固贬斥严厉而未尝稍假辞色，那么，班固如果明知刘歆为了"助莽篡汉"而伪羼古文经学，伪羼《左传》，他却将刘歆的伪作伪说采入《汉书》，这万万不可能。因为这样做根本违背了班固的政治立场。因此，刘说《汉书》经刘歆伪羼附会不可信，不能成立。

现在，再让我们回过头来看一看刘逢禄在《考证》中所驳斥的《左传》无师传；贾谊等学者皆不用《左传》；以及刘歆伪羼《左传》等论点的武断难据。略举数条如下：

(1) 对"修"《春秋左氏传》的理解

《汉书·儒林传》谓张苍、贾谊、张敞等人皆"修"《春秋左氏传》，这里的"修"字应当怎么解？我认为，这个"修"字不当如刘逢禄训为"修撰"之修，而应解为"修习"之修。因为在班固看来，《左传》是相对于"经"之"传"，如《儒林传》所说："尹更始为谏大夫，长乐户将，又受《左氏传》。取其变理合者以为章句。"既如此，"传"岂容他人再撰？正如《公羊传》、《穀梁传》，时人不能再以"传"的名义撰写同名的"《公羊传》"、"《穀梁传》"一样。而贾谊作《左氏传训诂》，是用"训诂"的方法对《春秋左氏传》的再解释，这是可以理解的，这也正是贾谊通《左氏》学的明证。成帝时张霸上百二篇伪《尚书》，东汉王充《论衡·佚文》曾谈及此事，王充说："孝成皇帝读《百篇尚书》，博士郎莫能晓之。征天下能为《尚书》者。东莱张霸通《左氏春秋》，案百两序，以《左氏训诂》造作《百二篇》，具成，奏上。成帝出《秘尚书》以校考之，无一字相应者。下霸于吏。成帝奇霸才，赦其辜，亦不灭其经，故《百二篇书》传在民间。"证之于《论衡》，亦可知《儒林传》所说贾谊撰有《左氏传训诂》良非虚语。《左传》至班固时早成为一"学"，班固表之，谓张苍、贾谊、张敞等人曾"修"此学，班固必有所据。

《左传》以其对《春秋》所涉史实详赡而生动的描述得到了学者认可，在先秦时已广泛传布形成一"学"，并被先秦诸子目为《春秋》"，这种情况一直延续到汉代。从汉初一直到新莽间，不仅有如高祖、文帝、武帝、哀帝诏令中的屡引《左传》；也不仅有如叔孙通制礼采《左传》；也不仅有如贾谊、张敞等混用今古、"杂采"《左传》；同样不仅有如董仲舒、眭弘、主父偃、严彭祖、焦延寿、京房、翼奉、龚胜等今文家的引用《左传》，重要的是，汉代的学者层中也存在着一个视《左传》为《春秋》之"传"的传统。现试举数

---

① 《后汉书·班固传》。

例如下。

（2）贾谊

从《汉书·贾谊传》中，贾谊引用《诗》、《书》发议论、干政事，的确多用今文经学语。但是，刘逢禄说贾谊之论"与《左氏传》皆不合"则为谬说。众所周知，文帝时贾谊曾经上过一个著名的"削藩策"，主张"众建诸侯而少其力"，弱枝强干以巩固中央集权统治。这件事是贾谊政治生涯中极为重要的一项，它也构成了贾谊思想体系中具有代表性的政治主张。文帝接受了贾谊的建议，但时过不久，文帝"又封淮南厉王四子皆为列侯"。贾谊得知此事，遂上奏疏谏曰：

> 窃恐陛下接王淮南诸子，曾不与如臣者孰计之也。淮南王之悖逆亡道，天下孰不知其辜？陛下幸而赦迁之，自疾而死，天下孰以王死之不当？今奉尊罪人之子，适足以负谤于天下耳。此人少壮，岂能忘其父哉？白公胜所为父报仇者，大父与伯父、叔父也。白公为乱，非欲取国代主也。发愤快志，剚手以冲仇人之匈，固为俱靡而已。淮南虽小，黥布尝用之矣，汉存，特幸耳。夫擅仇人足以危汉之资，于策不便。虽割而为四，四子一心也。子之众，积之财，此非有子胥、白公报于广都之中，即疑有专诸、荆轲起于两柱之间，所谓假贼兵为虎翼者也。

贾谊此谏起于淮南王刘长逆乱而死后文帝复分封其四子为列侯之际。文帝在分封前没有征询过贾谊，所以贾谊说文帝"曾不与如臣者孰计之也"，委婉地批评文帝此举违背了自己先前曾经采纳过的"削藩"主张。朝令夕改，政出二途，因此贾谊此谏实际上是他的"削藩"政治主张的延续，对于贾谊的政治思想体系来说，此谏的重要性不言而喻。而正是在此谏中贾谊所举史实几乎全部来自《左传》。此谏所举白公胜为大父（祖父）、伯父、叔父报仇一事在哀公十六年，《左传》对此事有详尽的描述，而《公羊》、《穀梁》无说；"转诸"又作"转设诸"、"专诸"，他置匕首于鱼腹之中，乘进献时刺杀吴王僚，事在昭公二十七年。此事与荆轲刺秦王一事相近，故贾谊以专诸、荆轲对举而谓"起于两柱之间"。关于专诸刺杀吴王僚，《公》、《穀》亦无说，独《左传》有解，谓"转设诸置剑于鱼中以进，抽剑刺王，铍交于匈，遂弑王。"贾谊引用《左传》史实作为他规谏文帝勿封淮南王之子为列侯的依据，也可以说，贾谊引用《左传》史实作其"削藩策"的注脚，贾谊的依据全来自《左传》而与《公》、《穀》无涉，怎能说贾谊之论"与《左氏传》皆不合"？

（3）张敞

据《汉书·张敞传》载，大将军霍光死，宣帝始亲政事，封霍光侄孙霍山、霍云为列侯，以霍光之子为大司马。后霍山、霍云因罪归第，霍氏诸婿亲属颇出补，张敞得知，遂上封事谓：

> 臣闻公子季友有功于鲁，大夫赵衰有功于晋，大夫田完有功于齐，皆畴其庸，

延及子孙。终后田氏篡齐,赵氏分晋,季氏颛鲁。故仲尼作《春秋》,迹盛衰,讥世卿最甚。

今按:季友于鲁之功在平庆父之难。此事《左传》、《公羊》、《穀梁》三家皆有说,但就平庆父之难的过程而言,《公羊》、《穀梁》两家说不胜寥寥,而独以《左传》所载为详,故《史记·鲁周公世家》全采《左传》而不用《公》、《穀》。此事之最要者,在公子季友因功受封,此事《公羊》、《穀梁》无说,独《左传》有解,事在僖公元年,《史记》亦全采《左传》。因此,张敞所谓季友有功于鲁,其立论系用《左传》而非《公》、《穀》,与太史公同。

"田有功于齐",事在庄公二十二年。此条《公羊》无解,《穀梁》有说:"言公子而不言大夫,公子未命为大夫也。其曰公子何也?公子之重视大夫,命以执公子。"仅三十四字,其解寥寥,不知所云。此事惟《左传》所言详赡,故《史记·田敬仲完世家》不用《穀梁》而全本《左传》,此篇实即司马迁对《左传》古文的"今译"。值得注意的是,齐之接受陈完,埋下了田(陈)氏代齐的祸根,这个"义"《左传》首先明示而又为太史公所采用。现张敞谏宣帝勿封霍氏子弟而引陈完故事,意在警策宣帝勿蹈齐之覆辙,这里,张敞所用义法必来自《左传》,与太史公同,而与《公羊传》、《穀梁传》无涉。

"赵衰有功于晋",事在僖公二十三年。此条《公》、《穀》无说,惟《左传》有解。《左传》详细记载了公子重耳(即晋文公)流亡在外,赵衰等五贤士随侍左右,共与沉浮患难,终于协助公子重耳回国执政的经过。《史记·晋世家》全采《左传》。张敞的所谓"赵衰有功于晋",他别无所取,必本《左传》。

尤可注意者,张敞全本《左传》谏劝宣帝勿封霍氏子弟,他提出一个重要结论:

> 故仲尼作《春秋》,迹盛衰,讥世卿最甚。

众所周知,"讥世卿"本是《公羊》义法,张敞以"讥世卿"解《左传》,他恰恰以《左传》之义视同《公羊》,也就是张敞认为《左传》"传"《春秋》与《公羊》同。指出这一点很重要,它一方面至少部分地反映着汉代学者对《左传》与《春秋》相互关系的认识;另一方面,它也从一个侧面说明,在张敞的时代,今古文经之间并不存在一种后世所理解的冰炭难容的"家法"界限。而张敞"故仲尼作《春秋》,迹盛衰,讥世卿最甚"的结论刘逢禄亦引之,却谓张敞此义来自今文本家,与《左传》无涉,考之史实,刘此论大不可通。

从上就贾谊、张敞引用《左传》,已可知刘说不可信。在刘逢禄看来,汉代今文经、古文经两派势如水火,两不相容,学出今文者绝对不可能引用《左传》,更不可能有《左传》"传"《春秋》的观念。但实际情况并不如此。在汉代存在着一个视《左传》为《春秋》之"传"的统绪,这一点,尤其明显地表现在汉代今文经学家的"杂用"《左传》也就是不遵家法上。

第三章 清代今文经学之兴起与疑古思潮的最初积累

（4）眭弘（字孟）

《汉书》本传：

　　孟……从嬴公受《春秋》，孝昭元凤三年正月，泰山莱芜山南匈匈有数千人声，民视之，有大石自立……又上林苑中大柳树断枯卧地，亦自立生，有虫食树叶成文字，曰："公孙病已立"，孟推《春秋》之意，以为"石柳皆阴类，下民之象，泰山者，岱宗之岳，王者易姓告代之处。今大石自立，僵柳复起，非人力所为，此当有从匹夫为天子者。……"即说曰："先师董仲舒有言，虽有继体守文之君，不害圣人之受命。"汉家尧后（《汉书补注》：齐召南曰："案，以汉为尧后，始见此文。然则弘虽习《公羊》，亦兼通《左氏》矣。其后刘向父子申明其义，而新莽亦因以为篡窃之本。"叶德辉曰："《后汉书·贾逵传》：……明刘氏为尧后者，而《左氏》独有明文……）有传国之运。汉帝宜谁差天下，求索贤人，禅以帝位，而退自封百里，如殷周二王后，以承顺天命。"（《汉书补注》，叶德辉曰："退封百里，如二王后，亦《公羊》家新周故末之说。"）……大将军霍光秉政，恶之，下其书廷尉。奏赐，孟妄设妖言惑众，大逆不道，皆伏诛。

按：眭孟奏疏引用《左氏》"汉为尧后"之义，复与董仲舒说相混杂，并证之于《公羊》"新周故宋"之说，此眭孟混用今古。是故齐召南对眭孟有"虽习《公羊》，兼通《左氏》"之评。

（5）严彭祖

《春秋左氏经传集解序·孔颖达疏》引沈氏："《严氏春秋》引《观周篇》云：孔子将修《春秋》，与左丘明乘如周，观书于周史，归而修《春秋》之经，丘明为之传，共为表里。"据《汉书》本传，严彭祖本今文专家，他说《左传》为《春秋》的"传"，明确表明了他对《左传》的肯定态度。因此之故，严彭祖才会撰《春秋左氏图》十卷（见《隋书·经籍志》。《唐志》作七卷，说明此书在唐时尚存世）。

（6）翼奉

《汉书》本传载翼奉"忌子卯"，翼奉说："北方之情，好也；好行贪狼，申子主之。东方之情，怒也；怒行阴贼，亥卯主之。贪狼必待阴贼而后动，阴贼必待贪狼而后用，二阴并行，是以王者忌子卯也。《礼经》避之，《春秋》讳焉。"

今按："忌子卯"事在昭公九年。《经》："夏，四月，陈火。"此条《公羊》、《穀梁》虽有说，但无"忌子卯"一解，惟《左传》有云："辰在子卯谓之疾日。"杜预《集解》："疾，恶也。纣以甲子丧，桀以乙卯亡，故国君以为忌日。""忌子卯"《公羊》、《穀梁》既然无解，独《左传》有说，翼奉"《春秋》讳焉"云云，取《左氏》而谓《左氏》"传"《春秋》矣。

（7）龚胜

《汉书·薛宣朱博传》载龚胜等十四人上书："《春秋》之义，奸以事君，常刑不舍。

鲁大夫叔孙侨如欲颛公室,谮其族兄季孙行父于晋,晋执囚行父以乱鲁国,《春秋》重而书之。"

今按：叔孙侨如谮季孙行父,事在成公十六年。《公羊》、《穀梁》无解,独《左传》有说。龚胜等十四人上书引《左传》而谓"《春秋》重而书之",是龚胜等十四人皆以《左传》为《春秋》之"传"。

(8) 杜邺

《汉书》本传载杜邺说王音："昔秦伯有千乘之国,而不能容其母弟,《春秋》亦书而讥焉。"颜师古注："秦景公母弟公子针有宠于其父桓公,景公立,针惧而奔晋。事在昭元年,故经书：秦伯之弟针出奔晋。《传》曰：称弟,秦伯也。"

今按：颜师古以《左氏》说秦伯,不确,此乃杜邺引《公羊》说。杨树达《汉书窥管》页六五八："《公羊传》云：'有千乘之国而不能容其母弟,故君子谓之出奔也。'此邺所本。颜以《左氏》说之,谬矣！"

然杜邺既用《公羊》亦用《左氏》。《汉书》本传："昔郑伯随姜氏之欲,终有叔段篡国之祸；周襄王内迫惠后之难,而遭居郑之厄。"杨树达按："二事皆本《左传》。隐公元年《传》云：'姜氏欲之,焉避害？'所谓随姜氏之欲也。襄王出居于郑,事在僖公二十五年。《儒林传》云张敞修《左氏传》,邺为敞外孙,从敞子吉学,故亦称引《左氏》也。"①

(9) 郑兴

《后汉书》本传：

更始立,以司直李松行丞相事,先入长安,松以兴为长史,令还奉迎迁都。更始诸将皆山东人,咸劝留洛阳。兴说更始曰："……《春秋》书'齐小白入齐',不称侯,未朝庙故也。"（李贤注：小白,齐桓公也。《春秋》"齐小白入于齐"。《公羊传》曰："曷为以国氏？当国也。其言入何？篡辞也。"）

时赤眉入关,东道不通,兴乃西归隗嚣,嚣虚心礼请,而兴耻为之屈,称疾不起。嚣矜己自饰,常以为西伯复作,乃与诸将议自立为王。兴闻而说嚣曰："《春秋传》云：'口不道忠信之言为嚚,耳不听五声之和为聋。'"（李贤注：《左传》富辰谏周襄王之辞。）闲者诸将集会,无乃不道忠信之言；大将军之听,无乃阿而不察乎？

众所周知,郑兴时处两汉之交,稍晚于杜邺,历来被视为东汉《左氏》学和古文经学的先师鼻祖。但郑兴议事,混用今古,杂采《公》、《左》与杜邺乃至张敞同,这说明,时值郑兴时,视《左传》"传"《春秋》的传统仍然没有中断,而今文经学和古文经学之间,也仍然不存在像后世所理解的那样一个冰炭难容、势不两立的家派畛域。

---

① 《汉书窥管》,上海古籍出版社1984年版,第658页。

综上所述,汉代的学者层中视《左传》"解"《春秋》亦即"传"《春秋》者本数不一数,且上举张敞、严彭祖、翼奉、龚胜、杜邺,均学出今文,他们亦明指《左氏》传《春秋》。这样,自从《左氏》传衍,形成一"学"以来,从先秦到汉代便存在着一个未曾中断的、视《左氏》为《春秋》之"传"的传统。以此再来看刘歆的《移让太常博士书》,其中指责今文博士党同伐异,阻挠将《左氏》等古文经立于学官,"谓《左氏》为不传《春秋》,岂不哀哉!"若将刘歆的这个指责置于自汉初以来久已存在的、视《左氏》为《春秋》之"传"的学术传统的背景下加以审视,亦就能够理解刘歆的指责并非无道理。刘歆之争立《左传》等虽因今文博士的阻挠未能成功,然今、古文经互学混用的趋势却仍在发展,视《左传》"传"《春秋》的观念也在发展,因此才有平帝时古文经的立于学官。下逮新莽间,以《左传》为《春秋》之传的观点依然如故。如王莽加号宰衡前陈崇上书赞王莽有德行,他数引《诗》、《书》,均本之于今文义法;而复引《左传·襄公十一年》事立说,并谓"《春秋》善之","不顾《春秋》之明义"云云,这亦正是汉初以来视《左氏》为《春秋》之传传统的延续。

7.《左传》"学"不止一家说

《左传》在汉代的传衍形成一"学",其重要标志即《左传》在传衍过程中形成了不同流派。《后汉书·陈元传》:"元父钦习《左氏春秋》,事黎阳贾护,与刘歆同时而别自名家。王莽从钦受《左氏》学,以钦为厌难将军。元少传父业,为之训诂,以父任为郎。建武初,元与桓谭、杜林、郑兴俱为学者所宗。曾与范升争立《左氏》。升曾为莽大司空王邑议曹史。"章怀注:"元父钦,字子佚,以《左氏》授王莽,自名《陈氏春秋》,故曰别也。"

《后汉书·陈元传》谓"王莽从钦受《左氏》学",以"学"称《左氏》,《左传》在王莽时已成一"学"可以洞见。此《传》中极可注意者在"别自名家"一语。从章怀的"注"中可知陈钦"自名《陈氏春秋》",可见其《左氏》学独自成家。这一事实,一方面再次提供了《左传》非刘歆伪造之佐证;另一方面又说明,对于《左传》内涵,各家解不尽相同。指出这一点很重要,它有助于对刘歆"整理"《左传》"章句义理"的理解。按照《后汉书》的说法,陈元与桓谭、杜林、郑兴"俱为学者所宗",这里,不应排除上述学者或因有各自对《左传》的理解而成为学者宗师的可能。看《后汉书·郑兴传》:"(兴)少学《公羊春秋》,晚善《左氏传》,遂积精深思,通达其旨,同学者皆师之。天凤中,将门人从刘歆讲正大义(李贤注:《左氏》义也。),歆美其才,使撰条例、章句、传诂,及校《三统历》。"

这里值得注意的是郑兴原学出今文《公羊》,因喜好而转治《左氏》学。这本身就是今、古二学至郑兴时并不势同水火之佐证。郑兴对《左氏》"积精深思,通达其旨",这个"旨",必是指《左氏》的义法而非其他。郑兴对《左氏》的义法有深切理解,这才引得"同学者皆师之",同时可以见出:郑兴治《左传》已经自成一家,并招收了自己的弟

173

子。而这一切,都是发生在他率弟子"从"刘歆讲正大义以前的事。郑兴的这一套《左氏》学源于何处?《后汉书》中没有说明,但可以肯定郑兴的《左氏》学不是师从刘歆而得——因为郑兴有学在先而拜刘歆为师在后。(即"从刘歆"。重点号为笔者所加。)以此,刘歆对郑兴之"才"的欣赏,这个"才",最合理的解释应当是指郑兴所掌握的《左氏》之"条例、章句、传诂"。换言之,此"才"是指郑兴所掌握的《左氏》"学"。因此刘歆"使"郑兴撰《左氏》条例、章句、传诂,这其中便不应排除郑兴用其《左氏》义法丰富或者说"增入"刘歆《左氏》学之可能。证之于陈钦《左氏》学"别自名家"的史实,郑兴的《左氏》学亦同一性质之学。以此我们再来看《汉书·刘歆传》:"歆略从(尹)咸及丞相翟方进受质问大义。初,《左氏传》多古字古言,学者传训诂而已。及歆治《左氏》,引《传》文以解经,转相发明,由是章句义理备焉。"

这一段话历来被作为《左氏》本不"传"《春秋》,刘歆强使之"传"《春秋》,也就是刘歆作伪的一条主要罪证。理据就在"引《传》文以解经,转相发明,由是章句义理备焉"这句话。刘逢禄《左氏春秋考证》即说:"班氏此篇叙次最明,可谓《左氏》功臣矣。歆引《左氏》解经,转相发明,由是章句义理始具,则今本《左氏》书法及比年依经饰《左》、宗《左》、增《左》,非歆附益之明证乎?"崔适及五四以后的顾颉刚、钱玄同等亦莫不以此为据疑刘歆造伪。

但是请注意:刘逢禄恰恰在这里"造了伪"! 因为班固说《左氏》的章句义理至刘歆"备焉",而刘逢禄将此改为《左氏》的章句义理至刘歆"始具"(顾颉刚、钱玄同等亦谓《左传》本没有章句义理,因刘歆伪窜而有之。此即受刘逢禄影响使然)。"备焉"与"始具"的含义具有本质意义上的不同:"备"是指有条理、完备;"始具"则是说《左氏》原没有章句义理,而为刘歆所"创造"也就是杜撰。这真是一字之改严于釜钺了! 如前所述,《左氏》章句义理早在刘歆以前就已存在,太史公言之,贾谊、张敞用之,尹更始、翟方进复传授之,这绝不是到了刘歆时才"始具"的,更不是刘歆能够"创造"也就是能够伪造的。对于先前《左氏》学的章句义理,刘歆进行过综合整理,这应当是班固所说刘歆"转相发明"一语的合理解释。"转相发明"是在前人基础上的"转相发明";"引传文以解经",这种做法早在刘歆以前就已有过且学界已习以为常,为什么别人做得刘歆就做不得?

综上,从先秦诸子典籍中即已存在着视《左氏》为《春秋》之"传"的传统来看;从这个传统自汉初以来就未曾中断的历史过程来看;从《左传》中确实存在着解《春秋》的大量内容来看,刘逢禄的"《左氏》不传《春秋》说"不能成立。

六、刘逢禄之考"事"及其悖论

刘逢禄疑《左传》之理据在"春秋重义不重事"。他说:"经所不及者(《左传》)独详志之,又何说焉? 经本不待事而著,夫子曰:'其义则某窃取之矣。'何《左氏》所述君子之论多乖异也。""《春秋》非史文,言《左氏》者以史文视《春秋》,宜其失意也。"①

然而,就刘逢禄的治学来看,他实际上未能恪守"春秋重义不重事"的法则,对于《左传》记"事"之确否,刘逢禄花了大量精力加以考证。这是刘逢禄治学方法论的矛盾,也是早期今文公羊家治学方法论的悖论。就这个悖论中重"事"的一面来看,它是乾嘉考据学风的孑遗,它要到康有为时才彻底消失。所以,尽管刘逢禄的疑"古"学多牵强武断,他的考证却也非一无可取。刘曾仔细对勘过《左传》与《史记》,对于《左传》未被《史记》采用之处刘逢禄一一抉摘。如《左传·僖公六年》有许僖公"面缚衔璧";《左传·庄公二十六年》"秋、冬虢人侵晋";《左传·成公九年》"楚人以重赂求郑",这些史事司马迁均未采用,《左氏春秋考证》的"桓公篇"、"闵公篇"、"文公篇"都作了说明。又如,桓公十三年、十五年、十七年史事,《左传》有记而《史记》无载,刘逢禄均证之曰"文阙"。如果撇开刘逢禄为了他的"义"而对这些考证结果所加的某些牵强的评论(如认为《左传》有《史记》无者为刘歆伪羼),这些考证亦有意义。经刘的提示,对于后人研究司马迁在哪些地方采用《左传》哪些地方没有采用提供了便利。后来崔适撰《史记探源》,在考证《左传》与《史记》异同时即完全采用刘的方法,并在相当程度上采用了刘的研究成果。

但是,当"义"与"事"发生冲突,也就是当刘逢禄"预设"的道理与史实有矛盾时,刘宁肯信"义"也不愿相信史实。在这种情况下,"春秋重义不重事"的方法论框架,就会出来制约刘逢禄的考证,使他的考证流入虚妄。这一点,在刘逢禄考证所谓的刘歆造伪、两汉《左传》古文经学的传衍等问题上已在在表现出来。而刘关于周公"摄政"以及关于武王观兵的考证,则从《左传》以外的另一个侧面为刘的疑古学之窾陋增添了佐证。

关于周公摄政,《荀子·儒效》最先言之,荀子说:"武王崩,成王幼,周公屏成王而及武王,以属天下,恶天下之倍周也。履天子之籍,听天下之断,偃然如固有之,而天下不称贪也。杀管叔,虚殷国,而天下不称戾焉。兼制天下,立七十一国,姬姓独居五十三人,而天下不称偏焉。教诲开导成王,使谕于道,而能掩迹于文武。周公归周,反籍于成王,而天下不辍事周,然而周公北面而朝之,天子也者不可以少当也,不可以假摄为也。然则天下归之,不能则天下去之。"

刘逢禄对荀子言周公"摄政"大不以为然,他在《书序述闻》中驳道:"诬圣乱经自孙卿始。……以枝代主,而非越君臣易位,后世乱臣贼子袭是迹而文其奸言以窃天位,开其端者孙卿也。汉初诸儒多出孙卿,故言周公之事大抵以为摄天子位假王号者,仅拘觑夫文辞,而遂已贻滔天之恶言,顾可不慎哉!《书序》明著之曰周公相成王。相也者,臣道也,非假摄之谓也。"

---

① 刘逢禄:《左氏春秋考证》。

按：周公摄政一事不仅荀子言之，且《尸子》、《韩非子》、《礼记·文王世子》、《淮南子·泛论训》、《韩诗外传》、《说苑》均言之①，上述诸家皆"诬圣乱经"者乎？再看《史记·鲁周公世家》："……其后武王既崩，成王少，在强葆之中，周公恐天下闻武王崩而畔，周公乃践阼代成王摄行政当国。管叔及其群弟流言于国曰：'周公将不利于成王'，周公乃告太公望、召公奭曰：'我之所以弗辟而摄行政者，恐天下畔周，无以告我先王太王、王季、文王。'……于是卒相成王，而使其子伯禽代就封于鲁。"

试对比荀子、史公之说，关于周公摄政当国一事二说同，但史公有"践阼"一说则较荀子更进一步。"践阼"专指帝王即位。史公言周公"践阼"，系因周公行帝王之政而史公借用之辞，以显示周公之"相"与一般的"相"不同。周公既"践阼"复为"相"，此即周公"摄政"之确切含义。刘逢禄死板硬套君臣之义而认为荀子言"摄"开乱臣贼子篡位夺权之理论先河，岂太史公亦"诬圣乱经"者？一般认为公羊学与荀子近（刘师培有《公羊荀子相通考》可参考），刘虽学主《公羊》，但因荀子言"摄"便以"诬圣乱经"加之，因为刘逢禄观念中事先已有了一个王莽假摄政以篡汉的阴影作祟，所以一看到"摄"字便不免神经过敏。

《左传》也有"摄"。隐公元年《经》："元年，春，王正月。"《左传》解曰："元年，春，王周正月。不书即位，摄也。"刘对《左传》言"摄"同样不以为然，他驳道："证曰：此类皆袭《公羊》而昧其义例。增'周'字亦不辞。"

按：《公羊》于隐公元年条之解经中无"摄"，是故《左传》"不书即位，摄也"，这是《左传》独家之义而非袭自《公羊》。值得注意的是《左传》义法为司马迁所袭用。《鲁周公世家》："四十六年冬，惠公卒，长庶子息（《索引》：隐公也。）摄当国，行君事，是为隐公。""十一年冬，公子挥谄谓隐公曰：'百姓便君，君其遂立。吾请为君杀子允，君以我为相。'隐公曰：'有先君命，吾为允少，故摄代。今允长矣，吾方营菟裘之地而老焉，以授子允政。'"

这里，司马迁所说的隐公"摄当国，行君事"之义，与前引周公的"践阼代成王摄行政当国"同。摄政代行君事，这在史家如太史公来说是一种准确的表述；这在公羊家如刘逢禄看来却是一种僭越君臣名分的大逆不道，区别何至于霄壤如此？关键就在一个"摄"字在司马迁那里与篡位夺权无关；而在刘逢禄这里却牵涉王莽篡汉的问题。然而，王莽篡汉时确曾假"摄政"以行之，王莽这里肯定利用了已经先他而存在的"摄政"一词之"历史解读"素材，这恰恰证明"摄政"之历史事实的准确性。不管公羊家承认也好，不承认也好，这个事实终究存在。对于这一历史事实，公羊家如刘逢禄不敢承认，以致因憎恶王莽而否定荀子，暴露了刘逢禄辈掩耳盗铃式的胆怯。

纲常名教在刘逢禄看来是一个不可稍逾越的精神禁区，一切有悖于纲常名教的

---

① 引自钱穆：《刘向、歆父子年谱》，载《古史辨》第五册，第192页。

事件和人物，刘必否定之。然而，纲常名教的形成，本身是一个历史过程，并非开天辟地以来就存在。刘对此却缺乏历史主义眼光，往往拿后世的标准衡量往古。他的疑"摄政"基于此，他的疑《武成》、难"观兵"亦同样基于此。

《尚书·武成》："会于牧野，罔有敌于我师。前徒倒戈，攻于后以北，血流漂杵。"孟子对《武成》所记大不以为然，他在《尽心下》中说："尽信《书》不如无《书》，吾于《武成》取二三策而已矣。仁人无敌于天下，以至仁伐至不仁，而何其血之流漂也！"

刘逢禄引用孟子此语并驳《武成》曰："今《武成》之篇虽亡，然莫不知其不可信者，以至仁伐至不仁而血之流漂杵也。"①

按："血流漂杵"既为孟子所引，此必是《逸书·武成》本有语。现存《武成》虽系晋代伪造的《古文尚书》之一篇，但《伪古文尚书》将"血流漂杵"一语置于《武成》却并非毫无根据，不能因为《武成》系伪作便否认"血流漂杵"一语的真实性。孟子说武王至仁，以至仁伐至不仁，便不可能"血流漂杵"，这是孟子的迂阔之见。武王伐纣后曾对商遗民大举杀伐，这在《逸周书·世俘篇》中有明确记载。据顾颉刚考证，《世俘篇》确系周文②。因此，《武成》云武王伐纣"血流漂杵"必有所据。《逸周书》至刘逢禄的时代早已为学界熟知，刘对《逸周书》却视而不见，徒信孟子说，孟子迂阔，刘逢禄亦迂阔。

关于武王观兵孟津，《史记·周本纪》有云："九年，武王上祭于毕。东观兵，至于盟津。"

刘逢禄认为不能说"观兵"，因为"观则玩，玩则无震"，又认为观兵带有欺诈意味，非正大光明的君子之举，不可能为圣人武王所用。故刘指责说："司马迁所记齐东野人之语。"③

按：据《吕氏春秋·贵因》，武王伐纣前曾使人往观商之国情。往观者回报，先说商国内谗慝胜忠良，次说贤哲出走，武王都认为伐商时机未到。最后说百姓不敢怨诽，这时武王认为时机成熟下令伐商。武王观兵盟津，正是他知己知彼试探敌情的举措，故史公所记，义类《吕览》，而其"观兵"二字含义隽永所用最妙。刘逢禄却诋史公所记为"齐东野人语"，此实不可取，正如皮锡瑞所评，认为刘氏"横暴先儒，任意武断"。

〈小结〉

在清代早期今文家中刘逢禄实秉承先学而又独树一帜者。汉宋兼采，不废汉学

---

① 《书序述闻》。
② 见《文史》第二辑顾颉刚文。
③ 《书序述闻》。

考据学而引宋入(西)汉,采宋学形下践履之用而非其形上之思,这是刘逢禄秉承先学之处;凸显"春秋重义不重事"之义,对此作理论上的总结,复发展出"实予而文不予"的方法论,并将此理论全面运用于疑古学,这是刘逢禄的独树一帜之处。因为刘逢禄不仅有"理论"而且有将理论运用于疑古学的实践,这就为后世的疑古运动准备了比较现成的历史素材。所以,在清代早期今文经学家中,相比于庄存与宋翔凤,刘逢禄对于后世的影响最大。

第三节 宋翔凤学论

宋翔凤(1779—1860),字于庭,江苏长洲(今苏州)人。嘉庆举人,历官泰州学正、旌德训导、湖南新宁知县等职。他是庄存与的外孙,"少跳荡不乐举子业,嗜读古书不得,则窃衣物易书,祖父夏楚之不能禁"①。比长,受学于其舅庄述祖,述祖有"宋甥可友"之评。撰有《大学古义说》、《论语说义》、《尚书略说》、《说文声类》、《小尔雅训纂》等。晚年,集其一生治学心得编为《过庭录》。

清代的今文经学复苏于考据学大盛、汉宋兼采之风亦潜滋暗长的乾隆时期。今文经学借微言大义附会经说,指陈时政,同时又受到了考据时风的浸染,在庄存与那里已表现出一种汉宋不分但偏好宋学,今古未别而以今文为主的治学特点。这种特点到宋翔凤时略有变化:宋氏重考据,其经说引宋入(西)汉杂糅而成。他的汉宋兼采倾向则较庄存与大进一步。宋氏解经少创意,多承袭,时可见庄存与、刘逢禄的陈说遗迹。他一般取今文经说而排斥古文;然亦偶用古文经说而未顾"家法"。宋翔凤亦确然今文常州学派一重镇。

一、汉宋学论

1. 宋翔凤治汉学

宋翔凤撰有《朴学斋文录》,以"朴学"名其斋,宋氏内心对乾嘉考据学保留着一份敬意。其《论语说义一》:"诵法《六经》先正声音文字谓小学也。谨案:《周礼》保氏掌养国子,教之六书。汉律,学僮十七以上,试讽籀书九千字乃得为吏。皆学文之事也。"②

由音韵小学入手治经,这是清儒考据学者奉行不替的治学路径。现至于道光间(宋氏自题其《论语说义》撰于道光庚子即1840年),宋翔凤仍持此说,汉学浸染在他

---

① 《吴县志》卷六十八。
② 载《清经解》卷三八九,第533页。

身上留下了深深的痕迹。在宋翔凤的著述中《说文声类》、《小尔雅训纂》是有关音韵训诂的著作。《小尔雅》编纂于郑康成之前,宋认为,该书中留有不少汉儒遗训,故其中虽杂入后人伪羼,仍弥足珍贵,可视为"《尔雅》之流别,经学之余裔"①,缘此他纂《小尔雅训纂》六卷。《小尔雅》有释"幽暗"二字云:"幽暗,闇昧,冥也。"宋认为,《小尔雅》此训不够准确,其《小尔雅训纂》卷一遂补训释云:"《尔雅》:'阴而风曰暗。'《说文》:'暗,日无光也,从日,音声',则冥暗之暗当从日,'闇'为假借字。《说文》:'冥,幽也,从日从六,冖声。日数十,十六日而月始亏,幽也。'"

这里,宋翔凤据《尔雅》、《说文》补《小尔雅》训而未详确者,在比较了"闇"和"暗"的联系与区别后断"闇"为假借字。许慎《说文解字序》:"假借者,本无其字,依声托事。"按照许慎对"假借"的规定,宋裁断正确。

在《过庭录》中,宋氏耗大量笔墨于典制、历史地理、天文历法、音韵训诂等方面的考据,他对汉学的兴趣是浓厚的。他的所考每亦非皮相之论。例如,《过庭录》卷十二考诸葛原称葛氏谓:"《蜀志·后主传》注引《魏略》曰:'(刘)禅立,以亮为丞相,委以政事,谓亮曰:政由葛氏,祭则寡人。'又,《吴志·诸葛瑾传》注引《吴书》曰:'其先葛氏,本琅邪诸县人,后徙阳都,阳都先有姓葛者,时人谓之诸葛,因以为氏。'又,《蜀志·诸葛瞻传》:'瞻工书画,强识念,蜀人追思亮,咸爱其才敏。每朝廷有一善政佳事,虽非瞻所建倡,百姓皆传相告曰:葛氏(案:此处《三国志·诸葛瞻传》作'葛侯'。——笔者)之所为也。'"

这个问题,宋氏对《蜀志》、《吴志》中的相关记载详加考辨,他所得出的"诸葛称葛氏"的结论是可靠的。

正因为宋翔凤重汉学喜考据,故《吴县志》本传谓宋氏"平生精治小学"。龚自珍有考据学的家学渊源,初从其外祖父段玉裁受学,故龚氏亦重汉学考据学,这使他引宋翔凤为同志,谓:"游山五岳东道主,拥书百城南面王。万人丛中一握手,使我衣袖三年香。"②对于宋翔凤重汉学,龚氏尤其青睐,其《己亥杂诗》云:"玉立长身宋广文,长洲重到忽思君。遥怜屈贾美灵地,朴学奇才张一军。"并自注云:"'奇才朴学',二十年前目君语,今无以易也。"③张之洞《书目问答》则将宋翔凤列入汉学家之列,称宋氏"笃守汉人家法,实事求是,义据通深"④。

的确,宋翔凤于汉学考据亦有成就,就一个方面说,《吴县志》、龚自珍、张之洞赞宋氏之小学学养亦不无道理。然而,宋氏之小学学养与成就毕竟难与清儒考据专家相比肩,故宋氏尚难符"精治小学"、"朴学奇才"之誉称。张之洞之评宋氏学尤其有容

---

① 见《续清经解》卷四一○。
② 《投宋于庭》,《龚自珍全集》,第 462 页。
③ 同上书,第 522 页。
④ 范希曾:《书目问答补正》,上海古籍出版社 1983 年版,第 346 页。

商榷。宋翔凤的治学与当时汉学主流之摒斥宋学迥然有异,宋氏对宋学之兴趣以及他以宋学为基础建立的经说思想体系,这些都与当时汉学主流的治学倾向相乖戾。宋翔凤的经解,因先有一今文家法尺度横梗于胸,故其说也肆,其断也臆,在攻击古文经学之伪方面步刘逢禄后尘,表现也很充分,与清儒实事求是学风相去甚远。即以宋氏所喜好的训诂小学而言,强词夺理,不可说而勉为其说者亦不少。例如,《论语·子罕》:"子罕言利与命与仁。"《论语说义五》解道:"谨案:此篇之文皆以说圣人微言之故也。罕者,希也,微也。罕言者,犹微言也。……夫子赞《易》修《春秋》,弟子不得闻。……"

今按:"罕言利"其义甚明,只当解为"不言利"或"少言利",从未闻训"罕"为"微言"如宋翔凤者。宋氏自立新解,且强以之与孔子修《春秋》,与孔子"窃取"、弟子不得赞一词之"微言大义"相匹,牛头不对马口。此盖因公羊今文一派之积习使然。《论语·阳货》"予欲无言",宋翔凤解"无言"为"微言",此亦同一误见。

宋翔凤受汉学考据时风浸染,重小学好考证,沿这一路径锲而不舍地努力,宋氏或可在考据学领域内作出较大成就而步清儒之后尘。然宋氏毕竟是常州今文营垒中人。常州一派所重在微言大义,在附会经说的"非常异议可怪之论"。此种学风原与清儒考据的治学路径扞格难通。不可通而宋氏强使之通,这就一方面极大地限制了宋氏在小学方面的发展;另一方面,又使宋氏的治学每首鼠异端,难求两全。且宋氏之引宋入汉系承庄存与衣钵而起又变本加厉者,宋氏以宋解汉,用今文说宋儒,标新立异自为经说,其学风之悍之肆,均为庄氏望尘而莫及。是故皮锡瑞诋讥之为"此宋儒武断之习,非汉儒矜慎之意",直以宋氏之学为宋学之亚了!

2. 述朱斥陆:宋翔凤治宋学

宋儒重《四书》,朱熹尤重《大学》,自称《大学》"一书之间,要紧只在'格物'两字"①,朱熹的《大学》学实乃构筑其"格物致知"理学思想体系之根骸。此种风气至宋翔凤生活的乾嘉时代,已大变为学术界对经学的重视和对于《四书》的相对轻视。然宋翔凤对《四书》著力甚勤而首重《大学》,对于《论语》、《孟子》、《大学》,宋氏亦皆有专说,他撰《大学古义说》,称"三代以来天子诸侯用人之道,莫不以射《大学》言'明明德',示天下后世以兴学立教,其法可寻,而其道不远也"。此宋氏之学风近宋儒而远汉学者。

《过庭录》系宋翔凤晚年之作,是宋氏业已定型思想观点的结晶。该书前有咸丰三年(1853年)宋翔凤的一段自题,谓:"余以岁己酉(1849)于役汉皋,辑读书所得为《过庭录》。溯至孤露(笔者案:魏晋时人以父亡为'孤露',孤单无所受荫庇之义)将二十七年,年已七十有三,而所学未成,弥增怵惕。"

---

① 《朱子语类》卷十四。

读宋氏此题,知他要以平生治学所得告慰于其父之亡灵。因此,《过庭录》在宋翔凤著述中的地位值得重视。《过庭录》多为经学之作,然其卷十二竟有"道学"一条,此亟当注意者。它一方面反映了理学在宋氏心目中的地位;另一方面,其"道学"一条又足以与《大学古义说》、《论语说义》相发明,是了解宋氏治学观和思想体系的一篇重要文字。在"道学"条中,宋氏起手便为道学和朱熹等宋儒辩诬。宋翔凤大段引用《宋史·道学传》,痛诋林栗、郑丙、韩侂胄等"小人"之弹劾朱熹学为"伪学"。对于宋代道学盛而"弗究于用"甚至有"厉禁"宋翔凤愤愤不平,因而他对朱熹等遭受诬陷和迫害表示了极大的愤慨。他的立场站在宋学一边、朱熹一边。

　　宋翔凤认为,"朱子毕生之学皆在《四书》,而于《大学》改定,前后如古本。后人于《大学章句》多有异议。又,朱子《诗集传》以郑、卫为淫奔之诗,不信子夏序,后人亦多改正。要之,朱子之学自足继往开来,非他儒所能及,其小小异同正可与旧说并存也。同时有陆象山与朱子立异,至以学问思辨过于自暴弃之人,则并驳《中庸》,又以《集义》为邪说诬民,则攻及孟子。又云得元晦书,其蔽殊未解,又云今之讲学者为空言以滋伪习。夫曰邪曰伪,与陈、贾之辈之诬道学者何异?又谓编《论语》者亦有病,尤为师心自用,轻侮圣言,岂能与朱子同日而语乎?而王阳明之流犹欲调停朱、陆之间,创为晚年之论,固不必求考年月而可断其傅会者也。"

　　按:宋翔凤在《过庭录》中对朱熹改定《大学》持肯定态度,认为朱熹改定本与《大学》古本合。《过庭录》这一说法与《吴县志》迥异。《吴县志》在论宋撰《大学古义说》的原因时认为:"(宋氏)谓《大学》为《礼记》四十九篇之一,首尾完备,脉络贯通,无经传之可分,无阙亡之可补,为《大学古义说》上下两篇。"

　　这里,《吴县志》所提出的宋翔凤对《大学》版本的立场与王阳明同。《阳明全书》卷二《答罗整庵少宰书》有论《大学》古本:"《大学》古本乃孔门相传旧本耳。朱子疑其有所脱误而改正补辑之。在某则谓其本无脱误,悉从其旧而已矣。"

　　对于《大学》版本的争论,实乃朱王异同的一大关目。朱熹改定《大学》,想借《大学》建立其"格物致知"的理论思想体系;阳明假《大学》版本的辨伪问题难朱熹,则是借此申发其"致良知"。所以,在朱、王关于《大学》版本问题之争的背后,双方有着深刻的理学动机。现《吴县志》说宋翔凤认为《大学》古本无经传可分,无阙亡之可补,因撰《大学古义说》,不啻认为宋氏是为了究朱熹之过而撰《大学古义说》。《吴县志》这种说法与前引《过庭录》中的相关论述南辕北辙,当以何说为确?我认为,宋的观点自当以《过庭录》所说为确。《过庭录》出自宋氏亲手编订,要比转述宋氏观点的《吴县志》可靠,此其一;其二,《吴县志》谓宋翔凤为了澄清《大学》古本问题而撰《大学古义说》,那么,《大学》的版本问题理应成为《大学古义说》的重要内容,或宋翔凤对《大学》版本问题至少应有交代。然宋翔凤对此却嘿然无所措置,此大不可通;其三,读上述《过庭录》宋氏对朱熹与陆王的不同评价,宋翔凤申朱熹斥陆王,立场鲜明。若宋氏撰《大学古义说》又持同阳明而异朱熹的立场,逻辑上亦枘凿难圆融。

这样说来,宋翔凤是为表达他申朱而斥陆王的理学立场而有《过庭录》中对理学问题的大段论述。众所周知,朱陆异同曾经是理学发展史上的一个重大问题。朱陆两派的争论自"鹅湖之辩"起到阳明撰《朱子晚年定论》,前后长达近三百五十年(1176—1518)。其间吸引了朱陆两派以及两派以外的大批学人的参与。直到清初,述朱述王仍然是学术界关注的一个热点。但在经历了清初理学清算,特别是在经过鄙夷宋学的乾嘉考据学阶段以后,朱陆异同这样的"理学问题"已被学界冷落或者说淡忘。如果说排斥陆王之盛起于清初,到了乾嘉间,剩下的只是进一步对朱熹的批判,以此戴东原撰《孟子字义疏证》。而戴氏此书在当时学界遭遇疵议,说明理学问题的讨论已如强弩之末,学界对于"理论问题"的探讨已无兴趣。要之,理学清算的浪潮自清初反陆王次第展开,至于乾嘉间的反朱熹,这时已是"许郑之学大明,治宋学者已尠。……是为专门汉学"①的时代。如宋翔凤那样对述朱述王还如此饶有兴致喋论不休的学者已不多见,而这恰从一个侧面反映了宋学在宋翔凤学术构成中的地位。

现在要问:宋翔凤何以申朱而斥陆王?宋治学好考据,在这一点上他与朱熹治学主实证有相通的一面。这或许是宋氏对朱熹有好感因而申朱的原因之一。他批驳陆子"师心自用",此亦正是朱熹一派站在"道问学"立场上对陆王一派治学"浅薄"的非难语。但这还不是关键。若从理学的发展大势着眼,从朱熹到阳明,实有一逐渐"形而上学化"亦即逐渐学术本体化的由"实"而"虚"、由比较拘滞转向空灵活泼的运行轨迹可循。也就是说,理学发展到陆王一派,其形而上学化的程度要胜于程朱。学术至此转向自身,这种治学观,在意识底层浸淫之学术当为现实政治服务的文人士大夫看来并非为学正道。清初的理学清算始于反陆王而以排斥佛、老为切入口,终至于将理学形上思辨拦腰斩断,此中之学术底蕴皆缘于此。宋翔凤的时代,封建体制的裂痕已很深刻,社会矛盾复杂而尖锐。士大夫意识底层的"经世致用"思想重新被唤醒。是故宋翔凤之申朱斥陆王亦以"资治"为本,以"实用"为归,而以辨释斥老为其"抓手"而进行。

先看宋的申朱。他说:"至濂洛诸子,穷极性命,发挥义理,讲明切究,以归实用。朱子搜辑二程遗书,而后洛学大备。……至其辨天理人欲之分,最为学问入门要路。学者守此可以不流于释氏。"

濂洛诸子穷极性命、发挥义理,终究要归于实用。这个"实用"就是程朱的"天理人欲之分"。明乎此,也就掌握了"学问入门要路"。这里,宋翔凤着眼于"实用",他绝口不提宋儒的形上思辨,也就是认为宋学的精华不在其形上之"学"而在其形下之"用"。宋舍其形上而取其形下,"可以不流于释氏"云云,尤可为证。宋翔凤无视宋儒

---

① 皮锡瑞:《经学历史》。

形上学在中国学术思想史上的价值,因此缺乏学术本体意识。

再看宋氏斥老。宋翔凤曾论程朱与邵雍有别,他说:"《宋史·道学传》以二程受业周氏,朱子得程氏正传,以周、程、张、邵列道学之首篇而朱子继之。凡程朱门人各以类从传,称旧史部列邵雍于《隐逸》未当。按:邵氏得李之才所传河洛先天之说,著《皇极经世》之书,其说出于陈抟。抟在《隐逸》,则邵宜类附。朱子《晦庵文集》答王子:'合今康节说伏羲八卦乾南坤北,文王重《易》,更定此位,大概近于傅会穿凿,当审之。'则邵氏之说朱已有疑词。明道程子谓《皇极》一书'要之不可以治天下',则亦不甚服,自不当与朱、程同传也。"

邵雍在《宋史》中究竟当归在哪一类?宋以治学授受源流立论,认为邵氏受学于陈抟,抟在《隐逸传》,邵雍亦宜类附。但从受学源流看,《宋史·朱震传》有云:"陈抟以先天图传种放,放传穆修,穆修传李之才,之才传邵雍。……穆修以太极图传周敦颐,敦颐传程颢、程颐。是时,张载讲学于二程、邵雍之间,故雍著《皇极经世》书。"《宋史》明确指出了周敦颐与陈抟、李之才、邵雍的学术渊源关系。周敦颐既然难与陈、李、邵分别泾渭,那么,受周子之学的程子乃至于朱熹亦就难与邵雍判然两别。这里需要指出,授受源流固然是评定学术特质的标准之一,但却不是唯一标准,更不是决定性标准。只有从传主的学术内涵入手分析,才是品定传主学术特质的最重要也是最可靠的依据。从学术内涵上看,邵雍对宋学具有重大影响,此断不容否认。邵雍作为宋代图书派的代表人物,他的《易》哲学直接影响着朱熹宇宙观乃至方法论的形成①。是故朱熹尝论邵雍之学谓:"邵氏先天之说,则有推本伏羲画卦次第生生之妙,乃是《易》之宗祖,尤不当率尔妄议。"②这样看来,《宋史·道学传》将邵雍列入是有道理的,而宋翔凤之论却有"率尔妄议"之嫌。问题在于:宋之论程朱与邵雍,何以攻其一点而不及其余?清初学术界曾掀起过一股清算宋代易学图书象数派的浪潮,毛奇龄、黄宗羲、黄宗炎对此均有撰述,胡渭的《易图明辨》则为代表作。至其"抓手"则在厘清儒、道门庭,倡导"实践"学风。现已事过百年而至于宋翔凤,他重新提起这一理学旧话题,他的旨意,仍然落在"可以治天下"的理学的"实用性"上,而宋氏之弃形上则与清初诸儒无异,是故他严判朱、邵疆界。他说邵雍当入《隐逸传》,欲将邵雍革出理学门庭,所谓不过正难以矫枉,因而宋全然不顾邵雍对宋学和朱熹的巨大影响,却只凸出二者之歧异,以维护理学的"纯净性"。

从"实用"的角度着眼,宋翔凤强调由"慎独"修身入手而达于"诚",缘此路径,修齐治平乃可实现。他在《大学古义说》中写道:

> 一者,专也,独也,至也。能专者谓之诚。诚意之事在慎独。独者,至善之所

---

① 请参阅朱伯崑《易学哲学史》中册第六章第四节、第七章第二节,北京大学出版社1988年版。
② 《答袁机仲》,《文集》卷三十八。

在;慎者,明明德之所基也。然欲教人以诚意之学而不切指于其身,则德自为德,民自为民,善自为善,其道不能以一贯。故《论语》明忠恕之道。恕者,所藏乎身,言君子之身无斯须之不修,则以诚意合于修身。一是皆以修身为本,言诚意以修身之本也。天下本诸国,国本诸家,家本诸身。反求诸身,则诚意正心之功始切。

人在独处时若能"慎"也就是"独善",可谓"至善"。因为这是良知的自我约束,其难度远甚于人在"群处"时所表现出来的"慎"也就是"善"。所以,宋用"慎独"作为有无"诚意"的衡量标准是有道理的。但是,包括"慎独"在内的品性修养,除了来自实践的教训以外,从"学"的方面,从"书本"中汲取营养也是一个重要来源。虽说"诚意"最终是一个实践问题,但何事当行何事不当作,何为真善美,什么是假恶丑等,这些问题总要先从"教诲"入手,让"受教者"对此先有一个认知,然后才谈得上受教者之"切指于其身"。从这个意义上说,教诲之"学"与践履之"诚"并行不悖,那么,"教诲者"的"教人以诚意之学",这本身就可以视为一种"诚"。放大了来看,书本中蕴藏着无数贤哲的往事前言,对这一笔宝贵遗产,若不通过"教"和"学"加以继承和总结,人的修养实际上无法进行。宋强调修身的实践性,同时却认为如果"欲教人以诚意之学而不切指于其身,则德自为德,民自为民,善自为善",他不免对诚意之"学"的重要性有所忽略,因而有失偏颇。这也是宋翔凤缺乏学术本体意识的表现。

《大学古义说》撰于何时?宋翔凤对此没有交代,故难以确定。但《大学古义说》实可与《论语说义》相发明。宋氏尝谓《论语说义》撰于道光二十年(1840年),故似亦可将《大学古义说》的撰写年代大体断在1840年前后。从《大学古义说》至《过庭录》,这十余年间,宋翔凤对宋学中一些基本概念的理解前后若一,毫无改变。试以上引《大学古义说》与《过庭录·道学》相比勘:"朱子毕生之学皆在《四书》,而于《大学》改定,前后如古本,以诚意为知本,故先云一是皆以修身为本。一是专一,即诚也。……知诚意正心皆修身以内之事,而天下国家之本皆在修身。故云自天子以至于庶人一是皆以修身为本,合之《中庸》、《孟子》之义无不合。"

清代常州今文一派,在庄存与那里已显露出偏向于宋学的倾向,但斯时汉宋之争崇尚汉学风气正热,故庄氏尚未至于大段引用宋儒之论;刘逢禄亦对宋学有好感,他引宋入(西)汉,以宋学释《公羊》的情况有但是不多。至于宋翔凤,他倾大力于宋学,强调宋学形下学的重要性,甚至说"朱子之学自足继往开来,非他儒所能及",把朱子捧得那么高,庄、刘未有此论,在鄙夷宋学的乾嘉年间尤其不多见①。但到了宋氏撰《大学古义说》的年代,中国已又一次处于历史大变故的前夜。"今非昔比",这使宋翔凤觉得已经到了一个需要利用宋学,需要用宋学形下之用来遏制人欲、收敛人心的时

---

① 乾嘉间的鄙夷宋学诋朱熹,可参阅章学诚:《文史通义·朱陆》。

代了。下至于宋氏撰《过庭录》的1853年,天翻地覆,河溃鱼烂,内忧外患,催逼重重,这时的中国已经处在了历史的惊涛骇浪之中,宋翔凤尤其感到了宋学形下学的重要性和紧迫性。从《大学古义说》到《过庭录·道学》,宋翔凤一以贯之地保持他注重宋学形下学的立场,宋氏秉承常州今文一派"资治"治学目的论是一个内因;社会环境的制约则是外因。

宋论遏制人欲,他说:"知止者,人当有所止也。《大学》一篇不言性,而言善即其性也。人有喜怒哀惧爱恶,欲之情以滑乱其性,遂以至于祸乱而不可止。故发乎情者当止乎理义。《大学》之礼所以治人情而止其祸乱也。"①

七情六欲人人有之,但"欲"不可乱"性",亦即"欲"需加遏制。这就需"慎独"而修身。是故宋翔凤谓:"小人不能慎独则必自欺。夫人之为不善,其始必起于隐微,而其祸可流于天下。惟君子能慎独以治小人,遏其人欲之前而发其性善之始。"②

当然,慎独修身并不仅仅针对百姓下民,君主亦应慎独修身。君主的慎独修身主要表现为"仁",表现为爱民,表现为从善如流、任用贤才和疾恶如仇摒弃小人。宋翔凤说:"天子居天下之首而为民率,亲亲敬长之道可达之天下。……尧舜之率天下,惟孝弟而已矣,故曰仁也;桀纣反尧舜之道,夏王率遏众力……殷之顽民延及数世,故荒主暗朝乱国,不独其君可灭,其民皆可诛也。"③又说:"既以孝弟慈兴起一国之民,则人心正;人心正则好恶端。荀卿有云有治人无治法,有乱君无乱国。故治国之道以用人为本而行政为末;用人之道以端好恶为先而条教为后。"④

这里,宋翔凤强调君主个人修身中的道德作用,不能说没有一点道理;"有治人无治法,有乱君无乱国",宋翔凤将君主的作用强调得那么高,这在君主处于政治顶端的专制体制下当然也有其客观性。所以,宋用桀纣丧国的历史故事警策帝王,使其知修身爱民用人的重要性,也应当说具有一定的说服力。但道德说教对君主究竟有多大的规范力和制约力?桀纣淫乱丧国的历史故事又有哪一位君主不耳熟能详?何以中国历史上仍然昏君不止乃至亡国不断?这说明在君主专制制度下虽有道德说教,但帝王可以不受此约束;有车鉴在前,但帝王对此可以置若罔闻照旧荒淫我行我素。今文家常以君主为天之"子"故必须"替天行道",表现为君主修身有德、爱民、近君子、远小人。若不如此,天便显现灾异以警策之;进而将收回旧王之"统"授予有德之新王。从庄存与以来就反复以此说教干政议政、规谏君主。宋翔凤亦同样如此。这种议论在宋氏的《大学古义说一》、《论语说义》等撰述中俯拾即是。但宋氏不提王统更化,他更加强调王位自然传衍的"五行相生"递王说,此中之深意又与庄存与大不相同(详说

---

① 《大学古义说一》。
② 同上。
③ 《大学古义说二》。
④ 同上。

见后)。问题在于:无论是庄氏、宋氏,今文家每以宋学的修身与谶纬符瑞灾异相杂糅立论,这对于君主来说至多只是"理论上"的"聊备一格",同样苍白无力。因为在君主制下国家和政权是帝王的私产,"天罚"、"天瑞",君主可以在意,也可掉以轻心,"主动权"掌握在君主手里。而在宋看来,君主哪怕再昏聩,小民也只有认命和忍耐的份,却绝不能有其他的"非分"之想,更不能有"造反"的念头,否则就是大逆不道。在这个问题上,封建君主这样看,宋翔凤也这样看。所以,宋在谈"小民"修身时,一方面要他们"掩身勿躁、止声色、薄滋味",更主要的则是要懂得"安分",懂得王权神授而不可有"干君位"之想,他说:

> 德者,五行之德,王者之所受命于天者也。财者,王者财,五行之用,以施于民者也。受于天者谓之本,故相生相嬗以相终始,无天命无德者不敢干焉。施于民者谓之末,故相胜相济以相和,百姓日用而不知焉。

这真是"普天之下,莫非王土;率土之滨,莫非王臣"了! 一国之财皆王有,对民仅"施"之耳! 因为有五行相生相嬗相终始,有"受于天"的大戒律在前,所以"无天命无德者不敢干焉"。不敢干天命当然也就是不许干天命。在宋翔凤这里,"命"既然来自"天",便当有一个帝王非自然生殖而是感天而生的理论交代,所以,宋翔凤的"王权神授"观念遂大大超过了庄存与、刘逢禄,他说:"《诗》齐、鲁、韩;《春秋公羊》说圣人皆无父感天而生。《左氏》说圣人皆有父。谨案:《尧典》'以亲九族',即尧母庆都感赤龙而生尧。……《商颂》曰:'天命玄鸟,降而生商。'谓娀简吞鳦子生契,是圣人感见于经之明文。刘媪是汉太上皇之妻,感赤龙而生高祖,是非有父,感神而生者也。"①

今按:齐、鲁、韩《诗》、《春秋公羊》说"圣人"皆无父而生,皆不足为训。宋引《商颂》证商王为其母感神而生,然《商颂》此说乃图腾崇拜之遗迹,故宋氏此引同样不足为训。至于汉高祖刘邦,喝酒连"份子钱"都要抵赖,原本是一个泼皮无赖。当了皇帝,自然有文人替他涂金说他是感赤龙而生,《史记》不辨而采之,此亦史公之不足。然太史公对刘邦的泼皮相揭露颇深,宋何不引用凸显之? 就"生"而言,《左氏》谓帝王皆有父,其说最平实。宋翔凤囿于家派门户、王权神授迂腐之见,故不采《左氏》说。在这个问题上宋缺乏起码的史识。《大学古义说》撰成于道光间,当时的民变此伏彼起,"干天命"的端倪已随处可见,是故宋氏以勿干天命为"小民"节欲之最要者;到了宋撰《过庭录》的 1853 年,太平军烈火早已遍燃大江南北,洪秀全已经实实在在"干天命"而称帝于南京。宋翔凤仍以帝王感天而生的王权神授论入《过庭录》②,或许他是针对洪秀全造反僭上而发;或许他要警告那些胆敢步太平军后尘者而有此说,然而,

---

① 《大学古义说一》。
② 见《过庭录》卷十一《五帝不同祖》,该条所引用史料与《大学古义说一》如出一辙。

"沉舟侧畔千帆过",在清廷统治日薄西山江河日下的历史潮流面前,宋的说教显得多么无奈而苍白!

如前所述,宋翔凤重宋学而申朱斥陆王,但他对于"格物致知"这一构成朱熹理论思想体系最重要的概念与术语的解释,却全然不同于朱熹而自立新解。他在《大学古义说》中写道:"'致知在格物。'郑君释此文云:'格,来也,言知于善深则来善物,知于恶深则来恶物',是'格物'者,诚、正、修、齐、治、平之效验也,故言'在'而不言'先',言其效验无往不在:天降膏露,地出醴泉,山出器车,河出马图,凤皇麒麟皆在郊椒。龟龙在宫泽,其余鸟兽之卵胎皆可俯而阋,此'格物'之谓也。"

今按:"格物致知",这在朱熹构筑其思想体系的阐释中是有确指的。朱熹"格物"之"效验",与宋所说的天降膏露、地出醴泉、山出器车、河出马图等"符瑞"了无干系。宋以谶纬符瑞解《大学》,完全脱离朱熹的故训与宗旨,名谓遵朱,实乃悖朱,其目的还是要借经说服务于现实,强化清廷的王权统治。

二、今文经学

1. 家派与门户

宋翔凤基本上是一位今文经学家。这里的"基本上",是指宋的解经多用《公羊》义法;他申今斥古,亦未能摆脱家派门户的牵累。例如,他论今、古之别谓:

> 今文家者,博士之所传之七十子之徒,递相授受至汉时而不绝,如《王制》、《孟子》之书言制度罔不合一。自古文家得《周官经》于屋壁,西汉之末录之中秘,谓是周公所作,凡他经不合者咸断之曰夏、殷。其实《春秋》为孔子所定,本尧、舜、文王之意,述三代之制,斟酌至当,百世不易;孟子得《春秋经》之传,故称周公封鲁、太公封齐,为方百里……则大国百里不可逾也。《周礼》之传无所师承。或者战国诸人刊周公之制作,去其籍而易其文,以合其毁坏并兼之术。故何君讥为战国阴谋之书。马、郑两君笃信古文,辄就《周礼》转诂他经,几使孔孟之所传分为两家之异学,积疑未明,大义斯蔽,后之儒者不可不辨也。①

这里,宋翔凤指出古文家重周公以与今文家相争,这是有学术意义的。廖平《今古学考》认为今文家主孔子,古文家重周公,两派各以自家的圣人相角争,这一说法的思想胚芽在宋翔凤处已经具备;宋指出《王制》之制与《孟子》合,而孟子得《春秋》之传,也就是认为《王制》是今文一派的典制,这一观点对于廖平分别以《王制》、《周礼》作为今文经学和古文经学两家的思想堡垒和典籍标杆也具有学术上的先导性和启迪性。对于《春秋》与《周礼》,宋翔凤捧《春秋》而贬《周礼》:《春秋》既然能本尧、舜、文

---

① 《论语说义一》。

王之意,能包容三代之制,那么,古文家之重周公,其所美化的不过是周制,因此,古文家断与《周礼》不合者俱为夏、殷之制,他们自己也就成了知有一粟而不知有沧海的井底之蛙。然而,宋氏秉何休之陈说,谓《周礼》乃战国阴谋之书,缺乏说服力。《周礼》所详全在典制,所谓并兼阴谋云云,这是何休自家的"体悟",从《周礼》中找不到直接的证据,因此,何休的这种"悟",连带地,宋翔凤的这种解释,就很难说有什么历史性。

宋翔凤一方面认为《周礼》为战国阴谋之书,但另一方面又每引《周礼》以为据。例如,《大学古义说二》解释讼:"格物致知之效在能使无讼。《周礼·小司寇》以五声听狱讼、求民情。声者辞也,情由实也、诚也。"又说:"文者字之始。诵法六经先正声音文字,谓小学也。谨案,《周礼》保氏掌养国子,教之六书;汉律学僮十七以上始试讽籀书九千字乃得为吏,皆学文之事也。"

今文经学家说经长于议论附会而短于典制史实,故每引用《周礼》、《左传》以补其穷,这个"传统",庄存与始为之,刘逢禄继之,宋翔凤仍不得不然。宋氏治学每引训诂小学典制,这就使他尤其不能完全摆脱《周礼》。是故宋氏一面承今文经学的家派立场谓《周礼》为战国阴谋之书,一面又违背"家法"以《周礼》典制之长补今文经说之短,首鼠异端难顾两全。

对于《左传》,宋同样存在着既贬斥又引用的自相矛盾。他认为《左氏》为"史"故不解经,"《春秋》之义盖阙而不言,故博士以为不传《春秋》。学者求其(指《春秋》——引者)义,舍今文家未由也"①。然而,如前文论述刘逢禄时所指出,《左传》早在先秦时已有传衍,形成一"学",这个传统至汉时尚未中断。学人习用既久,尤因《左传》中一些基本价值观和伦理道德观与《公羊》、《穀梁》今文经说无抵牾,是故早在西汉时今文家"杂采"《左传》以说经者即数不一见,从而种下了今古二学合流的胎苗。现下至于宋翔凤,他亦每引用《左传》以立说。例如,《论语》:"子曰:非其鬼而祭之,谄也;见义不为,无勇也。"宋氏即引用《左传》解道:"《左氏·文二年》传云:《周志》有之,勇则害上不登于明堂,死而不义非勇也。"②

按照宋翔凤对《论语》的理解,《论语》中有孔子的微言大义,"孔子受命作《春秋》,其微言备于《论语》"③。那么,《论语》与《春秋》通。既然《左传》对"《春秋》之义盖阙而不言",宋再在这里引用《左传》解《论语》,岂非自相悖谬?

《过庭录》中立有"元年春王周正月"条,这正是《左传》之开篇语。《春秋经》:"元年,春,王正月。"《左传》解谓:"元年,春,王周正月。不书即位,摄也。"《经》的"春王正月"到《左传》变为"春王周正月",多了一个"周"字。对于《左传》这个解释,今文家极

---

① 《过庭录》卷九,《元年春王周正月》。
② 《论语说义一》。
③ 同上。

反感,刘逢禄《左氏春秋考证》即驳谓:"证曰:此类皆袭《公羊》而昧其义例。增'周'字亦不辞。"那么,宋翔凤在《过庭录》中立此条目,按照今文家法应当说是一个失误。或问:这是不是由于宋翔凤疏忽使然?答曰:否。因为宋就在同条中写道:"《春秋》之义天法也,其不随正朔而变,所谓天不变也。……且《左氏》独言'周正月',以见正月以下为史官之文,未尝以春为周之春,则亦以为不变,是虽不传《春秋》,而循文求义亦不偾也。"

这又是逻辑不清:不随正朔而变既然是《春秋》义法,《左传》的"周正月"又体现了这一义法,"循文求义亦不偾"《春秋》义,那么,宋氏就理应得出一个《左传》"传"《春秋》的结论来,怎么反说《左传》不传《春秋》,学者欲求《春秋》之微言大义"舍今文家未由也"? 这只能是由于家派观念作祟,导致了他的自相矛盾。

如前所述,庄存与曾大量引用《左氏》与《公羊》、《穀梁》同列解《春秋》,并据《左氏》为议论之据。庄为常州今文一派鼻祖,可是由他开创的这一"家法"刘逢禄未予遵循,他斥疑《左传》如今文仇家。在如何对待《左传》的问题上,宋翔凤同时受到了庄、刘二人的影响:他囿于家派之见谓《左氏》不传《春秋》,系受刘的影响;他在《大学古义说》、《论语说义》、《过庭录》中大量引用《左传》,甚至将刘逢禄大忌的《左传》开篇语立为《过庭录》专条,又解谓《左传》语与《春秋》同义,此种立场显然又受到了庄存与的影响。在今古文经家派问题上,宋翔凤不像刘逢禄那样拘滞冥顽、固守壁垒,而是左摇右摆,具有某些灵活与松动,所以说宋翔凤"基本上"是一位今文经学家。

2.《春秋》五始说

《过庭录》卷九有论《春秋》五始,他说:"按《公羊春秋》义,元年为君之始,春为岁之始,王谓文王,为王之始,正月月之始,公即位为一国之始,是为五始。何休说曰:'变一为元,元者,气也。无形以起,有形以分,造起天地,天地之始也。故上无所系,而使春系之也。'惟王者然后改元立号,以继天奉元,养成万物。"①

宋翔凤的"五始"以"君之始"为先,而君之始又系之于无形之"气",是从"不着形迹"的"无"中生出"有"来,造起天地,然后才有岁、月、国。因为"气"不着形迹,无可究其底蕴,这就与"天意"挂上了钩,因为只有天才具备生"有"的功能。这样,宋翔凤遂将君之始提到了一个无以复加的高度。所以他要说"惟王者然后改元立号,养成万物"。那么,有了"五始"是不是还有"五终"? 按照宋翔凤的说法,"天"是不变的。天不变,造起天地之"气"也就不变,系之于"气"的"君之始"即君主制也就不容变。所以"五始"也就有"始"而无"终"。这正如宋翔凤所说:"既有元有春而后有王。董仲舒言王者上承天之所为,下以正其所为,正王道之端云尔。《春秋》以王上承天,故系王于春,而系正于王。《春秋》之名,即太史正岁年之法,孔子之所窃取,则《春秋》之义,天

---

① 《过庭录》卷九,《元年春王周正月》条。

法也。其不随正朔而变,所谓天不变也。"①

"五始"将君主制与天相联系,所强调的是巩固、强化王权。然而,《春秋》二百四十二年间天下大乱,天子式微诸侯坐大,王权受到了前所未有的挑战而衰蔽动摇。这与鸦战爆发后清廷统治所面临的严重危机相似,是故宋翔凤要借解《春秋》申《公羊》义法贬斥诸侯,强调巩固王权。他说:

> 《春秋》之经以元年春王正月公即位分为五始,故或不书春,或不书王,或不书正月,或不书即位。以各为一条,非连缀而读。②

《春秋》有"书法"。不书"春"、"王"、"正月"、"即位",这都是因为被"书"的对象僭位坐大,违背正常的王位更替之制,因而没有资格享受代表正统君王才可享用的"誉称"——"春"、"王"、"正月"、"即位"。这就是《春秋》的"微言大义",其精髓在以书法立正统,以正统见褒贬。所以宋翔凤要说:"《春秋》之五始与《易》之四德同例。《易》有四德,则六十四卦发挥旁通之情见;《春秋》有五始,则二百四十年褒善贬恶之义明。"③

在巩固、强化王权上清代常州今文一派所强调的是"通三统"、"大一统",认为君王之"统"来自天授;天不变,道亦不变,君主制度也就不容变。但是,在庄存与那里,强调、凸显"天命所授者博,非独一姓",这是构成他的"通三统"和"大一统"理论的重要元素。这也是庄存与干政议政、抑制王权、规谏君主的重要依据,是常州今文一派经学思想体系中最具有人民性的内容。现至于宋翔凤,他虽然没有放弃"通三统"和"大一统"说,但在怎样诠释"通三统"和"大一统"的问题上,宋很少对这两个命题的内涵作如庄存与那样的详细注解;他尤其没像庄存与那样凸显"通三统"和"大一统"之义中的"天命所授者博,非独一姓"之说。在宋的经说思想体系中最突出的是君主统治之天授、神授和他人不得"干天命"之义;他有意"淡化",因而基本上不提"天命所授者博,非独一姓"的《公羊》义法,这是宋与庄经说思想体系的大不同处,也是值得玩味处。从理论上说,宋的"五始"说对于常州今文一派的经说思想库未尝不是一种"丰富";但另一方面,宋氏存心忽略常州今文一派借解经制约王权的思想传统,又不能不视为一种政治观的倒退。宋身处清廷统治风雨飘摇之世,他撰《过庭录》时政局危殆已如悬卵,在宋翔凤看来,封建统治所遭受的猛烈冲击,甚至已经经不起因君王之"统"可以改授更换的《公羊》义法所可能产生的"理论歧义"之"负面影响"了。这时所亟需的是坚定人们对君主制的信心。这是宋翔凤用"五始"说"丰富"常州今文一派经说思想,从而又使常州今文制约王权的理论有所弱化,出现倒退的根本原因。以此再

---

① 《过庭录》卷九,《元年春王周正月》条。
② 同上。
③ 同上。

来看宋翔凤用"五行相生"论说帝王的递嬗,他在《大学古义说一》中写道:"事,帝王之事也。帝王之事五德递嬗,终而复始,邹衍称引天地剖判以来五德转移,治各有宜而符应若兹,作终始大圣之篇。自衍以及司马迁,并谓从所不胜,刘向父子以为以母传子终而复始,若五行之于四时,皆明明德而有天下,探命历之去就,以绝诸侯暗干天位之心,则当从以母传子之说。"

其实,五行相生与五行相胜两说,在今文大师董仲舒那里是兼采并用的。《春秋繁露》第五十八为《五行相胜》,第五十九即为《五行相生》。其《三代改制质文篇》就既采相胜又采相生说。宋翔凤在他所需要之时尊重董子;但在董子说与自家理念发生矛盾时,宋对董子采取了实用主义态度:在五德终始的问题上,他不提董子相生与相胜之兼采并用,而仅仅凸显"母传子终而复始"的相生说,原因何在?为什么宋翔凤排斥"相胜说"?盖因五行相胜相克而递王,这是"革命"。用"革命"手段改朝换代,总有一个可以被传统伦理道德观视为"犯上作乱"的"夺权"过程;而"母传子"的五行相生递王,则是王位的自然传衍。即是说,在宋翔凤看来王位的变更只能自然传衍,"他者"通过相胜相克"革命"递王即为非法夺权。宋强调"相生"排斥"相胜",其旨意仍然落在"以绝诸侯暗干天位"上。这是问题的要害。从表面上看,用五德终始说阐释帝王更化似乎是常州今文一派的共遵义法,但若细加分析,便可以发现其中的重要差别:同样是采用五德终始说,庄存与既用"相生说"亦用"相胜说"。在庄氏,他要借此警策帝王自省,朝乾夕惕,以免受天罚失去王统。帝王若能如此王位可保,也就是相生可用;若不然,帝王无德受天罚,新王秉承天意推翻旧王夺取王统,这时,新王克旧王,相胜说也就可用;宋氏虽然学承庄氏,但采用"相生说"而摒弃"相胜说",这是他与庄存与大不相同之处。从庄氏到宋氏,时势的变化使得二人在五德相胜抑或相生的采用上;在巩固、强化王权的具体理论路径的选择上出现了上述重要差别。

三、宋翔凤的疑"古"(文经)学

宋翔凤的疑古(文经)学少有新论,多受表兄刘逢禄的影响。

据刘逢禄说,他曾将疑《左传》的诸多观点告知宋翔凤,宋开始尝心存疑虑,谓"子信《公羊》而以《左氏》、《穀梁氏》为失经意,岂二氏之书开口便错?"刘逢禄详加解释,宋听后"乃大服曰:子不惟善治《公羊》,可以为《左氏》功臣。子何邵公、许重叔且未发其疑也"[①]。此一记载出自刘逢禄之口,不能排除刘有借宋氏之赞以自重的因素。但宋翔凤佩服表兄疑"古",无论是治学内容还是方法,宋氏的疑"古"学都受到了刘的影响,这也是事实。刘逢禄疑古主要疑《左传》和刘歆,因而宋翔凤亦然。然如前所述,在对待《左传》的问题上,宋同时受到过庄氏、刘氏两人的影响,他曾在《过庭录》、

[①] 刘逢禄:《左氏春秋考证》。

《论语说义》和《大学古义说》中引用《左传》,这与刘逢禄不同,应当是受庄存与影响使然;但刘逢禄固守家派壁垒而疑《左传》,宋翔凤同样未能摆脱家派束缚;刘逢禄谓《左氏》不传《春秋》,宋氏亦学舌:宋又明显受到了刘逢禄的影响。宋翔凤说:

> 汉太常博士咸谓《左氏》为不传《春秋》,求《春秋》之义,则在《公羊》、《穀梁》两家之学。然考当时诸侯卿大夫之事,莫备于《左氏》。其人质直有耻,孔子引与相同,故其为书宜为良史终不可废,但当辨其古字古言而芟夷其窜乱,固在好学深思之人矣。①

宋从"良史"角度赞《左传》,这个观点就来自刘逢禄。《刘礼部集》卷三《申左氏膏肓序》即有"《左氏》良史之材"之赞,刘说:

> 左氏以良史之材博闻多识,本未尝求附于《春秋》之义。后人增设条例推衍事迹强以为传《春秋》,冀以夺《公羊》博士之师法,名为尊之,实则诬之。《左氏》不任咎也。观其文章赡逸,史笔森严,才如迁固有所不逮,则以所据者多春秋国史及名卿大夫之文,固非后人所能附会。故审其离合,辨其真伪,其真者,事虽不合于经,益可以见经之义例……其伪者,文虽似比于经,断不足以乱经之义例。事固有离之则双美,合之则两伤者。余欲以《春秋》归之《春秋》,《左氏》归之《左氏》,而删其书法、凡例及论断之谬于大义(自注:如君子曰之类),孤章断句之依附经文者,冀以存《左氏》之本真。

刘逢禄赞《左氏》文章赡逸,史笔森严,迁固有所不逮,评价似不可谓不高;宋翔凤认为考当时诸侯卿大夫之事莫备于《左氏》,与刘逢禄之评价亦同。但是,不管刘还是宋,他们赞左氏终究是"降格"之赞。因为在今文家的观念中经史有别,经高于史,因而"传"、"史"也就有别,"传"高于"史"。因此今文家一般均不主"六经皆史"说,这成为今文家治经的一个准则。《左氏》再好也只配作良"史",与"传"如《公羊》者不能比肩而论。

从《左氏》不传《春秋》说出发,刘逢禄疑《左传》,每不可说而强为之说。在刘逢禄看来,《左传》为"史"而非"传",故不配有"义",因而也就不配有"论"。《左传》中的"君子曰"、"书曰"等俱为刘歆增益。《左传》中有"书曰:郑伯克段于鄢",以此刘逢禄有对《左传》的质疑;刘逢禄又认为,刘歆伪窜《左传》是为了媚莽篡汉,是故刘逢禄又有疑《左传》"摄政"之论。在这两个疑"古"的具体问题上,宋翔凤皆步表兄后尘而为其张目者。

《过庭录》卷九列有专条讨论"郑伯克段于鄢"。宋翔凤写道:"按《公羊》、《穀梁》

---

① 《论语说义三》。

并以'克'为杀。《公羊传》曰:'杀之则曷为谓之克? 大郑伯之恶也。'《穀梁传》曰:'甚郑伯之处心积虑成于杀也。于鄢远也,犹曰取之其母之怀中而杀之云尔,甚之也。'《左氏传》曰:'京叛大叔段,段入于鄢。公伐诸鄢,五月辛丑,大叔出奔共。'与两家之传,一死一生,何以定之? 按:《左氏》所载,存史之文,非《春秋》之正义也。郑伯实杀段,故书'克'以大其恶。"

郑伯到底杀还是未杀段? 宋取《公羊》、《穀梁》,一口咬定郑伯实杀段,理由是"《左氏》所载,存史之文,非《春秋》之正义也"。为什么"存史之文"就不配合《春秋》之正义? 郑伯杀还是未杀段,这纯粹是一个"史实"问题,因而只能从史实而不是其他方面去甄别。如果郑伯的确没有杀段,《公羊》、《穀梁》为了"大"郑伯之恶,解"克"为杀,将杀段的罪名强加于郑伯,这种解经站得住吗? 恰恰在郑伯杀还是未杀段这个具体"史实"问题上,《左传·隐十一》的记载就很明确。郑伯言之凿凿谓:"寡人有弟,不能和协,而使糊其口于四方",是太叔段被"克"十年后仍然存活。太史公以此采《左传》说而摒弃了《公羊》、《穀梁》说。《史记·郑世家》有云:"二十二年,段果袭郑,武姜为内应。庄公伐段,段走。伐京,京人畔段。段出走鄢。鄢溃,段出奔共。"

史公信《左》而弃《公》、《穀》应当有他的根据,我们相信司马迁的抉择去取。因为在对待史料的甄别和选择上司马迁态度审慎。"百家言黄帝,其言不雅驯",不雅驯之言史公不取;"神农以前,吾不知已"①,"至《禹本纪》、《山海经》所有怪物,余不敢言也"②,这都是审慎的表现。

关于《左传》何以不书郑伯杀段的原因,宋翔凤认为:"当时所传不尔者,是所谓郑志也。郑庄公之人,其奸心诈术兼而有之。段有偶国之势,遂处心积虑而杀之;又不欲存杀母弟之名,则讳以为出奔,既欺其母,复欺其邻。《左氏》虽存其文而曰谓之郑志,又曰'不言出奔,难之也'。若曰郑伯之志如此,出奔非事实,故难于言也。"

宋的解释牵强武断,不具说服力。他意谓郑伯老谋深算,处心积虑杀段,"又不欲存杀母弟之名,则讳以为出奔,既欺其母,复欺其邻",是故《左传》记为"不言出奔,难之也"。所谓的"难",是说郑伯有难言之隐。故曰"出奔"而不言"克"亦即不言"杀"。然《左传》为何又于隐十一郑重记下郑伯之言"寡人有弟,不能和协,而使糊其口于四方"? 且郑伯此言系对"许叔"即许国君而言,难道隐公元年郑伯有难言之隐,隐十一就没有难言之隐,郑伯就不怕"复欺其邻"了吗? 又,史公取《左》,此又何说焉? 谓史公亦为郑庄公讳乎,还是说史公不懂"克"义? 如前所述,段"多行不义",这个"不义"就是段"处心积虑"要拥有"偶国之势";郑伯当然也"处心积虑"杀段而不仅仅是装样子。但段"处心积虑"在前,郑庄"处心积虑"在后,这个是非要分清。作为一国之君,

---

① 《史记·货殖列传》。
② 《史记·大宛列传》。

郑庄不允许任何人有"偶国之势",这很正常,以此,郑庄"处心积虑"杀段也就很正常。宋不是很反感诸侯"暗干天位"吗?段蓄意谋反,拥有"偶国之势",这都是"暗干天位",宋翔凤怎么又会认为段是"受害者",而该谴责的是"奸心诈术兼而有之"的郑庄公?自相矛盾若此者何?唯一的解释是今文经学家派的迷雾翳障了宋翔凤。宋出于家派门户之见,他信《公羊》、《穀梁》而不信《左传》,甚至不相信太史公,他解"克"为"杀",是故有对"郑伯克段于鄢"之疑,这种基于家派门户观念上的"疑古"不能成立。

关于周公居摄,因这个问题每使人将之与王莽居摄篡汉联系起来,又因为刘歆吹捧周公,而刘歆又担任过王莽的高官,因而它成了常州今文一派攻击古文经学的一个重要学术问题。刘逢禄即已认为,居摄一说开"后世乱臣贼子袭是迹而文其奸言,以窃天位"之端绪①。宋翔凤并不一般地否定"居摄"说,宋氏有他的解释,他说:"周公居摄而称成王七年,则周公居摄成王即政俱无改元之事。况《书序》明言周公相成王,'相'即'摄'也。……'摄'为佐助之义,'相'亦助也。周公既相成王,则《大诰》之'王若曰'自代成王言。""《尚书》经文及《序》,于周公则称'周公',于王则称'成王',而汉人犹浑淆若此,则刘歆实乱之也。"

这里牵涉的问题有二:第一,"摄"与"相"有没有区别?按照最先提出周公摄政说的荀子,"摄"不仅仅是"相",而且"履天子之迹,听天下之断"②,"摄"、"相"二义有程度上、性质上的区别:"摄"一定是"相","相"却不一定为"摄"。史公亦曾说周公"践阼",此即荀子"履天子之迹,听天下之断"一种更加明白、准确的表达。所以,宋翔凤说"摄"即是"相",这个说法不准确、不全面。第二,《大诰》之"王若曰"是周公"代成王言",还是周公自称?杜勇在《大诰作者及其年代》一文中举出三证:其一,《大诰》中有"不可不成乃宁考图功",这里的"宁考"被吴大澂揭出乃是"文考"之误,这已成为不刊之论。郑玄、伪孔传虽然不知此"宁"字为"文"之误,却也认为"宁王"就是"文王"。那么,"宁考"亦即"文考",无疑是指亡父文王了。武王既崩,以文王为亡父的除了周公,不会再有别人。其二,《大诰》说:"尔惟旧人,尔丕克远省,尔知宁(文)王若勤哉!天閟毖我成功所,予不敢不极卒宁(文)王图事。"文中的"旧人",伪孔传解释说:"久老之人,知文王故事者,能远省识古事。"这些"旧人"是历仕文、武二朝的老臣,制《诰》者用文王勤于政事的历史馨动之,所以作《诰》者必当亲历此事。成王年少,他不可能用自己体会不深的事例来作为说服"旧人老臣"的依据;成王在文王时代还不可能参与政事,故说不上"不敢不极卒宁(文)王图事"的问题。具备这条件的人只有周公,因此,制作《大诰》的只能是周公而与成王无涉。第三,《大诰》以父兄为喻,强调不可废

---

① 刘逢禄:《书序述闻》。
② 《荀子·效儒》。

其基业。成王无兄,以"父兄"为喻,周公的可能性最大①。杜勇所言三点,言征据足,故其云《大诰》中的"王若曰"之"王",系指周公而不是成王,杜勇的这个结论是可靠的。

要之,在"居摄"问题上今文家总要将它与刘歆媚莽篡汉相联系,刘逢禄已强驳"摄",宋翔凤则不顾荀子首言"居摄"为周公行天子之政的说法,更无视太史公一再在"行君事"②的意涵上使用"摄",故宋氏断"摄"即"相"不确;又,上引杜勇所说三点以及《荀子·效儒》周公摄政"履天子之迹,听天下之断,偃然如固有之"之义,再结合《尚书·洛诰》有"惟周公……七年"的纪年实例,足可见出《大诰》"王若曰"系周公自称,而不必如宋翔凤解谓周公"代成王言"。

〈小结〉

清代早期今文家引宋入(西)汉,汉宋兼采,庄存与已有此倾向,刘逢禄略有加强。至宋翔凤,他大大强化了汉宋兼采而偏向于宋学的学风。鸦片战争以后,魏源、康有为已由汉宋兼采而至于斥汉(考据学)取宋,至此学风之再转捩,宋翔凤恰恰可以视作前、后交替的一个过渡;宋翔凤提出今古二学以《王制》和《周礼》典制之不同为据,对廖平《今古学考》有相当的启迪意义;宋氏好考据但更重"义理",然其"义理"在"形下"而不在"形上",以至于形上形下两不兼备,考据义理半生不熟。而宋氏之疑古学,因受家派牵累,多剿袭刘逢禄陈说,了无新意,徒然为鸦战以后魏、康等人之臆断史事,以疑古为门户之争、作议政之具张目推波而已。

---

① 见《光明日报》1996 年 7 月 2 日。
② 《史记·鲁周公世家》:"惠公卒,长庶子息(《索引》:隐公也。)摄当国,行君事,是为隐公。"

第四章
中国古典疑古思潮的集大成者——崔述

清朝乾嘉时代,在中国思想发展史上是一个比较沉寂的时代。从学术发展的路径看,清初理学清算,批判形上思辨学风,学术界弃"虚"蹈"实",舍"道"就"器",走上实学一路。下至乾嘉间,形成以音韵、训诂为特点的考据学。受着考据学内在规律与特点的制约,学者治学多从"小处"、"微观处"、具体处着眼;沿袭着清初以来的学术走向,学者群主观上均厌弃形上义理思辨,再加受康、雍、乾三朝恩威并重文化专制统治的钳制与打击,学术的理论光泽逐渐消蚀泪没,思想被窒息,学术便走上了纯考据的道路。但是,在这个思想沉寂的时代,仍有不甘于寂寞思想的学者,有把求实与"义理"较好地结合在一起的学问家,崔述是其中的一位。

崔述,字武承,号东壁,清代直隶大名府魏县人[①]。他生于乾隆五年(1740年),卒于嘉庆二十一年(1816年),享年七十七岁。

崔述并不仅仅是一位考据辨伪学家。他在考信辨伪方面固然成就斐然,堪称一代大师,直接影响到五四以后以考信辨伪称世的"古史辨派"的学术发展方向;但崔述以民本为核心建立起来的体大思精的政治思想体系,也足以为乾嘉那个缺乏理论思辨的时代增辉。而这一点,并没有受到学术界应有的重视。长期以来,学术界一直视崔述为一单纯的考据辨伪学家,基本忽视了他在政治思想理论方面的积极建树,从而对崔述的评价不免失之于偏颇。应当如何全面准确地分析和评价崔述的学术?应当如何发掘并批判地继承至今尚未引起学术界重视的崔述政治思想理论体系?这是本章准备探讨的问题。

---

① 乾隆二十二年(1757年),因漳水屡决入魏县,魏县遂并入大名县,故崔述又为河北大名人。

第四章 中国古典疑古思潮的集大成者——崔述

第一节 崔述生平和学风

一、生平概述

崔述所生活的乾嘉年间,中国封建社会已经走过了它最辉煌的壮年而步入了衰老期。社会矛盾到乾隆后期已经显示出激化的兆头。

然而,乾嘉时期的封建社会,那还是一个"百足之虫,死而不僵"的社会,"外面的架子虽未甚倒,内囊却也尽上来了"。封建制度虽已百孔千疮,行将就木,但还没有寿终正寝。表面上还似"烈火烹油"一般的繁华。深刻的社会危机,在"河清海晏"、"海寓升平"的表象之下潜伏。在这样一种时代格局下,崔述诞生于一个业已式微的寒儒之家。

崔述先人因军功起家,世袭指挥使,曾祖辑麟,号段垣,曾入举并授大名县教谕。据崔述说,其家境在曾祖时已属清贫,在其父三十岁以前已经衰落①。到了崔述这一代,家计益发艰难,"贫困奔走,饔食不能给"②。"家故贫,自丁丑、戊寅岁漳决环城,十月之中,四迁其宅。二亲严冬犹着单衣,无麦食,豆羹而已。"甚至"辛卯二月,闇斋(崔元森号)先生卒,贫无以葬,越三年,始能营兆于城东南隅终葬事"③。

家道的衰落,把崔述过早抛入了社会底层。颠沛流离、饔食不给的生活,使崔述饱尝艰辛,并得以目睹下层百姓触风雨犯寒暑、呼号转徙、饥渴顿踣的困苦。与百姓蒸民身处水火、朝不保夕的困顿形成鲜明对照的是官吏搜括民财和贪贿成风的官场黑幕。民之苦吏胥之恶,崔述有亲见亲闻的强烈对比,再衬映以本人的生活经历,这就不能不激起他同情百姓痛恨贪官的强烈思想感情。这对于后来崔述政治思想理念的形成及治学道路的选择应是一笔宝贵而重要的铺垫与积累。

受家庭环境影响,崔幼即嗜学,十五岁,与弟崔迈同去大名府应童子试,榜发,述列第一,与弟同补弟子员。兄弟二人"朝夕砥砺,泛滥群书,巨细不择……诗赋词章,应制举业,风发泉涌,见者莫不为奇才"④。乾隆二十七年(1762年)崔述中举,时年二十三岁。三十岁时,崔述"觉百家言多可疑,悔从前泛览之误,曰:'此非吾父所谓明道经世之学也!'乃反而求之《六经》,以考古帝王圣贤行事之实;先儒笺注,必求其语

---

① 《无闻集》卷四,《先府君行述》,《崔东壁遗书》(以下简称《遗书》),上海古籍出版社1983年版,第716页。《崔东壁遗书》版本下同,不另赘。
② 崔述:《考信录自序》,《遗书》,第920页。
③ 陈履和:《崔东壁先生行略》,《遗书》,第940页。
④ 同上。

所本而细核之;欲自著一书以证伪书之附会,辟众说之谬诬,举子业置不复为。"①"乃取经传之文,类而辑之,比而察之,久之而后晓然知传记注疏之失。顾前人罕有言及之者,屡欲茹之而不能茹,不得已乃为此录以辨明之。"②崔述从此立下了著《考信录》的志愿。

自乾隆三十五年至乾隆四十七年(1770—1782)崔述用了十三年时间为著《考信录》作准备。此间,崔述父、子、弟、母相继亡故,虽"叠遭变故;积哀劳,几死者屡矣。……孑然一身,益发愤自励,始作《考信录》。疾病忧患中,奔走衣食又十年,而考古著书弗辍也"③。十三年中,崔述写定《救荒篇》四篇;草成《春王正月论》五篇。《三代经界通考》初稿也完成于此时;《五服异同汇考》、《洙泗考信录》开始着手撰写。崔述另有《与董公常书》函一通,《考信录》的范围、内容及一些基本观点在此函中已略具眉目。可知《考信录》的筹画在这十三年中已初具轮廓。

乾隆四十八年以后的三十余年,崔述除为官七年外,可说是撰著定稿期;乾隆五十三年(1788年)《五服异同汇考》在历时八年后终于改定成书。此书据古经及后世丧服的嬗递变化,分别亲疏,条贯古今,实为一部详尽的丧服沿革史。同年,崔述又增订旧作《三正辨》,易名为《三正异同通考》;乾隆五十四年(1789年)他删录早年诗作,定名为《知非集》;乾隆五十六年(1791年),《洙泗考信录》初稿撰成,《补上古考信录》亦脱稿。但此时崔述家境日蹙,"贫无以养,故仕禄之念甚切"④。迫于生计,同时亦为用"四十年读书论世,数游四方,尝艰难"之经验,"发挥于政事,以自验其所得"⑤。乾隆五十七年(1792年)崔述进京选官,却不料邂逅入京会试的陈履和。陈仰慕崔的学识,又得以拜读崔随身携带入京的《洙泗考信录》及《补上古考信录》等手稿,对崔益发佩服,执意拜其为师,崔述谦辞不就,遂收陈履和为弟子,并授已草成书稿四种。陈是崔一生所收唯一弟子。师生相聚仅两月便分手,从此未再晤面,但凭鸿雁传书,却是魂萦梦绕,情深谊笃。崔述死后,遗嘱将所存物遗稿悉数交陈履和,后又赖陈倾其全部家赀刊刻印行,崔著始得免遭埋没。今日之有《崔东壁遗书》,陈氏实当居首功——这些已是后话了。

嘉庆元年(1796年)崔述授罗源知县;四年,调任上杭知县;五年,又回任罗源;七年,辞官。他在知罗源县时,"治官如治家,不美食,不华服,不优伶宴会,卯起亥休,事皆亲理,日与士民接见,书役禀事皆许直入二堂而无敢干以私者,是以苞苴自绝,而地

---

① 陈履和:《崔东壁先生行略》,《遗书》,第940页。
② 《考信录提要卷上》,《遗书》,第2页。
③ 陈履和:《崔东壁先生行略》,《遗书》,第941页。
④ 同上。
⑤ 同上。

方百姓情形无雍蔽,从人胥役俱无所容其奸"①。上杭一地,"难治倍于罗源,独关税向有赢余,人皆以为利薮。……先生至,则关税所余数千金悉解充洋面缉匪之费……一切政事如罗源,而勤劳过之"②。

崔述体恤民艰,多有善政,所以嘉庆五年他回任罗源时,"将至境,罗源人悬彩颂德,持两端夹道而迎,大有儿童竹马之趣"③。崔述志行清廉,卸任后"饭一盂,蔬一盘",依然生活清贫,为购买书籍,每须典当衣物。这与当时"三年清知府,十万雪花银"的官场贪冒时尚形成了鲜明对照。崔述为官"出污泥而不染",真诚躬行他恤民艰、惩污吏的夙志。但当时官风之败坏如病入膏肓,崔述虽鹤立鸡群,却不合时宜,以至被人目为迂阔,"或议其矫,或哂其愚"④,崔述自知为时尚所不容,故借诗言志云:"多少不平事,扶剑发冲冠!少年慷慨徇世,援手不辞艰。""飞腾志,今老矣,复奚言!让他英俊当路,拂袖入青山!"⑤

嘉庆二年五月十一日崔述在给陈履和的信中写道:"文墨一道,高阁犹不待言。古人云:'一行作吏,此事遂废',每一念及,悔不可言……政府掣肘,旧俗难更,平生志愿,至此毫无所施,尸位素餐,归兴浓于山色矣。"⑥明白表露了厌悔仕宦、息影山林从事名山事业的向往。

从上杭回罗源后崔即屡上辞呈,迨至嘉庆六年始获准。其主司汪志伊叹喟崔述云:"好官难得!吾不能荐汝,吾愧汝!汝去自佳,吾知汝不能逢时也。"⑦崔述一生的际遇,无论是做官还是做学问,都不幸被汪氏"不能逢时"一语言中!崔述辞官北归时已年逾花甲,自吟"向山野藏其迂拙,把功名付于英豪!"又云:"自幸得全大节,脱险阻,而生平未成之书可以从容脱稿也。"急流勇退时既有凄然的回顾,又有夙愿可偿的会心欢愉。从此,崔述息影园林,专心撰述,直至终老。

二、崔述的学风

1. 崇实兼致用的治学观

如前所述,清朝初年,受明亡历史大变故的刺激,学术界群起清算理学的援佛入儒和形上思辨学风,弃虚蹈实,走上实学一路。以顾炎武为代表的一代士子,紧紧把握着"致用"——实乃资治的治学目的论方向,为检讨明亡之因,总结封建社会兴衰存

---

① 陈履和:《崔东壁先生行略》,《遗书》,第 941 页。
② 同上。
③ 同上书,第 942 页。
④ 同上。
⑤ 《水调歌头》,载《知非集》,《遗书》,第 779 页。
⑥ 《苈田滕笔残稿·与陈介存履和》,《遗书》,第 806 页。
⑦ 陈履和:《崔东壁先生行略》,《遗书》,第 942 页。

亡之理而读书治学。在清初,学术未尝须臾离开过政治的羁绊,因此,"实学"也就紧紧与"致用"结合在一起。所以,清朝初年是一个实学兼致用的时代。

延至乾嘉年间,学术界秉承清初学风而起。这时的儒林士子,其治学初衷与清初士子实际并没有区别:他们也同样崇尚实学,同样辟二氏,同样摒弃形上思辨学风。为了"明道",学者们普遍选择了一条由音韵训诂、考据小学入手,以探求经书"义理"——也就是通过"实学"求"道"的治学路径。所以,由"下"往"上"走,由考据而获义理,由"器"以达于"道",这是乾嘉考据学者治学的初衷。乾嘉考据学者初起之时并非"纯"考据。至于考据学风由实学兼致用向"纯"考据学演变,致使"实学"实而又实,不再将学术与政治紧紧捆在一起,逐渐脱离"致用"——实乃"资治",逐渐远离(而不是背离)政治,并因此显露出学术本体化倾向,那是因为受考据学治学特点和内在规律的制约使然。

与一般考据学者治学比较远离资治的治学路径不同,崔述更加重视学术的致用功能。这是和社会现状的刺激以及崔述个人的人生际遇分不开的。崔从早年一度热衷于诗赋时文,到三十岁时确立著《考信录》志向,这是他经过认真反思后作出的抉择。他要以反之《六经》,确考古帝王圣贤行事之实,来践行其父所谓的明道经世之志。

崔述三十五岁时写定四篇《救荒策》,其体恤民艰、学以致用倾向已十分鲜明。文中的议论,系崔述读《周易》后撷取其中的阴阳变易思想,又打通了《尚书》等典籍后所发①,起因则在于乾隆年间的政治黑暗,吏治腐败。

乾隆年间另一突出社会问题是土地兼并,崔看到"自生聚日蕃,贫富不均,富者连阡陌而贫者无立锥"的不平等现象,他在《救荒策》中提出的解决方案是:"是以古者授田有制,度其人地之数,或百亩,或七十亩、五十亩,不得擅增焉。"这又是从《王制》、《孟子》等典籍中采撷而来的古制,后来崔作《王政三大典考》,对于经典中有关三代田制的解释,即以此为思想基调。

对于崔述这种学以经世资治的治学倾向应当怎么看?

资治治学观,因将学术与政治紧紧捆在一起,学术本身被视为政治的工具,学术的第一要义——求真便往往只能落为"第二义"而不得不让位于政治的需要,因而变得"不需要",至少是"不顶重要"。在政治的干预下,学术的求真便往往受到伤害。因此,资治的治学观对学术发展所造成的负面影响不容低估。

但与此同时也应看到,因与政治相牵连,资治治学观对于学术本体造成损伤,却并不妨碍它在政治思想方面能够有所创获,而政治思想方面的创获又每每以损害学术价值为代价,为契机。学术思想的发展与政治思想的发展在一定条件下存在着一

---

① 见《无闻集》卷一,《遗书》,第692页。

种二律背反现象。政治思想在资治治学观的笼罩下胎育并发展，这其中也便有了政治思想本身的价值，也便有了对政治思想价值的判断与评价。就资治治学观下产生的政治思想的具体内容及其评判来看，其中又有层次可分，又是有高下文野之别的：强化封建帝王的专制统治，强调上对下、君对民的绝对统治以及下对上、民对君的绝对服从（例如朱熹的某些政治主张），这是一种政治思想；以民本为基础、为核心，主张君主的统治必须为民着想，将民的利益放在一个相对重要的地位上，这是另一种政治思想。后一种政治思想，因其脚跟至少部分站在了"民"的一边，也就是部分地站在人性的一边，因此它具有向"民主"发展或迈进的最初思想芽蘖。这种思想或主张，虽然有时不免迂阔天真（一厢情愿，帝王可以当作耳边风等），但却因为符合人性而显得真诚可爱，值得肯定。民本思想是中国政治思想史上最可宝贵、最值得继承的一笔遗产，其理据在此；而前一种政治主张，因为根本上违背人性，它的发展轨迹只能是愈来愈远离民主，背离民主，它不具备向民主思想或精神"变异"的可能性，因而背离历史发展的总趋势。它的反人民性，归根到底也就是反人性，只能愈来愈遭到人们的厌恶与唾弃。因而，这种政治思想是历史的渣滓与糟粕，应当批判与摒弃。

就崔述来看，他的治学体系是复杂的：他有以实学为功底、以求真为治学要务的认识，因而在主观上愿意摈弃成见，说："余生平不好有成见。于书则就书论之，于事则就事论之，皆无人之见存。"是故在涉及历史人物和事件评价时，崔述一定程度上能够做到不虚美，不隐恶，"余谓圣人非但不可毁，亦并不可誉"，从而使他的考信辨伪有较高的可靠性；但崔述又有以实学为政治服务的治学目的，这就使崔在求真的同时又有高于求真，先于求真，重要于求真，因而也便会影响到求真的倾向。这两种互相抵牾的治学态度矛盾地集结于崔述一身。出于资治的需要，崔述以民本思想为基础、为核心建立起了一套今天看来仍然具有进步意义的政治思想体系。这一点应当引起重视。但必须指出，崔述"有价值"的政治思想体系有时又是以损伤学术为代价的。因此，对于崔述的政治思想和他考信辨伪的学术成果应当给予两分的分析与评价。当然，崔述考信辨伪终于未因受资治治学观的牵累而变得毫无学术价值（像康有为那样），这是因为求真意识在相当程度上弥补或者说减轻了资治治学观造成的对学术的损伤。

乾嘉年间学风趋于实证，学者的治学逐渐远离致用，专门从事三代秦汉文物典制的考据，古籍的校勘训诂，时风所尚，形成了专门考据学。崔述学重三代，文征典籍，显然受到了乾嘉考据学风的影响。但乾嘉考据学事功的目标比较淡化，与顾、黄、王等清初学坛士子的治学精神有区别。崔述则以经典紧系于现实，他希望用三代古制拯救时弊，这种学风与乾嘉学风有别，而更加接近清初。

崔述虔诚地相信三代古制和人事能够医治时弊，而知晓三代古制和人事，靠读

《四书集注》、时墨讲章等应时之文无济于事,只有认认真真研读儒家经典才能获得。为拯救时弊,崔述走上了实学兼致用之路。如果说崔述的个人际遇和所处的时代对其治学观的形成具有决定性影响,那么,引路人则是崔述的父亲崔元森。

崔元森是一位典型的儒生,他希望走"学而优则仕"之路,他说:"吾少有志于世务……故命尔名为述,欲尔成我志尔。"① 雍正丙午年迄丙辰年崔元森曾五试顺天不第,最后一次科场落第,他已年近三十,那时崔述尚未诞生。年近而立,屡试不第,这对崔元森是一个很大的刺激,他自忖"五试于乡则不中,吾知已矣"②,从此弃去了仕进的意图,杜门教子,移厚望于崔述。他对崔述说:"独不见夫崇圣祠诸先儒从祀者耶!是皆以其子故。尔若能然,则吾子也。"③

从性格上来说,崔元森不会趋时附势,所以他对崔述的教育也不同时风,对此崔述回忆道:"今人读书,惟重举业,自《四书》讲章时文外,他书悉所不问。先君教述,自解语后,即教以日数官名之属;授书后,即教以历代传国之次,郡县山川之名。凡事之有益于学问者,无不耳提而面命之。开讲后,则教以禅儒之所以分,朱陆之所以异。凡诸卫道之书必详为之讲说,神异巫觋不经之事皆为指析其谬。"④ 当时,"北方自苏门孙征君(孙奇逢,清初理学家)宗姚江王氏之学,远近信从,君独恪守紫阳(朱熹),而尤爱玩当湖陆清献公(陆陇其)之书,躬行以求心得"⑤。

崔元森治学务实,所以他重史,重官名之属、传国之次、郡县山川之名;也因此他取形下而弃形上,重视禅儒之分,朱陆之异的道理,宗朱而辟陆王,"尤辟阳明所论良知之失,谓为学必由致知力行博文约礼而入"。此种取向与汉宋之争浪潮激荡下的乾嘉学风特点十分吻合⑥;崔元森治学是为了经世,陆陇其宗朱学,躬行有清名,正符合崔元森宗朱辟王、博文约礼、学以经世的治学路径,因此喜好陆陇其。崔元森希望崔述掌握真才实学用以经世,这种治学立场,实与时风相乖戾,"人见其书非世所恒习而不切于用也,皆笑之,亦不顾"⑦。

经世治学观因将学术视为政治工具,已不免急功近利之嫌。但这对于治学旨在趋科举求仕途者来说,将治学附着于政治,那还不是"急所",还未能咬在吃紧处。以此可见崔元森时代学风的浑噩。只是我们今天却应当感谢崔元森:正是他那种是非分明,耿直有棱角,不趋风赶浪,不圆融敷衍的狷介素性,曾经强烈地感染着崔述,以

---

① 崔:《无闻集》卷四,《先府君行述》,《遗书》,第716页。
② 同上书,第715页。
③ 同上。
④ 崔:《考信附录》卷一,《家学渊源》,《遗书》,第470页。
⑤ 崔:《无闻集》卷四,《先府君行述》,《遗书》,第717页。
⑥ 同上书,第716页。
⑦ 同上书,第717页。

至于崔述将作《考信录》视为执行其父的遗训:"《考信录》何为而作也? 魏台崔述其先君闇斋先生之志也。"①崔元森在崔述心底埋下了一颗实学兼经世的种子,把崔述领上了学以资治、不趋时风的治学之路。崔述后来写道:

> 初,余学为时文……既而与弟同举于乡,人莫不交口艳称之。三十以后,盖留心于经史,而会试数不第,自是称之者渐少。……四十以后,为《考信录》及《王政考》,自二三君子外,非惟不复称之,抑且莫肯观之。……自余归后,余录陆续皆成。相、魏数百里之间,少年才俊之士,惟笃志时文,当务为之急,其肯寓之目而挂之齿颊者不过一二人,其余罕有肯过而问焉者。是何学愈浅则称之者愈多,学益进则愿观之者益少哉! 然则余之为此,不亦徒劳乎? 虽然,君子当尽其在己。天地生我,父母教我,使天地间有我,而我又幸有此牖隙之明,为之何可以自安于怠惰而不一言,以负天地而负父母乎? 传与不传,听之时命,非我所能预计者矣。②

> 人之读书,为人而已,亦谁肯敝精劳神,矻矻穷年,为无用之学者! 况论高人骇,语奇世怪,反以此招笑谤者有之矣。非天下之至愚,其孰肯为之! ③

学虽"无用",却乐在其中;人哂"至愚",无妨我行我素。不求近功,不骛时风,卓然独立,这正是崔元森遗传给崔述的品格,也正是崔述治学的真性情真精神。没有了功名利禄的羁绊,时下流行的忌讳便可不顾,也就推倒了不敢讲真话的心理屏障;将功名利禄置诸度外,自我解除了思想上一副最沉重的枷锁,便自可在学海中朝着认准的目标义无反顾地径直行去了!

崔述治学始于治经。不过,他有"三代以上,经史不分"的明确认识,他说:

> 三代以上,经史不分,经即其史,史即今所谓经者也。后世学者不知圣人之道体用同原,穷达一致,由是经史始分。④

> 三代以上所谓经者,即当日之史也。《尚书》,史也;《春秋》史也。经与史恐未可分也。⑤

> 自周道衰,杨、墨并起,欲绌圣人之道以伸其说,往往撰为尧、舜、汤、文、武、孔子之事以诬之而绌之;其他权谋术数之学欲欺世以取重,亦多托之古圣人,而真伪遂并行于世。⑥

---

① 《考信录自序》,《遗书》,第920页。
② 崔述:《书考信录后》,《遗书》,第487页。
③ 崔述:《考信录提要》卷上,《遗书》,第14页。
④ 崔述:《洙泗考信录自序》,《遗书》,第262页。
⑤ 《洙泗考信余录》卷三,《遗书》,第395页。
⑥ 崔述:《考信录提要》卷上,《遗书》,第3页。

经既需以史寓义,也因伪史事的羼入而义(道)晦。崔述出于卫道贬诸子,崇儒术,这很迂腐。但诸子绌儒术以自尊,后儒不辨真伪,杂采附会以说经,这也是事实。治经与治史不可分,治史则须以考史辨伪先行,这样,崔述就由治经走上了治史考史之路。

2. 求真持平的治学精神

刘知幾说,良史应当"爱而知其丑,憎而知其善。善恶必书,斯为实录"①。求真持平,实录直书历来被视为良史的节操,是中国史学最优秀的传统。崔述治学以求实为务,由学而求实进而树立起学而求真、论而持平的治学态度,并以之作为《考信录》的基本原则。

崔述体悟到成见是求真的大敌,所以主观上他有摈弃成见的认识,他说:"余生平不好有成见。于书则就书论之,于事则就事论之,皆无人之见存。"②

但是,顾颉刚先生却认为,崔对古史事有成见在胸。他特别指出了崔述的为圣人"加誉":

> 崔述最大的弊病,就是他为古圣贤护善。他虽然说"就事论事,未尝有人之见存",但他终忘不了几个圣贤。本来战国时人言尧舜与桀纣,只是毁誉两个方面的不同,并非质(故事演变的法则)量(演变过程中放大的倍数)的不同。他只是要推翻坏的一方面的扩大之量及足以损坏好的扩大量,但他对于好的一方面之量保存之惟恐不暇。所以"誉尧非桀"原是战国人从一个态度之下发出来的两个方面。崔氏只把"非桀"的一方面驳了,却宽容了"誉尧"的一方面。誉尧的一方面不但没有驳,反而信以为真。换言之,就是他要使善意的故事不失其扩大之量。③

为了证明这一观点,顾颉刚举了几个崔氏为古圣贤护善加誉的例证。

的确,从"非桀"的一面来看,历史上对于恶人早已有了层层加恶的倾向。对此子贡已表示怀疑,认为"纣之不善不如是之甚也,是以君子恶居下流,天下之恶皆归焉"④。世人加恶于商纣一类的恶人,崔述能够觑破,这与他受子贡的启发不无关系。他根据《尚书》中《微子》、《牧誓》、《酒诰》、《立政》的有关记载指出,纣之不善原有五端:听妇言、荒酒、怠祀、罢逐老成同姓、收用险邪之人。《战国策》始称纣醢九侯,脯鄂侯;《史记》衍增纣设酒池肉林,裸之戏,炮烙之刑;《新序》、《帝王纪》、《水经注》等相继恶语有加,至《伪书·泰誓》,遂集前人所称纣恶之成说,于是纣变成了"焚炙忠

---

① 《史通·惑经》。
② 崔述:《考信录提要》卷下,《遗书》,第16页。
③ 《崔东壁遗书序》,《遗书》,第63页。
④ 《论语·子张》。

良,刳剔孕妇,斫朝涉之胫"的恶魔。崔述指出:"世所传纣之事,其意不过欲甚纣之恶耳。不知君子之论贵于持平,不但当为圣人辨其诬,亦不必为暴主增其罪。且使人知纣恶未至为世所传而已足以亡国,其为后世炯戒不更大乎!"①

对于为古圣贤的护善,崔述确实有可疵议处如顾颉刚所指出者。但是,相反的例证并不是没有,而且还不少。即是说,崔述并非如顾颉刚所说"他对于好的一方面之量保存之惟恐不暇","崔氏只把'非桀'的一方面驳了,却宽容了'誉尧'的一方面。誉尧的一方面不但没有驳,反而信以为真。换言之,就是他要使善意的故事不失其扩大之量"。

例如,据《大戴记·五帝德》,"黄帝生而神灵,弱而能言,幼而睿齐,长而敦敏,成而聪明"。崔述指出:"'神灵'五句乃后人想象推崇之词,圣人大抵如是,非独黄帝然也。"②据《说苑》记载,禹外出遇罪人,伤感而泣,左右问之,禹答说"尧、舜的臣民都与尧、舜同心同德,现在我做国君,百姓各私其心,使我深感痛心"。崔述评论道:"此亦后人推度圣人爱民之心以为言者,其意则善而不必实有是事也。"据《淮南子》称,禹为了广开言路,专为进言者设置了钟、鼓、磬、铎。崔述指出:"此皆形容圣人好善之诚,非真有此事也。"③《孔子家语》为了美化孔子,将季氏家臣仲梁怀的事移到孔子的身上,崔述则根据《左传》的记载,揭露《孔子家语》系移用《左传》,并指出:"人即欲为日增其明,一何至以如萤之火附之!人即欲为岱增其高,亦何至以一撮之土累之!人即欲媚圣人而掠他人之美以增其德,亦何至取季氏家臣小小可喜之事加于我生民未有之孔子乎!子贡曰:'人虽欲自绝,其何伤于日月乎!多见其不知量也。'余谓圣人非但不可毁,亦并不可誉。"④

这里,崔述所涉及者一为黄帝,一为禹,一为孔子。黄帝是中国人公认的始祖,崔述由辨黄帝不应生而神灵,进而指出后人用想象推崇之词加之于圣人,"大抵如是,非独黄帝然也",这是崔述对于后人加誉圣人的一种带有普遍性的看法,据此也就不能说崔述对于"誉黄帝",对于后人加誉古圣贤"保存之惟恐不暇";禹是"道统"中人,历来与尧舜齐名。崔述指出后人加誉于禹的不确,在性质上等同于批评后人加誉于尧舜的不确,据此也就不能说崔述对于"誉尧舜""保存之惟恐不暇";孔子是"圣人",如果崔述"要使善意的故事不失其扩大之量",对于《孔子家语》的"誉孔"也就不必据《左传》揭其本来面目。所以,"余谓圣人非但不可毁,亦并不可誉",这并非崔述故作姿态,而有一定的可信性。换言之,崔述在以反之《六经》,用确考古帝王圣贤行事之实来践行其父明道经世之旨时,有一定的求真精神。这种精神,不仅见诸崔述对商纣一

---

① 崔述:《商考信录》卷二,第157页。
② 《补上古考信录》卷上,《遗书》,第32页。
③ 崔述:《夏考信录》卷一,《遗书》,第115—116页。
④ 崔述:《洙泗考信录》卷一,《遗书》,第277页。

类暴君"加恶"的清理上,而且也见诸他对尧舜一类"圣人"护善加誉的批评上。正因为崔述在主观上有这种求真意识,资治治学观对于崔述治学的影响或损伤也才得以有相当弥补和减轻。

历史的真实性是历史具有美学价值的内在根据:"内容必须首先本身是真实和具体的,然后才可以找到真正的美的形象。"①"美与真是一回事。这就是说,美本身必须是真的。""真,就它是真来说,也存在着。当真在它的这种外在存在中直接呈现于意识,而且它的概念直接和它的外在现象处于统一体时,理念就不仅是真的,而且是美的了。美因此可以下这样的定义:美就是理念的感性呈现。"②

黑格尔对于"真"和"美"关系的定义经得起学术实践的检验:只要是能够被冠以"历史"的作品,在读者的潜意识中都一定对其有"真实"的企盼与期待。史学的本质是"求真",它不仅反映着史学作品的作者生活时代的真实(如克罗齐所言:"一切真历史都是当代史"),并且在"史德"的制约下史著还必须承担还原"历史真实"的首要责任,因此史学作品具有"历史"和"现实"的"双重真实",而文学作品只具"现实"的"单一真实",这是文学不可比拟史学之处。因为史作是"真人真事",因此史作的震撼力要远远超过文学作品。所以历史在本质上具有"美"的品格,其高于艺术美的根据即在于历史的真实性。如若抽去了"求真"这块基石,历史变成了虚假丑恶的欺骗,失去了人们的信赖,它既已不"美",变得丑陋,它的垂训作用也就不复存在。崔述有求真为垂训之本这一层认识,基本上摆正了感情和理智的位置。

章学诚《文史通义·史德》要求史家撰史论事不能没有感情,但绝不能放纵感情、感情用事,否则便会"气失则宕,气失则激,气失则骄","情失则流,情失则溺,情失则偏"③。我们看到,崔述的考史论事,他的瑕疵大多是由于他放纵感情、感情用事(民本、卫道等);但由于崔述又有摒弃成见、防止感情用事的理智,心理上还有着一道虽不十分坚强,但却的确存在的求真防线,所以崔述在考史论史时又往往能够避免气失宕、激、骄和情失流、溺、偏。

宇宙之无垠,世界之博大,个人如沧海一粟,毕终生之力也不能穷其尽。做学问要紧的是承认自己有所不知,崔述说:"无所不知者,非真知也;有所不知者,知之大者也。""以为不知,夫亦何病?……强不知以为知,则必并其所知者淆之。"④有所不知是真知,号称无所不知才真是不知,这是辩证的认识论,这也是治学的金玉良言。由此出发,崔述确立了阙疑勿滥的原则。他说:"吾辈生古人之后,但因古人之旧,无负于古人可矣,不必求胜于古人也。""故今为《考信录》,凡无从考证者,辄以不知置

---

① 黑格尔:《美学》第二卷《序论》,第4页。
② 黑格尔:《美学》第一卷,第142页。
③ 章学诚:《文史通义·史德》。
④ 崔述:《考信录提要》卷上,《遗书》,第9页。

之,宁缺所疑,不敢妄言以惑世也。"①

宁缺所疑,努力做到事出有征,言必有据,摒弃求胜于古人,强不知以为知的附会,这就是求真精神。崔述在考信辨伪上能有大成就,求真精神是首要条件。

3. 打破家派门户之见的治学解经法

崔述的求真和持平,在治学解经中具体表现为他能够打破传统经学的家派门户之见。

经学重师训主家法。各家说经,一般是严守家法,不许旁逸,否则要被视为"入室操戈"的叛逆。对于别派解经,往往视而不见,"党同门,妒道真,保残守缺,挟恐见破之私意,而无从善服义之公心。或怀妒嫉,不考实情,随声是非"②。在两千余年的经学历史上,两汉有今、古文经之争;汉、魏之际有郑(玄)学王(肃)学之争;隋唐有南学北学之争。宋、明以来程朱、陆王交相攻讦,延至清代,又一变而为汉宋之争。这些争端,虽不能蔽之以家派门户争端之一言,但家派门户之见的影响是一个绝不可低估的因素。到了崔述生活的乾嘉时代,汉学虽已成就了大势,所谓"乾隆以后,许(慎)郑(玄)之学大明,治宋学者已尠。……是为专门汉学"③。但门户之争仍时有发生。著名的例证是古文经学家江藩作《国朝汉学师承记》,方东树便站在宋学的立场作《汉学商兑》攻击江藩,连今文经学派的皮锡瑞后来也忍不住替江藩打抱不平,说"江氏不脱门户之见,未免小疵;方氏纯以私意肆其谩骂……不可为训"④。总之,在乾嘉时代,作为一个经学家,能够不抱门户之见治学解经极其不易,这样的学者不多,崔述却可算其中的一位。

(1) 崔述的学派归属问题

胡适在论崔述的学派归属时说,崔述"全是宋学,而且是宋学中的朱学"⑤。这话虽不能说没有一点道理,但偏颇而不全面,未能概括崔述的学风特点。

诚然,朱熹在宋儒中学最笃实。清初学风走向弃虚蹈实之路,梁启超认为这是对王学的反动,而"王学反动,其第一步则返于程朱……由王返朱,自然之数也"⑥。汉学与宋学,看似南辕北辙,实质却有相通的一面。是故章学诚将朱熹视为乾嘉考据学的鼻祖⑦,可谓慧眼独具。江藩也说:"后人攻击康成不遗余力……惟朱子则不然。其言曰'郑康成是好人'。又曰:'康成是大儒。'再则曰:'康成毕竟是大儒。'朱子服膺

---

① 崔述:《考信录提要》。
② 刘歆:《移让太常博士书》。
③ 皮锡瑞:《经学历史》,中华书局2011年版。
④ 同上。
⑤ 《崔述年谱》,《遗书》,第968页。
⑥ 《清代学术概论》。
⑦ 参阅《章氏遗书·补遗》,《又与朱少白书》及《文史通义·朱陆篇》。

郑君如此，而小生竖儒妄肆诋诃，果何谓哉！"①皮锡瑞则谓"江、戴、段之学未尝薄宋儒"②。

　　章、江、皮都把乾嘉汉学的脉系溯至朱熹，崔述治学笃实谨严，在这一点上近似朱熹。然而朱学的"格物"只是手段，"致知"才是旨归。换言之，朱熹的核心是道学，抽去了道学，朱学也就不复存在。能够表现出朱熹学风笃实一面的形下格物之学，终究要发展到其形上思辨之学而不可止。从对待道学的立场上来看，崔述与上自清初、下至于乾嘉间的反道学、反形上学的学风无异。他指出："乃近世诸儒类多摭拾陈言，盛谈心性，以为道学，而于唐虞三代之事罕所究心，亦有参以禅学，自谓明心见性，反以经传为肤末者。"③所以崔述宁肯事下学之功而不愿走上达之路，自称："自明季以来，多以道学自命，谨厚者惟知恪遵程朱，放佚者则竞出入王陆。然考其所言，大抵皆前人之陈言。其驳者固皆拾庄子、佛氏之唾余，即其醇者亦不过述宋儒性理之剩说。……世儒所谈心性之学，其言皆若甚高，而求之于用殊无所当。……述赋性愚钝，不敢言上达之事，惟期尽下学之功，故于古帝王圣贤之事，尝殚精力以分别其是非真伪，而从无一言及于心性者。"④

　　这里值得注意。清初的理学清算与辟二氏息息相关，这种学术走向内在地规定了后来乾嘉时期学术的整体路径。崔述身处乾嘉间，早在蒙童发窍时其父已教他"禅儒之所以分，朱陆之所以异"的道理，并以此为"卫道"之理⑤。所以，成年治学以后，崔述一方面坚持辟二氏、斥形上的治学立场；另一方面又守定笃实谨严的治学风格，这固然是家学渊源使然，同时更是时风之影响使然。从道学形上之思来说，朱熹有人心、道心之分，有一理浑然之论。崔述认为，朱熹的这套理论，引导人们走入虚无缥缈之境，实不比王学高明。他说："乃世之混同朱、陆与轩陆轻朱者则谓象山高明而朱子平实。彼象山者，吾不知其高明何在，第恐朱子平实之中尚未免有一二之过于高深者存也。"⑥崔述取朱子之"平实"而弃其"一二之过于高深者"，是取其"格物"，所重在朱子之"形下"；弃其"致知"，轻朱子之"形上"。朱熹推崇《伪尚书·大禹谟》中"人心惟危，道心惟微"，崔述引李绂《古文尚书考》指出，此两语实采自《荀子》，而《荀子》则本于《道经》，"朱子宗孔孟之道，避异端之说，而乃以道家之言为圣人传心之要旨，无怪乎明季讲学者之尽入于禅也"⑦。

---

① 《国朝宋学渊源记》，载江藩：《国朝汉学师承记》，中华书局1983年版。
② 《经学历史》。
③ 《考信录提要》卷上，《遗书》，第1页。
④ 《考信录提要》卷下，《遗书》，第16页。
⑤ 《先府君行述》，《无闻集》卷四，《遗书》，第716页。
⑥ 崔述：《洙泗考信余录》卷一，《遗书》，第370页。
⑦ 崔述：《唐虞考信录》卷三，《遗书》，第101页。

朱熹援佛、援道入儒,是其形上学理论体系得以建立的基础,它与崔述的取下学而斥上达直接对立,是故崔述直斥朱熹为晚明学风虚无缥缈之始作俑者。崔述将朱熹的形上学拦腰砍去,其罪朱已不可谓不重。

朱熹将佛老之学与儒学相嫁接,使儒学形而上学化。就儒学这一端来看,朱熹所重在四书,尤在《大学》与《中庸》,此为朱熹毕生治学之大要。正是着眼于朱熹形上学理论与《四书》间的牵连,崔述指出:"朱子之学最精纯,乃亦以《大学》、《中庸》跻于《论》、《孟》,号为《四书》。其后学者亦遂以此二篇加于《诗》、《书》、《春秋》诸经之上。然则君子之于著述,其亦不可不慎也夫!"①

按:经和四书孰轻孰重?这在清代成为汉宋之争的重要科目,也是分别宋明儒与清儒的标准之一:宋明儒重四书,而清儒重五经。崔述重经而相对轻四书,此为清儒之习而非宋学之风,是崔述已不像胡适所说"全是宋学,而且是宋学中的朱学"了。

从政治思想的角度来看,崔述与朱熹之差异尤其如冰炭而难容者:朱熹坚守三纲五常立场,强调君对臣、上对下的绝对统治。他批评孟子"臣之视君如寇仇"这句话"说得来怪差",认为"臣子无说君父不是底道理,此便见得是君臣之义处"②。又说:"君尊于上,臣恭于下,尊卑大小截然不可犯,似若不和之甚,然能使之各得其宜,则甚和也。"③强调绝对的上尊下卑,君主统治,这是朱熹政治理论的本质;而崔述则称三纲五常为汉儒所臆撰④,他大力申发汤、武征伐,替天行道的正义性⑤,崔述的政治理论,全以民本为核心,两人的政治思想如此径庭扞格,又怎能说崔述之学"全为朱学"?

王应麟《困学纪闻》引陆游语云:"唐及国初,学者不敢议孔安国,郑康成,况圣人乎!自庆历后,诸儒发明经旨,非前人所及;然排《系辞》,毁《周礼》,疑《孟子》,讥《书》之《胤征》、《顾命》,黜《诗》之序,不难于疑经,况传注乎!"⑥《四库提要·经部总序》云:"洛闽继起,道学大昌。摆落汉、唐,独研义理,凡经师旧说,俱排斥以为不足信。"众所周知,我国的疑古思想自宋代开始勃兴。从疑古一面看,崔述的怀疑精神的确颇似宋儒,是故崔述表彰宋儒,指出:"直至于宋,名儒迭起,后先相望,而又其时印本盛行,传布既多,稽覆最易,始多有抉摘前人之误者。或为文以辨之(自注:如欧阳永叔《帝王世次图序》、《泰誓论》,苏明允《誉妃论》,王介甫《伯夷论》之类),或为书以正之

---

① 《考信录提要》卷上,《遗书》,第13页。
② 《朱子语类》卷十三。
③ 同上书,卷六十八。
④ 《考古续说》卷一,《三代经制通考》,《遗书》,第449页。
⑤ 《商考信录》卷一,《遗书》,第135页。
⑥ 转引自皮锡瑞:《经学历史》。

（自注：如郑樵《诗辨妄》，赵汝谈《南塘书说》之类），或作传注以发明之（自注：如朱子《论语》、《孟子集注》、《诗集传》、蔡氏《书传》之类）。盖至南宋而后《六经》之义大著。"①但宋儒好改窜经文以合己意，如刘敞改《周礼》，王柏改《诗》，这与崔述疑伪剔赝全以《五经》为据完全不同；宋儒多站在君主集权的立场上说经阐义，从政治思想体系上说与崔述也存在着深刻的差异——正如崔述和朱熹存在深刻的差异一样。所以崔述虽似宋学，但又并非"全为宋学"了。

王学言心性、强调顿悟得道的致良知之说，崔述不取。理学发展到晚明，形而上学的倾向益发走向细致精微一路，这种就哲理而哲理的治学态度崔述更是反对；但阳明不迷信权威，不迷信传注，此为王学重要特征之一。阳明弟子罗洪先主张"复古之《六经》"，而这又恰恰是崔述治学的入手处，则我们未尝不可以说崔述对王学也是稍有所取的。

今文经学"多非常异义可怪之论"，好讲谶纬术数，天人灾异符瑞，崔述对此全不取。但今文经学家的治学与现实政治粘连紧密，主张学以经世，他们寓政治思想于阐解经文的微言大义之中。看崔述解经，并不似乾嘉考据学者那样耽于偏枯的音韵、文字、训诂，他的经说中有饱满的政治热情和深切的忧患意识，主张通经服古，学以致用。他说《尚书》中《洪范》、《立政》、《无逸》三篇最要紧，学者对此熟玩而有心得，必益于辅佐圣贤天子致太平之治②。他解《尚书·无逸篇》，认为全篇宗旨在于君主不可荒诞政事，沉湎于放逸③；他解《尚书·立政篇》，认为政务之要，在于君主知人善任④。他大声疾呼贪人不可用，以此作为国政盛衰的枢机。崔述这里绝非无所指！他是借说经抨击乾隆晚年的社会现状。崔述的这种治学解经立场，说得远一些，未始不可以视为今文经学的遗绪。

再看崔述考释嫦娥奔月神话的衍变。他说："古者羲、和占日，常仪占月。……'仪'之古音皆读为'娥'。如《诗》云：'菁菁者莪，在彼中阿。既见君子，乐且有仪。'又云：'亲结其缡，九十其仪。其新孔嘉，其旧如之何？'皆与'阿'、'何'相协，后世传讹，遂以'仪'为'娥'，而误以为妇人；又误以为占据之意，遂为羿妻嫦娥窃不死之药而奔于月中。"⑤崔述的考证穷原竟委，极为允当，全似汉学一派的实证学风。以此刘师培把崔述归入乾嘉考据学者之列，说："述生乾嘉间，未与江、戴、程、凌相接，而著书义例则殊途同归。"⑥

---

① 《考信录提要》卷上，第 2 页。
② 崔述：《丰镐考信录》卷四，《遗书》，第 213 页。
③ 同上书，第 210 页。
④ 崔述：《丰镐考信别录》卷一，《遗书》，第 327 页。
⑤ 崔述：《考信录提要》卷上，《遗书》，第 5 页。
⑥ 刘师培：《崔述传》，载《崔东壁遗书》，第 946 页。

自胡适以来,学术界也基本上将崔述归入乾嘉考据学者之列,但这实际上又是误解了崔述。崔述认为,考据学的求真求实精神固然可嘉,即所谓"一盘盂之微,一杯勺之细,曰,此周也,此秦也。兰亭之序,羲之之书,亦何关人事之得失,而曰孰为赝本,若是乎精察而明辨也"。但崔述认为考据学繁征博引,有脱离实际之短,因此他并不赞成这种治学倾向,他反问道:考据学者"独于古帝王圣贤之行事,之关于世道人心者,乃反相与听之而不别其真赝,此何故哉!"①

崔述非为考据而考据。他不像乾嘉考据学者那样耽于考据而不能入化发挥;他有比较完整严密的思想体系,这与一般乾嘉考据学者思想之苍白与贫乏不可同日而语;尤要者,在崇汉信汉之风大盛的乾嘉年间,一般学者守定汉儒绳墨而不敢稍逾越,此尤以吴派经学为甚;像崔述那样独敢挣出罗网,"明目张胆"批判汉儒的学者,在乾嘉年间可谓凤毛麟角。此种与乾嘉汉学不同的学风,正是乾嘉考据学者不将崔述视为"同类",崔述之学也入不了汉学考据学主流的真正原因。崔述生前虽默默无闻,但与崔述同时代的汉学家张澍仍然没有放过崔述,张澍竭力诋诃崔述,从反面提供了一个考据学界不以崔述为同类的例证。

如此说来,崔述治学究竟属于哪一派?我认为,经学史上的家派门户积习甚深,崔述反对门户之见,所以,不能用经学上的家派来范围崔述,尤其不能用带有狭隘的、强烈宗派性的宋学来范围崔述。崔述非今(文)非古(文)、非汉非宋、非朱非王,他是兼采众家、不拘家法的。②

晚明学风在走上形上学之余,家派畛域势同水火,致为阉宦所利用演为党争,对

---

① 崔述:《考信录提要》卷上,《遗书》,第 14 页。
② 对于我所认为的崔述"超家派"学风,邵东方先生在《崔述与中国学术史研究》提出了商榷。邵先生认为,我的这种看法"只是停留在表面的层次"。他指出:"纵使崔述同时抨击汉学与宋学,并且很可能无意介入汉宋之争,但我们仍不能据此而断定他是有意识地超越汉宋之争。对宋学、汉学都有所批评,并不等于就能超越儒学内部的门户之争,或融合了汉宋两派的学术。"(见邵东方:《崔述与中国学术史研究》,人民出版社 1998 年版,第 150 页)

对于邵先生所论,实不敢苟同。如果说"对宋学、汉学都有所批评,并不等于就能超越儒学内部的门户之争",那究竟怎样才算"超越儒学内部的门户之争"呢?邵先生并没有给出一个合理的答案。何谓"超越"?在传统学术的语境下不守"儒学内部的门户"不可视为一种"超越",试问怎样才算是"超越"?对宋学、汉学都有所批评,这是不是至少可以作为"超家派"的一个标准?答案是肯定的。在崔述的时代,是汉非宋,汉宋相争,学者站在家派门户的立场上党同伐异,这是一个客观事实。这种学风对于乾嘉汉学的整体学术走向,其意义不容低估。能够摆脱家派之见的学者在汉宋之争的乾嘉年间少之又少。考虑到这样一个背景,我认为,崔述厌恶汉宋之争,这就是一种"超家派"的治学立场。

邵先生又指出:"在思想史上,回归原典表现为两种可能:其一,这种回归只是一种复旧而无创新;其二,这种回归是藉古以开新。崔述提倡回归原典,目的在于明经之本义,这显然属于第一种情形。"(见邵东方:《崔述与中国学术史研究》,第 149 页)

这个看法也有问题。采用考据的方法,以注释经典来阐发自己的理想或主张,即邵先生所说的"回归原典",这在中国学术史上是一个常识性的通例。但崔述提倡回归原典,其目的在于借助对经典的注释和考据来建立他以"民本"为核心的经学思想体系。如果仅仅看到崔述的"复旧"而看不到在这"复旧"背后的"创新",即看不到崔述用经解的"旧瓶"装的是"民本"新酒,那才真是买椟还珠,是一种"停留在表面的层次"的看法。

躬行践履之学亦不免有所忽略。清初诸大师惩晚明学风之弊,一方面治学求摆脱家派门户,如梁启超所说:"清初几位大师——黄梨洲、顾亭林、朱舜水、王船山……他们所提倡的'经世致用'之学的精神是'超汉学'、'超宋学'的,能令学者对于二百多年的汉宋门户得一种解放,大胆的独求其是。"①他方面在理学清算的余波激荡下清初诸大师的治学舍"道"就"器",斥"形上"而取"形下"。崔述治学主观上力图摆脱家派门户畛域,辟二氏、弃虚蹈实,这些都接近于清初学风;他的重躬行实践,勉强说来,则更加接近于清初颜习斋一派。习斋学无师受②,故虽先宗陆王,继治程朱,但后来以为俱非圣学,乃辟朱辟王,"举朱陆汉宋诸派所凭借者一切摧陷廓清之,对于二千年来思想界,为极猛烈诚挚的大革命运动。其所树的旗号曰'复古',而其精神纯为'现代'的"③。崔述治学,反传注而直接于《六经》、孔孟之后,故论者亦赞之谓《考信录》"在清代要算一大奇书","是一场革命"④。习斋重视实践力行,反对静坐读书,他说:"'为圣贤之言可以引路',今乃不走路,只效圣贤言便当走路。每代引路之言增而愈多,卒之荡荡周道上鲜其人也。"⑤崔述主张实学,这一点固然与习斋不类,但他重视躬行实践。他驳朱熹"人心道心"之分则全似习斋,他说:"人之心一而已矣,若道则安得有心!道也者,日用当行之路也。"⑥习斋云:"但凡从静坐读书中讨来识见议论,便如望梅画饼,靠之饥食渴饮不得。"⑦崔述则云:"世儒所谈心性之学,其言皆若甚高,而求之于用殊无所当。正如五色彩纸,为衣可以美观,如用之以御寒蔽体,则无益也。""述自读诸经、《孟子》以来,见其言皆平实切于日用,用之修身治国,无一不效,如布帛菽粟,可饱可暖,皆人所不能须臾离者。"⑧崔述治学,必定受到了清初诸大师的影响,或许受到了颜习斋一派学风的熏染。

(2)打破传统经学的框子

崔述的治学解经兼采众家,不拘家法,具体表现为值得注意的两点:一是他能用治史的求真精神治经,去伪存真,在考信辨伪方面取得了斐然可观的成就;二是他敢赋予经文以新的思想内涵,建立起自家的经说思想体系,在政治思想史上作出了贡献。

传统经学主要弊端是迷信师训传注,不敢越雷池一步,只是亦步亦趋地跟在师训传注后面扒疏注解。这就首先要问一问,何为师训传注?所谓师训传注,不过是某一

---

① 梁启超:《中国近三百年学术史》,载《梁启超论清学史二种》,复旦大学出版社1985年版。
② 习斋弟子王昆绳:《居业堂文集·颜先生年谱序》云:"先生崛起无师受……"
③ 梁启超:《中国近三百年学术史》。
④ 胡适语,见《古史辨》第一册,第22页。
⑤ 颜元:《存学篇》卷三。
⑥ 崔述:《唐虞考信录》卷三。
⑦ 颜元:《存学篇》卷三。
⑧ 崔述:《考信录提要》卷下,《遗书》,第16页。

经师或经学家派对于《经》的解释。师训传注不是经,不能和经混为一谈。经学上有一个原则,称"以传解经",即所谓"附经立传,经所不书,传不妄发"。经学的这一原则在今天看来,将传注变成经的附庸,限制人们思想的自由发挥,成为一种思想桎梏。但同时也应看到,"六经皆史",经以史而立,史以真为先,因而经学的这一原则又有其合理的一面。如以治史求真的标准来衡量,对孔子所传《五经》的解释,至西汉中叶经学确立时,至少已有四大致误之处:(一)口耳相传之误;(二)记忆失真之误;(三)篆、隶传写之误;(四)遭秦火后厥文断简之误。因此,师训传注对于经的解释必然存在着矛盾抵牾处。但由于弟子迷信师说不敢有异议,即所谓"疏不破注"的延伸与扩大,统治者的扶持又为师训传注套上了神圣的光环,经过历史的沉淀,遂逐渐养成了人们将师训传注等同于经本身,甚而视师训传注高于经的习惯。乾嘉年间的"宁道孔孟误,讳言服(虔)郑(玄)非"就是这种思想的反映。

在"经"、"传"的关系问题上,崔述受到了其父崔元森的决定性影响。崔元森教诲崔述,方法与众不同:"先君教人治经,不使先观传注,必先取经文熟读潜玩以求圣人之意。俟稍稍能解,然后读传注以证之。"①"南方人实读《论》、《孟》,即合朱子《集注》读之;读《大学》、《中庸章句》亦然。北方人则俟《四书》本文皆成诵后,再读经一二种,然后读《四书注》,亦连本文合而读之。先君教述读注皆不然。……先君谓读注当连经文,固也;读经则不可以连注读。读经文而连注读之,则经之文义为注所间隔,而章法不明,脉络次第多忽而不之觉,故必令别读也。"②

这个"经"、"传"分读法,认定经为第一性,传注为第二性,经和传注两相区别,不使混同,其基本精神是尊经。但从经传本应有别的角度看,它又带有实事求是性,这个经传分读法成为"崔述一生最得力的方法"(胡适语)。崔述幼承庭训,自小便养成了经、传是两回事的明确观念,他没有迷信传注的成见。所以后来作《考信录》,第一步工作就是把经和传注分开。他说:

传虽美,不可合于经;记虽美,不可齐于经,纯杂之辨也。③

崔述很懂得经传杂混的贻害,他举世人读《诗》为例说:

余见世人读《诗》,当初学时,即'诗柄'连经文合读之(《朱子集传》略说本篇大意者,俗谓之"诗柄"——笔者);及长,遂不复玩经文而但横一诗柄于其胸中以为足矣。其聪明者则多厌旧喜新,偶见卫宏《诗序》,则据以为奇货秘籍,自谓曾见汉人之说,宋人书不足复观也。于是《序》所言者必以为是,而朱子所言者必以

---

① 崔述:《考信录自序》,《遗书》,第920页。
② 《考信附录》卷一,《遗书》,第471页。
③ 《考信录提要》卷上,《遗书》,第12页。

为非。大抵今世之说《诗》者,此两端尽之矣。①

世人读《诗》,一端信朱,一端宗汉,实质都一样,那就是倚傍前人,舍本逐末,甘为传注所缚的读经法。但在崔述看来,即便是汉儒传注,虽时当近古,仍多失实。他说:"汉人之说经,有确据者几何?亦但以其意度之耳。"②既如此,汉以后诸儒如朱熹等人的传注,舛讹不可信处就更不应迷信盲从,是故崔述认为:"今世之士,矜奇者多为汉儒而攻朱子,而不知朱子之误沿于汉人者正不少也;拘谨者则又尊朱太过,动曰'朱子安得有误',而不知朱子未尝自以为必无误也。"③

迷信传注,各党一家,于是有家派门户之见,有汉宋之争,其病根在此。崔述看到了这一点,他说:"今世之士,醇谨者多恪守宋儒,高明者多尊汉儒以与宋儒角……其实宋儒之说多不始于宋儒,宋儒果非,汉儒安得尽是。理但论是非耳,不必胸中存汉、宋之见也。"④因此,在《考信录》中,不管是今文、古文、汉学、宋学,也不管是如何权威的经学大师,崔述一律还其"传注"的本原,一律列为"考"的对象,必"考"而后"信",自称:

> 故今为《考信录》,不敢以载于战国、秦、汉之书悉信以为实事。不敢以东汉、魏、晋诸儒所注释者信以为实言。务皆究其本末,辨其同异,分别其事之虚实而去取之。⑤

从战国、秦、汉以来的传注,崔述都敢疑,他要反传注而直接于《六经》孔孟之后。这里面隐含着崔述这样一种思想:既然经典人人可读,何以解经就只能听信汉儒、朱子等几个权威经师的说法?汉儒和朱子的经解明明有误,后人为什么不可以指出他们的错误而只能将错就错地跟着他们走?崔述要打破千年一贯的经师对解经的垄断,这就突破了传统经学的框子,这是中国封建社会中一种争取思想自由的特殊方法,因此带有理性主义的色彩。在漫长的中国封建社会历史上,迷信的蒙昧主义笼罩着思想界,特别在崇汉信汉的乾嘉年间,有崔述这种挣脱传注束缚,直接于《六经》之后的学者更是寥若晨星。因此,崔述的这种思想是值得珍视的。

当然,崔述所疑主要在传注,对于经,他在相当程度上(并非完全)还抱着迷信的态度,这是他的局限。但在封建社会中人们的思想不可能离开经的支撑和制约。更何况在崔述的时代许多传注已升格为经,所以,崔述的所疑在一定范围内就是疑经⑥。时

---

① 《读风偶识》卷一,《遗书》,第524页。
② 《考信录提要》卷上,《遗书》,第3页。
③ 同上书,第13页。
④ 《丰镐考信别录》,《遗书》,第362页。
⑤ 《考信录提要》卷上,《遗书》,第7页。
⑥ 宋定《十三经》,乾隆初武英殿刻《十三经注疏》。《十三经》中,为崔述所疑者已有《左》、《公》、《穀》、《周礼》、《礼记》、《孝经》、《尔雅》,更勿论注疏。

至今日,迷信于某些理论权威,把他们对于经典的解释视作唯一正解的现象仍然屡见不鲜。如此看来,生活在18世纪的崔述敢于疑传注也就更加难能可贵,今天依然有值得借鉴的积极意义。

由于崔述不迷信传注,任何传注在他理智的天平上都属于"考"的对象,因此他没有必要对任何一方作左右袒,这就从主观上却除了家派门户的畛域。司马迁说:"虽载籍极博,犹考信于《六艺》。"崔述把这一原则化为"以经为主,传注之与经合者,则著之;不合者,则辨之"①。对于各传注经说,既不轻信盲从,也不一律排斥,当信则信,当疑则疑,不为家派门户所左右,独求其是。例如:

(一)《左》、《公》、《穀》三家同传《春秋》,今文家宗《公》、《穀》,古文家党《左传》。崔述认为《左传》远胜于《公》、《穀》②,但这一观点并非出于古文经学的立场而迷信《左传》,该疑《左传》的依然要疑;对《公》、《穀》两家也并非一无所取,当信的地方一样要信。如崔述自己所说:"如据《公羊》、《穀梁》以为得圣人之意则大谬,若取此二书以与《左传》参互考订则亦有未可废者。"③

(二)《考信录》驳诘《史记》处甚多,据此梁启超认为,崔述于"《论语》、《左传》尚择而从之,《史记》以下更不必论"④。确实,崔述对《论语》、《左传》择而从之者不少,对《史记》质疑处很多,但赞同并采用《史记》之处也不少。例如关于夏代孔甲之事,《史记》、《左传》同有记载,《左传》记鬼神而《史记》说平实,崔述遂列《左》文于"存疑"类而列《史记》之文于"备览"类。又如关于武王观兵一事,蔡沈站在君为臣纲的立场根本否认武王曾观兵于孟津,认为这是"以臣(武王)胁君(商纣)"的大不敬,故武王不可能为之。崔述则据《史记》,详细考证武王观兵确有其事,可知崔述对《史记》也是取舍兼有的。

(三)崔述最服膺孟子,其"民本"思想体系基本上就是孟子学说的延伸和发挥。但对于《孟子》一书他也并非盲从,该疑的还是要疑。他多次指出孟子载记失实,认为战国时策士横议,"虚词饰说,尺水丈波,盖有不可胜言者。即孟子书中亦往往有之。……此或孟子不暇考辨,或记者失其词,均不可知,不得尽以为实事也"⑤。

崔述对各家传注经说的抉择去取抱一视同仁的态度,这就避免了卷进家派门户之争的漩涡。在辨伪考信方面崔述能作出成绩,不抱门户之见的卓识是决定性因素之一。

(3)通经致用,建立自家的经说思想体系

崔述非为考据而考据,他要以考据求得史实之真,用史实服务于现实,因此,他既

---

① 崔述:《考信录自序》,《遗书》,第921页。
② 崔述:《洙泗考信余录》卷三,《遗书》,第401页。
③ 同上。
④ 梁启超:《中国近三百年学术史》。
⑤ 崔述:《考信录提要》卷上,《遗书》,第12页。

重考据也谈义理,将考据和义理相结合,形成了自己的经解体系。这种做法同样是对传统经学的冲击。

经和经学的出现,很大程度上取决于帝王的扶持和利用。配合着政治上的集权统治,意识形态领域需要一种呆板、僵化、固定模式型的思维方式:它凸显"信仰",不主张人们积极的思考与怀疑,力图将人的思想驱拢到同一条轨道上。对于作为封建社会理论基石的经,更不允许人们作见仁见智、各持其是的理解。所以,每一个朝代都有官定的正统经师代表孔子出来说话,梁启超说:"寝假而孔子变为董江都、何邵公矣;寝假而孔子变为马季长、郑康成矣;寝假而孔子变为韩退之、欧阳永叔矣;寝假而孔子变为程伊川、朱晦庵矣;寝假而孔子变为陆象山、王阳明矣;寝假而孔子变为顾亭林、戴东原矣。"①

孔子多变,人们常常据此而谓"六经注我",认为经师改造了孔子的思想,这才导致孔子多变。经师解经总要带上个人的主观见解,从这个意义上"六经注我"一说有正确的一面。但同时也应看到,孔子之变,变中仍有不变者在。每一个朝代只允许出现"一个"而不是千万个"孔子",这本身就是孔子不变的佐证。将孔子放在历史的长河中,固然可以看到从董仲舒到戴东原的变化;但具体到某一个朝代,董仲舒便是董仲舒,不允许至少不提倡其他"旁门左道"另搞一套经说与之抗衡。换言之,"六经注我"的权利并非自由地属于任何个人,而只属于由最高统治者选中或首肯的某一位经师、某一经学家派——对于经只允许有一种理解,世人必须根据御定经师提供的模式解经,而不管这种模式是否符合经的本义。所以,在中国封建社会,具体到某一个时代,"六经注我"便成了一具空壳——经师垄断了解经权,封建君主通过经师的头脑统治并取代了千万人的思维,探索"真理"之路被堵塞,于是只有墨守师训之一途而别无他择。御定经师向人们提供的理论模型虽时有变化,但御定的特性决定了他们中间极少有人能够或敢于以民本思想为核心、为基础建立经说思想体系。

崔述的可贵之处就在于:

(一)他以一介书生而敢于建立自家的经说思想体系,"布衣解经",把被经师垄断的解经权收归己有。

(二)崔述建立的经说思想体系以民本为核心。

儒学原是一庞杂的思想体系,其中既有鼓吹封建等级,维护君主专制的一面,同时也有宣扬"民为贵、社稷次之、君为轻"的民本思想,而后者正是儒学中最有价值的思想资源。对儒学的阐发,在君权与民本这两端的侧重与强调上,往往能显示出思想家们的巨大差异。崔述出身贫寒,目睹了百姓的困苦,儒学中的民本思想引起他的共鸣成为强调的重点。他认为儒学第一要义是民本,仁政和德治则是民本的主要体现。

---

① 《清代学术概论》,载《梁启超论清学史二种》,第71页。

一则说:"盖古之天下原无父子相传之事,孰为有德则人皆归之。"①"一姓之子孙必不能历千百世而皆贤,不贤则民受其殃,必更归于有德而后民安;而既已传子,又必不能复传之贤,则其势必出于征诛而后可(按:指汤、武征伐)。故揖让之不能不变而为征诛者,天也,圣人之所不能违也,虽尧、舜当之,亦若是而已矣。"②再则说:"圣人之教人学,欲何为乎?学为仁而已矣!""甚矣仁政之不可不行也。"③反复论说强调,推演成为崔述对于儒学上升为理论的理解,并据此建立起了自家的经说体系。

第二节 崔述的历史观和政治思想

一、天道观和民本思想

在中国哲学史和思想史上,"天"是一个十分古老而内涵丰富的概念。崔述有他的天道观。他的天道观主要是对孟子作积极的扬弃以后形成的。

《孟子·万章篇》:"万章曰:'尧以天下与舜,有诸?'孟子曰:'否。天子不能以天下与。'(万章曰):'然则舜有天下也,孰与之?'曰:'天与之。'(万章曰):'天与之者,谆谆然命之乎?'曰:'否。天不言,以行与事示之而已矣……'万章问曰:'人有言,至于禹而德衰,不传于贤而传于子,有诸?'孟子曰:'否,不然也。天与贤则与贤,天与子则与子。'"

这里,孟子所说的"天"带有有意志的人格神的性质。孟子虽没有明说"君权神授",但他有"君权神授"的思想倾向则可以肯定。他说:"由尧、舜至于汤五百有余岁……由汤至于文王五百有余岁……由文王至于孔子五百有余岁……由孔子而来至于今百有余岁。"又说:"五百年必有王者兴,其间必有命世者。由周以来,七百有余岁矣……夫天未欲平治天下也;如欲平治天下,当今之世,舍我其谁也!"④古帝王按照天命授受依次更替,这已很有些推气运的意味。所以,《荀子·非十二子》指子思、孟子为五行学说的始创者。

但孟子的天道观又有自相矛盾处。他说:"天作孽,犹可违。自作孽,不可活。"⑤"三代之得天下也以仁,共失天下也以不仁。"⑥"民之归仁也,犹水之就下,兽之走圹也。"⑦"天

---

① 《唐虞考信录》卷一,《遗书》,第55页。
② 《商考信录》卷一,《遗书》,第135页。
③ 《孟子事实录》卷下,《遗书》,第424页。
④ 《孟子·公孙丑下》。
⑤ 同上。
⑥ 《孟子·离娄上》。
⑦ 同上。

子不仁，不保四海；诸侯不仁，不保社稷。"①在这里，政权的得失又被归之于天子的仁与不仁，从而引出了"天视自我民视，天听自我民听"的结论，这和他的君权神授思想倾向大相径庭。

崔述对孟子的天道观进行了改造，他抛弃了孟子的王权神授，全盘吸收了孟子的民本思想，直截了当地将"天"释为民心，从而建立起了他的天道观和民本思想的基础。

1. 批判"五德终始"说及迷信虚妄之论

阴阳和五行，阴阳先起，五行在后，二者原并不相干。自邹衍揉合阴阳五行，创"五行相胜"（金克木，木克土，土克水，水克火，火克金……）的五德终始说，后又经董仲舒的改造，将五行相生（木生火，火生土，土生金，金生水，水生木……）与五行相胜相杂糅，阴阳五行说遂成为统治者用来证明王权神授的理论根据，成为论证封建统治亘古不易的主要理论之一。

崔述对"五德终始说"的源起、衍变作了穷原竟委条分缕析的考辨，驳斥了"五德终始说"的虚妄。他指出："五行"源于《尚书·洪范》，但《洪范》水、火、木、金、土的"润下"、"炎上"、"曲直"、"从革"、"爰稼穑"，是指五行之物性，而非"为帝王受命之符"。崔述认为，五行原是先民在征服自然过程中最先认识到的五种物质。他写道："五行者，九畴之一耳。水者，五行之一耳。然治水失宜，即五行皆失其正；五行失正，即九畴皆失其专，故九畴必先以五行，五行必先以水也。"②

农业是远古先民最早从事的职业。治水为农业第一要务，以"水"置于五行之首，反映了远古先民对治水的重视。崔述将五行和社会生产联系起来，揭示了"水"为五行之首的原因，这种认识虽然还只能是一种猜测，但却较将五行与帝王授受相联系来得平实，是一种倾向于唯物论的认识。

由于崔述具有无神论倾向，因此《考信录》中凡虚妄迷信鬼神之说，不管来头多大，崔述均予以驳斥。他多次批判谶纬和天人感应说。后儒为了神化古帝王，以示凡人之所不可及，他们或称古帝王形异常人，或称其生有符瑞，对此崔述均据理一一反驳。

2. 直指民意为"天"，建立民本思想的理论基础

汤、武征伐夏、商正义与否？这是儒学中最敏感的"政治话题"之一。不同的回答很能反映出论者政治思想和立场的差异。在中国历史上，随着封建君主集权统治的强化，汤武征伐愈来愈遭到诋诃。宋、明以降，纲常思想禁锢愈严，敢于肯定汤武征伐的声音几成绝响。在这四周众口一词的严厉压抑氛围中，崔述却对这古老的话题作

---

① 《孟子·离娄上》。
② 《丰镐考信别录》卷三，《遗书》，第357页。

了非同寻常的解释。他寻找的突破口是北宋苏轼具有代表性的观点。

苏轼说:"孔子盖罪汤武,曰:'大哉,巍巍乎尧舜也!''禹,吾无间然。'其不足于汤武也明矣。使文王在,必不伐纣。纣不见伐而以考终,或死于乱,殷人立君以事周,君臣之道岂不两全!而以兵取之,而杀之,可乎!"

这是一个主观的假设,立论的支点是君尊臣卑,臣不犯上,却假借孔子之誉尧舜而不及汤、武,给了汤、武一个"弑君"的恶名。崔述驳斥道:"圣人者,奉天而行者也。故孟子曰:'天与贤则与贤,天与子则与子。'文王之不伐纣与武王之不得不伐纣,皆天也。故孟子曰:'取之而民不悦,则勿取,文王是也;取之而民悦,则取之,武王是也。'盖文王之时……纣贤臣尚多,其虐未甚,故文王可以不伐商;至武王之世,商之贤臣已尽,而纣暴虐滋甚,民困而无所告,为武王者安能晏然听其骈首而就死乎!"①这里,崔述用了孟子的民本思想——民悦则取,民不悦则勿取——来做孟子的君权神授思想的注脚,实际上是崔述申孟之一点而不及其余的"曲解"。

如前所说,在孟子那里,天之授国与贤或与子是通过"行与事示之",亦即通过种种"天象"来实现的,这个"天"带有有意志的人格神性质,这与他以民悦作为取国圭臬的民本思想是相矛盾的。孟子并没有说过授国与人之"天"是指"民"而言。崔述接过孟子"天"的概念,抽去原有的天人感应内容,又用孟子的民本思想充实之。这样,一方面弥缝了孟子思想的矛盾,同时又保留了天的最高权威性,以使自己的立论有一最重的"靠山"。经过这样的扬弃,可谓"化腐朽为神奇"——"民"与"天"变成了同一个概念。孟子把人化为神,崔述将"神"还原为人;孟子神秘主义的"天"被拉回人间,落到了"民"上,这就给了孟子的天道观以唯物的解释。同时与"天"同义之"民",沿袭着人们对"天"的习惯性敬畏,使之变成了一种不可抗拒的力量。"天意即民意",这是崔述民本思想中最具"创新性"的亮点。崔述借圣人立言,虽然曲解了孟子,却宣称这一曲解来自孟子本身。崔述在其民本思想外面套上了一件"合法"外衣——孟子成了崔述的庇护人。

为了更清楚地说明崔述的民本观,不妨再来看一看崔述如何理解三代历史的嬗道演变。关于这个问题,崔述有一段总纲性的思想表述。

崔述认为,尧、舜、禹能得天下皆因其有德,得到了民的拥戴。那么,禹又何以将政权传启,开家天下之端?这是因为"适会禹有贤子(指启),间两世而又得少康、后杼之孙,天下附于夏者数世,犹是遂以传子为常"。"然一姓子孙必不能历千百世而皆贤,不贤则民受其殃,必更归于有德而后民安。(重点号为笔者所加)而既已传子,必不能复传之贤,则其势必出于征诛而后可。故揖让之不能不变而为征诛者,天也,圣人之所不能违也,虽尧、舜当之,亦若是而已矣。……圣人之道,犹水也。清而不污,

---

① 《丰镐考信录》卷三,《遗书》,第191页。

柔而能受,润物而使遂其生者,水之德也。纡徐萦迴,一泻千里者,水所遭之势也。水非有心于纡徐萦迴与一泻千里也,水不能违地故也。"①

尧、舜、禹能作天子,系其人有德得民拥戴而然,也就是因其得民心而然。启、少康、后杼之孙作天子仍因其贤(有德),也就是仍因其代表了民心。政权执掌于一姓形成传子制,但一姓之子孙不能历千百世皆有德,亦即不能永远代表民意;不贤,民受其殃,于是要求政权更归于新贤主。因受传子制陈规的障碍传贤不得,新贤主遂代表民意推翻殃民的旧政权,建立爱民的新政权,所以揖让不能不变为征诛。这就是天意,也就是民意,圣人也不可逆违。

崔述如此强调民意的决定性作用,他对于尧、舜、禹之得天下之因以及汤灭夏、武王灭商"正义性"的解释均令人耳目一新。崔以"水"视"圣人",以"地"为民意,认为水流的"纡徐萦迴"(特质为温和,即指尧、舜、禹的禅让)和一泻千里(特质为激烈,即指汤、武的武力征伐),并非水存意为之,而是由于水所遭之"地势"即"圣人"所遇之民意所决定。"圣人"之"圣"就在于能够顺应民意。顺应民意也就是顺应天意,顺应"势"。何谓"势"? 崔述解释道:

> 天下事固有斤斤焉其求如是而反不如是者;有不必斤斤焉求其如是而自能如是,势为之而已矣。②

这是说历史事态的发展常有逆人预想者,但这并不是不可知论。无论是斤斤然求其如是而反不如是者,还是不斤斤然求其如是而反自能如是者,其中都有一个制衡一切的要素,那就是:民心、民意。

崔述将民心向背看成制约历史运动之"天"、之"势",释为一种圣人也必须遵循不可抗拒的规律,这种光辉的思想怎么强调都不为过。我国历史上韩非、柳宗元、刘知幾、王夫之等进步思想家都有重"势"的社会历史观。他们都认识到在社会现象和历史现象的背后存在着"势"这样一种制约性力量。但他们都未能将"势"的内涵归结为民心民意。崔述将"势"明确指为民心民意,这就大大发展了先哲们重"势"的社会历史观。崔述的这一思想达到了封建史家对于历史发展的认识所能达到的最高水平。

以民本为理论基础,崔述全面建立起了他的政治思想体系。

二、国家学说

1. 阐发"禅让说"精义,批判传统的道统论

《尚书·尧典》:"(帝)曰:明明扬侧陋。师(众也)锡帝曰:有鳏在下,曰虞

---

① 《商考信录》卷一,《遗书》,第135页。
② 《无闻集》卷一。

舜。……帝曰：格！汝舜。询事考言，乃言厎可绩，三载。汝陟帝位。舜让于德，弗嗣。正月上日，受终于文祖。"孔子云："唐、虞禅，夏后、殷、周继。"这是儒家经典中关于"禅让制"的最早记载，它反映了军事民主制时期部落联盟首领当选制度的孑遗。但是，"禅让制"却被后儒从道统的角度作了歪曲性阐发。董仲舒说："道之大原出于天，天不变，道亦不变。是以禹继舜，舜继尧，三圣相受而守一道。"①

三圣相授受是谓"统"；三圣敬天，天授其位是谓"道"。董仲舒的道统说重在说明"三圣"因"天意"而相授受。到了韩愈，他将三圣相授受的道统说进一步扩展成一个古帝王圣贤的授受谱系，他说："尧以是传之舜，舜以是传之禹，禹以是传之汤，汤以是传至文、武、周公，文、武、周公传之孔子，孔子传之孟轲，轲之死，不得其传焉。"②古帝王王位如何授受？授受的理据何在？韩愈在《对禹问》中的解释是："尧、舜之传贤也，欲天下得其所也；禹之传子也，忧后世争之之乱也。""舜如尧，尧传之；禹如舜，舜传之。得其人而传之者，尧舜也；无其人，虑其患而不传者，禹也。""传之人则争，未前定也；传之子则不争，前定也。前定虽不当贤，犹可以守法；不前定而不遇贤，则争且乱。"这一理论后被二程、朱熹接过来糅入理学，成为封建社会后期影响最大的政治学说。在韩愈的道统论中，师众的咨询作用不见了，古帝王圣贤的授受系统是一脉相承、未曾中断的了。——王位成了帝王的私产，传之何人完全是帝王的私事。这并不符合历史的实际，也有悖于儒学经典中的有关记载。崔述站在民本的立场进行了驳斥。

崔述认为，韩愈排定的"统"与儒学经典记载不合，他说："经传之文常以尧、舜并称，而以禹与皋陶、稷、契同举；《书》合尧、舜事为一《典》，而禹与皋陶皆有《谟》，禹之德未必与尧、舜齐也。"③在崔述看来，只有尧、舜、孔子可以称圣人："自有天地以来，其德之崇，功之广，莫过于尧、舜。孔子以尧、舜之道教天下后世，是以其圣与尧、舜齐。尧、舜为太祖也；孔子犹太宗也。"④而禹、汤、文、武、周公只可称贤人："谓禹、汤、文、武、周公不逮孔子，或然。"⑤禹、汤、文、武、周公不逮孔子，也就是不逮尧、舜。圣、贤有别，圣高于贤。"圣"之高即尧、舜之高在于尧、舜之公天下："未尝以天下为重而欲其常保而无失……下之汤武之誓，亦但以救民拨乱为言"，成王以下之"贤人"则略逊一筹："逮成王时，周公、召公迭进相诫，始多儆以保守先业之难；此为守成之主，贤人以降言耳，固不足为唐、虞大圣人道也。……吾故读《尚书》而有以知夫帝王之升降，圣、贤之浅深也。"⑥

---

① 《举贤良对策》三。
② 《原道》，载《古文观止》，中国言实出版社 2007 年版。
③ 《夏考信录》卷二，《遗书》，第 118 页。
④ 《唐虞考信录》卷四，《遗书》，第 103 页。
⑤ 同上。
⑥ 《唐虞考信录》卷二，《遗书》，第 65 页。

圣贤有别,贤不逮圣,由此可见韩愈排定之"道统"在崔述看来不合理,"统"之嬗递并非一脉相承。

按照崔述时代普遍性理解,"统"的核心是历法,即正朔,正朔代表着"统"的合法性。崔述认为,夏统至商已经中断:"汤之事与禹不同:汤承先世之业,崛起一方,自相土、上甲微以来,必有良法善政,宜于民而不当变者,此固不得改之而复遵夏政也。盖汤之心无异于尧、舜、禹之心,然汤之事不能不异于尧、舜、禹之事,汤所处之势然也。"①这是说,商原有自己的正朔即统绪,因其"宜民",故不当变亦即不当遵夏政。这样,夏之政、之"统"何以能续延于商?

崔述又认为,周的文、武之道也有其自身的发展系统而不同于商:"公刘、太王以前,历本建子,民既安于旧历,是以……武王因之不改耳。汤与武王皆承先世之业而崛起一方者,不得以禹为比。"②

谨按:圣、贤既已有别,商、周两代之"统"又均各有其源,非出一系,这样,韩愈排定的"统"委实已被崔述砍去了一个中段!

都说"统"之源始于尧,这个"统"怎样产生?崔述认为,尧之有天下并非"藉父兄之力"而受之,乃是因为尧爱民有德,"无一刻不以天为念,无一刻不以民为念"③,得到了民的拥戴尧才当了天子,这才有"统"的起源。《尚书·尧典》赞尧:"克明俊德,以亲九族,九族既睦;平章百姓,百姓昭明;协和万邦,黎民于变时雍。"崔述下注解道:"同姓皆归之,而尧始立家。尧能推其德以渐于异姓,而异姓之长亦各率其九族归之,而尧始建国。尧能推其德以大布于天下,而天下之君亦无不各率其百姓归之,而尧始为海内生民主也。"

崔述的注解虽然未能摆脱修、齐、治、平的儒学老套,但同姓归而尧始能立家,异姓归而尧始能建国,天下归而尧始能平天下,层层递进的解因,归根到底还是因为尧有德能代表民意,这才产生"统"。所以,统的产生得之于"天授"也就是得之于"民择"。这就在修、齐、治、平的儒学老套中加入了一个民的决定性因素,用了新桃换旧符,使这一陈套有了全新的意义。

对于尧之禅舜,崔述虽不便否认,但他将"禅位"释为"让位"而非"传位",认为尧并非将天下视为可以授受的私产,更不像韩愈所说是"虑身后之天下无所属而始属之舜也"。崔述驳斥韩愈:"禹果虑其争则尤不可传子。何者?唐虞之天下非一姓之天下也,而禹独欲传之子,天下必有议其私者。""盖唐、禹以前,天下诸侯皆自择有德之人而归之,天子不能以天下传之一人也:不惟无传子者,亦并无传贤者。独尧以天下

---

① 《考信录提要》卷下,《遗书》,第19页。
② 《三代经制通考》,《遗书》,第448页。
③ 《唐虞考信录》卷一,《遗书》,第64页。

多难,故让位于舜而使治之;非尧虑身后之争天下而传之舜以绝觊觎也。尧之初意原非传舜,故舜亦未尝以传禹,禹之不传人何怪焉?"①

这里值得注意,崔述已根本否认了天子有传位的权力——无论是传贤还是传子。这个议论意义重大,非同小可! 崔述认为:"天下者,天下之天下也,非天子所得而争夺之者也。舜不必挟天之天下而自授之人以示其恩也。"②"故舜以禹为相,舜之事毕矣;禹以益为相,禹之事毕矣。禹崩之后,天下之归于益与归于启,禹不得过而问之也。天下不归于益,亦不归于启,而别归于有德之诸侯,禹亦不得过而问之也。"③

在军事民主制时期,"习惯上由同一家庭选出他们的后继者的办法,特别是从父权制确立以来,就逐渐变为世袭制。对此,人们最初是容忍,后来是要求,最后便僭取这种世袭制了"④。对照我国的情况也有相似之处。《尚书·尧典》:"帝曰:'畴咨若时? 登庸。'放齐曰:'胤子朱,启明。'帝曰:'吁,嚚讼可乎?'"这里,尧向放齐询问由谁来继承王位,放齐首先想到了尧子丹朱。据《孟子》,舜相尧二十有八载,尧崩,三年之丧毕,舜避尧之子于南河之南。舜荐禹十七年后,舜崩,禹又避舜之子于阳城。

在涉及王位继承问题时,舜、禹回避尧、舜之子,放齐首荐尧子丹朱,这些史例反射出王位世袭制已存在于人们的潜意识之中,说明王位世袭制或许已经有过实行的先例,只是在尧、舜、禹的时代,这还只是一种习惯,还没有发展为固定的制度。部落联盟的首领由选举制向世袭制转变,将其原因与财产、私有制以及阶级的产生紧密相连,这是一种比较普遍的解释。家庭的财产、部落的人数以及各部落的实力对比这时已起着举足轻重的作用。崔述没有能力从财产占有和经济实力对比的高度去认识王位继承制问题;另一方面,崔述看不到或者说不愿意承认部落联盟首领当选过程中的流血与争斗,这方面的例证实际上并不难寻绎。如《韩非子·说疑》就有"舜偪尧,禹偪舜"的记载。《竹书纪年》则云:"昔尧德衰,为舜所囚也。""舜囚尧,后偃塞丹朱,使不与父相见也。"⑤这说明,在部落联盟首领当选过程中的流血与争斗确实存在。崔述曾经在《王政三大典考》中引用过《竹书纪年》,但对于《竹书纪年》中尧、舜在王位继承问题上争斗的史实却视而不见,他在运用史料时有为我所用的实用主义倾向。崔述用温良恭俭让的伦理道德史观来解释王位继承问题,表现了他政治上不够成熟。但同时也须承认,远古先民刚刚步入文明时代的门槛,民主推选部落联盟首领的制度还存在巨大的历史惯性。这时,"民"的意愿确实还在一定程度上起作用,因此被推选出来的首领多少还代表人民的意志,他们是可以称为"有德"的。崔述所相信所礼赞

---

① 《夏考信录》卷二,《遗书》,第118页。
② 《唐虞考信录》卷四,《遗书》,第99页。
③ 《夏考信录》卷二,《遗书》,第118页。
④ 恩格斯:《家庭、私有制和国家的起源》,《马克思恩格斯选集》第四卷,第160页。
⑤ 《史记·五帝本纪》正义引《括地志》。

的古帝王爱民有德的事迹,除去虚构夸大的成分,并非毫无历史的颗粒在。在王位继承上兄弟反目、豆萁相煎的清代,崔述重提古帝王公天下的贤德,也不能说没有丝毫的现实指义。崔述的经解将民的利益、民的作用提到首位,认为只有人民认可的人才有资格当天子;天下不是天子的私产,他没有将天下传给任何人的权力,这是极为犀利大胆的言论!崔述的"天下者,天下之天下也,非天子所得而争夺之者也"的思想,丰富并发展了清初黄宗羲、顾炎武、唐甄等进步思想家批判封建君权制的理论。

2. 批判三纲五常、文质三统说

三纲五常、文质三统说是封建道统论的理论骨干。所谓"文质三通","文质"是指夏尚忠、殷尚质、周尚文;"三统"是指夏尚黑为黑统、殷尚白为白统、周尚赤为赤统。三纲五常和文质三统形成一个驳杂的天人感应的神秘主义思想体系,首先经过了董仲舒的改造。董仲舒将三代所尚之黑、白、赤作为天子得"统"的标志:得黑统者以夏之建寅(农历正月)为岁首,以黑为上色;得白统者以商之建丑(农历十二月)为岁首,以白为上色;得赤统者以建子(农历十一月)为岁首,以赤为上色。历史便依此三统嬗递更替,循环不已,这套理论的演变逻辑自然要引出"天不变,道亦不变"的结论。这样,三纲五常和文质三统便在天意之下统一起来,文质三统遂成为三纲五常的神圣外衣。东汉马融作《论语注》,进一步把三纲五常、文质三统说成是三代已有之古制。《论语·为政篇》孔子云:"殷因于夏礼,所损益可知也;周因于殷礼,所损益可知也。"马融解释说:"'所因',谓三纲五常;'所损益',谓文质三统。"朱熹《论语集注》全采马融说,三纲五常、文质三统遂成了出自孔子之口、沿袭三代而来的圣制。

崔述揭露了这一成说的虚妄,他说:"君臣、父子、夫妇,人道之大者也,自生民之初而已然,不得以为夏礼而殷、周因之也。""至于'五常'云者,考之经传,三代以上从未有此名目,不过汉儒强而命之耳。"崔述指出,孔孟虽曾言及仁、义、礼、智,但从未以此四项与"信"并举,更不曾将五者共提。汉代好谈术数,"欲以之配五行,始有'五常'之说。禹、汤之世岂知有此,而乃以为殷因于夏,周因于殷也哉!"①

这里,崔述并没有摆脱"三纲"所着意探讨的范畴。将君臣、父子、夫妇的关系说成是生民之初就已存在,起码在客观上强化而不是削弱了董仲舒的理论。不过在崔述的思想体系中君臣、父子、夫妇三种关系乃是一种相互的关系,而不是一种绝对服从与被服从、统治与被统治的关系,这和君为臣纲、父为子纲、夫为妇纲是有区别的。崔述指出五常纯系汉儒杜撰,他将五常的起源与五行谶纬术数联系起来,这对于谶纬盛行的汉代政治生活来说,也不失为一种可能的预测与把握。

汉儒所鼓吹的"文质三统说"其核心是改正朔。鼓吹改正朔是要证明当今天子得位于天受,从而否定旧朝的合法性,即"所以明易姓非继人,通于己受之于天也"。

---

① 《考古续说》卷一,《三代经制通考》,《遗书》,第449页。

但是崔述认为,三代历法的真相并非如此。他写道:"虞、夏以前三正已并行于天下,非至汤然后建丑,至武王然后建子也。""晋封于夏故墟,民习于夏政者久,其历仍用夏正。以《竹书纪年》考之,曲沃庄伯之元年正月,乃周平王之三十八年三月也。是以周以十二月,卜偃谓之十月;周三月,绛老人谓之正月。……此乃晋用夏正,非周亦用夏正也。"①"相土、上甲微以前,历本建丑;公刘、太王以前,历本建子,民既安于旧历,是以汤与武王皆因之不改耳。"②

"三正"系指夏正、商正、周正。用"三正"指称历法,这种说法是有的。如马融在解释《尚书·甘誓》"有扈氏威侮五行,怠弃三正"时就认为《甘誓》中的"三正"是指夏商周三代历法。对于《尚书·甘誓》中的"有扈氏威侮五行,怠弃三正",顾颉刚先生认为,这里的三正并非指夏商周三代历法③。公允地看,马融说似勉强。《甘誓》说的是夏朝的事,那时商、周二朝尚未成立,《甘誓》中的"三正"怎可能是指夏商周之"正"?以此看来,崔述所说虞、夏以前"三正"已并行于天下,这在概念的使用上有失严密。但是,崔述这里主要是指出作为一个部族的夏部族、商部族、周部族,他们原本都有自己的历法,都有其"正",指出这一点是有意义的。如崔述所说,晋居夏旧地,晋沿用夏正而不用周正,这个证据也很确凿。以此推论,虞、夏时农业虽已有相当发展,但地区间的联系却极不便,崔述所说的"三正并行"(可以将这里的三正理解为夏、商、周三部族的"正",而无须理解为夏、商、周"三朝"之"正")是可能的。指出这一点的意义在于,它刺中了改历法、颁正朔为得"统"的封建统治理论的脏腑,这是它的政治价值所在。用民的习惯和需要来解释历法的起源和演变,这比起将改历法颁正朔看作王朝得"统"的传统解释也要平实而高明。

那么,孔子作《春秋》,为何要书"春王正月"? 崔述认为:

> 古之时,三正并行于侯国,亦通用于篇章。孔子惧民听之惑乱,后之学者无从考证,故属正月以王,以别嫌而传信。"王"也者,周也。"王正月"也者,周正月也。不曰"周"而曰"王"者,以别于夏、商之丑正、寅正则曰"周正月";以别于诸侯之丑正、寅正则曰"王正月"也。……后儒不知三代正朔之制,因而不知孔子书王之意,但见《召诰》之"二月",《多士》之"三月"皆不书王,求其解而不得,遂疑圣人别有深意,而以欲行王道之义训之,谬矣!……盖《召诰》、《多士》皆《周书》也,《周书》则周正矣,故不必自冠以"王";《春秋》诸侯之史也,诸侯固有用二代之正者,不冠以王则不可必为其子正,故书曰"王正月"。由是言之,王正即周正也。

---

① 《王政三大典考》卷一,《遗书》,第492页。
② 《考古续说》卷一,《遗书》,第448页。
③ 见《中国史研究》,1981年。

孔子谓之周正,故左氏亦谓之周正。非左氏之言,孔子之言也。①

《春秋》中"春正王月"四个字的解释是今文经学的第一要义。后儒特别是今文家凭空臆造出的种种不相干的微言大义,其源头皆在此四字。崔述将今文经学的种种解释完全抛弃而采用了《左传》的"王周正月"说。然而,对于《左传》的解释,历来的注疏家不是言之过简,就是语焉不详。如《春秋左传集解》:"言周以别夏、殷。别,彼列切。夏,户雅切,三代之号,可以意求。"

"意求"什么?怎样"意求"?《集解》之"解"可谓以己昏昏使人昭昭,读《集解》却仍然不得其解。崔述却还了这四个字以平实而明确的解释:三正并行于侯国,属正月以王,那是为了纪时有一个可资参照的"时间符号"标准;三正虽并行,但总要有所区别。那么,相对于夏、商之"正"、之历法来说,周的历法就用"周正月"以示区别;相对于夏、商后裔所用的寅正、丑正(夏商之历法)来说,就以"王正月"以示区别。这里不曰"周"而曰"王",是因为周天子原本就是"王",夏、商之后均为诸侯,这是一个事实,即所谓"不冠以王则不可必为其子正",是故"王正月"只是说明一个事实,正如《周书》中的《召诰》、《多士》,虽然用周正,但却不必自冠以"王正",实质上却还是"王正"的意思。所以说,"春王正月"这四个字,其中并没有孔子要行王道的微言大义在。崔述的这个解释令人耳目一新,它将《集解》没有说清楚的问题说得明明白白。不管崔述的这个解释是否"合理",是否符合孔子的"原意"(顺便说一句,即今文家的解释实际上也未必"合理",未必符合孔子的"原意"),但崔说逻辑雄辩,言征据足,自成一说。在对《春秋》"春王正月"四字的解释上实有功于《春秋》者。还有一点也可以明确,即以今文经学对"春王正月"这四个字的解释为源头而产生的历史上种种王权神授论,其附会的"理论把柄"全在历法,全在正朔。崔述的解释从历法上挖断了王权神授论的根。从学术上说崔说自能成一家言,其政治意义也非同一般。崔述将民是否安于旧历作为历法变更的首要因素,剥去正朔正统论的虚妄臆说,其本源仍然是他的民本观。

3. 用历史的观点看待国家起源

"家天下"的局面怎样形成?崔述认为,禹死之后天下归于启,原并非"以夏为一代之统而必世世子孙相承不绝",而是因为启德甚于益,得到民的拥戴,"适然"造成了家天下的局面。崔述指出:"启以德而继,虽传子犹之乎传贤也。"至"太康淫乱,民不归心,诸侯皆叛夏",夏统中断;少康有德,天下复归于夏。"藉令少康仅属中材,或虽有茂德而先有圣人者出,灭羿、浇以安天下,则少康不得复中兴矣。"②

无疑,在崔述看来,夏"统"早在太康淫乱时已经中断过一次。按照崔述的理解,

---

① 《王政三大典考》卷一,《三代正朔通考》,《遗书》,第495页。
② 《夏考信录》卷二,《遗书》,第135页。

夏统中断即因太康失去了民心和民的拥戴。因此他认为,只要有德得民心,谁当天子都一样,并非定须夏姓当天子。少康以后,其子杼继位。杼亦有德,"然后天下久归于夏。久则难变,而槐、芒、不降(皆夏帝)得以蒙业而安……夏之世守天下,至少康、杼之后始然"。"及至有商继世而王,已有成迹,而又适有伊尹之辅政,太甲之自艾,故复循夏故辙。其后甫衰而即有贤圣之君出而振之,由是遂家天下六百余年;至周,遂为一定之成例而不可变。然则三代之家天下,其端萌于启,其事遂于少康、杼,而其局定于商之圣贤六七君。"①

崔述将国家起源和"家天下"的形成置于运动、发展、变化的过程中加以考察,提出了"久则难变"的命题,具有相当的历史眼光。他的家天下萌于启,发展于少康、杼,定型于商的理论,对于理解国家形成之初的历史进程也极富启示性。但崔述将家天下的形成归之于"适然",这个结论比较勉强,它难以说明何以夏代的王位授受一开始就是传子制的。过分夸大帝王有德受民拥戴而为天子,看不到历史事变的复杂性、尖锐性,历史哲学的脉络虽清晰,却仍给人一种空洞说教的感觉。从史实看,崔说也基本站不住。虽然《孟子·万章上》有启有德而天下归之的说法,即所谓"朝觐讼狱者不之益而之启,曰:'吾君之子也。'讴歌者不讴歌益而讴歌启,曰:'吾君之子也。'"但除此之外,孟子说法中值得注意的是"吾君之子"一说,亦即王位传子制在启的拥戴者心目中的价值。这一点被崔述存心抹杀了。从其他文献的不同记载来看,实际上甚至连启是否因"有德"而继承王位都值得怀疑。如《晋书·束晳传》引《竹书纪年》:"益干启位,启杀之。"《韩非子·外储说右下》:"古者禹死,将传天下于益,启之人因相与攻益而立启。"《战国策·燕策一》也有相似的记载:"禹授益,而以启人为吏。及老,而以启为不足任天下,传之益也。启与支党攻益而夺之天下。是禹名传天下于益,其实令启自取之。"

从以上文献的记载来看,在王位继承问题上一开始禹考虑的继承人是益,这一点各家所说基本一致。这其中应当有历史的真实性。崔述所说禹死之后天下归于启,并非"以夏为一代之统而必世世子孙相承不绝",从"家天下"在当时还没有被普遍认可,还没有成为一种固定制度的角度看,不能说没有道理。但崔述无视文献中有关启为了继承王位而与益发生的争斗(益、启之争《竹书纪年》也有记载。如前所述,崔述曾引用过《竹书纪年》,但他对《竹书纪年》中有关益、启之争的史料也同样采取了为我所用的实用主义态度)以及在争斗过程中启的种种"无德"表现之史实;在"德"之优劣的比较上,起码从被比较的另一方——益这一方来说,崔述并没有举出益比启更"无德"的史料证明。所以,崔述关于启系因较益有德而受民拥戴继承王位,这种说法缺乏学术说服力。当然,正如前文已经指出的那样,学术上不成立并不影响它的政治思

---

① 《夏考信录》卷二,《遗书》,第135页。

想价值,因为它同样是崔述民本政治思想体系的组成部分。

4. 关于三代的君臣关系问题

(1) 夏、商间不存在君臣关系

《史记·夏本纪》云:"桀召汤而囚之夏台,已而释之。汤修德,诸侯皆归汤,汤遂伐桀。桀走鸣条,遂放而死,曰:'吾悔不杀汤于夏台,使至此。'"《史记·儒林传》载黄生与辕固争论汤、武革命事云:"桀、纣虽失道,君也;汤、武虽圣,臣也。夫主有失行,臣不能正言匡过,反因而诛之,伐立践南面,非弑而何?"

由是后儒皆以征诛诟病汤武革命。在这里,夏、商间究竟是否存在君臣关系就成了问题的症结所在。

崔述根据经典的记载作了否定性回答:

(一) 桀未囚汤于夏台。《尚书·汤誓》:"夏罪其如台?"语气中透露出桀未敢如汤何。倘若桀果囚汤于夏台,商民不得有此说。

(二)《汤誓》中汤数夏桀暴虐云"夏王率遏众力,率割夏邑"。是夏桀为虐仅限于夏邑王畿,行政号令亦仅限于夏邑王畿,不达天下诸侯。如桀果为天下共主,《汤誓》当云"割万方",不得但云"割夏邑"。

(三)《汤誓》中商民窃议汤伐桀事,仅及于有碍稼穑之小事,并不谴责汤违背君臣之义,可见商民并不视桀为君,汤为桀臣,亦不以伐桀为不义。

(四)《诗·商颂·长发》:"韦、顾既伐,昆吾、夏桀",可知汤在灭桀以前已攻伐数大国。若桀为天下共主,汤安得擅伐之?

(五)《诗·商颂》:"受小球大球,为下国缀旒",可知商汤在未伐夏时已受诸侯朝觐。如果商汤果然臣于夏桀,商汤"安得晏然受之?"

(六) 以夏商时的社会思想适应程度论,"人以继为适然,非以继为必然也",天下人视夏不过是一普通的大国而非天下的共主,"是以汤之受球受共,伐韦伐顾,安然而无所疑,桀亦听之而不复怪。何者? 诸侯本不臣属于桀也。桀安能召汤而囚之夏台哉!"

崔述的结论:

(一) 三代封建之制与后世郡县之法不同,不得以今例古。

(二) 夏、商之间的关系"亦但就天子诸侯之名分言之,非以为食其禄而治其事之君臣也"①。

(2) 商、周间不存在君臣关系

崔述认为,商、周间也不存在君臣关系。他的证据如下:

首先,《史记·殷本纪》和《史记·周本纪》关于纣囚文王一事记载不同,颇多龃

---

① 《商考信录》卷一,《遗书》,第134页。

隙。《殷本纪》称文王臣事于纣朝，为纣之三公之一，他见纣荒淫，窃叹之，为纣所囚。《周本纪》则称文王积善累德，崇侯虎见此情景而谮文王于纣前，纣遂囚文王。这是关于纣囚文王之事记法的矛盾；《殷本纪》载文王的下属闳夭之徒以美女奇物献纣，纣释文王，文王献洛西之地，而后纣赐文王弓矢斧钺，使文王有专征之权。《周本纪》则称闳夭之徒以美女奇物献纣，纣释文王，先赐文王弓矢斧钺，使有专征之权，而后文王再献洛西之地。这是关于纣使文王有专征之权记法的矛盾。

崔述首先指出《史记》同载一事而自相抵牾，难以征信。然后举例驳《史记》。崔述认为：

（一）纣囚文王之时，天下诸侯已多叛商归周，周三分天下有其二，如文王系纣臣，纣为天下共主，则文王不得受诸侯归附；纣见文王势大亦绝不会坐视不问，既囚之，更不会轻易放释之。

（二）考之《诗》、《书》，言文王事甚详，但独无一言及于文王系纣臣，亦未及纣囚文王一事。

（三）纣囚文王事，始见于《左传·襄公三十年》，《左传》但称"纣囚文王七年"而未尝称文王为纣之臣；《战国策》衍之，称文王为纣之三公，但《战国策》尚无献美女奇物之一说；《尚书大传》再衍之，始有散宜生、闳夭之徒以美女宝物献纣一说，但尚未言及商纣赐文王弓矢斧钺；《史记》兼采《战国策》、《尚书大传》之说而又增弓矢斧钺之赐、讨伐专征之权。

崔述认为，《史记》是拿了后世的郡县之制、君臣之义来套用商周关系。孔子云："三分天下有其二，以服事殷。"崔述的解释是："所谓'服事殷'者，不过玉帛皮马卑词厚币以奉之耳，非必委质而立于其朝也。"即是说，商、周与夏、商一样，亦类似于宗主国与藩国，二者间并不存在如后世郡县制下的那种君臣关系[①]。

文王既然未尝立于纣之朝，纣亦未尝囚文王于羑里，连带地，崔述也一并否定了文王羑里演《易》之说。崔述认为，羑里演《易》一事仅《史记》有说："《易传》但言其作于文王时，不言文王所作也；但言其有忧患，不言忧患为何事也。《史记》因《传》此文，遂以文王羑里之事当之，非果有所据也。"

崔述上述论证有值得重视的因素，同时也有值得商榷之处。崔认为不能拿后世那种封建中央集权统治下的君臣关系来类比夏商间和商周间的关系，后世史家如《史记》等存在着以今例古之弊，指出这一点是有意义的。因为这一点不仅确实存在，而且形成一种倾向，以至于汤、武革命正义还是非正义成了后世儒学发展史上的一个重大问题。这正是以今例古所造成的结果。汤、武征伐夏、商时，历史还处于国家形成之初，总体上看，社会发展水平很低，商品交换微弱，交通不便等，受这些条件的限制，

[①]《丰镐考信录》卷一，《遗书》，第177页。

地域间的关系是松散的。这时华夏民族还远未形成,天下共主和大一统的观念无论对于夏人、商人还是周人来说都还是不太可能,至少是十分淡薄的。崔述引用《汤誓》、《商颂·长发》并且提出疑问,对于说明直到夏末夏王为天下共主的观念还很脆弱,是有说服力的。崔述认为那时的人们因没有天下共主的观念,因此没有天下本该归夏或归商的思想,这个推论也是有理据的。《国语·周语上》中的材料也可以为崔述的说法提供一个旁证。《国语》云:"昔我先王世后稷以服事虞夏",可知周作为一个部族亦曾经与夏存在过从属关系。但周人至不窋时就脱离了夏,"自窜于戎狄之间",周人却没有以此而遭到夏的讨伐,这说明,夏与和它有从属关系的部族之间的关系,与后人所比附的君臣关系相距甚远。夏商间以及商周间的关系,王国维有一段论述很有参考价值:

> 自殷以前,天子诸侯,君臣之分未定也。故当夏后之世,而殷之王亥、王恒,累叶称王,汤未放桀之时亦已称王;当商之末,而周之文、武亦称王。盖诸侯之于天子,犹后世诸侯之于盟主,未有君臣之分也。周初亦然。于《牧誓》、《大诰》皆称诸侯曰友邦君,是君臣之分亦未全定也。逮克殷践奄,灭国数十,而新建之国,皆其昆弟甥舅,本周之臣子,而鲁、卫、晋、齐四国又以王室至亲为东方大藩,夏殷以来古国,方之蔑矣。由是天子之尊,非复诸侯之长而为诸侯之君。①

所以,崔述把夏、商和商、周间的关系理解为类似于宗主国和藩国,认为不该用后世的郡县之制,君臣之分来套用,这个看法是有价值的。至于说周原出土的甲骨片中有"大邦殷、小邦周"的记载,有论者据此认定商周间存在着君臣关系,这说法也理据不足。大、小之称与君臣之分毕竟不是一回事;周人以"邦"自称,这本身就含有周人并不自认为是商臣属的成分。

但崔述所论也有缺陷。崔的毛病就在于,为了建立起民本的思想体系,他过分夸大了夏商之间、商周间关系松散的一面,将有没有"德"作为夏、商、周能否立国的唯一条件,这有失偏颇。崔述说汤之受球受共,伐韦伐顾,"安然而无所疑,桀亦听之而不复怪。何者?诸侯本不臣属于桀也"。但《尚书·多方》中有"乃惟成汤,克以尔多方简,代夏,作民主"。这里使用了"民主"一词。"民主"者,民之主也。这可以看出在灭夏以前,商汤将夏桀视为"民主",也就是说,在灭夏以前,汤自己也承认夏对商有治统权。商的灭夏,汤并非"安然而无所疑",他找了很多理由。汤数落夏桀的种种"无德"(尽管这是事实),但商汤认为仅仅以此作为攻夏的理由还不够,所以汤最后还是将灭夏推到了"天意"上,即《尚书·多方》所说"天惟时求民主,乃大降显休命于成汤,刑殄有夏"。将灭夏而作"民主"的欲望推到"天"的身上,说明汤在灭夏时并非毫无顾忌,

---

① 见《观堂集林·殷周制度论》,北京燕山出版社1997年版。

这也反过来证明商以及其他诸侯国受夏治统的情况确实存在。至于商、周间的关系，其基本类型相似于夏、商。从殷墟第四期卜辞中有称"周侯"的辞例来看；从周人在其都邑中曾经有祭祀商人的先祖帝乙与成汤的实例来看，周人曾臣属于商，这一点毫无疑义①。此外，崔述断言纣未尝囚文王，并以此而断然否认文王演《易》，这个结论下得很轻率。实际上，《周易·系辞传》中的两段涉及《易经》作成的话非常值得重视：

> 《易》之兴也，其当殷周之末世，周之盛德耶？当文王与纣之事耶？
> 《易》之兴也，其当中古乎？作《易》者其有忧患乎？

这里，《系辞传》的作者对于《周易》到底是不是周文王所作，表示谨慎的肯定。这两段话的重要意义在于，它毕竟给出了一个《周易》作成于商末周初的大体时间坐标，这一点弥足珍贵。《周易》卦爻辞所涉史实亦以商末周初之事为多，这为《周易》大体产生于商末周初提供了有力的证据。崔述拘泥于《周易》作者的确指，认为《周易》非周文王所作，虽然从崔述的立场来说也并非毫无道理，但作为一个史学家，仅仅指出这一点是不够的；从作《周易》的情况来看，崔述将周文王作为了一个人，而未能将周文王作为一个时代的代表来对待，这显示了崔述的拘泥不化。因为这对于厘清《周易》产生的时间限度问题并没有多大帮助，反而削弱或者说破坏了《系辞传》中值得珍视的那两段话的史料价值。黑格尔在论《荷马史诗》肯定出自"一人"之手笔时曾指出，关于《荷马史诗》的作者，有一种"众所周知的意见"认为："实际上并没有荷马这样一个人作出这两部史诗（按，指《伊利亚特》和《奥德赛》——笔者）的全体，而是先由一些个别的作者作出其中一些个别的部分，然后这些部分被结集成为两部大作品。"②但黑格尔认为，若从是否能够"自成一部史诗的有机整体"检视《荷马史诗》就会发现，这部巨著"毕竟各自形成一个有内在联系的整体"。

以有没有"一个有内在联系的整体"作标准判断一部作品的作者，是一个有见地的意见。值得注意的是，黑氏在谈"历史写作"能够"引起艺术活动有充分发挥作用的余地"时恰恰指出：史家撰史，应当"把真人真事摆在心里想一想……把所理解的史实加以排比和整理"，使"一些分散的情况""互相联系起来，组织成为一个连贯的整体"③。根据这一原则，黑氏断定《荷马史诗》"只能出于一个人的手笔"④。若借此标准复视《周易》，我们也能发现：作为从占筮发展而来的一部大书，《周易》绝非零打碎敲之作而是一以贯之之作。以《周易》构思之巧妙，思维形式表述之奇特，卦、爻辞内涵之深刻，卦、爻辞与卦画之间内在联系之贴切，其所构建的思想体系之博大精深等

---

① 见许倬云：《西周史》，三联书店1994版，第61页。
② 黑格尔：《美学》第三卷下册，商务印书馆1979年版，第114页。
③ 同上书，第38页。
④ 同上书，第114页。

处着眼,如果没有一位出类拔萃的人物对这部大书进行综合统贯的最终整理,如果没有这位智者决定性的思想劳动付出,《周易》的作成才真是一件不可思议的事①。从这个意义上说,周文王(也有认为是周公)足以负此重任。所以,《系辞传》将《周易》的作者谨慎地指为周文王,这至少是可资参考的重要一说。

崔述否认夏、商和商、周间存在君臣关系,这种思想渊源于他的有德民择而为天下主,无德则人皆可叛之的民本主义历史观。在这种历史观支配下,对于究竟应当怎样处理三代的君臣关系,崔述往往会作出反传统的全新解释。这些实例在《考信录》中比比皆是。例如:据《尚书大传》、《新序》,伊尹曾用事于桀朝,崔述认为如果遇到桀这样的暴君,伊尹应当背弃之。他亦用同样的观点看待纣臣商容。孟子劝齐、梁行王政,这显然也是无视周天子的帝王之尊,后儒为此多非难孟子,崔述却认为,战国时民困已极,孟子"以王歆动齐王之心,使勉为保民之事"无可厚非②。以上这些言论,都尖锐地触犯了君臣纲常的天条。与崔述同时的理学家谢庭阑因此罪崔述云:"崔氏述曰:《汤誓》'率割夏邑',则知夏政不行于诸侯。'夏罪其如台',则知桀不能囚汤,汤未尝立桀之朝,为桀之臣。又曰:'周自立国于岐,与商无涉。文王未尝立于纣之朝。所谓服事殷者,不过玉帛皮马,卑礼以奉之。周介戎狄之间,乃商政所不及;至寝昌寝大,又商所不能臣。纣与文、武原无君臣之分,但为名号正朔所存。'如述此言,汤与文、武去逆乱何远乎!述为此言,岂非蔑圣经乎!述为此言,岂非废人伦乎!"③谢氏以崔述经解为大逆不道,恰从反面证明了崔述经解体系的政治思想价值。

三、义利观

重义利之辨是传统儒学的重要思想内容之一。孔子曰:"罕言利","君子喻于义,小人喻于利。"④孟子曰:"王何必曰利,亦有仁义而已矣。"⑤董仲舒说:"正其道不谋其利,修其理不急其功。"

将"义"、"利"相互对立,以"义"否定"利",视物质利益为不足道,对以帝王为代表的统治者穷奢极侈并不作尖锐批判,却用"义"、"利"对立的理论匡束民众的困顿贫苦,规劝百姓安于现状,这是传统义利观最欠公平之处。发展到宋明"存天理、去人欲",这种倾向达到了顶峰。宋明理学大大凸显了传统儒学重义轻利思想,成为封建社会后期统治者抑制人民物质欲望的一具精神枷锁。

崔述以民本为根据,对传统义利观作了一定程度的改造和批判,指出:"圣人何尝

---

① 参阅谢维扬:《至高的哲理》,三联书店1997年版。
② 《孟子事实录》卷上,《遗书》,第415页。
③ 《遗书》,第1075页。
④ 《论语·里仁》。
⑤ 《孟子·梁惠王上》。

不言利!《易》曰:'《乾》,元亨利贞',曰:'《坤》,元亨,利牝马之贞',曰'利见侯',曰'利见大人',曰'利涉大川'者不一而足。圣人何尝不教人趋利而避害乎!但圣人所言,义中之利非义外之利;共有之利非独得之利;永远之利非一时之利,此其所以异也。故曰:'见利思义',故曰:'因民之所利而利之。'"①

在这里,崔述将"义"的衡量尺度最终归结到了"利民"上:"利"有义中之利与义外之利,共有之利与独得之利,永远之利与一时之利的区别,只有将民的利益放在首位,"因民之所利而利之",这样的"利"才符合"义"的标准,才是"义中之利,共有之利,永远之利。"

《孟子》曰:"是故贤君必恭,俭一礼下,取于民有制。阳货曰:'为富不仁矣,为仁不富矣。'"崔述解释道:"有制必先之以'俭'者,取民之多由于用度之奢,奢则不足于用,虽欲寡取之而不能也。"②"取民无制则富而不仁,取民有制则仁而不富;二者不可兼,故宁舍富而不可失仁矣。"③

崔述强调利民与否为"义"第一要义,比起理学那种看似强调"整体"的"制欲",实则主要要求民制欲,百姓制欲的义利观之不公正来,崔述凸显了百姓追求物质利益的正当性,他深刻认识到了"仁"与"富"的对立与矛盾,提出了"仁富不可兼得",统治者当先去人欲,在"取民有制"之前统治者首先应当以"俭"自我约束,这才符合"仁"也就是符合"义",否则就是"为富不仁"也就是不义。当取"利"与取"仁"产生矛盾时,统治者应当"宁舍富而不可失仁"。在这里,崔述巧妙利用了传统义利观将"义"、"利"相对立的理论模式,并从反面曲解"存天理、去人欲"的概念,这是崔述在申发"民本"时一贯的典型的做法。崔述倡俭以抑制统治阶级的贪欲,关注的重点在上;理学家主张存天理去人欲,关注的重点在下④。崔述的立足点与理学家迥异。

"利"的问题,在中国历史上主要以农业、以土地占有问题表现出来。崔述认为统治者必须重视人民的物质利益,这种主张在《考信录》中主要表现为崔述重视农业和土地问题。例如对于《尧典》中舜命九官之所以先命禹,次命稷,次命契,次命皋陶,崔述的理解是:九官中先命禹是因为舜摄政时洪水为害最烈,平水土不可须臾缓;水土平然后耕稼可兴,故命禹后继之以命农官稷;衣食足然后礼仪可教,故命稷后继之以命礼仪官契;教民以礼仪必有不从或违乱者,须以典刑齐之,故命契后继之以命典刑官皋陶⑤。

在《丰镐考信别录》中,崔述又写道:"民莫重农,治国莫重于农事。农者,所以为

---

① 《孟子事实录》卷上,《遗书》,第412页。
② 《孟子事实录》卷下,《遗书》,第425页。
③ 同上。
④ 理学家以"理"杀人亦即残害百姓,戴东原的《孟子字义疏证》作了鞭辟入里的分析,可参阅。
⑤ 《唐虞考信录》卷二,《遗书》,第79页。

食也。无食则不能生。故称'农用八政'而先之以'食'也。"即认为典制和官制之设置必须以物质生活为首要考虑条件。这种认识对于今天理解《尚书·尧典》中的有关篇章也不乏启示：这会不会就是《尧典》作者当初撰文时的一种"结构性"运思？

孟子说："夫仁政必自经界始。经界不正，井地不均，谷禄不平。是故暴君污吏必慢其经界。经界既无，分田制禄可坐而定也。""夏后氏五十而贡，殷人七十而助，周人百田而彻。其实皆什一也。彻者，彻也；助者，藉也。""设庠序学校以教之"崔述依次征引孟子，然后解释说："孟子之告文公凡三事，曰什一，曰助法，曰教民。什一、教民皆易行者，举而措之耳。惟助法须经画得宜。"①"取民有制则民有恒心矣，夫然后可以教"②，这就看到了"义"须以"利"为基础。崔术强调"经画得宜"，视角对准土地所有制的核心问题，他的眼光是锐利的。早在三十五岁时，崔述已在《救荒策》中写道："自生聚日蕃，贫富不均，富者连阡陌而穷者无立锥……是以古者授田有制，废其人地之数，或百亩，或七十亩、五十亩，不得擅增焉，深山大泽与民共之而有厉禁，斧斤之入必以其时。"③

从早年的平均土地到《考信录》中的正经界、取民有制尔后教以人伦，崔述思想发展的脉络一以贯之、清晰可循。

中国封建社会的在籍自耕农是国家赋税和劳役的主要承担者。他们是封建国家的经济命脉，因此"保民"成为历代封建王朝必须重视的问题，也成为地主阶级中的有识之士最为关注的问题之一。明中叶张居正行"一条鞭法"，一概征银，将部分劳役摊入田亩；清康熙行"摊丁入亩"，将"一条鞭法"残留的劳役全部摊入田亩，目的都在于保证封建国家的税收。但随着商品经济及货币地租的发展，刺激了大地主兼并土地的贪欲，清至乾隆年间流民已达数百万，其基本成分即为破产自耕农。崔述着眼于封建国家的根本利益，从义利之辨的传统理论角度提示封建统治者应当关心民众疾苦，重视民众物质利益，并提出以平均土地的井田制来遏制大土地所有制的发展，这种思想虽不免天真而不切实际，却仍然值得肯定。

此外，崔述论用人，他批判嫡长子传位制和贵族世袭制，主张任人唯贤④；他赞赏齐桓公任用管仲为相进行改革，打击世卿世禄制，终于"九合诸侯，一匡天下"；崔述论贪人不可用，解释《左传·文公元年》周芮良夫"贪人败类"之语谓：大凡国家用人，当"用人之所长，恕其所短"，但惟独贪人不可作取长补短之用，因为"人一动于贪心，则不复顾名义，论是非，较曲直，止知利吾身耳。贪之所至，虽父子亦不顾，复何有于君臣，更何有于士民。故使贪人主选举，则贿至者为贤才，不至者即为庸劣，而庶僚皆不

---

① 《孟子事实录》卷下，《遗书》，第426页。
② 同上。
③ 《无闻集》卷一，《遗书》，第685页。
④ 见《商考信录》卷一，《遗书》，第140页。

得其人;使贪人主讼狱,则关说至者讼即胜,不至者冤即不得伸,而百姓皆不得其平。以致万事,莫不皆然。由是,为都邑之宰者咸务剥取其民,以求为政者之拔擢,而士大夫咸趋于贪,为民者咸务侵陵懦弱之人而吞其财,而不畏上之加以罪,而民咸趋于贪"①,此说隐指乾隆任用和珅,吏治腐败,政治黑暗;他主张君主勤政,接百官庶民,广开言路,多次阐述"治国以用人为要,而用人以知人为先"的思想,在解《尚书·无逸篇》时借题发挥谓:"大凡人主值四方多难之日,则忧勤惕厉之心易生;当太平无事之时,则骄奢安佚之念渐启。……然人主一有逸乐之念,则于庶政必有略不经意之时;一有逸乐之念,则左右臣僚之窥伺我者必有逢迎意旨以惑君心而自固其宠者。昔梁武帝以开国之君,及其晚节,百度废弛,竟至侯景之乱。唐明皇躬戡大难,致开元之盛治,其后亦以荒淫无度,驯致安史之乱,播迁于蜀。……唐魏征谓'创业易,守成难',其意皆本此篇。此治忽兴亡之大要,故古人皆兢兢于此也。"②以上种种都可以看出崔述的解经着眼于现实,意存针砭。他以史证经、以史论经,上下左右贯通。他重提人已烂熟的魏征旧话,重提尽人皆知的梁武帝、唐玄宗故事,这是为什么?因为崔述敏锐地感觉到了隐藏在歌舞升平虚景背后的深刻社会危机,眼看乾隆晚年的荒淫,他引用侯景之乱、安史之乱故事,引用魏征的旧话,这是在借解经发感慨,抒议论,向帝王敲响警钟提出忠告,以免重蹈故朝覆辙。崔述以开言路系于知人之前,以知人置于用人之首,又以用人论为政务之要,一环扣一环,步步深入地探讨着改革弊政振兴国家的方案。最后的逻辑归宿,仍然落到了问题的出发点,即落到了"不得其人则政徒为具文,而甚者反足以扰民"的民本思想上。崔述主张国人皆得议政事,君主用人须倾听庶民意见,这些言论都闪耀着人民性的思想光华,并包含有向近代民主转变的思想芽蘖,在中国封建社会中,特别是在专制集权高度发展的清朝乾嘉时代,崔述的这种思想是可贵的。

但是,对于崔述的政治思想,邵东方先生却认为:

> 清廷实行文化专制主义,对士人控制实严,而"文字狱"的锋芒所向首先是史学。在这种情形下……许多知识分子的抗拒精神逐渐蜕化为政治上的冷淡和学术上的考据,崔述亦莫能外。他生逢"文字狱"高潮的时代,耳闻目睹许多汉人文士惨遭迫害的情形,所以他论史从不涉及当世之事功,更不敢借史论抒发自己所关心的时事以及忧国忧民的情怀。③

看来,邵东方先生忽略了或者说没有读懂隐藏在崔述考据文字背后的政治主张。邵先生将崔述看成一个考据学家,这只是承袭了传统的看法。崔述绝不是一个"单

---

① 《丰镐考信别录》卷一,《遗书》,第332页。
② 《丰镐考信录》卷四,《遗书》,第213页。
③ 邵东方:《崔述与中国学术史研究》,人民出版社1998年版,第105页。

纯"的考据学家,他并不像邵先生所说"论史从不涉及当世之事功,更不敢借史论抒发自己所关心的时事以及忧国忧民的情怀"。恰恰相反,崔述有饱满的政治热情,他始终坚持儒学潜在的政治批判立场,对于"犬儒式"的"奴性"他是蔑视并自觉抵制的。崔的考据多有所指,其目的最终是落在"经世"上,落在指陈时政上的。这一点,相信读者在了解了有关崔述政治思想的论述以后,自会有一个中肯的结论。

第三节 崔述考信辨伪的成就与不足

《淮南子·修务训》云:"世俗之人多尊古而贱今,故为道者必托之于神农、黄帝而后能入说。乱世暗主高远其所从来,因而贵之。为学者蔽于论而尊其所闻,相与危坐而听之,正领而诵之。"迷信和造伪是一对孪生兄弟,它的反面则是考信辨伪和求真。历史学家求真的理性主义思想是世代相传而不泯的。

我国史学上考信辨伪的历史,其悠远的发端早在先秦时代。延至唐、宋以下,刘知幾、柳宗元、啖助、欧阳修、司马光、郑樵、朱熹、王应麟、宋濂、梅鷟、胡应麟、阎若璩、姚际恒等思想家和史学家,相继作不断的努力,终于使考信辨伪之学由涓涓细流汇为滔滔大河。崔述生逢先哲之后,使他具备了吸收前人优秀成果的条件,加以本人的刻苦与卓识,遂使他得以继前人考信辨伪之大成,成为我国疑古史学上承先启后的关键人物。

崔述的考信辨伪有精当处,也有失误处。他在考信辨伪方面成就要者可分为两端:一为史实考证方面的成就;一为考信辨伪方法论上的贡献。他的失误,某一些是受治学条件的限制所致(例如考古材料以及新史料的缺乏等),更主要的则是他的主观局限所造成。

一、崔述在史事考证方面的成就

1. 关于古帝王帝系和年代的考证

战国时代,政治上中央集权制的封建国家正在胎成,区域间的统一和各民族的融合也在发展。在这样的时代潮流冲击和影响下,一个一脉相承的古帝王系统被构造出来。

《大戴记·帝系篇》云:"少典产轩辕,是为黄帝;黄帝产玄嚣,玄嚣产蟜极,蟜极产帝辛,是为帝喾;帝喾产放勋,是为帝尧;黄帝产昌意,昌意产高阳,是为帝颛顼;颛顼产穷蝉,穷蝉产敬康,敬康产句芒,句芒产蟜牛,蟜牛产瞽瞍,瞽瞍产重华,是为帝舜;颛顼产鲧,鲧产文命,是为禹。"在《帝系篇》中,颛顼成了黄帝之孙,帝喾成了黄帝的曾孙,尧、舜、禹被排到同一个祖宗名下,唐、虞、三代的始祖父子相继,历历可序,他们都成了黄帝的后裔。自从《大戴记·帝系篇》此说出,帝王世系纵的系统初步定型。

《大戴记》此说来自《世本》,而《世本》的成书不会早于战国末年(《世本》称赵王迁为"今王迁",近人陈梦家据此认为《世本》为战国末年赵国人所撰。见陈氏所著《世本考略》)。《大戴记》中有那样整齐划一、一脉相承的帝王统绪,这是否受到了战国秦汉间大一统思潮的影响?这是值得怀疑的。崔述根据文献的有关记载,对古帝系一脉相承说进行了批驳。

崔述指出,先秦文献中只有《国语》始好牵连数姓以为同出一祖。如《晋语》所云:"少典娶于有蟜氏,生黄帝、炎帝。黄帝以姬水成;炎帝以姜水成。""黄帝之子二十五人,其同姓者二人而已。唯青阳与夷鼓皆为己姓……凡黄帝之子二十五宗,其得姓者十四人,为十二姓……唯青阳与仓林氏同于黄帝,故皆为姬姓。"崔述认为,《晋语》的说法不确,因为"姓也者,生也;有姓者,所以辨其所由生也。苟同父而各姓其姓,有姓曷取焉?"但《晋语》虽系数姓于一祖,尚未将唐、虞、三代之祖同系于黄帝,《大戴记·帝系篇》始有此说。后司马迁因之作《五帝本纪》,皇甫谧因之作《帝王世纪》,后世学者遂深信不疑。但据《左传》,从黄帝到颛顼其间相隔四五代而不是两代。黄帝以下诸帝或以云纪,或以火纪,或以水纪,或以龙纪,或以鸟纪,所纪者各不相袭,因此,不得以颛顼为黄帝之孙;同理,帝喾亦不为黄帝曾孙。《书》云:"釐降二女于妫汭,嫔于虞。"孟子云:"尧之于舜也,九男事之,二女女焉。"崔述指出:"男女辨姓,人道之大防也,况于同高祖以下,其亲属尤近,果如《大戴》所记,尧与舜之高祖为同高祖昆弟,尧安得以其女妻舜,舜安得遂取之!"①

崔述据《左传》,以代数不符论颛顼不得为黄帝孙;以所祀奉之神各异,论黄帝以下诸帝非出一族,他的辩驳值得重视。崔述所引用黄帝以下诸帝之纪各不相袭,这里的"纪"实际上就是氏族的图腾崇拜。崔述提出"男女辨姓",认为同高祖以下亲属尤近,尧与舜之高祖为同高祖昆弟,故尧不得以其女妻舜,这实际上已经涉及了一个氏族内部不得婚配的问题。氏族内部不得婚配是氏族得以产生的先决条件,同时也是氏族制最重要的原则之一:"……起初是在个别场合,以后逐渐成为惯例,最后甚至禁止旁系兄弟和姐妹之间的结婚,用现代的称谓来说,就是禁止同胞兄弟姐妹的子女、孙子女,以及曾孙子女之间结婚。……这一进步的影响有多么强大,可以由氏族的建立来作证明;氏族就是由这一进步直接引起的。"②"氏族的任何成员都不得在氏族内部通婚。这是氏族的根本规则,维系氏族的纽带。"③我国古代也早有"男女同姓,其生不蕃"的同姓不婚禁例④。崔述根据《左传》、《尚书》、《孟子》,从男女辨姓、同姓不

---

① 《补上古考信录》卷上,《遗书》,第36页。
② 恩格斯:《家庭、私有制和国家的起源》,《马克思恩格斯选集》第四卷,第33页。
③ 同上书,第82页。
④ 例如《国语·晋语四》就说:"异姓则异德,异德则异类。异类虽近,男女相及,以生民也。……是故娶妻避其同姓,畏灾乱也。""娶妻避其同姓",就是禁止氏族内部的成员通婚。

婚的角度辨黄帝以下诸帝以及尧、舜不出同祖,这是崔述结论正确的一面。

与此同时,崔述所说也有不够严密之处。氏族内部不得婚配,但这并不能成为禁止结为姻亲的各氏族之间进行婚配的理由。"sifjar(笔者案:'sibja'意谓'亲属')在古代斯堪的那维亚语中,不仅表示有血亲关系的人,而且也表示有姻亲关系的人,即包括至少两个氏族的成员。"①那么,"姻亲氏族"之间的婚配不仅允许,而且这也成为氏族进一步结为部落联盟的一种手段。如果从这个角度去考虑,《国语·晋语四》所提到的"少典娶于有蟜氏,生黄帝、炎帝。黄帝以姬水成;炎帝以姜水成。""黄帝之子二十五人,其同姓者二人而已。……凡黄帝之子二十五宗,其得姓者十四人,为十二姓",其中就有值得珍视的历史颗粒在。《晋语》是否可能是指由少典氏和有蟜氏这两个氏族以通婚形式组成的一个部落下分化出了黄帝与炎帝部族?而黄帝之子二十五宗的"宗",是不是又可以理解为在黄帝这个部族下结合起来的二十五个"姻亲氏族"?这是值得思考的。这样再来看《大戴记》,如果将其因受战国秦汉间一统的需要而进行的人为综合成分滤去,不必过分拘泥于其中的所有细节,那么《大戴记》的说法应当有来源而不是毫无根据的。

崔述考证古帝王世系年代,搜讨缜密细致,他能注意从不同史籍记载的对比中发现问题。《汉书·地理志》云:"秦之先曰柏益,出自帝颛顼;尧时助禹治水,为舜朕虞养育草木鸟兽,赐姓嬴氏。"颜师古注:"柏益,一号伯翳,盖翳、益声相近故也。"是谓秦之先人伯翳即益。崔述指出,据《郑语》,"嬴,伯益之后也"。据《史记·秦本纪》和《史记·陈杞世家》,一云秦之祖为伯翳,一曰伯翳之后至周平王时封于秦,为项羽所灭,而益之后未言所封何地,从《史记》的记载可知伯翳与益非一人;又据《尚书·尧典》:"佥曰:'益哉!'帝曰:'俞,咨益。'"《皋陶谟》:"暨益奏庶鲜食。"据《孟子》:"舜使益掌火,益烈山泽而焚之","禹荐益于天","益避禹之子于阳城(案:'阳城'当作'箕山之阴'。——笔者),朝觐讼狱者不之益而之启",可知益与伯翳无涉。《尚书·尧典》、《皋陶谟》、《孟子》皆只称"益"而不称"伯益";而《国语》、《史记》称伯翳皆不漏"伯"字,从未有单称"翳"者,"如果益、翳通用,何以遇益则概不称'伯',而遇翳则必加以'伯'与'柏'也?"②

按:关于伯翳与益,《史记·秦本纪》索引云:"嬴姓之先,一名伯翳,《尚书》谓之'伯益',《系本》、《汉书》谓之'伯益'是也。寻检《史记》上下诸文,伯翳与伯益是一人不疑。而《史记·陈杞世家》即叙伯翳与伯益为二,未知太史公疑而未决耶?抑亦谬误尔?"

然而,在《尚书》中实际上并没有如《史记》索引所说"伯益"的记法,而只有如崔述

---

① 恩格斯:《家庭、私有制和国家的起源》,《马克思恩格斯选集》第四卷,第133页。
② 《唐虞考信录》卷三,《遗书》,第81页。

所说"益"的记法。这样的例证除了崔述所举的两条外,《大禹谟》中还有"益曰:'帝德广运,乃圣乃神。'""益赞于禹曰:'惟德勋天。'"(案:《大禹谟》虽系伪《书》,但其中有关"益"的记法应当有来历。——笔者)《尧典》中还有"益拜稽首,让于朱虎熊罴"。太史公在《史记·秦本纪》和《史记·陈杞世家》中叙伯翳与伯益为二,这表明他对这个问题的确有疑虑。因此,崔述的说法值得重视。

明人南轩《通鉴纲目前编》有周太王(古公亶父)与商代小乙同时一说,因历来就有太王抱翦商之志,后儒便据《纲目前编》推断商道在小乙之世已浸衰,故太王欲翦商。

崔述首先指出:"商小乙至纣凡十世,去兄终弟及者二君,实凡八世。"文王与纣同时,而文王去太王三世。如果说太王乃在小乙之世,"以三世当八世,此必无之事"。然后指出:《诗·大雅》云:"民之初生,自土沮漆,古公亶父,陶复陶穴,未有家室。"《孟子》云:"大王居邠,狄人侵之。事之以皮币,不得免焉。事之以犬马,不得免焉。事之以珠玉,不得免焉。乃属其耆老而告之曰:'狄人之所欲者,吾土地也。……我将去之。'"据此崔认为:

(一)大王之时流离不定,绝无攻商之暇。

(二)大王虽迁岐,但国人生聚未众;王季时始启山林;至文王时周虽初步繁盛,然疆域不过百里。由此上溯大王之时,焉能强盛至有伐商之力?

大王欲翦商,此说出自朱熹《论语集注》,朱熹则本之《史记》而增衍之。是故又有大王欲翦商,太伯不从而逃之荆蛮之说。崔述指出,后人不以朱熹之说为非,"无他,震于孔子'至德'之称,以为避弟之节小,存商之意大,故不肯舍彼而就此耳"①。

今按:关于太伯之事,朱熹《论语集注》云:"大王之时,商道浸衰而周日疆大;季历又生子昌,有圣德,大王因有翦商之志。而大伯不从。大王遂欲传位季历及昌。大伯知之,即与仲雍逃之荆蛮。夫以大伯之德,当商周之际,固足以朝诸侯,有天下矣,乃弃不取而又泯其迹焉,则其德之至极为何如哉!"朱熹此说意在凸显商周间存有君臣之义。然此说实于史无征。据《史记·吴太伯世家》,太伯逃之荆蛮仅仅是因为"太王欲立季历以及昌,于是太伯、仲雍二人乃奔荆蛮",也就是说,因为王位的继承自己已没有份,太伯才与仲雍同奔荆蛮,这里并没有太伯因不从大王翦商之意,与大王在翦商问题上有了矛盾,然后大王欲立季历和昌,然后大伯才偕仲雍逃到了荆蛮。崔述对朱熹的驳正,连带地,对大王与商小乙同时的驳正是可以成立的。

2. 关于五德终始说的考辨

五德终始说的形成和演变是中国古史中一个棘手而又重要的问题。自从汉代它成为政治生活和意识形态的核心,这一学说对后世产生了深刻影响。崔述考证古史,

---

① 《丰镐考信录》卷一,《遗书》,第166页。

一起手便要碰到五帝、三皇、五行、三统等。而这一系列问题，在古史中均涉及五德终始说的发展和演变，所以，崔述考辨古史，就从对五德始说的起源及衍变作穷原竟委的追溯和条分缕析的考证入手。

崔述的考辨分三步进行。

第一步，证明战国以前没有所谓的"五德终始说"。

（一）《洪范》首提水、火、木、金、土五行，然其"润下"、"炎上"、"曲直"、"从革"、"爰稼穑"，指明五行之物性，与"为帝王受命之符"不相干。

（二）《左传》称"黄帝氏以云纪，炎帝氏以火纪，共工氏以水纪，太皞氏以龙纪，少皞氏以鸟纪"，可知帝王之兴"各因物以取义，不必于五行也；各因义以立名，无所谓终给也"。

（三）战国以前，述神怪之说最详者为《易》、《春秋传》；称五帝事最详者，系《国语》、《大戴记》，但没有一家用五德终始来定帝王兴替。据此可知战国以前原没有五德终始说。

第二步，对五德终给说的源起及衍变，分五阶段加以考查：

（一）五德终始说起于邹衍，而其施诸朝廷政令则在秦并天下之初，《史记》的《封禅书》、《始皇本纪》和《孟子荀卿列传》对此言之甚详。

（二）秦之代周，自称居水德，以示水之克火（周德）。汉初贾谊、公孙臣等则认为汉当居土德，以示土之克水，汉之代秦。太初改制，服色尚黄（土德之色），可知其时系用邹衍的五行相胜说。

（三）邹衍虽创五德终始说，但初不以母传子，亦即不以五行相生说为帝王授之据，固未尝以木—火—土—金—水为帝王相承之次第。五行相生说"始于刘氏向、歆父子，而其施诸朝廷政令，革故说，从新制，则在王莽篡汉之时"，其说以为"包牺继天而王，德始于木，其后以母传子，终而复始，自神农、黄帝以下历唐、虞、三代而汉得火焉"，"王莽则自称火德销尽，土德当代。……以王莽之诈，方且借《虞书》，托《周官》，以饰其篡，用歆说以欺天下"，事见《汉书》中《律历》、《郊祀》二志及《王莽传》。

（四）东汉光武帝据《赤伏符》之文改定汉之土德为火德，此用"歆说也"。可知东汉已放弃了西汉太初改历时所尊奉的邹衍的五行相胜说而改奉刘歆的五行相生说。

（五）自光武以五德终始说为国典，班固载之于国书，魏晋以后遂皆以之为固然。延至唐、宋，谶纬之学虽衰，但学者生而即闻五德之说，遂终身不复疑，亦不知其说本于邹衍及刘歆。

第三步，驳斥五德终始说之荒谬。

（一）《吕览》始以五帝配五行，其顺序为春帝太皞，夏帝炎帝，秋帝少皞，冬帝颛顼，季夏之帝黄帝。刘向见此文，遂以《吕览》排列顺序为固然，又误将太皞与炎帝混同于伏牺、神农，而不知太皞、炎帝在黄帝之后，秦汉以前从无有混同者。

（二）《吕览》所云还仅限于五帝之德各有所主，并非以此为先后之序；邹衍五行相胜说固已诬妄，然殷尚白为金德，周尚赤为火德犹附会有端。刘歆却改周之火德为木德，木德应尚青，与周之尚赤全不符，刘歆乃强辞解曰："尚其德所生也。"不尚其德，而尚其德所生，于理不通；刘歆为圆其说，又断殷不尚其德所生而尚其所由生，在自立的尚其德所生的标准旁边再立一个标准，可见其自相抵牾，破绽百出。

如前所说，五德终始说是汉代政治生活的命脉，此说影响之深远，如顾颉刚所说："五行是中国人的思想律……二千余年来它有极强固的势力。"①亦如范文澜所说：它"要人们一举一动完全听命于鬼神天数。这种学说影响最广泛而流传又极久远，是战国诸家学说中最有害的一种"②。但从学术上看，五德终始说又是最复杂、最难清理的问题之一，崔述知难而上，他主要在《补上古考信录》的"后论"、"炎帝氏"、"太皞氏"、"少皞氏"、"颛顼氏"、"帝喾氏"诸节中，将这一复杂问题理清了头绪，并明确开列相关的核心典籍，为后人研究提供了极大的方便，后来顾颉刚先生作《五德终始说下的政治和历史》，基本上即遵循了崔述的理论框架和思维路径。

崔述所论中尤可注意者是他明确指出了刘歆用五德终始说服务于王莽，并将刘歆此举与王莽篡汉联系起来。这一观点的提出要比清代的今文经学家，要比廖平、康有为等早得多。崔述所论虽不及廖平、康有为等人详尽，但崔首先提出这一观点，并将怀疑的目光和批判的重点对准刘歆，这是值得重视的。我们知道，《东壁遗书》早在嘉庆、道光年间已有刻本。道光壬午年（1822年），武英殿总裁汪廷珍曾为《考信录》作序③，可知《东壁遗书》和《考信录》在道光年间曾有流传，且名声不会小，否则汪廷珍不会为之作序。张之洞的《书目答问》光绪元年（1875年）问世，其列《考信录》于经部，益可知《考信录》不仅在当时曾经流传，且影响较大。众所周知，康有为《孔子改制考》成书于1896年，在该书序言和正文中康曾经数度称引《考信录》。这说明，康读《考信录》至少在1896年以前。《新学伪经考》成书于1891年。在这部书中康提出了刘歆作伪以助王莽篡汉的观点。那时康有为是否已经读过《考信录》，从而对崔述所说刘歆以学术干政的观点有所承受，或受到了崔述的启发？我们对此不得而知。但当时康正立意以疑古辨伪服务于变法维新，而以《考信录》在当时的流传和影响程度看，康似不应不知道《考信录》，并应当阅读过《考信录》。这一推论如果成立，那么学术界关于康有为最初系受廖平的影响而认定刘歆作伪以助王莽篡汉的观点，便似有重加考虑的必要。

当然，崔述考证五德终始说的源起及衍变也有值得进一步探讨之处。

---

① 见《古史辨》，第五册。
② 同上。
③ 见《遗书》，第924页。

首先,五行相生说并非出自刘歆。董仲舒《春秋繁露》第五十八为《五行相胜》,第五十九即为《五行相生》。其《三代改制质文篇》则将五行相胜和五行相生说一并采用为"王者改制作科"的依据。所以用五行相生说服务于政治,这笔账似不应算在"刘氏向、歆父子"头上,更不应仅仅算在刘歆一人的头上。而我们读崔述之论却足以引起这种误见。

其次,崔述于邹衍以后考之甚详,于邹衍以前却显简略。五德终始说的本质是天人合一,以天象定人事,这同远古时代的巫史不分有极密切的关系[1]。看《周礼·春官》巫祝与大史、小史、冯相氏、保章氏等史官同列,司职相类,可知三代时巫史的主要职能即是以天象定人事。以当时社会情状论,巫史的判断几同于法律,他们的影响举足轻重。以天象定人事是巫史对于社会在认识论和宇宙观方面的特殊影响。直到大动荡的春秋战国时代,这一积习再一次被脱离王室的史官传带到民间。看《左传》,看《国语》中之《周语》、《楚语》、《晋语》、《郑语》便可知晓:史官以天象定人事对于国君和民众的影响何等巨大。考虑到这样一个久远的文化渊源,将五德终始说的源起断自邹衍,似仍有值得进一步探索的必要。

3. 关于孔子事迹的考订

《史记·孔子世家》云:"孔子年十七,孟僖子卒,懿子及南宫敬叔往学礼焉。"关于这件事,《左传·昭公七年》的记载是:"公至自楚,孟僖子病不能相礼,乃讲学之,苟能礼者从之。及其将死也,召其大夫曰:'礼,人之干也,无礼,无以立。吾闻将有达者曰孔丘,圣人之后也……我若获没,必属说与何忌于夫子,使事之而学礼焉……'故孟懿子与南宫敬叔师事仲尼。"《史记》之说即本于此。崔述指出,《史记》将孔子生年定于鲁襄公二十二年,照此推算,鲁昭公七年时孔子确实是十七岁。《史记》见《左传》将孟僖子学礼于孔子一事记在鲁昭公七年之下,于是便断孟懿子师事孔子时孔子年十七。但实际上孟僖子卒于鲁昭公二十四年,而懿子、敬叔生于鲁昭公十二年,当鲁昭公七年时尚未出生,怎能有学礼之事?后人有孔子十七授礼一说,皆为因袭《史记》之说,实属误断[2]。

《史记·孔子世家》称鲁昭公二十四年南宫敬叔请求鲁君准他偕孔子同往周问礼,至周,见老子,老子以劝诫之言赠孔子,于是世传孔子曾问礼于老子。崔述指出,敬叔既生于鲁昭公十二年,昭公二十四年时年仅十三,且此年敬叔之父孟僖子刚死,敬叔在服哀礼中,是故南宫敬叔不可能去周,尤其不可能去周学礼,因为"适周,以学礼也,而独不念适周之非礼乎!"即此一条,孔子问礼于老子一事已不可信[3]。

---

[1] 请参阅拙著:《经学的蜕变与史学的"转轨"》上编,上海古籍出版社2006年版。
[2] 《洙泗考信录》卷一,《遗书》,第270页。
[3] 同上书,第271页。

此外,崔述辨孔子诛少正卯一说之谬;详细考证东汉以后所流行之《论语》是为张禹更定本而非古本,在《论语》张禹本中,特别在《论语》张禹本之后五篇中伪羼之处甚多;似这一类考证,都言征据足,能成一家之言。梁启超评崔述所著考证孔子事迹的《洙泗考信录》及《洙泗考信余录》,认为"此书为最谨严之孔子传。其资料什九取自《论语》。辨《论语》窜乱之部分,当略以此书所疑者为标准"。这个评价是允当的。

二、崔述考信辨伪方法论分析

崔述精于考证,除了他有一个正直史学家求真的主观愿望以外,另一个重要原因,得力于他的考证方法。

1. 历史主义的方法

《礼记》云:"属辞比事,春秋之教也。"将散见于各史籍中的不同记载搜集汇总,排比分析,然后抉择去取,这是治史的好办法,乾嘉考据学者一般都具有这一层工夫。清儒卢文弨把这个方法概括为"学固有自源而达流者,亦有自流以泝源者"[①]。所谓"自源而达流",就是把握考查对象最早或最原始的状况,顺源而达于流变,追踪它在历史上一步步的演变;而"自流以泝源",是指以今说或后出之说与古说相比较,以古证今,据先难后。两种方法,都是用了历史的眼光来看待史事。其区别在于:自源而达流注重描述事态在不同历史时期的演变,自流以泝源则截取"原始"与"终结"两端进行比较的研究。崔述进行考信辨伪主要就用这两种方法,最为得心应手。例如,崔述在证明《伪泰誓》系拾掇经传之文拼凑而成时指出:

(一)以《孟子》、《春秋传》、《坊记》与《伪泰誓》对勘,可知《伪泰誓》有五条分别采自上述书中,或全文抄录,或稍作改动而采入。

(二)《伪泰誓》"虽有周亲,不如仁人;百姓有过,在予一人"四句,采自《论语·尧曰》。《论语》并未称此四句引自《尚书》,因此不得谓之《尚书》本有之语。且《尧曰篇》这四句话本为连贯,《伪泰誓》却分而割之,各属之于它文之后,不伦不类,文义不属。

(三)《孟子》所引《尚书》之语,《伪泰誓》添字动句,删改采入,全失孟子本义。

(四)《左传》中有苌弘所引《泰誓》语,《伪泰誓》采入,但《左传》中有苌弘本人之语,《伪泰誓》又将苌弘本人之语误作《泰誓》文一并采入。

(五)《左传》中有伍员谏吴王语"树德务滋,除恶务本",伍员未称此二语系《尚书》语,《伪泰誓》却改头换面采入。

(六)《伪泰誓》"时哉弗可失"一句本之《左传》吴公子光语而擅加改动[②]。

崔述所列六条,将《伪泰誓》语句拆开,一一与古籍对勘,从而知《伪泰誓》确非古

---

① 《抱经堂文集》卷十九。
② 《丰镐考信录》卷三,《遗书》,第187页。

有,而系后人杂凑伪造的赝品。这是"自流以沂源"的一例。

又如,太皞与包牺、神农与炎帝是否为一人?这个问题,因与"五德终始说"关系密切,所以至为淆乱复杂,但却是解决"五德终始说"问题的关键。

崔述首先寻出经传中有关太皞和包牺、神农和炎帝的最早记载,然后一步步追踪它的衍变。崔述指出:

(一)据《易大传》,包牺、神农排在黄帝、尧、舜之前;据《春秋传》,太皞、炎帝排在黄帝之后,可知太皞既非包牺,神农亦非炎帝。

(二)据《战国策》,列于黄帝之前的是神农但不称炎帝;据《国语·晋语》,列于黄帝之后的是炎帝但不称神农。既分列别称,可知战国时炎帝与神农尚未混为一人。又,据《史记·封禅书》云:"神农封泰山……炎帝封泰山",愈可证炎帝与神农至汉初尚未混为一人。

(三)战国以后,阴阳之术兴,始以五行配五帝;《吕氏春秋》采之,《月令》述之,遂以太皞为木,为春;炎帝为火,为夏……但《吕氏春秋》只说五帝之"德"各有所属,并未称太皞先于炎帝,炎帝先于黄帝,更未将太皞与包牺相淆,将炎帝指为神农。

(四)西汉宣、元以后,谶纬之学日盛,刘歆以五行相生论排列五帝先后之顺序,强将太皞列于炎帝前,将炎帝列于黄帝前。但据《易大传》,前乎黄帝者为包牺、神农,其名不符;据《春秋传》,炎帝、太皞皆在黄帝后,其世次又不合。刘歆为弥缝其说与《易传》和《春秋传》的矛盾,遂将太皞指为包牺,炎帝指为神农。

(五)《汉书·律历志》亦以炎帝为神农,太皞为包牺,显然因袭歆说。

(六)杜预、司马贞再据刘歆、班固说解《左传》和《史记》,后之学者编纂古史皆遵之而无异辞①。

这个问题,崔述先看《易大传》怎样说,再看《左传》怎样说,《战国策》、《国语》、《史记》分别怎样说,然后依时间先后为序,看这一问题在《吕氏春秋》、《月令》、刘歆、班固、杜预、司马贞那里的流传和衍变,经过这样的排比,乱如纷丝的问题变得井然有序,源清流白。这是自源而达流的一例。

崔述历史主义的考证方法,对胡适和"古史辨"派的史学方法影响不小。胡适称他的史学方法是"祖孙的方法",即"从来不把一个制度或学说看作一个孤立的东西,总把它看作一个中段,一头是他所以发生的原因,一头是他自己发生的效果;上头有他的祖父,下头有他的子孙"②。胡适对他的史学方法的具体解释是:(一)把每一件史事的种种传说,依先后出现的次序排列起来。(二)研究这件史事在每一个时代,有什么样子的传说。(三)研究这件史事的渐渐演进:由简单变为复杂,由陋野变为

---

① 《补上古考信录》卷下,《遗书》,第38页。
② 《杜威先生与中国》,载《胡适文存》卷二。

雅驯,由地方的(局部的)变为全国的,由神变为人,由寓言变为事实。(四)遇可能时,解释每一次演变的原因①。

胡适深受进化论影响,将之引进了他的治史中。胡适对史事演变的理论具有明确的抽象性,这是胡适高于崔述之处。但胡适将崔述称为"科学的古史家",在崔述的思想体系中,胡适最重视并予以表彰的正是崔述的史学方法。在崔述的考史法中隐藏着可资作进化论理解的思想胚芽,胡适史学方法的基本框架也和崔述大体相似,崔述对胡适的影响肯定是存在。

顾颉刚也很欣赏崔述的历史主义考史法。他说,崔述"分得出各种事态的层次,懂得各家学说的演化",他称崔述的治史法是"治乱丝的法子",认为这种方法"实当充分运用古史说中。古史上任何制度任何故事没有不可以作这样分析的,我们应当充分用这方法到别的问题上,古史上的各种说法乃有理清的希望"②。顾颉刚治史的基本方法是:"我们现在要把这些材料加以分析,看哪些是先出的;春秋以上有多少,战国以下有多少,再看春秋以上的材料,在战国时是怎样讲,在秦汉时是怎样讲,而这些工作做完的时候……那时的史学家,就可以根据了这些结论,再加上考古学上的许多发见,写出一部正确的《中国上古史》。"③顾颉刚的史学方法与崔述基本吻合,他也受到了崔述的影响。从20年代初胡适、钱玄同、顾颉刚倡为疑古思潮,社会上曾掀起一阵"崔述热",七大册《古史辨》中,无论是疑古、释古还是信古的一派,也无论是褒赞还是反对崔述者,他们都曾研究探讨过崔述;而他们考史的方法,追踪史事在历史上的演变,正是崔述治学的突出特点。从这个意义上说,他们也都程度不同地受到了崔述治学方法论的影响。

2. 对伪说伪事的形成作规律性的总结

史家治史,不仅应知史实之然,而且应知其所以然。就辨伪学来说,"知其然"是要求史家分辨得出史事可信与不可信。"知其所以然"则要求史家对伪史事的成因说得出道理,能作规律性总结的则更好。

乾嘉考据学者在"知其然"上所下功夫最多。他们用了各种接近于"科学"的方法,如梁启超所说的"清儒所特擅的"校勘学、胡适所称道的训诂方法等,能够识破史事的真伪。但乾嘉考据学者主张"求于虚不如求于实"④,轻视以至于排斥理论思维,不屑对伪史事的形成作背景、原因及一般特点方面的理论探讨,如胡适所批评的那样,"清代的汉学家最精校勘训诂,但多不肯做贯通的工夫,或流于支离破碎"⑤。崔

---

① 见《古史辨》第一册,第216页。
② 《崔东壁遗书·顾序》。
③ 见《古史辨》第三册,《自序》,第5页。
④ 王鸣盛:《十七史商榷·自序》。
⑤ 《中国哲学史大纲》卷上,第3页。

述则不仅能用乾嘉考据学所擅长的校勘、训诂、版本等方法来识破伪史,而且他力求探索伪史事的成因及其一般规律,在这一方面做了有益的尝试并有重要建树。

首先,崔述注意到了伪说形成的时代背景。

崔述认为,"圣人之道,在《六经》而已矣。二帝、三王之道,备载于《诗》、《书》;孔子之言行,具于《论语》。文在是,道即在是"。但自周道衰,"异端并起,杨、墨、名、法、纵横、阴阳诸家莫不造言设事以诬圣贤。汉儒喜闻其说而不加察,遂以为其事固然而载之传记……流传既久,学者习熟风闻,不复考其所本,而但以为汉儒近古,其言必有所传,非妄撰者"①。

崔述所下的结论有对有不对。他因卫道而绌诸子,见解迂阔,不足为信。但春秋战国时诸子绌儒学以自尊,从战国以后学术渐趋于一统,汉儒杂取百家言,创立了比较孔、孟原始儒学更符合时代需要的新儒学,这也是事实。崔述的价值并不在于他的具体结论是否可信,而在于崔述注意到了时代背景对伪事形成的巨大影响,这就从思维方法上给后人以启迪。

崔述懂得:不同时代有不同的文体和文风,他提出从文体、文风来辨别真伪。他说:"唐虞有唐虞之文,三代有三代之文,春秋有春秋之文,战国、秦汉以迄魏、晋亦各有其文焉。非但其文然也,其行事亦多有不相类者。是故战国之人称述三代之事,战国之风气也;秦汉之人称述春秋之事,秦汉之语言也。《史记》有录《尚书》、《春秋传》之文,而或不免杂秦汉之语,《伪尚书》极力摹唐虞三代之文,而终不能脱魏、晋之气,无他,其平日所闻见皆如是,习以为常而不自觉,则必有呈露于忽不经意之时者,少留心以察之,甚易如也。"②崔述举例说:"汉人好谈谶纬,则所撰之《泰誓》乌流火复,祥瑞先呈;晋人喜尚排偶,则所撰之《泰誓》,斫胫剖心,对待独巧。"③

语言是思想的外壳,文字则是语言的结晶。一个人生活在特定时代,就逃脱不了时代的局限。世俗用语耳濡目染,习惯成自然,即使再巧妙的造伪,也因此而必有"呈露于忽不经意之时者",崔述提出以用语习惯考辨古史,这是考信辨伪的有效方法。作家的文体、文风受时代的影响而各不相同,作家的思想,一方面体现其本人的意志和情趣,同时也不能不带有鲜明的时代烙印。崔述把握了这个关键,往往能另辟蹊径,见人所不见,提出一些值得深思的问题。例如,孔子学礼于老聃一事,《史记》记载最详,《孔子家语》本之而有增益。崔述列举经传中的有关记载,否定了此说。崔述指出:马迁有孔子学礼于老聃一说,这是因为他喜好黄老之学,故以孔子为老聃的衬托。至于《孔子家语》一书,"本魏、晋间人杂取子史中孔子之事缀辑增益以成书者,其

---

① 《考信录提要》卷上,《遗书》,第2页。
② 《考信录提要》卷下,《遗书》,第15页。
③ 同上。

时方崇老、庄,故其为言如此,若借老聃以为孔子重者"①。崔述把这一问题置于作者思想倾向和时代思潮的背景下加以考查,这就使问题的探讨深入了一层,使人有豁然开朗之感。

其次,崔述重视事态发展的层次。如顾颉刚先生所说:"因为崔述从小就有分析的习惯,所以分得出各种事态的层次,懂得各家学说的演化。他觉得一种学说不是突然出现的,所以要寻出它的前后左右的关系。"

崔述认为,伪事的成因,既有客观原因,也有主观原因。关于客观原因,崔述认为有口耳相传之误;因时代久远记忆失真之误;篆、隶书写之误;秦火所造成的断文厥简之误等方面。由客观因素而造成的伪史事原并不难识别,也勿须回避,但由于历史上人们存心弥缝,导致错上加错,伪外添伪,这就使原本并不复杂的问题复杂化了。有鉴于此,崔述遂将伪事成因的考查重点放在了主观成伪原因的分析和探讨上。

从主观上说,崔述注意到了习性因素对伪说形成的影响。他指出:"人之情好以已度人,以今度古,以不肖度圣贤。"②譬如用后世的君为臣纲来衡量三代,用郡县制的眼光看待大一统局面出现以前的地区间关系,于是贬谪汤武征伐,造出孔子绌汤武而褒文王的解释和汤、周文王曾经任职于夏、商朝的史事;用父传子、家天下的制度来例上古,于是就有一脉相承的古帝王世系的出现。

崔述在驳辩上述说法时反复指出不能以己度人,以秦、汉、魏、晋之制例上古三代。崔述认为:"吾辈生古人之后,但因古人之旧,无负于古人可矣,不必求胜于古人也。"③他教诲弟子陈履和说:"不强求其所不能知者而必欲知之,而后所知者无淆。故说经欲其自然,观理欲其无成见,于古人之言无所必于从,无所必于违,唯其适如乎经而已。"④

迷信名人之言,取名舍实,这是又一种较为普遍的心理,有人就是利用这一点,借名人之言而造伪。崔述举例说,郑康成注经虽未尽是,但也未见得全非。王肃之徒为了攻郑,欺世盗名,杂取传记诸子之文伪造了《古文尚书》、《孔子家语》,借圣人言与郑玄角,结果王学大兴,伪书流布。隋唐之际,刘焯、孔颖达辈重名舍实,"不学无识,妄为表章,由是郑学遂微,郑书遂亡"⑤。崔述指出:"世之学者闻其为'经'辄不敢复议,名之为'圣人之言'遂不敢有所可否,即有一二疑之者,亦不过曲为之说而已",所以,"辨异端于战国之时最易,为其别名为杨、墨也;辨异端于两汉之世较难,而人抑或不

---

① 《洙泗考信录》卷一,《遗书》,第 272 页。
② 《考信录提要》卷上,《遗书》,第 4 页。
③ 同上书,第 11 页。
④ 《考信附录》卷一,《遗书》,第 477 页。
⑤ 《考信录提要》卷上,《遗书》,第 10 页。

信，为其杂入于传记也；辨异端于唐宋以后最难，而人断断乎不之信，为其伪托之圣言也"①。崔述认为，不必盲从名人之说，首先当考其说是否有据。即便对于经，也"不必以经之故浮尊之，而但当求圣人之意；果知圣人之文之高且美，则伪者自不能乱真"②。

这里，崔述提出了用求圣人之"真"，亦即用把握经典思想内涵的办法来识别伪造经书者的本相，本质上仍然是尊经。但它对于识别伪经却不失为一种重要而有效的方法。

"世益晚则采择益杂，时愈后却载记愈详"，这是崔述总结的主观成伪的一条最重要的规律。

崔述指出：

> 世近则所闻详，学深则所记多，此必然之理而无可疑者也。然吾尚读《尚书》，孔子之所序也，乃仅断自《尧典》以下。其后五百余年，有司马迁，其学不逮孔子远矣，而所作《史记》乃始于黄帝。至司马贞，又后于迁者近千年，其学亦益不逮，乃为迁补《本纪》，又始于伏羲氏，前于黄帝者千数百年。下至于明，世益晚，其人如王世贞、钟惺辈，学亦益陋，而其所作《纲鉴捷录》等书乃反始于开辟之初，盘古氏之时。是何世益远，其所闻宜略而反益详。（重点号为笔者所加）③

> 大抵古人多贵精，后人多尚博；世益古则其取舍益慎，世益晚则其采择益杂。故孔子序《书》，断自唐、虞，而司马迁作《史记》乃始于黄帝。然犹删其不雅驯者。近世以来，所在《纲目前编》、《纲鉴捷录》等书，乃始于包羲氏，或天皇氏，甚至有始于开辟之初盘古氏者，并且其不雅驯者而亦载之。故曰，世益晚则其采择益杂也。管仲之卒也，预知竖刁、易牙之乱政，而历诋鲍叔牙、宾须无之为人，孔子不知也，而宋苏洵知之，故孔子称管仲曰"其如仁，民到于今受其赐"，而苏氏责管仲之不能荐贤。……由是言之，远非古人之所可及：古人所见者经而已，其次乃有传记，且犹不敢深信；后人则自诸子百家，汉唐小说、演义、传奇，无不览者。自《庄》、《列》、《管》、《韩》、《吕览》、《说苑》诸书出，而经之漏者多矣；自《三国》、《隋唐》、《东西汉》、《晋》演义及传奇、小说出，而史之漏者亦多矣。无怪乎后人之著述之必欲求胜于古人也！④

关于"世益晚则采择益杂，时愈后却载记愈详"这一主观成伪的规律，崔述主要在《考信录提要》中反复强调了多次，在《补上古考信录》、《唐虞考信录》、《夏考信录》、

---

① 《考信录提要》卷上，《遗书》，第10页。
② 同上。
③ 《无闻集》卷三，《曹氏家谱序》，《遗书》，第707页。
④ 《考信录提要》卷上，《崔东壁遗书》，第13页。

《考信别录》等卷中也略有提及。

崔述以为世益后则学益陋,远非古人所可及,这是因为"古人所见者经而已,其次乃有传记",崔的毛病还是出在尊经上。但"三人成虎",伪说的传衍确如崔述所说如流言的传播"逐渐"日远其真,于是,主观成伪的一个重要规律被崔述点穿。

"世益晚则采择益杂,时愈后却载记愈详"这一理论,是崔述分层次、有目的地对于"世代夸大"与"世代缩小"的各种"历史载记"进行考辨后的归纳与总结。它是崔述考信辨伪的理论基础和灵魂。崔述有考信辨伪的实际操作,又有对这一操作过程自觉进行的方法论总结与升华,这一考信辨伪的卓识在乾嘉考据学者中可谓空谷足音。之所以说其"罕见",是因为乾嘉考据学者因受"论于虚不如证于实"的治学误区影响,他们偏枯、少条贯、难发挥或者说不发挥,缺乏理论上尤其是方法论上的总结,这是乾嘉考据学严重的内在限制。试看阎若璩那样的辨伪大家,从学识的渊博上说,崔述远不及阎若璩。但读阎氏的《尚书古文疏证》和崔述的《考信录》,阎著的东一榔头、西一棒子的散漫无序、"博"而寡"约"、枯涩而难以卒读,这和崔述的条理清晰、纲举目张形成了鲜明的对照。究其原因,重要的一点就在于崔有一统领全局的方法论灵魂而阎氏于此阙如。

"世益晚则采择益杂,时愈后却载记愈详",崔述在这里用了两个"益"字和两个"愈"字。"益"者,"益发"也;"愈"者,"愈益"也。这是两个动态词。崔述用这两个词来概括伪说的主观成因,这就将对文本典籍的考辨纳入了一个动态的、不断扩大、不断发展变化的运动链中。崔述的这种思维方法及其理论成果,显而易见具备着某种可以由现代学者从"进化论"角度来加以诠解、阐发的思想芽蘖,这是崔述的"世益晚则采择益杂,时愈后却载记愈详"辨伪理论最具"历史价值"的部分。

三、崔述史实考证的失误及其原因之分析

崔述的考证,既有精到妥帖处亦有失误处。他的精到和妥帖,主要由于他严谨求真的学风,也就是他考而后信、疑而后信、根据史实说话下判断的治学态度。但崔述毕竟是一位传统史家,在他身上有着明显的时代局限,这使他不能真正做到彻底求真。当崔述偏离据史实说话下判断的原则,也就是当他主观先行史料后证,考而后信变为信而后考,疑而后信变为信而后疑时,他的考证便往往出现失误。

1. 关于周公摄政问题

崔述否认周公摄政一说。其《丰镐考信录》卷四指出,自《礼记·文王世子》始有周公摄政相成王一说,"由是《史记》、《汉书》及诸说《尚书》、《礼记》并谓周公居天子位,南面以朝诸侯"。崔述认为,"周公不但无南面之事,并所称成王幼而摄政者亦妄也"。崔述提出了四条理由:

(一)据《礼记·文王世子》所说,"文王九十七而终,武王九十三而终,成王幼,不

能莅阼"，据此推算，则武王当八十余岁始生成王，六十余而娶成王母姜邑。这不但与常理不符，而且有悖于男子不逾三十而娶的古礼。

（二）唐叔为成王同母之弟，"周公之东也，唐叔尝往归禾，则成王之不幼明矣"。

（三）按照古礼，君薨由冢宰摄政。武王薨，"周公盖以冢宰摄政，不幸群叔流言，周公东辟，遂不得终其摄"。

（四）《尚书·洛诰》有"周公诞保文、武受命惟七年"一句，后儒解此句中"七年"为周公摄政之年。崔述认为后儒之解不确。崔述指出："不思周公居东二年，东征三年，七年之中，周公在外者四五年。此时何人践阼？何人听政？成王之自临朝听政明矣。"

按：崔说的几条理由均难以成立：

（一）崔述说自《礼记·文王世子》始有周公摄政相成王一说，"由是《史记》、《汉书》及诸说《尚书》、《礼记》并谓周公居天子位，南面以朝诸侯"。此说不确。最早提出周公摄政说的不是《礼记·文王世子》而是《荀子·儒效》。另，关于周公摄政一事，先于《礼记·文王世子》所说的不仅有《荀子》，而且有《韩非子》、《尸子》；与《礼记·文王世子》同先后谈到周公摄政一事的又有《淮南子·泛论训》、《韩诗外传》、《说苑》诸家①，故周公摄政一事必有所本，而非杜撰。

（二）崔述据《礼记·文王世子》"文王九十七而终，武王九十三而终"之说，推算出武王当八十余岁始生成王，六十余岁而娶成王母姜邑，指出此与常理不符，且有悖于古礼，崔述此说甚确。但崔述正确指出的这一点，并不能作为成王"不幼"的根据，而只能作为《礼记·文王世子》所记文王和武王岁数有误的根据。据《竹书纪年》："武王年五十四"，此为武王崩年②。《竹书纪年》的说法，显然较《礼记·文王世子》之说为胜。若以《竹书纪年》的说法为据，则成王年幼嗣位的可能性便完全存在。尤其重要的是，《尚书·金縢》本身就有成王"年幼"的直接根据："武王既丧，管叔及其群弟乃流言于国，曰：'公将不利于孺子。'"这里的"孺子"，正当作"年幼"解。再据《尚书大传》："奄君蒲姑谓禄父（武庚）曰：'武王既死矣，今王尚幼矣，周公见疑义，此百世之时也，请举事。'"武庚乘武王新崩，成王年幼，周公见疑，周初政治上遭受极大困难之时举行了叛乱。合观《尚书·金縢》所说的"孺子"、《尚书大传》所说"今王尚幼"，必是成王年幼之据，崔的成王"不幼"说不能成立。

（三）崔述认为"周公盖以冢宰摄政，不幸群叔流言，周公东辟，遂不得终其摄"，又说"不思周公居东二年，东征三年，七年之中，周公在外者四五年。此时何人践阼？何人听政？"以此作为"成王之自临朝听政"之据。

---

① 引自钱穆：《刘向歆父子年谱》，载《古史辨》第五册，第192页。
② 转引自周秉钧：《尚书易解》，岳麓书社1984年版，第151页。

按：崔述这里将《尚书·金縢》所说的"周公居东二年,则罪人斯得"一句中的"居东二年"解释成周公避居东都二年以待罪,这完全是臆想。《尚书大传》说:"周公摄政,一年救乱,年二克殷,三年践奄,四年建侯卫,五年营成周。六年制礼作乐,七年致政成王。"这里的"二年克殷",正是"周公居东二年"所作的事业,即平定管、蔡和殷人叛乱。此亦即《逸周书·作雒篇》所谓"二年作师旅临卫政(征)殷,殷大震溃"。从摄政以来的七年间周公所作之事,《尚书大传》说得清清楚楚。崔说不通。

（四）崔述说唐叔为成王同母之弟,"周公之东也,唐叔尝往归禾,则成王之不幼明矣"。意谓彼时唐叔既然已能从政,可知唐叔必不年幼。唐叔既不年幼,成王便也不应年幼。诚然,据《史记·晋世家》,知唐叔确是"周武王子而成王弟"。但是,崔述的唐叔尝偕周公往归禾一说来自《竹书纪年》。而据《竹书纪年》,"唐叔献嘉禾,王命唐叔归禾于周文公",事在"成王十一年"。成王十一年时,周公早已"致政",成王也早已亲政,崔以此作为成王不幼之据,不可通。

以上四点,足见崔述所疑周公摄政之武断难据。崔在同文中曾经引用蔡沈《书传》的驳论:"有失然后有复。武王崩,成王立,未尝一日不居君位,何复之有！王莽居摄,几倾汉鼎,皆儒者有以启之,是不可以不辨。"崔述于此且下评语谓:"之言诚足以纠先儒之失,绝后世之惑矣。"①

由此可见,周公摄政一说可能被类似于王莽那样的人用作篡夺王位的理据,此种担忧不仅蔡沈,同样也是崔述不能容忍的。但是,即便王莽篡汉真是效法周公摄政,就能因此而否认周公摄政的史实吗？对于史家如崔述者不能这样看问题。在周公摄政的史实上,崔述之所以不可说而强为之说,他的毛病出在卫道上。

2. 关于武王克商问题

据《吕氏春秋》记载,武王伐纣时曾使人往观商之国情,回报先说商国内谗慝胜忠良,次说贤者出走,最后说百姓不敢诽怨,武王才下令伐商。

崔驳《吕氏春秋》道:"圣人之心无私如天地,光明如日月,当行当止,惟义所在,初无利天下之心也。藉令纣恶未甚,可以不伐,武王之所乐也。乌有志在取商而按兵观衅,冀纣之不道以蕲得志者哉！"②

按：武王既要伐商,就必有"取商"之"志"。周人的势力强大后,取商的野心也随之膨胀,并不像崔述所说"圣人之心无私如天地,惟义所在,初无利天下之心"云云。早在文王时周人已在为灭商做全面的准备。周文王伐犬戎、密须,伐崇等,都是在为灭商作准备。到武王时,灭商的条件成熟了。知己知彼,百战不殆,武王懂这个道理。他派人刺探敌情,待敌方已经怨声载道、众叛亲离后方下令出兵,这表现了武王政治

---

① 《丰镐考信录》卷四,《遗书》,第 200 页。
② 《丰镐考信录》卷二,《遗书》,第 184 页。

上、军事上的成熟与干练。当时,一方面的确是"纣之不道";但另一方面,"纣之不道"又未尝不是武王蓄谋已久的灭商口实。崔用"仁义"去否认你死我活的政权之争,他对《吕氏春秋》的驳斥软弱苍白。崔述说:"武王之伐纣,不过欲救民耳;以民困于水火而不能待纣之死,是以伐之,非贪其地而灭之也。"①"吾读《牧誓》,而知武王之必封武庚于商,必不忍斩纣头而悬诸太白也……非惟不肯灭其社稷,必亦不肯残其身。"②

这是轻信了《牧誓》中武王以救悬民于水火而伐商的自诩。其实武王灭商后曾经大举杀伐,《逸周书·世俘篇》对此有明确的记载。据郭沫若、顾颉刚考证,《世俘篇》确系周文,所说当有所据③,这就戳穿了儒家经典美化武王伐商的谎言。但因为《牧誓》是《经》,《世俘》不是《经》;《牧誓》之记武王灭商有救悬民于水火的自诩,符合崔述理想中的"圣君"形象;而《世俘》之记武王灭商后对商人大加杀伐,所记与《牧誓》中周武王的自诩,与崔述理想中的圣君形象大相径庭,因此,崔述宁愿取经而自弃了更有说服力的史料。

崔述的考信辨伪往往得之于信经,却失之于迷信经;往往得之于不迷信传注,却失之于轻视传注。

3. 关于周初大分封

《尚书·大诰》中周人自称"小邦周";而在《召诰》中则称殷为"大邦殷"。可见周人自认为其对商人的胜利,是小国对大国的胜利。在伐商得胜后周初实行大分封,"封建亲戚以蕃屏周",将姬姓贵族以及周人亲戚分封到全国各地以及原先商人统治的地区。利用血缘关系为纽带,将松散的地域联系贯穿起来,这种策略对于巩固周初的统治不失为一种有效的方法。但由于它违背了崔述传贤优于传子,用人不择亲旧的原则,崔述于是强驳道:"汤虽崛起一方,而其贤臣多在异姓……周则贤多出于懿亲。其于传记可考者,同姓则召公,近属则二虢,诸弟则周公、康叔、毕公、毛公。贤在亲则封在亲。故曰'选在明德'。其'亲亲'也,即'贤贤'也。……周至大王开基,而大伯、虞仲以长让幼矣。文王始受命,而未得及身为天子,武王始克商,而未得及身见四方之靖。至成王,然后安享之,以为祖父之德而吾独安享之,于心不自安,故分其禄而与诸父昆弟共之。"④

这里的"关键词"是"亲亲即贤贤"。崔认为周懿亲多贤,"亲亲即贤贤","举贤不避亲",这样,周初的大分封就成了"贤在亲则封在亲"了。实际上,在周初的政治权力和利益的再分配上,同样有明争暗斗,不像崔述描述的那样温良恭俭让。最明显的例证就是"三监"不满政治权力和利益的再分配,故而反对周公摄政,串通武庚举行叛

---

① 《丰镐考信录》卷二,《遗书》,第189页。
② 同上。
③ 见郭沫若:《中国古代社会研究》附录《追论及补遗》及《文史》第二辑顾颉刚文。
④ 《丰镐考信别录》卷二,《遗书》,第340页。

乱。崔述数例了那么多"亲亲即贤贤"的例证以证明"贤在亲则封在亲",何以独不提管、蔡、霍"三监"？分封"三监"是周初政治生活的一件大事。"三监"非周公所封,而为武王灭商后首先分封者。管叔封于管；蔡叔、霍叔封于殷、卫。同时,管叔、蔡叔、霍叔数人还担任着武庚的傅相之职,亦即担负监督武庚的职责,是谓"三监"。由此可见"三监"在武王时身居要职,权重一时。周公摄政"三监"散布流言,典籍有载,对此崔述自己也不否认。散布流言,不管动机如何,总不能称之为"贤"。参与武庚叛乱,用封建伦理标准来衡量,更属大逆不道,与崔述的周懿亲多贤、"贤在亲则封在亲"的说法完全抵牾。

4. 关于《论语·尧曰篇》

《论语·尧曰篇》："尧曰:'咨尔舜：天之历数在尔躬？允执其中。四海困穷,天禄永终。'"

尧嘱咐舜慎保王位勿失,以保王位为第一要务,此说在崔述看来是将"天下"作了私产,违背了崔述尧、舜不以天下为私产的判断。因此,崔述将《论语》这一段话置于《考信录》中的"存疑"类,并认为:《尧曰篇》"在《古论语》本两篇,篇仅一二章;《鲁论语》以其少,故合之：盖皆断简,无所属,附之于《论语》之末者,初不知其传自何人"①。

崔述此论是其不信《尧曰》了。但在《商考信录·卷一》中,崔又征引《尧曰篇》语"予小子履,敢用玄牡,敢昭告于皇皇后帝：有罪不敢赦,帝臣不蔽,简在帝心。朕躬有罪,无以万方；万方有罪,罪在朕躬。"崔认为《尧曰篇》引汤言可信,他指出："盖圣人之伐国,非以辟土地,创大业也；圣人之用贤,非以示已恩,希厚报也。"②对于同一篇文献,崔述先疑后用,有用即用,无用即疑,这种自坏其例的实用主义态度,在《考信录》中还有不少。

如前所说,崔述经说思想体系以民本为基础构筑而成。他认为儒学的第一要义是民本,德治和仁政则被视为民本的主要体现,古帝王圣贤是行德治和仁政的楷模。崔的这一理解因得自对儒家经典中客观史实的理论抽象,在一定程度上探得了儒学的正宜。儒学中确实也存在着历史真实的颗粒,所以,当崔述的考证符合着儒学中这部分内容时,他的考证往往是正确的。然而,儒学驳杂而多面,绝非仅仅由民本内容所能涵括,其中还包含大量非民本的内容。这些内容也并非全系乌有,全然不反映历史的真实。但由于这些内容违忤了崔述的民本主张,遇到儒学原典中的这部分内容时,崔述便不信,他便要疑。当崔述企图以他的思想体系去规整、审度这部分史实时,他已犯了主观主义的毛病,这就使崔述的考证常常流于武断。这种求真与主观

---

① 《唐虞考信录》卷二。
② 《商考信录》卷一。

武断的矛盾,在一定程度上影响了崔述的史学质量,也正是他的封建史家局限性的必然表现。

〈余论〉

《考信录》在崔述的生前并不为世人所理解。崔述自云:"四十以后,为《考信录》及《王政考》,自二三君子外,非惟不复称之,抑且莫肯观之。"①在崔述死后的百余年中,《考信录》"也只受了极少数人的欣赏,而不曾得着多数学人的承认"②。

《考信录》被冷落一个多世纪,原因何在?一个时代的"历史需要"往往取决于这个时代的"现实需要"。进步的思想不为当时人所理解和接受,而只能充当后人实践其社会运动的思想武器,这样的事在历史上是经常发生的。

崔述生当迷信汉儒的乾嘉时代,但崔述的解经并不为汉儒所囿。他不但疑古文经说,疑《左传》,疑《周礼》,疑马融、郑玄,而且疑今文经说,疑《尚书大传》,疑《公羊》、《穀梁》,疑《史记》、《韩诗外传》,他要一反传注而自接于孔、孟、《六经》之后,这就违背了时风,同时也触犯了汉学家法。所以在崔述生前汉学家讨厌他,子余的材料是汉学家张澍对他的攻击。对此顾颉刚先生谓:"张为朴学家,与东壁皆不相识,而读其文字,义愤填膺乃如此,盛气呼斥,若主之责奴……朴学家标榜求是,注重实证,对于东壁之说宜可承受,而张氏犹如此,是不可解。谓此为张氏一人之意,不当代表朴学家乎,试观阮元、王先谦两刊清代经解,所收不为不多,零星笔记尚且入录,而东壁之著述未曾收入一种,则其受朴学家之排斥非极明显事耶!"③

其实,在崇汉之风大盛的乾嘉时代,崔述疑汉儒,有悖于汉学主流所好,故崔述不能为汉学家容忍;崔述不宗师法,与传统经学严守师训格格不入,守古文经说的朴学家不会承受他,即今文经学家也绝不会欣赏他。今文经学家的最后防线是今文经学的几部典籍,是《公羊》。但这在崔述看来仍然不过是"传注"。崔述生前尚未遭到今文家的排斥与非难,主要是因为乾嘉年间今文经学如冬眠初苏,还未在时代的呼唤下大兴盛;同时也因为崔述人微言轻,当时名声并不昭著。崔述要直追《六经》,建立其以"经"为支点的经解体系,这种将"家法"甩在一边的治学风格,已不仅跨越了崔述生活时代所流行的古文经学(汉学考据学均信奉古文经学),他甚至走到了今文经学的前面。

从思想上说,崔述以民本为核心建立起来的经说思想体系,虽然没有突破封建时代的价值观、伦理观、政治观的大框架,但却与传统的纲常名教存在着某种程度的尖

---

① 《书考信录后》。
② 胡适:《亚东版〈崔东壁遗书〉序》。
③ 见《遗书》,第1041页。

锐对立,这一点更为时尚所不容。所以,崔著在其生前同样也被理学家视为异端而遭受挞伐。

理论在历史上的实现程度,取决于理论满足历史需要的程度。崔述走得太远,超过了时代所需要亦即能够承受的水平,这是造成崔述及其《考信录》在他生前和死后一直受冷落的重要原因之一。直到五四新文化运动狂飙骤起,情况才为之一变,自胡适首先介绍并宣传崔述及《考信录》,《考信录》逐渐见重于世。胡适说:"我深信中国新史学应该从崔述做起,用他的《考信录》做我们的出发点。"[1]"到民国十年一月,我们才得读崔述的《考信录》。我们那时便决定颉刚的《伪史考》即可继《考信录》而起。崔述推翻了'传记',回到几部他认为可信的'经',我们决定连'经'都应该'考而后信'。"[2]顾颉刚则说:"我二年以来,蓄意要辨论中国的古史,比崔述更进一步。"[3]

从某种程度上说,古史辨派疑古学正是以崔述作为治学的起点,从疑传注进而疑经。古史辨派疑古学何以崔述作治学的起点?这是一个耐人寻味的问题。

"科学"与"民主"是新文化运动的两面旗帜,其对立面则是迷信与专制,而迷信恰恰是专制的伴生物并成为专制政治得以支撑的思想基础。所以,如果说新文化运动是一场观念形态上的革命,那它同时也是一场政治革命——反对迷信,提倡科学是政治上反对专制的不可或缺的一面。因此,千百年来为人们迷信的孔子及其学说成为批判的对象,这其中有着历史的必然性。而要批判孔子的学说,第一步工作就是要破除、廓清包裹在经外层的历代传注经说,使孔子能够露出本相来。

崔述的疑古,虽然只疑到传注为止而在经的面前敛手,但是:

(1)"经到底少,史传杂说则是很多。他把难的地方已经做过一番工夫,教我们知道各种传说的所由始了,由此加功,正是不难。"[4]

(2)崔述的疑传注不受家法限制,即是说,一切传注都须"考"而后信,"疑"而后信。胡适称赞崔述的这种"考而后信"、"疑而后信"的精神是"道地的科学精神,也正是道地的科学方法"[5]。顾颉刚则说:"我们已无须依靠旧日的家派作读书治学的指导。家派既已范围不住我们,那么今古文的门户之见和我们再有什么关系!……我们的推倒古文家,并不是要帮今文家占上风,我们一样要用这种方法来收拾今文家。"[6]他批评今文家说:"我们辨伪,比从前人有一个好处:从前人必要拿自己放在一个家派里才敢说话,我们则可以把自己的意思尽量发出,别人的长处择善而从,不

---

[1] 胡适:《亚东版〈崔东壁遗书〉序》。
[2] 见《古史辨》第二册,第336页。
[3] 《古史辨》第一册,第59页。
[4] 见《古史辨》第一册,第28页。
[5] 胡适:《崔述年谱》。
[6] 见《古史辨》第五册,《顾颉刚序》。

受家派的节制。譬如《伪经考》、《史记探源》等书,党争是目的,辨伪是手段。……这种的辨伪,根本先错了。"①

崔述超家派毕竟比康有为一派的囿于家法高明一筹,从而更接近胡适、顾颉刚们所理解的"科学",所以,崔考而后信、疑而后信的治学精神被古史辨派疑古学者选为治学的起点,用到了疑"经"上。

崔述的"求真"精神受到了胡适及古史辨派疑古学者的高度评价,然而,他的历史观和政治思想却基本上被忽略。这或许是崔述的求真精神适合着胡适及古史辨派疑古学者所标榜的科学精神,重此进而失彼,"只缘身在此山中",于是便"不识庐山真面目"了? 或许是五四以后的民主思想素材主要取自孟德斯鸠、卢梭、伏尔泰等西学,而崔述的民本思想体系毕竟与旧时代还有很多的黏连而非根本的对立? 自胡适等人为崔述定下一个纯考据家的基调以后人们至今仍这样看崔述,这个评价是不全面的。

任何新的社会进步,都必然表现为对某一过去视为"神圣"事物的批评,表现为对陈旧的,日渐衰亡的,但为习惯所崇奉的秩序的叛逆。怀疑主义正是五四前后新文化运动历史洪流的滥觞。胡适用否定真理的绝对性来否定旧时代的权威;古史辨派疑古学者用治史戳穿了孔子及其门徒虚构的理想世界,意蕴落在了时代当变的进化论上。这种怀疑主义,在抨击封建传统的最初政治斗争中具有摧枯拉朽的作用。崔述不宗门户家法的治学精神虽不为他的时代所容忍,但却为后来的疑古学者所用,其方法论的脚步在一定程度上也就成为新文化运动历史潮流的先行,客观上演变成了反封建运动的前奏。从这个意义上,可以说崔述及其《考信录》充当了"历史进步的不自觉的工具";而崔述被忽略了的历史观和政治思想中的积极内容,则应作为一笔宝贵的历史遗产重新得到今人的研究与继承。

---

① 见《古史辨》第一册,第26页。

第五章
中国近代史上的疑古思潮

第一节 救亡图存与中国近代学风的演变

当历史的车轮驰入1840年,近代中国的帷幕拉开了。就历史的继承性、延续性、不可分割性而言,近代中国是古代中国的延续;而就中国历史的航船驶入近代时它所遭遇到的前所未有的特殊际遇,以及在遭遇这些际遇后所引发的一系列特殊变化而言,则近代中国又是在特殊历史条件下展现出来的中国历史发展的特殊时段。

自1840年鸦片战争到1919年五四运动,中国的近代社会只有短短八十年时间。与中国两千余年封建社会的历史相比,近代的八十年真可谓弹指一挥间,令人有白驹过隙不及其一瞬之感慨!然而,正是在这短短的八十年间,中国社会却艰难曲折地开始了两千余年封建社会所未曾经历过的真正意义上的"近代化"过程。在这期间,我们的祖国和民族所经历的地覆天翻的剧烈变动,如扁舟一叶颠簸于波峰浪谷之间。"两岸猿声啼不住,轻舟已过万重山",其历史进程的迅疾,两千余年中国封建社会又何能与之比肩而论!西方列强用坚船利炮轰开了中国闭关自守的大门,强行将中国纳入"世界"的范围内供其宰割与盘剥,发动了一场又一场血腥的侵略战争;以太平天国为代表的农民和民众起义此伏彼起,复从内部给清朝统治以致命的一击——内忧外患催迫重重,两千余年中国封建专制主义中央集权统治,延及到这不足百年的中国近代时真真是危若悬卵,命在旦夕了!救亡图存!救亡图存!救亡图存遂成了中国近代社会的历史主题。"置之死地而后生"的辩证法则,到这时也成了中国近代民族与国家的唯一选择。在这生死大限的紧要关头,沉睡麻木已久的中华民族终于开始了最初的觉醒。也正是在这八十年之间,在被动、毫无认知与准备、突遭外国列强的侵略与凌辱的震撼下;在清王朝统治已百病交侵,摇摇欲坠而民变迭起的内部矛盾的刺激下;在亡国灭种的巨大历史阴影时时盘桓、压抑在中华民族脑际与心头的情状下,中华民族迈出了它痛苦却又不得不如此的"近代化"的蹒跚步履。在被迫走上近代化的历史进程中,"救亡图存",它既是那个时代的精神起点,又是那个时代一以贯之的"精气神"。一切学术思想均环绕它而孕育,而萌芽,而兴盛,而衰亡。沿袭着历史而来的中国学术思想的滔滔巨川,当它流经这八十年中由山崩地震所造就的崎岖凹凸、地貌奇特的近代河床时,思想和现实发生了剧烈的碰撞。在这八十年的沧桑岁月中,中国思想界所经历的巨变,所涉及的思想形式和内容流迁之丰富曲折,以及环绕着这些思想巨变而展开的摸索、探讨、阐述、辩难,构成了中国近代学术思想史的绚丽画卷。中国近代所讨论的思想内容,大多是两千余年中国古代思想史所未曾涉及或虽曾涉及亦所论未深的。八十年中国近代思想史之斑斓多姿,当然不是本书所能够面面俱到涵括殆尽的。就本书所应当论及的内容来看,八十年间中国近代思想史上的如下动向或者说思潮或许是特别应当予以关注的。

一、清代经学之嬗变与"经世"学风的勃兴

这里所说的经学,盖指古文经学,也是指清代的汉学考据学。因为直到中国近代以前,古文经学或者说汉学考据学一直占据着学术界的主导地位,它的治学风格已深深浸淫于大多数学者的学术品性之中。然而,这种在学术界占据主导地位的学术及学风,在中国近代的前夜正发生着某些微妙而重要的变化。而这些变化恰恰预示着近代以降学者层的新选择。因此,有必要将学术界在鸦片战争以前所发生的这种变化予以梳理,以此作为步入中国近代学术思想河道的津筏。

清代的汉学家均主古文经学。如前所说,乾嘉考据学者的治学,其初衷原亦并不离"明道"之旨。只是因惩晚明王学的"空"言义理之弊,他们选择了一条以音韵、训诂为内容和方法的返回儒学元典,理解其确切含义以期达于"明道"的治学路径。——乾嘉考据学者的初衷,原与顾亭林所标识的"经学即理学,舍经学无理学"的治学路径不悖。

清儒为探明经书义理而考据,考据学所涉及的学术内容,一般地比较具体,比较琐碎,比较晦涩难解;考据学之烦堆,亦非苦苦穷数十年之功而难有所成。依着考据学自身的治学范式与规律,清儒逐渐走上了一条比较具有学术本体意义的"纯"考据之路。他们离开用学术服务于现实政治也就比较"远"了一些,"间接"了一些。这种学风,发展到乾嘉年间臻为兴盛,所以学术界每将清儒考据学称之为"乾嘉考据学"。但倘若对乾嘉年间的考据学作一番梳理就会发现,乾嘉考据学者的治学范围,主要集中在经学而不是其他学科,尤其不在史学。关于这一点,陈寅恪先生有过一段精辟的

论述,他在《陈垣〈元西域人华化考〉序》①中着重指出了清代考据学的发达全在经学而不在史学的事实。经学的阙文断简、佶屈聱牙、晦涩艰深,限制了学者的"发散性思维",加以功名利禄的诱惑,致使清儒群趋于经学之一途,"止于解释文句,而不能讨论问题",走上了考据之路。反观清初,以顾亭林为首的学界巨子,在标举"经学即理学"的旗帜走上治经之路的同时,他们并没有轻视史学,舍弃史学。相反,清初学界巨子都重视史学,这是清初学术生态环境与乾嘉考据学的一个重大差别。而清初学子之重史,又表现为他们重视史论。这在亭林、梨洲、船山的治学中尤为典型(看梨洲之经、史并重,以及万斯大、万斯同兄弟之经学造诣,全祖望喜好王应麟的《困学纪闻》,为之作注疏,而王氏恰恰经史并重,由此可知"浙东"之学也重经;顾炎武之《日知录》则当归入史,可知浙西之学也重史。是"浙东"、"浙西"之治学并非全如章学诚所说的那样浙东重史、浙西重经,无论是浙东还是浙西均在重经学的同时重史学。当然,清代"史学"之所以到章实斋能集其大成,那也是因为清初之重史为它准备了条件)。清初学子治经不弃治史,经学的阙文断简,不易通贯,难发挥,恐怕不能不是重要原因之一。身处明清易代的一批晚明遗民孤臣孽子,他们身遭亡国之痛,怀抱清算理学"空"言误国之旨,他们是必须有"学"又有"论"的。其"学"即在治经,用治经返回儒学元典,以矫治晚明理学之"空",之重形上思辨,之援二氏入儒;而其"论"则落实于治史,借助"史学之材料大都完整而较备具"(陈寅恪语)的特点,提出问题,讨论问题,给出一个"综合贯通"的"有系统之论述",从历史的经验和教训中总结明亡之因。而他们的目的则还在于"为学以明道,以救世",寄希望于"有王者起,将以见诸行事,以跻斯世于治古之隆"②。当然,即便在清初,若是拿"经"和"史"相比,"经"毕竟还是先于"史",重于"史","经"毕竟仍然是第一位的。这是由于经的特殊地位,以及这种特殊地位长期以来在学者层的认知体系和价值选择的思维中沉淀的结果。所以亭林提出的口号是"经学即理学"而非"史学即理学"。它同时也成了清初学术界最具影响力的口号。

就经学的具体治学门径来说,清初重实学考据,其所表现出的学风特点,以及其"学"所"考"的内容,那是古文经学的遗绪。自郑康成遍注群经而以古文经学为主,古文经学兴而今文经学式微。历魏晋南北朝乱世之后,今文经学已湮坠无传。隋唐以后的经学盖重古文经学而非今文经学。所以,清初亭林等一辈人的经学取向,也在古文经学而非今文经学。

康熙以至于乾隆年间承平日久,自然可以由着学者们就自己擅长而又感兴趣的

---

① 《金明馆丛稿二编》,上海古籍出版社1980年版,第238页。又,梁启超《清代学术概论》举清乾嘉学者所著史著数十种,然谓"凡此皆以经学考证之法移以治史,只能谓之考证学,殆不可谓之史学"。洵为知言。见《梁启超论清学史二种》,复旦大学出版社1985年版。

② 顾炎武:《与人书二十五》,《日知录》卷首。

考据学治学路径走去。然乾隆间章实斋已就考据学饾饤烦琐、难通贯少发挥提出过严厉批评。只是实斋生前对其撰著秘不示人，惟愿藏之名山传诸后世，此已足见反对考据学风在当时颇有压力"不合时宜"。学术风气的真正转向，那要到嘉庆、道光以降社会政治状况已经发生变化，产生了初步的社会危机之后。中国历史上，学术风气的每一次重大转向几乎都毫无例外地伴随着政治状况的变化（一般是伴随着政治状况的恶化）而发生，这在中国学术史上可以视为一条通律。所以，当康乾盛世已成明日黄花，嘉庆道光朝败象丛生时，需要"诵史鉴，考掌故，慷慨论天下事"，需要提出问题、讨论问题、解决问题的学术和学风转轨的时代来到了。

从"学理"上说，汉学（古文经学）考据学的偏枯、艰涩、少通贯、难发挥，有"考"而无"论"，有"事实"而无"义理"，提不出问题，"议论"不了问题，当然也更解决不了问题。到了嘉、道之际，一些思想敏锐的士大夫在透视出社会危机行将爆发的兆头以后，他们对考据学感到不满，提出了质疑。他们要求学以"经世"，要求治学服务于现实政治。汉学考据学的局限性，显然难以承担社会所需要的"议论"、"处士横议"新功用，史学则庶几当之，今文经学亦庶几当之。因此，到了嘉、道以后，学术便主要向着两个方向——史学和今文经学发展：史学和今文经学成为近代以降学者社会选择的两种主要治学取向。而今文经学在近代的勃兴，只不过是经学整体死亡前的"回光返照"；史学则生机盎然方兴未艾，大有取经学而代之之势。两相对照，经退史长又成为近代学术发展的大趋势。宋学原就有议论风发之长，在这一点上，今文经学与宋学可谓灵犀相通。所以，近代以降凡治今文经学者无不兼治宋学，取（西）汉宋兼采之路。因此，随着汉学考据学的式微和今文经学的勃兴，近代学风便由专主（东）汉学向着汉宋兼采（这里的"汉学"有一个由东汉之学向西汉之学推身移步的过程），并向着逐渐偏重于宋学的路径走去。

龚自珍《江子屏所作书序》云："孔门之道，尊德性，道问学二大端而已。二端之初，不相非而相同，蕲同所归。……入我朝，儒术博矣，然其运实为道问学……是有文无质也，是因迭起而欲偏绝也。圣人之道，有制度名物以为之表，有穷理尽性以为之里，有训诂实事以为之迹，有知来藏往以为之神。谓学尽于是，是圣人有博无约，有文章而无性与天道也。"[①]龚自珍是段玉裁的外孙，这一层家学渊源的影响，使得定庵亦重小学，重汉学考据学，但他终不满斤斤于小学而欲反治"大学"。"大学"即宋学。至其所治"大学"宋学，则仍袭清儒之旧惯取其形下而弃其形上复与章实斋同。这就是定庵所说的不能沉湎于"有文无质"的"道问学"，而应重治学之"用"、应考虑"尊德性"的"穷理尽性"之学。值得注意的是，龚定庵提出了"圣人之道，有知来藏往以为之神"。"知来藏往"之学即史学，它被定庵冠为"圣人之道"的"神"，可见定庵之重史。

---

① 《龚自珍全集》，第193页。

定庵本人则以史氏自许自律,并因欲治"天地东西南北之学"的史学,断然将早年"写定群经"①的夙愿割爱舍弃。然而,当定庵为资治之需仍然不得不走"通经"致用这一文人士大夫普遍认可的治学之路,也就是定庵仍然不得不对"经学"有所选择时,今文经学的"非常异议可怪之论"有着以经解附会经义以干政议政的本质特征,这当然更加符合定庵的主观意向。所以他又终于由早年的治小学、治古文经学而改道,师承刘逢禄而走上了"以《公羊》讥切时政"之路,走上了今文经学之路。这种由经学向史学侧重,由古文经学向今文经学转移,在时代将变未变、大厦即倾未倾之际,实具有某种重要的表征意义。所谓"风起于青萍之末",又一次学风转轨契机的来临,从定庵治学的转移和变换中已经初露端倪。

之所以说定庵的治学选择具有某种表征意义,这是因为:(1)在定庵身上,比较典型地蕴含了学术的新选择和学风的新转轨这二者推身移步的内容和过程;(2)像定庵那样对古文经学和考据学怀疑而感到不满,由专主汉学(东汉学)转向汉宋兼采,由经学(考据学)转向史学,由古文经学转向今文经学的并非只是一个孤例,而是有着一批人。也就是说,定庵之学术选择在近代学术思想史上具有某种"先兆"的意义。

如沈垚,他早年也曾好名物训诂,后"自知琐屑之非计",在给好友张履的信中说:"垚好用心于琐屑纷赜之处,颇亦自知其误究名物而弃微言,指示病根至为痛切,垚当以为座右铭。"②对于乾嘉考据学沈垚痛加诋责,认为世风之败坏即根源于此:"乾隆中叶以后,士人习气,考证于不必考之地",沈垚指出,当时的社会风气是"上下务为相蒙,学术衰而人才坏"③。

沈垚复以清儒考据学与明代学风相比,认为清儒之学反不如明儒,他指出:"前明人学问文章不如古人,而修己立身之要,治乱得失之故,大率有得于中。故立朝则志节凛然,宰一乡一邑,亦有实政及民。今人动诋前明人为不通,而当世所推为通士者,率皆冒于货贿,昧于荣辱,古今得失之故懵然罔觉,是尚可谓通乎?譬之于身,前明人于一指一拇之微,或有所窒滞,而心体通明,自足以宰世应物。今人于一拇一指,察及罗纹之疏密,辨其爪之长短厚薄,可谓细矣。而于一手一足之全,已不能遍识,况一心之大,一身之全乎!是尚可谓通乎?"④

明儒之学向为清儒所不屑。自清初以至于乾嘉年间的学术主流社会莫不如此低视明儒。沈垚却特标识明儒的"心体通明",且以清儒反衬明儒能识"一心之大,一身之全",谓明儒之学可谓"通学",清儒之学则反滞而不逮明儒之"通"。此种议论发之

---

① 《龚自珍全集》,第25页。
② 《落帆楼文集》卷八,《与张渊甫》。
③ 《落帆楼文集》卷八《与孙愈禺》。
④ 《落帆楼文集》卷八,《与张渊甫》。

于考据之风仍炽的嘉庆年间,可谓石破天惊!其剀切尤甚于主张由小学入大学,由汉学(考据学)入宋学,取汉宋兼采之路的龚定庵。

有意味的是,沈垚在批判乾嘉考据学的同时也与龚定庵一样,走上了侧重史学之路。沈氏文集中有一《立名篇》,即借史论阐述社会风气变化之大要,谓:"古今治乱之故,系于当时之好尚。周汉而下,大概人争立名则世治,人争殖利则世乱。西京盛时,争为长者名;东都则以至行过人为名;唐之士大夫以功业济世为名;宋之士大夫以节高古人为名,则遇贤主,天下受其福。遇庸主,一己受其节。故其望峻。……二者虽异,有裨于世道人心则一也。……若夫殖利之祸,有不可胜言者。战国人好利,而焚坑之祸起;魏晋之人好利,而刘石之祸起;后魏宣武后,朝士多贪鄙,而河阴之祸起;唐大中后,令狐绹以贿用方镇而庞勋、朱温之祸起。"①又说:"览观史册,特古今利弊,亦略识其梗概。今日风气,备有元、成(西汉二帝)时之阿谀;大中(唐宣宗年号)时之轻薄;明昌(金章宗年号)、贞祐(金宣宗年号)时之苟且。海宇清晏,而风俗如此,实有书契以来所未见。"②

沈氏针对乾嘉年间的因循苟且、蝇营狗苟、贪冒成风、腐败堕落而发为史论。"嘤其鸣矣,求其友声",此论适与定庵"历览近代之士,自其敷奏之日,始进之年,而耻已存者寡矣!官益久则气愈偷;望愈崇则诏愈固;地益近则媚亦益工……"③同调,这正是"士大夫诵史鉴,考掌故,慷慨论天下事"之先声,是史学逐渐为知识界所重视的鲜明写照。

鸦片战争的爆发,给了国人以前所未有的猛烈冲击。随着内忧外患不断加剧,亡国灭种的历史阴影由朦胧而逐渐清晰,它像铅块一样压到国人心头,首先萦绕在政治敏感的文人士大夫脑际。排斥汉学考据学的经世思潮因此而迅速崛起。姚莹《中复堂集》指出:自四库馆开之后,当朝老大,皆以考博为事,无复有潜心理学者,是以风俗人心日坏,不知礼义廉耻为何事。至于外夷交侵,辄皆望风而靡。无耻之徒,争以悦媚夷人为事,而不顾国家之大辱,岂非毁讪宋儒之过?"这里,姚莹寻根追源,竟将乾隆间社会风气的恶化说成是乾嘉学者专事考据摒斥理学所至。他在提倡宋学的同时,甚至已将近代以降中国积贫积弱的历史责任也推到了乾嘉考据学者的身上,此与200年前明清之交顾炎武一辈人将明亡的历史责任推到阳明一派的身上又何其相似!

再看魏源的"经世"主张。他说:"士之能九年通经者以淑其身,以形为事业,则能以《周易》决疑,以《洪范》占变,以《春秋》断事,以礼乐服制兴教化,以《周官》致太平,

---

① 《落帆楼文集》卷四。
② 《落帆楼文集》卷八。
③ 《龚自珍全集》,第31页。

以《禹贡》行河,以《三百五篇》当谏书,以出使专对,谓之以经术为治术。曾有以通经致用为诟厉者乎?"①对于考据学,魏源直斥其无用而诟病之,指出:"自乾隆中叶以后,海内士大夫兴汉学,而大江南北尤盛。苏州惠氏、江氏,常州臧氏、孙氏,嘉定钱氏,金坛段氏,高邮王氏,徽州戴氏、程氏,争治视国初昆山、常熟二顾,及四明黄南雷、万季野、全谢山诸公,即皆摈为史学非经学,或为宋学非汉学。锢天下聪明智慧尽出于无用之一途。"②

魏源所论已将乾嘉考据学诸大家一网打尽。他断然斩断了乾嘉考据学与清初学术之间的渊源承袭关系,认为乾嘉考据学者因重"经"而轻"史",甚至轻视亭林、梨洲等学界巨擘,可谓数典忘祖舍本逐末。然乾嘉诸老究竟哪一位如此不屑清初诸大儒之史学? 魏源并没有明指,此恐亦魏源一己之偏见而已。但他为清初学术鸣不平,在舍彼就此表彰清初史学而批判乾嘉考据学者的经学之间,已清楚不过地表明了魏源侧重于史学的立场。魏源所撰《四洲志》、《海国图志》、《元史新编》等,皆"近现代史",实为激愤时艰,欲借史学挽清廷于颓败既倾而作。然而,魏源虽也反对"空腐为宋"的宋学,但他的所谓"空腐",明指宋学之形上思辨之学。对于宋学中"严关乎义利"的形下之用,即宋学之资治教化性内容,魏源不仅不反对且大加提倡。在汉学与宋学的选择上,魏源与龚自珍一样汉宋兼采。乾嘉诸大师所治经学均为古文经学,魏源反对古文经学的"诂训音声,爪剖铢析",宜乎他承庄存与、刘逢禄、宋翔凤等今文家衣钵而起,撰《诗古微》、《书古微》、《董子春秋发微》、《两汉今古文家法考》,严家派,树壁垒,指斥《毛诗》、《古文尚书》无师传不可信。

延至甲午战败以后,列强之欺凌日甚一日,人为刀俎我为鱼肉,亡国灭种的危局迫在眉睫。中华民族的觉醒实始于甲午战争的惨败而引起的大震撼。诚如梁启超所说:"唤起吾国四千年之大梦,实自甲午一役始也。"我国"其地太辽阔,而道路不通,彼此隔绝,异省之民,罕有交通之事,其相视若异国焉","故非受巨创负深痛,固不足以震动之……吾国一经庚申圆明园之变,再经甲申马江之变,而十八行省之民,犹不知痛痒,乙未尝稍改其顽固嚣张之习。直待台湾既割,二百兆之偿款既输,而鼾睡之声,乃渐惊起。"③甲午以后,以学术服务于政治之风益盛,史学与今文经学发展亦益盛。康有为是这一时期学风的典型代表。他对乾嘉考据学的批判,其言辞尤较龚、魏激切,他指责清儒"日埋故纸堆中,汩其灵明","思考据家著书满纸,如戴东原,究复何用!"④康氏早岁亦曾好古文经学,二十一岁(1878年)时断然舍弃古文而从事今文经学。从渊源上说,康氏亦自庄、刘、宋、龚、魏以来常州今文一派中之翘楚。而以立说

---

① 《默觚上·学篇九》,《魏源集》,中华书局1976年版,第23页。
② 《魏源集》,第358页。
③ 《戊戌政变记》附录一,中华书局1954年版,第133页。
④ 《康南海自编年谱》,"中国近代史资料丛刊"《戊戌变法》(四),第113页。

之肆，附会之武断，凸显今古文经畛域壁垒之森严，又尤以康氏为甚乎其甚者。康氏撰《新学伪经考》和《孔子改制考》，谓古文经学均为刘歆伪造，是谓"新学"，与孔子儒学无关。"若如近儒白首钻研，非徒圣学所不存，抑为刘歆所欺绐甚不智也。"(《长兴学纪》)又认为孔子以微言大义救世，其所撰"五经"所涉历史事件和人物均为孔子因救世之需所"托"，实有无其人其事不可考。是康氏全以政治需要为需要，任意进退取舍甚至歪曲史实。中国近代急功近利的学风到康有为可谓发展到了登峰造极的地步。在对汉、宋二学的选择上，康有为亦以政治需求为鹄的。他主西汉之学而不废宋学，亦汉宋兼采一路；但对于宋学，康有为则是陆王而非程朱，此又不同于庄、刘、宋而大可注意者。宋学中朱熹的"格物致知论"重名物典制，音韵训诂，朱学是乾嘉考据学的不祧之祖。而陆王一派以"六经为我注脚"，大胆说经解经。前者正中康氏所谓"烦琐考据"之病；后者则符合康以经说干政议政，为现实服务，为"维新变法"服务之需，这是康有为是陆王而非朱熹之主因。

　　近代以来学术全然质变为救亡图存的政治工具，对此应当怎么看？马克思在分析经济学说史时曾经说过，没有科学的意义，并不等于没有历史的意义。从"历史"的意义来说，以"政治"为圭臬，首先应当承认，经世学风在中国近代勃兴有其历史的必然性。这种学风在政治史上的历史进步意义毋庸讳言。当救亡图存成为摆在中华民族面前的头等大事时，学术思想的"历史意义"即"政治意义"成为压倒一切的意义，这一点毫无疑义。学术思想的"科学意义"即"学术意义"退居二线甚至不足挂齿、无足轻重，在"资治"的治学观下似乎也有坚强的理由。关于资治治学观的政治价值，现存所有有关中国近代思想史、哲学史、史学史乃至于一般历史学教科书都已作了大量的足够详尽的肯定性评价和阐述。对此我也赞同并且无需再在本书中赘言。

　　值得探讨的倒是资治治学观的另一方面的影响——它的负面影响。在理解上述马克思关于没有科学的意义，并不等于没有历史的意义的论述时，当然也可以而且应当反过来说：有了历史的意义，绝不等于就有了科学的意义。换言之，历史的政治的意义并不能取代科学的意义。近代以来，由于救亡图存之需，学术，特别是学术中占据主导地位的经学和史学，全然变成政治的工具、附庸和奴仆。从魏源到康有为，为了干政议政的需要，他们可以解经的名义任意阉割、歪曲、臆断史实以就我范，将历史作为政治祭坛上的供品，倡导并实践了一种浮躁而急功近利的学风，不断恶化着学者赖以安身立命的学术生态。乾嘉考据学近百年间培育起来的学术的严肃性、科学性，乾嘉年间学界倡导的实事求是优良学风，到近代渐次陵替，至康有为以降则几乎荡然无存。正是在历史(政治)意义和科学(学术)意义的分野上，身体力行资治观的学者群，他们在"历史意义"(政治意义)上的进步性，不能掩盖他们在"科学意义"(学术意义)上的非理性与落后性。因此，对于近代以来勃然而兴的资治治学观，因其在政治上的进步性而看不到其学术上的非科学性和落后性；或因其在学术上的非科学性而看不到其政治上的进步性,此类评价均为片面,有失偏颇:对近代以来的资治治学观作政治和学术的两分分析与评价是必要的,也是可行的。

近代以来经世学风的勃兴,是在"破旧"的前提下,以乾嘉考据学为唯一批判对象的条件下进行的。因此,对于乾嘉考据学的再评价也就不能不成为正本清源的首要工作。近代以来批判乾嘉考据学,其荦荦大者,要不过指责乾嘉考据学"脱离实际"的"无用";甚而至于极者,则有如姚莹那样把中国近代积贫积弱的责任统统推到了乾嘉考据学者的身上。此种评价于理不通,于史无征,虽可恕却不可信。如前所说,乾嘉学者的初衷同样以"明道"、"资治"为旨归,不过走了一条由音韵训诂来探求经书义理的治学之路。这种治学取径没有理由受到指责而成为攻击的目标。诚然,乾嘉考据学有其内在的局限性,即其学集中在一些比较琐碎、具体、艰深晦涩的学术领域。但仅从政治上看,一个时代有一个时代的意识形态,一个社会有一个社会用作为精神支柱的代表性文本典籍,如果说乾嘉考据学者为了探明作为封建社会意识形态文本结晶的《六经》之"义理"而治学,他们因而要受批判,这种批判是不可理喻的。在传统时代,为准确通晓封建意识形态典籍而"考",这种治学天经地义,堂堂正正,无可指责。由于《六经》中多古字、辞、典制、事件,学者对之施以考据便被目为重古贱今,钻故纸堆、象牙塔,这种指责历近代以至现代一直没有停息,甚至直至20世纪80年代,余英时先生在《历史与思想》中仍然说:"事实上,清代考证学到后来跟人生、跟社会、跟一切都脱离了关系。"[①]然而,这种指责乾嘉学者同样不能受也不必受。因为首先,同样是治"古学",对于乾嘉考据学者和近代学者的评价存在着两种截然相反的标准,这有失公允。龚自珍自喻"何敢自矜医国手,药方只贩古时丹";魏源以考古文经学之不可信以证今文经学之有师法,又用今文经学干政议政;康有为鼓吹"托古"改制,这种"药方只贩古时丹"的治学,这种绕着圈子用经说来比附现实、影射现实的做法,却被冠以"关切现实"之美誉,那么,同样是治"古学",同样是为"现实"(一为乾嘉时的"现实";一为近代的"现实")服务,何以龚、魏、康之学就"有用"而乾嘉考据学者的治学就"无用"?此其大不可通者。其次,乾嘉考据学者的治学,是否真像余英时先生所说"跟人生、跟社会、跟一切都脱离了关系"?这一点大可商榷。就乾嘉考据学者所治之"学"来看,字、辞、音韵训诂、典章制度固然与现实没有直接联系,从这个意义上说,乾嘉考据学的确离现实远了一些、间接了一些。但不能因此就说乾嘉考据学者的治学与人生、与社会、与现实的一切都脱离了关系。因为检验学者学以"致用"与否,其"学"与现实有多大关系,不能仅仅看他在"书本上"谈论了还是没有谈论,以及谈论了多少"现实"问题,而应当结合学者个人的社会实践来检验,尤其要看他是否能将嘴上"说"的、书上"写"的贯彻到他的现实人生中去,是否能在为人的问题上至少不违背,甚至

---

① 余英时:《历史与思想》,台北:联经出版公司2004年版,第127页。

能够楷模他所处时代的社会人伦道德标准。因为能不能那样去做,这本身就是一个学以"致用"还是没有"致用"的问题。用这个标准反观乾嘉考据学者,我们看到,乾嘉考据学者虽然没有在"书本上"谈论多少现实问题,但他们的立身行事、所作所为,却完全符合并且能够楷模那个时代的价值标准和伦理道德规范。现仅据《清史稿》中有关人物简单记载来看一看。

汪辉祖"治事廉平,尤善色听,援据比附,律穷者,通以经术,证以古事"。他在管辖宁远任上,因淮盐较粤盐价高数倍,百姓多私购粤盐食用,违反了清廷盐法。汪辉祖挺身为民抒命,请允食粤盐。奏稿未及报,他先张告示允许百姓每户可购粤盐十斤。汪以百姓痛痒为先,故"时伟其议"。对于汪氏,时论有"尚节气,持论挺特不屈"之誉①。

沈彤淹通《三礼》,治学"居恒每讲求经世之务,著《保甲论》"。欧阳修认为《周礼》中官多田少,官禄难保证,故主张高禄养廉。沈彤乃以民本为据,"详究周制,撰《周官禄田考》,以辨正欧说"②。

江永弟子程瑶田乾隆三十五年(1770年)中举,后选授太仓川学正,他"以身率教,廉洁自持",时人至将其与清初以躬行有善政的陆陇其并称③。

卢文弨为正学风殚思竭虑,他"以经术导士,江浙士予多信从之,学术为之一变"。卢敢直言。早在乾隆三十一年(1766年)提督湖南学政时就因条陈学政事宜得罪上司,"部议降三级用"④。

王念孙弹劾和珅为民除害,为清儒中第一人。他重实践,懂河务。嘉庆六年(1801年)"以河堤漫口罢,特旨留督办河工……河南衡家楼河决,命往查勘,又命驰赴台庄治河务"⑤。

武亿在山东博山县任上时见当地山多土瘠,民不务农。通过调查后得知当地烧制玻璃原料颇丰,武亿遂"问土俗利病,免玻璃入贡,革煤炭供馈,里马草豆不以累民"。时和珅权倾朝野炙手可热,其爪牙横行博山,武亿独敢在太岁头上动土,将和珅爪牙悉数拿获并予严惩,惹恼了和珅而得罪了乾隆,武亿被革职。离开博山时民众千余人扶老携幼到官府请愿"乞留我好官",未遂,百姓乃自发"日为运至薪米,门如市焉"⑥。

孙星衍在山东兖沂漕济道任上适遇河水溃堤,他身先士卒,带领民工抗洪抢险,连续奋战五天五夜,"从上游筑堤遏御之",制服了水患。仅此一项就省去国家数百万

---

① 《清史稿》卷四七七,《列传》二六四。
② 《清史稿》卷四八一,《列传》二六八。
③ 同上。
④ 同上。
⑤ 同上。
⑥ 同上。

银两。其治狱亦能体察洞微实事求是。在任上先后为十余位因受诬陷判了死罪的人平反。又为"数十百条"冤案昭雪翻案。一位武官犯法贿赂和珅,和珅托人到孙星衍处说情,孙"访捕鞫之,械和珅门来者衢"①。

上述诸学者在"道问学"领域内均造诣精深,但这并没有影响他们的"尊德性"。在现实生活中,他们是铮铮君子。他们敢爱、敢恨、敢直言,不为乡愿;他们威武不屈,疾恶如仇,洁身自好,体贴民艰。他们有深切的忧患意识和执著的爱国热情,并不是那种对国事不闻不问的书呆子。王念孙弹劾和珅、程瑶田勤政爱民、武亿惩办豪强均可为证。"居庙堂之高则忧其民,处江湖之远则忧其君",这个中国传统士大夫的优良品格,在乾嘉考据学者的身上并没有中断。乾嘉考据学者的立身处世,一点也不比被近代学者社会奉为楷模的晚明士子逊色。乾嘉诸老"治学"、"致用"两不误,其中的奥秘就在于:乾嘉学者的治学是"为己之学"而非"为人之学",其治学出于真欢喜亦即出于"真性情"之"人性"。故其治学最终指向"求真";乾嘉诸老之"致用"则最终指向"求善"。"求真"、"求善"又可归结为"求美","科学的活动也还是一种艺术的活动。不但善与美是一体,真与美也并没有隔阂。"②换言之,考据学"治学"的"求真"骨子里秉承学者的良知——"真"而"行"而"践履"(治学本身即是"践履"),这就打通了学者在治学的同时关注社会、悲天悯人的精神通道。以"真"为前提的"善"和"美","社会"需要,"治学"也需要。二者之间原本就存在"你中有我,我中有你"的精神因子。学者建立在良知基础上的大灵性、大悲悯、大视野、大感悟、大信仰,绝不会因其发自内心即出于"良知"的对于"纯学术"之"真"的追求而遭到削弱,"纯学术"之"真"也绝不妨碍学者关切社会现实,恰恰相反,追求学术之"真",因"求美"而与"求善"相通,因此"纯"考据只会有助于学者将在"求真"过程中涵育培养出的职业道德运用于观察社会和社会实践。

二、"体""用"概念的"错位"与"近代化"
——"中学为体、西学为用"的一种解析

"中学为体,西学为用"简称"中体西用"。对于这个问题的认识与探讨,可以说是困扰中国近代百余年间思想界的一大症结所在。新中国建立以后,史学界曾经就此问题发表过一些论述,但由于教条主义的研究方法极大地阻碍了对这一问题的深入探讨,致使对中国近代史上这一重大问题的研究创获未深。1982年,陈旭麓先生发表了《论中体西用》一文,就"中学为体,西学为用"论的演变和发展③,作了详尽而卓

---

① 《清史稿》卷四八一,《列传》二六八。
② 朱光潜:《谈美》,北京大学出版社2008年版,第174页。
③ 载《近代史思辨录》,广东人民出版社1984年版。

越的阐述,就本人的陋见,迄今为止,国内关于"中学为体,西学为用"问题的理论探讨尚未能见有出陈文之右者。缘此,似本书原已无需对此问题再行饶舌。然而,由于本书有自己的学术范畴和需要说明的、与陈先生不尽相同的学术宗旨,所以,我仍然必须对这个问题有所论述,有所交代——这个问题仍然是本书所不能绕开的一个理论问题,因而对陈先生的所论我也就会有所承受与袭用,这是在论述、交代这个问题以前首先要加以说明的。但是,我必须要用自己的语言,并依据自己的体会对此问题加以阐述,其中的某些理论内容(例如"体"、"用"概念的形上学与形下学的区分,以及"用"的概念的"上移"等)也是我自己思考的结果,并与陈先生的观点不同,这一点,也是在论述、交代这个问题以前应当加以说明的。

"体"、"用",这原是中国传统文化的思想库中所本有的两个词,它们分别代表着相互对立的两个概念:"体"指本体、本原,回应的是"所以然"的问题;"用"指应用、技用,回应"应然"的问题。在"体"、"用"的相对待之中,"体"是决定性的、根本性的,因而"体"又往往与"道"同义,或可以合用为"道体";"用"则是"体"的外在表现,是"体"的产物,因而"用"又往往与"器"同义,或者也可以将这两个词连用为"器用"。

当然,"体用不二"或者说"体用一源",这是中国哲学史的传统。如《朱子语类》卷四十九所说:

> 自太极至万物化生,只是一个道理包括,非是先有此而后有彼,但统是一个大源,由体而达用,从微而至著耳。

然而,"体用不二"或者说"体用一源",这只是就中国传统文化对"体"、"用"这一对范畴的相互关系的认识上来说的,却并非不可以将"体"、"用"这一对概念"拆开来"进行分析。为了更加清楚地理解"体"、"用"这一对概念的内涵,将它们"拆开来"加以分析是必要的。显而易见,这并不是割裂"体"、"用"这一对概念。我们说中国传统文化有"体用不二"或者说"体用一源"的基本认识,这也不是说在中国传统文化中对于这一对概念的"一方"就没有或者说不可以有所侧重、有所强调,而对其中的另一方有所淡化、有所忽略。恰恰相反,在中国哲学史上,对于"体"、"用"这一对概念的一个方面有所强调,而对另一个方面有所淡化、有所忽略,这种情况的确是存在的。从对于"体"、"用"两个方面中的一个方面有所强调、凸显,对另一个方面淡化、忽略,往往能够反映出论者的学术立场,并能够从中透露出学风转移、时代变迁的某些兆头来。

在对"体"、"用"概念的认识上,历史上有唯心、唯物之分,这也可以理解为是由于对"体"、"用"的两方面中的一个方面有所侧重,而对另一个方面有所淡化、忽略所造成:唯心论者认为"道"是第一性的,主张"无"中生"有","道"中生"器"。唯心论者这里的"道"、这里的"无"也就是"体"的意思;唯物论者则认为"器"是第一性的,主张"器"中有"道","道"寓于"器"。唯物论者这里的"道"也还是"体"的意思。尽管在究竟"道"是第一性的还是"器"是第一性的认识上唯心论者和唯物论者有不同,但他们在对"体"、"用"概念的理解和运用中有如下三点值得注意:

(1)"体"、"用"是相对待之词,"体"为形上,是根本性的;"用"为形下,是"体"的具体的、特殊的表现。《朱子语类》卷一:"未有天地之先,毕竟是先有此理","有是理便有是气,但理是本。"这是唯心论者对"体"("理")的理解。王船山《周易外传》卷二:"天下之用,皆其有者也。吾从其用,而知其体之有,岂待疑哉?"王船山是唯物论者,他论"体"、"用"与朱熹不同。但即便是王船山,他也能够从"有"中看出"无"来,从"用"中看出"体"来,他也没有否认"体"的存在,他也认为"体"为形上,"用"为形下。据此,我们可以说:"体"为形上,"用"为形下,这在中国学术思想史的理解上无异辞。

(2)既然"体"是决定性、根本性的,"用"则是"体"的外在的、具体的、特殊的表现,那么,这一哲学命题本身便已经隐含了"体"重"用"轻的思想芽蘖。或者可以说,这一哲学命题本身便已经隐含着在一定的条件下可以脱化出、发展出"体"重"用"轻观点的思想芽蘖。我们看到,在中国近代关于"中学为体,西学为用"的争论中,"体"重"用"轻的观点正是一部分人长期坚持的。而这一部分人之所以能够"卓有成效"地长期坚持"中学为体,西学为用"的立场,也正是建立在中国传统文化的思想库中本有的"体"重"用"轻的观念基石上的。

(3)既然"体"、"用",一指形上,一指形下,无异议,那么,形上之"体"、之"道",用今天的学科分类的标准来衡量,它应当属于思辨的、哲学的范畴,它制衡着、决定着形下之"用"。而就中国哲学史上的形下之"用"来看,它是指形下践履之"用",它是一个应用性的、带有"实践性"的、"可操作性"的范畴。自宋明以来,"用"的概念内涵明确:它是指伦理道德,纲常名教。换一句话说,在近代以前,从来没有将伦理道德、纲常名教的"用"上升或拔高为"体"来加以认识和论述的。

然而,正是在中国近代八十年进程中,"体""用"这一对原先有确指的概念的内涵发生了重大改变:

(1)原先的"体"在中国近代思想史上的位置"下移"了,"体"的内涵已经不再是中国古代那样的琢磨不透的"形上"一类的东西,即是说,宋明以来人们所理解的形上之"道"、之"体",到了中国近代隐匿或者说不显了。形而上学之"道"被人们所"忽略"或者说被"遗忘",它所"空出"的位置由具有实践性的、"可操作性"的伦理道德和纲常名教取而代之;也就是说,原先的形下践履之"用"在中国近代的地位"上升"了,它变成了根本性的"体",变成了形上之"道"。

(2)在中国近代历程中,原先的"用"上升为"体"以后,它所"空出"的位置,又由"西学"所替代,西学变成了形下之"用"。而西学之"用"本身也经历了一个"发育"、"完善"的过程,即是说,西学本身也经历了一个从"形下"到"形上"、从具体到"抽象"、从器物到制度再到思想意识这样一个逐步"上移"的过程。但在西学被采用之初,它却从整体上被视为与"体"相对立的"用"。

在中国近代历史进程中之"体""用"内涵的改变及其位置的移动;宋明以来人们所理解的形上之"道"、之"体",到了中国近代隐匿不显;"体"不断向比较"具体化"、具有"可操作性"的纲常名教靠拢等,探讨这些问题,并不是毫无意义的。如果说在近代以前的中国儒学发展史,在某种程度上就是一部"道德形上学"的发展史,那么,我们就应当承认,近代以前的历代儒学思想家都或多或少对于打通由道德进至本体论、宇宙论的进路问题,从而探得对于"实在"(本体、终极存在)的理解和把握的问题上作出过他们的努力。然而,中国儒学的这一传统,在中国近代的很长一段时期内中断了或者说被忽略、被遗忘,这从中国近代历史进程中之"体""用"内涵的改变及其位置的移动的问题上能够得到比较典型的反映。因此,就浅层次上说,对上述这些问题的探讨,我们至少可以追寻本体意义的"形上学"在中国近代历史上的发展际遇与轨迹;如果再上一个层次来考虑,则弄清这一问题的来龙去脉对于如何重新确立形上学在学术上的应有地位,也具有历史的借鉴意义。

王国维先生说得好:

> 无论古今东西,其国民之文化苟达一定之程度者,无不有一种之哲学。而所谓哲学家者,亦无不受国民之尊敬,而国民亦以是为轻重。……光英吉利之历史者,非威灵吞、纳尔孙,而培根、洛克也。大德意志之名誉者,非俾思麦、毛奇,而汗德、叔本华也。即在世界所号为最实际之国民如我中国者,于《易》之"太极",《洪范》之"五行",周子之"无极",伊川、晦庵之"理气"等,每为历代学者研究之题目,足以见形而上学之需要之存在。而人类一日存此学,即不能一日亡也。而中国之有此数人,其为历史上之光,宁他事所可比哉!①

被王国维先生誉为代表着中国"历史之光"、"宁他事所可比哉"的形上学在中国近代很长一段时期内遭受冷遇,原因何在?我认为,中国近代形势危急,救亡图存任务急迫,更重要的是长期以来盘踞于中国知识分子脑际的资治意识,缺乏"知性"的"学统",这些因素的综合效果致使从事精神思想文化工作的人们根本没有闲暇再去考虑"不着边际"的形上之"道",这恐怕不能不是主要原因之一。形上学重新被学人们所论及,要到甲午战败以后,"西学"本身已经经历了发育,由形下学发展到了形上学的阶段,一些主张维新变法、主张对于西学"体用兼采"的人们,因采用西学之"体"的需要,转而对于形上之体亦不能不有所涉及,故而对于形上学有了初步的论述;而

---

① 《奏定经学科大学文学科大学章程书后》,《王国维遗书》第五册之《静安文集续编》,上海古籍出版社1983年版。

真正意义上的形上学本体重建,则要到受着五四以后全盘否定中国传统文化思潮的刺激,希望对此作出回应的"新儒家"时期,那是要到熊十力、冯友兰、梁漱溟的时期了。在"中学为体,西学为用"的时代争论中,中学之"体"的堤防受到了来自西学之"用"的不断冲击而在一点一点、一块一块、一段一段地崩塌、溃退。随着西学之"用"本身由"下"而"上"的不断发育完善,到了20世纪初,全盘西化的思潮终于出现,它作出了某种企图将中学之"体"、将中国传统文化彻底吞噬的姿态。当然,这种企图并没有实现,而对这一问题的阐述,已经事关中国现代史上的学术思想变迁。

鸦片战争掀开了中国近代历史血腥的一页,为"体"、"用"概念内涵的改变与推身移步创造了一个前所未有的社会环境。在鸦片战争中,列强的坚船利炮叩开了天朝闭关自守的大门,一向被老大自居的中国所看不起的"外夷"居然就这样打败了老大,中国军民的血肉之躯居然就是阻挡不住"外夷"侵略的脚步,在遭受到战争失败、割地赔款这一创深痛剧、旷古未有的大变局之后,一部分先进的中国人开始从骄虚和无可名状的优越感中清醒过来。在战争的第一次碰撞中,产生了像林则徐那样的"开眼看世界"的第一代代表,产生了魏源那样的第一代思想家。

林则徐主张发展中外正当贸易,反对封关禁海政策,与颟顸的官员"骄傲自足",轻慢各种"蛮夷","不加考究"的盲目排外形成鲜明对照的是,林则徐努力探求外国的新知识,"署中养有善译之人,又指点洋商通事引水二三十位官府,四处探听,按日呈递"①。林则徐又根据所掌握的资料,编译并撰写了《四洲志》、《华事夷言》、《各国律例》,开始介绍外国的政治、社会和历史状况。

作为一位与林则徐同时代的人,作为那个时代的思想代表魏源的"体用"观在鸦片战争前后发生过重要的变化。分析这种变化,对于勾勒出传统的体用观在鸦片战争的巨大影响下发生了怎样的变化具有某种"样本"的意义。

《默觚》是魏源在鸦片战争以前最重要的作品。其中曾经论及"体用"的问题,魏源说:"曷谓道之器?曰'礼乐';曷谓道之断?曰'兵刑';曷谓道之资?曰'食货';道行诸事谓之治;以其事笔之方策,俾天下后世得以求道而制事,谓之经;藏之成均、辟雍,掌以师氏、保氏、大乐正,谓之师儒;师儒所教育,由小学进之国学,由侯国贡之王朝,谓之士;士之能九年通经者,以淑其身,以形为事业,则能以《周易》决疑,以《洪范》占变,以《春秋》断事,以《礼》、《乐》服制兴教化,以《周官》致太平,以《禹贡》行河,以《三百五篇》当谏书,以出使专对,谓之以经术为治术。曾有以通经致用为诟厉者乎?"②

魏源上述言论甚明。一方面,他所说的"体"就是"道","体"仍然是指"形上"的带

---

① 魏源的《海国图志》录外人报纸语。
② 《默觚上·学篇九》,《魏源集》,中华书局1976年版,第23页。

有"本体意义"的概念。——魏源并没有否认"体"本身的存在；在鸦片战争以前，魏源的"体"也还没有"下移"到像后来那样专指形下践履之"用"的纲常名教。我们知道，魏源主张"体用一源"①，按照魏源的意见，倘若沉湎于"纯粹"的求"道"而忘记了通经致"用"，那么，这样的"道"是"虚"而不"实"的。但这并不影响"体"是指形上这一点，只不过形上之体需要通过形下之用才能体现出来。与此同时，魏源的"用"是指纲常名教、伦理道德规范，是指"道之器"、"道之断"、"道之资"的种种有裨于教化的"实用性"内容。这一点也是明确的。换言之，在鸦片战争以前，魏源所谓的"用"一点也不涉及"师夷"亦即向"夷"学习、向西方学习的任何内容。也就是说，直到了鸦片战争以前，在像魏源那样敏锐的思想家们的观念中，关于"体"、"用"的内涵释解，仍然承袭着传统，并没有发生后来那样将"体"说成是纲常名教，将"用"指陈为"西学"的变化。

促使魏源体用观发生重大变化的是那场"凡有血气者所宜愤悱，凡有耳目心知者所宜讲画也"②之鸦片战争。在林则徐失败以后，作为林的好友，魏源慨然承担起林未竟的事业，在林的《四洲志》《华事夷言》的基础上，再加搜寻史料，撰成了《海国图志》（先五十卷，后又增补为六十卷、一百卷）。"《海国图志》六十卷，何所据？一据前两广总督林尚书所译西夷之《四洲志》，再据历代史志及明以来岛志及近日夷图、夷语。钩稽贯穿，创榛辟莽，前驱先路。……是书何以作？曰：为以夷款夷而作，为以夷攻夷而作，为师夷长技以制夷而作。"③

"师夷长技以制夷"，这是一个逻辑严密的天才的口号。之所以说它是"天才"口号，因为这个口号一下子就切中了时代发展的脉搏，它已预示了今后八十年甚至更长时间内时代进程的大方向，那就是：学习西方。因而这又是一个有着全新指导意义与深刻思想内涵的口号。王韬说："当默深先生时，与洋人交际未深，未能洞见其肺腑，然师长一说，实倡先声。"④王韬的这个赞誉是中肯的。

魏源所提口号中最重要的一个词就是"师夷"，也就是以"夷"为"师"。师夷的什么？魏源提出师夷之"长技"。"长技"一辞最初当然是指"技术"一类的东西，但"长技"的内涵是可以变化的，它可以扩大为统指西人的"长处"。也就是说，随着时代的发展及需要的变化，"长技"的内涵未必只能局限在"技术"范围内，它可以由指技术而扩大为指陈整个西人的"长处"。这里，"长技"一辞内涵的模糊性恰恰为这一辞本身注入了强大的生命力。与此同时，这一口号的目的性也很明确：师夷之长技旨在"制夷"，使中华民族具备抵御西人入侵的本领。这个目的符合中国近代御侮图强的时代主旋律。

---

① 《默觚上·学篇九》，《魏源集》，中华书局1976年版，第23页。
② 《海国图志叙》，《魏源集》，第208页。
③ 同上书，第207页。
④ 《扶桑游记》。

第五章　中国近代史上的疑古思潮

魏源在《海国图志叙》中又说："然则执此书即可驭外夷乎？曰：唯唯，否否！此兵机也，非兵本也；有形之兵也，非无形之兵也。明臣有言：'欲平海上之倭患，先平人心之积患。'人心之积患如之何？非水，非火，非刃，非金，非沿海之奸民，非吸烟贩烟之莠民。故君子读《云汉》、《车攻》，先于《常武》、《江汉》，而知《二雅》诗人之所发愤；玩卦爻内外消息，而知大《易》作者之所忧患。愤与忧，天道所以倾否而之泰也，人心所以违寐而之觉也，人才所以革虚而之实也。"①

这里，魏源提出了"欲平海上之倭患，先平人心之积患"的问题，并认为，与师夷相比，前者还只是"兵机"而非"兵本"，"兵本"当然重于"兵机"，"机"、"本"相对，当得"用"、"体"相对。在魏源看来，平人心之积患才是根本性的。魏源提出的"本"，即是人心的"革虚之实"、"违寐"觉醒，他所要求的是"以实事程实功，以实功程实事，毋冯河，毋画饼"的崇实精神，这种精神要从中国传统文化中汲取，从《云汉》、《车攻》、《周易》中得到。"兵本"重于"兵机"，"兵机"是谓师夷，这里，魏源似乎已经朦胧地触及了以中国传统文化为本、以西学为用的观念之崖略。

第二次鸦片战争的失败以及自给自足的自然经济的初步解体、沿海城市的开埠通商以及洋务运动的兴起，这一切，促使人们的思想观念进一步发生变化。1861 年冯桂芬在《校邠庐抗议》中写道："有天地开辟以来未有之奇愤，凡有心知血气，莫不冲冠发上指者，则今日之以广运万里地球中第一大国，而受制以小夷也。……如耻之，莫如自强。夫所谓不如，实不如也。忌嫉之无益，文饰之不能，勉强之无庸……道在实知其不如之所在，彼何以小而强，我何以大而弱，必求所以如之，仍亦存乎人而已亦。"②"法苟不善，虽古先吾斥之；法苟善，虽蛮貊吾师之。"③

对于"夷"怎样去"师"？冯桂芬的结论是："以中国之伦常名教为原本，辅以诸国富强之术。"

拿冯桂芬的主张与魏源相比，其间精神实质上的一脉相承显而易见。冯自己也说："魏氏源论驭夷，其曰：'以夷攻夷，以夷款夷。'无论语言文字之不通，往来聘问之不习，忽欲以疏间亲，万不可行……愚以为不能自强，徒逞谲诡，适足取败而已。独'师夷长技以制夷'一语为得之。"④

但比起魏源的"师夷之长技以制夷"来，冯桂芬的主张又有不一样之处：冯说"以中国之伦常名教为原本，辅以诸国富强之术"，很明显，这个一"本"一"辅"带有本"重"辅"轻"，也就是中国之伦常名教重于"诸国"即西人富强之术的意味。与魏源相比，冯桂芬的主张已明显向"中体西用"的方向迈进了一步。而且，正是从冯桂芬开始，"本"

---

① 《魏源集》，第 207 页。
② 《校邠庐抗议》卷下，《制洋器议》。
③ 《校邠庐抗议》卷上，《收贫民议》。
④ 《校邠庐抗议》卷下，《制洋器议》。

的"位置"下移,它脱离了原先意义上的形上之"道"所应当拥有的地位,而带有了向形下践履之用靠拢的倾向。

19世纪七、八十年代以后,一直到90年代初,随着对西方机器、舰船等的利用到种种声、光、电、化书籍的翻译、介绍,国人对"洋务"认识范围在不断扩大,理解也在逐步深化。这一时期洋务运动全面开展,所以讨论"中体西用"的言论多了起来。这一时期谈论"中体西用"的代表人物,陈旭麓先生在《论"中体西用"》一文中列举了王韬、郑观应等人,陈先生认为:

> 对于中学,他们率多以抽象的"道"来概括,也可以从上引的许多人的话中看到各种表述:或说"伦常名教",或说"四书五经,中国史事、政书、地图",推而及于中国旧有的文化皆属之,其核心则为"伦常名教"。

陈先生的这个观点笔者基本上赞同,只是对于陈先生所说"对于中学,他们率多以抽象的'道'来概括"一语有些许不同的看法。的确,对于中学,当时人们多曾以"道"字来概括,但这个"道"位置既已"下移",也就不再"抽象",恰恰相反,这个"道"现在已经是"具体"的了。郑观应《盛世危言·西学》:"合而言之,则中学其本也,西学其末也。主以中学,辅以西学。"

郑观应的中学之"本",并非指"形上",而是指可以拿来"用"、拿来"操作"的"形下"。因为郑观应指责"学者骛虚而避实"的学风导致的结果是"率天下而入于无用之地,而中学日见其荒"。那么,要使中学不"荒",当然是使中学重新回复到"有用"之途。这个"用",也就是郑观应在同文中所强调的中国"古已有之"、"西人特踵而行之"的"声光电化"。

在八、九十年代的洋务派思想界中,王韬是一个喜欢谈"道"的人,但他的"道"论,充满实用主义的色彩。在《变法上》中,王韬一方面强调学习西方"变法"的重要性,谓:"呜呼!至今日而欲辩天下事,必自欧洲始,以欧洲诸大国为富强之纲领,制作之枢机,舍此无以师其长而成一变之道。"但另一方面,王韬又认为,欧洲现有的"铜龙沙漏、璇玑玉衡、钟表之法、火药之制",我中国早已有之,这些东西"皆器也,而非道也,不得谓治国平天下之本也。夫孔子之道,人道也。人类不尽,其道不变。三纲五伦,生人之初已具,能尽乎人之分所当为,乃可无憾。圣贤之学,需自此基。"[1]王韬在《原道》中又说:"道不外乎人伦。苟舍人伦以言道,皆其歧趋而异途者也,不得谓之正道也。"[2]

很明显,王韬这里虽然用了一个"道"字,但这个"道",绝非"形上"之道、"抽象"之

---

[1]《韬园文录外编》,第51页。
[2]《原道》,《韬园文录外编》,中州古籍出版社1998年版,第35页。

道,而是"三纲五伦"的"形下"之道,是"具体"之道。凡是外乎人伦日用的任何"道",在王韬这里都成了"歪门邪道",王韬的这个"道",怎么会是"抽象"的形而上学之"道"呢?对于那些不懂"内圣外王之学"、"治国经野之道"、"强兵富国之略"的"无用者"①,王韬充满了鄙夷,在王韬看来,只有那些懂"钱谷"、知"兵刑"的人,才可以称之为"人才",那么,那些专门从事"学术研究"的"纯"文人——其中当然也包括那些从事形而上学之"道"的研究者,在王韬的"人才序列"中有没有地位?他们是没有地位的,这样的人是称不上"人才"的。王韬在《原士》中说:"为上者,教养皆有实用","设以学时文之精力,专注于器艺学术,即不能出而献诸大廷,而终有一技之长,一材之擅,足以终身用之而有余",只有严格按照"有用""无用"的标准来取士,"用之严,则自不得以空文侥幸于一时,而无实之士,自转而归于农工商贾,以各遂其生"②。

时文取士之迂腐自不必论。问题在于,为"空文"者并非都是些"趋时文"者。王韬以"实用"二字一刀切下去,那些从事精神文化生产的人们,因学之无关乎"实用",也就被一刀切走了,他们的确只能像王韬所说的那样,走"归于农工商贾,以各遂其生"之路了。王韬在同文中说"今日风俗之弊,皆在'嗜利'二字",此说极是。以古鉴今,古今同然。王韬以"实用"为归衡骘学术,其心其情虽可恕,然其意终不可取。

倘若以王韬、郑观应的"道论"拿来与朱熹作一番对比,问题就更清楚了。朱熹《与陆子静书》:"凡有形有象者即器也,所以为是器之理者,则道也。""形而上者,无形无影是此理。形而下者,有情有状是此器。"

很显然,朱熹的道论才是一种真正意义上的"形上学",朱熹的"道"的确是"看不见"、"摸不着"的。这种虚而又虚之论,带有本体意义的哲学化倾向,在亡国灭种的危机时刻压迫着时人脑际的中国近代,人们是不可能作如是计较的。这正如王韬在《变法下》中所说:"天下事从未有尚虚文而收实效者。""文"而冠以"虚",文本身的价值已经被抹杀殆尽。王先谦在《条陈洋务事宜疏》中亦曾以调侃的口吻谈到,若不是中国近代内忧外患以及"兵事"的磨砺,"曾国藩、李鸿章或不过以文学侍从终其身,乌能为国家效命哉!"文学侍从何足挂齿!以"文学"终其身就不算为"国家效命",亦不能为国家效命。不管王先谦这种急功近利之论在今天看来多么迂腐,但它对于中国近代一般文人士大夫治学价值取向的描述是真确的。那么,在这种治学取向之下,形而上学之"道"当然没有了位置,"道"的位置"下移",它被"有用"的、"可操作性"的"践履性"内容所取代,也就是一件顺理成章的事了。

甲午战争的失败给了中华民族以巨大的创痛:搞了三十年的洋务,"富国强兵"的美梦竟然落得一个割地赔款的结局,这就不免使人们对洋务运动,同时也对这一运

---

① 《原才》,《韬园文录外编》,第44页。
② 《韬园文录外编》,第49页。

动的精神主旨"中体西用"产生了怀疑。但在另一方面,从60年代以后开始的向西方学习的浪潮,并没有也不可能因为甲午战争的失败而告终止,恰恰相反,甲午战后,中国向西方学习的步伐加快了,这就使得到底怎样采西学、怎样向西方学习的社会命题更加凸显,"中体西用"的讨论也获得了一个更加合适的历史氛围。我们看到,正是从甲午战争以后,关于"中体西用"问题其讨论的深度和广度都大大超过了战前。诚如梁启超在《清代学术概论》中所说:"甲午丧师,举国震动,年少气盛之士疾首扼腕言'维新变法',而疆吏李鸿章、张之洞辈,亦稍和之。而其流行语,则有所谓'中学为体,西学为用'者,张之洞最乐道之,而举国以为至言。"

"中学为体,西学为用"的口号"举国以为至言",梁启超作为亲身经历过那场时代巨变的人,他的话生动点明了甲午战败对于探讨中体西用问题的巨大影响力。也正是因为梁启超的话,后世遂将张之洞作为"中学为体,西学为用"论的代表。实际上,就"体"、"用"这一对概念本身所涉及的内涵来看,张之洞所代表的那一派人并没有为其增添多少新内容,因为他们的主张所能够达到的深度与高度,并没有超过七、八十年代到90年代初郑观应、王韬等人的水平。

1898年《劝学篇》面世。张之洞写道:"新旧兼学,四书五经、中国史事、政书、地图为旧学;西政、西艺、西史为新学,旧学为体,新学为用。"

作为封疆大吏,更作为"清流"之扛鼎,杏坛之领袖,张之洞提出"中体西用"的口号当然是有号召力的。但是,不应忘记张之洞作《劝学篇》的另一宗旨,那就是抵制维新变法的"抵康梁"。所以,张之洞虽然也主张以西学为用,但这个"用"是在保护中学为"体"、保护中国的伦常名教前提下的"用"。如《劝学篇·序》:"图救时者言新学,虑害道者守旧学,莫衷于一。旧者因噎而食废,新者歧多而羊亡。旧者不知通,新者不知本。不知通则无应敌制变之术,不知本则有非薄名教之心。""内篇务本,以正人心"①《内篇明纲第三》也说:"君为臣纲,父为子纲,夫为妻纲……五伦之要,百行之原,相传数千年,更无异义。圣人所以为圣人,中国所以为中国,实在于此。"②

这里,张之洞的"本"其意甚明,他是指伦常名教而不是指其他,更不是指形而上学之"道"。

就在张之洞发表《劝学篇》的同年六月,光绪帝下"诏定国是",其中说道:"中外大小臣工,自王公至于士庶,各宜发愤为雄,以圣贤之学植其根本,兼博采西学之切时务者,实力讲求,以成通达济变之才。"

光绪帝在"国家大诰"中提出了中体西用主张,这应当看作一种"国家意志"的表示。当然,作为一国之主,光绪之主张采西学也是在保护中学之"体"——纲常名教前

---

① 《劝学篇》,中州古籍出版社1998年版,第41页。
② 同上书,第70页。

提下采纳西学之"用"。

　　张之洞、光绪帝主张中体西用,代表着中国上层对于中体西用主张的接纳;西学为用终于在中国权力中心内部和社会顶层获得认可,这预示着采西学或者说向西方学习已经成为一种不可逆转的潮流而为"各类人物"所接受,"并成为各自要求维新变法的原则,谁也没有怠慢这个原则"①。这样,我们看到,自60年代发轫的中体西用思想,经过了七、八十年代的壮大,到了90年代终于发皇成为上层社会普遍接受的观念。西学经过长时期的渗透、浸淫、与中华民族的"磨合",甲午战败经历创痛巨深的大刺激,即便是那些反对"维新"的人,对于向西方学习也就是对于采"西学",态度也早已不是二三十年前那样"冥顽不化"了。即以慈禧太后为例,从形迹上看,慈禧太后作为扼杀戊戌变法运动的刽子手,她反对变法、敌视西学似乎应当毋庸置疑。但实际上,慈禧对戊戌变法运动的发难,并不主要针对运动本身所含有的西学内容,更重要的原因在于变法运动威胁到了慈禧独霸朝纲的地位。换言之,慈禧反对变法,出于反对采用西学的意图少,出于巩固地位的考虑多。只要对统治没有威胁,采用西学对于慈禧来说并非不能接受。戊戌变法运动失败以后,慈禧"主动"对原有体制进行改革,戊戌变法运动中提出的许多主张,也是通过慈禧之手实现的,从某种意义上说,慈禧可看作戊戌变法运动的"遗嘱执行人"。那么,如果没有对于变法,对于采用西学一定程度的认可,由慈禧来充当这样一角色是匪夷所思的。

　　现在需要讨论的问题是:甲午战败以后的"体用观"内涵发生了怎样的变化。我们看到,直到甲午战败以后,知识界对于"体"这样一个概念的认识与运用,一般仍然局限在纲常名教形下之"用"的水平而未能将其"上升"或者说"还原"为形上之"道"的高度。换言之,甲午战败以后,本体意义上的"形上学"仍然没有在学术圈内得到普遍重视。

　　如前所说,随着西学之"用"对中学之"体"的侵蚀,西学之"用"本身也经历了一个由"形下"往"形上"走的自身发育过程,它的位置不断"上移",恰与中学之"体"位置的"下移"形成鲜明的对照。到了甲午战败以后,西学本身已经走过了一条由器物到学校教育到政治制度的逐渐"上升"路程,它现在正在向思想观念的领域渗透:西学的"形上学"到这时已经初具形样了。值得注意的是,正是在甲午战败以后关于体用问题的大讨论中,中国思想界出现了个别翘楚。这是一些早年受过西方文化熏陶与严格训练的人,正是他们,在探讨救亡图存方略的过程中开始有了方法论方面的认识,他们开始了对思想观念本身的必要性与合法性问题的思考,开始了对包括形上学在内的"学"的重视。他们由对洋务运动的反思性批判而否定"中学为体,西学为用",又由对"体"、"用"内涵的深刻理解进而探讨了学术的独立性和应有地位问题。

---

① 陈旭麓先生评价语。

严复是他们中的佼佼者。

1877年严复留学英国,他学的虽然是海军科目,但他更大的兴趣却是在西方的哲学、社会学方面。严复受过英国自由主义文化的熏陶与训练,甲午战败的巨大刺激,将他推上了历史舞台。正是从1895年以后,严复开始撰文发论,成为站在时代前列的号角手。

1895年甲午战败,严复"腐心切齿,欲致力于译述以警世"①,撰《论世变之亟》,他说:"今之称西人者,曰彼善会计而已,又曰彼擅机巧而已,不知吾今兹之所见闻,如汽机兵械之伦,皆其形下之粗迹,即所谓天算格致之最精,亦其能事之见端,而非命脉之所在。其命脉云何?苟扼要而谈,不外于学术则黜伪而崇真,于刑政屈私以为公而已。斯二者与中国理道初无异也,顾彼行之而常通,吾行之而常病者,则自由不自由异耳。夫自由一言,真中国历古圣贤之所深畏,而从未尝立以为教者也。彼西人之言曰:惟天生民,各具赋畀,得自由者乃为全受。故人人各得自由,国国各得自由,第务令无相侵损而已。侵人自由者,斯为逆天理,贼人道。……"②

这里,严复并没有刻意去讨论"体"、"用"这一对概念的内涵,但他将西学中的"汽机兵械之伦"以至于"天算格致",与学术的"黜伪而崇真"、刑政的"屈私以为公"相对举,一为"形下之粗迹",一为"命脉之所在",很显然,严复的论述带有突出"形上学"的意味。他把"命脉"作为"形下"的对立物,那么,"命脉"也就是"形上"的"本根",是"体";而形下之"粗迹"可以理解为是"用"。严复将学术提到命脉之"体"的高度来认识,在晚清那种急功近利笼罩下的学术氛围中可谓空谷足音!为什么这样说?因为在这里,严复提出了治学"黜伪而崇真"的主张,他也就是在提倡一种学风;他强调"其论一事,持一说,必根据理极,引其于至真之原,究其极于不遁之效"③的一种探求真理的治学态度,并且将治学"黜伪而崇真"与人的自由相联系,这个"自由"是指不受外力压迫,摒除政治奴役的"学术独立"与"精神自由";他用西方天赋人权的理论与"历古圣贤之所深畏,而从未尝立自由为教"的中国相比对,严复这里已经扪及了中国封建专制统治对包括思想与学术在内的人的种种自由的侵犯与扼杀之要害。

同年,严复又撰《原强》,这是一篇内在逻辑性很强的论文,全篇宗旨即在于探讨强国之"原"亦即救亡图存之"本"。文中严复起首便高度评价了达尔文《物种起源》,谓"自其书出,欧美二洲几于家有其书,而泰西之学术政教,一时斐变"。严复这里再次对学术的重要性给予了非同一般的强调。然后,又从达尔文的进化论进而论到斯宾塞的社会学理论,文中以斯宾塞与达尔文相杂糅,关注的重点,则在斯宾塞的"群

---

① 严璩编:《侯官严先生年谱》。
② 郑振铎编:《晚清文选》,上海生活书店1937年版,第668页。
③ 《原强》,郑振铎编:《晚清文选》,第657页。

学"即社会学对于正面临救亡图存历史任务的中国所具有的理论指导意义。严复说："故学问之事,以群学为要归,唯群学明,而后知治乱兴衰之故,而后有修齐治平之功",而"群学"又以"睿智慧,练体力,厉德行三者为之纲"①。

这里,严复将"睿智慧"放在"三纲"之首,也就将"学问"放在了"治乱兴衰之故"、"修齐治平之功"的首位。严复论"睿智慧",他说："其开民智奈何?今夫尚学问者,则后事功,而急功名者,则轻学问。……顾功名之士多有,而学问之士难求,是则学问贵也。东土之人,见西国今日财利……及观其治生理财之多术,然后知其悉归功于亚丹斯密之一书,此泰西有识之公论也。是以制器之备,可求其本于奈端(牛顿),舟车之神,可推其原于瓦德,用灵之利,则法拉第之功也,民生之寿,则哈尔斐之业也(按,指哈维发现血液循环对医学的重大贡献。——笔者)。而二百年学业昌明,则又不得不以柏庚氏(培根)之摧陷廓清之功为称首。学问之士,倡其新理,事功之士,窃之为术,而大有功焉。故曰:民智者,富强之原,此悬诸日月,不刊之论也。"②

"尚学问者,则后事功,而急功名者,则轻学问。"严复蔑视那种急功近利的"轻学问"之徒。这也就是他所说的"顾功名之士多有,而学问之士难求,是则学问贵也"。急功近利之徒多而易得,沉潜耽学者少而难求,于是"学问贵"。"学问贵",除了学者少而难求以外还有没有其他理由?在考察了西方之所以富强的原因后,严复强调了西人"学"与"术"的关系分野。严复提到亚丹斯密(即亚当·斯密)的经济学与西方的财政制度,牛顿、瓦德(即瓦特)的物理学与西方的制造业,哈维的基础理论与西方医学以及培根的哲学与西方"二百年学业昌明"的关系。在严复的认识中,前者是"本"、是"体",后者是"术"、是"用",前者对于后者是指导与被指导、决定与被决定的关系。从学术本体的角度,我们可以说,正是严复,正是严复的体用观,还给了"体""用"概念以它本有的内涵,把在中国近代长期以来被颠倒的体用概念重新更正了过来。因为作为根本之"体"的亚丹斯密的经济学,牛顿、瓦德的物理学,哈维的医学,培根的哲学,它们不仅都是"学",而且都是学中的"形上学"(相对于上述诸学之"应用"而言),特别是严复认为培根的哲学方法论制约着一切"用",是一切"用"之本源所在,这就尤其还了"体"这一概念内涵原有的形上学意义。据此,我们也就可以说,正是严复的体用观,在中国近代首先重新认识到了长期以来被轻视、被忽略了的本体意义的形上学——放大了来看,亦即一切"纯"学术——的重要性,给了学术以应有的地位。尤其重要的是,严复破天荒地涉及并阐明了一个"学"与"术"关系的重大理论问题,即:有"学"之"体"才有"术"之"用","学"在先,"术"在后,"学"为"术"之本原,也就是"体"为"用"的渊源:严复将"学"与"术"作了清晰的区别。

---

① 《原强》,郑振铎编:《晚清文选》,第 658 页。
② 同上书,第 665 页。

严复说:"今者言时务者,人人皆言变通学校,设学堂,讲西学矣,虽然谓十年以往中国必收其益,则又未必然之事也。何故? 旧制尚存,而荣途未开也。夫如是,士之能于此深求而不倦厌者,必其无待而兴即事而乐者也。"①严复这里所指虽是科举取士,认为科举制导引读书人都往事功的路上奔竞,然而,严复明确指出了"政策导向"的制约作用。"制度设计"却是掌握公权者的义务,是帝王朝廷的权力。制度本就急功近利,不重视"学"之重要,"荣途"不开,不鼓励或者说不给"学"以应有的地位,又怎能要求学术界沉下心来"作学问"? 这是问题的症结所在。这个认识,不仅在严复时代具有重大理论意义,即便在百年后的今天,其活泼泼的现实性仍然富有强大的生命力。

严复之论的重要意义复在于,他提出了应当效仿西方那种穷究物理的"格致"精神,即所谓"其为事也,一一皆本诸学术,其为学术也,一一皆本于即物实测,层累阶级,以造于至精至大之途。故蔑一事焉,可坐论而不足起行者也。苟求其故,则彼以自由为本,以民主为用"。"其为事也,一一皆本诸学术",意在表彰一种办事精神,它竟然暗合今天"尊重科学,尊重知识"的旨趣。而"其为学术也,一一皆本于即物实测,层累阶级,以造于至精至大之途",则是指治学的那种实事求是、穷究底蕴的科学态度。无论是办事还是治学,都要有一种科学精神(严复这里所凸显的"其为事也,一一皆本诸学术"尤其具有现实的借鉴意义)。是故有论者在考察了从"格致"到"科学"口号的演变历程后谓严复实开五四新文化运动"科学"口号与思想之先声②。

严复早在1895年就已对"学"与"术"有了"体"和"用"深刻而超乎同侪的认识,因此才会有"宣统二年"(1910年)他在《古今文钞序》中对"学"与"术"所作的精辟阐述:

> 盖学之事万途,而大异存乎术鹄。鹄者何? 以得之为至娱,而无暇外慕,是为己者也,相欣无穷者也。术者何? 假其涂以有求,求得则辄弃,是为人者也,本非所贵者也。为帖括,为院体书,浸假而为汉人学,为诗歌,为韩欧苏氏之文,樊然不同,而其弋声称、网利禄也一。凡皆所谓术,而非所谓鹄者。苟术而非鹄,适皆亡吾学。③

中国向有"为己之学"与"为人之学"的区别。士君子亦均无不向往"为己之学"那种"以得之为至娱,而无暇外慕,相欣无穷"的美好境界。世俗的困乏却每每牵累士子多趋于"为人之学",在急功近利学风弥漫全国上下的中国近代尤其如此。"苟术而非鹄,适皆亡吾学",这里,严复已将学人自身能否有"为己之学"的修养与把持,提到了"学"本身还能不能继续存在下去的深度与高度。他谈到自帖括以至于"韩欧苏氏之

---

① 《原强》,郑振铎编:《晚清文选》,第666页。
② 请参阅《中央研究院"近代史研究所集刊"》(台湾)第24期上册杨翠华文。另,有关"科学"一词的演变源流,可阅樊洪业:《从"格致"到"科学"》,载《自然辩证法通讯》卷十第55期(1988年)。
③ 载郑振铎编:《晚清文选》,第652页。

文"种种所谓的"学","皆所谓术,而非所谓鹄者","其弋声称,网利禄也一",对于浸淫于中国士大夫脑际,带有强烈功利性的种种治学目的论(其中当然首先包括资治治学观)对学术发展的负面影响,严复的斥责值得深思而再深思!

要之,在中国近代史上,严复是第一位注意到学术的重要性,彰显学术独立性的杰出学者。通过《原强》、《论世变之亟》、《天演论》插语、按语等名篇和名著,严复呼吁学界摒弃急功近利目的论,端正学风,维护学术的独立性,比起他介绍"物竞天择,适者生存"的"线性进化论"来,前者的理论贡献实远远超迈后者,其先进性绝不应低估。虽然受时代的局限,严复上述主张未能得到学界的普遍认同,诚如陈旭麓先生所说:"学术的历史是由社会的历史规定的,与'名学'(逻辑)相比,中国社会更需要可以致用于为民族寻路的哲学,粗糙的'稗贩'之所以能够打动人心,其原因盖在于此"①,然而,理论的正确性应放在历史的长河中加以检验,其生命力的强大与久远之鉴定更不能以"当时"合理与否为圭臬。从严复以后直到五四新文化运动前后,坚持学术独立性的思想曾一度勃兴,章太炎、梁启超、王国维、胡适、顾颉刚等均曾有过这方面的大量论述。此种论断在中国学术史上的出现少之又少,因此弥足珍贵并发人深思。例如,长期热衷于政治的梁启超在 1902 年所撰《论学术之势力左右世界》一文中就说:"亘万古,袤九垓,自天地初辟以迄今日,凡我人类所栖息之世界,于其中而求一势力最经久者何物乎?"它既不是"亚历山大狮吼于西方"或"成吉思汗之龙腾于东土"之"威力",也不是"梅特涅执牛耳于奥大利(奥地利)"或"拿破仑第三弄政柄于法兰西"之"权术"。"天地间独一无二之大势力"是人类智慧的结晶——学术思想。梁启超列举了哥白尼的天文学,培根、笛卡尔的哲学,孟德斯鸠的法学,卢梭的天赋人权说,富兰克林的电学,瓦特的机器学,亚丹斯密的经济学,伯伦知理的国家学说,达尔文的生物学,以及福禄特尔、托尔斯泰等人的文学创作,认为这才是推动社会前进的"大势力"。"凡我等今日所衣所食所用所乘所闻所见,一切利用前民之事物,安有不自学术来者耶?"梁启超此一说,虽然尚未提出学术的独立性,但他将学术影响于历史发展的作用提到如此高度,实已发 20 年代梁氏批判"不以学问为目的而以为手段"的中国学术"积弊"之先声,同时这也可以看作梁氏经数十年以学术为政治工具的"治学"体验后觉悟的表示。

曾经深受严复影响的王国维在 1902 年发表的《奏定经学科文学科大学章程书后》一文中也指出,张之洞制定的大学分科章程存在重大失误:

> 其根本之误何在?曰在缺哲学一科而已。夫欧洲各国大学无不以神、哲、医、法四学为分科之基本。日本大学虽易哲学科以文学之名,然其文科之九科

---

① 《近代中国社会的新陈代谢》,上海人民出版社 1992 年版,第 222 页。

中,则哲学科蓦然居首,而余八科无不以哲学概论、哲学史为其基本学科者。

王国维又指出:

> 无论古今东西,其国民之文化苟达一定之程度者,无不有一种之哲学,而所谓哲学家者,亦无不受国民之尊敬,而国民亦以是为轻重。①

1907年,王国维撰《文学小言》,他又写道:"昔司马迁推本汉武时学术之盛,以为利禄之途使然。余谓一切学问皆能以利禄劝,独哲学与文学不然。何则?科学之事业皆直接间接以厚生利用为旨,故未有与政治及社会上之兴味相刺谬者也。至一新世界观与一新人生观出,则往往与政治及社会上之兴味不能相容。若哲学家而以政治及社会之兴味为兴味而不顾真理之如何,则又绝非真正之哲学。此欧洲中世哲学之以辩护宗教为务者所以蒙极大之耻辱,而叔本华所以痛斥德意志大学之哲学者也。"②

学术的独立价值,因为其中蕴含尊重作为"人"的学者的"精神自由"因子,因而是自为自在的。黑格尔指出:"科学"虽然"作为服从其他目的的思考",也可以"作为偶然手段"用来"实现特殊目的",但"在这种场合,它就不是从它本身而是从对其他事物的关系得到它的定性"。因此,"科学"应当"脱离它的从属地位,提升到自由独立的地位,达到真理。在这种地位,它就无所以求,只实现它自己所特有的目的。只有靠它的这种自由性,美的艺术,才成为真正的艺术"③。如此看来,严复关于坚持学术独立性的论述正是中国社会"近代化"一个不可或缺的重要环节。从这个意义上说,将严复的相关论述作为中国学术开始走上近代化历程的一个重要标志,恰如其分。

三、从"变易观"到"进化论"

作为19世纪三大发现之一的进化论(另两大发现为能量守恒和转换定律、细胞学说),最初是指生物界的进化理论。达尔文《物种起源》奠定了生物进化论的理论基础。这种学说认为,生物进化的主导力量来自自然选择。通过生物物种的累代遗传作用,那些比较优良的物种可以保存下来,并且逐渐累积有利的变异因素发展成新物种。物种不断由低级向更加高级的方向发展和变化是达尔文进化理论的核心。以此不妨可以说,"变化"是"进化"的前提。即第一步,只有首先承认物种是"变化"的,然后才能从这种认识中发展出物种是"向前变化"的进化论来。

---

① 参见《王国维遗书》第五册,《静安文集续编》。
② 同上书,第711页。
③ 黑格尔:《美学》第一卷,商务印书馆1979年版,第10页。

我国古代没有"进化论"一词,但却有着丰富的"变化"的思想。《周易》"一名而含三义",《易纬乾凿度》云:"易一名而含三义,所谓易也,变易也,不易也。"郑玄依此义论谓:"易一名而含三义,易简一也,变易二也,不易三也。""易简"、"变易"、"不易",三者都是"人"对于"天道"的描述与认知。天道在"变易"之中而"不易"。因此《周易·系辞下》云:"穷则变,变则通,通则久。"在先秦诸子中也保存着大量用变化的视角来观察自然和人类社会的思想。汉代实行思想大一统,罢黜百家、独尊儒术后,董仲舒糅合了周易穷通变久和先秦诸子中有关"变"的思想元素,创立了宗天神学化的汉代儒学,并成为今文公羊一派的大师。董仲舒既有"天不变,道亦不变"之论,同时也有在承认"不变"前提下"变"的思想。董子以"五德终始"和"三统"说为朝代更替之据,用谶纬符瑞灾异来解释"天"对于现存政治体制的评价,创造性地提出了"更化变易"论,谓是:"窃譬之,琴瑟不调,甚者必解而更张之,乃可鼓也;为政不行,甚者,必变而更化之,乃可理也。当更张而不更张,虽有良工不能善调也;当更化而不更化,虽有大贤不能善治也。故汉得天下以来,常欲善治而至今不可善治者,失之于当更化而不更化也。"①

所谓"更化",它是今文经学要求变革政治甚至政体的术语。因此既可以将之理解为是对革除弊政的诉求,也可以认为是对"王统"更新的一种向往。众所周知,董仲舒曾经因为言灾异而被主父偃参劾差点送命。这正是董仲舒将更化论运用于政治实践的一次尝试。"五德终始说"既是汉代意识形态的核心内容,又是今文经学的重要义法。汉武帝以降,政治统治渐趋黑暗,社会环境逐步恶化,利用灾异鼓吹王统更化要求汉帝禅位,成为汉代中期以后重要的政治诉求并且形成一种逐渐强化的舆论。从今文公羊一派"更化变易"的主张中终于发展出"天命所授者博,非独一姓"的明确主张。东汉何休在《公羊解诂》中对这一主张进行了系统的理论总结,并且进一步提出解释历史运动的"三科九旨"。

以"变易"为理论骨干的"更化"特别是"三科九旨"说,其哲学上的属性可归入"循环论"。它以倡导民本遏制王权为思想基础,用革故鼎新,革除弊政警策帝王为策略设计,其追求良性政治,向往社会"向前发展"所具有的进步性显而易见。这一套理论在今文经学湮坠千余年内微而不显。待到庄、刘、宋等将今文经学重新拾掇并大力鼓吹以后,今文经学的"张三世"、"通三统"、"大一统"、"天命所授者博,非独一姓"的政治理念重新复活,并给近代社会"进化论"的诞生事先准备了比较充足的思想养料。

近代第一代思想家的代表魏源,当他目睹时弊,眼见百孔千疮的清廷统治大厦行将倾圮时,他明确提出了"变法"主张,指出:"三代以上,天皆不同今日之天,地皆不同今日之地,人皆不同今日之人,物皆不同今日之物。""古"和"今"何以有这种种不同?

---

① 《汉书·董仲舒传》。

因为"气化无一息不变者也,其不变者道而已,势则日变而不可复者也"①。明白"气化"运动所造成的古今各异,便应当对于世态之变有一种如见"弈局"的豁达观感,认识到"古今宇宙"就像"一大弈局",局中有"攻"有"取",就好比天时有从有逆,地理有险有易,人情有爱有恶,于是"攻取之局生焉"。"自三代之末至于元二千年,所谓世事理乱、爱恶、利害、情伪、吉凶、成败之变,如弈变局,纵横反覆,至百千万局,而其变几尽;而历代君相深识远虑之士载在史册者,弈谱固已详矣。"②魏源的变易思想植根于今文经学的土壤。他也与其今文经学的前辈一样,将历史运动划分为"三世",认为《春秋》微言大义就在"于所见微其词,于所闻痛其祸,于所传闻杀其恩"。"于所传闻之世见拨乱致治,于闻世见治升平,于所见世见太平。"③在"三世"范围内,历史的运动是"向前"发展的。但到了"三世"之末,历史便又回复到"三世"之初,开始了一轮新循环。所以,魏源的变易观又是不变之变。因在"三世"范围内必须变,故魏源提出"变古愈尽,便民愈甚"改革弊政的种种要求;因为变中仍有不变者在,故魏源又认为"其不变者道而已"的维护清廷统治的主张。应当看到,类似于魏源的这种"不变"之"变"的变易观,在中国近代很长一段时期内曾经是人们对于现实和历史的一种普遍理解。在面临如何向西方学习这一近代中国所遭遇的新课题时,这种变易观又浓缩、变异为"中学为体,西学为用"的思想口号。"中体西用"中,不变的是"体",是"中学";变的是"用",是"西学"。在固守中国传统文化的价值伦理道德观的前提下承认西学之用,这其中的"守旧",一方面固然可以理解为一种"落后"甚至"顽固"。为近代史上坚守中国之"体"的认识论扣上一顶"顽固守旧"的帽子是方便的,也不是毫无根据的,但这样一种处理毕竟存在过于简单化之嫌。因为"守旧"本身也有一定的合理性。其蕴含坚持本位文化之"根"的要素,恰恰是成功接收外来文化,使之真正融入民族血脉的必要前提。况且不变之变终究承认了"变",而且是"向前"发展和变化的必要性,倘若滤除其中的不变因素而保留其中"变"的思想,"变易"就可以发展成"进化"。

当甲午战败的奇耻大辱猛烈警醒了中华民族以后,如前所述,这时的西学本身已经走完了由"下"而"上"的进程,进入到了一个西方思想文化传播的阶段。这时,因世局之恶化,"维新"、"变法"的要求日亟。部分先进的中国人从西方思想库中汲取了进化论,他们或者将这种理论用"中学"包装起来,创造出了一种颇具"中国特色"的进化论;或者直接取材于西方,将进化论输入国门。康有为、严复是其中的主要代表。

康有为撰有《礼运注》。据康《礼运注序》的说明,《礼运注》撰于光绪十年即1884年。《中国历史大辞典·思想史》"《礼运注》条"也说《礼运注》"光绪十年成书",这一

---

① 《默觚下·治篇五》,《魏源集》,第47—48页。
② 《默觚下·治篇十六》,《魏源集》,第79页。
③ 《公羊春秋论下》,《魏源集》,第133页。

说法之根据显然来自康氏本人。但康氏谓《礼运注》撰于1884年实不可信而有自诩之嫌。《礼运注》中康氏有"吾尝遍查欧、美、印度之食服"一说,又谈到"婆罗洲之风俗"①云云。众所周知,康氏"遍查欧、美、印度、婆罗洲"是在1898年戊戌变法失败逃亡国外以后的事,那么《礼运注》本身的破绽已经否定了该书撰于1884年的自诩。

严复《天演论》约始译于1896年,1898年出版。在《天演论》译成待出版之前,梁启超曾看过《天演论》手稿,梁又曾将此手稿给康有为看过。康有为在《礼运注》中是否采纳了《天演论》的某些思想成果,康没有做任何说明。但在《礼运注》中康谈到"故公世,人人分其仰事俯畜之物产财力,以为公产,以养老慈幼恤贫医疾,惟用壮者,则人人无复有老病孤贫之忧。俗美种良,进化益上,此父子之公理也","然化俗久美,传种改良,人人自能去私而为公"②,因"种良"而"进化益上"而"传种改良",这种话头与严复介绍的达尔文、赫胥黎的进化论十分相似。又据康有为写给张之洞的一封信,康曾说严译《天演论》是"为中国西学第一者也"③。如此看来,康有为吸收了严译《天演论》中某些与进化论相关的思想成果的可能性是存在的。

在《礼运注》中康有为写道:

> 读至《礼运》,乃浩然而叹曰:孔子三世之变,大道之真,在是矣;大同小康之道,发之明而别之精,古今进化之故,神圣悯世之深,在是矣;相时而推施,并行而不悖,时圣之变通尽利,在是矣。是书也,孔氏之微言真传,万国之无上宝典,而天下群生之起死神方哉!……今者,中国已康矣,而不求进化,泥守旧方,是失孔子之意,而大悖其道也……孔子之神圣,为人道之进化,岂止大同而已哉!④

> 孔子以群生同出于天,一切平等,民为同胞,物为同气,故常怀大同之志,制太平之法。……天下为公选贤与能者,官天下也。夫天下国家者,为天下国家之人公共同有之器,非一人一家所得私有,当合大众公选贤能以任其职,不得世传其子孙兄弟也,此君臣之公理也……三代之英,升平世小康之道也。孔子生据乱世,而志则常在太平世,必进化至大同,乃孚素志。⑤

《礼运注》用西方民主政治诠解中国传统思想,提出了"大同"一说,康氏着眼于革故鼎新,用改良民俗作为改良中国人种的初步,而又以"进化"为之理据,但康有为的守护神却是孔子,其理论基础则是经过康氏改造与发展的今文经学"三世说"。

值得注意的是康氏建构的乌托邦理想国"人道主义"的"人情味"。一则云孔子

---

① 《礼运注》,中华书局1987年版,第248页。
② 同上书,第240页。
③ "中国近代史资料丛刊"《戊戌变法》(二),第525页。
④ 《礼运注》,第236页。
⑤ 严复:《天演论·导言一按语》,见《天演论》,商务印书馆1981年版,第3页。

"悯世","以群生同出于天,一切平等,民为同胞,物为同气";1897年出版的《孔子改制考》中康氏又谓"孔子拨乱升平,托文王以行君主之仁政"。"尧舜为民主,为太平世"①。此种康氏版的进化论以儒家温良恭俭让的"仁"为核心元素,此大不同于严复所介绍的进化论。

近代以降西学东渐。以西学对中土的影响而言,无有可与严复通过翻译《天演论》介绍给国人的进化论相比肩者。然而首先,严复版的进化论完全来自西学,并非"中"、"西"合璧而成。如严复自己所说:"物竞、天择二义,发于英人达尔文。达著《物种由来》一书,以考论世间动植物类所以繁殖之故。"②"其达尔文者,英之讲动植之学者也。垂数十年而著一书曰《物种探源》……其书之二篇尤著,西洋缀闻之士,皆能言之。其一篇曰:物竞;又其一曰:天择。物竞者,物争自存也;天择者,存其宜种也。"③严复本人在翻译《天演论》时所加按语和注解,虽多引用中国"圣人之言"诠释进化论,但它的实际效果,不仅没有使人产生"中"、"西"文化结合的必要性认识,恰恰相反,它处处让人感到中国传统文化不行,比起西方文化来,无论是价值观、世界观还是方法论,中国的确都落后了。严复对于进化论的介绍,客观上大大促进了"全盘西化"思潮的涌动。"五四"以后出现的那种对中国传统文化自惭形秽、妄自菲薄的社会心态,终至于形成彻底否定中国传统文化以及鼓吹"全盘西化"的思潮,这与严复进化论的风靡密切相关。

其次,严复版进化论的核心是残酷竞争,是排斥任何"不忍"之心,不讲一点"仁义道德"的血淋淋的弱肉强食,具有社会达尔文主义的本质属性,这一点最为紧要。严复指出,进化论:

> 意谓民物于世,樊然并生,同食天地自然之利矣,然与接为构民物。民物各争,有以自存。其始也,种与种争,群与群争,弱者常为强肉,愚者常为智役……是故每有大古最繁之种,风气渐革,越数百年,数千年,消磨歇绝,至于靡有孑遗,如辨学家之古禽古兽是已。动植如此,民人亦然。④

《老子》有云:"天地不仁,以万物为刍狗;圣人不仁,以百姓为刍狗。"严复深知老子此言耳熟能详深入人心,为使国人接受进化论,他不失时机赞曰:"此四语括尽达尔文新理。"⑤其张扬竞争之残酷亦可谓无所不用无所不及矣!严复大声疾呼认清残酷竞争的现实性与必要性,他强调:

---

① 康有为:《孔子改制考》,中华书局1958年版,第283页。
② 严复:《天演论·导言一按语》,见《天演论》,商务印书馆1981年版,第3页。
③ 严复:《原强》,载郑振铎编:《晚清文选》,第657页。
④ 严复:《原强》,载《晚清文选》,第657页。
⑤ 转引自钱钟书:《管锥编》第二册,中华书局1979年版,第417页。

> 嗟夫！物类之生乳者至多，存者至寡，存亡之间，间不容发。其种愈下，其存弥难，此不仅物然而已。墨、澳二洲，其中土人日益萧瑟……资生之物所加多者有限，有术者既多取之而丰，无具者自少取焉而啬，丰者近昌，啬者邻灭，此洞识知微之士，所为惊心动魄于保群进化之图，而知徒高睨大谈于夷夏轩轾之间者，为深无益于事实也。①

> 民物各争，有以自存。其始也，种与种争，群与群争，弱者常为强肉，愚者常为智役……是故每有大古最繁之种，风气渐革，越数百年，数千年，消磨歇绝，至于靡有孑遗，如辨学家之古禽古兽是已。动植如此，民人亦然。②

而康有为版的进化论凸显的却是人类社会进化过程中的"仁"即人性。因有此根本性分歧，是故康有为绝不认同严复的进化论，认为：

> 近自天演之说鸣，竞争之义视为至理，故国与国陈兵相视，以吞灭为固然……以才智由竞争而后进，器艺由竞争而后精，以为优胜劣败乃天则之自然，而生计商业之中尤以竞争为大义，此一端之洗耳，岂徒坏人心术，又复倾人身家。③

> 其妄谬而一知半解如达尔文者，则创天演之说，以为天之使然，导之又以竞争为大义，于是竞争为古今世界公共之至恶物，遂揭日月而行，贤者皆奉之而不耻，于是全地莽莽，皆为铁血。④

康氏版的进化论基本上系由中国传统文化胎育而出，他利用了"公羊三世说"的传统理论元素，其中又蕴涵极可宝贵的"人性"要素；严复式之进化论则为饱受儒学滋养的传统文化闻所未闻，其中反人性的"恶"亦在在皆是。然而，国人最终选择的却是严复而抛弃了康有为，原因何在？一言以蔽之曰：血一般的历史教训使然！1840年以来一系列的割地赔款，中华民族饱受屈辱，特别是甲午战败后人为刀俎我为鱼肉，亡国灭种危在旦夕，列强们在瓜分中国时根本不讲一丁一点的"仁义"。其国其民却趾高气扬雄踞霸主，我国我民则忍气吞声任人宰割。严复以残酷而现实的进化论展示于国人面前，那种切肤之痛的鲜活感受对于经历过此种历史大刺激的国人来说适若凿破鸿蒙，能不振聋发聩，激荡人心?!⑤ 在线性进化论"恶恶相报"的反面"教育"

---

① 严复：《天演论·导言三按语》，《天演论》，第12页。
② 严复：《原强》，载《晚清文选》，第657页。
③ 康有为：《大同书》，古籍出版社1956年版，第236—237页。
④ 同上书，第285页。
⑤ 虽然到了晚年严复已经认识到他早年所鼓吹的线性进化论之大弊，指出："自物竞天择之说兴，大地种族，各以持развфу于生民莫大之天职。则由是积其二三百年所得于形数质力者，悉注之以杀人要利之机"，但"覆水难收"，线性进化论造成的影响已经无可挽回。见《严复集》第二册，中华书局1986年版，第348页。

下国人遂产生了一种带有普遍性的错误认知：要"翻身"、求"自强"就必须像列强一样"横"！相形之下，康有为版的进化论在现实的映衬下灰头土脸，难免遭"东郭"之讥，国人对之不屑一顾也就很自然。

自从严复版进化论输入国门以后，"物竞天择，适者生存"的口号和思想就像"野火一样燃烧着许多少年人的心和血。'天演'，'物竞'，'淘汰'，'天择'等等术语都渐渐成了报纸文章的熟语，渐渐成了一班爱国志士的口头禅"①。"自严氏之书出，而物竞天择之理厘然当于人心，中国民气为之一变，即所谓言合群，言排外，言排满者，固为风潮所激发者多，而严氏之功，盖亦非细"②。胡适后来回忆说，严复的《天演论》问世后，"数年之间，许多进化名词在当时报章杂志的文字上，就成了口头禅。无数的人，都采来做自己和儿辈的名号，由是提醒他们国家与个人在生存竞争中消灭的祸害"③。胡适本人就因为倾心于《天演论》的"物竞天择，适者生存"之说，而将名字由原来的胡洪骍改为胡适，字适之。

国人选择了线性进化论，此论风靡一世，至今已经成为社会的主流意识形态，"中国近代学术均奉之为圭臬"④，大有"顺之者昌逆之者亡"之势。此论激励了几代中国人以之作为认识世界、改造世界的世界观和方法论，其影响之巨在马克思主义输入中国以前可以说没有任何一种思想可与之相匹敌。但是，在承认进化论无与伦比的影响力时必须看到此种影响力无与伦比的负面意义。它首先典型体地现在对传统历史观的彻底颠覆上。

在线性进化论取得意识形态正统地位的同时，它也成为史界最流行的历史观。自此以后，"物竞天择，优胜劣败"的弱肉强食，你死我活的争斗观念随之深深浸入史家意识。1902年梁启超撰《新史学》，拉开了史学"近代化"的历史帷幕。贯穿于《新史学》的灵魂正是严复版的线性进化论。

梁启超本就是严复进化论的忠实信徒。在《新史学》中他专列"历史与人种之关系"发论谓：

> 历史者何？叙人种之发达与其竞争而已。而人之所以能群，必其于内焉有所结，于外焉有所排，是即种界之所由起也。故始焉自结其家族以排他家族，继焉自结其乡族以排他乡族，继焉自结其部族以排他部族，终焉自结其国族以排他国族。能自结者则排人，不能自结者则排于人。排人者则能扩张本种以侵蚀他种，骎骎焉垄断世界历史之舞台。排于人者则本种日以陵夷衰微，非惟不能扩张

---

① 胡适：《四十自述》，《胡适作品集》第一集，第54页。
② 《述侯官严氏最近政见》，载《民报》第一号。
③ 胡适：《我的信仰》，《胡适自传》，黄山书社1992年版，第90页。
④ 戴逸：《二十世纪中国史学名著·总序》，河北教育出版社2002年版，第3页。

于外,而且渐灭于内,寻至失其历史上本有之地位,而舞台为他人所占。

按,任公论中连用九个"排"字。"排"即有你无我,有我无你的相互排斥,一部人类历史全然被诠释成各民族各国家间你死我活的相争相斗。争斗中的胜利者为优等民族,失败者则活该倒霉。对于各种族间的竞争,梁氏发表于1902年的《新民说》曾经有一个形象的比喻:

> ……天演物竞之公例,既驱人类使不得不接触,不交通,不争竞;一旦接触交通争竞,而一起一仆之数乃立见。不观于斗蟋者乎?百蟋各处一笼,各自雄也。并而一之,一日而死十六七,两日而死十八九,三日而所余者仅一二焉矣。所余之一二,必其最强者也,然则稍不强者殆而已矣!黑红棕之人与白人相遇,如汤沃雪,瞬即消灭,夫人而知矣。今黄人与之遇,又着着失败矣!

按,任公以蟋蟀格斗比拟种族竞争,此喻袭自严复《天演论》。严复即谓:

> 大抵四达之地,接壤绵遥,则新种日通。其为物竞,历时较久,聚种亦多。……外种闯入,新竞更起。往往年月以后,旧种渐湮,新种迭盛。此自舟车大通之后,所特见屡见不一见者也。……俄罗斯蟋蟀旧种长大,自安息小蟋蟀入境,克灭旧种,今转难得……澳洲土蜂无针,自窝蜂有针者入境,无针者不数年灭。①

任公深信此种竞争为一部人类社会发展史的"公理公例",无怪乎在《新史学》中他专列"历史的人种"一节,所费笔墨几占全文近六分之一强。此处仅节略引其中之一段。任公指出:

> 同为历史的人种也,而有世界史的与非世界史的之分。何谓世界史的?其文化武力之所及,不仅在本国之境域,不仅传本国之子孙,而扩之充之以及于外,使全世界之人类受其影响,以助其发达进步,是名为世界史的人种。吾不得不让诸白种,不得不让诸白种中之阿利安种。由是观之,世界文明史之第五段,实惟阿利安族中罗马人与条顿人争长时代,而罗马人达于全盛,为日中将昃之形,条顿人气象方新,有火然泉达之观。峨特人虽奋血气之勇,偶耸动一世耳目,而其内力不足以敌此两族,昙花一现,遂为天演所淘汰,归于劣败之数。自六世纪以后,而全欧文明之霸权,渐全归条顿人矣。

按,《新史学》此说与任公同年2月发表的《新民说》第四节"就优胜劣败之理以证新民之结果而论及取法之所宜"如出一辙,故不能排除任公此处系移用《新民说》而

---

① 严复:《天演论·导言四按语》,《天演论》,第14页。

成，有兴趣的读者不妨自行对勘。需要指出的是，无论是《新史学》还是《新民说》，任公反复强调"五色人相比较，白人最优；以白人相比较，条顿人最优。以条顿人相比较，盎格鲁撒逊人最优。此非吾趋势利之言也。天演界无可逃避之公例，实如是也"。在这里，人们甚至已经依稀可以闻见 30 年后希特勒种族优越论之先声。特别需要指出：任公所认定"优等民族"用"文化武力""影响"他族是一种历史的"发达进步"。这里，"发达进步"四字是一关键词。种群之间弱肉强食，壮、智为存，弱、愚者汰，社会就不得不在这样一种人与人之间"不共戴天"的竞争中发展，且只有认识并且遵循此种"公理公例"国家才能"发达进步"。如此，"丛林法则"下的求生存就成为第一、也是唯一的法则。以此，任公《新史学》有"使黄人能自新以优胜于白人，则其他日之结果亦然"的希望便很可以理解。

对于严复版乃至于任公《新史学》提倡的线性进化论应当怎么看？不妨这样来言说：一群强盗凭借膂力横行乡里鱼肉百姓。这时百姓应当怎样评价强盗的行径？按照严复、梁启超的逻辑，不应谴责强盗的恶行，反过来百姓应当反躬自问：强盗何以能欺侮我？皆因我不够"横"亦即不够"强"不够"优"，因此我活该被强盗欺侮。若我足够强亦即足够"优"，不仅强盗不能欺我，且我也可以像强盗一样"横"一样欺别人。这叫什么？这就叫"自强"。中国传统文化中温良恭俭让的"仁爱"、"正义"、"善良"——总而言之，传统的价值观和伦理道德观在线性进化论中已经被完全抛弃，黑白颠倒为"以巧诈为贤能，以贞廉为迂拙"①，一切均当以利害胜负之"力"而圭臬之。所以，严复版乃至于梁启超信奉的线性进化论本质上是一种强盗理论。所谓的"优胜劣汰"论将中国传统文化中的"和合"即"合作"精神彻底抛在脑后。人类生活的地球村被严复、梁启超式的进化论解读成"相互角力的竞技场"而非"共谋发展的大舞台"②。

对于线性进化论之戕害人心泯灭人性，太炎 1906 年即作《俱分进化论》痛加驳斥。饶有兴味的是，太炎之论本质上却与其政治上的死敌康有为的认识如出一辙。太炎指出："进化之所以为进化者，非由一方直进，而必由双方并进"，若"言智识进化则可"，伴随"智识进化"的同时"恶"本身却也在"进化"。太炎举例谓：

"国家未立，社会未形"时，"其杀伤犹不能甚大"。但冷兵器时代结束后"浸为火器矣，一战而伏尸百万，喋血千里，则杀伤已甚于太古"③。

按照严复、任公式的线性进化论，"进化"亦即"进步"的同义语。但若进一步深

---

① 章太炎：《革命道德说》，《章太炎全集》第三卷，上海人民出版社 1985 年版，第 286 页。按，太炎此文发表于 1906 年。
② 摘引自博鳌亚洲论坛 2013 年年会主旨演讲，转引自《文汇报》2013 年 4 月 8 日。
③ 《俱分进化论》，《章太炎全集》（四）第 387 页。

究,于"进化"即"进步"的考量中加进一个道德评判的尺度,则所谓的"进步"不过是"智识"的进步,人类却为此付出了道德沦丧即"恶"的"同步进化"的惨痛代价。这里,太炎将越来越"恶"称之为"恶"的"进化"或许并不妥当,这也许与太炎本人同样深受进化论的巨大影响有关。但太炎揭露的严酷历史事实俱在,不容否认。在线性进化论举国上下风靡一世的语境下太炎能出此论可谓远超乎同侪!太炎深厚的哲学素养使他的眼光犀利而独特。此论虽带有一定的片面性,但其所蕴藉的深刻内涵迫使人们不得不严肃地思考这样一个问题:如果说"杀人"一般意义上可以理解为是一种"恶"而与"善"无关,那么,人类为什么要选择由冷兵器时代的杀人不多而向现代战争中"一战而伏尸百万,喋血千里"的方向"进化"或"进步"?可不可以不选择这种"生存方式"?人类的此种选择究竟是"进步"还是"退步"?其"意义"何在?太炎这一问甚至已经隐隐预设了下一个更加重大而严肃的、人类——也只有人类——应当而且必须直面的命题,那就是:"人"?——"生"?"终极价值"的"目的性拷问"。

因为深刻洞见了线性进化论所导致的"民德衰颓,于今为甚"之恶果,太炎又指出:

> 胜不必优败不必劣,各当其时。①

按,"优"、"劣"之评实为一种价值判断。太炎以"不必优"归于"胜者",同时认为"败"者亦"不必劣",其中含有强烈的拨乱反正意味:既然是"价值判断",自当着眼于伦理道德而非仅仅根据"胜"、"败"的结果断其优劣。这里,太炎触及了问题的关键:即首先应当判断"竞争"本身是否符合道义。以"道义"圭臬"竞争",则"胜"而无德,"胜"自不必"优";"败"而有德,虽败也不必"劣"。太炎尖锐指出,在线性进化论的毒害下甚至出现了"学说日新,智慧增长,而主张竞争者,流入'害为正法论';主张功利者,流入'顺世外道论'。恶慧既深,道德日败"②的怪相。的确,线性进化论正是一种大"恶慧"——它教诲人怎样"使坏",将"害"颠倒为"正法"即正义,因此,愈"坏"=愈"强"=愈"优";它又教育人"顺世",对于诸种倒"害"为"正"之"恶",当视为"公理公例"即"理"应如此之"大流",也就是视之为不可违背的历史潮流而理直气壮地顺应之。如此浑浑噩噩,其结果怎能不发展成为歪门邪道即"外道"?"慧"即狡诈,"恶"因有之作后盾,其"恶"之后果当然远甚于一般的无"慧"之恶。"恶慧"本应受到全社会的谴责与唾弃,贱视此行此径若猪狗然。无奈在"道德日败"的当下,善恶换位。自线性进化论昌行以后,原本正当的善恶观、正邪观已被黑白颠倒倾易颠覆。社会风气则在此种理论之风行下大坏,杜亚泉对此曾有深刻的体认。1917 年他作《战后东西方

---

① 章太炎:《易论》,《章太炎全集》第三卷,第 383 页。
② 转引自汤志钧编:《章太炎年谱长编》(上册),第 235 页。

文明之调和》,说:"此次大战使西洋文明露明显之破绽。"又说:"十九世纪科学勃兴,物质主义大炽,达尔文之生存竞争说,叔本华之意志论,推而演之,变成强权主义。……现在道德观念,竟以权力或意志为本位,而判定是否道德,则在力不在理。战争责任不归咎于强国之凭陵,而委罪于弱国之存在,于是弱者劣者为人类罪恶之魁。"①杜氏这种论断来自其本人的切身感受,虽不免有夸大的成分,但事实俱在,其真实性毋庸置疑。20 世纪 30 年代初,青年才俊牟宗三则从哲学本体论的高度分析了"阶级斗争之社会进化观"的根本谬误,指出:

> 斗争是事实,但这是进化过程中的(人类)失了脚,失了脚,马上得要抽回来以就正,决不是生成的原因,乃是生成过程中的歪现象。它可以是事实,但它不是进化的原因。所以,从阶级斗争中找进化是错误的;认阶级斗争就是进化,更是错误;以阶级斗争为能事,以致阶级斗争为目的,乃是自速于灭亡。②

牟宗三认为,以人的"阶级性差别"解释"竞争"的合理性并冠以"规律"之誉称,此种谬说归根结蒂反映着人身上动物性的一面。他形象地比喻为"你有,我就眼红;我无,我就要抢。你有,就是'非';我无而抢就是'是'"③。因此他又指出:"阶级这事实是有的,阶级斗争是革命工具中之一,不是唯一的工具,且是错误的工具。""人性"如果在阶级斗争中完全异化为"只是其阶级的私利性",其必然造成的结果就是:

> (人)各为其阶级的私利而保存而争取而改变,毫无所谓道德、理想、正义之可言。依是,人完全是一个自私自利、形而下的躯壳的人,聪明才智只成就一个坏,比其他动物还要坏。依是,虽有聪明才智,亦只是物类。④

按,对于阶级斗争说牟宗三将其放在对进化论细加剖析的背景下进行,这就真正深刻触及了问题的要害。实际上,"阶级斗争"学说与"线性进化论"一脉相承、灵犀相通。线性进化论、阶级斗争说,二者之精神内核均为你死我活的"斗争意识"。直到 1978 年中共十一届三中全会以前,阶级斗争学说一直是马克思主义历史学之"公理公例",它也成为多数马克思主义史家不能不信奉的"天条"。由此而产生的严重后果,便是传统史学的人性要素被彻底剔除,善恶标准被根本颠覆,能否推动"历史进步"(这里的"进步"即只问结果不论善恶的竞争所致)则成为衡量、评价历史事件和人物的首要标准。在这样一种评价体系下,善,被视为迂阔;恶,被看做合理。康德说:

---

① 转引自王元化:《清园近思录》,中国社会科学出版社 1998 年版,第 14 页。
② 牟宗三:《辩证法是真理吗?》,《牟宗三先生全集》第 25 册,第 7 页。转引自彭国翔:《牟宗三对唯物辩证法和唯物史观的批判》,载《思想与文化》第十二辑,华东师范大学出版社 2012 年版,第 270 页。按,牟宗三此文作于 1931 年,发表于《北平晨报》第 162、163 期。
③ 转引自彭国翔:《牟宗三对唯物辩证法和唯物史观的批判》,载《思想与文化》第十二辑,第 273 页。
④ 同上书,第 272 页。

任何作品都应"指向高贵的意向",终之于引向"对我们人格中的人类尊严的敬重"①。受阶级斗争论的影响,马克思主义历史学之撰述旨趣与康德完全正确的意见渐行渐远。数十年间社会道德水准大滑坡大恶化,虽不能完全归咎于历史学本身,但历史学家不仅主动放弃"史之为务,申以劝诫,树之风声"(刘知幾《史通》语)即引人向善的社会担当,则历史学于此"社会病"亦难辞其咎!

作为一种历史观,线性进化论对于历史学发展的负面影响尤其严重。此种理论除去上文所指出的强调"物竞天择"弱肉强食的竞争,凸出人的动物性即兽性的一面;弱化乃至于漠视人性与兽性的根本区别,遂至于完全抛弃中国传统文化之"仁"和"中庸"美德,毁坏世态腐蚀人心的副作用以外,至少还有两大弊端长期以来未被学界所认识。其一,严复乃至于梁启超式的"线性进化论"认为历史的发展必然越来越"进步"。此种思想被拿来与今文经学之"居乱"、"升平"、"太平"之"三世说"相杂糅,形成"史观派"之历史哲学与方法论。"史观派"又深刻影响到马克思主义史学,"五种社会形态"之"探讨"与"证明"("探讨"云云只是为了"证明",即已经先有"五种社会形态"必然性的理念,然后找材料证明之)遂又成为马克思主义史学之主要任务。② 其二,以线性进化论为治史指导方针直接导致了历史学的僵化和空洞化。这一点尤其突出地体现在通史性与断代性史著的撰述上。梁启超《新史学》曾对"史学"之"界说"反复强调不厌其烦:一则曰"历史者,叙述进化之现象也";二则曰"历史者,叙述人群进化之现象也";三则曰"历史者,叙述人群进化之现象而求得其公理公例者也"。以至于任公为"善为史者"定下了"铁规",谓其"必"——必须、只能——以"研究人群进化之现象,而求其公理公例之所在"为己任,以是造成了长久以来历史学特别是通史性与断代性史著所呈现的特质:"众人皆醉我独醒",装腔作势的"宏大叙事";"趋势"、"规律"充斥其间却独独不见"人"和人的内在本质"最重要体现之"人性",这正是"线性进化论"带来的恶果。以中国史学为例:自1902年梁启超发动"史界革命",百余年来学界对"新史学"给予了过高评价,而对于"史界革命"带来的严重弊端却基本没有论及。事实上,梁启超"新史学"以来的百余年间,传统史学深受摧残。由于线性进化论的决定性影响,改朝换代、历史变迁、战争、政治角斗、"阶级"、"阶层"、"生产关系"等占据了历史学家的绝大部分视野;史家所重或仅局限于对"经济基础"、"上层建筑"特别是对历史发展的"阶段"、"规律"、"进步"与否等"表象性"(叔本华语)内容的苦思摩挲。现在绝少再有史家会去进一步追问如下"历史存在"的价值和意义:善乎?恶乎?爱心、诚实、公正、独立、勇敢、自尊、庄严、精神圆满乎?自私、残暴、奴性、邀宠、

---

① 康德:《判断力批判》,邓晓芒译,人民出版社2002年版,第113页。
② 如王汎森也指出:"在20世纪初期,进化之'公例'为一批新史家提供了一个方便可用的模型。他们发现只要把中国史事往这个线性架构中的空格一摆,许多原先看来并无头绪的史实,便可以形成清楚的理路。"见氏著《近代中国的史家与史学》,复旦大学出版社2010年版,第40页。

谄媚、屈辱、脆弱、虚伪、愚昧、仇恨、精神委顿乎？而上述"人性"要素，则既符合黑格尔所说只有"成为认识和表现神圣性，人类的最深刻的旨趣以及心灵的最深广的真理的一种方式和手段时，艺术才算尽到了它的最高职责"①的"艺术"和"美"的宗旨，同时也应当成为历史学自身的关注重点。如果史家缺乏对人之所以为人的深层次追问与求索，离开了对"人性"的把握，何谈对于人类的幸福和苦难的大悲悯？没有这样的"意蕴"，史著是干瘪而缺乏灵魂的。钱穆《中国历史研究法》写道："要研究历史，首先要懂得人。如其不懂得人，不懂得历史人物，亦即无法研究历史。固然也有人脱离了人和人物中心来研究历史的，但其研究所得，将总不会接触到历史之主要中心，这是决然可知的。"②我们看司马光七岁听讲《左传》后即能复述大意；刘知幾幼年旁听其父为兄长讲授《左传》竟兴味天成，对《左传》的理解也超过兄长，终于在11岁时其父同意为知幾开讲《左传》；万斯同经历亦大体与刘知幾相同。到了当代，例如王国维16岁"好"《汉书》；吕思勉居然能三读《廿四史》等。论者或曰：司马光、刘知幾、万斯同、王国维、吕思勉等均为"史家"，故其人好史、读史是"分内事"。然"史家"非天生，何以传统史著在司马光等人的"总角童年"时就足以吸引他们？且非史家却如司马光们一样爱读《史记》、《汉书》者，此类例证相信绝非个别而不胜枚举。换言之，传统史学具有巨大的吸引力与"亲和力"，这是一个不争的事实。其中的原因何在？我以为，这一定与传统史学扣及了"始终是同一样的人性"这一历史学最紧要的"命门"有关。余英时先生曾经沉痛并且正确地指出："五四之后中国史学思想日益疏远本身的传统，转而越来越崇尚西方史学理论和方法，此时，中国史学研究和著作的素质开始显著滑落。"③"20世纪的中国史家"成了"西方宏大理论的俘虏。"④其实，余先生指出"史学研究和著作的素质开始显著滑落"的现象并非始于"五四以后"，其确切的时间坐标就在1902年，就在梁启超受严复线性进化论影响而倡导的"史界革命"。我们只要看一看同年出版的夏曾佑的《中国古代史》就可以明白：相较于传统"旧史学"，所谓的"新史学"究竟是"进化"了还是"退化"了！从这个意义上不能不说：梁启超倡"史界革命"引领史界所走的路并非一条"正道"，其结果造成了历史学本身的"退化"而非"进化"。康德说："每种具有英勇性质的激情都是在审美上是崇高的。例如愤怒，甚至绝望。"⑤美学特别重视那些"能够指向高贵的意向"，滋润心田，不"使人心变得干枯"⑥的内容。这一切原在中国传统史学中均有丰富而鲜活的体现，却被"史界

---

① 黑格尔：《美学》第一卷，第10页。
② 钱穆：《中国历史研究法》，三联书店出版社2001年版，第94页。
③ 《中国史学思想反思》，载《余英时英文论著汉译集》，上海古籍出版社2007年版，第396页。
④ 同上书，第416页。
⑤ 康德：《判断力批判》，人民出版社2002年版，第113页。
⑥ 同上书，第113页。

革命"一扫而光彻底抛弃。关注"人"和"人性",从人性的角度重新审视历史的跌宕起伏,让一个个历史的亡灵在史家笔下重新挺立起来,像"人"那样鲜活地站在世人面前,使人们透过历史理解"人"并领悟"整个人类的存在",这是历史学义不容辞的职责。忽视乃至于漠视人性,百余年间"新史学"造成的这一弊端,正肇始于严复式的"线性进化论",肇始于梁启超因受线性进化论影响而倡导的"史界革命"。是故当今之史学应当重新回归传统史学之长并亟可试将"美学"引入历史学,用"历史美学"的理念克服"线性进化论"之短。

第二节　论龚自珍学风

龚自珍(1792—1841),号定庵,浙江仁和(今杭州)人。龚自珍处在时代巨变的交汇点上,他的思想在他所处的那个时代具有典型的代表性。

一、"抱小"与"追大":龚自珍的汉宋学论

龚自珍是段玉裁的外孙,十二岁便受段氏之小学教诲,"段先生授以《许氏说文部目》,是为以经说字,以字说经之始"①。这一家学渊源使龚自珍对乾嘉考据学有一份深刻的领悟。是故龚氏有"抱小"之论,他说:"学文之事,求之也必劬,获之也必创,证之也必广,说之也必涩,不敢病迂也,不敢病琐也。求之不劬则粗,获之不创则剿,证之不广则不信,说之不涩则不中,病其迂与琐也则不成。其为人也,淳古之至,故朴拙之至;朴拙之至,故退让之至;退让之至,故思虑之至;思虑之至,故完密之至;完密之至,故无所苟之至;无所苟之至,故精微之至。小学之事,与仁爱孝弟之行,一以贯之已矣。若夫天命之奥,大道之任,穷理尽性之谋,高明广大之用,不曰不可得闻,则曰俟异日,否则曰我姑整齐是,姑抱是以俟来者。"②

乾嘉考据学又称"朴学"。定庵以考据学之"朴拙",带其退让、思虑、完密、无所苟而至精微,道出了考据学之朴实无华与一丝不苟的治学风格。而定庵与朴学相对举的"天命之奥,大道之任,穷理尽性之谋,高明广大之用"等,这是宋学,是宋学中的形上思辨之学。对于形上思辨之学"不曰不可得闻",是说并非龚自珍没有这样的才情,也不是乾嘉考据学者没有这样的学力,只是他们宁愿整齐故是考证典籍以待来者。因为在考据学者看来,"训诂明而后经义明",玄妙思辨的形上之学"空"言经义本非经学正路。龚自珍是故溯源"小学"与"大学"之所以分的本因,他写道:"古者八岁入小

---

① 《定庵先生年谱》,《龚自珍全集》,中华书局1959年版,第594页。
② 《龚自珍全集》,第93页。

学,教之数与方名与其洒扫进退之节。保氏掌国子之教,有书有数。六书九数,皆谓之小学。由是十五入大学,乃与之言正心诚意,以推极于家国天下。……后世小学废,专有大学,童子入塾,所受即治天下之道,不则穷理尽性幽远之言。六书九数,白首未之闻。其言曰:学当务精者钜者,凡小学家言不足治,治之为细儒。于是君子有忧之,忧上达之无本,忧逃其难者之非正。不由其始者,终不得究物之命。于是黜空谈之聪明,守钝朴之迂回,物物而名名,不使有遁。其所陈说艰难,算师畴人,则积数十年之功,始立一术。……有高语大言者,拱手避谢,极言非所当。于是二千载将坠之法,虽不尽复,十存三四。愚瘝之士,寻之有门径,绎之有端绪,盖整齐而比之之力,至苦劳矣。陈硕甫曰:是苦且劳者,有所甚企待于后。后孰当之? 则乃所称闻性道与治天下者也。"①

定庵所论小学始与大学合,后衰而又兴的原因在于"君子忧上达之无本",这即是说"上达"须由"下学"而入始为正途。因为"不由其始者,终不得究物之命"。定庵所论考据学积数十年之功始立一言,始通一术,道出了其治学之艰辛劳苦。而学者之所以不畏劳苦以求之,因为他们认定考据学"有用"。这个"用"即在于为"愚瘝之士"指点门径,为治经学人寻绎端绪。定庵的这一说法极平允且富科学的卓见。考据学者在治学的崎岖山路上不畏劳苦地攀登,他们对于经典的笺注训诂,为当时的莘莘学子通晓经义指点迷津,这种"学"当然"有用";考据学所考,一般均属于历史学的范畴。难读懂的典籍,经了他们的音韵训诂变得平顺易懂;复杂难解的典章制度,经了他们的梳理变得源清流白,这就为后人读史研史提供了极大的便利,其本身的学术价值已万难否定,更遑论考据学者"实事求是"科学的治学精神熏陶今人遗泽后世的巨大而有益的影响? 正是从这个意义上,我很同意陈硕甫,也就是同意龚自珍所论考据学之"用"的评价:"是苦且劳者,有所甚企待于后。"考据学者下苦功而趋于迂拙,他们所取得的实质性学术成果,那是经得起历史检验,也就是经得起后人"企待"的。

这样说来,定庵对于考据学是否就没有疵议而完全赞同? 不是。定庵身处时代裂变的交汇点,受着时代的制约,更受着久远以来被士大夫奉为不替金科的"致用"亦即资治治学目的论的影响,定庵对考据之"道问学"是有疵议的。他说:

孔门之道,尊德性,道问学二大端而已。二端之初,不相非而相同,薪同所归。……入我朝,儒术博矣,然其运实为道问学。……敢问:问学优于尊德性乎? 曰:否否! 是有文无质也,是因迭起而欲偏绝也。圣人之道,有制度名物以为之表,有穷理尽性以为之里,有训诂实事以为之迹,有知来藏往以为之神,谓学尽于是,是圣人有博无约,有文章而无性与天道也。②

---

① 《陈硕甫所著书序》,《龚自珍全集》,第195页。
② 《龚自珍全集》,第193页。

这是说,乾嘉考据学"儒术"虽博,但这是"道问学",他们还缺"尊德性"一环。道问学为什么不能优于尊德性?因为这是"有文无质",用今天的话来说也就是有"学"无"用"。因为圣人之道以制度名物为其"表",以穷理尽性为之"里"。而"穷理尽性"亦即宋学。联系前引定庵"有高语大言者,拱手避谢,极言非所当"之论,定庵这里的"穷理尽性"又显然是指宋学中的形下践履之用而非其形上思辨之学。因此,定庵对汉宋二学是近于折中,而取汉宋兼采之路径。这一治学取向,基本上还是乾嘉间已逐渐滋长起来的汉宋兼采学风的延续和发展。从这一点上说,定庵身上还有着"旧"时代的印痕,可以视他为旧时代的最后一位思想家。定庵疵议乾嘉考据学,又已经隐约可见鸦片战争以后排斥汉学的面影,开魏、康之先河。从这个意义上说,定庵身上又有着"新"时期的特点,因而又可以视他为新时期的第一位思想家。承前启后,旧新兼备,这就是定庵思想与学风的特点。

定庵既主汉宋兼采,故而他对江藩所撰《汉学师承记》不满,遗书商榷,认为江藩书名即不妥,有十不安,当改名为《国朝经学师承记》。定庵的理由是:"夫读书者实事求是,千古同之,此虽汉人语,非汉人所能专。……本朝自有学,非汉学。有汉人稍开门径,而近加邃密者,有汉人未开之门径,谓之汉学,不甚甘心。……琐碎饾饤,不可谓非学,不得谓汉学。……若以汉与宋为对峙,尤非大方之言。汉人何尝不谈性道?宋人何尝不谈名物训诂?不足概服宋儒之心。……近有一类人,以名物训诂为尽圣人之道,经师收之,人师摈之,不忍深论,以诬汉人,汉人不受。……汉人有一种风气,与经无与,而附于经,谬以神灶、梓慎之言为经,因以汩陈五行,矫诬上帝为说经,《大易洪范》,身无完肤,虽刘向亦不免,以及东京内学,本朝何尝有此恶习?本朝人又不受矣。"①

这是定庵折中汉宋二学的一篇重要文字。在这篇文字中,定庵对汉初以来以五行灾异符瑞等妖妄不经之论充斥经说痛下针砭,以此说明清儒之学与"汉学"之别,言征据足。然定庵以汉宋兼采立论,认为"若以汉与宋为对峙,尤非大方之言。汉人何尝不谈性道?宋人何尝不谈名物训诂?不足概服宋儒之心。"这个驳论,若从摒弃汉宋学家派门户畛域的角度看,自然不能说没有一点道理。但若从学术发展史史实的角度看,则有差强人意勉为其说之嫌。汉人当然也谈性道。但汉人之谈性道与宋儒之谈性道不能同日而语,一重谶纬神学,一重哲理思辨,其文野高下之分未可以道里计。汉学本刘歆而经贾、马、许、郑,至东汉集其大成。其学偏向于经典之注疏,朴实立说是其特点。故不能以"汉人何尝不谈性道"一语概之;宋儒当然也谈名物训诂,但这是宋儒中的朱学一派。且朱学一派之治学,虽然亦谈名物训诂之"格物",然而此"格物",终究要到"致知",要到性道形上之思而不可止。宋学以形上之思为其本质特

---

① 《与江子屏笺》,《龚自珍全集》,第347页。

征,这一治学路径若断自朱熹开启,则自阳明一派的出现,其精致玄妙,专向"心"上讨分晓,绝少谈名物训诂。阳明学派自成宋学之一段落,则更非能以"宋人何尝不谈名物训诂"一语概之矣!是故汉宋二学学风不同,这是事实。中国学术发展史上汉宋二学各立门户,这当然也是事实。但不能因为汉宋二学以家派门户冰炭相角,便否认汉宋二学学风的不同及其治学特点的差异。所以说定庵此论亦有容商榷。

问题又在于,定庵之论中的"琐碎饾饤,不可谓非学,不得谓汉学",此说系对乾嘉考据学所下针砭。而所谓"琐碎饾饤"者,亦即前引定庵所说的"道问学"。"道问学"总需以"尊德性"以为之"质"、"里",方可算圆融无缺。所以,定庵的汉宋兼采主张,又是批判清儒之抱"小"而遗"大"为立论基础。但是,针对定庵此论,我们还当问一问:怎么就见得清儒只知"道问学"的"抱小"而不知"尊德性"的"追大"? 如定庵自己所说,清儒之考据"道问学"不应病其"迂、琐",因为考据之学本为"上达"之根基,它使"愚瘁之士,寻之有门径,绎之有端绪",这样的"学"既为"有用"之学,那么我们说,其"抱小"亦即"追大"。为什么这样说? 因为"追大"之学,并不是要求学者只在嘴上高谈阔论穷理尽性,只是去治穷理尽性之"学",而尤须将这嘴上说的、"学"中治的落到一个"实处",也就是落到一个定庵自己所说的"小学之事,与仁爱孝弟之行,一以贯之已矣"之处。那么,依着这一标准来衡量清儒考据学者的操守,清儒中绝大多数廉洁自好,"品""学"兼优,他们的"小学"也就是他们的"道问学",的的确确是"与仁爱孝弟之行一以贯之"的。因此,定庵所论清儒之治学只在"抱小"的"道问学"而遗漏了"追大"的"尊德性",也是站不住脚的。

在究竟如何处理汉学(考据学)、宋学,究竟怎样摆正"道问学"与"尊德性"位置的问题上,龚自珍实际上并未能打通关隘、理清思路、想深想透。是故他既有对考据学中肯的褒扬,又有对考据学人非中肯綮的指责。他一边说"抱小"之学非能以"迂琐"病之,一边又说考据学仅仅是"道问学",还缺"尊德性";一边正确地指出考据学有为学子指点迷津之用,一边又错误地将"道问学"说成是有"文"无"质",有"学"无"用"。我认为,对于一个学者来说,"求真"即是"致用"。因为求真是学人最重要的学品,也就是学人最重要的人品。学者是不是将求真作为立身之本,这是衡量其有没有职业道德的一个最重要的标准。这里面有一个自我良知的约束和拷问的问题。一个学者,如若没有求真的学品和人品,丧失了他的职业道德,他的学就是伪学。哪怕他将"致用"的口号喊得震天响,他的所谓"用"也是违背职业道德之"用",因而终究"无用";反之,那些兢兢业业以求真为立身之本的学者,他们的学品是好的,他们的人品因而也就是好的,因为他们遵守了他们的职业道德,这就将他们的"学"落实到了治学做人的"用"上,因而这本身就是"学以致用"。所以,不能要求学者放弃求真,放弃职业道德而去侈谈什么"致用"。应当用"求真即致用"的标准来衡量"抱小"与"追大",来处理汉学(道问学)与宋学(尊德性)的关系。在"求真即致用"的标准之下,我们可以说,"抱小"亦即"追大",汉学(道问学)亦即宋学(尊德性)。

二、"尊史"之论与龚自珍的社会改革思想

定庵既有"抱小"之论,从"抱小"转手,定庵又有"尊史"一说。他指出:"周之世官,大者史。史之外无有语言焉,史之外无有文字焉,史之外无人伦品目焉。史存而周存,史亡而周亡。"①他甚至认为"六经者,周史之宗子也;《易》也者,卜筮之史也;《书》也者,记言之史也;《春秋》者,记动之史也;《风》也者,史所采于民,而编之竹帛,付之司乐者也;《雅》、《颂》也者,史所采于士大夫也;《礼》也者,一代之律令,史职藏之故府,而时以诏王者也。小学也者,外史达之四方,瞽史谕之宾客之所为也"②。

定庵此论与章实斋六经皆史论合。为什么史可尊?因为"史"是"史官",是"历史"的记载者,而"仲尼未生,已有六经;仲尼之生,不作一经"③,"史"既然有如此久远的渊源人们就必须"尊史",尊重史官的记载而不可主观臆断,任意增删。史之范围,包罗万象,故而定庵又有史之"善入""善出"之论,他说:

> 史之尊,非其职语言,司谤誉之谓,尊其心也。心何如而尊?善入。何者善入?天下山川形势,人心风气,土所宜,姓所贵,皆知之。……其于言礼、言兵、言政、言狱、言掌故、言文体、言人贤否,如其言家事,可谓入矣。又如何而尊?善出。何者善出?天下山川形势,人心风气,土所宜,姓所贵,国之祖宗之令,下逮吏胥之所守,皆有联事焉,皆非所专官。其于言礼、言兵、言政、言狱、言掌故、言文体、言人贤否,如优人在堂下,号咣舞歌,哀乐万千。堂上观者,肃然踞坐,眄睐而指点焉,可谓出矣。不善入者,非实录,垣外之耳,乌能治堂中之优也耶?……不善出者,必无高情至论,优人哀乐万千,手口沸羹,彼岂复能自言其哀乐也耶?……出乎史,入乎道。欲知大道,必先为史。④

定庵之"善入""善出"论最为精粹,立意既高,阐述雄辩,其宏论实涉及"历史"之鉴即即"历史审美"命题之要害。是故定庵之论又与差不多和他同时代的黑格尔、叔本华论"美学"有着极为相似之处,却更有高于黑、叔二氏之处。叔本华在谈"美"的鉴赏时说:

> (在人的精神生活中)人只是一个旁观者,只是一个观察者了。在这样退缩到反省的思维时,他好比一个演员在演出一幕之后,再轮到他登场之前,却在观众中找到一个座位,毫不在意地观看演出,不管演出的是什么情节,即令是安排

---
① 《古史钩沉论二》,《龚自珍全集》,第21页。
② 同上。
③ 《六经证明问答一》,《龚自珍全集》,第39页。
④ 《尊史》,《龚自珍全集》,第81页。

一些置他于死地的措施(剧情中的安排),他也无动于衷;然后他又粉墨登场,或是做什么,或是为着什么而痛苦,仍一一按剧情的要求演出。和动物的无思无虑显然不同的是人的这种毫不在意、无动于衷的宁静,这种宁静就是从人的双重生活而来的。①

试对比叔本华与定庵,定庵《尊史》所发"善入""善出"之论,不仅与叔氏如出一辙,且较叔氏言简意赅而更加亲切深刻。

定庵之"尊史",所尊在"史"而非其他。定庵所论史家为历史"活剧"的"鉴赏者",此种角色定位叔氏虽与之同调,但"尊史"的宗旨叔氏却完全阙如。其实叔氏对于历史学甚至谈不上一知半解,于中国史学更是"门外汉",却每蔑视历史学,并以似是而非的浅薄论调嘲讽之。黑格尔也有同弊。其《小逻辑》批评汉语缺乏辩证思维的词汇,不能像德语"奥伏赫变"(Aufheden)那样"以相反两意融会于一字",钱锺书曾尖锐批评了黑格尔的浅薄,他以"论易之三名"为例,驳黑氏"无知而掉以轻心,发为高论,又老师巨子之常态惯技,无足怪也"。钱氏对于黑格尔的批评正可以移用于叔本华:叔氏于历史学"无知而掉以轻心,发为高论,又老师巨子之常态惯技,无足怪也"②。以叔氏与定庵相较,定庵高明于叔氏者多多。

细绎定庵之见,"史"如何"尊"?"非其职语言,司谤誉之谓","尊史"并非见史家操如椽之笔,有评千秋功过的权力艳羡而尊之,而是须尊史之"心"。"史"之"心"何谓?黑格尔说:

>(人)首先作为自然物而存在,其次他还为自己而存在,观照自己,认识自己,思考自己,只有通过这种自为的存在,人才是心灵。人必须在内心里意识到他自己,意识到人心中有什么在活动,有什么在动荡和起作用,观照自己,形成对于自己的观念,把思考发见为本质的东西凝固下来,而且从他本身召唤出来的东西和从外在世界接受过来的东西之中,都只认出他自己。……在这些外在事物上面刻下他自己内心生活的烙印,而且发现他自己的性格在这些外在事物中复现了。③

史家撰史浇灌的是一己胸中之块垒,在"心灵"中"复现他自己","把思考发见为本质的东西凝固下来",这"凝固的东西"即史家之"意蕴"、"史义"。在提炼史义的过程中,史家"从他本身召唤出来的东西和从外在世界接受过来的东西之中,都只认出他自己。……在这些外在事物上面刻下他自己内心生活的烙印,而且发现他自己的

---

① 叔本华:《作为意志和表象的世界》,商务印书馆1982年版,第135页。
② 《管锥编》第一册,中华书局1979年版,第2页。
③ 黑格尔:《美学》第一卷,第39页。

性格在这些外在事物中复现了"。这里,"本身召唤出来的东西"盖指作为"现实人"的史家其生存之境遇、阅历、教训、经验以及对于人世的"现实思考"。而黑格尔所谓"从外在世界接受过来的东西",则可以理解为史家读史时史实、历史的场景对他的"历史刺激"。"艺术家的地位愈高,他也就愈深刻地表现出心情和灵魂的深度。"①史家撰史正同于艺术家。此是为"史"之"心"也。洞晓"史心",则又当知"尊史"之法。史家所读之"史"为前代史家之作,故他便须潜入前代史家之腔内,设身处地,忖之度之,理解其治史之特点,想其之所想,悟其之所悟,是谓尊史之"心"。如钱锺书所说:"史家追叙真人实事,每须遥体人情,悬想事势,设身局中,潜心腔内,忖之度之,以揣以摩,庶几入情合理。"②由是又知史家治史先须"善入",即首先须对历史上发生的史实了如指掌。不善入乎史,史实不清,此非实录,其所言必不中肯,只能为皮相之论,"垣外之耳"——只能做门外汉。通过对历史事件和人物的把握深刻理解了历史,史家才能将自己融入进去,此是谓"善入"。

定庵之论尤可贵处在于他点破了史家须"善出"。史家读史研史,指点江山激扬文字时扮演的是一个"观赏者"角色,他将历史本身视同为一场大活剧。在鉴赏历史的过程中史家所见"历史"的"现实"必与史家"自身"之"现实"相互碰撞,心底既有大波澜起,笔下之春秋史思遂泉涌不可遏制,"文字的无穷缩写"(黑格尔《美学》语),其结果就产生出一部"熔铸经典之范,翔集子史之术,洞晓情变,曲昭文体,然后能孚甲新意、雕画奇辞"③的史学作品。抚今追昔,览古阅世,洞晓情变,且又明白了作文著史的"体制",这就会产生"新意"。这"新意"就是"意蕴"、"史义",就是表达"意蕴"的"奇辞"。这"意蕴"、"奇辞"映射着史家本人"心情和灵魂的深度",此是谓"善出"之一义;而历史舞台上的"优人"实即历史大活剧之演员。其人"号啕舞歌哀乐万千"实亦种种"历史活动"之激迫使其然也。然而,饶有兴味的是历史活剧的扮演者即"优人"却并不知历史本身的"目的性"。换言之,历史人物在创造历史时并非"事前预谋",准备去实现一项"历史任务",他们却在不自觉的状态下实现着历史的"目的性"。康德曾在《一个世界公民观点之下的普遍历史观念》中举例,略谓每一个人的婚姻完全是一种自由的道德行为,但婚姻统计则确实表明了一种惊人的一致性。那么,从历史学家的观点来看,这结果就可以看成是"仿佛有某种原因"(笔者按,此即历史的"目的性")决定着婚姻这件事。"同样,历史学家就可以把人类的历史看做仿佛是以同样的方式依照一种规律而被决定的一个过程。"又如罗马人征服地中海世界是世界古代史上的大事,改变了整个古代世界的政治格局。但柯林武德指出,这一历史事件是"这

---

① 黑格尔:《美学》第一卷,第35页。
② 《管锥编》第一册,第166页。
③ 《文心雕龙·风骨》,载《文心雕龙今译》,第266页。

场或那场战争或政府的个别事件的总和。他们(笔者按:指罗马人)之中没有一个人实际上说:'我在这场大运动里,即在地中海世界被罗马征服之中,扮演了我的角色。'"

"优人"不自觉地创造着历史却不明原委,定庵对此洞若观火,故谓"彼岂复能自言其哀乐也耶"? 个中谜底便需史家为"堂上观者","肃然踞坐,眄睐而指点焉",明察历史之"道",看透并点破历史事件之间的联系,这也就理解了"优人"悲欢喜乐背后的意蕴。如若没有这一层功夫,那么史实也只能是一堆缺乏灵魂的史料,此是谓"善出"之另一义。这样,礼、兵、政、狱、掌故、文体、人贤否,天下山川形势,人心风气,土所宜,姓所贵,国之祖宗之令,吏胥之所守皆需知,也就是皆需考。而知史考史,原本就是乾嘉考据学者治学的一个重要门类,亦即定庵所论"抱小"之学的重要内容。所以我们说,定庵的"尊史"之论,系从他的"抱小"之学转手而来。"尊史"与"抱小"之间有一个一以贯之的精神内核。

但是,正如定庵在重"抱小"考据的同时,不忘"小学之事,与仁爱孝弟之行,一以贯之已矣"的宋学"追大"一样,定庵的"尊史",既须"善出",须"出乎史,入乎道",要能够看出历史事件之间的联系,那么,这样的"尊史",终究要落实到"明道"亦即落到致用资治之上。若是一味入乎史、知史考史,那便是"道问学"而非"尊德性"了;那便是有"文"无"质",有"学"无"用"了;那便是"道问学"与"尊德性"分为两橛了。这样,再读定庵的《己亥杂诗》,道是:"霜毫掷罢倚天寒,任作淋漓淡墨看。何敢自矜医国手,药方只贩古时丹。"

"医国"之"药方"亦即"史",以"古丹"医国,便是以史医今,以史治今。这正是"善出"之史。所以,定庵的史论,总有着鲜明的针对现实的价值与意涵。其《古史钩沉论一》又题《觊耻》,它的现实主义批判矛头首先刺向了清廷封建专制统治对有棱角、有见地的士的扼杀。他写道:

> 昔者霸天下之氏,称祖之庙。其力强,其志武,其聪明上,其财多,未尝不仇天下之士,去人之廉,以快号令;去人之耻,以嵩高其身。一人为刚,万夫为柔,以大便其用力强武,而允孙乃不可长,乃诽、乃怨、乃责问、其臣乃辱。荣之亢,辱之始也;辨之亢,诽之始也;使之之便、任法之便、责问之始也。……积百年之力,以震荡摧锄天下之廉耻,既殄、既狝、既夷,顾乃席虎视之余荫,一旦责有气于臣,不亦暮乎!①

在封建专制统治之下,帝王是真理的化身。一个头脑的运思制衡、取代了亿万个头脑的思维运转,这就叫做"一人为刚,万夫为柔"。只有万夫为柔,才能保证一人为

---

① 《龚自珍全集》,第20页。

刚;反过来说,如若万夫不柔,那么一人也就不能为刚,封建专制也就统治不下去。所以,在封建专制制度之下,需要的是人们思想的麻木,是俯首帖耳的顺民;不需要有思想有独立见解,更不许有卓荦自立的棱角。那么,"仇天下之士"也就不足为奇,因为"思想"总是在"士"也就是在"知识分子"中最为活跃,故而"知识分子"也就最为危险。必须将这危险的物质载体牢牢控制住,然后用各种手段搓揉、挤压、琢磨得使士即使知识分子圆融玲珑麻木无棱角也就是无思想。这就产生了"仇天下之士"的前提性指导思想。这个"仇天下之士"的原则,在清朝更外加了一个满汉畛域的"非我族类"之心。因此,清廷的"仇天下之士"便首先将矛头对准汉族士类。直到曾国藩入阁以前,清廷一直固守满汉畛域,对任用汉官抱高度的警惕与戒备。这样,在清廷排斥汉族士人的高压政策下,定庵看到的是一幅"衰世"沉沉无生气的图景。其《乙丙之际箸议第九》有云:

> 衰世者,文类治世,名类治世,声音笑貌类治世。黑白杂而五色可废也,似治世之太素;宫羽浠而五声可铄也,似治世之希声。……人心混混而无口过,似治世之不议。左无才相,右无才史,阃无才将,庠序无才士,陇无才民,廛无才工,衢无才商,抑巷无才偷,市无才驵,薮泽无才盗,则非但尠君子也,抑小人甚尠。当彼其世也,而才士与才民出,则百不才督之缚之,以至于戮之。戮之非刀、非锯、非水火,文亦戮之,名亦戮之,声音笑貌亦戮之。戮之权不告于君,不告于大夫,不宣于司市,君、大夫亦不任受。其法亦不及要领。徒戮其心——其能忧心、能愤心、能思虑心、能作为心、能有廉耻心、能无渣滓心。

这是一幅鲜活可怕的"官场现形"图:不求有功,但求无过,五音淆杂,黑白相混。你想忧国忧民、敢怒敢喜敢思想敢不为乡愿吗?那就会有大群大群的小人织网将你罩住。这张网不是刀锯水火,是口舌,是谣言,是诬陷之文,是"枪击出头鸟"的嫉才妒才之心。一旦形成社会风气,变为一种"氛围",所有的人也就习惯于"混混而无口过",谁都不去担当"多事",谁都不敢去揭露黑暗,抨击黑暗。此种世道,慢说少君子之才,就是小偷盗贼市井无赖,其为恶也庸庸无才气,"市无才驵,薮泽无才盗","某些人连犯下滔天大罪的勇气都没有"①。于是整个社会就像一个生满疥疮、想搔痒即想有所作为但却"无所措术"之人,只能被捆在独木上等死。在此种世道下,定庵看到的官僚包括汉族官僚,只能是一些唯唯诺诺无气节的寡廉鲜耻之徒,正如《明良论》所说:"历览近代之士,自其敷奏之日,始进之年,而耻已存者寡矣!官益久则气愈偷;望愈崇则谄愈固;地益近则媚亦益工。……"②

---

① 康德:《对美感和崇高感的观察反思录》,载《康德美学文集》,北京师范大学出版社 2003 年版,第 67 页。
② 《龚自珍全集》,第 31 页。

在龚自珍看来，"士皆有耻，则国家永无耻；士不知耻，为国之大耻"①。那么，"士"当洁身自好，以立气节为要。"士"何以能洁身自好立气节？定庵主张入乎史为史氏逸民。入乎史，当首先明史，知晓"史"不过是"宾"，历三代以来无不如此的历史故事。而"史"之所以为"宾"，那又是掌握国家政权者的戒备、排斥所造成。即所谓"古者开国之年，异姓未附，据乱而作，故外臣之未可以共天位也。在人主则不暇，在宾则当避忌。……又易世而太平矣，宾且进与人主之骨肉齿。然而祖宗之兵谋，有不尽欲宾知者矣；燕私之禄，有不尽欲与宾共者矣；宿卫之武勇，有不欲受宾之节制者矣；一姓之家法，有不欲受宾之论议者矣。四者，三代之异姓所深自审也。是故周祚四百，其大政之名氏，皆姬姓也。其异姓之闻人，则史材也。且夫史聃之训曰：'知足不辱，知止不殆。'知所以自位，则不辱矣；知所以不论议，则不殆矣。……"②

定庵这是借言说历史对清廷排斥汉族士大夫的指控。他这里所谓"宾"当避忌，当深自审、知足、不论议，那是一种正话反说的嘲讽。因用了热脸去碰主人的冷屁股，自作多情，结果还是改变不了"异族"的身份、"宾"的身份，这又何苦？然而，在人主虽对"宾"百般戒备与排斥，"宾"却当自持。自持者何？"夫宾也者，生乎本朝，仕乎本朝，上天有不专为其本朝而生是人者在也。……孔子述《六经》，则本之史也。史也，献也，逸民也，皆于周为宾也，异名而同实者也。若夫其姓宾也，其籍外臣也，其进非世及也，其地非闺闼燕私也，而仆妾色以求容，而俳优狗马行以求禄，小者丧其仪，次者丧其学，大者丧其祖。徒乐厕于仆妾俳优狗马之伦，孤根之君子，必无取焉。"③

"宾"虽籍于"外臣"，又没有同姓贵族的血统可资荫庇，但"宾"须知自己是"史"，是孔子都必须依赖的对象。"史"作为"献"，以如椽之笔记录史事，孔子修《六经》而不能不本乎"史"，这就是"生乎本朝，仕乎本朝，上天有不专为其本朝而生是人者"的"史"的价值所在，也是"宾史"自持自尊之根本所在。如若忘记了自己"宾"、"史"的地位和价值，"仆妾色以求容"，"俳优狗马行以求禄"，"孤根"之君子必不取！有"根"而谓之"孤"，定庵此特指满、汉所出根祖之别，而警策汉族士类当自重。为什么？因为那种低三下四的下三烂行径是"丧其仪"、"丧其学"甚而是丧其祖的！士类当整其威仪，守其正学，尤其当自持自尊而不辱其"祖"。所以说："古者世有抱祭器而降者矣，有抱乐器而降者矣，有抱国之图籍而降者矣，无籍其道而降者。道不可以籍也。"④这里，定庵对那些浑噩唯诺的官僚特别是汉族官僚痛下针砭，希望以猛药击其觉醒。定庵之论大胆之极，亦犀利尖刻之极！其11岁侍父居京师，至嘉庆十七年（1812年）随父至徽州，居京师逾十年。对于清廷之排斥汉人，以及那些"忘祖"汉族官僚的寡廉鲜

---

① 《龚自珍全集》，第31页。
② 《古史钩沉论四》，《龚自珍全集》，第27—28页。
③ 《龚自珍全集》，第27—28页。
④ 同上。

耻耳闻目睹,知之甚深。自嘉庆二十三年(1818年)定庵年二十七中浙江乡试,此后会试屡不售。直至道光九年(1829年)始得会试中式,后定庵终身居低位,困厄下僚。仕途坎坷,定庵却抱旷世之才厚自期许,其云:"河汾房杜有人疑,名位千秋处士卑。一事平生无齗齗,但开风气不为师。"这仕途与自许间形成的强烈反差,对于定庵借尊史以讥讽时事肯定产生过重大影响①。定庵尊史,他不仅这样要求士类,他也这样自律。他的尊史之论内蕴着对清朝统治下扼杀人才的强烈不满。"九州生气恃风雷,万马齐暗究可哀!我劝天公重抖擞,不拘一格降人才。"因为万马齐暗,官僚浑噩,看不到大厦将倾的深刻社会危机,所以,定庵以良史忧天下为己任,独敢以卑微而放为危言高论,由尊史转手为倡言社会改革,指出:

仿古法以行之,正以救今日束缚之病……奈之何不思更法?②

拘一祖之法,惮千夫之议,听其自弛,以俟踵兴者之改图尔!一祖之法无不弊,千夫之议无不靡,与其赠来者以劲改革,孰若自改革?抑思我祖所以兴,岂非革前代之败耶?前代所以兴,又非革前代之败耶?……天何必不乐一姓耶?鬼何必不享一姓耶?奋之奋之!将败则豫师来姓,又将败则豫师来姓!《易》曰:"穷则变,变则通,通则久。"③

这是说,"更法"有史可鉴有"理"可循。清廷因革前代之败而兴;前代又因革前代之败而兴。明智者当自知《易》的穷变通久之则及时改革,则天未必不乐授一姓,鬼未必不乐享一姓。也就是说,只有革除弊政,天和鬼神方可庇佑清廷国祚不移。否则就要赠来者以"劲"改革了。国祚不保,由别家替代,结果别家还是要改革。与其赠别家"劲"改革,孰若自改之?可见定庵对清廷自行革除弊政还是有期待的。他在《乙丙之际箸议第六》中曾经写道:"自周而上,一代之治,即一代之学也。……是道也,学也,治也,则一而已矣。乃若师儒有能兼通前代之法意,亦相诫语焉。……陈于王,采于宰,信于民,则必以诵本朝之法,读本朝之书为率。师儒之替也,源一而流百焉,其书又百其流焉,其言又百其书焉。各守所闻,各欲措之当世之君民,则政教之未失也。虽然,亦皆出于其本朝之先王。"④

定庵此论,又脱胎于章实斋者。实斋六经皆史论谓六经皆先王之政典,礼,时为大,时政之"礼"虽无六经之名,然一道同风,源一流百。定庵之论与实斋若合符节。师儒能兼通前代之法意,但前提是"必以诵本朝之法"为"率"。"率"者,标准、圭臬之

---

① 按:《古史钩沉论》始作于1825年定庵34岁时。见吴昌绶:《定庵先生年谱》,载《龚自珍全集》,第610页。时正值定庵会试不售,屡遭挫折。
② 《明良论四》,《龚自珍全集》,第35页。
③ 《乙丙之际箸议第七》,《龚自珍全集》,第6页。
④ 《乙丙之际箸议第六》,《龚自珍全集》,第4页。

谓也。师儒之书之言,虽源一而流百,但万变不应离其宗,即皆当以政教为准绳,皆当出于其本朝之先王。定庵对清廷还是有感情的。他以史氏自居提倡更法,目的在于"补天"而非"拆天"更非"换天",他希望清廷能够自行除弊而长治久安。本乎此,定庵撰《平均篇》、《农宗》,着眼于贫富不均、土地兼并的社会问题;他看到西北边陲和东南沿海潜伏着民族危机,故撰《西域置行省议》、《东南罢蕃舶议》。这些文论中提出的改革措施,无不依史立说以史为鉴,而又充满着对清廷自行改革的期待。但是,定庵对清廷有期待更有警策。清廷的颟顸不思进取,拘守成法,故步自封,与定庵的期待每南辕北辙。于是定庵之失望又每使他发为激切之论。他以史氏自居,在《尊隐》中纵横捭阖,发论道:

闻之古史氏矣,君子所大者生也,所大乎其生者时也。是故岁有三时……日有三时……日之将夕,悲风骤至,人思灯烛,惨惨目光,吸饮莫气,与梦为邻……而君子适生之。不生王家,不生其元妃、嫔嫱之家,不生所世世蓁之家,从山川来,止于郊。而问之曰:何哉?古先册书,圣智心肝,人功精英,百工魁杰所成。如京师,京师弗受也。非但不受,又裂而磔之……则百宝咸怨,怨则反其野矣!……则京师之气泄;京师之气泄,则府于野矣!如是则京师贫;京师贫,则四山实矣。古先册书,圣智心肝,不留京师……则京师贱;贱,则山中之民,有自公侯者矣!如是,则豪杰轻量京师;轻量京师,则山中之势重矣!如是,则京师如鼠壤;如鼠壤,则山中之壁垒坚矣!京师之日苦短,山中之日长矣!……朝士寡助失亲,则山中之民,一啸百吟,一呻百问疾矣!……山中之民,有大音声起,天地为之钟鼓,神人为之波涛矣!①

透过上述阴晦诡谲的对比议论,定庵用凄惨肃杀的灰色调描绘了一幅"山中"与"京师"的势力对垒消长图:不生王家,不生元妃、嫔嫱之家,没有贵族血统可资荫庇的"君子"实亦即史氏。史氏为人群精英。英才遭忌,如京师,京师弗受,非但不受,又裂磔之,于是史氏也就是"百宝"怨而反诸野,至于"山中"。因史氏去京师而之山中,于是京师之气泄而山中之气"府",于是京师贫而"四山"实,于是京师贱而山中之民"有自公侯者",于是"豪杰"敢"轻量"京师,轻量京师则山中之势重,于是京师如鼠壤而山中之壁垒坚,于是京师之"日"苦短而山中之日长。一旦"山中"与"京师"的势力消长已至于山中之民一啸百吟,一呻而"百问疾"即群起而攻之,斯时必有大音声起,天地遂为之钟鼓,神人为之波涛矣!这幅图景是定庵为警策清朝统治者而描绘。他要求清廷重史氏,也就是要求清廷倾听来自史氏的忠告。定庵告诫清廷要接纳而不要排斥史氏,也就是要求清廷采纳史氏的"更法"建议。这里,定庵已经将史氏的作用

---

① 《龚自珍全集》,第88页。

提高到了"山中"与"京师"势力消长的关键所在之高度,他的厚自期许至此已臻至于极!定庵一连用六七个对比句式,以"山中"与"京师"相对,几乎使人产生其或有"反骨"的印象,这与他的对清廷仍然抱有期望之论大相径庭。这是定庵失望已极的愤懑激切之论。在他身上,对清廷的希望与失望,矛盾而复杂地交织在一起。对于定庵到底有没有反满之意不能遽下结论。但是,读他的激切议论,确实会使人有"若受电"的凛凛然之感。定庵的议论,是足以为"诋排专制"、要求"晚清思想之解放"(梁启超语)的后人所加利用的。

三、龚自珍的今文疑古思想

龚自珍童年时即随外祖父段玉裁治小学。直到晚年,他始终对小学抱有一分敬意。他在音韵、训诂、版本目录、金石彝器方面均有不浅的造诣。以定庵之聪慧,若能在考据学领域锲而不舍地孜孜以求,他的考据学成就原未可限量。然而,定庵终于未能走上考据之路,慨然"从君烧尽虫鱼学,甘做东京卖饼家"①,他最终选择了今文经学,这与定庵身处时代巨变的交汇点上是有关系的。

然而,定庵的禀性才情,他的廓然有大风雷蕴于方寸之间的大抱负,考据学的拙朴无华又怎能范围住他!他终于选择有"非常异议可怪之论"的今文经学,这一层个人秉性的因素似为一种更加亲切直截的根据。我们可以说,是时代作用于定庵的才情秉性,才有了他的今文经学。

据吴昌绶《定庵先生年谱》,早在少年时代,即早在从外祖父段玉裁受小学之时,定庵已崭露文学才气。13岁作《知觉辨》,"是文集之托始"。15岁作诗集编年。其自云:"蚤年撄心疾,诗境无人知。幽想杂奇悟,灵香何郁伊!"②"少年哀乐过于人,歌泣无端字字真。"③

少年龚自珍已好作幽思奇想。他心底常有大波澜起,故下笔作春秋之论每如龙走蛇游,思绪泉涌:"变化从心,攸乎万状,无所不有,所过如扫","闻是声也,忽然而起,非乐非怨,上九天,下九渊,将使巫求之,而卒不自喻其所以然。"④

定庵的气质本为诗人。是故段玉裁为定庵《怀人馆词》作序,论定庵之才情谓:"风发云逝,有不可一世之概。尤喜为长短句,其曰《怀人馆词》者三卷……造意造言,几如韩李之于文章,银碗盛雪,明月藏鹭,中有异境。自珍以弱冠能之,则其才之绝异,与其性情之沉逸,居可知矣。"⑤可谓极中肯綮。

---

① 《杂诗·己卯自春徂夏祖宗京师作得十有四首》,《龚自珍全集》,第441页。
② 《戒诗五章》,《龚自珍全集》,第451页。
③ 《己亥杂诗》,《龚自珍全集》,第526页。
④ 《长短言自序》,《龚自珍全集》,第232页。
⑤ 《怀人馆词序》,《经韵楼集》卷九。

定庵有才情，且其自许甚厚。他睥睨一世而又坎坷一世。既云"一山突起丘陵妒，万籁无言帝坐灵"①，又说"从来才大人，面目不专一"②，在浑噩的世风和官僚群中，定庵的卓然不群绝不能为世所容，他的坎坷，其命运多舛是注定的。面对坎坷的际遇，定庵乃有"一箫一剑平生意，负尽狂名十五年"之叹！这样一位有才情的诗人，有经天纬地大抱负之志的学人，当他仕途屡挫，怀才不遇而经世资治之心又不泯时，面对"举国方沉酣太平"，深刻的社会危机一触即发的现状，乾嘉考据"道问学"的拘滞少活泼难发挥的局限终与定庵的禀性相左；"道问学"所倾向的学术本体意味，也终难符定庵的经世之旨。试看定庵之文，恣肆透快，奇谲瑰异，郁勃横溢，豪放不羁，那是诗性在文气中的涌动。与乾嘉考据学风的拘滞、晦涩相去如天壤。难怪定庵要讥弹乾嘉考据学风的"饾饤"了。而当定庵为资治之需也不得不走"通经致用"这一文人士大夫普遍认可的治学之路，也就是定庵不得不对"经学"有所选择时，今文经学的"非常异议可怪之论"当然更接近定庵的才情和喜好；今文经学以经解议政干政的治学目的论，也更加符合定庵的资治之需。这就是梁启超在《清代学术概论》中所说的定庵"好今文"，"喜为要眇之思"，"文辞俶诡连犿"，"往往引《公羊》义讥切时政，诋排专制"。

定庵没有今文经学的专门著作。《春秋决事比》和《大誓问答》二文比较集中地反映定庵的今文思想。此外，《尊隐》、《乙丙之际箸议》之七、九等文论中也有今文思想的阐发。定庵的今文经学有几点值得注意：

1. 以音读解今、古之分

定庵《大誓问答第二十四·总论汉代今文古文名实》提出了以音读解今古的观点。他说："请纵言今文、古文。答曰：伏生壁中书，实古文也。欧阳、夏侯之徒，以今文读之，传诸博士，后世因曰伏生今文家之祖，此失其名也。孔壁，固古文也，孔安国以今文读之，则与博士何以异？而曰孔安国古文家之祖，此又失其名也。今文、古文同出孔子之手，一为伏生之徒读之，一为孔安国读之。未读之先，皆古文矣；既读之后，皆今文矣。惟读者人不同，故其说不同。源一流二，渐至源一流百，此如后世翻译，一语言也，而两译之，三译之，或至七译之。译主不同，则有一本至七本之异。未译之先，皆彼方语矣；既译之后，皆此方语矣。其所以不得不译者，不能使此方之人晓殊方语故；经师之不得不读者，不能使汉博士及弟子员悉通周古文故。……又译字之人，必华夷两通而后能之；读古文之人，必古今字尽识而后能之……如伏生、欧阳生、夏侯生、孔安国庶几当之，余子皆不能。此今文、古文家大略也。"③

---

① 《夜坐》，《龚自珍全集》，第467页。
② 《题王子梅盗诗图》，《龚自珍全集》，第505页。
③ 《龚自珍全集》，第75—76页。

定庵重音韵训诂，他以音读解今古之分与此有关。他在此文之末亦云其观点受到了段玉裁的影响。但是，定庵此论极通明晓畅，在今文经学和古文经学的源流阐述上足成一家之言。定庵此论的基本宗旨在于今文系从古文衍化而来，"未读之先，皆古文矣；既读之后，皆今文矣"。孔子传授六艺，其弟子身处春秋，只能以先秦文字也就是"古文"撰述立说；自秦统一，"书同文"，古文字渐至湮坠，知晓者如凤毛麟角。然伏生、夏侯、孔安国等人去古未远，学识渊博，尚通古文。其人传授弟子，弟子习古文，却以"今文"记之，这是为了方便官学弟子员的学习。在从古文解读到今文的过程中，因"读者"不同，难免使字义略有出入。这就像译者对原著的翻译不尽相同一样。定庵的这一解说，推测合理，论据雄辩，对后世产生过重要影响。皮锡瑞《经学通论·书经通论·论汉时今古文之分由文字不同亦由译语各异》就这样写道："汉时所谓今文，今谓之隶书。……汉时所谓古文，今谓之古籀。……隶书汉时通行，故谓之今文，犹今人之于楷书，人人尽识者也。古籀汉时已不通行，故谓之古文，犹今人之视篆隶，不能人人尽识者也。……锡瑞案，孔子写定六经，皆用古文，见许氏《说文》自序。伏生为秦博士，所藏壁中之书，必与孔壁同为古文。至汉发藏以教生徒，必易为通行之隶书，使便学者诵习。……观今人不识篆文，即知汉人不识古文。不能通行之故，此汉时立学所以皆今文，而古文不立学也。"

皮锡瑞之论，全从定庵之论脱化而来。皮氏对此亦明言之。皮氏此文后一大段，乃全引定庵说发论，并指出"段氏（段玉裁）解读字甚精，龚氏通翻译，解读字尤确，据此可知今古文本同末异之故"。

2. 折中今、古，以今为主

定庵 28 岁时"就刘申受问《公羊》家言"[1]，其《己亥杂诗》又赞宋翔凤谓："玉立长身宋广文，长洲重到忽思君。遥怜屈贾美灵地，朴学奇才张一军。"在此诗的自注中定庵说："'奇才朴学'，二十年前目君语，今无以易也。"[2]以己亥逆推二十年，应为嘉庆二十四年己卯（1819 年）定庵 27 岁时。定庵既受学于刘逢禄，又颇引宋翔凤为同志，受时代和个人品性才情的制衡，他终于走上了今文《公羊》一派的治学路径。其《乙丙之际箸议第九》即以《公羊》三世说立论，写道："吾深闻于《春秋》者，其论史也，曰：书契以降，世有三等。三等之世，皆观其才。才之差，治世为一等，乱世为一等，衰世别为一等。"[3]

龚氏特别指出衰世之征在于无是非、无黑白、无善恶、无真伪，浑浑噩噩，死水一潭，卓荦有棱角之士的才智被扼杀，因此要"更法"，提出"一祖之法无不敝"，"与其赠

---

[1] 《龚自珍全集》，第 441 页。
[2] 同上书，第 522 页。
[3] 同上书，第 6 页。

来者以劲改革,孰若自改革?"他在《春秋决事比自序》中又写道:"在汉司马氏曰:'《春秋》者,礼义之大宗也。'又曰:'《春秋》明是非,长于治人。'晋臣荀崧踵而论之曰:'《公羊》精慈,长于断狱。'九流之目,在董仲舒一百二十三篇。……抑又闻之,《春秋》之治狱也,趋作法也,罪主人也,南面听百王也,万世之刑书也。决万世之事,岂为一人一事?是故实不予而文予者有之矣……实予而文不予者有之矣。……民生地上,情伪相万万,世变徙相万万,世变名实徙相万万。《春秋》文成才数万,指才数千,以秦汉后世事,切劚《春秋》,有专条者什一二,无专条者什八九,又皆微文比较,出没隐显,互相损益之辞,《公羊》氏所谓主人习其读,问其传,未知己之有罪者也。斯时通古今者起,以世运如是其殊科,王与霸如是其殊统,考之孤文只义之仅存,而得之乎出没隐显之间,由是又欲竟其用,迳援其文以大救裨当世。……自珍既治《春秋》,觑理罅隙……乃独好刺取其微者,稍稍迂回赘词说者,大迂回者。凡建五始,张三世,存三统,异内外,当兴王,及别月日时,区名字氏,纯用《公羊》氏。……"①

这里,定庵对于《公羊》学的微言大义所涉建五始,张三世,存三统,异内外,当兴王等义法皆有心得。他在文中提到的"实不予而文予","实予而文不予",这既是公羊义法,更是刘逢禄治学方法论的基石与根骸。定庵虽然感觉到《春秋》之言简而后世之事繁,故颇有出没隐显,用于当世若此其难之慨,然而他毕竟还是要"刺取其微者""以大救裨当世"的。这个"大救裨当世",合之于前引定庵的"三世说",其要旨全在于"变"。变的结果是"天未必不乐一姓,鬼神未必不享一姓";倘若拒绝"变"拒绝改革,那就要"以俟踵兴者之改图",等待国祚他移之后别家的改革了。定庵的这一理论,与自庄存与、刘逢禄、宋翔凤以来的常州今文一派一脉相承。只是庄、刘、宋借"三统说"立论,凸显三统说中的"天命所授者博,非独一姓"之义,警策帝王当以民为本,洁身自好以不失王"统";而定庵天和鬼神乐享一姓的前提,已由帝王本身的立德扩展到了革除国家的弊政。他的"以俟踵兴者"一说尤较庄、刘、宋大胆而激切。

定庵有《五经大义终始问答》文论一组。这一组文论完全环绕三世说而展开。值得注意的是《问答七》。定庵谓:

> 问:太平大一统,何谓也?答:宋明山林偏僻士,多言夷夏之防,比附《春秋》,不知《春秋》者也。《春秋》至所见世,吴楚进矣。伐我不言鄙,我无外矣。《诗》曰:"无此疆尔界,陈常于时夏。"圣无外,天亦无外者也。然则何以三科之文,内外有异?答:据乱则然,太平则不然。②

定庵此论有深意,与他愤而至极所发"山中"与"京师"势力消长之论又大相径庭

---

① 《龚自珍全集》,第233—234页。
② 同上书,第48页。

者也。晚明遗老坚持遗民立场,至清初仍主夷夏大防。定庵讥切其不明《春秋》大义,这种议论系为清廷张目。太平世应当夷夏无防,太平世系又由据乱世发展而来,这里面有一个"循环"演进的轨迹,此即定庵所说"万物之数括于三:初异中,中异终,终不异初。……万物一而立,再而反,三而如初"①。那么,清朝当时属据乱世,据乱世原应当有夷夏大防。但据乱而改乱,据乱而革除弊政,则又当入太平世,当入不应有夷夏大防之世。从汉族士类的立场来说,也就不必"拘滞于"夷夏大防,不必视满清为"夷"而当为清政权服务——只要清政府能够自行改革除弊,由"据乱"而进于"太平"。所以说,定庵的思想是矛盾而复杂的:他既有山中之民大音声起,京师之气泄,京师如鼠壤等几带"反叛"之义的激切议论;又有天和鬼神当乐享一姓,不弃一姓,亦即天和鬼神当乐享清廷不弃清廷之说。对清廷定庵期望与失望并存:他期望清廷自行改革而由据(衰)乱世进入太平世,是故定庵凸显《公羊》学中的夏不防夷之义;他对清廷限资格扼人才、颟顸不思进取又极度失望,是故又在《公羊》三世说中提出了不革弊政必有"踵兴者"起的大胆议论。

定庵之学取于《公羊》,然而他毕竟是段玉裁的外孙,他由小学入大学,同时亦由古文(清儒考据家之小学为古文经学)入今文。因此,定庵虽然师从刘申受,他却不像刘氏那样深自今文壁垒,固守门户畛域;他的今文经学与宋翔凤亦颇不同。定庵的今文经学表现出一种折中今古而以今学为主的倾向。

定庵有《六经正名》一篇,且看他怎样论"经"、"传"、"记"、"群书"。他说:"孔子之未生,天下有六经久矣。……孔子曰:'述而不作。'司马迁曰:'天下言六艺者,折中于孔子。'六经、六艺之名,由来久远,不可以臆增益。……'传'则附于经,'记'则附于经,'群书'颇关经,则附于经。何谓'传'?《书》之有大、小夏侯、欧阳,'传'也;《诗》之有齐、鲁、韩、毛,'传'也;《春秋》之有公羊、穀梁、左氏、邹、夹氏,亦'传'也。何谓'记'?大、小戴氏所录,凡百三十有一篇是也。何谓'群书'?……《书》之有《周书》七十一篇,'群书'之关《书》者也;《春秋》之有《楚汉春秋》、《太史公书》,'群书'之关《春秋》者也;然则《礼》之有《周官》、《司马法》,'群书'之颇关《礼》经者也。"②

定庵此论亦颇合章实斋六经皆史之论。然而,对经与"传"、"记"、"群书"之间的关系,《文史通义》所论无多,因此,定庵的经学又有不同于实斋的特点。定庵以《毛诗》合于齐、鲁、韩三家,以《左氏》合于《公羊》、《穀梁》,以《周官》为《礼经》之解,这都混淆了今古文家法。其中尤以定庵将《左氏》列为"传",此大悖其师者。因为在刘逢禄看来《左氏》不解经,性质同于《晏子春秋》、《吕氏春秋》、《楚汉春秋》等,《左氏》为"史"而不是"传"。而定庵却谓《楚汉春秋》系"群书"之关《春秋》者,在定庵这里,《左

---

① 《壬癸之际胎观第五》,《龚自珍全集》,第16页。
② 《龚自珍全集》,第36—37页。

氏春秋》的地位大大高于刘逢禄的评价。再看定庵在《六经证明问答五》中所说："《左氏春秋》(宜剔去刘歆所窜易)、《春秋公羊传》、《郑语》一篇，及《太史公书》，以配《春秋》。"定庵已完全打乱了刘逢禄辈"《左氏》不传《春秋》"的今文家法，且将《左氏》排到了《公羊》之前。尽管定庵对《左氏》"配"《春秋》作了"宜剔去刘歆所窜易"的限制，但他认为《左氏》"配"《春秋》也就是"传"《春秋》，这是问题的要害所在。统观《龚自珍全集》，对于刘歆究竟在哪些方面"窜易"了《左传》，定庵没有做任何说明。相反，他在《春秋决事比自序》中却写道："凡建五始，张三世，存三统，异内外，当兴王，及别月日时，区名字氏，纯用《公羊》氏；求事实，兼采《左氏》。"①这说明，定庵欲以《左氏》之"事"补《公羊》之"义"。从方法论上看，自庄、刘、宋特别是自刘逢禄以来，常州今文一派强调"春秋重义不重事"。定庵主以《左氏》之"事"补《公羊》之"义"，亦即以"小学"补"大学"，以考据之"东汉学"补今文的"西汉学"。这与庄、刘、宋，特别是与刘逢禄亦大相枘凿。

定庵《六经正名答问五》："'传'、'记'可配经，'子'不可配经。虽使曾子、漆雕子、子思子之书俱在，亦不以配《论语》。"②又指出，刘向"不敢悍然以《论语》为经之贰，加经名"，"可谓博学明辨慎思之君子者哉！"③这样，定庵便又有了与宋翔凤不同的特点。宋翔凤重宋学，他援宋入(西)汉，特以宋儒所重之《四书》说经。定庵则持以经还经、以子还子之义，不以《四书》配经。

常州今文一派好以谶纬灾异符瑞解经，庄、刘、宋皆不免。这也是常州今文一派学风的一个特点。定庵对此却极反感，其《与陈博士笺》谓："自古以阴阳五行占验灾异，与推步家术绝不相同，不能并为一家之言。……自珍最恶京房之《易》、刘向之《洪范》，以为班氏《五行志》不作可也。"④又说："刘向有大功，有大罪。功在《七略》，罪在《五行传》。"⑤

定庵治学由小学入大学，由古文经学入今文经学而终至于治今文经。这就形成了他与常州今文一派同中有异的学术风格：二者之同在于同为今文，都欲借今文的微言大义讥切时政。定庵因此又成了常州学后劲；二者之异在于定庵重考据、重"事"、重"史"，主张六经皆史，以史说经、以史证经。常州一派则坚持"春秋重义不重事"的治学方法论而将史列于"经"、"传"之后。定庵这种折中今古、以今为主的学术风格，反映在他的疑古学上，表现为定庵的疑古重实证考据，颇有乾嘉遗风；但他的疑古又终是站在今文家派立场上的疑古。

---

① 《龚自珍全集》，第 234 页。
② 同上书，第 40 页。
③ 《六经正名》，《龚自珍全集》，第 37 页。
④ 《龚自珍全集》，第 346 页。
⑤ 《非五行传》，《龚自珍全集》，第 130 页。

3. 定庵的疑古学

定庵撰有《大誓问答》，其《第一》就《今文尚书》到底是二十八篇还是二十九篇的问题论述道："问曰：儒者百喙一词，言伏生《尚书》二十八篇。武帝末，民间献《大誓》，立诸博士，总之曰二十九篇，今文家始有二十九篇。又云：得《大誓》以并归于伏生弟子，始有二十九篇。其言如何？答曰：使《尚书》千载如乱丝，自此言始矣！《史记·儒林传》：'秦时焚书，伏生壁藏之。其后兵大起，流亡。汉定，伏生求其书，亡失数十篇，独得二十九篇。'《汉书·艺文志》语正同。迁、固此言，昭昭揭日月而行，诸儒万无不见，亦万无不信，而乃舍康庄而求荆棘。察其受病，厥有四端：篇目之不考，一也。笃信民间晚出书，二也。误以孔安国传古文，因笃信《周本纪》，三也。不以今文、古文、晚出书三事截然分明，各还其数，而合并数之，自生瞀闷，歧之中有歧焉，四也。"①

定庵这里提出的《今文尚书》篇数问题，是今文经学"内部"的一个问题。所以，定庵此辨乃系"以今（文）论今（文）"，厘清今文经学本身的纷扰。按照《史记·儒林传》，伏生所传《今文尚书》原为二十九篇，《大誓》不算在内。但到了欧阳、夏侯时，篇数虽然仍旧是二十九篇，但《大誓》是算在这二十九篇之内的。而《大誓》晚出，原来并不在伏生所传《今文尚书》之内。这样，如果将《大誓》剔除，伏生所传《今文尚书》就变成二十八篇而不是二十九篇，少了一篇。如果还承认伏生所传为二十九篇，再加上《大誓》，那就是三十篇了。这其中的问题出在《顾命》与《康诰》上。

《史记·周本纪》："成王将崩，惧太子钊之不任，乃命召公、毕公率诸侯以相太子而立之。成王既崩，二公率诸侯，以太子钊见于太王庙，申告于文王、武王所以为王业之不易，务在节俭，毋多欲，以笃信临之，作《顾命》。太子钊遂立。是为康王。康王即位，遍告诸侯，宣告以文、武之业以申之，作《康诰》。"

按照太史公所说，《顾命》与《康诰》明为两篇，不可混一。但是到了欧阳、夏侯传授《尚书》时，《康诰》却并入《顾命》之内了，这又是怎么回事？其中的缘由，又出在《大誓》上。据刘向《别录》，《大誓》是武帝时民间发老屋在屋壁中发现后献给朝廷的。武帝得到《大誓》后"与博士始读，说之数月，皆起传以教人"。这就是说，皇上下令要将《大誓》列入《尚书》以"教"弟子员。这就为难了欧阳、夏侯一派的《今文尚书》家：伏生原传为二十九篇，尽人皆知，不能贸然作更改；但武帝又命以《大誓》入《尚书》授弟子员。怎样解决这个矛盾？于是欧阳夏侯一派的今文家便将《康诰》与《顾命》合并为一篇，再加上《大誓》，恰好是二十九篇。这样，既承仍了伏生所传二十九篇之旧，又圆满解决了武帝将《大誓》列入《尚书》授弟子员的要求。这一说解，正如皮锡瑞《书经通论》所言："《史记·周本纪》云：'作《顾命》作《康诰》'，则史公所传伏生之《书》，明分二

---

① 《龚自珍全集》，第 65 页。

篇。其后欧阳、夏侯乃合为一。疑因后得《大誓》,下示博士使读说以教人,博士乃以《顾命》、《康王之诰》合为一篇,而掺入《大誓》,此夏侯篇数所以仍二十九篇。"

皮氏此论,来自定庵。皮锡瑞自己也说:"以《大誓》当一篇,《大誓问答》已辨之矣,当从《大誓问答》,分《顾命》、《康王之诰》为二,不数《大誓》书序为是。"但定庵所考,又有自相矛盾处。其《大誓问答第十一》云:"伏生之征,在文帝时。欧阳生亲受业于伏生,下距武帝末尚七十年,纵老而见献书之事,岂复屦补师书,自悔其少年之业之未备耶?"

这又是说,欧阳、夏侯之徒并没有将《大誓》列入《今文尚书》。定庵的理由是:"欧阳生以后之博士,惮违明诏,起传后人,大都俗学。汉初淳闷,重功令,尤重师法,学有家法,名成大师,岂肯从而诡和以塞诏旨乎?观刘歆欲立古文,太常以无师说不肯立。岂欧阳之笃谨,不如后来之博士?"①

定庵说汉初尤重师法,学有家法,不甚确。汉初每有今古文混学杂说者,这在前文刘逢禄节中已谈及,此不赘。将武帝时下诏令博士授《大誓》与刘歆欲立古文经学相提并论,也不确。刘歆欲立古文,并没有得到汉哀帝的明确支持,这与武帝下诏令博士授《大誓》,二者之力量强度不能同日而语。再从逻辑上说,定庵前文是要证明不算《大誓》,《今文尚书》原本就有二十九篇;而将《康诰》与《顾命》合二为一,此自欧阳、夏侯以来一直如此,那么,如果按照定庵后文所要证明的,欧阳、夏侯之徒并没有将《康诰》与《顾命》合二为一,除去《大誓》,《今文尚书》又是二十八篇而非二十九篇,岂非自相矛盾?是故皮锡瑞对定庵否认欧阳、夏侯一派增《大誓》入《今文尚书》颇不以为然,指出:"龚氏论夏侯、欧阳无增篇,无解于释文。所云欧阳、夏侯既无增篇,又并二篇为一(按,指将《康诰》列入《顾命》内。——笔者),则仍止二十八,而无二十九矣。"

如果说《大誓问答》是龚自珍的"以今论今",是站在今文家的立场上厘清今文经学的"内部"问题的话,那么,他的《说中古文》,便是"以今论古",是站在今文家的立场上驳难古文经学。定庵写道:

> 成帝命刘向领校中五经秘书,但中古文之说,余所不信。秦烧天下儒书,汉因秦宫室,不应宫中独藏《尚书》,一也。萧何收秦图籍,乃地图之属,不闻收《易》与《书》,二也。假使中秘有《尚书》,何必遣晁错往伏生所受二十九篇?三也。假使中秘有《尚书》,不应安国献孔壁书,始知增多十六篇,四也。假使中秘有《尚书》,以武、宣之为君,诸大儒之为臣,百余年间,无言之者,不应刘向始知校《召诰》、《酒诰》,始知与博士本异文七百,五也。此中秘书既是古文,外廷所献古文,遭巫蛊不立,古文亦不亡,假使有之,则是烧书者,更始之火、赤眉之火,而非秦火矣,六也。中秘既是古文,外廷自博士以迄民间,应奉为定本,斠若画一,不应听

---

① 《龚自珍全集》,第69页。

其古文家、今文家纷纷异家法,七也。中秘有书,应是孔门百篇全经,不但《舜典》、《九共》之文,终西汉世具在,而且孔安国之所无者,亦在其中,孔壁之文,又何足贵? 今试考其情事,然耶? 不耶? 八也。秦火后,千古儒者,独刘向、歆父子见全经,而平生不曾于二十九篇外,引用一句,表章一事,九也。亦不传授一人,斯谓空前,斯谓绝后。此古文者,迹过如扫矣。异哉! 异至于此,十也。假使中秘书并无百篇,则向作《七略》,当载明是何等篇,其不存者亡于何时? 其存者又何所受也? 而皆无原委,千古但闻有中古文之名,十一也。中秘既有五经,独《易》、《书》著,其三经何以篾闻? 十二也。当帝之时,以中秘校百两篇,非是。予谓,此中古文,亦张霸百两之流亚,成帝不知而误收之;或即刘歆所自序之言如此,托于其父,并无此事。古文《书》如此,古文《易》可知。宜其独与绝无师承之费直《易》相同,而不与施、孟、梁邱同也。《汉书》刘向一传,本非班作,歆也博而诈,固也侗而愿。①

定庵在这篇不足七百字的短文中涉及了今古文经中一些最要害的问题。定庵的驳论,对后世今文家影响巨大。如皮锡瑞《书经通论》即全引定庵之论立说,用以反驳古文经学家所认为的今文经有脱简,所以不如古文经之论;定庵所说的中秘藏有百篇全经;武、宣之世百余年间无言《古文尚书》者;秦火后独刘向、刘歆父子见全经而又未曾于29篇外引用《古文尚书》等,这些观点,有的被康有为直接引用,有的对康有为有重要的启迪(如康有为秦火后中秘所藏六经不亡之论即由龚氏中秘藏有百篇《尚书》全经一说脱化而来)。然细考定庵之论,亦多有自相矛盾或牵强难通之处。这里且先看定庵在《大誓问答二十二》中如何看待汉代的校书,他说:

汉廷凡古书二本并出,未有不互校之者也。孔安国得孔壁古文,以考二十九篇,得多十六篇,是并目录互校之矣。张霸百两篇之非真,由成帝以中古文校之非是,是二本互校之矣。刘向以中古文校博士《易》,脱言无咎悔亡;取中书二十三篇,以校常山王禹不相合,是皆互校之矣。《孝经》长孙、江、翁诸家说不安处,古文字读皆异,又二本互校之矣。向取中古文校欧阳、夏侯经,《酒诰》脱简二,《召诰》脱简一,其余文字异者七百有余,皆二本互校之矣。②

定庵在此文中在在提出以中古文校书可以辨真伪,可以为之据,何以与其《说中古文》之论自相悖论若天壤黑白? 此定庵《说中古文》大不可通者一。至定庵驳论之难通者,仍有数端。秦火烧书,目标在博士或民间私藏书。秦始皇不会傻到要将国家图书馆中的藏书也一把火烧掉。故秦宫室原应藏有全经,也就是汉初因秦宫室时应

---

① 《龚自珍全集》,第25页。
② 同上书,第74页。

该藏有《尚书》,此定庵论难通者一;据《资治通鉴卷九·汉纪一·高帝元年》:"萧何独先入收秦丞相府图籍藏之,以此沛公得具知天下阨塞、户口多少、强弱之处。"此萧何所收秦之档案也。当时天下大乱,战事未已,萧何所重首在军事。儒学典籍未在所计,而只收图籍户府之属,以供沛公天下隘塞、户口、强弱之知。萧何未收《易》、《书》自可理解,却不能作为秦宫室无藏《易》、《书》之根据,此定庵论难通者二;定庵《大誓问答二十四》:"今文、古文同出孔子之手,一为伏生之徒读之,一为孔安国读之。未读之先,皆古文矣;既读之后,皆今文矣。惟读者人不同,故其说不同。源一流二,渐至源一流百,此如后世翻译,一语言也,而两译之,三译之,或至七译之。译主不同,则有一本至七本之异。未译之先,皆彼方语矣;既译之后,皆此方语矣。其所以不得不译者,不能使此方之人晓殊方语故;经师之不得不读者,不能使汉博士及弟子员悉通周古文故。……又译字之人,必华夷两通而后能之;读古文之人,必古今字尽识而后能之……如伏生、欧阳生、夏侯生、孔安国庶几当之,余子皆不能。此今文、古文家大略也。"遵定庵此论,则中秘所藏《尚书》原为古文,只有"伏生、欧阳生、夏侯生、孔安国庶几当之,余子皆不能",那么,晁错既非"古今字尽识"之冠世大师,自属"余子"之列,则他从伏生受《尚书》,完全可以用定庵之论难定庵。此定庵论难通者三;《汉书·成帝纪》:"河平三年(26年),光禄大夫刘向校中秘书,谒者陈农使使求遗书于天下。"《艺文志》:"成帝时,以书颇散亡,使谒者陈农使使求遗书于天下。诏光禄大夫校经传诸子诗赋,步兵校尉任宏校兵书,太史令尹咸校数术,侍医李柱国校方伎。每一书已,向则条其篇目,撮其旨意,录而奏之。"《北史·文苑传》樊逊议校书事云:"案汉中垒校尉刘向受诏校书,每一书尽,表上,长水校尉臣参书,太常博士书,中外书,合若干本,以相比较,然后杀青。"合观《成帝纪》、《艺文志》、《北史》,知成帝时上书颇多,刘向主校经传诸子诗赋书,自然应当由他来校《召诰》、《酒诰》,然后知与博士本有异文。未领校书之衔者不得校,不必校,亦不必知,或知之亦不系统,甚或知之有其书亦不屑言,这都是可能的。倘若无校书,不要说武、宣之世"百余年间无言之者",就是到成帝时仍然无言之者都可理解,又何能以此难刘向?此定庵论难通者四;据《史记》,孔壁中《书》多"十余篇",这正是中秘藏有《尚书》的根据。太史公熟知中秘所藏书,以中秘《书》与安国所献书校,乃知多"十余篇",这件事不仅孔安国知,太史公亦认定之矣。太史公借孔安国之口谓孔壁中《书》多"十余篇",此正是太史公本意。何能反以此作为中秘无《尚书》之据?此定庵论难通者五;中秘藏有《尚书》,到了晁错时未必还"应是孔门百篇全经"了。因为这时已经过了楚汉战争。据《史记·高祖本纪》载:"项羽遂西,屠烧咸阳秦宫室,所过无不残破。"项羽烧宫,必然累及典籍。晁错从伏生受《书》仅29篇。伏生言之,晁错记之。汉廷以晁错所记《书》作为中秘所藏,这也完全可能。要之,安国所献《书》多"十余篇",太史公言之凿凿,此已足知中秘所藏《书》必29篇而非"孔门百篇全经",此定庵论难通者六;定庵论《刘向传》非班固所撰,那么是谁撰的呢?是刘歆吗?这不可能。如前所说,到班固《汉书》撰成时刘歆已死了50多年。不是刘歆,又会是谁呢?定庵没有,也提不出足够的证据。定庵甚谓"歆也博而诈,固也侗而愿",无据猜测,横诬古人,此定庵论难通者七。定庵之论,自相矛盾大不可通者一,难通者七,定庵中古文之说亦难据之矣!

〈余论〉

上自乾隆间汉宋兼采学风已在潜滋暗长,庄、刘、宋常州今文一派与此学风暗通,此为有清一代学术发展之一变局。下至定庵,恰处在世纪裂变之交,大厦将倾未倾之际,是故定庵学兼"小"、"大";汉宋不别;"古"、"今"杂糅,恰是新旧交替的时势征兆。由于定庵学从"小"学入,亦即从汉学考据学入,这就使定庵的学风比起他的后辈魏源、康有为来多了几许严谨。表现在疑古学上,当问题未涉及家派时,定庵能够平心静气,论从据出,表现出一种实事求是的乾嘉遗风。这时定庵所下结论往往比较中肯。但是定庵终究选择了今文经学,入了常州今文一派。一入家派不免门户之见,使定庵所论每走上骄、激、宕一路,这一点,表现比较明显的也是定庵的疑古学。除了《大誓问答》、《说中古文》等文论外,定庵的其他疑古学论很少。其《己亥杂诗》尝云:"姬周史统太销沈,况复炎刘古学暗。崛起有人扶左氏,千秋功罪总刘歆。"诗后,定庵有自注:"癸巳岁(1833年),成《左氏春秋服杜补义》一卷,其刘歆窜益显然有迹者,为《左氏决疣》一卷。"①

《左氏决疣》未见于《龚自珍全集》,故未知其说如何。此文佚耶?抑或仅定庵自道而未撰耳?此未可知。谓刘歆窜益《左氏》,在《全集》中定庵曾一再涉及,但均浅尝辄止,未作深论者。这是什么原因?或定庵因有小学一层谨严之功,故在刘歆和《左氏》的问题上终未敢如其师刘逢禄那样遽然下笔横断?而此论原系常州今文一派之论,故亦不得不袭其师余唾装点门面而实未尝深信者?此亦未可知耳。

1903年,张之洞在京曾写过一首题为《学术》的诗,张之洞自注曰:"二十年来,都下经学讲《公羊》,文章讲龚定庵,经济讲王安石,皆余出都以后风气,遂有今日,伤哉!"在张之洞此诗后不久的1907年左右,章太炎在一篇题为《说林》的文章中则讥龚自珍"文辞侧媚,自以取法晚周诸子,然佻达无骨体,视晚唐皮、陆且弗逮;以较近世,犹不如唐甄《潜书》近实。后生信其狂耀,以为巨子。诚以舒纵易效,又多淫丽之辞。中其所嗜,故少年靡然向风。自自珍之文贵,则文学涂地垂尽,将汉种灭亡之妖邪?"

张、章二氏,一为清廷达官,一为排满革命健将,所痛恨定庵如此,所诋诃定庵之

---

① 《龚自珍全集》,第514页。

学影响于文风者又如此。其论多偏颇难信,其语又颇有可信者。二氏谩骂非理论,其痛心疾首之态已失中和,故偏颇难信;然定庵之文风风靡一时,尤为思想激进敏锐,较少保守老成,较多前行进取之心的青少年所心仪,此当可信之言。而当时势邅变,能够风靡一时,为青少年所心仪之定庵学,必非其小学、汉学考据学,而必为其"大学"、今文经学,此断可言者! 一代学风之变,亦一代时政之变之先兆。值此世纪裂变之交,大厦将倾未倾之际,定庵与之,不亦宜乎?

第三节 论魏源学风

在中国近代学术思想史上与龚自珍齐名,扭转旧俗,开辟新风的思想家是魏源。但龚氏殁于道光二十一年(1841年),鸦片战争以后中国社会发生的剧烈变动他尚未及见;魏源殁于咸丰七年(1857年),是时内乱起,外侮作,国势危殆若累卵,他于是倡言"经世",以"致用"为学界相警策。由此出发,魏源又主张由汉(乾嘉考据学)返宋;由东京(古文经学)而西京(今文经学)。他调和朱、陆,倡导佛释,既与清初亭林、船山、习斋之学风不同,复迥异于乾嘉诸老之治学取向,则其影响于中国近代之学术思想者,又远胜于龚氏矣!

一、学以资治:由汉返宋与调和朱、陆

魏源生活的时代,清廷的统治正处于由盛而衰的急剧转折期:所谓的康乾盛世,这时已成了明日黄花,嘉庆一朝二十五年,几与内乱相终始;延至道光年间,各地民变此伏彼起,如火如荼。1840年鸦片战争爆发,不久出现太平天国运动,太平军以燎原之势席卷大江南北。到魏源谢世之时太平军已占领了南京,几与清廷分庭而抗礼矣!面对此江河日下、河溃鱼烂的残败之局,魏源心急如焚。身为学者,他首先想到的是文人士大夫当此社会变局时所应负的责任和应有的态度,因而大声疾呼学以经世。魏源说:"士之能九年通经者以淑其身,以形为事业,则能以《周易》决疑,以《洪范》占变,以《春秋》断事,以礼乐服制兴教化,以《周官》致太平,以《禹贡》行河,以《三百五篇》当谏书,以出使专对,谓之以经术为治术。曾有以通经致用为诟厉者乎?"[①]

从通经致用的治学观出发,魏源对占据当时学术中心地位的乾嘉考据学提出了严厉批判,指出:"自乾隆中叶后,海内士大夫兴汉学,而大江南北尤盛。苏州惠氏、江氏、常州庄氏、孙氏,嘉定钱氏,金坛段氏,高邮王氏,徽州戴氏、程氏,争治诂训音声,爪剖釽析,视国初昆山、常熟二顾,及四明黄南雷、万季野、全谢山诸公,即皆摈为史学

---

① 《默觚上·学篇九》,《魏源集》,中华书局1976年版,第23页。

非经学,或为宋学非汉学。锢天下聪明智慧尽出于无用之一途。"①

魏源所论已将乾嘉考据学诸大家几乎一网打尽。他断然斩断了乾嘉考据学与清初学术之间的渊源承袭关系,谓乾嘉诸老因重"经"而轻"史",甚至轻视亭林、梨洲等学界巨擘,可谓舍本逐末。魏源为清初学术鸣不平,在舍彼就此表彰清初"史学"而批判乾嘉"经学"之间,已清楚不过地表明了魏源侧重于史学的学术立场。魏源所撰《四洲志》、《海国图志》、《元史新编》等,皆"近现代史",实为激愤时艰,欲借史学挽清廷于颓败既倾而作。

魏源又指出,清儒所重视的六书小学虽然源于古学,但古人治小学目的不过是在"但令初识形声,稍知乘除,以便日用而已",并没有离开"实用"的宗旨。清儒却想"以小学蔽先王造士之法,以六书蔽小学养正之功,形声诂训,童而究之,白首莫殚,终身无入大学之期,则又固之甚者也"②。

这里,魏源对乾嘉考据学的批判结合着他对表彰大学的观点值得注意。众所周知,自从朱熹将原《礼记》中的《大学》独立出来并和《中庸》、《论语》、《孟子》相匹配组成《四书》后,《四书》的地位就逐渐上升。宋、元、明三代,《四书》的地位甚至超越了《五经》。所以,《大学》被抬到经典的高度并成为《四书》之首,这是宋学家努力的结果。魏源现重新提"大学"之重于"小学",他在反汉学(考据学)的同时已提出了尊宋返宋的主张。看魏源表彰《大学》,他说:"《大学》之要,知本而已;知本之要,致知、诚意而已。至善无恶人之性,可善可恶人之心,为善去恶者诚意,择善明善者致知。以《中庸》证《大学》,先后同揆,若合符节。故《致知》、《诚意》二章,皆以'此为知本'结之,此千圣之心传,《六经》之纲领也。"③

魏源这里的笔调和语气完全像一位理学家。他把《大学》提到《六经》纲领的高位,也纯然是宋儒而非清儒的立场。学术界每谓魏源既反汉学,又反宋学④,对这个问题应当怎么看?不错,魏源确实说过"饾饤为汉,空腐为宋"的话⑤。他在《默觚·治篇一》也说:"浮藻饾饤可为圣学乎?释老不可治天下国家矣。心性迂谈可治天下乎?"⑥但魏源对于宋学绝非一般地反,全面地反。魏源反宋学,主要集中在反对宋明儒以"知"代行,反对宋学中带有学术本体意义的内容,而对于宋学调摄人心、主张"慎独"的"实用性"内容,魏源不仅不反对而且大力提倡。

魏源对于学术思想史上的程朱陆王之争和汉宋之争不以为然,主张调和。他说:

---

① 《武进李申耆先生传》,《魏源集》,第358页。
② 《小学古经序》,《魏源集》,第137页。
③ 《大学古本序》,《魏源集》,第138页。
④ 参见汤志钧文,载《魏源思想研究》,湖南人民出版社1987年版,第170页。
⑤ 《武进李申耆先生传》,《魏源集》,第361页。
⑥ 《魏源集》,第37页。

"自明以来,学者争朱、陆,自本朝以来,学者争汉、宋。今不令学朱学陆但令学孔、孟焉,夫何诤?"①对于程、朱、陆、王,魏源都写了赞词②。他评理学史上的朱陆异同谓:"青田无陆子静,建安无朱元晦,南渡以来,足踏实地,惟二公皆严关乎义利,宜其兴起百世,顽廉懦立。"③

这里,魏源表彰朱陆相通的着眼点,全在朱陆"严关乎义利"的资治教化性内容上,认为这才是朱陆二子能够兴起百世的真正原因。从浅层次上说,有裨世道人心学以资治,这的确是朱、陆治学目的论的共同特点。魏源以此立论也不是说不通。但是,鹅湖之辩毕竟显示了朱陆论学的大歧异;其所涉及的"道问学"与"尊德性"之争,也是朱学与陆王学存在重要差别的症结所在。魏源对鹅湖之辩却语焉不详。他若要调和朱陆,就理应对道问学问题详加列论,尤其当对陆象山之主张"道问学"举出令人信服的证据来。因为道问学一关为象山所缺,此为学术界所"公认";它同时又是朱熹认识论和方法论的出发点。但是,在魏源的论学中根本找不到(事实上也不可能找到)其所举陆象山有关"道问学"的丝毫论据,对于道问学的重要性魏源所论述亦极少、极空泛。相反,魏源《论语孟子类编序》甚至这样写道:

> 孔子教人专主博文约礼而仁在其中,孟子直指人心体验,扩充存养。孔子动言礼乐,造就成德;孟子则不但无一言及乐,亦从无琴瑟弦歌之事。陶融礼乐之化,即博学详说之语,七篇中亦仅一偶及焉,不必下学而自能上达。且孔子并学夏、殷、周之礼,孟子则诸侯之礼未学,周室颁爵禄不知其详,此尊德性多于道问学者也。④

此文将陆王一派人心体验,扩充存养的"践履"功夫提到首位,而又以之与孔孟相联系,亦即以孔孟为陆王一派扩充存养践履功夫之鼻祖。文中虽以孔孟并举,但表彰的重点却在孟而不在孔,在孟子的"不必下学而自能上达";在孟子的"诸侯之礼未学,周室颁爵禄不知其详,此尊德性多于道问学者也"。现在要问,魏源何以如此表彰尊德性而冷落道问学? 其中一个重要原因就在于:道问学实乃清儒考据学风的思想源。魏源反对考据,因而对朱熹一派道问学之论不免意加冷落;以孔孟而论,孟子"直指人心",其与理学尤其与理学中的陆王心学之相关度超过孔子,魏源的立场在陆王一边,魏源表彰孟子也就超过了表彰孔子。所以说魏源的调和朱陆是有所取舍的:他看重的是朱陆两家中有裨世道教化的"实用性"(其实也就是"资治性")内容,其取朱在此,其冷落朱学也在此。据此,对于魏源"会通"朱陆以及"道问学"云云也只能

---

① 《论语孟子类编序》,《魏源集》,第145页。
② 魏源有《朱子赞》、《王文成公赞》,见《魏源集》,第318—319页。
③ 《朱陆异同赞》,载《魏源集》,第318页。
④ 《魏源集》,第146页。

"姑妄听之"而不必尽信。魏源的治学立场终是偏向于陆王一边而又有所扬弃的。

魏源论修身养性强调"复于心",认为:"君子之学,不主逆而主复。复目于心,不期暗而自不治矣;复口于心,不期默而自不欺矣;复肝肾于心,不期惩滞而自节矣;复形于心,不期重而自重矣;复外驰之心于内,不期诚而自不伪矣。"魏源直言不讳地称这种"复于心"的内省功夫为"先立其大之谓也"①。

"先立其大",这纯然是陆王一派的治学主张。魏源早在青年时代就已究心阳明心学,在面临社会百病交侵政治统治出现危机之时,很容易使他去寻求更加简易直截的救世方法而重蹈阳明学之旧辙。

按照朱熹《大学章节》之释"格物",他认为穷究物理是解决如何"致知"的唯一法门。对于朱熹的这一解释,魏源不同意。他指出:"何谓大人之学格本末之物?曰:意之所构,一念一虑皆物焉;心之所构,四端五性皆物焉;身之所构,五事五伦皆物焉;家国天下所构,万几百虑皆物焉。图诸意,而省察皆格焉;图诸心,而体验皆格焉;图诸身,而阅历讲求皆格焉;图诸家国天下,而学问思辨识大识小皆格焉。"②

如所周知,朱熹与陆王一派在治学方法论层面上的矛盾,集中在对"格物"一辞的解释上。朱熹虽然也说过"豁然贯通"而"致知",但他训"格物"为穷究物理,因而朱熹的格物致知是由外向内,由客观达于主观,由物而及之于身心;而阳明训"知"为"良知",训"格"为"正",他以为"致知"云者,并非扩充知识之谓,乃致吾心固有之良知之意;"格物"云者,亦非穷究物理之谓,乃正意念所在之事物,即革除物欲之意。阳明这一认识论的路线与朱熹恰恰相反,他是由内向外,由心到物,从主观达于客观的。看魏源之释"格物",他从"意之所构"出发首先到达"心",然后渐次达于身、家、国、天下,由"内"而"外"之迹历历可循,这是取阳明之说而弃朱熹之论。

现在要问,魏源何以对自清初以来备受学界厌弃的宋学,特别是宋学中的阳明学重加提倡?此盖因魏源身处风雨飘摇大厦将倾之世,他看到世风日下人心不古,认识到欲拯救危局必先恃人才,欲恃人才必先正人心,欲正人心必先昌宋学。宋学特别是阳明心学,其扩充存养的致良知之论简易直截直指人心,确乎是可资利用的思想工具。1826年魏源替贺长龄选编《皇朝经世文编》时提出了四项原则:"事必本夫心"、"法必本夫人"、"今必本夫古"、"物必本夫我"。这四项原则从"心"而至于"我",亦全是阳明一派的思想逻辑。魏源以此为选编《皇朝经世文编》的中心思想,说明阳明一派的认识论也是魏源经世思想的出发点和基本理论构架的基础。

从调摄本心出发,魏源主张"慎独",指出:"《大雅》曰'小心翼翼';《小雅》曰'惴惴小心'。心量之廓然也,而顾小之,何哉?世有自命君子,而物望不孚,德业不进者,无

---

① 《默觚上·学篇四》,《魏源集》,第11页。
② 《默觚上·学篇一》,《魏源集》,第4页。

不由于自是而自大。""众人之过,过于既行,圣人之过,过于未行。""诚能自反而心常畏,畏生谦,谦生虚,虚生受,而无一物不可容,奚其小!"①"目不能容一尘,而心能容多垢乎?诚能心不受垢如目之不受尘者,于道几矣!"②

由"慎独"为过渡,魏源又将"无欲"作为调摄本心的主要内容。戴东原《孟子字义疏证》对宋儒以"理"杀人提出过尖锐的批判。魏源反批判道:"世儒多谓孟子言寡欲,不言无欲,力排宋儒无欲之说为出于二氏。不知孔子言无我,非无欲之极乎?"③

按,"无我"是一种"观念"活动,也可以说是一种境界,等同于"忘我";而"欲"则是人的"本能",正如孟子所说"食色,性也"。"无欲"不许人有私欲,它是指人应当戒除耳、目、口、鼻、性之本能。人离开了"忘我"照样可以生存;但倘若离开了"欲",人也就不成其为人(即便是和尚也并非真正做到"无欲"。和尚的"无欲"压抑人欲,是一种畸形的品性)。承认"欲"的合理性,这正是儒学与佛学的重要区别之一,也正是戴东原所批判的宋儒"阳儒而阴释"的要害所在。作为一种衡量社会伦理道德的标准,"无我"和"无欲"这两个概念因其内涵不同而不能互相取代。魏源这里显然偷换了概念。

二、变异与除弊:魏源的今文经学

西汉以后,今文经学湮坠无闻几两千年。庄存与、刘逢禄、宋翔凤等踵武相接,形成早期常州今文派初成规模的局面。及至晚清,因国势凌弱,政治局势恶化,今文经学遂异峰突起,骎骎然发展成为一场波澜壮阔的由学术而政治的运动。在晚清的常州今文经学运动中,魏源亦确然一健将。

魏源问《公羊》学于刘逢禄,同时又有龚自珍、李兆洛,亦今文家,与魏源声气相投。自斯时起,晚清今文经学枝叶扶疏旗鼓张大,渐蔚为一时风气。而视龚、李二氏,魏源的今文经学成绩较著。他撰有《两汉经师今古文家法考》、《董子春秋发微》、《诗古微》、《书古微》等,对于今文经学的某些重要典籍与事件,进行了理论的阐发与考证。

魏源主张"以经术为治术"。他在《默觚上·学篇九》中所举以经决狱,借经言事,这都是西汉经师的学风,这种"以经术为治术"的学风"求之东京,未或有闻焉"。为什么西汉今文经学能够以经术为治术而东汉古文经学不能?魏源认为,此盖因今古文经两家治学方法不同,即求"大义"与求"奥义"之区别所造成。所谓"经有奥义,有大义。研奥义者,必以传注分究而使精,玩大义者,止于经文汇观而自足",一家斤斤于名物典制考证;一家则抛开章句传注,独求经之微言大义。魏源认为,经书中的微言

---

① 《默觚上·学篇三》,《魏源集》,第9页。
② 《默觚上·学篇五》,《魏源集》,第14页。
③ 《默觚上·学篇四》,《魏源集》,第11页。

大义是西汉经师"承七十子"后徒而来,因而是孔子的真血脉。东汉的古文经学不具备这个统绪,因而东汉古文经学就成为无源之水、无本之木。他指出:"《汉儒林传》言费直(古文《易》学家)无章句,惟以《彖》、《象》、《文言传》词解《易》;而《汉书·儒林叙》亦曰:'古之学者耕且养,三年而通一经,存其大体,玩经文而已。'况《论语》、《孟子》显白之文,至今如侍辟呹而闻诏告,非《典》、《谟》、《盘》、《诰》聱牙謷诘之比,奚必待传注而后明哉!"①魏源要抛开传注直取经文,以"微言大义"解经,实质上是要借西汉今文经学之幡以祭宋明理学之魂,在不触动学界尊汉崇汉思想情绪的前提下以此"汉"取彼"汉",杂糅(西)汉宋成其一家之学。

宋儒说经好标新立异,自为经说,此如皮锡瑞《经学历史》之《经学变古时代》所说:"宋人不信注疏,驯至疑经;疑经不已,遂至改经、删经,移易经文以就己说。"宋儒中朱熹学风已称严谨,但他对于《大学》移其文,补其传,仍"不免宋人习气"(皮锡瑞语);至陆王一派,那更是"六经注我,我注六经",不以传注为依归,全凭己意说经了。明清易代,理学清算,已经种下汉宋之争的胎苗。下至于乾嘉年间,宋学衰而汉学兴,大义暗而考据盛。清儒"训诂明而经义出"的治学目标很难实现,相反造成"理论灰白"、饾饤繁琐的学风,根本违戾"通经致用"的传统治学目的论。到魏源的时代,社会问题接踵而起,要想依靠考据学解经的方法来解决日益急迫的社会问题,"路途"更加遥远,"环节"毕竟太多,因而尤其显得力不从心。但是,撇开汉学直取宋学,这又违拗了学界尊汉崇汉的积习,那么,怎么办?最好的办法莫过于能够寻到一个既有汉学之名,其精神实质又与宋学相通、相近者取而代之。这个办法,也可以说这条治学路径被今文家找到了:那就是将今文经学重新挖掘出来发扬光大之。因为西汉今文经说,其铺张扬厉,巧于附会的"非常异议可怪之论"本质上与宋学的凭己意说经灵犀相通,而它又有着"汉学"的美名。庄、刘、宋的汉宋兼采,以此汉(西汉今文学)代彼汉(东汉考据学、古文经学),他们所选择的治学路径也正是魏源理想的治学路径。所以,魏源一方面高举今文经学旗帜,称只有庄、刘、宋的今文经学才是"真汉学"②;一方面又说"自明以来学者争朱陆,自本朝以来学者争汉宋,今不令学朱学陆而但令学孔孟焉,夫何争?"③钱穆论谓"是默深之说经,本主摆脱传注,直取经文,又主以躬行践履求经文也。此则几由汉返宋矣"④,此为确评。按照魏源自己的话来说那就是"今日复古之要,由训诂声音以进于东京典章制度,此齐一变至鲁也;由典章制度以进于西汉微言大义,贯经术、政事、文章于一,此鲁一变至道也"⑤。

---

① 《论语孟子类编序》,《魏源集》,第145页。
② 《武进庄少宗伯遗书序》,《魏源集》,第238页。
③ 《论语孟子类编序》,《魏源集》,第145页。
④ 钱穆:《中国近三百年学术史》,第530页。
⑤ 《刘礼部遗书序》,《魏源集》,第42页。

魏源要进于西汉今文之微言大义，专着眼于董仲舒的《公羊》学。他认为，西汉胡母生虽也治《公羊》，但胡仍未能摆脱专明章句之短，因而胡氏之学远没有董生之"宏通精淼，内圣而外王，蟠天而祭地"①。东汉何休撰《公羊解诂》亦深受胡母生影响，故魏源认为何休之学与胡氏一样远逊于董子，其区别即在于"盖彼（按，指胡母生、何休之学。——笔者）犹泥文，此（按，指董子之学。——笔者）优柔而餍饫矣；彼专析例，此则曲畅而旁通矣。故抉经之心，执圣之权，冒天下之道者，莫如董生"②。所以，魏源对于清代以来庄、刘、宋等人之专疏何邵公表示不满，认为他们"亦止为何氏拾遗补缺，而董生之书未之详焉"③。也就是认为庄、刘、宋等人仍然带有章句之儒的残习而未能达于微言大义之精粹。因此，魏源要在庄氏等人的基础上更进一步，由述何氏而至于述董子的《春秋繁露》，"以发挥《公羊》之微言大义，而补胡母生《条例》、何邵公《解诂》所未备也"④。

魏源认为，董子的精旨在"三科、九旨"，谓"无三科九旨则无《公羊》，无《公羊》则无《春秋》，奚微言与有！"何谓"三科"、"九旨"？实际上董子并没有明确提出"三科"、"九旨"，乃何休总结《春秋》义例而首先提出。何休将春秋 242 年的历史发展分作三个阶段：所见、所闻、所传闻。三阶段的历史依次更替。他又提出衰乱、升平、太平的三世说，遂为公羊一派附会历史开拓了一个想象的空间。到了魏源，三世说成了他变易思想理论架构的原始出发点。

魏源指出："三代以上，天皆不同今日之天，地皆不同今日之地，人皆不同今日之人，物皆不同今日之物。"为什么会有"古"、"今"的这种不同？因为"气化无一息不变者也，其不变者道而已，势则日变而不可复者也"。明白了"气化"运动所造成的"古"、"今"种种不同，便应对于世态之变化有一种如见"弈局"的豁达观感。应当看到，"古今宇宙"就像"一大弈局"。"自三代末至于元二千年，所谓世事理乱、爱恶、利害、情伪、吉凶、成败之变，如弈变局，纵横反覆，至百千万局，而其变几尽；而历代君相深识远虑之士载在史册者，弈谱固已详矣。"魏源的这种变易思想，植根于今文经学的土壤。他也与他的今文经学前辈一样，将历史的运动划分为"三世"，认为《春秋》的微言大义就在"于所见微其词，于所闻痛其祸，于所传闻杀其恩"，"于所传闻世见拨乱致治，于闻世见治升平，于所见世见太平"，在"三世"的范围内，历史的运动"向前"发展。但到"三世"之末，历史又回到起点重新开始新一轮循环。当然，魏源对于三世说进行了改造。他将衰乱、升平、太平的三世说改造成了"太古"、"中古"、"末世"的三世。魏源认为，三世"气运循环"，历史的运动由太古而中古，又由中古而至于"弊极"的末世，

---

① 《董子春秋发微序》，《魏源集》，第 135 页。
② 同上。
③ 同上。
④ 同上。

末世之后"复返于太古淳朴之初",社会便按照这个轨迹循环往复。其次,魏源认为,社会运动的内在动力在"变易",因为有变易,才引起了社会的循环往复运动变化。是故魏源提出:"天下无数百年不弊之法,无穷极不变之法,无不除弊而能兴利之法,无不易简而能变通之法。"

但"变"有前提,那就是必须本之于"古"而验于"今"。言古而必验于今,是说议事论事不可泥古不化。因为"三代以上,天皆不同今日之天,地皆不同今日之地,人皆不同今日之人,物皆不同今日之物",情状条件变化了,就不能再"执古以绳今","执古以绳今,是为诬今"①。所以说,只要肯"变",能及时去除"古代"的一些弊端,便能取得"变古愈尽,便民愈甚"的效果。然而,"变"既然应当"本夫古","变"中也就仍然有"不变"者在。当变者是变"法外之弊"。魏源说:"君子不轻为变法之议,而惟去法外之弊。弊去而法仍复其初矣。"可见,魏源言"变"的着眼点,仅仅在革除额课、场价、口岸浮费等弊端,他所重视的也只是票盐、船政、漕运、水利等具体经济部门的兴利除弊,而"法"本身,即封建制度本身,那是绝不可"变"的。"故气化无一息不变者也,其不变者道而已。"②倘若言"变"而谓"道"本身也可变当变,那又成了"执今以律古","执今以律古,是为诬古"③。

魏源在哲学上强调"一"、"独",谓"天下物无独必有对;而又谓两高不可重,两大不可容,两贵不可双,两势不可同,重、容、双、同必争其功。何耶?有对之中,必一主一辅,则对而不失为独。乾尊坤卑,天地定位,万物则而象之,此尊无二上之谊焉。是以君令臣必共,父命子必宗,夫唱妇必从。天包地外,月受日光"④。

在魏源的时代,吏治窳败,民不聊生,变乱迭起,确实已经到了不除弊便难以为继的地步,故而魏源大声疾呼变法。魏源要求变法的思想和理论源自今文经学的"更化说"。但在魏源的时代,由于内忧外患,清廷的封建集权统治遭到极大削弱,亡国灭种的危险是魏源这一类敏感的知识分子尤其能够深切感受得到的。在清廷仍然是一个民族国家政治代表的情状下,凸显、强调公羊学所鼓吹的"大一统",伸张"天不变,道亦不变",从思想理念上增强人们对封建制度的信心以及对清朝统治的向心力,这在当时是一个只能如此的办法,因而在当时的特殊历史条件下具有合理性。

魏源利用公羊三世说提出了变易主张,这就使这一主张有了一件"汉学"的外套。但此汉非彼汉,魏源所崇尚的今文经学毕竟与世风所宠幸的汉学不同。要想让士大夫普遍接受今文"真汉学",普遍接受公羊学,那就非得从学术上拔除汉学之根基而不能成其效。也就是说,在"立"今文经学的同时,还有一层"破"古文经学非做不可的工

---

① 《默觚上·治篇五》,《魏源集》,第48页。
② 同上。
③ 同上。
④ 《默觚上·学篇十一》,《魏源集》,第26页。

作。这就有了魏源以《书古微》、《诗古微》为代表的"疑古学"。

魏源撰《书古微》目的在"所以发明西汉《尚书》今、古文之微言大义,而辟东汉马、郑古文之凿空无师传也"。魏源指出,伏生得《尚书》29篇于屋壁,传之欧阳、大、小夏侯,此为《今文尚书》;后来孔安国复得《古文尚书》45篇于孔壁,较《今文尚书》多出了16篇。当时,今古文经两家《尚书》互相之间曾有过交流,"安国从欧阳生受业,尝以今文读古文,又以古文考今文。司马迁亦尝从安国问故",据此,"是西汉今古文本即一家,大同小异不过什一,初非判然二家也"①。

按:魏源此说来自龚自珍。龚自珍之说自能成一家言(见前文),故魏源之说亦能成立。这样说来,西汉时的今古文《尚书》只是文字的不同:孔安国孔壁《尚书》是未加改动的篆文;而伏生所传《尚书》则是经他由"古文"改译成"今文"(西汉时的"现代文")隶书而来。今古文《尚书》本质无异,它们来自同一个母体——《古文尚书》,这可以称之为"真古文",即与《今文尚书》无异的《古文尚书》。

魏源认为,孔安国的《古文尚书》即"真古文《尚书》",与东汉以后流传的《古文尚书》不同。东汉后流传的《古文尚书》其源头在杜林。魏源指出:"后汉杜林复称得漆书《古文尚书》,传之卫宏,贾逵为之作训,马融作传,郑玄注解,由是古文遂显于世,判然与今文为二。"②古文家动辄诋诃今文欧阳、夏侯为俗儒,今文遂为古文所压。"及东晋伪古文晚出,而马、郑亦废。国朝诸儒知攻东晋晚出古文之伪,遂以马、郑本为真孔安国本,以马、郑说为真孔安国说,而不知如马牛之不可相及。"这是说,清儒所考证东晋《古文尚书》之伪却尊奉自杜林、马、郑所传《古文尚书》,知其一而不知其二。杜林、马、郑所传《古文尚书》本无师承,无师承也就是"凿空",这样的《古文尚书》不足信。因此,"黜东晋梅赜之伪以返于马、郑古文本",这只是"齐一变至鲁",而"辨马、郑古文说之臆造无师授,以返于伏生、欧阳、夏侯及马迁、孔安国问故之学",这才是"由鲁一变至道"。

《古文尚书》的传授是否像魏源所说"凿空"无师授?这个问题还有容商榷。众所周知,杜林之学来自家传,杜林父杜邺,邺又是张敞的外孙。据《汉书·杜邺传》,邺从张敞子张吉问学,杜邺"得其家书"。这个"家书"含有"家传之书"之义。那么,张敞父子本有"小学"家传,"小学"又是古文经学的重要治学内容,因而,说张敞父子好古文经学是恰当的;也因而张氏的"家传之书"中很可能就有《古文尚书》。张氏将家藏《古文尚书》传给杜邺,杜邺又传给杜林,这个可能性是存在的。倘若这个推论能够成立,杜林所传《古文尚书》也就不能说"凿空"。这一推论能够成立,可以结合着厘清魏源驳斥《古文尚书》无师授的理由来进行。

---

① 《书古微序》,《魏源集》,第109页。
② 同上。

第五章　中国近代史上的疑古思潮

魏源引用《后汉书·杜林传》："林得漆书《古文尚书》一卷,常宝爱之,虽遭艰难,握持不离身。出以示宏曰：'林流离兵乱,常恐斯经将绝,何期诸生复能传之！'"魏源抉摘此条史料的罅隙指出："考漆书竹简,每简一行,每行二十五字或二十二字。若四十五篇之《书》漆书于简,则其竹简必且盈车,乃谓仅止一卷,遭乱挟持不离,不足欺三尺孺子。"①

这是魏源认为杜林所传《古文尚书》不可信的主要根据。但是,我们注意到,魏源在引用《后汉书》时有漏引和删改。《后汉书》这一段完整的话是："河南郑兴,东海卫宏等,皆长于古学。兴尝师事刘歆,林既遇之,欣然言曰：'林得兴等固谐矣,使宏得林,且有以益之。'及宏见林,暗然而服。济南徐巡,始师事宏,后皆更受林学。林前得漆书《古文尚书》一卷,常宝爱之,虽遭难困,握持不离身。出以示宏曰：'林流离兵乱,常恐斯经将绝,何意东海卫子、济南徐生复能传之,是道竟不坠于地也。古文虽不合时务,然愿诸生无悔所学。'宏、巡益重之,于是古文遂行。"

这里值得注意：① 杜林遇郑兴后谓"林得兴等固谐",又说"使宏得林,且有以益之",其自负如此。及卫宏见杜林果然"暗然而服",而原来师事卫宏的徐巡见杜林后"更受林学",所有这一切都因杜林"前得"了漆书《古文尚书》。这里的"前得"两字魏源在引用时删掉了。这就使整句话的性质发生了重要变化。因为这两字实明示了卫宏"暗然而服"杜林,徐巡"更受林学"之原因所在。而杜林自认为与刘歆弟子郑兴"固谐",这也是指陈漆书《古文尚书》与郑兴之学"相谐"。郑兴之学既来自刘歆,与郑兴之学相谐的杜林之"学"即杜林的《古文尚书》之"学",也就并非如魏源所说是"凿空"之学。② 魏源指杜林所得漆书《古文尚书》为"竹简书"没有根据。从魏源所抉摘《后汉书》那一条史料来看,杜林所得书更可能是丝帛类质地而非竹简。据《后汉书》,林得漆书在西州,时隗嚣作乱,杜林正被拘留。在此种情况下,林对所得之书"宝爱"而"握持不离身",竹简书体积太大,"目标"明显,林何能"握持"？只有丝帛类书才符合"握持不离身"的条件。战乱之际杜林所得漆书《古文尚书》,很可能是从皇家宫廷佚落到民间的一个《古文尚书》本子。《后汉书·儒林传序》可以为证："及董卓移都之际,吏民扰乱,自辟雍、东观、兰台、石室、宣明、鸿都诸藏典策文章,竞共剖散,其缣帛图书,大则连为帏盖,小乃制为縢囊。"战乱之际,宫廷图书尤以丝帛类（因可用来制"帏盖"、"縢囊"）图书的散佚是严重的,杜林漆书正得之于此。以此看林所得书,愈见其为丝帛类质地的可能性为大。以此,《杜林传》所说的林得漆书"一卷",这个"一卷"就不应理解为文篇之"卷",而当理解为卷成一卷的"卷"。换言之,杜林所得的漆书《古文尚书》是一个足本而非残本。正如皮锡瑞《书经通论》所说："此漆书或是中秘古文,遭乱佚出者","故贾逵作训、马融作传、郑玄注解,皆据以为善本。许慎师贾逵,

---

① 《书古微序》,《魏源集》,第110页。

《说文》所列古文,当即贾逵所传杜林漆书一卷。"又据《汉书·杜邺传》,杜邺"尤长小学",杜林"其正文字过于邺、竦,故言小学者由杜公"。杜林本好小学即古文经学,曾撰《苍颉训传》、《苍颉故》各一篇,他得漆书《古文尚书》,足以据之作原《古文尚书》的校勘讹误之底本,也因此之故,卫宏、徐巡才会对杜林之学"暗然而服"或"更受林学"。

魏源撰《书古微》,自称要寻"坠绪茫茫",他"旁搜远绍",成就了撰述四例:一曰"补亡","补《舜典》并补《汤诰》,又补《泰誓》三篇,《武成》二篇,《牧誓》一篇,以及《度邑》、《作雒》为《周诰》之佚篇"。二曰"正伪",对于前人所说不可靠者加以纠正。三曰"稽地",考求《尚书》中有关历史地理的内容。四曰"象天",释解《尚书》中的相关天文历法。

魏源所能见到的史书,先儒早已见之于前。在中国学术史上,像魏源那样大胆,敢于"补作"经典,除了宋儒中的极少数人之外,真正闻所未闻,少之又少。那么,魏源"寻坠绪","旁搜远绍"补作经典,遵循什么原则?魏源自称"得于经",实际上不过是根据《史记》、《汉书》、《伏生大传》、《汲冢佚书》残本。魏源虽名曰"正伪"实乃"造伪",他所补撰的《典》、《诰》、《誓》与梅赜所造《尚书》性质相同。看魏氏《书古微·舜典补亡》,他据《尚书》、《孟子》、《太平御览》甚至《宋书·礼仪志》所作之"经"文辞冗沓,毫无《典》体应有的古朴庄重典雅,则魏源之造伪水平较梅氏相去已不能以道里计。梅氏尚能模仿先秦用语并广搜博讨,故其《伪书》已几可乱真。然梅赜仍未敢公开承认造伪,而魏源区区小作,竟自称"补经",二者区别仅此而已。

魏源撰《诗古微》,旨在"发挥齐鲁韩三家《诗》之微言大谊补苴其罅漏,张皇其幽渺,以豁除《毛诗》美、刺、变之滞例,揭周公、孔子制礼正乐之用心于来世也"①。

在中国经学史上,自三家《诗》亡而《毛诗》独行,人多信《毛诗》而疑三家《诗》,对于这种相沿已久的认识,魏源提出了反驳。魏源的入手处有二:一是讨论三家诗有没有《序》;二是看三家诗与毛诗的授受源流哪一家更古老、更可靠。魏源批驳对象也有二:一为程大昌,二为章炳璋。

程大昌主三家诗无《序》,认为齐鲁韩三家《诗》"不见古序,故无以总测篇意;毛惟有古序以该括章旨"。魏源不同意此说,指出:三家诗中以《齐诗》散佚最剧,魏人张揖习《齐诗》,张曾撰《上林赋注》,谓"《伐檀》,刺贤者不遇明王也"。据这条子遗的材料知《齐诗》原有《序》;《新唐书·艺文志》:"《韩诗》卜商《序》韩婴《注》二十二卷",郦道元《水经注》曾引用过《韩诗·周南序》,据此可知《韩诗》原有《序》;刘向为楚元王孙,世传《鲁诗》,其《列女传》谓《芣苢》为蔡人妻而作,《汝坟》系为周南大夫妻而作,据此知《鲁诗》原亦有《序》。这里,魏源驳程大昌言之有据,程所说三家诗无《序》站不住脚。然而,魏源驳论虽能证明三家诗有《序》,却与其撰《诗古微》辨毛诗"滞例"而申三

---

① 《诗古微序》,《魏源集》,第120页。

家诗之"正例"的本旨相矛盾。魏源撰《诗古微》旨在"豁除《毛诗》美、刺、正、变之滞例",但同时他又引魏人张揖的《上林赋注》所说"《伐檀》之刺",证明《齐诗》有《序》,是《齐诗》亦以美刺解《诗》者。既如此,何以《毛诗》之美刺为"滞例"而三家诗的美刺就是"正例"?魏源难以自圆其说。

　　章炳璋认为,与齐鲁韩三家相比,毛诗渊源更为久远古老。毛氏学出子夏,大毛公又是荀子的亲炙弟子,毛诗的这种授受渊源,齐鲁韩三家所不如。魏源不同意章氏之说,指出:据《汉书·楚元王传》,鲁诗本出荀卿,《新唐书·艺文志》:"《韩诗》,卜商序。"可知《韩诗》学出子夏。《韩诗外传》凤有韩诗学出孟子一说。如此说来,今文《诗》也有久远的渊源,并非如章炳璋所说。魏源认为,实际上毛诗的授受系统才值得怀疑。《汉书》论《毛诗》说"又有毛公之学,自言子夏所传"。"自言"者,谓"人不取信之词也"①。认为班固已怀疑毛诗的授受。三国吴人徐整排列过毛诗的授受源流,《经典释文》曾引用。魏源指出,徐整的说法罅隙颇多,"同一《毛诗》传授源流,而姓名无一同,且一以为出荀卿,一以为不出荀卿;一以为河间人,一以为鲁人,展转傅会,安所据依?岂非《汉书》'自言子夏所传'一语已发其覆乎?"②

　　其实,毛诗自言出于子夏固然不可信,齐鲁韩三家诗究竟学出哪家也同样不可实指。魏源的理由是说法不同。然韩诗的授受也同样有子夏、孟子、荀卿三说,韩诗的授受是否也可套用魏源引用《汉书》之语?是不是也可以说,"岂非《汉书》'自言子夏所传'一语已发其覆乎?"显然,魏源如此论证三家诗授受久远逻辑上不严密。

　　《诗古微》有"齐鲁韩毛异同论"一篇。就作诗者之心和采诗编诗者之心、说诗者之义和赋诗引诗者之义进行了论述。魏氏指出:

　　　　诗有作诗者之心,而又有采诗编诗者之心焉;有说诗者之义,而又有赋诗引诗者之义焉。作诗者自道其情,情达而止,不计闻者之如何也。即事而咏,不求致此者之何自也。讽上而作,但蕲上寤,不为他人之劝惩也。至太师采之以贡于天子,则以作者之词而谕乎闻者之志,以即事之咏而推其致此之由,则一时赏罚黜陟兴焉;国史编之以备朦诵教国子,则以讽此人之诗存为讽人人之诗,又存为处此境而咏己咏人之法,而百世劝惩观感兴焉。……诗以言志,百世同揆,岂有欢愉哀乐专为无病代呻者耶?③

　　魏源这一论述,是他的文艺创作论、文艺批评论和文艺功用论的一种表述,放大了看,也可以视为魏源有关学术创作、批评与功用的一种理论阐述。魏源能够将作诗者之心与采诗、编诗者之心区别开来,能够将说诗者之义与赋诗引诗者之义分别对

---

① 《诗古微·齐鲁韩毛异同论上》,载《续皇清经解》。
② 《诗古微·齐鲁韩毛异同论上》。
③ 《诗古微·齐鲁韩毛异同论中》。

待,视角独特论断深刻。"作诗者自道其情,情达而止,不计闻者之如何也",诗作者"自道其情",这只是他在吟作当下表达情感的需要,"情达而止",其并不在意闻诗者的感受,即诗的"传播效果"并不在诗作者考虑的范围内。魏源此说注重作诗者的主观情怀,具有凸显诗作者主体意识的倾向。而对于采诗编诗者,对于"国史"来说,其所注重,所要加以利用者,是作诗者之"意"。采诗编诗者细心体悟诗者之"意",以从中探得"赏罚黜陟"的准则,并且以之作为"矇诵教国子"和"百世劝惩观威"教材。如此,作诗者的主观立场,便通过采诗编诗者的采、编、贡、教,"外化"成了一种鉴镜的工具;又因为它成为鉴镜的工具,因此"讽此人之诗"便"存为讽人人之诗,又存为处此境而咏己咏人之法",于此产生出作诗、采诗、编诗乃至于编撰国史的原则:那就是立"赏罚黜陟"之则,"兴百世劝惩观威"之准——无论是采诗、编诗乃至于编撰国史,均应当以资治为旨归。魏源的这个说法对不对?从传播学的角度看,此说有一定的道理。无论是诗作者,或是采诗编诗者,编撰国史者,以资治为旨归者的确存在。因此,魏源所指诗之由作者而至于采编者,而至于说诗引诗者,而至于国子、天子的层层引申、发挥、衍化并归拢到资治之一途的现象是存在的,魏源所揭示的各个层面也清晰有序、逻辑规整。然而,魏源此说法又是偏颇而片面的。首先,作诗者既然"自道其情,情达而止",那么,这个"情"就未必能以"讽上而作,但蕲上寤"的"劝惩"、资治能够涵括殆尽。"诗言志"。诗作既发乎"情",此"情"此"志"除了资治性旨趣以外,必还有其他,尤其必有关乎诗人情感宣泄之需而无涉"政治"之内容。其次,采诗编诗者之"心"与作诗者之"心"究竟有几分"贴切"?这一点更加成问题。采诗编诗者,乃至于赋诗引诗者对于作诗者意图的申发,不过是采诗、编诗、赋诗、引诗者自己的意图,"借他人之酒杯,浇一己之块垒",转弯抹角,以己度人,强将己意解谓作诗者之意而已。这里,因为有了采诗编诗者,有了国史编撰者,有了赋诗引诗者对于诗作者意图的"体会",遂使此种"体会"不能不带有强烈的主观意志,因而也就不能不带有对作诗者原义的种种"曲解"。所以,这种不尽符合作诗者原义的"曲解",原本应当与诗本身剥离开来,分别对待,是故对于已经"凝固"成文字之诗作,当抱一种"诗无达诂","必空所依傍"(戴东原语),细心体悟经文的"流动"灵活的心态而不可拘滞不化。以此,魏源的解诗说诗,强将诗之旨归聚拢到资治的一途而又指为作诗者之义,此间之扞格难通也就不可免。看魏源在《诗古微序》中所说:"盖自'四始'之例明而后周公制礼作乐之情得,明乎礼乐而后可读《雅》、《颂》;自迹熄《诗》亡之谊明,而后夫子《春秋》继《诗》之谊章,明乎《春秋》而后可读《国风》。礼乐者,治平防乱,自质而至文;《春秋》者,拨乱反治,由文而返质。故《诗》之道,必上明乎礼乐,下明乎《春秋》,而后古圣忧患天下来世之心不绝于天下。"是魏源已将《诗》的资治性政治功用提到了一个囊括一切的制约性高度,却抹杀了除此以外诗作的其他任何功用——首先是纾解心灵,"放飞"灵魂之需——的合"情"合"理"性。魏源身处欧风美雨自西东渐的近代,因亟亟乎求"救亡图存",固不免脑际浸淫了浓厚的"学以资治"——视学术为政治工具——的意识。他虽见知"国史"编诗"以备朦诵教国子"即明示了诗能入史的重要特点,却未能进一步阐明"诗"每与"史"通,史、诗共有"律"之理,更未能认识并且指出"诗"、"史"有别——诗能入史,然唐"诗"只能入唐"史"而不能入譬如秦汉"史"——之理据。从诗以"资治"即以诗为政治之工具出发,魏以"讽此人之诗"存为"百世劝惩观威兴"之具,则其"诗心"之论不免打一大折扣。然其论开钱锺书"诗心论"之先河,在诗学史上的重要贡献亦应予以充分肯定。

由于魏源仅注重《诗》的政治功用,这就使他的解《诗》说《诗》,在涉及《诗》中某些史实时往往明知故犯强作解人。例如,《诗古微·四始义例三》:"二南及小雅,皆当殷之末季,文王与纣之时。谓谊兼讽刺则可,谓刺康王则不可,并诬三家以正风、雅为康王时诗尤大不可","三家既以《关雎》、《鹿鸣》与文王《清庙》同为正始,必非衰周之诗。"

如前所说,魏源理论上反对《毛诗序》的美刺说,认为"美刺之例不破,则《国风》之无邪不章,而《春秋》可不作。"①但在具体解诗说诗时,魏源实际上没有也离不开美刺这根拐杖。为什么?因为资治离不开美刺,魏源之《诗》旨为资治,所以魏源也只能以美刺说诗解诗。然而,即便以美刺解诗,魏源指《关雎》必非衰周之诗亦与三家说法不同。三家均谓《关雎》为衰周之作,并明确指出是刺康王晏朝,魏源却说刺康王,"以为是刺纣王而美文王"②,魏源说无据。无怪皮锡瑞《诗经通论》斥之谓:"不知解经是朴学,不得用巧思;解经须确凭,不得任臆说,魏诬三家而创新解,解《关雎》一诗即大误。"

魏源认为,三家诗高明于毛诗之处就在于"三家特主于作诗者之意,而毛诗主于采诗编诗之意"③。这个说法也有问题。《诗》既非三家所作,作诗者之义,三家如何得知?试仍以《关雎》为例。魏源说"三家于《关雎》本义,既有齐诗匡衡之疏、《韩诗外传》子夏之问与毛诗同,而复有《关雎》刺时之序,见美周者,即以刺商焉"④。三家诗原无《关雎》美周刺商之义,此已见前引皮锡瑞《诗经通论》,是三家有关《关雎》刺时之论,不过是三家之忖度而已。实际上,即便是孔子也一口说不"死"作诗者之义,更遑论三家?所以,真要比较(相对而言)真确了解《诗》义,朱熹所指示的"就诗论诗"是一条比较可靠的途径,而训诂则是一种行之有效必不可少的手段。从这个意义上说,《毛诗》的作用与价值仍然无可替代。此如梁启超所说:"我以为序和传要分别论……传呢?我并不敢说一定出自子夏所传(《汉书·儒林传》述毛氏语),但他对于训诂名

---

① 《诗古微序》,《魏源集》,第120页。
② 皮锡瑞:《诗经通论》。
③ 《诗古微·齐鲁韩毛异同论中》。
④ 同上。

物解释得的确好。""所以我对于攻击《毛传》认为不必。"魏源攻击毛诗系家派门户观念作祟,不足取。

三、渊源与流变:从援佛入儒、拒辟佛释到魏源的倡佛

倘若对佛释细加分析,佛释也有"体"、"用"之分,有"形上"、"形下"之别。佛释的"体",它的"形上",是其运用的范畴、命题、逻辑推理的思维形式;佛学之"用"、之"形下",是佛教宣扬克己灭欲、从善去恶、因果报应等教化性内容。清袁枚《小仓山房文集》卷二一有云:宋儒"击佛老诗幽渺,而圣人之精旨微言,反有所闭而未宣,于是入虎穴,探虎子,闯二氏之室,仪神、仪貌而心性之学出焉。"是谓宋儒借用了二氏形上之思创造了理学。理学家对佛释的称道,确亦多集中在其形上思辨,而对于佛释中"形下"之教化性内容,因其主张无父无君出世而非入世,有悖于儒学伦理纲常,理学家尤其严加驳斥摒弃不用。然而,佛释中毕竟蕴含收敛人心有裨教化的资治性内容,拿来用作统治人们思想的工具,作用一点都不比儒学差。这一点雍正帝看得很分明。十一年(1733年)上谕中其论三教同体谓:"朕惟三教之觉民于海内也,理同出于一原,道并行而不悖……朕以持三教之论,亦惟得其平而已矣。内证性理之同,而知三教初无异旨,无非欲人同归于善。"①雍正帝一眼就看出了佛释中存在有裨教化的内容,它在某些方面与儒学纲常名教异曲而同工,故雍正之倡佛,旨意全落在佛释之教化性内容上,是谓佛释之"用"。以此雍正对于儒者之"辟二氏以为异端"认为不足取,指为"怀挟私心,纷争角胜"之家派门户之争。雍正特为佛释开通,谓"夫佛氏之五戒十善,导人于善也;吾儒之五常百行,诱掖奖劝,有一不引人为善者哉!……盖以劝善者,治天下之要道也,而佛教之化贪吝、诱贤良,其旨亦本于此。……苟信而从之,洵可以型方训俗,而为致吾泽民之大助"②。但对于佛释之形上思辨,雍正之态度却截然相反,认为佛释之"上达"之学,摒弃之可矣。雍正说:"广大法门,圣凡并托,华严香海,细钜同归,得骨得髓者固多,如麻如粟者何限?"

"圣"、"凡"并托,"圣"高于胜于"凡";"得骨得髓者"更胜过那些买椟还珠,得"细"遗"巨"的"如麻如粟者"。雍正所云"凡"、"细"、"如麻如粟"自然是指佛门之弊。其弊何在?雍正认为,佛门之"讹谬"其有数端:"其上者,才见根尘互引,法界相生,意识纷飞,无非幻妄。顿生欢喜,谓是真常。休去歇去,以空为空。……又其下者,立幻化之色声,作为实法,向真如境上鼓动心机,于无脱法中自生系缚。……全是为名为利,却来说妙说元(玄)。"③

---

① 《雍正上谕》,载《中国佛教思想资料选编》第三卷第三册,第532页。
② 同上。
③ 《御选语录序选·总序》,《中国佛教思想资料选编》第三卷第三册,第412页。

佛门说法，因果报应谓之"迹"，其所以然者谓之"法界"、"真常"。"迹"所以然者总有"理"在，是故"根尘"如何互引？"法界"怎样相生？其中亦必有因缘。探讨此因缘，是一种高级精致的思维活动。其本身须"以空为空"来完成，这也可以说是一个"向真如境上鼓动心机"，企图不断逼近"真如"探得根本即探得"真理"的过程。这构成了佛释的理论基础，构成了佛释的形上学。惩恶劝善固然有裨人心教化，然佛释的形上思辨谈玄说妙，极尽逻辑推理之层次，探讨心理活动之精微过程，从学理角度看，此正是佛学之精粹。然帝王如雍正者又何能睁此"法眼"作如是观？从政治统治着眼，雍正帝对佛释的兴趣全在其收敛人心之"用"。故雍正指出："人谓释氏惟务上达而无下学，不思释氏之六波罗蜜（佛释的六种从生死此岸到达涅槃彼岸的修行方法或途径——笔者），由禅定而到彼岸，岂非下学上达之旨乎？"①雍正认为，教外别传，不立文字是为佛学要义，而"今将教外别传所有公案作文字，则是又成一教外别传之教典矣。况文字边事，欲其工妙，亦非聚数十年心力不能到家。至作得文字好，则此数十年不究本分可知。教外别传只是本分二字，安可离却而为此门庭以外事？"②

按："下学"而后"上达"，此为雍正朝理学清算运动之"流行语"。雍正言之，亦迎合流行。然雍正与清儒之分别显然：清儒以"文字边事"之考据实学为"下学"内涵，雍正则易之以"六波罗蜜"之修行践履；清儒之"上达"谓"闻道"，所闻者则在儒不在佛。雍正却拈出一个"彼岸"，以佛释换儒学，并以佛学通儒学。其谓专心参禅，学须落实于修身；意不"旁骛"，勿向"文字"边讨生活，须守定准则，是可免堕入"以空入空"之佛学形上学，此为佛学正道。此种主张表面上暗合清初"弃虚蹈实"之学界思潮，实际上却与学界以"辟二氏"为理学清算之津筏南辕北辙。试对比前文陈乾初之论，雍正"实用主义"佛学观之本质便可见。

雍正看重佛学之"形下"，此为"帝王之想"。然当时的学界有没有类似雍正帝主张的学者？这样的学者也存在，虽然人数不多。彭际清是其中的代表。彭与罗台山、汪大绅均为"理学而兼通释典者"，因被目为"理学别派"③。乾隆时戴东原撰《孟子字义疏证》斥程朱之援佛入儒，与戴氏相辩难者正是此君。彭氏又有《一乘决疑论》，针对程颐、陆象山等的辟佛之论而发。彭指出："明道、象山、梁溪所论著，入主出奴，时或不免。……予蓄疑久之，累数年而后决。……既自信于中、又惧天下万世之疑，不能直决也，因疏畅其说，以解诸儒之惑。"又谓："清净海中，本无一法，而不舍一法，忠孝仁义，感而遂通……又孰为不得已哉？必以消杀秉彝为佛罪，则未知夫世之能报亲恩者，固未有如佛者也。"④

---

① 《雍正上谕》，载《中国佛教思想资料选编》第三卷第三册，第533页。
② 《历代禅师后集后序》，载《中国佛教思想资料选编》第三卷第三册，第432页。
③ 张之洞：《书目答问》附《国朝著述诸家姓名略》。
④ 《中国佛教思想资料选编》第三卷第三册，第446页。

彭氏斥理学先儒而倡佛，其着眼点与雍正同，全在倡佛释之形下践履而非其形上思辨。如此看来，清初上有帝王之倡，下有士子响应，佛释虽尚未得学界之的普遍重视与青睐，但它在学术圈内的影响却并未消失，好像土蛇灰线，虽蛰伏不显，生命却还存在。佛释之重新受士大夫阶层的重视，尚须待以社会环境思想温床的孕育。至于嘉庆、道光以降，社会矛盾开始尖锐，佛释亦渐趋于新生。然嘉道以降学界之倡导佛释，已非宋明理学之取佛释的形上，学者所重视的是佛释中有裨教化的内容，已然将佛释当作资治之具。龚自珍可谓开其先声。定庵之佛学即师承彭际清，龚氏撰有《发大心文》，鼓吹用佛释遏制"冥顽、不忠不孝、不存血性、于家于国漠然无情"以及"横逆、作恶、顽痴、妒忌"等"恶念"。与龚自珍相比，魏源之倡佛所做工作更多，因而承前启后的影响也就更大。

学界一般认为，魏源学佛是因晚年眼见社会颓败，已又回天乏术，思想苦闷因而避入沙门。这种说法不是没有根据。例如编辑《净土四经》，撰《净土四经总叙》、《无量寿经会译叙》、《观无量寿佛经叙》、《阿弥陀经叙》、《普贤行愿品叙》，这些佛学工作，大都开始或完成于约咸丰四年（1854年）魏源61岁前后①。在给周诒朴的信中魏源也说："老年兄弟，值此难时，一切有为皆不足恃。惟此横出三界之法，乃我佛愿力所成，但辨一心，终登九品。"②已显露魏见世事不足为而治佛学的消沉心理。

然而，我们更应看到：第一，魏源接触佛学甚早，早在嘉庆二十五年（1820年）27岁时撰《老子本义》③，其中已有对释老异同的理论阐述④。道光八年（1828年），魏源游杭州晤钱伊庵，"潜心禅理，博览经藏，延曦润、慈峰两法师讲《楞严》、《法乘》诸大乘"⑤，魏源时年35岁。第二，魏源青壮年学佛绝非为了避世，恰恰相反，他是为经世而学佛。魏于杭州识钱伊庵寓居月余，临别时魏源有《武林纪游十首呈钱伊庵》，其一有云："非避城市喧，非逐枯寒乐。水云幽绝处，中有古魂托。"诗为心声。他用了两个否定词（"非"）和一个肯定词（"有"），诗中表露的心迹，必非为逃避现实或寻求山水之美，而是看重佛学中寄托着"古魂"，可用为"入世"之"以古鉴今"内容。其二有云："息心净妙香，回光照今古。誓回屠龙技，甘作亡羊补。"⑥

按："屠龙技"语出《庄子·列御寇》："朱泙漫学屠龙于支离益，单（殚）千金之家，三年技成，而无所用其巧。"后世因谓技高而不切实用者为"屠龙之技"。魏源在《老子本义》中已有对列子近于禅的批评。又谓老子传之列御寇"为虚无之学"，对列子的虚

---

① 李瑚：《魏源诗文系年》，中华书局本，第120页。
② 周诒朴：《原刻净土四经叙》。此信《魏源集》未收，见魏源：《净土四经》，金陵书局同治五年刊本卷首。
③ 李瑚：《魏源诗文系年》，中华书局本，第120页。
④ 参阅魏源：《论老子》，《魏源集》，第646页。
⑤ 魏耆：《邵阳魏府君事略》，《魏源集》，848页。
⑥ 《魏源集》，第646页。

无,魏源持否定态度。此为魏源 27 岁时的立场。时隔 8 年魏源识钱伊庵,其又用《列御寇》之典却更进一步,此时之魏源已弃虚无高渺而不切实用的佛学,即弃佛释渺玄说妙之形上思辨,以之"变用"为切于人伦日用之学,以为"亡羊"之补。那么,魏源的治佛到底是为"出世"还是为了"入世"、"经世"?这个答案应当是明确的。再看魏源在晤钱伊庵之前已代贺长龄编辑《皇朝经世文编》;在向钱伊庵学佛后的第二年,《诗古微》初稿撰成;次年撰《刘礼部遗书序》,主张"贯经术、政事、文章于一",其"经世"之旨前后若一,这说明,魏源一生治佛、学佛经历中最重大的一次抉择——就钱伊庵学佛——并没有打乱其学以论政资治的治学目的论轨迹。因此,魏源青壮年时的学佛初衷,绝不在避世,而在入世、经世。

编辑《净土四经》是魏源佛学中所花精力最多,因而也是最重要的学术活动。他为什么要编这套书?看《净土四经总叙》,起首便云:"世宗宪皇帝御选《语录》,辑莲池大师净土诸语,御制序文,阐扬宗净合一之旨;高宗纯皇帝南巡,亲诣云栖,拈香礼佛,御制诗有'由来六字括三乘'之句。大矣哉!西方圣人之教,得东方圣人而表彰乎?"

雍正倡佛旨在资治,乾隆倡佛之旨亦必如雍正而不会有其他。《净土四经总叙》如此吹捧雍正、乾隆,魏源编辑《净土四经》的学术立场肯定也在资治,与雍正、乾隆无异。

魏源倡佛首先着眼于佛释因果报应说的威慑力。《默觚上·学篇一》即谓:"圣人敬鬼神而远之,非辟鬼神而无之也……鬼神之说,其有益于人心,阴辅王教者甚大。王法显诛所不及者,惟阴教足以慑之。"更进而云:"无鬼神圣人宗庙祭祀之教,徒使小人为恶无忌惮,则异端之言反长于儒者矣。"

魏源这里的"阴教"肯定是指佛释。佛释之威慑力,何以既可补王法显诛所不及,又可以约束小人不敢为恶无忌惮?盖因佛教讲地狱鬼神因果报应。若人人信佛,其威慑力就可以发挥到极致。是故魏源在《默觚》中明确提出道德说教儒反不如佛。此种论调于理学清算之清初可谓奇谈怪论闻所未闻,乾隆年间也不多闻。与清儒主流之立场更是南辕北辙。《默觚·学篇》撰写年代虽难以确指,但其中论太虚精气流动,论一生变、变生化、化生无穷等,都与《老子本义》若合符契,因此不妨将《默觚·学篇》的撰写年代大体定在与《老子本义》的撰写年代相先后,即撰写于魏源的青壮年时期。《默觚》提出以佛释经世,这就再一次证明魏源早在青壮年时对于利用佛释已经有过深沉的思考。这一观点直到晚年仍然如此。

魏源在《无量寿经会译叙》中论专心信佛,道是:"而后一礼拜,一观想,一持名,念念仰弥陀如慈父,如疾苦之呼天,如逃牢狱而趋宝所,虽欲心之不专,不可得矣。不然者,口持洪名,心悬世乐,欲其竟出三界也,不亦难哉!"

避苦趋乐,人心所向,人性使然。魏源在《无量寿经》中向芸芸众生展示的极乐世界是"玻璨、珊瑚、玛瑙、黄金、白银、真珠、宝树、璎珞天乐",世人想进入这极乐世界,就须相信这是"法身报化之自然"①。何谓"法身报化"?"法身报化"就是因果报应。求善果必由善因入,此"善因"即无欲。魏源指出:"众生无不有六根,有六根就有六尘六入。是以目欲极天下之色,耳欲极天下之音,舌欲极天下之味,鼻欲极天下之香,身欲极天下细滑之触,心欲极天下快意之法。其求而得之者,为诸天福报。不知天福享尽之易堕也。"②

人生而有嗜欲之"根",欲根不去是谓"六根不净"。有六根而"嗜欲",其结果必然死后堕入无边苦海。为永离苦海,就须制欲而"慎独",须知"欲为苦本,欲为道本。欣不极则厌不至,厌不极则三界不得出"③。魏源展示的是两个对比着的世界:一是生前享乐,死后受苦;一是生前制欲,死后入极乐世界。但死后能入极乐世界,必须生前制欲。利用佛教魏源给了人们一个可以想象得到,从幻觉中也可以看到,但在现实中却永远摸不着、追不上的"电兔子"。它是"永恒"的(按佛教,身后的世界远比生前要长得多),但获得永恒是不许生前享乐的。只有生前制欲,才能死后"遂欲";要想永久幸福,就须放弃片刻(生前)的享乐。若生前纵欲,死后必入苦海下地狱,永远受苦。那么,怎样才能做到生前制欲而不纵欲?魏源认为,求佛念经是唯一法门:"盖念佛人至一心不乱,则千念万念,并为一念,犹之炼乳出酪也。由一心之净,而更念至于即假即空即中,离四句,觉百非,是事一心入理一心,犹从酪出酥也。从一念佛法门,遍通华藏海一切法门,一即一切,一切即一,此从酥出醍醐也。"④

魏源在建立其思想体系时以"慎独"相标榜,而将"无欲"作为调摄本心的主要手段。现在,当魏源想到要利用佛释的教化性内容经世时,他强调的依然是"无欲"、"慎独"。《默觚·学篇四》中提出防"内欲之萌"应"五复于心"。试将此说与其解佛论相对照,魏源的佛学恰好为《默觚·学篇四》提供了具体入微、可供操作的方法。由此可见,佛学本身构成了魏源经世思想体系的一个重要组成部分。

魏源主张禅、净合一,宗、净双修。他引用永明寿禅师的话说:"有禅无净土,十人九错路;无禅有净土,万修万人去;有禅有净土,犹如戴角虎。"

禅宗直指人心,原与魏源本阳明学建立起来的思想体系相吻合,魏源为何又要特别强调净土宗,强调宗、净双修?这一方面是因为净土宗有死后往生阿弥陀西方极乐世界的教化性内容,其威慑、引诱众生的作用未可小觑;另一重要原因,则在于魏源看中了净土宗修行简易。自中唐后净土宗广泛流行,后得与禅宗相融,修行简易即两家能够相融合的原因之一。魏源在《无量寿经会译叙》、《净土四经总叙》中反复宣称"竖出三界"太繁难,谓"宗教二门,自智者、永明宗、净合修而外,余皆大乘自命,欲由初地

---

① 《无量寿经会译叙》,《魏源集》,第249页。
② 同上书,第249—250页。
③ 《无量寿经会译叙》,《魏源集》,第249—250页。
④ 《普贤行愿品叙》,《魏源集》,第253页。

以登十地（笔者按：指佛教修行过程中的十个阶位，其最高为'佛地'），动经长劫……此竖出三界之所以难也。是以大圣觉王悯之，故于竖出三界之外创横出三界之法，即妄全真，会权归实，揽大海水为醍醐，变大地为黄金，一声唤醒万德洪名。人人心中，有无量寿佛，放光动地，剖尘出卷，自衣获珠"①。

魏源立论全从净土宗口念阿弥陀佛，死后即可往生极乐世界之义出发，与禅宗的直指本心相结合，建立起禅、净合一，宗、净双修说。后秦鸠摩罗什译《阿弥陀经》，隋唐间对此书屡有注疏。到了明代，号称"四大高僧"之一的莲池（云栖）为之作《阿弥陀经疏钞》。但魏源认为，莲池的《疏钞》仍然"科判太多，初心难入"，"故为《疏钞节要》，删繁就简"②。着眼点仍然在简便易行上，这也正如魏源主张宋学但又本之于陆王而非朱学出于同一种考虑。

杨文会在《重刊净土四经跋》中说："魏公经世之学，其所共知，而不知其本源心地，净业圆成，乃由体以起用也。"此为知言。须知魏源在给周诒朴的信中虽有"值此难时，一切有为皆不足恃"之叹，但他终念念未忘佛释因收敛人心之"用"，是谓："且此念佛法门，普被三根，无分智愚男女，皆可修持。若能刊刻流布，利益非小，于其力行勿息。"因此，分析魏源治佛、学佛的原因与动机，固然不能不看到思想苦闷对他的影响，但更应看到济世"经世"思想对魏源的制约。

〈余论〉

在晚清学术史上，魏源处在一个乱世开山的位置：在湘人中魏源与安化陶澍、善化贺长龄皆友善，而魏源以学名世，是为湘学重镇，后曾国藩即以湘学为过渡，成为桐城派的扛鼎。从学术思想史的角度看，魏源便与桐城派有了联系。故时人曾以曾、魏并提，称："国朝古文以桐城为正宗……桐城主述八家，实则祢震川而宗永叔，其义法谨严，则百世不能易也。而沿其流者，才力少弱。近人如曾文正、魏默深皆少矫其弊。曾用桐城派义法而加以朴茂，体格较纯；魏则笔力恣横，间涉伪体。若龚定庵，又下一格矣。"③

魏源的今文经学，《诗》主齐、鲁、韩三家，《书》主欧阳、大、小夏侯，排斥毛、郑不遗余力。自魏源出，今文家法壁垒森严；在魏源以前，治今文者仅及《春秋》，魏源乃始推及他经，这些都是导康有为先路的。康有为声称其治学受到魏源的影响，那么，魏源的今文经学亦可以视为晚清以学术掀起政治风浪的前奏了。

梁启超《清代学术概论》说因为龚、魏信佛，他们"为今文家所推奖，故今文家多兼

---

① 《无量寿经会译叙》，《魏源集》，第249页。
② 《阿弥陀经叙》，《魏源集》，第251页。
③ 朱一新：《复傅敏生妹婿》，《拙庵丛稿·佩弦斋杂存》卷上。

治佛学"。佛释的命运到晚清已大优于清初以及乾嘉时期。晚清学术巨子如康有为、梁启超、谭嗣同、章太炎等无不好佛学。在先,学界诸巨子虽仍如魏源一样着眼于佛释的形下之用,延至后来,遂渐次注意到佛释的形上学;五四以后,由于熊十力、冯友兰、牟宗三等现代"新儒家"的提倡,佛释的形上学成为现代新儒家构筑其思想体系的重要思想源。从清初中断近三百年的佛释,到近代以降,开始了一个从"下"往"上"走、由形下之用向形上思辨发展的运动过程,形上学至五四以后终于再获新生,这是一个大"轮回"。那么,在佛学的这一"轮回"中,魏源作为思想先驱,其首倡并身体力行也是功不可没的。

魏源的经世学风对后世产生过积极影响,对于这一点,应当给予充分的肯定,前人于此评价已多并已足够充分,这里也就毋庸赘言。但是,在承认魏源经世学的正面影响之外,对于此种学风的负面影响是不是也应当有所分析、有所批判?看前人评价魏源的政论与学论即曾有过截然相反的两种结论:对其政论多赞颂之词;对其学论则每斥为"空疏难据"。例如李慈铭《越缦堂读书记》对魏源政论评价颇高,称其《古微堂外集》"卷五为《筹河》三篇,卷六为河渠、水利书议及史论,卷七为论漕、盐、海运诸文。其中如《明代食兵二政录叙》、《海国图志叙》、《拟进呈元史新编序》、《苗疆敕建傅巡抚祠碑铭》,最为佳作,其余议论多可取。"但就在同一书中,李慈铭却对魏源的经学提出了严厉的批评,谓:"所看之书,不过十余部,所治之经,不过三四种,较之为宋学者须守五子之语录,辨朱陆之异同,用力尤简。"又谓魏源治学"才粗而气浮","文字之疏,引据之失,不及屡指"。

今天看来,魏源同时代学者如李慈铭辈赞其政论是中肯的。魏源有关河漕、海运、盐政、吏治等方面的政论单刀直入,实事求是,切中时弊,其正确性已多被当时的实践所证明。而李慈铭辈对魏源学论的批评,虽带有他们个人的好恶因而或许有偏颇,但魏源治学已远不如乾嘉考据学者的严谨,这一点毋庸置疑。相形之下,李慈铭辈对魏源治学有"空疏"之讥,恰恰击中了魏源的痛处[①]。

魏源生活的时代,社会变动太大太剧烈,需要解决的社会问题太多太急迫,这就唤醒了魏源这样一批士大夫意识底层的资治观念,魏源主张学以"经世",其主观上是将学术作为政治的工具来使用的。有这样一层认识,魏源便不惜强将学术降为政治的附庸与奴仆:学术成为魏源构筑其现实政治主张的材料。这一点,在魏源的今文经学中表现得特别明显。实际上,像魏源这样一批士大夫,在面临他们需要解决的社会问题时,可以诉诸社会问题本身,这种做法效果不错;而大可不必绕那么一个大圈子,从"西汉"说到"现实",强借学术影附政治主题,这并不能从根

---

① 批评魏源治学粗疏,还可参阅谭献《复堂日记》卷二、卷五;刘师培《左庵集》卷九《清儒得失论》;章太炎《訄书》;皮锡瑞《诗经通论》、《书经通论》等。

本上解决政治问题,却因此而损伤了学术,这一点,也被当时和魏源以后的政治实践所证明。王国维在评价晚清学术时曾深刻指出:"道咸以降,学者尚承乾嘉之风,然其时政治风俗已渐变于昔,国势亦稍稍不振,士大夫有忧之而不知所出,乃或托于先秦、西汉之学,以图变革一切。然颇不循国初及乾嘉诸老为学之成法,其所陈夫古者,不必尽如古人之真,而其所以切今者,亦未必适中当世之弊,其言可以情感而不能尽以理究。"

从方法论层面看,为使学术承担政治任务,魏源倡导并实践了一种尽可能"简捷"的学风:其主陆王而非朱学,斥考据而申今文;以及他宗净双修的佛学主张,无不带有"简捷"的特点。但"简捷"用于治学便往往流为"简陋"。当学术承担了它本身无法承担同时也不应承担的政治重负时,现实的政治利益迫使魏源只能选择"简捷"的路径——他没有时间去"潜心治学"。更重要的是,治学在魏源的主观上原本就是政治的工具,因此不必"潜心",只需浅尝辄止,足矣够矣!这样,魏源也就不能不由"简捷"滑向"因陋就简",由"简捷"滑向了"简陋"①。发展到晚清,终于有"辨伪学"和"疑古(文经)学",有了康有为的《新学伪经考》和《孔子改制考》。康有为为了现实政治的需要,甚至已经发展到可以不惜肢解学术、强奸学术,置学术于政治祭坛而充当牺牲的地步了。我们当问:为拯救社会危机,牺牲学术之求真使之服务于政治,成为附庸与奴仆,有没有这种必要?即便曲解学术的确对政治有益,就可以无视学术本身的价值而仅考虑政治的需要吗?事实证明,那种以牺牲学术而换取政治利益的做法,造成了主观武断、投机取巧的恶劣学风,所付出的代价是沉重的。晚清学界弥漫着一种浮躁而急功近利的不良学风,至康有为而达于极端,而导康有为先河者正是魏源。

第四节 廖平《今古学考》经学思想体系中的几个问题

廖平(1852—1932),字季平,四川井研人。廖平的治学从宋学入手,后又从事考据学。光绪六年(1880年)廖29岁以后厌弃破碎,专求大义,走上今文经学一路。廖平一生治学多变。其初有四变,后乃有五变、六变。这种变化,是学术观点的根本移易,前后矛盾,令人骇然。这主要表现在廖平学由平分今(文经)、古(文经)到尊今抑古的变化上。廖氏学较有价值者为《今古学考》中建立起来的经学思想体系,其中既有创新可喜之论,又多牵强难通之处。至其由平分今古到尊今抑古,强指刘歆伪造

---

① 谭献评魏源治学语,见《复堂日记》卷二。

《左传》、《周礼》,其立说之臆,论断之肆,导康有为两《考》先河,其历史政治价值固难否认,学术价值却甚微。然廖氏学一变至二变,也就是其学说在学术上由较有价值变为少有价值,二者之间仍有前后发展之端绪可循。

一、从重事论到平分今古

1. 重事论

在撰《今古学考》(丙戌 1886 年撰)前的乙酉年(1885 年),廖平曾撰《何氏公羊解诂三十论》,其中有《重事论》一篇,廖平写道:"传中言事皆详记终始……举一反三,谓必先明事而后言义也。后来经师重义而不重事,不知《春秋》褒贬如断谳,必先事明而后义审。……本事未明,经义何附?本末不详则笔削之义不显;得失不著则进退之法尚虚。不知《公》、《穀》义例有异而事迹从同,虽左氏别派凡所立异皆欲求胜二家,由例生事者可以指数。"又说:"故《春秋》之法先须明事,事已明矣而后言其褒贬之所由,正如事明而案定,不惟冤狱不兴,设有非常之义亦可因缘而见其功,不甚巨乎?……何氏以下恶言本事,非其胆弱,乃其识昧耳。"

按:事明而后义出,亦即史明而后义出。然而,今文家却历来尊奉"《春秋》重义不重事",清代以降,庄存与、刘逢禄、宋翔凤莫不守此圭臬,从而为臆断史实、附会经说找到了一个立论的依据。今文家重义轻史,所以今文家重经轻史,今文家也就不可能有六经皆史的认识,他们一定是经史有别也就是"传"史有别论者。廖平学出今文,但他亦曾从事考据,有注重史实的治学经历,他能够认识到义从史出,批评何休以下的"恶言本事",这是廖平不同于今文家的地方,也是廖平高明之处。廖平若能够守定"经义必由史事而后明"的准则,摒弃今文家《春秋》重义不重事的观点,在"史"的领域锲而不舍地孜孜以求,他的学术成就要大得多。然而,廖平终究是一位今文经师,他有家派的局限。他说"《春秋》之法先须明事,事已明矣而后言其褒贬之所由出",那么,从史的角度,《左传》当然远胜于《公羊》、《穀梁》,但廖平却固守今文家派畛域,骨子里信奉的是经史有别也就是"传"史有别的教条,是故他一面说"《公》、《穀》义例有异而事迹从同",一面又说"左氏别派"是"欲求胜二家由例生事",这就将《左传》打入了另册的"史"。

因为廖平有义从史出"重事"的认识,所以他撰《今古学考》能够提出"平分今古";又因为廖平固守今文的家派畛域,所以,他的平分今古,既"平"又"分",尤其在"分"今、古两派时无视史实,强行立说,这是廖平矛盾的经学思想体系的必然逻辑结果。

所谓"平分今古",首先是"平",对今古文经并不厚此薄彼,即所谓"今古二派各自为家,如水火阴阳相妨相济,原当听其别行"[①]。廖平认为,今、古文经同出孔子:一

---

① 《左传古义凡例》。

为孔子早年之说,一为孔子晚年之论。廖平指出:"《论语》:'周鉴于二代,郁郁乎文哉,吾从周。'此孔子初年之言,古学所祖也;'行夏之时,乘殷之辂,服周之冕,乐则韶舞',此孔子晚年所言,今学所祖也。""予谓'从周'为孔子少壮之学;'因革'为孔子晚年之意。"①

从古文经学保存了较多史料的角度,亦不应"薄古",廖平认为:"实则孔子改者今,不改者古。若但取今学则改者可知,不改者不知。改者少而不改者多,则古学之有益不殊于今学。而以今学废古学,亦非孔子意也。故《左氏》之功在存周之典章,其用甚宏,二者相需,不可轩轾其间也。"②

今文家认为今文经学传自孔子,孔子撰五经,修《春秋》,其中有改制的微言大义在。这种说法是今文一家言,也很难说它毫无史据。廖平今文家,持此一说也在情理之中。廖平值得肯定之处在于,他承认了古文经学的价值。古文经学因未经孔子改动,保存了较多的原始资料。廖平又指出:"今学旧重事实,如二传所言诸条是也。唯意以说经为主,故不尽著录。自董君以后乃不深考。《解诂》不详实迹亦间用《左传》。盖全虚则义无由立。故虽不主实事而不能不用以立说,此事理必然之势。"③这里,廖平说二传旧重事实,不足为训。今学本不重事实,《公》、《穀》二传于史事不胜寥寥,较《左传》相差不可以道里计。不过廖平抉摘何休《解诂》袭用《左传》,他看到了今文一派凭空立说的重大缺陷,"盖全虚则义无由立",承认义从史出,此大不同于并高于庄、刘、宋者。所谓"古学之有益不殊于今学",此话出自廖平之口,实属不易。

然而,廖平对待今古文经不应厚此薄彼之论,只能够"姑妄听之"而不必尽信。如果他对待今古文经真是一视同仁,那么就应当对《左》、《公》、《穀》三家不厚此薄彼,而实际上,廖平却认为,"二传今学,《左传》古学;二传经学,《左传》史学"④,这种经史有别论也就是重经轻史论,当然也就是重"今"轻"古"论。所以我们说,廖平后来之所以由平分今古到重今抑古,滑向"刘歆伪造古学"说的泥沼,其理论芽蘖在《今古学考》中已经具备了。

2. "分"今、古之因驳议

廖平的厚"今"薄"古",更明显地表现在他的"分"今、古上。今古二学当分,廖平的理由有二:

首先,廖平认为,孔子早年之说与晚年之论不相同,亦即古学与今学之祖不同,所以今古二学当分。廖平指出:"孔子初年问礼,有从周之言,是尊王命畏大人之意也。至于晚年,哀道不行,不得假手自行其意以挽弊补偏,于是以心所欲为者书之《王制》,

---

① 《今古学考》卷下。
② 《左传古义凡例》。
③ 《今古学考》卷下。
④ 同上。

寓之《春秋》。……所谓因革继周之事也。"①

这里，廖平将"从周"定为孔子早年之说，将"因革继周"定为孔子晚年之论，"从周"与"因革"之后再"继周"不同："从周"是循周旧制；"因革损益"以后再"继周"，则主在补弊救偏。因为有这不同，所以主孔子早年之说的古文派和主孔子晚年之论的今文派也就应当分，这是廖平主张今古文经两派当分的逻辑。但我们发现在《论语》中"继周"论恰恰被安排在"从周"论之前。《论语·为政》："殷因于夏礼，所损益可知也。周因于殷礼，所损益可知也。其或继周者，虽百世可知也。"这是"因革损益"以后的"继周论"。《论语·八佾》："周监于二代，郁郁乎文哉，吾从周。"这是"从周说"。《论语》之篇章编纂，《为政》被置于《八佾》之前。也就是说，廖平所谓的孔子晚年之论，在《论语》中被安排在所谓的孔子早年之说之前。编排在后的成了孔子的早年之说；编排在前的反倒成了孔子的晚年之论，廖平的这种说法考之《论语》理据不足，值得怀疑。根据《论语》的编排顺序，有理由认为，孔子是先有"因革损益"后"继周"的认识，然后才有"吾从周"的说法。换句话说，孔子先已有了继周必须因革损益的觉悟，然后才说"吾从周"，在这里，"因革损益"恰恰是"吾从周"的注脚；而"吾从周"则是"继周"论的延续。

廖平今古学当分的第二层理由是，今古二学早在先秦已开始了争斗，直至郑玄混合今古文经以前，历两汉而争斗不衰。廖平指出："经在先秦已有二派：一主孔子，一主周公，如《三传》是也。"②"鲁乃今学正宗，燕赵为古学正宗。……鲁乃孔子乡国，弟子多孔子晚年说学者，以为定论，故笃信遵守，初本以解《春秋》。……燕赵弟子未修《春秋》以前辞而先反，惟闻孔子从周之言，以后改制等说未经面领。因与前说相反，遂疑鲁弟子伪为此言依托孔子，故笃守前说与鲁学相难。一时隐君子习闻周家故事，亦相与佐证，不信今学而攻驳之，乃有《周礼》、《左传》、《毛诗》之作，自为朋党，树立异帜，以求合于孔子初年之说。"③

廖平谓"经"在先秦已有二派，这种说法比较草率。先秦"经学"未立，哪里来经？（按，"经"之名"学"，为汉代学人袭用自黄老道家，李绂有辨。其谓："孔孟为儒家而黄老为道家，自战国至汉无异辞。道家之书则曰'经'，如《老子道德经》、《庄子南华经》、《列子冲虚经》、《关尹子文始经》，皆是。"参见前文第一章第四节"阎若璩"）这一点后文还当详论，此不展开。这里需要指出的是，首先，廖平以古文学派为未闻孔子晚年之论者，因疑鲁弟子伪托孔子言，遂自为朋党，与得闻孔子晚年之论的今文派相争，这种说法虽新奇却于史无据，难以通解。如前所说，廖平所谓的孔子晚年之论于《论语》

---

① 《今古学考》卷上。
② 《左传古义凡例》。
③ 《今古学考》卷下。

中编排在先，而廖平所谓的孔子早年之说于《论语》中编排在后，那么，古文弟子即使后来返乡，他们亦应知晓孔子"继周"、"改制"等学说，何以会疑今学派的"伪托"？

为了进一步强调先秦时已存在今古二学家派之争，廖平着重以《左传》为例，指出："今学主孔子修《春秋》，笔削褒贬、进退加损全由孔子，谓孔子为素王。左氏弟子恶闻其说，乃尽变之，以为皆旧史文，与孔子无与。《春秋》之史法，则周公所传，鲁能守之，故书法合于圣人。《传》中五十凡皆周公手定条例，此《左氏》之微言，即阴攻孔子修《春秋》之说也。"①"《左氏春秋》之弟子久习师法，素闻史法，先入为主，各是所长，怪今学弟子弃实崇虚，近于舞文乱法而义例繁多，鲜能划一，乃发愤自雄，别立一帜，以抒所长。……其曰《左氏传》者，左氏学耳，正如公羊、穀梁以先师氏其学，非谓丘明所撰也。"②

今按：据太史公《十二诸侯年表序》，"鲁君子左丘明惧弟子人人异端，各安其意，失其真，故因孔子史记具论其语，成《左氏春秋》"，以左丘明的本义，他"惧失"《春秋》之"真"，尽可能使《左氏春秋》接近《春秋》本义而撰《左传》，却丝毫没有"阴攻孔子修《春秋》"之意。说《春秋》史法为周公所传，这是汉代以后古文家的说法，而不是先秦以前左氏及其弟子的意见。至于"五十凡"，那也是后世古文家的总结，并非先秦已有的观点。现廖平统统归之于先秦，他这是用后世家派门户的眼光来看历史，不足为训。

在廖平看来，今学为孔门弟子所传，孟、荀为之主；古学为未受业于孔子，或未闻孔子晚年之论的博雅君子所传。他举《春秋三传》为例，指出："孟、荀传今学，所言与《左氏》全反。由孟、荀至汉初博士，皆今学派也。盖战国时学有二派：有孔子派以《王制》为主，弟子皆从此派。孟、荀以及汉博士所传是也。而当时博雅君子（自注：未受业于孔子，如子产、叔向之流）如左丘明者，则以所闻见别为派，与孔子别行。"③

廖平又举《周礼》为例，认为《周礼》"为当时博雅君子所作，与《王制》相异亦如子产之意。其书不为今学所重，故荀、孟皆不引用其中礼制"④。

的确，孟、荀言中不难寻绎到与今文说相同的观点。例如《孟子·公孙丑上》有"关，讥而不征"，此与《王制》"关，讥而不征"全同。荀子之引用今文说，亦可参考刘师培《公羊、荀子相通考》，其中除了引用汪中《荀卿子通论》所举荀子与公羊相一致的例证外，刘师培自己也举了荀子主张讥世卿、大一统等公羊义法的例证。但是，《孟》、《荀》中同样也存在引用古学或与古学相通、相同之处，并非如廖平所说的那样"所言与《左氏》全反"，"皆不引用《周礼》礼制"。

---

① 《左传古义凡例》。
② 同上。
③ 同上。
④ 《今古学考》卷下。

先看孟子。

（一）《梁惠王下》："士师不能治士,则如之何?"《公孙丑下》："为士师,则可以杀之。"这里的"士师"是执掌司法的官吏。试对比《周礼·秋官·士师》："士师之责,掌国之五禁之法,以左右刑罚。"其职掌与孟子所言同。据此说《孟子》与《周礼》在同一种释义上使用"士师"一辞,于理无碍。

（二）《公孙丑上》："市,廛而不征,法而不廛,则天下之商皆悦,而愿藏于其市矣!"试对比《周礼·廛人》："廛人掌敛市……质布、罚布、廛布,而入于泉府。"这里,"廛"是集市中的货栈,"廛人"则是向使用"廛"的货主征税的管理性官吏。郑玄注《周礼·廛人》引郑众说解："廛,谓市中之地,未有肆而可居以蓄藏货物者也。"孟子之"廛"亦与《周礼》同义。

（三）《公孙丑上》："廛,无夫里之布。"《周礼·闾师》："凡无职者出夫布。"《周礼·载师》："凡地不毛者有里布。"《周礼》中提到的"夫布"和"里布",合之则如孟子所说的"夫里之布"。江永《群经补义》释"布"为钱,他解"夫布"："谓闲民为民庸力者不能赴公询三日之役,使之出一夫力役之泉,犹后世之雇役钱也。"他释"里布"："谓有宅不种桑麻,或荒其地,或为台榭游观,则使之出里布,犹后世凡地皆有地税也。"顾炎武《日知录》卷七"廛无夫里之布"条先引《周礼》"夫布"、"里布",合称"夫里之布",然后再详解孟子此语之义。于此,可知孟子"夫里之布"正与《周礼》同义。

如果用廖平所定划分今古文经的标准来衡量,那么,孟子亦多有与古文经学相同或相通者。例如:廖平在《今古学考》中认为,古文经学主厚葬,今文经学主薄葬。然而,孟子恰主厚葬而非薄葬。《公孙丑下》载有孟子葬母时与弟子充虞的一段对话。充虞认为,孟子用来葬母的棺木太讲究,孟子答道："上古对于棺椁的尺寸,没有一定的规矩。到了中古,才规定棺厚七寸,椁的厚度以相称为准。从天子到百姓,讲究棺椁,不仅是为着美观,而是要这样,才算尽了孝子之心。为法制所限,不能用上等木料,当然不称心;能用上等木料,没有财力,也还是不称心。有用上等木料的地位,财力又能买得起","古人皆用之,吾何为独不然? ……吾闻之也:君子不以天下俭其亲。"若以廖平所定标准,孟子岂非当归入古文经学之列?

（四）关于"二伯"（齐桓公、晋文公）,廖平认为,今文经学主二伯,古文经学主五伯,他举《穀梁传》为例,谓"《穀梁》尊齐、晋为二伯"。但孟子恰恰诋二伯。孟子答齐宣王问,人们耳熟能详。"齐桓、晋文之事可得闻乎?"孟子曰："仲尼之徒无道桓、文之事者,是以后世无传焉。"因为不屑于齐桓公称霸,孟子因此也看不起管仲。《公孙丑上》孟子答公孙丑问,孟子曰："管仲,曾西之所不为也而子为我愿之乎?"意思是说,管仲是曾西都看不起的人,你以为我是愿意学他的吗?这种评价,不仅与孔子在《论语·宪问》中赞扬管仲"相桓公霸诸侯,一匡天下,民到于今受其赐"的立场大异其趣,且亦全不类今文派因主张大一统而对齐桓的"文不予而实予"的肯定态度。

综上可知,孟子曾在与《周礼》完全相通的释义上使用"士师"、"廛"、"夫里之布"等职官和典制,这与廖平所说的孟子全不引用《周礼》不同,但我们却不能据此便认定孟子为古文经学之祖;在礼制与价值观方面,孟子主厚葬,讥二伯,与廖平所谓的今文经学主薄葬,"以二伯统制诸侯"的认定标准大相径庭,因而完全不支持廖平指孟子为今文经学之主的说法。孟子要行仁政,他有自己的理想和政治主张,他引用古制以阐释之,无论是《王制》还是《周礼》,"有用"即用,无可无不可,与今古文经派别之争了无干系,大可不必以家派的眼光限定孟子。

再看荀子。

(一)《今古学考》:"《穀梁传》言:誓诰不及五帝,盟主不及三王,交质子不及二伯。与荀子同。"但须注意,廖平对《荀子》中的二伯与五伯的概念作了重要更改。《荀子·大略》:"誓诰不及五帝,盟诅不及三王,交质子不及五伯。"荀子这里虽然部分袭用了《穀梁》,但在究竟是主二伯还是主五伯的问题上,荀子主五伯,他没有用《穀梁》。《荀子·仲尼》:"五伯以让饰争。"亦有主五伯之义。而按照廖平所说,主二伯与主五伯,正是区分今古文经的一个重要标准。因此,廖平对《荀子》概念的改动,实有为我所用偷换概念之嫌。

(二)《荀子·致士》:"赏不欲僭,刑不欲滥。赏僭则利及小人,刑滥则害及君子。若不幸而过,宁僭无滥。与其害善,不若利淫。"试对比《左传·襄公二十六年》:"赏不僭而刑不滥。赏僭则惧及淫人,刑滥则惧及善人。若不幸而过,宁僭无滥。与其失善,宁其利淫。"《荀子》语与《左传》如出一辙,不仅义同,而且文近。

(三)《荀子·礼论》论葬期:"故天子七月,诸侯五月,大夫三月。"《左传·隐公元年》:"天子七月而葬,同轨毕至;诸侯五月,同盟至;大夫三月,同位至。"《荀》、《左》言葬期亦即丧礼同。

(四)《荀子·非相》:"……叶公子高入据楚,诛白公,定楚国,如反手尔。"公子高入据楚,诛白公,定楚国,事在《左传·哀公十六年》,"如反手尔"云云,实即荀子对《左传》之"义"的总结语。

综上可知荀子多同《左传》,太史公《十二诸侯年表序》举荀卿等"往往捃摭《春秋》之文以著书"。太史公的"《春秋》"实指《左传》。因《荀子》多同《左传》,是故清儒如汪中、王先谦、刘师培等均曾撰文阐述荀子与古文经学的关系。当然,以家派的观点指荀子为古文经学之主同样没有必要,就荀子的某些观点与今文经学的观点相通而言,指荀子为古文经学之主也不正确。但像廖平那样谓荀子为今文经学之主,认为荀子所言"与《左氏》全反",则于史无据。对于荀子的引用古说,亦应作如视孟子观,即荀子引用古说以阐发其理想和政治主张,"有用"即引,家派云云无所计耳。

廖平以今文家派的观点解先秦学术史,认为先秦即已存在今古文经之争,今古二学在先秦的争斗,下至两汉而未曾中断。在《今古学考》中,廖平曾在在指出:"秦汉以来古学独行,不相混杂,考之古书,证以往事,莫不皆然,非予一人之私言,乃秦汉先师之旧法也。""好古之士嫉博士如仇,故解四经亦用古说以与今为难,故不惟古经用古说,即无今古之分者亦用古说。""今学盛于西汉,摈斥古学不得显;古学盛于东汉,今学寝微,二学积为仇敌,相与参商。……郑君以前二学自为水火,不苟同也。"①"郑君以前古学家著书,不惟不引据《王制》师说,并《公》、《穀》二传,三家《诗》、《今文尚书》、今《易》,凡今学之言,避之如洪水猛兽。"②

中国学术思想上的今古文经之争原本是一个学术问题,自刘逢禄、魏源等特别是自康有为《新学伪经考》的强调与凸显后,配合着它在政治上掀起的波澜,遂使这一学术问题政治化了,它不仅为学界所关注,而且成了一个社会关注的热点。康有为以后,崔适、钱玄同乃至顾颉刚等继续强调今古文经两派在中国学术史上相争相斗的一面,看不到或者说不愿看到历史上两派除了相争相斗的一面以外,还有相通相容的另一面,这是大失偏颇的。廖平认为在郑玄以前今古文经两派冰炭相角,水火不容,亦正是上述学术源流中的一种说法。然而,"考之古书,证以往事",与廖平所说相反的例证比比皆是。例如:

(一)贾谊。如前所引,贾谊在阐述他的"削藩"政治主张的上文帝疏中,力谏文帝封淮南厉王四子为列侯,即以《左传·哀公十六年》白公胜为大父、伯父、叔父报仇之事立说;又以《左传·昭公二十七年》专诸刺吴王僚一事说之。这是贾谊引用《左传》的例证。贾谊不仅引用《左传》,而且引用《周礼》。《新书·审微》:"礼,天子之乐宫县,诸侯之乐轩县,大夫直县,士有琴瑟。叔孙于奚者,卫之大夫也。曲县者,卫君之乐体也;繁缨者,君之驾饰也。齐人攻卫,叔孙于奚率师逆之,大败齐师。卫于是赏以温。叔孙于奚辞温而请曲县、繁缨以朝,卫君许之。孔子闻之曰:'惜乎!不如多与之邑。夫乐者所以载国,国者所以载君。彼乐亡而礼从之,礼亡而政从之,政亡而国从之,国亡而君从之。惜乎!不如多与之邑。'"

贾谊之论本自《周礼·春官·小胥》:"证乐显之位。王宫县,诸侯轩县,大夫判县,士特县。辩其声。"郑玄注:"特,本亦作牺。"按《玉篇·牛部》:"牺,本作特。"是"牺"、"特"同字。贾谊"直县"之"直"是为"牺"字之省。又,贾谊这里所论叔孙于奚事,本自《左传·成公二年》"……齐师乃止,次于鞫居。新筑人仲叔于奚救孙桓子,桓子是以免。既,卫人赏之以邑,辞,请曲县繁缨以朝,许之。仲尼闻之曰:'惜也!不如多与之邑。唯器与名不可以假人。君之所司也,名以出信,信以守器,器以藏礼,礼以行义,义以生利,利以平民,政之大节也。若以假人,与人政也。政亡则国家从之,弗可止也。'"

上举诸例证已可见出汉代学者不仅引用《左传》或《周礼》,且视《左传》解《春秋》,

---

① 《今古学考》卷上。
② 《今古学考》卷下。

廖平所谓今古二学各自为派冰炭不容,于此大不可通。上述案例也在在说明,西汉的今古文经两派之间并不存在一个如廖平所说水火难容的争斗局面,两派之间混说互用数不一数。前文曾经指出,就基本价值观、伦理道德观来说,今古文经之间没有截然两分的对立,这是今古二学能够混说互用的内在根据。由于今文一派在典制、史事方面的欠缺,无论他们怎样坚持"《春秋》重义不重事"、"文予而实不予"等"非常异议可怪之论",这种"论"终需要一张"皮"作为依附方可安顿,这张皮就是典制、史事。古文经学之长恰能够弥补今文经学之短,因此,今文经学采用古文经学也就不足为怪。另一方面,无论是今文家还是古文家,其治学目的论都落在"以经术为治术"的资治上。今文经学被立于学官,其工具地位得到官方认可;古文经学被排挤在外,功名利禄皆不得与,古文经学起而抗争遂不可免。读刘歆《移让太常博士书》,对于古文经学急于求得官方认可,希望进入意识形态化的学术主流之旨趣应当有所体悟。即使在刘歆争立古文经学,与今文经学派发生公开争斗以后,今古二学杂说互用的趋势仍在发展。最明显的便是王莽篡汉前后的例证。众所周知,王莽篡汉改制多用《周礼》,但只要对政治有利,王莽对今文也同样采用。据《王莽传》,平帝元始元年(1年),群臣以《春秋纬·感精符》"白雉之瑞",上书请准以王莽为安汉公,诏准。王莽接受安汉公称号时,引用《春秋纬·感精符》,此王莽用今文说;元始四年(4年),王莽加号宰衡。据《汉书·郊祀志》,次年王莽上奏言,其中就引用了《穀梁》。王莽拜宰衡后又引《穀梁》语"天子之宰,通于四海",此王莽用今文说;元始五年(5年),平帝疾,王莽效法周公,作策藏于金縢,此王莽效法今文《尚书》义;同年十二月,平帝崩,王莽居摄,群臣上奏言,均引用今文义法,为王莽所接受;居摄二年(7年),翟方进之子翟义起兵,王莽昼夜抱孺子祷告郊庙,仿《大诰》作策。《汉书补注》王先谦谓王莽皆用今文说;次年,破翟义,王莽上奏请赏有功者,奏言中同引《王制》、《周礼》,此王莽混用今古;居摄三年,王莽改元初始,其奏言既引《康诰》(今文),又引《左传》。此外,据《汉书·韦玄成传》,太仆王舜、中垒校尉刘歆上议事,既引《王制》、《穀梁》语,复引《左氏》语,是刘歆等混用今古;如前所引,据《汉书·朱博传》,哀帝建平间龚胜等十四人上奏言,引用《左传·成公十六年》事,并谓"《春秋》重而书之",是龚胜等十四人均认为《左传》解《春秋》。

对于从汉初至新莽前后大量存在的今古二学的混说互用应当怎样看?如前所说,今古二学价值观体系根本上不矛盾;古文经学的典制、史事之长可以补今文经学附会经说之短,这是今古二学能够混说互用的内在根据。从"工具论"的角度看,学者层本有根深蒂固的资治治学观,这种意识尤其是国家统治者着力鼓吹的。刘歆争立古文经学于学官而与今文经学发生争斗,其意义在学术少,在政治多;或者可以说,学术上的家派之争只是表象,更深一层的旨意是落在政治上,落在与政治相联系的功名利禄上。所以,自西汉前期已经开始的今古二学混说互用,并没有因刘歆为古文经学争立学官与今文家发生争斗而停止,也就是说,自西汉前期今古二学的合流已风起于青萍之末,这一发展趋势,并没有因为今古文经之争而停止。这样,再来看今古二学何以至郑玄时的杂采今古、遍注群经而终于能够合流,我们便会有一层独特的体悟。据《后汉书》,在古文经学家中,郑兴是学兼《公羊》、《左传》的;杜林、杜邺、杜竦亦是今古兼通的;贾逵虽然师从其父受古文经学,但贾逵"以《大夏侯尚书》教授,虽为古学,兼通五家《穀梁》之说";马融号称通儒,著《三传异同说》,其上奏疏,亦每今古二学混用。到了郑玄,据《后汉书》本传,他本来习京氏《易》、《公羊春秋》等今文经学,后"又从张恭祖受《周官》、《礼记》、《左氏春秋》、《韩诗》、《古文尚书》",最后师从马融。他杂采今古,遍注群经,正是自西汉以来学术发展的大趋势使然。廖平《今古学考》一面说今古二学相仿相济,同时又对这种"相济"横加指责,尤其对郑玄注经杂采今古大不满,道是:"今古之分自郑君一人而斩。尊奉古学而欲兼收今文,故《礼记》、《仪礼》,今、古之文一律解之。皆其集大成一念之害也。魏晋学者尊信其书,今古旧法遂以断绝。晋儒林所传遂无汉法,且书亦佚亡,不能不归过于郑君。"

按:今古之分郑玄以前已有人不守此界畔,且不守此界畔者日益多,郑玄注经杂采今古,时势使然,郑君无辜;郑玄以后,古文经学盛而今文经学衰,这是今古二学内在特点及其与中国封建社会的相关度造成,以此罪郑玄,郑玄亦不受。要之,廖平以经师的观念看问题,对于史籍中大量存在的自西汉以来今古二学混说互用的实例视而不见,对郑玄以前业已存在并发展着的今古二学合流而又以古学渐强的历史趋势不承认,因此,廖平非难郑玄实非中肯之论。

二、文字与学官之立的标准探讨

在《今古学考》中,廖平树立起以《王制》和《周礼》分别作为统领或者说区分今古文经的标准。但在树立这个标准以前,廖平先须对人们早已习惯的区分今古文经的原有标准来一番廓清"破旧"的工作,否则廖平新说便无由立足。针对在学术界影响最大的区分今古文经的两个标准,即以文字不同分今古和以是否立于学官分今古,廖平分别进行了驳斥。

1. 以文字不同分今古

以文字不同区分今文经学和古文经学的观点可以说源远流长。近代以降,这种观点亦颇为流行,其中又以龚自珍《大誓问答》所论影响较大。皮锡瑞《书经通论》即全采龚自珍说。但廖平不以为然,他在《今古学考》卷下中指出:"予治经以分今古为大纲,然雅不喜近人专就文字异同言之。……道咸以来著作愈多,试以《尚书》一经言之,其言今古文字不同者不下千百条。盖近来金石剽窃之流好怪喜新,不务师古,专拾怪僻,以矜雅博。夫文人制词,多用通假(按:原文误作"段"。——笔者),既取辟熟又或随文,其中异同,难言家法。两汉碑文杂著异字,已难为据,况乃滥及六朝碑铭新出残编,偶见便欲穿凿附会,著录简书,摭其中引用经语异文异说强分此今文说,此古文说,不知今古之学,魏晋已绝,解说虽详,毛将安附,此大弊也。石经以前,经多译改,今古之分,不在异文,明证在前,无俟胪证。今、古异字,必系不能通假,有意改变者方足为据。如《左传》之改'逆'为'送';改'尹'为'君';改'伯'为'帛'之类,实义全反,然后为异。……晚近之误夺牛毛茧丝,吾所不取。"

廖平的这些说法有根据吗?《史记·儒林传》:"孔氏有《古文尚书》,而安国以今文读之,因以起其家,逸《书》得十余篇,盖《尚书》滋多于是矣。"这是典籍中关于"今文"和"古文"之区别的最早记载。太史公这里的"今文"与"古文"其义甚明,是指文字的不同。《太史公自序》:"年十岁而诵古文",这个"古文"也是在与"今文"不同的文字释义上使用的。孔安国所得《古文尚书》,其文字与当时流行的《尚书》(伏生所传)不同,这是一个事实;在太史公时,存在着与当时流行的"今文"——隶书不同的文字和用这种文字书写的典籍,这也是一个事实。这两个事实,对于今古文经两个学派的形成具有重大影响。《汉书·儒林传》说《史记》"书载《尧典》、《禹贡》、《洪范》、《微子》、《金縢》诸篇多古文说",这里,今古文经之"说"的不同,绝不能离开"文字"的不同而存在。也就是说,必先有文字的不同,然后才有释义的不同亦即"说"的不同。也正因为有了与"今文"文字不同的"古文",然后拿了用"古文"写成的《尚书》去和伏生所传的"今文"《尚书》相对勘,太史公知道《古文尚书》比《今文尚书》"多十余篇",这已是一种校勘的工作,正如今天拿汉墓出土的帛书《老子》来校勘现在流行的《老子》一样。在这里,因为文字的不同而产生"说"也就是释义的不同;又因文字不同而产生了典籍篇目的差异,其中已经胎育了今古文经两派的端苗。

《汉书·艺文志》:"《古文尚书》者,出孔子壁中。武帝末,鲁恭王坏孔子宅,欲以广其宫,而得《古文尚书》及《礼记》、《论语》、《孝经》凡数十篇,皆古字也。……刘向以中古文校欧阳、大、小夏侯三家经文,《酒诰》脱简一,《召诰》脱简二。率简十五字者,脱亦二十五字。简二十二字者,脱亦二十二字。文字异者七百有余,脱字数十。"《艺文志》所说的"古文"也是在文字不同的意义上使用的"古文"。也正因为有了与"今文"文字不同的"古文",刘向拿了中秘所藏的古文——中古文典籍,与当时立于学官的"今文"典籍相校勘时,发现了《今文尚书》有脱简,在这里,文字不同已经成了区别"今"、"古"文经的主要标准。

刘歆《移让太常博士书》:"及鲁恭王坏孔子宅,欲以为宫,而得古文于坏壁之中。""《春秋》左氏丘明所修,皆古文旧书。"这里,刘歆所争立的"古文",也仍然以文字的不同为立论的根据。所以《汉书·刘歆传》说:"初,《左氏传》多古字古言,学者传训诂而已。"《汉书·儒林传》又说:"(贾)谊为《左氏传训诂》,授赵人贯公。"由此可见,"古文经学"的一项重要学术活动就是"训诂",也就是释解文字。

要之,文字不同从而释义不同从而典籍篇目不同,这在太史公时已经存在,从中渐次发展出了古文经学派。到刘歆争立古文经学于学官时,文字的不同不仅仍然是刘歆争立的论据之一,而且从事文字研究也成了古文经学派的一项重要学术内容。换言之,以文字不同区分今古文经,这乃是一种"历史地"形成的标准。用这一标准来区分今古文经言征据足界限清晰。虽然不能用文字不同作为区分今古文经的"唯一标准",但以此作为区分今古文经的"重要标准",仍然能够成立,难以动摇若廖平所否定者。廖平说文字异同"难言家法",但是,太史公认为《尚书·尧典》诸篇之"说"与今文异,这正是"家法"不同所致。廖平又说:"两汉碑文,杂著异字,已难为据。"按,廖平此说有误。可称为"汉碑文"者,系蔡邕于熹平四年(175年)勒石开刻的《熹平石经》,亦称《汉石经》。《熹平石经》并没有"杂著异字",是为当时学子治经圭臬。魏正始间(240—249)所刻经碑为《魏石经》,《魏石经》不得称汉碑。就是《魏石经》,也同样是学者治经的根据。

再看廖平所说的《左传》改"逆"为"送",改"尹"为"君",改"伯"为"帛"。廖平本人没有具体说明《左传》在哪些地方作了如上改动。据黄开国先生《清代学术三大发明之一——廖平的平分今古之论》①所说,《左传》改"逆"为"送"在《庄公元年》;改"尹"为"君"在《隐公三年》;改"伯"为"帛"在《隐公二年》。但考庄公元年,《经》语共有八条,其中言"逆"者仅"夏,单伯逆王姬"一条。这一条《公羊》、《穀梁》有解,而《左传》无说,故黄开国先生所说无据。相反,我们看隐公二年。《经》:"九月,纪履緰(按:《左传》'履'作'裂'。——笔者)来逆女。"《左传》解谓:"九月,纪裂繻来逆女,卿为君逆也。"这里,《左传》仍然袭用《经》语之"逆"而未改为"送",也就是说,《经》中的"逆"字,《左传》并非一定改为"送"。

又,黄开国先生所说隐公二年《经》:"纪子伯莒子盟于密。"《左传》:"冬,纪子帛莒子盟于密。"今按:"伯"、"帛"同音,《左传》改"伯"为"帛",并不涉及廖平所说的"实义全反"的问题。

又,黄开国先生所说隐公三年《经》:"夏,四月,尹氏卒。"这一条,《左传》改"尹氏"为"君氏"。这可能是《左传》的误改,也可能因"尹"、"君"字形相近而《左传》有传写之误。但《左传》之改是为"姓氏"之改而非"身份"之改,廖平并没有完整指出《左传》改"尹氏"为"君氏",而只是说《左传》改"尹"为"君",将一个"氏"字拿掉,性质、意义大变。这种做法有上下其手之嫌。

2. 以立于学官分今、古

自汉武帝置五经博士,今文经学立于学官,古文经学不得立,为此,古文经学家起而争取,至平帝时古文经学一度得立学官,但旋即废。东汉光武帝初,亦曾立《左》博士,旋即亦废。在这近二百年间,古文经学基本上被排除在意识形态化的学术主流社会之外,立于学官的是今文经学。所以,学术界将是否被立于学官作为区分今文经学

---

① 《孔孟学报》(台湾)第68期,第133页"注"。

和古文经学的一项标准。对此,廖平不以为然,他说:"古《仪礼经》汉初误以为今。"①廖平又以《戴记》为例,指出:"《易》、《书》、《诗》、《春秋》、《仪礼》、《周礼》、《孝经》、《论语》,今古之分,古人有成说矣。唯《戴记》两书中诸篇自有今古,则无人能分别其说。盖《戴记》所传八十余篇皆汉初求书官私所得,有先师经说,有子史杂抄,最为驳杂。其采自今学者则为今学家言;采自古学者则为古学家言。汉人以其书出在古文之先,立有博士,遂同以为今学,此今古所以混淆之始。……考《异义》虽以《戴礼》为今说,而杜、贾诸家注《周礼》、《左传》,于《戴记》有引用之篇,有不引用之篇,是当时虽以《戴礼》为今学,而古文家未尝不用其说,足见其书之今古并存矣!今之分别今古,得力尤在将《戴礼》中各篇今古不同者归还本家。《戴记》今古定,群经之今古无不定矣。"又说:"余以《王制》解《春秋》,无一字不合,自胡、董以来绝无此说。至以《戴记》分隶诸经,分其今古,此二千年不传之绝学。"其自负如此。

这里首先需要指出,廖平以古文经学家曾经引用过《戴记》,以此作为《戴记》杂有今文经学和古文经学的根据,这个论证方法本身就有问题。如前所说,汉代的今古文经之间并不存在一个如廖平所说冰炭难容的家派畛域,两派对于今古文经混说互用的实例数不一数,那么,廖平论证的前提条件即已不存在;或者说,廖平论证的前提,这只是他自己的主观意见,是一种"或然"而非"必然"的条件,非必然的条件不能拿来作为论证的前提条件使用。

廖平说《戴记》在汉代"立有博士,遂以为今学",这个说法有严重疏漏。他错混了《仪礼》和《礼记》。汉代被立于学官的是《仪礼》而不是《礼记》,关于这个问题,皮锡瑞《三礼通论·论汉立二戴博士是仪礼,非礼记,后世多误,毛奇龄始辩证之》所解甚确,他说:

> 汉立十四博士,《礼》大、小戴,此所谓《礼》,是大、小戴所受于后仓之《礼》十七篇,非谓《大戴礼记》八十五篇、《小戴礼记》四十九篇。后世误以大、小、戴《礼》为大、小、戴《礼记》。……国初毛奇龄《经问》早辨其误曰:戴圣受《仪礼》,立戴氏一学,且立一戴氏博士,而于《礼记》似无与焉。……汉初鲁高堂生传《士礼》十七篇,即《仪礼》也。是时东海孟卿传《仪礼》之学以授后仓,后仓授之梁人戴德及德从兄子圣与沛人庆普三人。至孝宣时,立大、小戴、庆氏《礼》,故旧称《仪礼》为《庆氏礼》,为《大、小戴礼》是也。……锡瑞案:《士礼》称《仪礼》……分别《仪礼》、《礼记》则极精确。

从皮锡瑞引毛奇龄所辨可知,在汉代被立于学官授博士的是《仪礼》而不是《礼记》,《仪礼》初传授于汉初鲁高堂生;而《礼记》(也称《小戴记》,凡四十九篇)则为戴圣编撰。廖平指《礼记》在汉代被立于学官,张冠李戴,搞错乱了。廖平谓"今之分别今古,得力尤

---

① 《今古学考》卷上。

在将《戴礼》中各篇今古不同者归还本家。《戴记》今古定,群经之今古无不定矣。"又自诩此为二千年不传之"绝学",但他立论的大前提已先错了。因此,廖平以《戴记》为例,论不能以是否被立于学官来作为区分今古文经的标准,结论难以成立。廖平曾化大力于《礼记》的梳理,对于《礼记》各篇孰为古文,孰为今文,廖平有自己的看法,这种看法亦为廖平一家言。但因为立于学官的是《仪礼》而不是《礼记》,所以廖平并没有能够证明立于学官的不是今文而是古文,或今古文经曾"并立"于学官。因此,我们仍然可以说,立于学官者今,未立学官者古,古来已成共识,廖平之驳难以摇动之。

三、《王制》与《周礼》

梁启超《论中国学术思想变迁之大势》说廖平"俨然有开拓千古,推倒一时之概"。廖平在对前人成说摧陷廓清的基础上,推出了他以《王制》和《周礼》分别统领今古文经的观点。

1. 礼制之分

廖平认为"今古异同,端在制度"①,"经学之要在制度"②,以礼制异同区别今古文经,廖平切入经学的视角比较独特也比较锐利。在廖平以前,研究礼制的学者虽然不少,但没有人专用礼制异同来区分今文经学和古文经学。清人陈寿祺撰《五经异义疏证》,已稍涉以礼制区分今古文经之崖略,但陈氏所持未果,所论未坚,如廖平所说"略知本源,未能滢澈"。以礼制不同分别今古,其成就昭著影响最大者当推廖平。

《今古学考》卷上有《今学改变古学礼制表》,专明今文经学和古文经学在礼制方面的不同:

今　　文	古　　文
封公侯百里,伯七十里,子男五十里,地三等。	封公方五百里,侯方四百里,伯方三百里,子方二百里,男方一百里,地五等。
十井出一车。	一甸出一车。
公、卿、大夫、士皆三辅。	六卿、大夫、士无定员。
畿内封国。	畿内不封国。
无世卿有选举。	有世卿无选举。
《王制》五年一巡守。	《周礼》十二年一巡守。
天子不下聘有亲迎。	天子下聘不亲迎。

---

① 《答江叔海论今古学考书》。
② 《经话甲编》卷一。

(续表)

今　　文	古　　文
禘为时祭有祫祭。	禘大于郊无祫祭。
天子有大庙无明堂。	天子无大庙有明堂。
刑余不为阉人。	刑余为阉人。
社稷皆天神。	社稷皆人鬼。
皆什一，不分远近。	田税以远近分上下。
山泽无禁。	山泽皆入官家。
薄葬。	厚葬。
七庙皆时祭。	七庙，祭有日、月、时之分。

这里，廖平制表对举今古文经在礼制方面的区别，文省义赅，有一目了然之效。《王制》和《周礼》中的确对应存在着差异不小甚至矛盾对立的礼制，这是事实；在对待礼制的问题上，今文经学多据《王制》，古文经学多依《周礼》，这也是事实。包括廖平在内的今文一派认为《王制》为孔子手定；古文一派则认为周公制作《周礼》。这两种观点都不必尽信。但是，《王制》和《周礼》既然已经定格为文字，它们也就已然凝固为"历史"，是一种"历史存在"。这就促使人们去思考：《王制》和《周礼》缘何会产生如此对应的差异甚至矛盾？这两种礼制在历史上曾经实行过吗？"名者实之宾"，一种制度，倘若它的内在语言已被定格为一种文字，这个用语言文字的外壳包裹起来的内核一定在某种程度上反映着"历史的真实"。换句话说，一种制度的文字称谓，是一定历史环境的产物，如果它毫无"历史的真实"，这种称谓不会凭空从文人的脑袋中蹦出来。涉及《王制》和《周礼》的礼制内容，人们可以问：其中的礼制称谓怎样产生？它们在历史上实行过吗？《王制》和《周礼》有许多相同的典制内容，那么，二者是怎样一种关系？它们互相有承袭吗？如果有，孰前孰后？《王制》和《周礼》中的同一种礼制又有不少矛盾对立之处，这些内容何以会分别成为今古文经两派立论的依据？今古文经两派在分别信奉《王制》和《周礼》礼制内容的背后，有没有特殊的意蕴？这与今古文经两派所处的历史环境有何联系？等等。这些疑问无疑是历史学家感兴趣，希望找到答案的。廖平也因此对这些问题感兴趣，他也希望找到答案。廖平的答案是把这些疑问统统归入从孔子时就已存在的今古文经两派的争斗之中，分别以《王制》和《周礼》统领之；又以《周礼》为周制，为孔子早年之说，以《王制》为孔子所定的兼采四代之制，系孔子晚年之论。这样，廖平就建立起了一套经说体系，体系的灵魂是孔子改制：孔子生活的时代有一个诸子改制的氛围，所谓"周末名流竞欲救文，老、尹、

桑、庄，厌弃文弊，至于排仁义，不衣冠，矫枉者必过其正，此诸贤之苦心救世之良药也"。孔子亦主改制，他早年有"从周"之意，晚年见周制积弊，遂认为既应"继周"，又当革弊，是故孔子兼采四代之制，而寓四代之制于《王制》之中。孔子的弟子分为两批——一批为孔子早年所授业，他们熟知孔子早年的"从周"说，即熟知《周礼》。这批弟子后来返乡，因而不知孔子的晚年之论即不知《王制》；另一批为孔子晚年所授业，他们熟知孔子晚年之论，即熟知孔子寓改制革弊于其中的《王制》。这两批弟子早年者坚信《周礼》，晚年确认《王制》，从中产生出早期的今古文经两派之争。这种争论从先秦一直延续到汉代。汉代今文经学立于学官，古文经学不立，古文经学只能授业于民间。今古文经两派泾渭分明、冰炭难容、绝不相杂，这种矛盾与斗争归根结底本之于孔子早年之说与晚年之论的不同。因此，《周礼》和《王制》就有了区别："如因尹崔世卿之事，乃立选举之政；因闻弑吴子之事乃不使刑者守门；因诸侯征战乃使二伯统制之；因大易为乱，乃限以百里；日月祭之渎祀，乃定为四时；祫祭厚葬之致病，乃专主薄葬。凡其所改，专为救弊，此今学所以异古之由。"①

但是，按照廖平所说孔子兼采四代之制，那么，《王制》就应当在某些方面与《周礼》存在着重叠。而廖平又认为孔子改制，改者少而不改者多，那么，《王制》与《周礼》就应当有较大的重叠面。所以，廖平又制《今学因仍古学礼制表》，并自注："此专表今古相同者。"

今　文	古　文
《王制》有二伯、方伯、卒正。	《曲礼》有二伯、州牧、庶邦、小侯。
《王制》方伯有监。	《周礼》州牧立监。
《王制》同《周礼》。	《周礼》天子六军，大国三军，次国二军，小国一军。
《王制》同有。（注：惟冢宰、司徒兼职司寇属于司马不同）	《周礼》有冢宰、司徒、司马、司寇、司空。
《王制》同。	《内则》养老仪节。
《仪礼记》同。	《仪礼经》五礼仪节。
《三朝记》四代同。	《周礼》明堂参用四代礼乐彝器。
《王制》同。	《左传》文、襄制，诸侯比年小聘，三年大聘，五年一朝。
《王制》同。	《周礼》亲耕田猎。
祭统与古学同。	有祭义、祭庙仪节。

① 《今古学考》卷下。

以上就是廖平以《王制》和《周礼》统领今古文经两派,以孔子改制为灵魂的无所不包的经说体系。这个体系,就内在逻辑上说,存在着矛盾与悖论:既然《王制》和《周礼》的礼制内容有那么多的相同之处,廖平所谓今古文经两派冰炭难容、各自为说、绝不相杂,从礼制本身来看就自相矛盾,说不通。廖平以《王制》"统"今文经学,以《周礼》"统"古文经学,在相当程度上也就可以"互统",因而在相当程度上也就"不能统"。但是,廖平建立的"体系"又是有重要价值的:从本文所需要探讨的角度看,廖平的价值尤其在他对今古文经两派所信奉礼制的相同之处所作的梳理。它使人们有理由相信:今古文经两派的矛盾与对立虽然存在,但两派之间绝非不能互补互用。我们正可以用廖平之矛刺廖平之盾,我们可以问:汉代以来学者对今古文经的混说、互学、互用,原因何在?这从廖平建立起来的"体系"中至少能够获得部分答案——因为在今古二学中原本就存在相同、重叠的礼制内容。这些内容,廖平始给予了充分的梳理。所以,廖平希望建立一个无所不包的体系,他要解决一切矛盾,因而反不免矛盾支绌,进退失据;但因廖平从梳理礼制切入经学,着力甚勤,视角独特,因而在礼制方面他证明了两点:一是《王制》与《周礼》的确有诸多的对立矛盾处而为今古文经两派分别信奉,因而以《王制》和《周礼》作为区分今文经学和古文经学的标准之一(不是唯一的标准。区分今古文经应当以多种标准综合衡量之)能够成立;二是今文经学和古文经学在礼制方面又有不少相同处如廖平所梳理者。因而,今古二学从混说、互学、互用开始乃渐至于合流,就存在着礼制上的内在根据。这后一点虽为廖平竭力否认,但对这一点的认识,却是廖平经说体系所给予的启迪。

2. 统领群籍

在廖平的经说体系中,《王制》和《周礼》占有特殊地位,是统领群籍之"经"。廖平制有《今古学宗统表》:

今　　文	古　　文
《王制》为今学之主。	《周礼》为古学之主。
《穀梁》全同《王制》。	
《仪礼记》为今学。	《仪礼经》为古学。
《戴礼》有今学篇。	《戴记》有古学篇。
《公羊传》。	《左传》。
《鲁诗》、《鲁论语》。(以上鲁)	《逸礼》。
杨氏、施氏、孟氏、梁丘氏、京氏、高氏《易》。	费氏《易》。
欧阳、大、小夏侯《尚书》。	《古文尚书》。
齐《诗》、齐《论语》。(以上齐)	毛《诗》、古《论语》。
韩氏《书》、《诗》。(以上韩)	

廖平对此表有一个说明。他对今文一派的说明是："按,《公羊》以前皆经,本经学先师依经立说者也。以下十七家则皆据《王制》说推衍比附以说群经者也。今经为孔子晚年之书,故弟子笃信谨守,欲以遍说群经。"

廖平对古文一派的说明是："按,《逸礼》以上皆经,本古学先师依经立说者也。以下四家皆据古礼说推衍比附,以说群经者也。古经出于壁中,较今经多,博士抑之不得立,好古之士嫉博士如仇,故四经亦用古说,以与今为难。故不惟古经用古说,即无今古之分者,亦用古说,此后来之变也。至于古经,汉初亦有传习。其说与今异者,则又好古之士与今学树敌,在先秦已如此也。"

以上廖平所作《今古学宗统表》和他对《表》所作的说明罅漏颇多。首先,廖平混淆了"经"和"传"的关系。所谓"经"特指《五经》;不管是"先师"还是"后师",其依"经"立说都只是对经的解释,因而只能称谓"传"或"记"。"经"、"传"有别,这是经学上的一个极重要的原则,即所谓"附经立传,经所不书,传不妄发"。崔述说:"传虽美,不可合于经;记虽美,不可齐于经,纯杂之辨也。"① 皮锡瑞说:"弟子所释谓之传,亦谓之记。"② 如果按照廖平自定的标准,《王制》和《周礼》因为统领群籍因而可称谓"经",那么,《公羊》何以亦称"经"?《春秋》与《公羊》是"经"与"传"的关系,此为常识,从无异辞,廖平别出心裁,标新立异,他定《公羊》为"经",根本站不住脚。同理,廖平定《穀梁》为"经"也站不住脚。从"解经"的角度审查廖平《表》中所列,《公羊》、《穀梁》、齐、鲁、韩三家《诗》;施、孟、梁丘三家《易》;欧阳、大、小夏侯三家《尚书》同为传记,殊难两别,廖平从中强分出"经"、"传",实不足为训。

再看廖平对《礼》的划分。廖平将《仪礼记》列为今学,《仪礼经》反被列为古学,此为大谬而特谬。《汉书·艺文志》:"《礼古经》五十六卷,《经》十七篇。"

《礼古经》亦即《逸礼》,《逸礼》为古文经,无异议,除王莽时刘歆请立于学官外,从未成为过官学。如前所引,廖平曾说"古《仪礼经》汉初误以为今",这里的"古《仪礼经》"显然不是指《逸礼》——因为"汉初"并没有认《逸礼》为今文经学的例,也没有《逸礼》被立于学官的例。那么,廖平所说的"古《仪礼经》"是不是指《仪礼经》十七篇?廖平在《今古学宗统表》中作了明确回答,他将《仪礼经》列入了古文经学。而黄开国先生也同意廖平的意见,他说:"《仪礼经》是古文经,却一直被立于学官。"③

按:《仪礼经》亦即《汉书·艺文志》所说的《经》十七篇,系由鲁高堂生所传,武帝时已立为博士,从来属于今文经学,无异议,廖平和黄开国先生认为《仪礼经》是古文

---

① 《考信录提要》卷下。
② 《经学历史》二。
③ 《孔孟学报》(台湾)第68期,第128页。

经,在这个问题上他们犯了根本性、常识性错误。再就《仪礼记》来看,今存《仪礼》17篇中 12 篇篇末有"记"。"记"的内容,一是阐发礼的意义,二是追溯远古异制,三是详述因故变异其制的不同仪式,四是备载因爵位不同而引起的器物、仪式的差异,五是叙说所用器物的制作、形状的数量,六是记录礼典所用的"辞"①。因此,《仪礼记》是对《仪礼经》的说明。1958 年甘肃武威汉墓出土的西汉简本《仪礼》7 篇 9 卷,其中的《丧服》、《特牲馈食礼》、《燕礼》三篇有附经之记,但在经、记之间,并没有如今本所标的"记"字,二者之间只是用"□"、"○"的符号标开,据此,有学者认为,今本《仪礼记》的"记"字,是汉以后的人加上去的。原先的这部分文字,不过是把行文上不便插入正文的解释性、补充性文字安排在篇末作附录,这正如后人用双行夹注或加括弧来处理一样②。这就是说,《仪礼记》解释《仪礼经》,二者原密不可分。现廖平强将二者拆散,分属于矛盾对立的今文经学和古文经学,这种分法实属武断。

廖平要以礼制分别今文经学和古文经学,用《王制》和《周礼》来统领群籍,人们当问:以礼制统领古代一切学术和典籍,礼制统领得了吗? 司马迁《太史公自序》复述董仲舒对《五经》特点及其功用的理解,太史公说:"夫《春秋》,上明三王之道,下辨人事之纪,别嫌疑,明是非,定犹豫,善善恶恶,贤贤贱不肖,存亡国,继绝世,补弊起废,王道之大者也。《易》著天地阴阳四时五行,故长于变;《礼》经纪人伦,故长于行;《书》记先王之事,故长于政;《诗》记山川溪谷禽兽草木牝牡雌雄,故长于风;《乐》乐所以立,故长于和;《春秋》辨是非,故长于治人。是故《礼》以节人,《乐》以发和,《书》以道事,《诗》以达意,《易》以道化,《春秋》以道义。"

依太史公说,《五经》的性质和内容原不相同,因而它们的社会功用也就有别。按照"依经立传,经所不书,传不妄发"的经学原则,解释《五经》的"传"、"记"只能围绕《五经》立说。《五经》性质内容不同、功用有别,这就决定了"传"、"记"的性质、内容和功用不可能相同。用"一部书"——《王制》与《周礼》来统领性质、内容、功用不同的群籍,这就好比让一个外行充当乐队指挥,其人何能胜任? 廖平说三家《诗》、三家《易》、三家《书》"皆据《王制》说推衍比附于诸经者",这是无限夸大了礼的作用。以《易》而论,《易》以说阴阳、卦、爻辞为主,并非《王制》的附庸;那么,施、孟、梁丘分别作《易》说,也就只能围绕《易》的阴阳、卦、爻辞而展开,他们绝不能张冠李戴,为笺释《王制》而去作《易》说。另一方面,《易》的宗旨,大部与礼制无关,因此,解《易》之"传",便不能"据《王制》说"来"推衍比附"于《易经》。廖平无限夸大礼制、《王制》的作用,这就使得《礼经》及其《传》越俎代庖,取代了它们不应取代并且也无法取代的其他诸《经》及其《传》的位置;同时也就使得诸《经》及其《传》"有失职守"。

---

① 沈文倬:《略论礼典的实行和〈仪礼〉书本的撰作》,载《文史》第 16 辑,第 6 页。
② 同上文,第 7 页。

〈余论〉

　　在晚清今文经学家中，廖平亦有脱颖独出处。廖平是晚清今文家中第一位建立起一整套经说思想体系的人。比起龚自珍学风的严谨、思想的犀利；比起魏源治学的汉宋兼采，旁及佛典，廖平略逊一筹，难望其项背。但从"经说"上看，龚、魏比较零碎，二者的经说与经说之间缺少内在联系，逻辑性不强，因而尚谈不上"经说体系"；廖平则有以孔子改制为灵魂，以《王制》、《周礼》为纲领，以起自先秦衍及两汉的今古文经之争贯穿始终的一个"经说体系"。所以，作为一位经学家，廖平又要略胜龚、魏一筹。廖平体系的架构，其内在理路比较清晰、严密，具有"体系"所需要的逻辑性。诸子改制的思想芽蘖，在这个体系中已经存在；孔子改制又是这个体系的灵魂。廖平后来撰《知圣篇》全面阐述孔子改制，即发端于这个经说体系。而《知圣篇》又对康有为的《孔子改制考》影响巨大，所以可以说，晚清政治运动的学术思想素材，已滥觞于廖平《今古学考》建立的经说思想体系之中。

　　然而，廖平的经说体系虽然内在理路清晰，但它比较严密的逻辑性只符合廖平的主观需要，却独经不起史实的检验。体系内部虽然基本上四通八达、畅行无阻，但多为无据之谈。这样，廖平的体系也就成了建立在沙滩上的楼阁。廖平时代的学风已渐趋浮躁，从"致用"资治的角度，学者更加看重"体系"本身而不是史实的真实性，从这个意义上看，廖平一介经师何以独被康有为相中、袭用（尽管康有为对此讳莫如深），其中便有了历史的必然性。

第五节　康有为学论

　　康有为（1858—1927），号长素，又号南海，年少有大志，每钦羡圣贤济世安邦，谓"圣人"当如何如何，群童戏称其"圣人为"。他幼年丧父，寡母养育，学随伯父。其伯父学以宋明理学为根底，其性刚毅不畏强御。梁启超谓康"盖其刚健不畏强御之风，有自来矣"[①]。康有为性格系受其伯父熏染耶？年十八，康就学于朱次琦。1888年中法战争清军失利，康有为以布衣慷慨承当天下兴亡，第一次上书光绪帝，请及时变法以图自强，不达。光绪十八年（1892年）在广州长兴里开堂讲学。1895年甲午战败，外国列强入侵瓜分中国的节奏加快，中国面临亡国灭种的险境。康氏于是年联合公车举人千余人上书，又不达，是所谓"公车上书"。自此之后，"四年之间，凡七上书，

[①]　《南海康先生传》，《饮冰室文集》之六，第60页。

其不达也如故,其频上也如故"①。1897 年 11 月,德国强占胶州湾。次年(戊戌年)1 月 28 日,光绪帝下诏变法。康有为应诏上疏"统筹全局",请誓群臣以定国是,立对策以征贤才,开制度局以定宪法。4 月,在北京组织保国会,提出"保国、保种、保教"三项宗旨。变法失败后流亡香港,后又逃亡日本等地,漂泊海外十数年,辛亥以后始回国。在上海主编《不忍杂志》,反对共和,并任孔教会会长。1917 年与张勋策划复辟帝制,旋告失败。康氏颇有著述,主要著作有《新学伪经考》、《孔子改制考》、《大同书》、《春秋董氏学》、《礼运注》、《中庸注》、《论语注》、《孟子微》等。

一、汉宋兼采与调和朱陆

康有为曾从朱次琦游学六年②。朱次琦,人称九江先生。九江之学对早年康有为的治学有深刻影响。诚如梁启超所说:"其(康有为)理学政学之基础,皆得诸九江。"

九江论学谓:"天下学术之变久矣,今日之变则变之变者也。秦人灭学,幸犹未坠。汉之学,郑康成集之,宋之学,朱子集之,朱子又即汉学而稽之者也。会同六经,权衡四书,使孔子之道大著于天下。宋末以来,杀身成仁之士,远轶前古,皆朱子之力也,朱子百世之师也。师事无犯无隐焉者也。然而,攻之者互起。有明姚江之学,以致良知为宗,即攻朱子之格物。乾隆中叶至于今日,天下之学,多尊汉而退宋,以考据为宗,则攻朱子为空疏。一朱子也,而攻之者乃相矛盾乎?呜呼!古之言异学者,畔之于道外,而孔子之道隐;今之言汉学、宋学者,咻之于道中,而孔子之道歧,何天下之不幸也!彼考据者,不宋学而汉学矣,而猎璅文,蠹大义,丛脞无用,汉学之长有如是哉?"③

九江论学主"经世",对汉学抵排宋学深致不满。九江之论以朱学为根底,并对阳明以致良知攻击朱学不以为然。

对于汉宋之争康有为同样不满。康有为论学说:"后世学术日繁,总其要归,相与聚讼者,曰汉学,曰宋学而已。若宋学变为心学,汉学变为名物训诂,又歧中之歧也。"④一个"歧"字,道出了他对学术衍变至现状的不满。在康有为看来,汉学与宋学,均导源于孔子,原无汉宋之争,而只有"经世"、"义理"之别。"孔子之学,有义理,有经世。"宋学为义理之学,其本源于《论语》。《论语》的地位,是所谓"夫言孔子之道,至可信者,莫若《论语》。"⑤"朱子为之嫡嗣","汉学则本于《春

---

① 《南海康先生传》,《饮冰室文集》之六,第 63 页。
② 同上书,第 61 页。
③ 简朝亮:《朱九江先生传》,载《碑传集》三编第五册。
④ 《长兴学记》,中华书局 1988 年版,第 16 页。
⑤ 同上书,第 17 页。

秋》之《公羊》、《穀梁》,而以董仲舒为《公羊》嫡嗣,刘向为《穀梁》嫡嗣。凡汉学皆其所统。"①

这里,康有为强调"义理之学"而以《公羊》、《穀梁》为"汉学"正统,又以董仲舒为《公羊》嫡嗣,以刘向为《穀梁》嫡嗣,这样,康氏已完全排除了清儒主流所认定的"汉学"——东汉古文经学,康氏也就完全排斥了考据学。而康氏既凸显"义理之学"的宋学,对宋学的讲学传统遂大声疾呼其不可废,他说:"孔子曰:'学之不讲,是吾忧也。'陆子曰:'学者一人抵当流俗不去。'故曾子谓以文会友,以友辅仁,朋友讲习磨砺激发不可寡矣。顾亭林鉴晚明讲学之弊,乃曰:'今日祇当著书,不当讲学。'于是后进沿流以讲学为大戒。江藩谓:'刘台拱言义理而不讲学,所以可取。'其悖谬如此。近者著书,猎奇炫博,于人心世道绝无所关。戴震死时乃曰:'至此平日所读之书,皆不能记,方知义理之学可以养心。'段玉裁曰:'今日气节坏,政事芜,皆由不讲学之过。'此与王衍之悔清谈无异。故国朝读书之博,风俗之坏,亭林为功之首,亦罪之魁也。"②

此话为1890年康氏集弟子于广州长兴里讲学于万木草堂时所说。他将斩断讲学传统之罪魁溯至顾亭林。然亭林当日的不讲学或反对讲学,实亦惩晚明"空言心性"而起,其初衷在以学术救时弊挽人心,以达"博学于文"而"行己有耻"之效。是故亭林与康有为之着眼点相较本无二致。孰知亭林之事有亭林难料其发展之势者,即亭林以博学于文相号召,为学欲"博"则又非矻矻穷数十年之功绝不能有所成效,乾嘉考据学缘此形成其治学风格,亦因此而离现实政治,亦即离亭林的初衷"远"了一些,"间接"了一些。此是学而欲"博",学而以考据为津筏,以穷究"经"之底蕴并进而探知经书"义理"不得不如此的治学路线使然,是受考据学自身规律之制约使然。然考乾嘉诸老之立身行事,其光明磊落并非如康有为所讥弹者,此前文已略有所述。以此观之,则世风日下代有其征,"世风"之根源并不在"读书",此亦正如为亭林诸老所斥之晚明世风之弊,实本不在"不读书"一样。是故康有为之罪亭林,亦如亭林当日之罪阳明一样不可取。然康有为主张讲学,以陆子之言配孔子之论,是康氏之申宋学而非考据亦与九江同调。

九江学主程朱,康有为讲学长兴时亦尊程朱,谓:"宋学本于《论语》,而《小戴》之《大学》、《中庸》及《孟子》佐之,朱子为之嫡嗣。"③"朱子专发挥《四书》、《系辞》、《中庸》,其道最大。元明皆朱学,明正德之后王学盛行,至国朝而朱学复昌。"④

这里,康有为对宋学内部学理的衍变以及宋学与清学关系的论述亦可谓知言。

---

① 《长兴学记》,第16页。
② 同上书,第6页。
③ 同上书,第16页。
④ 《万木草堂口说》,中华书局1988年版,第96页。

他指出清学是朱学的复兴,此乃承章实斋《文史通义·朱陆》之论。朱熹论学主格物致知,认为必须通过对客观事物之"格"方可理解其"理"。对于朱熹这一套认识论、方法论,康有为没有也不可能全面否定。因为在康有为的时代,上至学校、教育、法制、礼俗,下至声、光、电、化,西方各种新知纷至沓来,令康有为一辈先进知识分子目迷五色,有亟亟乎择之而不辨之感。康既主宋学,从学理上说,这种种知识均需"学",按照朱熹的表达方法亦即均需"格",然后可以"致知"。因此,康有为对于朱熹的"格物致知"论也就表示了一定程度的尊重,认为为学之道当"下学上达,原始要终"①,又谓:"游于艺。要为艺者,道术之称,后世文业日繁,道术盖博。孟子曰:'博学而详说之。'事理本末,切于人道,皆学者所不能遗。"②"下学上达",由"博"返"约",这都是朱熹的治学主张而与阳明迥异。然断断于"下学"与"博"极易走上乾嘉考据之途而又为康氏所不取。是故康氏对朱熹"格物致知"论虽有所取,但终不免迷离彷徨,是故又贬斥朱学谓:"《大学》以格物为入门,郑说固谬,朱子亦不得其解。岂有新学入门之始,而令穷极天下之物理哉?且物理亦无穷尽之日,宜来阳明格竹之疑也。"③

"穷极天下之物理",这是朱熹从治学态度上对学者的要求,也是真正信奉朱熹的学者努力追求的一种治学境界,"虽不能至,心向往之"。如果自我首先认定"格物"难穷,进而认为不必有"穷极天下之物理"之"格物",这就背离了朱熹。

康氏既以格物致知不可全信,故转而采陆王"先立其大"以弥缝朱学,欲作朱陆调人。康氏谓:"孟子曰:'先立其大者,则其小者不能夺也,斯为大人而已。'大学为大人之学,大人在不为外物所引夺,非扞格外物而何?朱子述程子之学,主涵养用敬,又《中庸章句》云:'非存心无以致知。'即扞格外物,而后能致知也。……成学之难,由于外物所引也。高科美官,货贿什器,举目皆是,习之数十年,荧之千万人,非有勇猛之力,精进之功,摧陷廓清,比于武事,岂能格之哉?学者当视之如毒蛇猛虎,大火怨贼,念念在兹,芟除洗伐,而后能成金刚不坏身也。"④

康氏此实乃对朱熹格物致知的曲解。朱熹的"知"是为知识,是客观认知的外在对象与客体;朱熹训"格"为求、为探讨、为穷至,要求人们通过对天下万物穷究其理的途径而达于"致知"。

朱熹强调求那"外在于""我"亦即外在于"心"的知识,此种认识论、方法论容易产生两种弊端:(1) 琐碎,饾饤,见木不见林的考据;(2) 读书未能有助于修身养性,反成为人性之牵累。所谓宵小之徒读书反成其作恶之助是也。有鉴于此,阳明不同意朱熹之释"知"为"知识",而认为"知"当训为"良知"之"知",是为"心"的本体。他也不

---

① 《长兴学记》,第6页。
② 同上书,第11页。
③ 同上书,第7页。
④ 同上。

同意朱熹训"格"为对外在物理的索求与探讨,而认为"格"当训为"正"。因此,所谓"格物",在阳明看来并非穷究物理之谓,"乃致吾心固有之良知之义",那么,"格物"在阳明处也就是"正心"的别解,"格物"之"物",是指内心之物欲以及种种污秽之念;而所谓"致知"云者,并非扩充知识之谓,而是"正意念所在之事物"也即回复"良知"之义①。

以康有为之论与朱、王两家相较,康氏显然采阳明说而套用到了朱熹身上。"学者当视之如毒蛇猛虎,大火怨贼,念念在兹,芟除洗伐"的"高科美官"、"货贿什器",这些当然也是"外物",对其认识也需由"格"而后能"知"。但康氏利用了这些东西显而易见的负面性、非正义性,将其扩大成了"格物"的全部认知对象和内容,这就"缩减"、歪曲了朱熹,将"格物"中一些有关知识论方面的重要内容(例如对儒学文本典籍中的字、辞、音义、典制等的了解)存心"忽略"也就是舍弃了。以此,康氏虽欲为朱王调人,其脚跟实际上立在陆王的一边。而康氏首以"先立其大"释朱熹,这就将原本存在巨大差异的朱、陆两家混淆起来并首先凸显了陆王一派的认识论和方法论。

九江又主"古之实学"而归诸"修身",谓:"修身之实四:曰惇行孝弟,崇尚名节,变化气质,检摄威仪。"②

试对比康有为长兴讲学时所倡"四据":"一曰主静出倪,二曰养心不动,三曰变化气质,四曰检摄威仪。"③又谓:"厉节。……陈白沙曰:'名节者,道之藩篱。'顾泾阳曰:'学者宜从狂狷起脚,从中行歇脚。'后汉晚明之儒,皆以气节自厉,深可慕尚。"④

按:康氏之"四据"亦从九江之"四实"转手而来,只是康氏更加强调"狂狷",而以之为"气节"之先导,为涵养气质之入手处。实际上,康氏所主的"先立其大",其大本也就在变化气质砥砺气节,养成一个"狂"字上。所谓"主静出倪","养心不动","主静"、"养心"是路径,"出倪"、"不动"为旨归。但若要真正"出倪"而"不动",若非以一个"狂"字为其根基,置种种世俗之见若罔闻,不能成其效用。此亦即康氏所主立身处世当有"超出万类"之志,当自视若圣人如禹、稷、伊尹⑤。是故康氏谓:"故行吾心之安,虽天下谤之而不顾,然后可以当大任也。"⑥

综上,康氏论学既尊程朱,斥考据,主经世,重气节与九江同,是康氏讲学长兴时,大体以九江所主为立脚。然康氏与九江论学,同中却仍然潜伏着重要差异。即九江

---

① 参阅《大学问》。
② 简朝亮:《朱九江先生传》,载《碑传集》三编第五册。
③ 《长兴学记》,第9页。
④ 同上书,第7页。
⑤ 同上书,第11页。
⑥ 同上书,第9页。

学以程朱为本,陆王对于九江来说只具有边缘的意义,而康氏却对陆王一派抱有好感①,梁启超在《三十自述》也谈到其初见康时"先生乃教以陆王心学,而并及史学、西学之梗概"。康氏此一点,实已埋下了日后全以陆王为据的端苗。

康氏的时代,社会的窳败已到了非改革不可的地步;守旧的习惯性思维定式却像梦魇一般缠绕着人们的头脑,成为"维新""变法"的巨大阻力。要将改革推行下去,破除守旧观念成为一项急迫的任务。康氏以不可一世之"狂"相号召、相砥砺,正是着眼于打破死水一潭的僵化之局。

甲午战败,亡国灭种,危在旦夕。然而,朝廷颠顸不思进取,官僚寡廉鲜耻、贪冒营私,广大士子蝇营狗苟、追逐私利之弊依然如故。康有为再次挺身而出,上帝书大声疾呼改制变法,以经世致用相号召于天下。在经过了甲午战败的刺激以后,康有为的治学立场也在发生着重要变化:他已由调和朱陆向舍弃朱熹独取陆王的方向发展。这时,维新变法占据着康氏全部思想的中心。他要打破千年一贯的守旧陋习,而旧习的精神支柱在经学,因而康有为所能够利用的武器也仍然是经学。康必须利用在人们头脑中业已定型的孔子的权威,对孔子重加定位,为孔子涂抹上康所需要的新油彩,利用新经学取代旧经学,用新权威替换旧权威。于是,今文经学的"非常异议可怪之论",它的任意附会,恰恰成了康可资利用来重新包装孔子、取代"恪守祖训"的古文经学的法宝;而宋学尤其是宋学中"六经注我"的陆王心学,原本就"暗通"今文经学。因而康以"改制"、"变法"、"维新"为旨归,他选择"六经注我"的陆王为其哲学认识论基础,以臆断史实、否定古文经学为手段,这不是偶然的。

二、《新学伪经考》:康有为摇动古文经学的基础

1. 关于廖平影响康有为

《新学伪经考》对廖平《古学考》有所承袭,康有为对此却讳莫如深,这一点,学术界尽人皆知。但关于康有为承袭廖平,最初却是由廖平本人提出,事在1891年康有为的《新学伪经考》面世,康有为名声大振以后。1894年廖平给康有为一信,对《新学伪经考》袭用他的学术成果却未做任何说明提出批评。信中有"吾两人交涉事,天下所共闻知。余不愿贪天功以为己力,足下之学自有之可也。然足下深自避讳,使人有向秀之谤。……天下为是说者吾二人,声气相求,不宜隔绝,以招谗间。其中位置,一听尊命"②云云。对于廖平的这一封信,康有为缄默不语,未作一言以正视听。以康性格之狂傲,若《新学伪经考》真与廖平了无干系,康氏何能忍得下廖平如此调侃?康

---

① 按,对于康有为长兴讲学时的治学立场,似不应过于夸大其好陆王的一面。梁启超《南海康先生传》谓康氏"独好陆王,以为直捷明快,活泼有用",将此事系之于长兴讲学之前。此说不甚确。康氏在长兴讲学时尚未"独好陆王"已如正文所说,遑论长兴讲学以前?

② 《四益馆文集·致某人书》。

氏缄默之蹊跷,联系到《新学伪经考》与廖平《古学考》太多的相似之处,可以肯定《新学伪经考》受到过廖平的影响。

《新学伪经考》肯定受到过廖平的影响,但康对此讳莫如深,其中除康有为本身的学品问题①以外,是不是还有其他值得进一步探讨的原因? 这些原因应该是存在的。

1886 年廖平撰《今古学考》,初步形成了孔子改制的思想。1889 年 7 月,廖平和康有为相识于广州。据《廖季平先生学术年表》,廖平给康有为看了他的《辟刘篇》(后改名为《古学考》)和《知圣篇》。廖康二人分手后,《廖季平先生学术年表》说康有为"持书相戒,斥为好名外骛,轻变前说,急当焚毁。先生(指廖平)约请面谈,事遂两心相协,谈论移晷。康'乃尽弃其旧说'(梁启超语)。康著《新学伪经考》、《孔子改制考》,即据先生《知圣》、《辟刘》二书而更有发展者"②。

对于《廖季平先生学术年表》的说法应当怎么看?《年表》引用梁启超的话来证明康听了廖的话以后"乃尽弃其旧说",这种说法似较难使人信服。因为在"春秋重义不重事"这个今文公羊一派治学方法论的基础的重大问题上,廖平的说法与今文一派完全不同。

《今古学考》:"旧以《王制》为孔子为《春秋》而作。崧师云:'此弟子本六艺而作,未必专为《春秋》与自撰。'按旧说误也。《文选注》引《论语谶》:'子夏等六十四人撰仲尼微言以事素王。'由《论语》可推《王制》。凡《王制》所言,皆六艺之纲领,仲尼没,弟子乃集录之。六经制度,全同此书。""孟、荀于此书指为周制者,则以六经周事为多。就经说经,自为时王之制。《左》、《国》为六艺事传。凡系经说皆寓之时事,与董子'因时事加王心'之说实同。皆以发明经义。"③

上述是廖平《今古学考》中开宗明义的一段话,因此可以视为《今古学考》一书的眉眼。如前所说,廖平在《今古学考》中就提出了以《王制》为今文经学纲领。这个观点到《今古学考》时没有变。廖平的经说凸显的是"制","制"不"考"不明。这样,"制"也就有了"事"的性质和意义。以此,廖平对"事"便有了和今文经学的"春秋重义不重事"完全不同的认识,故而他所强调的是"六经周事为多";康有为强调"春秋在义不在事",廖平却凸显"制"、"事",这样,廖也便与康产生了更大的差距。廖完全不顾自刘逢禄首发其难、至康有为发展到高峰的疑《左传》和刘歆伪造《左传》的立场,正像廖平在给康有为的那一封信中所说"足下以《左》学列入新莽,则殊与鄙意相左"。在《古学考》中,廖平竟引用董仲舒的话来证明"《左》、《国》为六艺事传",并认为"凡系经说皆

---

① 关于康有为的学品不淳,如倒填《大同书》成书年月等,可参阅钱穆《中国近三百年学术史》。近年更有学者指出,清宫所藏《戊戌奏稿》与康氏公开发表的《戊戌奏稿》多有不同,原因就在于康氏对公开发表的《戊戌奏稿》作了改动。此等处皆可见康氏之学品不淳。
② 《中国现代学术经典·廖平蒙文通卷》,河北教育出版社 1996 年版,第 315 页。
③ 同上书,第 79 页。

寓之时事"。在《春秋》到底是"义从事出"还是"春秋在义不在事"的理解上与康有为大相径庭。按照今文经学,按照康有为的标准来衡量,也可以说廖平的这种认识是昏昏然而不明其蕴,根本不懂《春秋》的"微言大义"。此如梁启超深刻指出的那样:

> 康先生之治公羊治今文也,其渊源颇出自井研(廖平),不可诬也。然所治同,而所以治之者不同。畴昔治公羊者皆言例,南海则言义。惟牵于例,故还珠而买椟;惟究于义,故藏往而知来。①

这样,我们再来看康有为对于他曾受廖平影响的问题始终讳莫如深,除了康本身的学品因素外,我认为,廖、康二人在"春秋重义不重事"这一有关今文经学方法论的要害问题上存在矛盾抵牾,这也不能不是重要原因之一。这一点似也应当作为康氏何以不承认他对廖平有所承受的一个并非毫无根据的理由。

关于《新学伪经考》的内容,梁启超在《清代学术概论》中作了如下概括:"一、西汉经学,并无所谓古文者,凡古文皆刘歆伪造;二、秦焚书,并未厄及六经,汉十四博士所传,皆孔门足本,并无残缺;三、孔子时所用字,即秦汉间篆书,即以'文'论,亦绝无今古之目;四、刘歆欲弥缝其作伪之迹,故校中秘书时,于一切古书多所羼乱;五、刘歆所以作伪经之故,因欲佐莽篡汉,先谋湮乱孔子之微言大义。"②

但是,《新学伪经考》与其说是一部"学术著作",毋宁说只是一部"政治书籍"。这部书充满了强词夺理的臆断和牵强附会的所谓"考证"。它的学术含金量很低。特别是康氏提出的刘歆作伪说,自从《新学伪经考》面世以来批评之声不绝。经过学术界数十年的努力,至 20 世纪 30 年代钱穆作刘向、歆父子《年谱》,对此问题作了详尽剖析。到现在为止,相信古文经学完全是刘歆伪造的学者已经不多。

2.《新学伪经考》方法论剖析

值得注意的是《新学伪经考》中所使用的方法论。

康有为《新学伪经考》提出刘歆作伪说,作为他全面否定古文经学的理论核心,这一做法是巧妙而工于心计的。众所周知,刘歆是一个有"政治污点"的人物,曾深受王莽青睐,担任过新朝的高官。而王莽篡汉,更重要的是王莽的失败,这在正统史观的关照下早已被钉上了历史的耻辱柱。因此,刘歆也就陪同王莽一同被钉上了历史的耻辱柱——刘歆成了一位助纣为虐的"历史罪人"。对于历史上的恶人,人们的一般心理预期是"不嫌其恶",即是说为恶人再多加多少罪名,人们一般不会在意,这正如《论语·子张》中子贡所说的"纣之不善,不如是之甚也。是以君子恶居下流,天下之

---

① 《论中国学术思想变迁之大势》,《饮冰室文集》之七,第 99 页。
② 《梁启超论清学史二种》,第 64 页。

恶皆归焉"的原理一样。当康有为提出刘歆作伪以助莽篡汉,他利用了人们对于王莽和刘歆的厌恶感,利用了正统史观早已为王莽和刘歆锁定的大逆不道罪名为"障眼法",这就使康有为借助否定王莽、刘歆的"篡汉"进而否定古文经学的观点具有了极大的迷惑力。因此我们说,正是刘歆的政治污点帮了康有为大忙,使他的刘歆作伪说,使他的古文经学是"新学",是"伪学"的观点在很大程度上被刘歆的政治污点遮蔽掉了。

其次,"刘歆作伪说"的理论构架,从逻辑学的角度看也颇具匠心。康这一套理论,用"三段论"的推理式可以表达为:凡古文经学皆刘歆伪造——《左传》、《周礼》、《古文尚书》等皆古文经学——《左传》、《周礼》、《古文尚书》等皆刘歆伪造。仔细分析起来,康这个"三段论"的大前提"刘歆伪造古文经学",在刘歆助莽篡汉的"政治罪名"的掩盖下它已是"前定"的、勿须证明的。用逻辑学的语言,康这个理论"内涵"极小——"刘歆伪造古文经学"以媚莽(刘歆,政治罪人。政治罪人肯定会造伪,是故"刘歆伪造古文经学"无须证明,因而其内涵"极小"),因而它就可以有一个与此相关联的很大的外延:此即康氏所谓的"二千年之学,皆新学,皆伪学",二千年来经学典籍中大部分都可归入古文经学亦即刘歆伪造之学的范围之内(因大部分今文经学典籍均散佚,所能归入"经学"之列者多为古文经学)。此外,凡典籍中任何与康氏前定的今文经学相矛盾的内容,康氏也都可以用"刘歆所羼入"冠之,甚至断言"出土之钟鼎彝器,皆刘歆私铸埋藏以欺后世"①。这种理论,其辩也肆,其论也悍。但因其理论内涵之小因而其外延之大,当康"一口咬定"所有古文经均系刘歆造伪,人们虽知其"实为事理之万不可通者"②,却很难从正面予以有力的反驳。对于康氏理论外延中举出所有"刘歆造伪"的具体内容,须一件事一件事下钝功苦力理清,才能最后从总体上否定康的刘歆作伪说。数十年来,学术界对于康有为刘歆作伪说所作的坚持不懈的清理与批驳,正是下了钝功苦力以后取得的成果,从这个意义上说,学术界这种努力意义重大。

3.《新学伪经考》的学术影响

当然,说《新学伪经考》学术含金量低,只是就其刘歆作伪说所涉及的具体考辨内容的错误性而言,却并不是说康有为的这部书在学术史或思想史上就没有影响。一部著作在学术史、思想史上能不能发生影响,并不完全取决于它的学术含金量。就《新学伪经考》来看,与它过低的学术含金量相反,其在学术史、思想史上造成的影响恰恰巨大而深远。梁启超总结《新学伪经考》的影响有二:"第一,清学正统派之立脚点,根本摇动;第二,一切古书,皆须重新检查估计。此实思想界之一大飓风也。"③梁

---

① 《梁启超论清学史二种》,第64页。
② 同上。
③ 同上。

又说:"凡社会思想,束缚于一途者既久,骤有人焉冲其藩篱而陷之,其所发明者,不必其遂有当于真理也,但使持之有故,言之成理,则自能震耸一般之耳目,而导以一线光明。此怀疑派所以与学界革命常相缘也。今文家言,一种之怀疑派也。二百年间支配全学界最有力之一旧说,举凡学子所孳孳焉以不列宗门为耻者,而忽树一帜以与之抗,此机一动,前人之所莫敢怀疑者,后人之乃竞起而疑之。……而我思想界亦自兹一变矣。"①

《新学伪经考》在常州今文一派中的地位极其特殊而且重要。该书将古文经学一概说成是刘歆作伪,遂大大发展了常州今文一派的疑古(古文经学)传统。在常州今文一派中刘逢禄疑《左传》,龚自珍疑中古文,魏源疑《毛诗》,疑杜林所传至马融、郑玄的《古文尚书》,邵懿辰疑《逸礼》,这些对古文经学的怀疑都还只是就古文经学的某一部典籍而发。康有为出,他始对古文经学施行一网打尽的全面攻击;他不顾自西汉起就存在的今文和古文经学"杂采互用"的事实——康有为无限夸大了今文经学和古文经学矛盾的一面,在二者之间划了一条水火不相容的畛域界限。这个观点,直接影响着五四以后"古史辨派",影响着顾颉刚等人对今古文经的认识,以至于直到今天,一部分学者仍然坚持今古文经两派之间泾渭分明、冰炭难容的错误观点,因而这一问题至今仍然是学界需要化大力气予以清理的一个难点。而这个观点的有力鼓吹者正是康有为,正是康有为的《新学伪经考》。

康彻底否定了古文经学。经学是封建社会意识形态的代表,古文经学又是经学的大头(今文经典籍已大部散佚),因此,彻底否定古文经学,暗合了五四以后全面怀疑与批判中国传统文化的疑古思潮需要;康的疑古又有一个"考据"的外表,这就造成似乎正是康有为在坚持乾嘉考据学风的假象。而乾嘉考据学正符合五四新文化运动对于"科学精神"的某种理解。以此,康有为在五四新文化运动中走红也就成为一件顺理成章的事。

三、"春秋在义不在事":康有为对早期今文经学方法论的改造与推进

前文庄存与、刘逢禄、宋翔凤的有关章节曾经指出:"春秋重义不重事"是常州今文一派治学方法论的根骸。庄、刘、宋这些早期今文家虽然"不重事"也就是"不重史",因而已有了任意附会、臆断史实的倾向,但早期今文家毕竟受到了乾嘉考据学熏染,身上多少还残存着某些学风严谨处,他们多少还曾经着力于史实的考订。因而早期今文家的"不重事"并没有发展到完全否定"事"亦即"史"的地步。到康有为,他对于"春秋重义不重事"进行了变本加厉的改造——"春秋重义不重事"变成了"春秋在义不在事"。

---

① 《论中国学术思想变迁之大势》,《饮冰室文集》之七,第98页。

康氏提出"春秋在义不在事"的命题有一个认识上的形成过程。1891年康氏讲学长兴撰《长兴学记》,此时康一以《论语》为宗。康认为:"天下道术至众,以孔子为折中;孔子言论至多,以《论语》为可尊。"①"夫言孔子之道,至可信者,莫若《论语》。"②至1894年康氏作《桂学答问》,已变尊《论语》为尊《春秋》。正是作《桂学答问》的1894年,在变尊《论语》为尊《春秋》的转变中康提出了"春秋在义不在事"。他说:"然则孔子虽有《六经》,而大道萃于《春秋》。若学孔子而不学《春秋》,是欲其入而闭之门也。""学《春秋》从何人?有左氏者,有公羊、穀梁者,有以《三传》束高阁,独抱遗经究终始者。果谁氏之从也?曰,上折之于孟子,下折之于董子,可乎?孟子之言曰:'其事则齐桓、晋文,其文则史,其义则丘窃取之矣。'故学《春秋》者,在其义不在其事与文。然则《公》、《穀》是而左氏非也。"③至撰《春秋董氏学》的1896年,他仍然坚持"《春秋》在义不在事"之论,并说曾撰有"《春秋》改制在义,不在事与文考"云云。④

对于"春秋在义不在事",康有为举例说:"缘鲁以缘王义,孔子之意,专明王者之义,不过言托于鲁,以立文字。即如隐、桓,不过托为王者之远祖,定、哀为王者之考妣,齐、宋但为大国之譬,邾娄、滕侯亦不过为小国先朝之影,所谓其义则丘取之也。自伪左出,后人乃以事说经,于是周、鲁、隐、桓、定、哀、邾、滕,皆用考据求之,痴人说梦,转增疑惑,知有事而不知有义,于是孔子之微言没,而《春秋》不可通矣。"⑤

《春秋》十二公,在庄、刘、宋那里都确有其人其事。他们的臆断附会,还只是针对他们认为真确的其人其事的一种"诠释"和"理解"。而到了康,这些人和事全都变成了子虚乌有的"托",《春秋》之"事"亦即"史"的意义遂被康有为完全否定。康之所以将"春秋重义不重事"改成"春秋在义不在事",因为在他看来,早期今文家仍然予遗着乾嘉考据学之"毒",他们的"重义"还不彻底,还残存着"事"的影响。而"事"即"史"对于康任情附会孔子,以达到利用孔子为护身符推行维新变法来说仍然是一重羁绊与障碍。因此,必须彻底否定《春秋》"事"的意义而不能成康氏之效。这样,康有为这一字之改,遂大大发展了公羊学任情附会的方法论传统;"六经皆史",从"经"即"史","史"必求"真"的角度看,康有为此举真真是一字之改严于斧钺了!历史学的求真精神被康有为这一字之改阉割得荡然无存。

四、二律背反:《孔子改制考》"尊孔"的主观意图与客观效果

"春秋在义不在事"运用到《孔子改制考》中,一方面,康有为借助这个理论凭空虚

---

① 《长兴学记》,第6页。
② 同上书,第17页。
③ 《桂学答问》,第29页。
④ 《春秋董氏学》,《康有为全集》(二),"自注",第634页。
⑤ 同上书,第670页。

构出一个孔子为济世救民而"托古改制"的神话。康氏的主观意图是为了神化孔子也就是神化康自己,由他来充当现代孔子;另一方面,康又大大污损了孔子的形象,他强加给孔子的不实之词将孔子推到了一个凭空捏造史实的泥沼和深潭中,为五四以后疑古思潮的兴起,为"打倒孔家店"及全盘否定中国传统文化种下了胎苗,而这后一点却是康万万没有料想到的。

《孔子改制考》出版于1897年。在写作并刊刻于1891年的《长兴学记》中康说"余有《孔子改制考》"一说①,这说明,康在撰《长兴学记》时已开始构思《孔子改制考》,甚至可能已经动笔。《长兴学记》已有了与廖平十分相近的孔子改制的思想表述。如说"孔子为万世师,在于制作《六经》,其改制之意,著于《春秋》。孔子早而从周,晚暮道不行,思告后王,于是改制",即与廖说如出一辙。所以,《孔子改制考》也同样受到了廖的影响。所不同者,廖尚没有以学术服务于政治的自觉,康则借《孔子改制考》推行维新变法,使学术直接卷入了政治旋涡,成为政治斗争的有力武器。

1. 《孔子改制考》的夫子自道

《孔子改制考》有"诸子并起创教总义"一节,此一节内容蕴涵着《孔子改制考》的撰写动机,值得玩味。在康看来,春秋战国时天下大乱,为拯救时弊,诸子纷纷走上历史舞台创教改制,孔子亦然。然诸子创教虽"持之有故,言之成理",如魏牟、墨翟、慎到、惠施等却各有其弊端。是故诸子创教改制皆不足道,诸子中只有孔子才是"圣人"的创教改制。诸子和孔子,康有为喻为"譬如耳、目、鼻、口,皆有所明,不能相通",因此,诸子创教改制最后必须"通"亦即必须"统"于孔子,因为"中国义理、制度,皆立于孔子"②,孔子是为"制法之王",是为"新王"、"素王"、"文王"、"圣王"、"先王"、"后王"③。只有将诸子的创教改制"统"于孔子,才能够"博厚配地,高明配天,游入其中,乃知宗庙之美,百官之富,别有世界,推之不穷"④。

康有为此番说教夫子自道之旨昭然若揭。在康的时代存在各种变法主张。康氏欲自立为教主,他要借孔子之魂,扬新教之幡,此即康有为自道:"布衣改制,事大骇人,故不如之先王,既不惊人,自可避祸。"⑤康将孔子宗教化,是故他凸显孔子之"统"的意义,康氏的"统"于孔子也就是"统"于康自己。

2. 孔子"托古改制"理论体系逻辑起点剖析

《孔子改制考》卷一开首一节就是"上古茫昧无稽考",此节起首一句话就是:"人

---

① 《长兴学记》,第19页。
② 《孔子改制考》卷九,《康有为全集》(三),上海古籍出版社1992年版,第249页。
③ 请参阅《孔子改制考》卷八,《康有为全集》(三),第224—244页。
④ 《孔子改制考》卷九,《康有为全集》(三),第255页。
⑤ 《孔子改制考》卷十一,《康有为全集》(三),第314页。

生六七龄以前,事迹茫昧,不可得记也。"①

《孔子改制考》第一节第一句话是康孔子"托古改制"全部思想体系的逻辑起点。意谓人生年幼,往事悠远,不可得记,故谓之"茫昧";因往事茫昧,故可任人为"托"。尧、舜、三代之制亦如人生六七龄以前,事迹茫昧而不可得记,诸子、孔子等以此可"托古"而"改制"。康的整套理论即由此逐步推演而出。

但是,康氏的论证实际上经不起推敲。人生幼年之"事"能否"得记"是一回事;人生六七龄以前有无其"事"又是一回事。不能因往事"不可得记"便否认事本身的存在,好比借过他人之物,不可用"记不清"为托词赖账一样。往事之不可得记,最大限度只能运用到"当事人"而止。而当事人本人对往事记忆不清,这并不是说"往事"亦即"历史"就是子虚乌有或"不存在"。且当事人本人不记往事,其父母及他人则可以记清;要之,对于"往事"历史不可赖账。"不记得"与"不存在"这是两个具有本质区别的判断。我们看到,康有为正是利用了上古史事悠远无稽考,进而否定上古史事本身的存在。康氏采用了偷换概念的手法,一步一步将"历史"本身判为全是由后人主观"托古"而捏造——上古"历史"不可信。

《论语·八佾》:"子曰:'夏礼,吾能言之,杞不足征也;殷礼,吾能言之,宋不足征也。文献不足故也。足,则吾能征之矣。'"《礼记·中庸》:"子曰:'吾说夏礼,杞不足征也;吾学殷礼,有宋存焉;吾学周礼,今用之,吾从周。'"《礼记·礼运》:"子曰:'我欲观夏道,是故之杞,而不足征也,吾得《夏时》焉;我欲观殷道,是故之宋,而不足征也,吾得《乾坤》焉。'"

对于上述三段史料,康有为认为:"杞宋无征,说凡三见,则孔子时夏殷之道,夏殷之礼,不可得考至明。孔子谓'足,则吾能征之',则二代之不足,孔子之不征,此可为夏殷礼制全亡无征之据。"②

按:孔子两言夏殷之礼"不足征",故孔子不言夏殷之礼。夏殷之礼不足征,原因是"文献不足",若文献"足","则吾能征之"。孔子依据史料说话,他的态度是审慎的。然而,孔子这里说夏殷之礼"不足征",只是说有关夏殷的史料亡佚,并不是说夏殷之礼"不存在"。恰恰相反,有夏殷之"朝"才有夏殷之"礼",反之,有夏殷之"礼"必有夏殷之"朝"。孔子的话正好证明了夏殷之礼曾经存在过,至少夏殷这两个朝代在孔子时代人的观念中一定存在,否则孔子不会反复提到夏殷之礼以及夏殷这两个朝代。换言之,夏殷这两个朝代一定实际存在过,否则无法进入孔子的观念。按照康氏之逻辑,"无征"也就是无法证明,无法证明即不可信,不可信也就不存在,康氏正是按照这套逻辑推导来构建他的"托古改制"理论的。他认为:"秦前尚略,其详靡记……惟其

---

① 《孔子改制考》卷一,《康有为全集》(三),第 2 页。
② 同上书,第 3 页。

不详,故诸子得以纷纷假托,或为神农之言,后多称黄帝,或法夏,或法周,或称三代,皆由于书缺籍去,混混茫茫,然后诸子可以随意假托。"①

值得注意的是康有为使用了"假托"这个词。比起"托"来"假托"的虚假程度大进一步。"诸子可以随意假托",康有为又在"假托"这个动词前加上了一个说明性的副词"随意",这就是说,上古的历史因诸子随意之"托"变成了完全不可信的"寓言"。此即康氏借《庄子》所论:"《庄子》一书所称黄帝、尧、舜、孔子、老聃,皆是寓言。"②

这里,康有为偷换概念的手法是巧妙的。他首先利用了人们对于"历史"无征不信的心理预期设置了一个标准,那就是"传说"不能作为信史。因为同一人、事,各家传说不同,因此传说不能作为信史,也因此尧、舜、三代不可信;因为有关尧、舜、三代的"传说"不可信,因此尧、舜、三代的"历史"不存在。这里,康有为的"高明"之处就在于:他让你无法用当时的文字(重点号为笔者所加)去证明尧舜是可信的或者至少是存在的。的确,尧、舜的时代正处于人类踏进文明社会门槛的前夜,文字还没有发明,现有关尧、舜的载记都是后起的。但是,尧、舜时代有没有文字是一回事;尧、舜时代有没有历史(重点号为笔者所加)又是一回事。没有文字的时代不是没有历史。史前人也有"记忆",也要将他们经历的"往事"经验教训传给后代,这就形成了"传说性"的"口述史学"。口耳相传是当时人类记忆的主要手段,由此形成的口述史学,其内容毫无疑问存在历史性。因此,"传说"是了解上古历史的重要途径,对于上古史来说,"传说"的史料价值尤其不容否认。自然,"传说"流衍,后人"增添"或"改变"某些内容,会使历史的真实受损。但任何史料对于历史本身的反映都带有相对性,因此,这不能成为否认"传说"没有历史性的根据。

春秋战国天下大乱诸子蜂起,纷纷走上历史舞台,以其学说歆动诸侯,康有为将此释为诸子"改制",这是康氏对诸子的理解,原也无可厚非。但是,这里首先值得一问:诸子为何"托古"?怎样"托古"?归根到底也就是问,诸子托古的根据何在?按照康有为的说法,"荣古而贱今"是人类的天性,为增强说服力,诸子利用了人的这种天性而"托古"。那么,这个"古"是可以随便"托"的吗?韩非说"孔子、墨子俱道尧舜,而取舍不同",这正可圆融无碍地描述出诸子的"托古"特性。诸子托古,只是他们截取了自以为有用的史实(重点号为笔者所加)而加以强调。却并不是说诸子在那里"捏造历史"。因为诸子"托古"所利用的"历史",必须符合已经积淀在诸侯或民众意识底层的历史知识,这才能够馨动诸侯,鼓动民众。如果诸子胡编乱造,其所"托"在人们的观念中根本不存在,而自称"历史"云云,这样的"托古"能够骗得了谁?这样的"托古"不会有效。

---

① 《孔子改制考》卷一,《康有为全集》(三),第7页。
② 同上书,第60页。

那么,康有为所指不可信的是上古史的哪些具体人物?康所指证的并非女娲、伏羲、神农这样一些渺远的传说中人物,而是指尧、舜、禹,是指夏、商、周"三代"。

《韩非子·显学》:"孔子、墨子俱道尧、舜,而取舍不同。皆自谓真尧舜。尧、舜不复生,将谁使定儒墨之诚乎?殷周七百余岁,虞夏二千余岁,而不能定儒墨之真,今乃欲审尧、舜之道于三千岁之前,意者其不可必矣!无参验而必之者,愚也;弗能必而据之,诬也。故明据先王,必定尧、舜者,非愚则诬也。"

《韩非子》中的这段话《孔子改制考》曾反复引用以证明尧、舜不可信。实际上,《韩非子》也只是就儒墨两家各自有对尧、舜的理解而言,认为根据儒墨两家的说法,不能使人知晓尧、舜的真实情况究竟如何——韩非子只是认为儒墨两家关于尧、舜的"说法"不可信,并不是说尧、舜这两位历史人物不存在。恰恰相反,韩非子也认为,尧、舜这两位历史人物的确存在。而且,《韩非子》中说到尧、舜的不止一处,如《难势》、《说疑》、《忠孝》都提到尧、舜,康有为对此概不加引用,很显然,康采取了实用主义态度。

关于尧、舜,孔子也曾不止一次提到过;《尚书·尧典》是今文经学。《尧典》也有关于尧、舜的记载;至于先秦诸子,提到尧、舜的就更多。那么,孔子、《尚书》、先秦诸子,他们有关尧、舜的种种说法从何而来?是靠他们苦思冥想,"托"即凭空捏造出来的吗?当时并没有人强迫孔子等一定要提尧、舜,为什么他们却不止一次提到尧、舜、禹?从中可以看出,有关尧、舜、禹的种种传说必有"口述历史"的深厚渊源,因而总体上必定符合历史真实。

康有为"托古改制"理论的根本缺陷复在于这一理论本身的自相矛盾性。例如,《庄子·天运》:"黄帝之治天下,使民心一。尧之治天下,使民心亲。舜之治天下,使民心竞。禹之治天下,使民心变。"

康氏评论认为:"此老、庄之托古以申其'在宥'、'无为'之宗旨。岂知太古之世,人兽相争,部落相争,几经治化,乃有三代圣王作为治法。安得三皇五帝乱天下之说?"①

这里,当用康氏之矛刺康氏之盾。康氏自谓"人生六七龄以前,事迹茫昧,不可得记",那么,太古之世的"人兽相争,部落相争"之事康氏何以知?"几经治化,乃有三代圣王作为治法"康氏又何以知?按照康的说法,尧、舜、禹、三代之制为孔子所托,有无其事并不可知,所谓"三代文教之盛,实由孔子推托之故"②。但他同时又说:"一天下,财万物,养长生民,兼利天下,通达之属,莫不服从……则圣人之得势者,舜禹是

---

① 《孔子改制考》卷四,《康有为全集》(三),第82页。
② 《孔子改制考》卷一,《康有为全集》(三),第2页。

也。今夫仁人将何务哉？上则法舜禹之制。"①尧、舜有无其人既已不可知,尧、舜又怎"得势"成了"圣人"？"得势"之"势"有无其"事"？"圣人"之"人"有无其人？尧舜时代"草昧"尚不开化,不可确知其人的尧、舜"草昧"之制又怎能成为后世所"法"之制？

3. 康有为对孔子形象的破坏

康有为提出孔子"托古改制",目的在于尊孔神化孔子,但它不自觉地揭露了孔学的内在缺陷,极尽诬陷孔子之能事,从而极大地贬损了孔子的形象。此如梁启超《清代学术概论》所说:"有为……定《春秋》为孔子改制创作之书……又不惟《春秋》而已,凡六经皆孔子所作,昔人言孔子删述者,误也。孔子盖自立一宗旨,而凭之以进退古人,去取古籍,孔子改制,恒托于古,尧舜者,孔子所托也,其人有无不可知,即有,亦至寻常,经典中尧舜之盛德大业,皆孔子理想上所构成也。……有为政治上'变法维新'之主张,实本于此。"

康氏以"考据"为手段,"证明"了孔子的任意和武断。为了"改制",孔子可以置历史事实于不顾,随心所欲"托古"也就是伪造历史,这是读《孔子改制考》后可以得出的明确结论。这就根本上破坏了孔子的形象。——孔子无端被诬陷成一个"造伪专家"。这一康氏无中生有栽在孔子身上的把柄又恰与五四新文化运动所崇尚的"科学"精神处于一种枘凿矛盾的状态。这样,"孔学"也就不仅在一般价值观、伦理道德观上与"民主"的时代精神不相容,而且在学术层面上也与"科学"的时代精神相抵牾。当新文化运动清理了孔子不民主或反民主思想以后,也就有理由更进一步触及孔子及以孔学为中心的传统儒学,从而引发全盘否定以孔子为中心的中国传统文化思潮的高涨,引发疑古思潮的勃兴。例如,胡适就认为"古人言必称尧舜,只因为尧舜年代久远,可以由我们任意把我们理想中的制度一概推到尧舜的时代"。"康有为称这一种为'托古改制',极有道理。"②当然,造成这样一种局面绝不是康有为的初衷,但《孔子改制考》客观上所引出的结果就是如此。从这个意义上说,康有为不自觉地充当了消解中国传统文化的急先锋角色。且康氏"两考"之武断难据,加之以康氏大噪之名声,遂使中国近代急功近利的浮躁学风再度膨胀。"覆水难收",康氏之破坏性影响可谓大矣！

〈余论〉

康有为"疑古"的主要著作是"两考"。"两考"中《新学伪经考》判定二千年来士大夫信奉的儒学典籍为伪学,是一堆由刘歆伪造的废纸,目的原想要人们返回孔子的真儒学,返回今文经学;但《孔子改制考》又将孔子描绘成是一个为"改制"可以捏造史实

---

① 《孔子改制考》卷二,《康有为全集》(三),第13页。
② 《中国哲学史大纲》,上海古籍出版社1997年版,第13页。

的人物,这就又将由孔子修订的"真经"也推到了"伪书"、"伪经"的泥沼。康有为主观上拥戴孔子、神化孔子,然而,由于康有为用"考据"手段撰写《两考》,用了使人信以为"科学"的方法来触及儒学的文本结晶:他既论证了古文经学不可信,同时又论证了孔子"托古改制"的产品——《六经》同样不可信。《六经》中的历史成分在康有为的"考证"下已荡然无存。儒学元典中所有提到的历史人物和事件已全不可信。无怪胡适、顾颉刚要比崔述更进一步,要从疑"传注"进而怀疑"经"本身了。从这个意义上可以说,正是康有为从"尊孔"的原点出发,但最后的结果却走向了尊孔的反面,走向了"损孔"和"贱孔",从而揭开了五四以后全盘否定中国传统文化和疑古思潮大涌动的序幕。

第六章
现代疑古思潮的涌动与发展

　　现代疑古思潮是在五四新文化运动的激荡下勃兴起来的。对于中国传统文化，新文化运动态度激越，批判多于继承，否定多于肯定。"民主"与"科学"是新文化运动的号角和鼓舞人心的口号。如果说"民主"比较多地表现在生活态度上对传统伦理、道德、价值观的批判；"科学"则更多地表现在"学术"层面上用现代精神（思维方式、认识论、方法论等）取代权威主义、蒙昧主义的传统精神。在"反封建"的时代精神下，中国传统文化的传世典籍成了"封建"的代名词而遭到全面的怀疑与批判，"疑古"也因此成为现代学术思想史上带有制衡全局意义的社会思潮。"科学"的本质是"实事求是"，是不相信任何"先验真理"的怀疑精神。现代疑古运动勃兴之初尚能按照"科学"的要求治学，并在真正实现降经为史的历史任务方面，在倡导合乎现代学术规范的史料审查观念和方法的确立方面，在典籍的校勘、辨伪与整理方面，以及特别在历史学、语言文学、哲学等各学科的专业人才培养方面都取得了巨大的成功。但是，将"科学"与传统文化完全对立，让"科学"充当了反封建斗争的政治工具时，"科学"本身却受到了伤害。特别是当"科学"成了人莫与夺的崇奉对象以后，它被"迷信"化，它就由"科学"变成了"科学主义"。受"科学主义"影响成长起来的疑古学自此也就开始背离科学精神，因批判传统文化而走向全盘否定传统文化的极端，并不自觉地陷入了疑古学者自己也反对的家派门户的泥淖。

第一节　新文化运动与现代疑古思潮

一、反袁、批孔与新文化运动

　　辛亥革命以后袁世凯的独裁面目便逐渐暴露。从走马灯似的掉换傀儡"总理"、刺杀宋教仁、举行"善后大借款"、镇压国民党反对派，到解散国会、撕毁《中华民国临时约法》,最后终于扯去遮羞布恢复帝制,袁世凯一步一步成功地实现着他的政治预谋。其实,当时的袁世凯已经独掌军政大权,到达了权力的巅峰。他要独裁并不一定非走恢复帝制的路不可。然而袁世凯最终仍然选择了帝制。——当皇帝的诱惑力就那么大,这从一个方面说明,实行了几千年的封建君主制,其在政治习俗上留下的巨大阴影不可能通过辛亥革命一蹴而就地从国人的脑际拔除。

辛亥革命的旋起旋落,民主共和从只剩下一块招牌最后到这块招牌也被摘除,袁世凯这一逆历史潮流的举动离不开袁氏政权与普通民众在意识形态与精神层面上相当程度的契合甚至"互动"。这就使当时的文化精英们深感思想上除旧布新的必要性和紧迫性。"我们要诚心巩固共和国体,非将这班反对共和的伦理文学等等旧思想,完全洗刷得干干净净不可。"①

那么,思想上的除旧何以最终指向了反对孔子及传统儒学? 五四新文化运动以反对孔子及传统儒学相号召为什么又会被那么多的人所接受,形成排山倒海般的社会思潮? 这场运动一定在本质上触到了广大民众的痛处,否则它不会引动思想上的轩然大波而形成一种普遍的社会思潮。这里首先应当检讨的是孔子及其学说与袁世凯独裁称帝的关系问题。发人深省的是,比起辛亥革命党人,袁世凯反而更加懂得,因此更加重视舆论宣传的重要性。早在称帝前的二三年间,袁已进行了一系列舆论准备和"思想教育"工作。这些工作都与尊孔和提倡孔教紧密相连——袁世凯称帝以前有着高频律的尊孔祭孔活动。1912 年 9 月,袁刚上台不久,就向国民提出了"尊崇伦常"的要求;1913 年 6 月发布《通令尊崇孔圣文》;同年 10 月又在宪法草案中规定:"国民教育以孔子之道为修身大本";1914 年 1 月,袁氏政权"政治会议"通过了"祭天"、"祭孔"两项决议;同年 9 月,袁世凯又亲率百官到北京孔庙祀孔并发布"祭孔令"。"孔教会"、"孔道会"、"环球尊孔总教会"、"宗圣会"、"经学会"等民间组织则与袁氏遥相呼应,亦无不以尊孔相号召,起到了袁氏政权起不到的重要作用。

袁世凯敢冒天下之大不韪复辟帝制却始终与尊孔相联系,孔子成了袁世凯的护身符。袁利用孔子,孔子也的确有可被利用处,这一事实使孔子与袁世凯同了流,合了污,孔子在袁世凯复辟帝制过程中客观上充当了一个极不光彩逆历史潮流而动的精神偶像角色。因为孔子脱不了与袁世凯独裁称帝的干系,袁世凯的倒行逆施某种程度上也就成了孔子在倒行逆施——孔子遂与袁世凯一道开罪了民众。这就使随之而来的新文化运动在进行思想上的除旧时不能不以反孔相号召。陈独秀说:"主张尊孔,势必立君;主张立君,势必复辟",此为"理之自然"②。李大钊说:"余之掊击孔子,非掊击孔子之本身,乃掊击孔子为历代君王所雕塑之偶像权威也;非掊击孔子,乃掊

---

① 陈独秀:《旧思想与国体问题》,《新青年》第三卷第三号。
② 《复辟与尊孔》,《新青年》第三卷第六号。

击专制政治之灵魂也。"①陈、李二人道出了反孔与反袁间关联的症结。

梁启超《五十年中国进化概论》将中国现代社会的变动划分为器物层面、制度层面和文化层面的嬗变②。依照这一划分,新文化运动前后的中国社会恰处于文化层面嬗变的位置上。全社会的兴奋点已经转向了精神思想领域,文化批判的旗帜已高高竖立起来。承袭着上一时期的历史惯性,这一时期从西方进口的各种新思想纷至沓来,学界"一时顿呈饥不择食、活剥生吞之现象。……一时学说纷纭,莫衷一是,大有处士横议,百家争鸣之概"③。在这些新引进的思想中,不管是独领风骚的杜威实用主义,还是后来居上的唯物辩证法,或是罗素的社会改良主义、杜里舒的新生机主义、孔德的实证主义、伯格森的生命哲学、无政府主义等,诸家学说虽旨趣不同内容各异,人们对此却都有选择与摒弃、信奉与批判的自由。这就促使人们有理由发问:为什么独独对于孔子的学说只能接受而不许对之稍加怀疑与批评?换言之,迷信孔子的旧习到了五四前后已经与当时那种"处士横议"的时代风格格格不入。从晚清(特别是从戊戌变法以后)开始出现的思想上的专制统治危机,到这时其程度与速率加快了。所以,在新文化运动中打响批孔第一炮的易白沙,他的《孔子平议》就是站在学说平等立场上对孔子的批孔。他认为,孔子生当春秋末年,儒学在当时虽称显学,但仍不过九流之一。只是历代统治者的利用和鼓吹,孔子及其儒学才成为帝王的傀儡和思想统治的工具。因此,"孔子之学只有谓为儒家一家之学,必不可称以中国一国之学。盖孔学与国学决然不同,非孔学之小,实孔学范围之大也。朕即国家之思想,不可施于政治,尤不可施于学术"④。此后,吴虞、陈独秀也发表了类似于易白沙的观点。

一方面,思想界自由选择、自由评论的现状已不容思想上的一统与专制,因而原先作为思想"教主"——孔子的地位已经有了被摇动、被推翻的客观环境;另一方面,以孔子及儒学为核心建立起来的传统价值观、伦理道德观与时代所呼唤民众所向往的个性解放、人身自由扞格矛盾、凿枘难容又如此强烈,在中国传统伦理道德观制约下产生的种种对人性的摧残,这时终于露出了它丑恶的一面。而前文提及被戴震、凌廷堪不经意间从"潘多拉魔盒"中释放出来的"理"能杀人论,到了这时便迅速变换面孔,发酵成了"礼"能杀人。"礼教"的负面性影响被无限夸大。此诚如鲁迅《狂人日记》中那段尽人皆知且不无偏颇的话所说:"我翻开历史一查,这历史没有年代,歪歪斜斜的每页都写着'仁义道德'几个字。我横竖睡不着,仔细看了半夜,才从字缝里看出字来,满本都写着两个字是'吃人'!"吴虞在《吃人的礼教》一文中也控诉道:"孔二先生

---

① 《自然的伦理观与孔子》。
② 见《饮冰室合集·文集》第十四册。
③ 何炳松:《通史新义·序》,《何炳松文集》第四卷,商务印书馆1997年版,第86页。
④ 易白沙:《孔子平议》(下),《新青年》第二卷第一号。

的礼教讲到极点,就非杀人、吃人不成功,真是惨酷极了!""我们如今应该明白了,吃人的就是讲礼教的,讲礼教的就是吃人的呀!"有卫道士出来替孔子辩护,认为礼教摧残人性并不是孔子的本意,而是后儒歪曲孔子的结果。胡适针锋相对地指出:"这个道理最明显:何以那种种吃人的礼教制度都不挂别的招牌偏爱挂孔老先生的招牌呢?正因为二千年吃人的礼教法制都挂着孔丘的招牌,故这块孔丘的招牌——无论是老店,是冒牌——不能不拿下来,捶碎,烧去!"①

"礼教"全与人的生活方式息息相关,最关人性因此最能牵动人心,故五四文化精英对礼教的批评,最易引起社会的广泛关注与呼应。封建礼教的确"吃过人",孔子与封建礼教也的确多少有关联,借助批判孔子的权威聚拢人心号召天下,可收事半功倍之效。所以,陈独秀、吴虞、鲁迅、胡适等人均揭橥礼教"吃人",又将礼教与孔子相勾连,一下子就击中了人心人性的要害。在那个思想解放观念更新,追求平等、自由、个性解放的时代,对于饱受礼教束缚的中国人来说,这种对孔子和礼教的批评具有极强的"宣传效果"和极大的诱惑力、号召力。新文化运动将封建礼教全部挂在孔子的账下,今天看来当然偏颇。因为孔子思想并不完全与封建礼教相吻合,其中甚至还有与封建礼教相抵触的内容。然而,饱受孔子儒教浸淫的国民,其思想观念之保守难改变,亦非有过火之"猛药"击其醒悟而难成其效。如鲁迅在《无声的中国》中所说:"中国人的性情是喜欢调和、折中的。譬如你说,这屋子太暗,须在这里开个窗,大家一定不允许的。但如果你主张拆掉屋顶,他们就会来调和,愿意开窗了。"是故新文化运动的健将们凸显、强调孔子与"吃人"的封建礼教的关系,终至于提出"打倒孔家店"的口号,从某种意义上说亦未尝不可视为欲求拔本塞源之效,故发矫枉过正之论。因此,"打倒孔家店"的口号虽然在当时已被某些人看出了它的过激,这一口号现在更遭到了许多学者的批评,但如果将这一口号置入五四前后的时代背景中加以考察,它的提出却的确有历史的必然性。

二、"整理国故"与"古史辨"疑古思潮的兴起

五四新文化运动既已提出批判孔子及其学说,也就不能不进一步涉及对儒学经典的清理。"整理国故"运动在五四新文化运动中兴起,并不是一件偶然的事。

整理国故运动的最初堡垒是北大的学生社团"新潮社"。"新潮社"成立于1918年11月,并发行《新潮》杂志。傅斯年、罗家伦、徐彦之等是这一社团的发起人,《新潮》则成为"一时转移风气,为力最巨"与《新青年》齐名的一份杂志②。"新潮社"和《新潮》杂志得到了陈独秀和李大钊的支持,胡适是"新潮社"顾问。"新潮社"的活动

---

① 《吴虞文录序》,《胡适文存》第一集卷四。
② 《吕思勉遗文集》,华东师范大学出版社1997年版,第379页。

"很受他些指导"①。顾颉刚也参与了最初的组建工作②。"新潮社"因宣传新文化运动,提倡"民主"与"科学",遂遭到成立于1919年1月的《国故》月刊社刘师培、黄侃、陈汉章、梁漱溟等人的责难。"国故社"成员认为,新文化运动带来的直接后果是"功利倡而廉耻丧,科学尊而礼义亡,以放荡为自由,以攘夺为责任,诋圣贤为国愿"③,其病根则在对国学的无知、亵渎与排斥。因此,"国故社"以"昌明中国固有之学术"为宗旨,以挽救"国学沦夷"④相号召。

面对"国故社"的责难,毛子水在《新潮》第一卷五号上撰《国故与科学精神》一文,批评"国故社"成员"既不知国故的性质,亦没有科学的精神"。毛文发表后,张煊即撰文《驳新潮"国故和科学的精神"篇》,再一次指责"新潮社"成员"但知欧化,蔑视国故"。不久,毛子水再撰文《〈驳新潮国故和科学的精神篇〉订误》,于是关于"国故"问题的争论起。这一年8月,作为"新潮社"顾问的胡适写信给毛子水,阐述了他"整理国故"的原则。因胡适的参与,关于"国故"问题的争论遂引起社会的广泛关注。同年11月,胡适写下了《新思潮的意义》一文⑤。文中胡适提出了"研究问题,输入学理,整理国故,再造文明"的十六字主张,指出,所谓"整理国故",就是"从乱七八糟里寻出一个条理脉络来;从无头无脑里寻出一个前因后果来;从胡说谬解里寻出一个真意义来;从武断迷信里寻出一个真价值来"。"整理国故"的具体步骤是:(1)条理系统的整理;(2)寻出每一种学术的渊源;(3)用"科学"的方法作精确的考证,弄清古人的真意义;(4)综合前三项研究,"各家都还他一个真价值"。此后,"整理国故"运动在学术界全面展开。

值得注意的是《新思潮的意义》倡导的新思维方式和价值观念。众所周知,《新思潮的意义》一文是"整理国故"运动的纲领性文献。文中提出的"新态度"——"评判的态度",集中到一点,即在价值观念上用近代的自由、民主原则取代封建的权威主义;在思维方式上,一切结论都须经理性思考,用条理、系统的"科学"方法求得事物的真相及其真意义,以取代对"外在真理"的迷信。这种态度实质上也就是"民主"、"科学"精神。因此,"整理国故"运动本质上是作为新文化运动的重要组成部分而发展起来的。

"整理国故"运动的重要意义,甚至清华研究院的成立也可以看作这一运动的产物。这一点,当时清华研究院专任导师、考古学委员会主席李济之(李济)先生有明确

---

① 傅斯年:《新潮之回顾与前瞻》,载《新潮》二卷一期"附录"。
② 傅斯年在《新潮之回顾与前瞻》一文中说:"民国六年的秋天,我和顾颉刚君住在同一宿舍同一号里,徐彦之君是我们的近邻。我们几个人每天必要闲谈的。有时说到北京大学的将来,我们抱很多的希望,觉得学生应该办几种杂志。"云云。
③ 《讲学救时议》,《国故》第三期。
④ 《发起始末》,《国故》第一期。
⑤ 《胡适作品集》第六集,台北远流出版社1986年版。

的表述。他说:"民国十四年为清华学堂开办国学研究院的第一年,这在中国教育界可以说是一件创举。国学研究院的基本观念,是想用现代的科学方法整理国故。""清华研究院所请的第一批教授(实称导师)有王国维、梁启超及陈寅恪、赵元任诸先生,我是受聘去作讲师的第一人。那时华北的学术界确是很活跃,不但纯粹的近代科学如生物学、地质学、医学等均有积极的研究工作表现,就是以科学方法整理国故为号召,也得到社会上热烈支持。"①

清华研究院"四大导师"是当时中国学术界最负盛名的学者。在中国现代教育史上清华研究院的地位有口皆碑,人所首肯。其"整理国故"与胡适等人强调的"整理国故"或许有差别,但对"国故"加以"整理",这一点二者一致。从这个意义上可以说,倘若没有胡适等人的提倡,没有当时风靡全国已经形成一种时代氛围的整理国故运动,也就没有清华研究院。所以,对于整理国故运动解放思想,破除迷信的意义,以至于这场运动在中国现代学术思想史和现代教育史上的重大影响,都应给予充分的肯定。

因整理国故运动本身所具有的怀疑主义性质,它也就自然成了现代疑古思潮的思想原动力。顾颉刚说:"整理国故的呼声倡始于太炎先生,而上轨道的进行则发轫于适之先生的具体的计划。我生当其顷,亲炙他们的言论,又从学校的科学教育中略略认识科学的面目,又因性喜博览而对于古今学术有些知晓,所以能够自觉地承受。"②"我的研究古史的经历甚简单。幼年读过几部经书,那时适值思想解放的运动,使得我感到经书中有不少可疑的地方。其后又值整理国故的运动,使得我感到这方面尽有工作可做。"③

1920年11月胡适写信给顾颉刚,向他询问姚际恒《九经通论》的版本问题。顾颉刚对歌谣、戏曲和故事原就有一种朦胧的"演化成型"的认识,就在这一年,胡适考证《水浒》的文章发表,对顾颉刚触动很大,"他时常给我以研究历史的方法,我都能深挚地了解而承受",在北大听胡适的"中国哲学史"的课,顾更对胡适产生了敬慕之心,在接到胡适的信后,"不觉触发了久蕴积于心中的疑古的兴趣"④,遂开始校点姚际恒的《古今伪书考》。1921年1月,胡适借给顾颉刚一部《崔东壁遗书》,并在1月24日致信顾,建议全部翻刻崔述的《考信录》。顾接到胡的信后,第二天便回信表示愿意标点《考信录》。顾又将他1922年写的《郑樵传》和《郑樵著述考》发表在《国学季刊》第

---

① 蒋天枢:《陈寅恪先生编年事辑》,上海古籍出版社1997年版,第56页。
② 《古史辨》第一册《自序》,第78页。
③ 《古史辨》第四册《顾序》,第2页。
④ 6年以后,胡适在谈论往事时曾不无得意地说:"承顾先生的好意,把我的一封四十八个字的短信(按:即胡向顾询问姚际恒《九经通论》版本的那封信)作为他的《古史辨》的第一篇。我这四十八个字居然能引出这三十万字的一部大书,居然把顾先生逼上了古史的终身事业的大路上去,这是我当日梦想不到的事。"见《古史辨》第一册,第335页。

一、第二期上。这两年中,胡适、顾颉刚、钱玄同之间不断有讨论辨伪和古史问题的信函往复。1923年2月,顾颉刚将他给钱玄同的一封信截取了下半篇,加题《与钱玄同先生论古史书》,发表在《读书杂志》第九期上,正式向学术界公布了著名的"层累地造成的中国古史"说。"层累说"一问世,立刻在学术界引起轰动,"竟成了轰炸中国古史的一颗原子弹"①。因"层累说"涉及禹等是否有"神性"等问题,刘掞黎、胡堇人等遂以考辨禹等学术问题为契机,与顾颉刚展开了反复的辩论。钱玄同站在顾颉刚一边参与了辩论。稍后,柳诒徵也加入辩论。这场笔墨官司打了9个月。胡适一开始没有参与。到论战暂告停顿时他在《读书杂志》第十八期上发表了《古史讨论的读后感》,以论导师和裁判员的角色定位对这场辩论给予了高度评价,认为"这场论战可算是中国学术界的一件极可喜的事,他在中国史学史上的重要一点不亚于丁在君先生们发起的科学与人生观的讨论在中国思想史上的重要"②。胡适摆出一副很公允的姿态,认为辩论双方都希望求得古史的真相,"并不是顾先生对古史有仇而刘先生对古史有恩"。但胡适的立场实际上站在顾颉刚一边,对此他并不讳言"内中颇有偏袒顾先生的嫌疑"③。

由顾颉刚引起的这场古史问题大讨论,其本质仍然是"科学与民主"思想的继续和延伸,它是"整理国故运动"在古史领域内的主要表现。由于这场辩论紧扣了时代关注的热点,因而从一开始就吸引了一大批国内一流学者的参与。胡适最终参与了论战,以他的名气,更为这场论战增添了学术吸引力和推动力。早在论战之初,曹聚仁就将发表在《读书杂志》上的有关论战的文章编辑成《古史讨论集》在上海出版。等到1926年顾颉刚将数年来讨论古史的论文汇集成一册,又加了一篇六万字的长序,以《古史辨》之名面世时,疑古运动早已在中国现代学术思想的舞台上纵横捭阖而惊天动地了。所以《古史辨》第一册的销路才会那样好,"一年里竟重印了十二版"④,从《古史辨》第一册问世一直到1940年,《古史辨》一共出了320万字七大册。其中第一、二、三、五册由顾颉刚主编;第四、六册由罗根泽主编;第七册分上、中、下三分册,由吕思勉、童书业主编。《古史辨》遂成为中国现代疑古思潮涌动和发展的结晶与代表作。

第二节 胡适辨伪学甄别

胡适是中国当代学术思想史上的重要人物,在诸多学术领域都扮演了一个"但开

---

① 《古史辨》第一册,第17页。
② 《古史讨论的读后感》,《古史辨》第一册,第189页。
③ 《古史辨》,第198页。
④ 《我是怎样编写〈古史辨〉的》,《古史辨》第一册,第21页。

风气不为师"的角色。从疑古学角度看,胡适是"整理国故"运动的首倡者,因而对中国现代疑古运动的作用不可否认。胡适对于疑古运动的影响主要体现在方法论层面,至于具体的疑古辨伪,胡适的学术成果也有一些,但比起他在方法论方面的影响来毕竟差多了。

一、胡适治学方法论探源

胡适认为他的思想受赫胥黎和杜威的影响最大:"赫胥黎教我怎样怀疑,教我不信任一切没有充分证据的东西。杜威先生教我怎样思想,教我处处顾到当前的问题,教我把一切学说理想都看作待证的假设,教我处处顾到思想的结果……实验主义是进化论出世以后的科学方法。达尔文的生物演化学说给了我们一个大教训:就是教我们明了生物进化,无论是自然的演变,或是人为的选择,都由于一点一滴的变异,所以是一种很复杂的现象,决没有一个简单的目的地可以一步跳到,更不会有一步跳到之后可以一成不变的。"①赫胥黎哲学上是一个不可知论者,其学说除"怀疑"以外还有其他内容;实用主义思想家杜威也不仅局限在胡适所强调的方法论方面。对于赫胥黎、杜威,胡适仅仅强调其中的方法论,这实质上是胡适"顾其一点不及其余"的曲解。将这种"曲解"放到新文化运动的背景下来看,是胡适为反对蒙昧主义采取的一种策略。当然,对胡适的影响,并通过胡适的阐发对中国学术界影响更大的是杜威的实用主义方法论。

1919 年 5 月杜威来华讲学,时间长达两年多。早在杜威来华之前,胡适就撰文《实验主义》介绍杜威。杜威来华后胡适又撰文《杜威哲学根本观念》、《杜威先生与中国》等进一步予以鼓吹。胡适总结杜威思想的核心"是他的哲学方法","总名叫作'实验主义'"。这种方法又可以分作两步说:

(1) 历史的方法——"祖孙的方法"。他从来不把一个制度或学说看作一个孤立的东西,总把它看作一个中段:一头是它所以发生的原因,一头是它自己发生的效果。上头有他的祖父,下面有它的子孙。捉住这两头,它再也逃不出去了。……

(2) 实验的方法——实验的方法至少注意三件事:(一)从具体的事实与境地下手;(二)一切学说理想,一切知识,只是待证的假设,并非天经地义;(三)一切学说与理想都须有实行来实验过;实验是真理的唯一试金石。第一件——注意具体的境地——使我们免去许多无谓的假问题,省去许多无意义的争论。第二件——一切学理都看作假设——可以解放许多"古人的奴隶"。第三

---

① 《介绍我自己的思想》,《胡适文选》(二),上海亚东图书馆 1930 年版,第 7 页。

件——实验——可以稍稍限制那上天下地的妄想冥思。实验主义只承认那一点一滴做到的地步,步步有智慧的指导,步步有自动的实验——才是真进化。①

在胡适的时代,倘若要将西方思想移植到中国,其中还存在一层"嫁接"或者说"结合"的困难。对于"中西结合"的重要性胡适有清醒的认识。他认为,只有在中国传统思想素材中找到那些"可以有机地联系现代欧美思想体系的合适基础",才能"以最有效的方式吸收现代文化"②。因此,在对杜威实用主义方法论进行阐发的过程中胡适十分注意发掘杜威与中国传统治学方法的相同之处,他将杜威的思想方法与清儒考据学结合起来。胡适撰《清代学者的治学方法》一文,正是为了诠释清儒治学方法中与西方"科学"相通。此文将清儒治学方法与实用主义的治学方法相杂糅,第一次对"大胆的假设设,小心的求证"方法论作了系统论述。胡适认为,清代考据学"他们的方法是归纳和演绎同对并用的科学方法"。"这种方法,先搜集许多同类的例,比较参看,寻出一个大通则来,完全是归纳的方法。但是以我自己的经验看起来,这种方法实行的时候,决不能等到把这些同类的例都搜集齐了然后下一个大断案。当我们寻得几条少数同类的例时,我们心里已起了一种假设的通则。有了这个假设的通则,若再遇到同类的例,便把已有的假设去解释它们,看它能否把所有同类的例都解释的满意。这就是演绎的方法了。演绎的结果,若能充分满意,那个解释的通则便成了一条已证实的定理。"③

历史地看,首先,胡适所鼓吹的实用主义政治上体现了反蒙昧主义精神。"拿证据来"的意思就是不迷信、不盲从,敢于怀疑前人认为无可怀疑的"绝对真理",是"要教人一个思想学问的方法,我要教人疑而后信,考而后信,有充分证据而后信"④。在统治中国达二千余年之久的经学历史上处处都是独断与迷信,因此,胡适的实用主义方法,其解放思想反对迷信的政治作用当给予充分肯定。

其次,清儒治学严谨、博洽,将结论处处建立在充分证据的基础上。胡适强调清儒这种治学品格,并将其与实用主义方法论巧妙结合,这有利于中国学术界对于西方思想和方法论的消化与吸收。比起五四后蜂拥而入的其他思想流派来,实用主义能够在很长一段时期内独领风骚,其中一个重要原因就在于胡适将这种思想进行了"中国化"的改造。胡适本人的治学,一般能够自觉运用清儒的考据方法。在校勘、版本目录等方面胡适下的工夫更多,显示出了比较扎实的学术功底,取得了很大成就。胡适治学有博洽的一面,主要得益于乾嘉考据学实事求是学风的影响。

---

① 《杜威先生与中国》,《胡适文存》卷二。
② 《先秦名学史》,学林出版社 1983 年版,第 9 页。
③ 《胡适文存》卷二,第 273 页。
④ 同上。

从思维的一般逻辑过程来看,胡适的"大胆的假设,小心的求证"这"十字箴言",比较明确地描述了科学研究中部分思维过程的运动轨迹,在方法论理论表述的概括性上,胡适的说法具有相当的开创性和严密性。

对于胡适这"十字箴言",现在人们批评比较多地集中在胡适之对待"假设"的问题上。实际上,从方法论角度看,"假设"是人类探索自然了解世界一个不可或缺的环节。在自然科学发展史上,人对未知世界的探索过程离不开"假设"的作用。亚方斯在其《辨学》中曾指出:牛顿本人虽反对假设,但他提出"万有引力"仍然未能离开"假设"。如果没有"假设"万有引力不可能发明。亚方斯将牛顿发明万有引力称之为"最伟大、最成功之假说"①。当然,假设成立与否,其先决条件"全存于其能征,即其与所观察之事实相符合。故发明一无征之假说,或发明之而忽于征实之,则此说无用或虚妄也"。但这并不能否定作为方法论的假设本身的存在价值。因为假设除了会产生虚妄臆想的可能性外,还有达到科学认识之可能性的另一面,"苟其征实慎密完全,则吾人固无以难假说"②。

但是,胡适的"十字箴言"方法论又存在着明显的缺陷。其表述将"假设"的顺序排在"求证"之前,且在"假设"前再加以"大胆"二字,认为"假设不大胆,不能有新发明"③,甚至说"假说是愈大胆愈好"④,排在后面"求证"的"证"虽然是指"证据",但"证据"既在"假设"之后,且冠之以"求",这就很容易使人认为"假设"是第一性的,可以先有假设,再去寻求证据来支持假设,因而"证据"是第二性的,只是服务于"假设"。这里,"求证"有"小心"作限定,在辞义的理解上可以认为这只是要人"求"而保持谨慎,不要犯错,这"保持谨慎,不要犯错"又可以理解为不要去找或者存心避开那些逻辑上与假设相抵牾的材料。那么,假设究竟可以大胆到什么程度?如果说"拿证据来"是假设的前提,有几分证据才能下几分假设,假设也就不必再冠以"大胆"二字。胡适说"这种方法实行的时候,决不能等到把这些同类的例都搜集齐了然后下一个大断案",这就给臆断留下了太多余地。"当我们寻得几条少数同类的例时,我们心里已起了一种假设的通则","有了这个假设的通则,若再遇到同类的例,便把已有的假设去解释它们,看它能否把所有同类的例都解释得满意。""演绎的结果,若能充分满意,那个解释的通则便成了一条已证实的定理。"那么,这"少数"同类的例"少"到什么程度人们就可据此下一个假设的"通则"呢?胡适虽承认假设的通则产生以后还需经过同类例的验证才能成为"证实的定理",而且这一"定理"可随新证据的发现而修正,但具体操作起来,第一,它很容易使人仅仅根据"少数"的例便得出一个假设的通则,紧

---

① 亚方斯:《辨学》王国维,译,三联书店1959年版,第169页。
② 同上。
③ 《清代学者的治学方法》,《胡适文存》卷二,第242页。
④ 《治学方法》,《胡适讲演集》上册,第14页。

接着，在没有经过进一步验证之前就将此"假设的通则""一步"跳到"定理"的高度。第二，它更容易使人在假设待证的通则产生以后，"有选择"地去检验例证。对于这个通则有利的例证，不妨拿通则去检验；碰到与这个通则相反、不利的例证，可以对之"忽略不计"甚至"视而不见"。

尤其值得注意的是，自然科学与人文学科特点不同，这一点在"科玄之争"的大讨论中被所谓"玄学家"认识到，却被当时的"科学派"所否认，那就是：与自然界的运动规律比较地整齐划一相比，人类社会有着太多"主观"的"不确定因素"，这构成了人类社会的重要特征。因此，用"实验"——可在实验室或通过数学、物理学的计算，通过某些定理运用来完成——的方法，对于探索自然规律或许不失为一种可称之为"科学"的方法。但将这种方法移用于人文学科时不见得就"科学"。历史学则不仅受人文学科一般特点的制约，且它还受自身学科的制约："历史"只能是业已逝去的人类社会客观实践的"结晶"，相对于历史客观，史料总是"残缺不全"的。因为历史学处在这"双重制约"之下，人们对于"历史"就只能是一个"大体"的了解。相比于自然科学对自然界了解的"大体性"来，历史学的"精密"程度无疑要差很多。因此，如果不加限制地将"实验"的方法夸大为唯一科学的方法并移用于历史学领域，很容易引起认识上的偏差。

以此我们看胡适所谓的"历史的方法"即"实验的方法"，恰恰是将实验的方法移用到了历史学领域，而且胡适又不适当地夸大了这一方法的"科学性"，从而使胡适对历史的认识出现了重大偏差。例如胡适谈他的古史观："大概我的古史观是：现在先把古史缩短二三千年，从诗三百篇做起，将来等到金石学、考古学发达上了轨道以后，然后用地底下掘出的史料，慢慢地拉长东周以前的古史。"又说：对于史籍记载"宁疑古而失之，不可信古而失之"①。我们当问：胡适"先把古史缩短二三千年"这个通则，搜求了多少"同类的例"？胡适说"将来等到金石学、考古学发达上了轨道以后，然后用地底下掘出的史料，慢慢地拉长东周以前的古史"，是胡适也相信金石学、考古学中必有可以证明东周历史的史料存在，那么，设定"先把古史缩短二三千年"这个通则，胡适并没有搜求金石学、考古学上"同类的例"。而当时金石学、考古学已经取得了相当成就，从中获得史料早已不是一件困难的事了。王国维的甲骨文研究，强有力论证了《史记》中商代历史的可信性，这也早已蜚声学界，名闻遐迩。对于这些唾手可得的史料甚至现成的研究成果，胡适为什么不去"搜求"一番？"宁疑古而失之，不可信古而失之"，疑古疑错了都不当紧，就是不能信古信错了。胡适首先抱定一个古史必然可疑，古史没有理由不可疑的成见在胸，这种立场导致了为疑古而疑古的"强疑"。胡适批评崔述因为先有了相信圣人经典的成见，因而不能贯彻其"考而后信"的

---

① 《自述古史观书》，《古史辨》第一册，第22页。

精神到底，每每落入"先信而后考"的境地①。若拿了胡适对崔述的批评反批评胡适，我们可以说：胡适"宁疑古而失之，不可信古而失之"正是一种典型的"先疑而后考"，追根溯源，则是"大胆假设，小心求证"方法论中的消极因素影响使然。

要之，胡适的方法论是一个庞杂的体系。一方面，他有类似于乾嘉考据学"实事求是"的治学倾向；另一方面，为打破千年一贯对于传统的迷信，胡适在方法论中加入了"大胆怀疑"的成分。怀疑如果以"证据"为前提，结果原应当走向科学的认识。但胡适因先已抱定中国传统文化必然可疑的偏见，致使其治学一定程度上产生了臆断、虚妄的成分，这一点又与科学精神背道而驰。因此，对于胡适的方法论应作两分的分析与评判。

二、从诸子学研究到《老子》考辨：胡适辨伪学的一种剖析

1.《诸子不出于王官论》：胡适辨伪学方法论的初步运用

1917—1919年，这三年可以视为胡适对中国传统文化进行学术清理的介入期。这三年中胡适的两部著述和一篇论文值得重视。两部著作，一为1917年发表的《先秦名学史》，另一部是1919年商务印书馆初版的《中国哲学史大纲》。论文则是1917年4月发表的《诸子不出于王官论》。从观点、内容上看，著作和论文间有着密不可分的关系。

1917年胡适完成了他在美国哥伦比亚大学的博士论文《先秦名学史》。胡适写道："非儒学派的恢复是绝对需要的，因为在这些学派中可望找到移植西方哲学和科学最佳成果的合适土壤。关于方法论问题，尤其是如此。"②

这说明，胡适当时的理想，是希望通过诸子学的研究寻找到一座沟通中西方文化的思想桥梁，以便将"科学"的观念特别是"科学"的方法论移植到中国来。胡适所寻找的中国一方的代表，最初定格在先秦诸子学研究上。

与《先秦名学史》相比，《中国哲学史大纲》的知名度当然更高。但《先秦名学史》的一些基本观点和素材都用到了《中国哲学史大纲》中③。因此，《先秦名学史》可以视为《中国哲学史大纲》的先声。

与上述两部专著相比，论文《诸子不出于王官论》更加值得注意。论文发表于1917年4月，那么，论文的写作应当在此之前。也就是说，在胡适的两部专著和一篇论文中，论文最先动笔。论文中的一些基本观点，构成了《先秦名学史》和《中国哲学史大纲》的指导思想。1919年2月商务印书馆初版《中国哲学史大纲》，胡适又将论

---

① 《崔东壁遗书序》，载《崔东壁遗书》，第1044页。
② 《先秦名学史》，《导论》，学林出版社1983年版，第9页。
③ 《先秦名学史》，《附注》，第2页。

文作为"附录"收入,这显示了他对这篇论文的重视。因此,《诸子不出于王官论》实际上又可作为解读胡适诸子学研究的一把钥匙。1933年《古史辨》第四册初版,论文又被收入,从而引发了一场诸子学研究的热潮,真正使诸子学的研究别开了生面,如钱穆所说:"尝谓近人自胡适之先生造《诸子不出于王官论》,而考辨诸子学术源流者,其途辙远异于昔。"① 顾颉刚也说:自读了《诸子不出于王官论》,"仿佛把我的头脑洗刷了一下,使我认到了一条光明之路"②。从现代疑古学发展的角度看,这篇论文的意义也值得重视。因此,这里将《诸子不出于王官论》作为解析胡适诸子学研究的津筏是合适的。

《汉书·艺文志》本刘歆《七略》有九流出于王官说。胡适认为,先秦诸子奋兴,学术自由,这与独裁而主张舆论一律的王官之学南辕北辙,故诸子学不可能出于王官③。由此可见,胡适撰《诸子不出于王官论》,最初有一层"反封建"的思想启蒙和提倡学术民主的动机。

在诸子学的缘起问题上,章太炎的《诸子学略说》先于胡适发表,且很有影响。章太炎认为诸子学出于王官,主张与胡适恰恰相反。胡适撰《诸子不出于王官论》,一方面要肃清千年以来《汉书·艺文志》的影响,不如此,反封建的学术"民主"无以立足;另一方面,"不破不立",胡适认为,"近人说诸子出于王官者,惟太炎先生为最详"④,若不将学界泰斗太炎驳倒,胡适的整个诸子学研究体系就建立不起来。

《汉书·艺文志》有儒家出于司徒之官,墨家出于清庙之守,纵横家出于行人之官等说法。《艺文志》又列晏子于儒家,将管子列于道家。胡适对《艺文志》的这种分类进行了批驳。其中有较有价值的某些原创性内容,如说"周官司徒掌邦教儒家以六经设教,而论者遂谓儒家为出于司徒之官。不知儒家之六籍,多非司徒之官之所能梦见。此所谓施教,固非彼所谓教也";如说"纵横之术出于行人之官,不知行人自是行人,纵横自是纵横,一是官守,一为政术,二者岂相为渊耶?"如说"其最谬者,莫如墨家为出于清庙之守。夫以'墨'名家,其为创说更待何言?"⑤ 应当说《艺文志》对诸子学的分类安排的确有牵强之处。胡适的抉摘有其中肯之处。

《诸子不出于王官论》二分之一的篇幅用在了驳斥章太炎上。从总体上看,胡适对章太炎的指责比较武断。

太炎《诸子学略说》提出了一个观点,认为道家和墨家出于史官之学。他指出,老聃为柱下史,为征藏史,故道家出于史官;"墨家先有史佚,为成王师,其后墨翟亦受学

---

① 《古史辨》第四册,《钱序》,第1页。
② 《古史辨》,《顾序》,第17页。
③ 《古史辨》第四册,第6页。
④ 同上书,第5页。
⑤ 同上书,第3页。

于史角。"

胡适驳章太炎谓:"史佚之书,今无所考,其名但见《艺文志》;其书之在墨家,亦由晏子之在儒家与伊尹、太公之在道家耳。若以墨翟之学于史角为诸子出于王官之证,则孔子所师者尤众矣。况史佚、史角既非清庙之官,则《艺文志》墨家出于清庙之说亦不能成立。"①

这里,胡适谓史佚、史角既非清庙之官,故《艺文志》墨家出于清庙之说不能成立,这个驳论可以成立,然不足以难太炎。胡适否认晏子在儒,伊尹、太公在道,也未足以驳倒太炎之史佚在墨,为墨家滥觞之论;更未能撼动太炎之道家出于史官,史官之学是为道家源头之说。换言之,胡适言之成理的部分尚未足以全面否定诸子学与王官的确了无干系。而章太炎说法的意义则在于,他从学术源流的角度立论而穷原竟委。其论述对于理解史官文化曾经广泛而深刻地影响过上古时代的学术思想是有帮助的。——上古时代学术思想缘起的那一层神秘面纱被章太炎撩开了一角。自从人类踏进文明社会的门槛以后,巫史或者说史官曾经垄断了教化权,揆之于古代东西方的史实莫不皆然②,《艺文志》的某些说法并非毫无根据。特别是《艺文志》提到了史佚,这或许反映了史官文化孑遗的某种信息。胡适并没有拿出足够的理由支持他的论点。而根据《艺文志》的说法,章太炎将道家与墨家之学溯源于史官文化,太炎先生的眼光却是犀利的。学在官府局面的形成与史官垄断教化权有很大关系,此即太炎所说"不仕则无所受书"的原因所在。

因为学在官府,是故诸子"学"出于王官,这是《诸子学略说》的一个重要论据。胡适不同意,认为:"古代书册司于官府,故教育之权秉于王官,非仕则无所受书,非吏无所得师,此或实有其事亦未可知;然此另是一问题。古者学在王官是一事,诸子之学是否出于王官又是一事。吾意以为,即令此说而信,亦不足证诸子出于王官。盖古代之王官定无学术可言。"③

古代学在官府,此为学术界先贤所论中特见屡见而不一见者,定为不诬之论。胡适谓"此或实有其事亦未可知",是明知而故作混沌状。可以胡适之道还治其人之身:王官有无学术是一事,执掌王官之学的史官有无学术,此又是一事。若无此"学"焉有彼"学"? 此学为彼学之滥觞,之渊薮,自学在官府言之亦定然不诬。胡适云"学术之兴,由简而繁,由易而赜;其简其易,皆属草创不完之际,非谓其要义已尽具于是也"。既如此,无简易何来繁赜?必繁赜之学始可称学,简易之学断不可称学,此不啻成人之子便不认其母,亦难逃数典忘祖之讥。

---

① 《古史辨》第四册,第5页。
② 巫史不分,史官垄断教化权,上古时期,东西方各国如埃及、巴比伦、印度、希腊、罗马莫不如此,中国尤其如此。限于篇幅,此问题这里不能展开。
③ 《古史辨》第四册,第6页。

要之,学在官府与诸子奋兴的"学术民主"虽南辕北辙,但学在官府是一个不容否认的史实,不能因为强调学术民主便否认诸子学与出于官府的王官学了无干系。诸子奋兴本身也有一个发展过程,并非从主张舆论一律的王官之学中一定就发展不出诸子学。胡适总因过于看重诸子学之"现代性",遂不免忽略了它的传统性,割断了诸子学的"历史渊源",遂使其立论走上了偏勇一路。

2.《中国哲学史大纲》:胡适辨伪学方法论的系统化

胡适将乾嘉考据学作为"科学"来对待。在介入诸子学研究时,胡适特别重视乾嘉学者所擅长的校勘、训诂、版本目录学。在批判地继承乾嘉考据学的基础上,胡适建立了他的辨伪学方法论。这一点,《中国哲学史大纲》中有比较典型的反映。

胡适认为:校勘"这种学问,从古以来,多有人研究,但总不如清朝王念孙、王引之……诸人的完密谨严,合科学的方法"。

在总结乾嘉考据学经验的基础上,胡适试图找到审定史料真伪的规律,提出了五种方法:(一)史事,即看书中的史事是否与作书人的年代相符,来定该书或书中篇章的真伪;(二)文字,即根据某一时代文字的特点辨别真伪;(三)文体,即根据某一时代文体的特点定真伪,因为"后人尽管仿古,古人决不仿今";(四)思想,即根据某人或某一部书的思想脉络是否前后一致或矛盾抵牾来定真伪;(五)旁证,用本书以外的其他材料来定书的真伪。

但胡适对乾嘉考据学也有批评。他认为:"清代的汉学家最精校勘训诂,但多不肯做贯通的工夫,故流于支离破碎。校勘训诂的工夫,到了孙诒让的《墨子间诂》,可谓最完备了,但终不能贯通全书,述墨学的大旨。"[①]

这里,胡适对乾嘉考据学的批评是中肯的。乾嘉学者往往局限于对字、辞、音义的考证,虽然他们考据精详,但每识"字"而不通"义",过于重视"局部"而忽略"全局",缺乏对史料高屋建瓴的把握和富有理念的贯通性理解,因而乾嘉考据文章一般都逃脱不了枯涩、干瘪,难以卒读的毛病。胡适所批评的"支离破碎"终是清儒的一个严重缺陷。

我们看《中国哲学史大纲》,简明扼要是一个显而易见的长处。尽管书中三分之一的篇幅用在考据上,但因语言活泼清新,有贯穿始终的思想理念,这就使胡适的考据有了一个"魂"。他的考据性文字,读来绝无偏枯謇涩之感。而且,胡适笔下常浸淫感情,渗透着他的人生感悟和社会体验,且每夹于有关校勘、训诂的艰深考证和对抽象难解的学术思想的索赜探微间,读来每使人有跋涉于艰途之际,突遇一泓清泉,忽见一座青山,可以在此歇脚休憩,掩卷而思。经过了五四新文化运动的洗礼,手中掌握着白话文和西方进化论的思想武器,胡适的治学方法,比起乾嘉考据学者来的确上

[①]《中国哲学史大纲·导言》,第21页。

了一个台阶。

但是,《中国哲学史大纲》出于"大胆假设"的臆断之处也很明显。例如,谢无量《中国哲学史》引用《列子》和《淮南子》的说法,认为这些都是"古说而诸子述之。吾国哲学思想初萌之时,大抵其说即如此"。胡适根本不同意,认为在我国决谈不上"邃古哲学"、"唐虞哲学",并指出:"唐、虞、夏、商的事实,今所根据,止有一部《尚书》。但《尚书》是否可作史料,正难决定。梅赜伪古文,固不用说。即28篇'真古文',依我看来,也没有信史价值。"①

《尚书》的史料价值,今天来看已确然无疑。即便在胡适的时代,学界也很少有人像他那样将《尚书》的史料价值贬得一无是处。《中国哲学史大纲》提不出任何站得住脚的否定《尚书》的理由。如《金滕》:"天大雷电以风,禾尽偃,大木斯拔。……王出郊,天乃雨,反风。禾则尽起。二公命邦人,凡大木所偃,尽起而筑之,岁则大孰。"这则史料,主要记载的是大雷电、暴风、骤雨等自然现象。但胡适却认为:"这岂可用作史料?我以为《尚书》或是儒家造出的'托古改制'的书,或是古代歌功颂德的官书。无论如何没有史料的价值。"②

实际上,在周代那样一个充满自然崇拜的时代,自然现象的制约性影响,无论对于普通百姓还是政府史官都是巨大的。史官绝不敢在这上面"伪造"。神灵的"天罚"对上古史官的制约,必是上述记载具有基本真实性的保证,这也是上述记载具有珍贵史料价值的基础。胡适的立论全凭猜测,不能成立。

又如,对于《周易》,胡适认为:"至于《易经》更不能用作上古哲学史料。《易经》除去《十翼》,止剩得六十四个卦,六十四条卦辞,三百八十四条爻辞,乃是一部卜筮之书,全无哲学史料可说。故我以为我们现在作哲学史,只可从老子、孔子说起。"③

为什么"卜筮之书"就"全无哲学史料可说"? 胡适并没有给出一个合理的解释。胡适在论述孔子的思想时大量引用《周易》,又说《周易》只有三个基本观念:"(一)易,(二)象,(三)辞。"是胡适也不排斥"象"。"象"不正出于"卜筮"之需吗? 胡适说《周易》第一义为"变易",这一思想首先存在于卦辞、爻辞中,然后才在《易传》中得到了进一步阐发。如果否定卦、爻辞,胡适实际上已将其立论的前提推倒。这种地方,胡适的持论都欠平实,断得太过太勇。

三、辩证《老子》与胡适对其方法论的总结和反思

《中国哲学史大纲》最值得注意的是考辨老子其人和《老子》一书。这不仅是因为

---

① 《中国哲学史大纲》,第16页。
② 同上书,第17页。
③ 同上。

老子和《老子》的研究本身就具有相当的学术价值,而且还因为胡适考辨老子和《老子》引发了旷日持久的诸子学研究热。

《中国哲学史大纲》专列"老子考"一节,考证《老子》的章节、内容以及版本问题。胡适注意吸收利用乾嘉考据学者已经取得的成果。如《老子》第五十三章:"行于大道,唯施是畏。"王弼注"唯施为之是畏也"。河上公注略同。两家注均扞格难解。胡适引王念孙《读书杂记余编》指出,"唯施"之"施"义当同"迤"。"迤"即"邪"。经此一解,《老子》中难读懂的字、句变得文通句顺了。

但胡适也有妄断处。如《老子》第三十二章有"天地相合,以降甘露"八字,胡适认为,这八个字"既失韵,又不合老子哲学。疑系后人加入的话"。实际上,《老子》此八字为古本所有。据1973年湖南长沙马王堆三号汉墓出土的帛书《老子》甲乙本①,甲本此八字作"天地相谷(合),以俞甘洛(露)",乙本作"天地相合,以俞甘洛(露)"②。证之以今本《老子》,今本无误,胡适误。

又,对于《老子》中"名亦既有,夫亦将知止,知止可以不殆"一句,胡适引王弼本,断王弼本《老子》"夫亦将知止,知止可以不殆"中的"知止"原为"知之";"不殆"原为"不治",并认为之所以今本《老子》作"知止可以不殆",是经过了"妄人"对王弼本的篡改③。胡适这个论断也没有根据。据帛书《老子》乙本,此句原文恰作"名亦既有,夫亦将知止,知止所以不殆"④。以此可断定王弼本必据古本而来,胡适擅自改动王弼本,恰属"妄改"。

众所周知,《中国哲学史大纲》是我国第一部用现代学术思想和方法系统研究中国哲学史的专著。该书的发表在当时引起了巨大反响。出书不到两个月即再版,到1922年已出到第八版,可谓风行。此书出版之际,27岁的胡适被蔡元培聘任为北大教授,因此,《中国哲学史大纲》的出版也是胡适"暴得盛名"的重要原因之一。

20世纪20年代初风云际会瞬息万变,胡适在一夜之间成为万众瞩目的学术明星,这多少绷紧了他和学术前辈如梁启超、章太炎等人之间的关系。因此,《中国哲学史大纲》出版后不久,1922年梁启超即发表讲演,提出了六条可疑的理由对胡适书所说的老子和《老子》一书的成书年代表示质疑。

梁启超有地位,有声望,他的演讲一发表,立刻引起了学界的重视。梁文发表仅

---

① 据研究,帛书《老子》是目前所见到的《老子》一书的最古老的本子。帛书《老子》甲本写定的年代,最晚在汉高祖时代,约公元前206—前195年间;帛书《老子》乙本写定的年代,当在惠帝或吕后期间,约公元前194—前180年间。见陈鼓应《老子注释及评价》,中华书局1984年版,第409页。
② 引自陈鼓应:《老子注释及评价》,第441页。
③ 《中国哲学史大纲》,第44页。
④ 引自陈鼓应:《老子注释及评价》,第441页。

一周,张煦即作《梁任公提诉老子时代一案判决书》,对梁启超提出的论据逐条反驳①。时隔不久,1923年2月顾颉刚在给钱玄同的信中表示同意梁启超的意见,认为《老子》应成书于战国之末。这实际上也是顾颉刚对胡适意见的否定和委婉批评②。1923年"夏秋之间",钱穆撰《关于老子成书年代之一种考察》,专就"思想上"的线索立论提出了"老在孔后"说。

1931年冯友兰出版了《中国哲学史》。这部书将老子安排在孔子、墨子甚至孟子之后,冯友兰主要提出了三条理由:一、孔子以前无私人著述;二、《老子》的文体非问答体,故应当在《论语》、《孟子》之后;三、《老子》为简明之"经"体,可见为战国作品。又指出:"此三端及前人所已举之证据,若只任举其一,则不免有逻辑上所谓的'丐词'(Begging the qustion)之嫌。"

冯著刚出版,胡适即发表《与冯友兰先生论〈老子〉问题书》。1932年又作《与钱穆先生论〈老子〉问题书》;1933年再作《评论近人考据老子年代的方法》。这三篇论文表现出了一个共同特征,即对"方法论"问题的检讨。

《与冯友兰先生论〈老子〉问题书》针对冯提出"老在孔后"的三点理由,胡适指出:一、所谓"孔子以前无私人著述"之说没有根据,叔孙豹已有"三不朽"说,其中"立言不朽"不能仅仅看成是口说传授;二、冯的"《老子》的文体非问答体,故应当在《论语》、《孟子》之后",这一通则本身即站不住脚。不能说一切问答体都应在《孟子》之后;三、冯的"《老子》为简明之'经'体"一说,此条更不可解。何种文字才是简明之"经"体?冯未能给出一个明确的界定③。

在《与钱穆先生论〈老子〉问题书》中,针对钱穆专门从"思想上的线索"论《老子》当在战国之末,胡适指出:"思想线索实不易言。希腊思想已发达到很'深远'的境界了,而欧洲中古时代忽然陷入很粗浅的神学,至近千年之久。后世学者岂可据此便说希腊之深远思想不当在中古之前吗?又如佛教之哲学已到很'深远'的境界,而大乘末流沦为最下流的密宗,此又是最明显之例。"④

以前两篇论文为基础,胡适在《评论近人考据老子年代的方法》一文中对考辨老子时学界使用的方法论问题进行了全面检讨。胡适将辩论的学者按照方法论分作两组:第一组从"思想系统"或"思想线索"上证明《老子》当成书于战国末。梁启超、钱穆、顾颉刚持这一观点。

胡适分析指出:"这种方法可以说是我自己'始作俑'的,所以我自己应该负一部分的责任。我现在很诚恳的对我的朋友们说:这个方法是很有危险性的,是不能免

---

① 见《古史辨》第四册。
② 见《古史辨》第一册,《与钱玄同先生论古史书》。
③ 《古史辨》第四册,第418页。
④ 同上书,第411页。

除主观的成见的,是一把两面锋的剑可以两边割的。你的成见偏向东,这个方法可以帮助你向东;你的成见偏向西,这个方法可以帮助你向西。如果没有严格的自觉的批评,这个方法的使用绝不会有证据的价值。"

第二组,用文字、术语、文体等来证明《老子》是战国晚期作品。冯友兰、梁启超、顾颉刚使用过这一方法。胡适指出:这个方法,自然有有用之处。"孔子时代的采桑女不应该会做七言绝句,关羽不应该会吟七言律诗,这自然是无可疑的。""但这个方法也是很危险的,因为(1)我们不容易确定某种文体或术语起于何时;(2)一种文体往往经过很长时期的历史,而我们也许只知道这历史的某一部分;(3)文体的评判往往不免夹有主观的成见,容易错误。"① 胡适举例说,一些俗文体看似后起,但实际上却早得多。如敦煌写本中的民谣即是如此。"总而言之,同一时代的作者有巧拙的不同,有雅俗的不同,有拘谨与豪放的不同,还有地方环境的不同,决不能由我们单凭个人所见材料,悬想某一个时代的文体是应该怎样的。"②

在中国现代学术史上,胡适对治学方法论问题最为措意,对学术界也以此方面影响为最大。现在要问:在"疑古"之风正炽的当下,胡适何以屡屡对于先前惯用的疑古方法论提出批评?是否可将胡适此举视为他对业已全面影响甚至"掌控"了史界的线性进化论作某种程度的反思?胡适虽然并没有检讨线性进化论方面的专门论述,他也的确"在《先秦诸子的进化论》、《中国古代哲学史》等文章和著作中""努力地想要以《物种原始》的理论来套古代哲学思想"③,但是,当此种方法论越来越暴露出显而易见的弊端时,不能排除信奉"科学"摒弃"迷信"的胡适对其自觉进行反思甚至批评的可能性。以治史方法论为视域,线性进化论之弊主要表现为将历史运动简单化地诠释为一种直线型的越来越"进步"的模式,看不到或者说不愿意承认历史运动的复杂性、多变性。以"进步"与否为圭臬,"前代"自然不可能"先进于""后代","后代"亦必落后于"前代"。包括文化观念在内的任何历史无不如此,这成为一种当时最流行的认识论方法论上的"公理公例"。然而早在1925年张荫麟作《评近人对于中国古史之讨论》。这是一篇字数不多却胜见迭出的文论,指出疑古派使用了"默证法",此法理据扞格每难通而强为之通,故多有弊端,当谨慎。张认为:顾颉刚的疑古从方法论而言即存在"根本之谬误"。他指出:

> 凡欲证明某时代无某某历史观念,贵能指出其时代中有与此历史观念相反之证据。若因某书或今存某时代之书无某史事之称述,遂断定某时代无此观念,

---

① 《古史辨》第四册,第391—393页。
② 同上书,第395页。
③ 王汎森:《近代中国的史家与史学》,复旦大学出版社2010年版,第59页。

此种方法谓之"默证"(Argument from silence)。①

张氏之驳论可谓一针见血刺中了"层累说"的要害。张氏虽然正面针对的是顾颉刚,实际上却是面向全体"疑古运动"而发,因为疑古运动使用最多的方法正是具有线性进化论本质的"默证法"。究其实质,这也是张荫麟对线性进化论的重要反拨。而从胡适上述对考信辨伪方法论的检讨来看,本质上即可以视为对线性进化论——表现在疑古领域,即对于"默证法"——在遭受批评后的反省与觉悟。看胡的检讨,无论是说"希腊思想已发达到很'深远'的境界了,而欧洲中古时代忽然陷入很粗浅的神学",后世学者不能"据此便说希腊之深远思想不当在中古之前";还是认为"佛教之哲学已到很'深远'的境界","大乘末流"却"沦为最下流的密宗";并且觉悟到用"文体线索"考史很不可靠,"俗文体看似后起,但实际上却早得多",这些都可以归入对于线性进化论弊端,亦即对于"默证"之使用不当的自我批评。随着地下考古材料不断发掘,新史料的不断面世,线性进化论在疑古领域中的典型表现"默证法"的漏洞日益显露。与此同时,参与疑古的学者其本身的治学也在不断发展变化和完善,胡适对方法论的检讨,与其早年那种偏激武断之疑古意态相比已经大为收敛。胡这种学术的自省自觉,同时也可以看作他对"大胆假设,小心求证"方法论的重要修正。

四、从对今古文经之争的态度看胡适疑古立场的变化

今古文经之争是学界长期争论不休、悬而未决的老问题。随着现代疑古运动的勃兴,对于这一问题的梳理成为学界关注的一个重点。今文经学则曾经是疑古派坚守的一块阵地。无论是胡适、顾颉刚还是钱玄同,其立论多采自今文之陈说并据此怀疑历史与史籍。然而,从五四新文化运动后勃兴,疑古运动经过了近二十年风起云涌的发展,运动本身的分化既在所难免,胡适本人的思想也在发生变化。如顾颉刚后来回忆所说:"一九二九年我去看他(胡适),他对我说:'现在我的思想变了,我不疑古了,要信古了!'我听了这话,出了一身冷汗,想不出他的思想为什么改变的原因。"②

胡适说他由"疑古"转向"信古",这个说法是否准确可暂置勿论。但胡适的"疑古"信念发生动摇至少还可以找到一条有力的"内证",那就是在《与钱穆先生论老子问题书》中,胡适对钱穆的《向歆父子年谱》表示了钦佩之意。众所周知,钱文正是反康有为——实际上也就是反对顾颉刚疑古的一篇影响最大的力作。以此,从20世纪20年代末到30年代初胡适发表的对于考信辨伪的方法论检讨的系列论文,正可将其视为"疑古派"分化的标志。

说胡适与疑古派产生分歧,最典型的例证是他对于今文经学的质疑以及对顾颉

---

① 见《古史辨》第二册,第273页。
② 《我是怎样编写〈古史辨〉的?》,《古史辨》第一册,第13页。

刚、钱玄同的批评。这些可在《中国中古思想小史》中找到清晰的答案。《中国中古思想小史》是胡适 1931—1932 年在北大文学院讲授中国中古思想史时编著的讲义。时间上此讲义的写作正发生在胡适对顾颉刚说他要信古而不再疑古从而引起顾不满之后，是故以下排列的时间表颇值得一思：1930 年，顾撰其疑古力作《五德终始说下的政治和历史》，认定《左传》"这部书是刘歆从秘书里提出表章的"①；《古文尚书》是刘歆"把共王的好治宫室和孔氏的家传《古文尚书》拉凑在一起，而成就了这一件新的故事"②；"《周礼》这部书，大家相信是周公致太平之迹，然而溯其来源则由于王莽的'发得'。……这部书的出现不是很有可疑吗？"③"刘歆的伪窜是一件确然的事实。固然以前攻击他造伪的是今文家，但既然是事实，那么就使非今文家也该得承认。"④这就不能不使人联想到上一年胡对顾"不再疑古，而要信古"的表态。时隔不久顾即撰《五德终始说下的政治和历史》，这是否是顾对胡由疑古转向信古的不满和学术回应？而就在顾作《五德终始说下的政治和历史》的第二年，胡即撰《中国中古思想小史》，从内容上看，文中的观点如"《史记》采用了许多《春秋左传》的材料，是无可疑的"；如"《史记》又提到《周官》，《封禅书》中有引'周官曰'的话。《史记·儒林列传》记孔安国家有古文《尚书》，安国'以今文读之，因以起其家。逸书得十余篇'"等，这些观点均与《五德终始说下的政治和历史》矛盾抵牾甚至针锋相对，那么，胡文是否系为批驳顾颉刚而发？更值得注意的是，胡适文中提到的反对顾颉刚观点的代表，正是钱穆以及他的刘向、刘歆父子《年谱》⑤。次年即 1932 年，胡适在《与钱穆先生论老子问题书》中又一次肯定了钱穆《年谱》。如此看来，关于今古文经之争，胡适的立场实已近钱穆而与顾颉刚相左。

探讨今古文经之争，必然要牵蔓到对五德终始说某些具体问题的梳理。1935 年《古史辨》第五册出版，《五德终始说下的政治和历史》面世，钱穆撰长文《评顾颉刚五德终始说下的政治和历史》与顾商榷。同年 4 月，胡适在看了钱、顾正反两方面的文章后"想做一篇文字来参加你们的讨论"⑥，于是写信给钱穆，后此信以《论秦時及周官书》为题，发表于《古史辨》第五册。

《论秦時及周官书》提出了两个值得注意的观点：（1）关于秦祠白帝之三時。胡适指出："以民俗学眼光去看，绝无可疑。西時在秦民族东徙之前，其牲用马，沈钦韩

---

① 《古史辨》第五册，《自序》，第 7 页。
② 同上书，第 9 页。
③ 《五德终始说下的政治和历史》，《古史辨》第五册，第 522 页。
④ 《古史辨》第五册，《自序》，第 7 页。
⑤ 胡适：《中国中古小史》附载其《中国中古思想史长编》之后。见《中国中古思想史长编》，第 289—291 页。
⑥ 《古史辨》第五册，第 637 页。

指为'循西戎之俗',其为民族之神甚明显";(2)"少昊之神自无可疑",崔适"作茧自缚,颉刚也不免大上其当"。在北京大学任教的崔适见《淮南子·时则训》中无少昊等五帝"则信为真",《淮南子·天文训》中有此五帝,则说是"后人窜入"。崔适说:"不然,何以此篇(《时则训》)与之异?"胡适驳斥道:"其实,这全是成见作怪。我们何不问他,何以后人窜入《天文训》而不窜入《时则训》? 此等论断,全凭主观,毫无学者治学方法,不知颉刚何以会上他的大当?"①

胡适批评顾颉刚上了崔适和今文家的当,因此,文中关于少昊问题对崔的诘难实际上也针对顾颉刚。因为在顾颉刚看来少昊的安排是刘歆助莽篡汉的一条铁证。《五德终始说下的政治和历史》即指出:"本来五德终始的系统里是没有少昊其人的。自从王莽、刘歆为要建设新的国本,重排这个系统,没有法子排好,只得把少昊请了进去,在《左传》中插入了伪史,于是汉火新土始得确定。"②

秦祠白帝之三畤问题又涉及五德终始说在秦汉易代之际的运用,也就是五德之"运"在秦汉间政治操作上的实际选择。因此这一问题也就成了今古文经之争的重要内容。顾颉刚认为:秦为金德的说法非常"蹊跷","它和汉为火德(火克金,即汉代秦。——引者)的事情同样的蹊跷,所以我敢说'赤帝子斩白帝子'的传说是后起的。至这说起于何人,我在本文(按,指《五德终始说下的政治和历史》——引者)中尚存疑,并未断定是刘歆。"③

这里,顾先生虽然没有实指秦和汉初所尚的金德与火德之说起于刘歆,但仍然认为这一说法"后起",即这一说法仍然逃脱不了"伪窜"的干系。而胡适对此问题的理解与顾很不同。胡的观点其实早在他写定于 1930 年 8 月(时胡适已对顾颉刚表示过他不再疑古)的《中国中古思想史长编》中已有详尽的说明。胡适写道:"在秦始皇统一中国以前,各国各有他们的宗教习惯,散见于古记载之中。古人所谓'天子祀上帝,诸侯祀先王先公'(《国语》四);所谓'天子祭天下名山大川,诸侯祭其疆内名山大川'(《史记·封禅书》),都暗示那地方性的宗教。战国时代的中国只剩得几个大国了,跨地既大,吸收的人民既杂,各地的宗教迷信也渐渐趋于混合杂糅。但各地民族的主要宗教仍有很明显的地方个性,很容易辨别。如西部的秦民族,东部的齐民族,南部的楚吴越诸民族,皆各有特殊的宗教习惯。""秦民族本是西戎民族,故他们的宗教也和中国不同。他们来自西方,'自以为主少皞之神,作西畤,祀白帝,其牲用骝驹、黄牛、羝羊各一云。'"④"东部海上民族的宗教成为秦帝国宗教的部分。但秦帝国的宗教主体究竟还是秦民族从西方带来的遗风,不过统一之后,四方的民族祠祀都被充分保

---

① 《古史辨》第五册,第 637 页。
② 《古史辨》第五册,《自序》,第 17 页。
③ 《跋钱穆评五德终始说下的政治和历史》,《古史辨》第五册,第 634 页。
④ 《中国中古思想史长编》,第 187—188 页。

留,充分吸收,故成为规模更大的帝国宗教。"①

胡适运用民俗学的方法,指出秦统一中国后以本民族宗教为主,吸收了各国原有的宗教习惯,从而造成了一种统一帝国的新宗教。胡适的着眼点以"融合"与"渐进"为基调,这与"造伪"的"突然窜入"很不同,这一观点却与钱穆批评顾颉刚《五德终始说下的政治和历史》的立场十分相近。钱穆先生在分别"传说"与"造伪"时指出:"传说是演进生长的,而造伪却可以一气呵成,一手创立。传说是社会上共同的有意无意——而无意为多——的一种演进生长,而伪造却专是一人或一派人的特意制造。传说是自然的,而伪造是人为的。传说是连续的,而伪造是改换的。传说渐变,伪造突异。"②这也就是胡适何以在《论秦畤及周官书》中认为秦祠白帝之三畤"绝无可疑"并针锋相对地实指少皞(昊)并非刘歆造伪的原因所在。这与《五德终始说下的政治和历史》坚持秦人受了邹衍阴阳五行说的影响,也就是受了邹衍"作伪"的影响,因而选择了五德终始之"德"运用于政治实践,以及王莽、刘歆伪造了少昊的观点大相径庭。钱穆说:"秦祠白帝有三畤,我不认为伪。"③他的说法与胡适若合符契。

综合而言,从20世纪20年代末到30年代初胡适的疑古信念发生动摇,以及随后胡适对于考信辨伪方法论的一系列检讨;他在《中国中古思想小史》、《中国中古思想史长编》、《论秦畤及周官书》中对古文经学代表性典籍的肯定;他对顾颉刚的批评,可以明显见出,到20年代末30年代初,胡适的疑古立场的确发生了很大变化。作为现代疑古运动的首倡者,胡适的地位确然无疑。胡适的上述变化,使我们有理由将之视为"疑古派"阵营本身发生分化的标志。

第三节 顾颉刚的疑古学

一、顾颉刚疑古学方法论分析

顾颉刚治学受到过胡适的影响。顾颉刚说:"适之先生带了西洋的史学方法回来,把传说中的古代制度和小说中的故事举了几个演变的例,使人读了不但要去辨伪,要去研究伪史的背景,而且要去寻出它的渐渐演变的线索,就从演变的线索上去研究,这比了长素先生的方法又深进了一层。"④又说:"听了适之先生的课,知道研究历史的方法在于寻求一件事情的前后左右的关系,不把它看作突然出现的。老实说,

---

① 《中国中古思想史长编》,第195页。
② 《古史辨》第五册,第620页。
③ 见《古史辨》第五册,第635页。
④ 《古史辨》第一册,《自序》,第78页。

我的脑筋中印象最深的科学方法不过如此而已。我先把世界上的事物看成许多散乱的材料,再用了这些零碎的科学方法实施于各种散乱的材料上,就欢喜分析,分类,比较,实验,寻求因果,更敢于作归纳,立假设,搜集证成假设的证据而发表新主张。""知道惟有用归纳的方法可以增进新知,又知道科学的基础完全建设于假设上,只要从假设去寻求证据,更从证据去修改假设,日益演进,自可日益近真。"①"那数年中,适之先生发表的论文很多,在这些论文中他时常给我以研究历史的方法,我都能深挚地了解而承受,并使我发生一种自觉心,知道最合我的性情的学问乃是史学。"②胡适在"整理国故运动"中提出"以汉还汉,以魏晋还魏晋,以唐还唐,以宋还宋,以明还明,以清还清,以古文还古文家,以今文还今文家,以程朱还程朱,以陆王还陆王,各还他一个本来面目",认为这就是整理国故运动的"准则"③。顾颉刚也认为:"我的唯一的宗旨,是要依据了各时代的时势来解释各时代的传说中的古史。"④在《答刘胡两先生书》中,顾先生承认"层累说"的提出证据不够充分,原因是原先打算将与古史有关的书一部一部读过以后,经过归纳,分别了其真伪异同,"看出传说中对于古史的变迁",然后再下结论。"不幸豫计中的许多篇'某书中的古史'还没有做,而总括大意的《与玄同先生书》已登出。""因为年轻喜事,所以一部分的材料尚未整理完工,而议论已先发表。"⑤顾先生治学中有结论在先、证据(材料)不足的倾向,这与他受胡适"大胆假设,小心求证"实用主义方法论的影响亦不无关系。

1921年,由胡适的建议与帮助,顾第一次系统阅读了《崔东壁遗书》并开始为《遗书》标点。在读崔书后,顾将崔述的方法论与胡适的方法论相结合,提出了著名的"层累地造成的古史"说。从方法论的层面看,中国古代学者中对顾颉刚影响最大的是崔述。如果说"中西结合"在顾颉刚生活的时代是一种普遍性认识,那么,顾颉刚的治学同样有"中"、"西"的"嫁接",顾颉刚所寻到嫁接的两端,一端的代表是胡适,另一端的代表则是崔述。

鉴于崔述方法论对于顾颉刚的重要意义,这里有必要重温一下崔述。前文曾指出,"世益晚则采择益杂,时愈后却载记愈详",这是崔述总结的主观成伪的一条最重要的规律,也是崔述方法论的核心。崔述认为:"世近则所闻详,学深则所记多,此必然之理而无可疑者也。然吾尚读《尚书》,孔子之所序也,乃仅断自《尧典》以下。其后五百余年,有司马迁,其学不逮孔子远矣,而所作《史记》乃始于黄帝。至司马贞,又后于迁者近千年,其学亦益不逮,乃为迁补《本纪》,又始于伏羲氏,前于黄帝者千数百

---

① 《古史辨》第二册,《自序》,第95页。
② 《古史辨》第一册,《自序》,第40页。
③ 《国学季刊发刊词》,《胡适文存》第二集卷一。
④ 《古史辨》第一册,《自序》,第65页。
⑤ 《古史辨》第四册,《顾序》,第40页。

年。下至于明,世益晚,其人如王世贞、钟惺辈,学亦益陋,而其所作《纲鉴捷录》等书乃反始于开辟之初,盘古氏之时。是何世益远,其所闻宜略而反益详。"①

而我们知道,顾颉刚先生于1923年4月提出"层累说"之前曾经有过一段求访崔著的经历。顾先生说:"约莫在我十二三岁时,我在家中找出了一部李元度所著的《国朝先正事略》……其中有《崔东壁先生事略》一篇,说他著有《补上古考信录》、《唐虞考信录》、《夏考信录》、《商考信录》、《丰镐考信录》、《洙泗考信录》,把西周以前的历史和孔子个人的历史,作出了细密的考辨,于是大量的《传》、《记》中许多失真的记载给他一扫而空了。这岂不是一件大快事!但是这部伟大的著作,直到我大学毕业时还没有看见。"②

顾最初见到崔著在1921年1月,是由胡适借给他的。胡适有民国十年一月二十四日致顾颉刚函一通:"颉刚,近日得崔述的《东壁遗书》(还不是全书,乃是《畿辅丛书》本只有十四种,但《考信录》已全)……此书我一二日内可看完。今先送上《提要》一册。此为全书最精彩之部分,你看了便知他的书正合你的'伪史考'之用。……"③

在这封信中,胡适建议顾颉刚全部翻刻崔述的《考信录》。顾接到胡的信后,第二天(民国十年一月二十五日)便立即回信,表示愿意标点《考信录》。事隔一周(民国十年一月三十一日),他已读完胡适所借给的《考信录提要》并复信给胡说:"《考信录》已读两册,大快。"④可知,顾在1921年1月已读过《考信录提要》,也可知胡适在"一二日内读完"《东壁遗书》后至少把其中的《考信录》借给了顾颉刚。

过了两年多,到1923年4月,顾先生提出了著名的"层累说",这一学说的核心有三:"第一,可以说明时代愈后,传说的古史期愈长。……周代人心目中最古的人是禹,到孔子时有尧舜,到战国时有黄帝神农,到秦有三皇,到汉以后有盘古等。第二,可以说明'时代愈后,传说中的中心人物愈放愈大'如舜,在孔子时只是一个'无为而治'的圣君,到《尧典》就成了一个'家齐而后国治'的圣人,到孟子时就成了一个孝子的模范了。第三,我们在这上,即不能知道某一件事的真确的状况,但可以知道某一件事在传说中的最早的状况。我们即不能知道东周时的东周史,也至少能知道战国时的东周史;我们即不能知道夏商时的夏商史,也至少能知道东周时的夏商史。"⑤

对比一下顾说与崔说,显然,顾说更加精彩,更加理论化、系统化,而崔说则比较直观和感性化。崔"信经"而顾"疑经",这一点崔、顾二人有本质的区别,这是在对比顾、崔二说时首先应当注意的。另外,顾说中根据第一、第二点抽象出来的第三点,崔

---

① 《无闻集》卷三,《曹氏家谱序》。
② 《我是怎样编写〈古史辨〉的?》,载《古史辨》第一册,第7页。
③ 见《古史辨》第一册,第19页。
④ 同上书,第28页。
⑤ 同上书,第60页。

说中没有,这也是顾说中最有价值的部分。它通过对于史事"原始状"与"传说状"两分的剥离,指明了后人可资利用史料的最低限度。关于各传说古史期中被放大的具体人物,崔、顾二说也不尽相同。然而,从思维的指向上看,从思考问题的基本方法看,崔、顾二说存在着内涵上的叠合面:以今度古和世愈后却闻知愈详这两个崔说的"终点",正好成了顾说理论展开的逻辑起点。"层累说"所具有的那种理论思辨色彩和哲学的逻辑性、抽象性,虽然为时处乾嘉时代的崔述所不可及,但崔说中具备着可供顾进行理论总结的思想胚芽,这也是事实。崔、顾二说前后承继、嬗递、发展的思想轨迹清晰可辨。因此,有理由认为,"层累说"是在受到崔述的启迪,扬弃了崔说的基础上形成的。此亦正如钱穆所认为的那样:"颉刚史学渊源于崔东壁之《考信录》,变而过激,乃有《古史辨》之跃起。"①

"崔述"在新文化运动中成为了反封建的武器,这使得崔述及其方法论充当了历史进步不自觉的工具。因此,指出并肯定崔述方法论的"历史影响"是应当的。但是,指出这一点与对这一方法论的理论内涵进行"学理"的分析还不是一回事。换言之,在肯定崔述方法论的历史影响的同时,还应当对这一方法论的理论内涵本身所具有的学术价值进行客观的分析与评价。而正是从"学理"上看,崔述方法论又是瑕瑜互见,而且是有重大缺陷的。尤其考虑到崔述与顾颉刚二人学术上的渊源互接息息相关,以此可将崔、顾二人"并案"剖析。换言之,崔述的缺陷也是顾颉刚的缺陷。崔顾二人的缺陷就在于他们没有全面、辩证地理解"历史"和"史料"这两个词的内涵及其特点。

---

① 钱穆:《八十忆双亲》,第167页。崔述对于顾颉刚先生"层累说"方法论产生过巨大的影响,这一点,自胡适以来学术界的许多学者都曾经指出过,我对此也表示赞同,故于1993年《历史研究》第4期的拙文《崔述与顾颉刚》中曾经再次强调过。邵东方先生对于我的这一承袭"旧说"的观点提出了异议。他认为,我这个观点"给人造成这样一种印象,似乎顾颉刚是全盘接受了崔述之学。这一说法虽有一定理由,但仍不免有商榷之处。第一,此说过分强调顾颉刚对崔述学术的直接承继性,而忽视其他来源对顾氏的影响。第二,这种说法与实际情况不尽相符,并没有反映出崔述治学的特有立场"。(《崔述与中国学术史研究》,第242页)邵氏又举了顾颉刚在读书笔记、晚年的回忆录以及在《古史辨》中所说的话来证明他的论点。

对于邵先生在大作中与我商榷的雅意,我表示充分领受。但对于邵氏的观点,私意仍然不敢苟同。实际上,顾颉刚不可能"全盘接受崔述之学",这是一个非常一般性的常识。对于顾与崔的不同之处,我在《历史研究》的拙文中也曾明确指出过。未知邵先生何以会"造成""似乎顾颉刚是全盘接受了崔述之学"这样一种"印象"? 崔述"世益远,其所闻宜略而反益详","世益晚则其采择益杂"的理论架构,以及崔用此方法进行的具体考辨中蕴含着这样一种思想,即某一载记对于史事的记载在不断地"扩大"和"增益",这就是"层累说"的影子,这一点是崔述方法论中最值得注意之处。这也是崔述所"独有",却是郑樵、姚际恒、康有为等人没有的。而"层累"恰恰是顾颉刚方法论的逻辑起点与内核所在,这是我之所以凸显崔述对于顾颉刚影响的主要理由。这也应当是自胡适以来的前辈学者之所以认为"层累说"来自崔述的主要理由。如果邵东方先生能够拿出充分的证据来证明:一、郑樵、姚际恒、康有为等人的理论中也有类似于崔述那样一种可资作"层累说"理解的思想芽蘖;二、"层累"并不是顾颉刚先生方法论的逻辑起点与内核,那么,我完全可以放弃"在古人中,崔述对顾颉刚的影响最大"这个观点。否则,我只能仍然坚持前辈学者也就是我的"旧说"而不能改变,即我至今仍然认为,顾先生的"层累说"主要是在受崔述的影响和启迪下形成的。

"历史"是什么？"历史"是业已逝去、客观上曾经存在过的人类一切社会活动和生存方式的结晶。任何"历史"都没有"当下性"，这是"历史"的"第一特性"。当我们说着"历史"这个词的时候，历史已远离我们而去，它已经消失，不再重现。要让已经过去、消失了的历史重新"再现"，就只能借助于史料——史料是我们能够得知历史、"再现"历史的唯一根据。那么，史料又是什么？史料是表现历史的素材。对于史料已经涉及或者说它需要"再现"的那一段历史来说，它同样是后起的，它只能是"后人"对业已逝去、客观上曾经发生过的"前人"史实的一种"有意义"的记载，是后人对历史一定程度的"复原"，因此也就是后人对史实的一种"诠解"。因为史料是"记载"，是"复原"，是"诠解"，它就有而且不能没有后人的主观意识活动于其间。因此所谓的"历史"，也就不外乎客观史实见诸主观的产物。在这里，后人的主观活动也就是主体所认为的"意义"的参与是重要的。因为"意义"自始至终伴随着史料，而且，也只有经过了"意义"的参与，经过了后人主观对历史的"投射"即对历史的诠解，客观的历史才能显示出它的"意义"来。也只有到这时，已经风干僵化的历史才又通过人们对史料的运用而重新"复活"。例如，我们有一件古代的器，这件器的确存在过而且至今仍然存在，但在没有经过后人的考释、理解，在没有"意义"的参与以前，这件器只是一个"无意义的存在"，因为它只是一个存在，它不"说明"任何问题。只有当考古学家或历史学家参与了对这件器的考释，将他们的主观投射到了这件器、这个曾经的历史存在之上时，这个历史存在才变成了"史料"。只有到这时，这个历史存在才是一种"有意义的存在"。然而，一旦有主观意识和"意义"的参与，历史的真相便不能不因此受到程度不同的影响，从而使历史真相产生不同程度的"失真"。即便是实物性史料，即便是一件古器，只要它成为"史料"，它也同样不能不因为有了考古学家或历史学家对它的诠解而产生某种程度的失真。那么，那些"思想的结晶"，那些用文字书写下来，因而主观性也就更加强烈的文本史料，其相对于"历史"本体的失真就更加在所难免了。

据此我们来看崔述。崔述方法论之长，在于他能够将史籍的最后"定本"与它的最早"原本"相比较，寻出其中的不同与变化，并将这种不同与变化放在一个"动态"的、不断"发展着"的历史背景下加以考察。历史上，在文化典籍的传衍和最后的"写定"上，后人因了"意义"的需要而添油加醋，对史实本身不断"扩大"或"缩小"，甚至存心作伪等，这些情况的确存在，而且在历史上的出现也还是比较多的。能够看到后人对史实的更改——或"扩大"或"缩小"——并以此作为考信辨伪的"一种"手段，在一定条件下是可以成立并行之有效的。根据时代的先后，追踪某一史事在不同时代史籍中的不同记载，指出这一点，为后人研究史事的"原始状"提供了一种思路，因此，崔述方法论中不乏启迪性因子——崔述指出"世益远，其所闻反益详"这样一个事实，能够促使人们去探讨造成这一事实的原因。

但是，指出"世益远，其所闻反益详"，并不能证明世益远其所闻必不得"反益详"，更不能证明"世益远,其所闻反益详"就一定是作伪。换句话说,造成"世益远,其所闻反益详"的原因是多方面的。正是在这关键的"临界点"面前,崔述往前多走了一步:他在"世益远,其所闻反益详"这句话中加上了一个"宜"字和一个"反"字,这句话变成了"世益远,其所闻宜略而反益详",这样,崔述就首先排除了后人得以通过史料知晓前人所未曾知晓的史实的任何可能性。与此同时,崔述又将造成"世益远,其所闻反益详"这样一个事实复杂的多方面的原因,完全归结为是作伪造成的。也就是说,崔述将历史上的某种成伪现象(对史实的"增添"与"削减","扩大"与"缩小",至少有一部分是作伪造成的),以及对这种成伪现象所进行的考辨上升成一种具有方法论意义的"普遍规律",并广泛地、毫无限制地运用到了所有的辨伪领域。崔述的这种"理论升华"大可商榷。我们当问,为什么世益远,其所闻就"宜""益略"?难道世益远,其所闻就不可以"反益详"吗?我们又当问,为什么"世益晚,其人学亦益陋"(实际上,崔述所举如司马迁、司马贞、苏洵等其学并不"益陋"),而这"益陋"的学人就不配得知前于他们的、"当今"史书未曾记载的史事?学不逮先儒,是否就没有资格述及先儒所未曾述及的史事——哪怕是后学已经掌握了先儒们所未曾掌握的史料?这里,问题的核心就在于:"前人"所未曾掌握的史料后人能不能掌握并加以利用?对此崔述的回答是否定的。在崔述看来,关于某一件史事,一经记载,它就凝固,就不可以再变化了。崔述完全排除了后人可以掌握比前人多得多的新史料的任何可能性。如果关于某一件史事,后人的记载与前人不同,这在崔述看来就是后人作伪。崔述在这里犯了一个绝大的错误。因为从理论上说,史实是一个客观存在,因此是一个"定数";而史料则是人的主观"投射"于历史的客观存在的结果,史家万万千,是故"投射"亦万万千,因此,史料本身是一个"变数"。而且,史家对历史本体的"投射",本身已经比历史实际"慢了一拍"。史料中一部分固然的确会因为历史大潮的冲刷而永远消失。但仍有相当部分只是暂时被"湮灭",随着时间的推移,它会"愈来愈多"地重见天日。从理论上说,对某一史实的史料只会愈来愈多而不会愈来愈少,这种可能性至少是存在的。那么,撇开作伪不谈,能够愈来愈多地掌握史料的就只能是"后人"而不是"前人"了,这是由史料本身那种只能随着时间的推移而"愈来愈多"地被发现的性质所决定的。从历史实际来看,世益远其所闻"反益详"的情况大量存在。且不说金文、甲骨文的发现,明清大库档案的面世,这些都是"世益远"其所闻"反益详"的绝好例证。我们且拿《老子》一书的版本变化经过来看一看。《老子》一书,魏晋以来流行的版本是王弼注本和河上公注本。北齐武平间开项羽妾冢,得《老子》抄本;时寇谦之又有所传安丘望本,仇狱又有所传河上丈人本。至唐初,傅奕遂据此数种《老子》版本,校订为《老子古本篇》。清末,在敦煌石室发现了《老子》的六朝写本残卷及唐代写本残卷,罗振玉据此作《道德经考异》。而1973年长沙马王堆汉墓又发现了汉初抄写的帛书《老子》甲、乙本,近人据此对《老子》一书的版本及内容再作研究,再出新论。《老子》一书的版本变化经过，不仅完全否定了崔述的"世益远，其所闻宜略而反益详"这一"定律"，而且从某种程度上恰恰说明："世益远"其所闻便"应当""反益详"，而且的确可以"反益详"。——关键就在于身处"世益远"的后人的确掌握了新史料。

以此我们再来反观顾先生，首先，顾先生的理论，在辨伪学的"一定的"范围内同样不失为一种有效的理论。例如，顾先生在整理孟姜女传说的演变，歌谣、戏剧经过传衍以后与它们原始状的差异等，在这些方面，顾先生都有一些坚实的论证。对于某些原始状史实或观念何以会"变化"或"变形"的原因，顾先生提出了一个"民情论"，认为百姓的喜好也就是民情会形成一种"集体的无意识"，从而能够推动某种观念的形成或"变形"。顾先生举民间信仰的例证指出，关羽、华佗、包拯、张三丰、卜将军由人变成了神，而文昌、湘夫人又是由神变成的人[1]；在观游了苏州和北京两处东岳庙后，顾先生"见到许多不同的神名，知道各地方的神道虽同属于道教之下，但并没有统一"。从这种不统一中他看出了民众信仰的力量，并从中悟出佛教对道教的影响以及佛教本身所受到道教的影响，"也可以明白宗教的激荡的势力"[2]。像这种观察问题的视角很独特，也很尖锐。这种视角和方法，后来被童书业、杨宽等先生用了去，组成了《古史辨》第七册的方法论骨干，这是顾先生的影响。只是顾先生本人，在后来涉及某些具体的辨伪领域（如邹衍创造五德终始说、刘歆造伪等）时，却过多地将着眼点对准了邹衍、刘歆等个人的"造伪"，反而忘记了他的"民情论"，忘记了用他曾经用过的考察歌谣演变、孟姜女传说演变的方法来研究历史。对于史料，顾先生在细心梳理的过程中能够看出它们的演变也就是渐渐地累增，对于古代中心人物被后人溢美与加恶使之走样变形，这个"放大"或"缩小"的轨迹被顾先生鲜明地点出，这在当时对于头脑中盘踞着"自从盘古开天地，五帝三王到于今"的传统意识的中国人来说，的确是凿破鸿蒙之论。顾先生将"原始状"与"传衍状"相剥离，并提醒我们注意"原始状"，这一理论中所具有的启迪性是毋庸置疑的。

"层累说"作为"一种"史料整理和考信辨伪的方法是可以成立的，也是极富创见性的。但顾先生也和崔述一样，他过分夸大了这一方法论的有限性而将它上升成一种具有"普遍意义"的"规律"，并将之无限地运用到了典籍的辨伪——甚至于扩大到"史实"的"辨伪"上。其结果，顾先生便也和崔述一样，他的方法论本身出现了某些罅隙，这一点，比较集中地体现在顾先生对"观念上"的"伪史"与"客观上"的"伪史"的混淆上。

辨伪中存在着辨别伪史书和辨别伪史实之分，伪史书和伪史实，一为观念上的伪，一为史实的伪，二者不应混淆。顾先生实际上曾经认识到这一点。但在后来的辨

---

[1] 《古史辨》第一册，《自序》，第64页。
[2] 同上书，第71页。

伪具体操作上却每每将伪史书和伪史实混淆,并每每夸大伪史书的作用和意义。伪史书可以造成人们"观念上"的伪史,但这决不足以成为判断"史实"也就是判断历史本身伪还是不伪的根据。即是说,"层累说"至多只能运用——而且是部分地运用——于伪史料的辨伪,而不可运用于历史本身的辨伪。以人们所熟悉的历史人物来说,例如,因为后人的虚美或加恶,人们将种种善行加到尧、舜、禹的身上,尧、舜、禹于是成了最理想的圣人;又将种种恶行加到桀、纣的身上,于是桀、纣成了罄竹难书的恶魔。这种观念上层累地形成的不符合历史真相的情况是存在的,这形成了人们观念上的伪史,但观念上的伪史并不等于事实上的伪史。将观念上层累形成的不符合历史真相的情况予以揭露,并将后人附加的成分与真实的历史相剥离,这是应该的。但如果无限制地扩大"观念作伪"的意义,并进而将观念上的史与客观上的史相混淆,因否认前者的不确定而否认后者的存在,这就陷入了历史虚无主义的泥沼。而顾恰恰因为混淆了人们观念上的伪史与事实上的伪史的区别,从观念上的伪史进而怀疑到了历史本身。顾颉刚说:"从伪书引渡到伪史,原很顺利。有许多伪史是用伪书作基础的,如《伪古文尚书》、《古三坟书》、《今本竹书纪年》等。中国的历史,普通都知道有五千年,但把伪史和依据了伪书而成立的伪史除去,实在只有二千余年,只算得打了一个'对折'!想到这里,不由得不激起了我的推翻伪史的壮志。起先仅想推翻伪书中的伪史,到这时连真书中的伪史也要推翻了。"①

这个观点中显然有胡适的影子,它也正是顾先生将观念上的伪和史实的伪相混淆的结果。但顾先生此说实际上自相矛盾。因为顾先生在写上述话时已经看到了大批田野考古出土的文物②,顾先生也已经确知甲骨金文的存在并已经知晓它们是商周遗物,这样,顾先生却对中国历史的时限下了一个"实在只有二千余年,只算得打了一个'对折'"的结论,这个结论显然与顾先生的所见发生了严重的不合。按照顾先生的说法,根据史料的当下性,"我们即不能知道某一件事的真确的状况,但可以知道某一件事在传说中的最早的状况。我们即不能知道东周时的东周史,也至少能知道战国时的东周史;我们即不能知道夏商时的夏商史,也至少能知道东周时的夏商史"。从可资利用的史料的最低限度来看,这一说法是正确的。但顾先生的不足在于他无限夸大了史料的当下性,使得"至少"能知道变成了"只能"知道。正如前文曾经指出的那样,史料对于历史过程的记录严格说起来是没有"当下"而只能是"滞后"的,我们却不能因此便否认其客观的历史真实性。顾先生过分强调史料的当下性,致使他对带有传说性的古史作出了否定性的结论。在中国,传说性古史所涉及的历史范围,主要是上古史和夏朝的历史,也就是说,主要涉及文字产生以前的历史。文字产生以前

---

① 《古史辨》第一册,《自序》,第43页。
② 同上书,第57页。

人类就已存在,这一点,想必顾先生决不否认。那么,在文字产生以前,先民们也必要传衍他们的历史,这种传衍,只能依靠口耳相传为主要的甚至是唯一的手段。我相信,远古时期,受极端低下的生产力水平制约,因而普遍存在着神权统治的古代先民那里,人们绝不敢对先人口耳相传下来的"历史"进行篡改或伪造,因为这样做是要受到神灵惩罚的。因此,相比于已经踏入文明门槛,已经懂得"造伪"的文明人来说,远古先民的传说仅倒更加淳朴,更加"真实"。例如,与大汶口文化、龙山文化和殷周早期的东夷文化处于同一发展时期的古彝族文化,"从人类始祖希母遮之时,直至撮侏渍之世,共有三十代人。此间并无文字,不过以口授受而已"①。古彝族人"对于父系的世次可以追溯很远,一般都在几十代以上"。一直到1949年以前,"每个彝族男孩都必须从小会背诵父系家谱"②。如果说古彝族因此而形成他们"写定的""典籍",并由此形成他们的"历史",那么,不能因为其典籍的后起性,即不能因为其典籍系口耳相传而来就否认它的可靠性,更不能因为这种典籍的后起性而怀疑到古彝族人历史本身。又如非洲早期历史,大量的史料都是口述性的。据研究,这些史料"在事件先后次序的叙述上是极为准确的"③。这说明,非洲的口述性史料是可信的或者说至少包含可信的内核。正因为如此,大量搜集、整理和记载口述性史料,现在已被列为非洲史研究"首要考虑的重大问题"④。那么,当现代史家将这些时隔久远的口述性史料"记载"下来时,不能因为史料记载的滞后性就从发生学的意义上将之判为不可信,甚至进而否认这些记载所涉及的历史本身。在这个问题上,顾先生却恰恰因为不恰当地强调史料的当下性,使他作出了对传说中古史和人物的否定性判断。在《古史辨》中,顾先生曾多次指出"神农、黄帝不过是想象中的人物"⑤,禹是带有神性的人物⑥,并认为整个夏代的历史是由神话传说演变而来⑦。但是,王国维在作于1925年的《古史新证》中指出,根据《秦公簋》、《齐侯镈锺》这两件春秋时的器铭文,参照《诗·商颂》,可知"春秋之世,东西二大国无不信禹为古之帝王"。顾先生是想要用考古材料作结论的,对于《秦公簋》、《齐侯镈锺》这样的器,顾先生应该能够看得到,王国维的《古史新证》顾先生也应知晓,但顾对此都未予利用,却作出了对传说中的古史和人物的否定性判断,这就使得顾先生的结论下得过于轻率偏激。《易·系辞传》中有"包牺氏王天下也,仰则观象于天,俯则观法特地,观鸟兽之文与地之宜,近取诸身,远取诸

---

① 冯时:《山东丁公龙山时代文字解读》,《考古》1994年第1期,第38页。
② 同上。
③ 杰弗里·巴勒克拉夫:《当代史学主要趋势》,上海译文出版社1987年版,第178页。
④ 同上。
⑤ 《古史辨》第一册,《自序》,第58页。
⑥ 《讨论古史答刘胡二先生》,《古史辨》第一册,第106页。
⑦ 见顾颉刚、童书业:《夏史三论》,载《古史辨》,第七册下。

物,于是始作'八卦'以通神明之德,以类万物之情。作结绳而为网罟,以佃以渔,盖取诸'离'。包牺氏没,神农氏作,斫木为耜,揉木为耒,耒耨之利以教天下,盖取诸'益'。……神农氏没,黄帝、尧舜氏作……黄帝、尧舜垂衣裳而天下治,盖取诸'乾'、'坤'。剖木为舟,剡木为楫,舟楫之利,以济不通,致远以利天下,盖取诸'涣'。服牛乘马,引重致远,以利天下,盖取诸'随'"的说法。在讨论《易·系辞传》中的这些说法时,顾先生认为"有了以上这些话,于是《周易》和伏羲氏、神农氏、黄帝、尧、舜、汤、文王、武王,以及没有署名的'后世圣人'都发生了关系"①,亦即认为《周易》的这种排列,经过了后人的加工与整理因此靠不住。但是,顾先生在指出这一点的同时,并没有对《系辞传》所说引起足够重视,而《系辞传》中的这些说法与经过考古发掘证明的远古先民生活方式却极为相似,其中的原因何在?作为史家,顾先生至少应对此给以一定的说明,但顾先生于此亦阙如。对于古史,王国维《古史新证》说得好:"研究中国古史,为最纠纷之问题。上古之事,传说与史实混而不分。史实之中固不免有所缘饰,与传说无异;而传说之中亦往往有史实为之素地。"因此,"虽古书之未得证明者不能加以否定","即百家不雅驯之言亦无不表示一面之事实"。意思是说,在有关上古史的史料中,既有传说的"缘饰性"成分,又有史实的颗粒。王国维的这种看似矛盾和暧昧的认识,比起顾先生过分强调史料的当下性,因而采用的被一些学者批评为"默证法"的方法来,却更加接近于上古史实本来面目。

二、顾颉刚辨在伪学内容方面对崔述的承袭与发展

1921年顾颉刚在论崔述《考信录》时曾说:"经到底少,史传杂说则很多。他把难的地方已经做过一番工夫,教我们知道各种传说的所由始了,由此加功正是不难。"②六十年后,顾颉刚依然说:"至于在辨伪史上,他总已导我们的先路了,他已经用了四十年的力量,筚路蓝缕以开道路,使我们易为功。"确实,在古史考辨的许多方面顾颉刚"大部分只是承受和改进了他的研究"③。

1. 关于五德终始说的考辨

崔述的上古史研究,一上手便碰到五帝、三皇、阴阳五行,解决问题,都离不开对五德终始问题的探讨。因此,崔述研究上古史,其入手处即是对五德终始说作穷原竟委之追溯。崔原有《五行辨》一文,专门探讨五德终始说。此文原拟收入《无闻集》,后终未收而亡佚。对此顾颉刚极感惋惜。他在1932年为《崔东壁遗书》所收崔佚文作记谓:"东壁著作之佚失者,以《五行辨》最为可惜……五行之篇乃终阙焉,可谓大不

---

① 《周易卦爻辞中的故事》,《古史辨》第三册,第24页。
② 《古史辨》第十册,第28页。
③ 《崔东壁遗书·序》。

幸。倘天壤间尚有副本，复现于他日，得继续辑入《佚文》乎？此固不敢存之奢望而又不忍心不妄作万一之希冀者耳。"① 顾先生《五德终始说下的政治和历史》一文撰于1930 年，这时，《崔东壁遗书》的整理工作正在进行之中。可以想见，顾先生论文的撰写与整理《崔东壁遗书》的工作是齐头并进的。顾先生因深感这一问题的重要性、复杂性，希望看到崔对此问题之更加详尽的论述，以有助于论文的写作，故对崔《五行辨》一文的亡佚极表惋惜。然《考信录》中仍然有大量考辨五德终始说的内容。以顾先生和崔述之相关内容相比勘，可以看到顾文多承袭了崔的考辨成果并发展了崔说。首先，顾先生考辨的取径和崔完全相同。二人都从五行之缘起一步步考察五德终始说的形成及演变。就具体时段来看，邹衍以前、邹衍之时、秦汉之初、汉之中叶、刘歆时、东汉初，五德终始说在以上时段之渊源、形成、流行、变用与定型，这既是崔述，同时也是顾颉刚考察的重点。崔述的考辨特别提到五德终始说与刘歆的关系，这一点对顾先生最有价值。其次，崔在考辨时将涉及五德终始说问题的诸典籍一一排列，为顾的考辨提供了极大的方便。顾即以崔所列典籍为主要参考书。最后，崔的结论，大部分为顾所采纳。

2. 关于古帝王世系的考辨

提出"层累说"，遭到了胡堇人等的质疑，顾撰《答刘胡两先生书》。这是顾先生第一次尝试用"层累说"解释古史。顾先生提出了四个观点：（一）打破民族出于一元的观念。认为"在现在公认的古史上，一统的世系已经笼罩了百代帝王，四方种族，民族一元论可谓建设得十分巩固了"。但商周等"原是各有各的始祖，何尝要求统一！自从春秋以来，大国攻灭小国多了，疆界日益大，民族日益并合，种族观念渐淡而一统观念渐强，于是许多民族的始祖的传说渐渐归到一条线上"。以此，"我们对于古史，应当依民族的分合为分合，寻出他们的系统的异同状况"。（二）打破地域向来一统的观念。《史记》称早在黄帝时中国疆域的四至已经规定，《禹贡》、《尧典》等也宣扬地域一统的观念。顾先生指出，这乃是将战国时七国的疆域移入了古史而非古史的真相。"中国的统一始于秦，中国人民的希望统一始于战国；若战国以前则只有种族观念，并无一统观念。"提出："所以我们对于古史，应当以各时代的地域为地域，不能以战国七国和秦的四十郡算作古代早就定局的地域。"（三）打破古史人化的观念。顾先生指出，古人对于神和人原没有界限，所谓历史，差不多完全是神话，人与神混，人与兽混，兽与神混。自从春秋末期以来，诸子奋兴，人情发达，"于是把神话中的古神古人都'人化'了"。顾颉刚提出："所以我们对于古史，应当依了那时人的想象和祭祀的史为史，考出一部那时的宗教史，而不要希望考出那时以前的政治史。因为宗教是本有的事实，是真的，政治是后出的附会，是假的。"（四）打破古代为黄金世界的观

---

① 见《崔求壁遗书》，第 727 页。

念。顾指出,将古代神话中的人物'人化'之极,于是古代便成了黄金世界。自从战国时一般政治家出来,要依托了古王去压服今王,极力把"王功"与"圣道"合在一起,于是大家看古王的道德功业真是高到极顶,好到极处。因此,顾先生指出:"我们要懂得五帝三王的黄金世界原是战国后的学者造出来给君王看样的,庶不可受他们的欺骗。"①

按:顾颉刚的这四个观点以及辨清这四点所涉及的古史领域,成为顾后来进行古史考辨的主体性内容。1926年顾先生在《秦汉统一的由来和战国人对于世界的想象》一文中对以上四个观点中的前两个观点作了进一步阐发,指出,在商周时"大家但有种族观念而没有世界观念",到了战国,"文化非常发达,而且灌输得很普遍。在这种状态之下,自然把种族观念渐渐地淡了下去,无形中把'中国'一个名词放得很大,凡是七国的疆土都变成了中国了"。"加以各国的祖先都联串到一条线上,使得人人都成了黄帝的子孙,彼此的情意便更亲密了。""《禹贡》上的九州,一般人都认为夏朝的制度。其实夏国的地盘只占得黄河的一角,哪能有这样伟大的计划。九州乃是战国的时势引起的区划土地的一种假设,这种假设是成立于统一的意志上的。"②

顾先生之论受到了崔述的影响和启迪。

崔述有完整的政治思想体系。如前文所说,崔述政治思想体系最重要的方面是"民本"。由此出发,他否认古帝王有私传天下的权力。而古帝王同出一系说与崔古帝王出自"民选"而非"世袭"的历史观相枘凿,因而,《考信录》开首即批驳古帝王同出一系说。

崔述根据文献的有关记载,批驳了古帝系一脉相承说③。崔分析《大戴记》系数姓于黄帝名下的原因,认为:"自战国以后,杨墨并起,而杨氏尤好为大言:以儒者之称尧舜而述孔子也,乃称黄帝以求加于尧舜,述老聃以求加于孔子。犹以为未足快其意,乃又诬孔子为老聃之弟子尧、舜、禹、汤、文、武为黄帝之子孙,以见夫儒者之所推崇而尊重者实皆吾师之末流余派也。《大戴记》诸篇本战国以后所撰,是以惑于其说而载之。"④

崔述所考,有两点值得注意:一是否定了古帝王同出一系说,并将他认为不可信的古帝王世系一一排明,对这一被学术界久信不疑的观点首次给予了明确的辩驳;二是指明了古帝王世系的排定,时当战国。试对比崔述与顾先生四个观点中的前两个观点,崔的否定古帝王同出一系说,成为顾的基本出发点;崔述指明古帝王世系在战国时排定,这也成了顾说的时限界标,因此有理由认为,顾的考辨受到了崔的影响和

---

① 《古史辨》第一册,第99—102页。
② 《古史辨》第二册,第3页。
③ 《补上古考信录》卷上。
④ 同上。

启迪。此外,顾先生的"商周时大家但有种族的观念,没有世界观念","若战国以前只有种族观念,并无一统观念",这一思想,显然脱化于崔述的夏、商和商、周间不存在君臣名分之论。顾先生后于《讨论古史答刘胡二先生》一文中专列"文王是纣臣吗?"一节,结论全采崔述说,并谓"古公亶父的'古'字系后人加上的形容词,非称号,从崔述说"①。益可证顾吸收了崔的考证成果。当然,顾先生的观点是在"消化"了崔以后服务于顾本人的理论主体,因而,其中顾原创性的意义显然要大于他承袭的意义。顾先生在阐述观点时依据的原则是"各还历史一个本来面目";他提出"我们对于古史,应当依民族的分合为分合,寻出他们的系统的异同状况","应当以各时代的地域为地域,不能以战国七国和秦的四十郡算作古代早就定局的地域","应当依了那时人的想象和祭祀的史为史,考出一部那时的宗教史,而不要希望考出那时以前的政治史",这些论断正是"层累说"中"我们在这上,即不能知道某一件事的真确的状况,但可以知道某一件事在传说中的最早的状况"的具体展开。顾先生的考辨,曾引征了甲骨金文的材料来考证商地的范围,这也是崔述所不可企及的;顾用战国时中国人民要求统一而形成的"文化"观念来解释种族观念的淡化和国家观念的形成,这种对于古史的体贴与理解是细心而富有创见性的,比起崔述只把眼光盯在杨、墨身上来,顾先生的解释自然也要高明许多。

三、《五德终始说下的政治和历史》:顾颉刚辨伪学内容的一种甄别

《五德终始说下的政治和历史》是1935年顾先生发表于《古史辨》第五册上的一篇力作,在顾的全部疑古著述中占有重要地位。顾先生就五德终始说的缘起和衍布进行了详尽的考察。文中顾先生对于观念意识演变的源流及其作用的分析视角非常独特,提出了一系列发人深思的命题。例如,顾先生指出,战国末期"那时人们对天子的观念和商周人不同,一定要统一了所有的土地才算具备了天子的资格"②。以此观察《禹贡》分列九州五服,顾先生的意见,为他何以断定《禹贡》作于战国提供了一个值得深思的依据。又如,顾在谈到五德终始说在汉初的实行与汉初的社会实际之间的关系问题时指出:董仲舒建立三统说并不是他个人的突发奇想,而是有社会需要为背景。这需要"就是'行夏之时'"。因为一方面,汉代是"继夏统"而王,这是汉初政治理念的核心;另一方面,汉初历法又极混乱。当时共有六种历法,这些历法中《颛顼历》虽然比较精密一些,但汉朝自从听了张苍的话用了《颛顼历》,"弄得月尽月见了月亮;到了月望,反而亏了;上下弦时却又满了。有了朔晦弦望之名,没有朔晦弦望之实,这在民生日用之间有怎样的不便。加以十月为正,先冬后春,于四时之序又不相

---

① 《古史辨》第一册,第147页。
② 《五德终始说下的政治和历史》,《古史辨》第五册,第421页。

应。故这时的改历运动是全体人民的要求"①。推气运,改历法何以在汉初如此盛行? 汉初何以能够顺利地利用五德气运来运作政治? 顾先生提出了"民情"的要素,并将改历法和汉代的政治需要结合起来进行考察,顾先生的论述非常深刻。就《五德终始说下的政治和历史》一文来看,私意以为,顾先生关于秦到汉初间的一部分写得最好,使人明了弥漫于秦到汉初间的五德终始说怎样左右着当时的政治,顾先生此论可谓刺中了秦到汉初间政治生活和社会生活的要害,足可作为一部秦到汉初间的政治简史和社会小史。

当然,《五德终始说下的政治和历史》一文,顾先生的论述也有不足。

如前文在论及崔述方法论缺陷时曾经指出,崔述将造成典籍的"原始状"与"传衍状"不相同的原因完全归咎于某些个人的造伪。《五德终始说下的政治和历史》一文也带有这种倾向。这就使顾先生往往偏离了他自己所主张的"演进说"轨道,或者说它使顾在使用"演进说"的同时又夹杂了某些有悖于演进说的因素。最典型的例证就是《五德终始说下的政治和历史》坚持邹衍创始五行说和刘歆造伪说。从"演进说"的视角看历史,其特点为"渐变"而非"突变"。按照"演进说",检视历史主要不应放在个人身上而应对准"过程"本身。而顾先生所坚持的邹衍创始五行说和刘歆造伪说,恰恰忽略了"过程",夸大了邹衍和刘歆个人的作用。

1. 巫史文化:五德终始说的思想源头

五德终始说渊源于五行说。探讨五行说所具有的意义,不仅在于此说本身就是古代文化史中的一个难解的重要问题,而且,五行说还关系到汉代的政治史和今古文经之争的历史。

关于五行说的缘起,《荀子》的《非十二子》云:"略法先王而不知其统,犹然而才剧志大,闻见杂博,案往旧造说,谓之五行,甚僻违而无类,幽隐而无说,闭约而无解。……子思唱之,孟轲和之,世俗之沟犹瞀儒嚾嚾然不知其所非也,遂受而传之,以为仲尼子游为兹厚于后世,是则子思、孟轲之罪也。"

《荀子》此说是典籍中有关五行起源的最早记载。此段话中"案往旧造说"五字最为关键。顾先生在解释这五字的涵义时认为:"从荀子眼光看来,这五行说是案了往旧之文(或传闻)杜造出来的,其说甚僻违,甚幽隐,甚闭约。"②顾先生的这一解释实际上不尽符合或者说偏离了荀子的原意。荀子的"案往旧"不能说是案了往旧之"文",更不能说是案了往旧的"传闻",而应当将"案往旧造说"理解为五行说的缘起是有历史资源为之根据的。所以,荀子的"造说"的"造"字,也就不能理解为是哪一个人凭空在那里"杜撰"出一整套五行说,而应当理解为某一位思想家根据以往业已存在

---

① 《古史辨》第五册,第447页。
② 《五德终始说下的政治和历史》,《古史辨》第五册,第408页。

的历史资源对五行说的"造就"。在顾文中,顾先生一而再、再而三地强调邹衍"自己造出整整齐齐的一大套五行说,用之于历史上,说明历代的符应及其为治之宜,这是很可能的事"①。"五德转移说是邹衍创造的。"②这使我们觉得,顾先生重"造说"而轻视了"往旧",顾先生重视的是邹衍个人的造伪(造说)作用,而没有将五行说的缘起看作是一个"演进"的过程。

自从人类从现实的需要中创造出文字以后,被哲人称之为"真正的分工"——体力劳动和脑力劳动的分工出现了。与此同时,最早的"脑力劳动工作者"——僧侣也产生了。这里将僧侣一概称为"巫",因为僧侣的最初职能是进行占卜,用以知天象,定人事;而巫史不分,则是指最初的"巫"和"史"的职能的统一。巫史不分以及巫史掌握并垄断"教化权",这在人类文明发展史的初期,是一种普遍存在的现象,征之于古代东西方莫不皆然③。

要之,上古时代的史官文化是人类全部"文化"的根基。就中国来看,以天象定人事和循环论的认识论、历史观是史官文化遗留给后世最重要的遗产。因为史官文化中已经具备了以天象定人事的认识论,到了春秋,天下大乱王室衰微,这种从上古遗传下来以天象定人事的认识论,被脱离王室的史官广泛地布传到民间,这就对后起的五德终始说作了基础性的铺垫。有了这样一层铺垫,战国时才会有邹衍一类人在先前历史资源基础上的"案往旧"而"造说",对已有的历史资源加以整合,创立了"五德终始说"。因此,上述对于上古时代巫史不分的论述,便也可权当是对于顾先生邹衍"创建"五德终始说的一点补充。

2. 顾先生刘歆造伪说商榷

关于刘歆造伪一事,顾先生盖因受康有为《新学伪经考》影响太甚,如顾先生自己所说:"我深信一个人的真理就是大家的真理。《伪经考》这书,议论或有错误,但是这个中心思想及其考证的方法是不错的。他虽没有完工,但已指示我们一条继续工作的路。"④所以,顾先生的武断,亦就不免如康有为《新学伪经考》者。

顾先生的武断,举其荦荦大者,约有数端:

(1) 过于凸显王莽重视古文经学,而忽视了王莽对今文经学同样要加利用。顾先生尤其没有看到王莽时代已经明显存在的今古文经学两派的"杂采互用"亦即今古文经学的"合流"。

在顾先生看来,自从王莽征天下士通古文者,令其记说廷中以后,"一方面把古文

---

① 《五德终始说下的政治和历史》,《古史辨》第五册,第410页。
② 同上书,第417页。
③ 关于"巫史不分",读者可以参阅"巫史不分与史家精神",载拙著:《经学的蜕变与史学的"转轨"》,上海古籍出版社2006年版。
④ 《古史辨》第五册,第537页。

学的种子散播到民间,一方面又令今文学增加许多敌人,凡古文学家的眼光中感到的'乖谬'和'异说'都扫空了"。所以说"这件事情,手段非常毒辣"①。但在实际上,就今文经学和古文经学两家来看,王莽在篡汉的过程中使用最多的还是今文。顾先生所引用史料在在证明了这一点,如王莽仿《尚书》中的《康诰》、《召诰》、《大诰》、《尚书大传》而行政事等,都是顾先生所指出的,但顾先生却没有明指王莽利用今文经学,而是一味强调王莽重视古文经学。又如,顾先生曾经指出了王莽时代"杂用"今古的两条例证:一条是平帝四年太保王舜等人所上的奏言;一条是王莽本人的杂用今古。关于王舜的奏言,顾先生文第513页引王舜说:"《春秋》列功德之义。太上有立德,其次有立功,其次有立言。惟至德大贤然后能之。"王舜所说"太上有立德,其次有立功,其次有立言",亦即"三不朽"说,引自《左传·襄公二十四年》。此说尽人皆知,顾先生不可能不知。且仅《左传》有此说,《公羊》、《穀梁》无载,未知顾先生何以无言? 而王舜谓"《春秋》"云云,是王舜不仅"杂采"了《左传》,且认为《左传》"传"《春秋》。关于王舜,顾先生特意指出了他是王莽的"腹心",这说明,即使在王莽集团内部,本已经存在着"杂用"今古的倾向而非视今古文经学两家为水火不容。

关于王莽那一条,顾先生文第522页引王莽说:"《尚书·康诰》:'王若曰:孟侯,朕其弟,小子封。'此周公居摄称王之文也。《春秋》:'隐公不言即位,摄也。'此二经,周公、孔子所定,盖为后法。""隐公不言即位,摄也",王莽此语引自《左传·隐公元年》。此语《公羊》、《穀梁》同样无载,而王莽谓"《春秋》"云云,是王莽也不仅"杂采"《左传》,且也同样认为《左传》"传"《春秋》。

王舜、王莽的"杂用"今古,其学术意义在于今古文经的杂采互用,这一自西汉初就已经存在的趋势,到了王莽时代仍然没有终止。正如在有关刘逢禄、廖平的前文中曾经指出的那样,今文经学和古文经学在王莽这样的政治家眼中,不过是政治的工具,有用则用,无用则不用。家派云云,无所计耳。就基本的价值观而言,今古文经两家之间并无抵牾而是基本一致,这是两家之所以能够杂采互用并最终合流的"学理"根据。但是,顾先生对于今古文经未能作如是观。在这个问题上,顾先生受了康有为今古文经之间存在一条不可逾越的鸿沟这样一个观点太大的影响。

(2)关于《周礼》。顾先生文第522页指出,在王莽居摄三年(8年)所说的一段话中"最重要的一句话是'发得《周礼》以明因监'。《周礼》这部书,大家相信是周公致太平之迹,然而溯其来源则由于王莽的'发得'"。但就在顾文第515页就曾经指出,早在平帝四年(4年)时公卿大夫博士议郎列侯九百零二人所上的奏言中就已经提到了《周礼》。该奏言谓"谨以六艺通义经文所见,《周官》、《礼记》宜于今者,为九命之锡。臣请命锡!"按顾先生所引公卿大夫博士议郎列侯九百零二人提到了《周礼》,是《周

---

① 《古史辨》第五册,第532页。

礼》当时已尽为天下人所知的明证,绝非王莽、刘歆伪造。又上述大臣提到《周礼》时已较公元8年早了4年,是顾文第515页所引已否定了第522页所谓"《周礼》这部书,溯其来源则由于王莽的'发得'"的结论。

（3）刘歆《移让太常博士书》中曾经提到"书缺简脱"四个字,并谓汉武帝所下诏书亦曾以此四个字发感叹。顾先生则说:《史记·儒林传》中原无这四个字,刘歆"为要证明《六经》的不完全,不惜杜造了'书缺简脱'一语增加进去"①。我们看《史记·儒林传》中的武帝诏书,的确无此四字。但《儒林传》:"及至秦之季世,焚诗书,坑术士,《六艺》从此缺焉。"太史公之义甚明,"《六艺》从此缺焉"与"书缺简脱",这是同一事实的两种说法。是故"书缺简脱"四字绝非刘歆凭空杜造,刘歆所说符合太史公原意。

（4）《移让太常博士书》:"及鲁恭王坏孔子宅,欲以为宫,而得古文于坏壁之中,《逸礼》有三十九,《书》十六篇。天汉之后,孔安国献之。遭巫蛊仓卒之难,未及施行。"顾先生驳刘歆"这一段话很不可信",顾先生举了三条理由:"其一,《史记·鲁恭王世家》无坏孔子壁得古文经事,司马迁是尊信《六艺》的,他也曾讲业齐鲁之都,使有此事,不应不载。其二,司马迁作《孔子世家》,云'安国为今皇帝博士……早卒。'"那么,当他作《史记》时,安国已死了;司马迁且不及巫蛊之难,而谓孔安国能看见吗？其三,鲁恭王死于武帝元朔元年(前128年),到征和二年(前91年)巫蛊事起,已历三十六年了;汉武帝时很崇奖经学,如有此事发生,为什么要延迟到三十年后而始献上呢？②

按:顾先生所举三条理由皆来自康有为,然皆疲软很难成立。

其一,《鲁恭王世家》是太史公安排在《五宗世家》中的一篇。细绎《五宗世家》全篇,太史公之意,只是要写出原传主的风貌特色来,而并非想要写出太史公自己知道些什么。故与传主的风貌特色无关者,马迁不必事无巨细,载之无遗。且此篇马迁用墨极简。如河间献王好儒学事,马迁亦仅用"好儒学"等十九字予以勾勒。至于鲁恭王,他的所"好"在"治宫室园囿狗马",在"季年好音,不喜辞辩"。《汉书》载其坏孔子宅,欲以为宫,正符合鲁恭王的所好与特色。孔壁出了几部古文,孔安国得到了,这在所"好"本在"治宫室园囿狗马"的鲁恭王眼中不过是小事一桩。若鲁恭王在意此事,那才真是不符合鲁恭王所好了。所以,马迁不载,符合鲁恭王品格特点,此不足以说明班固就不可载,更不能证明班固所载就是伪造。其二,关于《史记》所云孔安国早卒一事,顾先生以为此条是证明安国未得古文的"铁证"。但阎若璩《尚书古文疏证》对于此事引用荀悦《汉纪》早已辩明:安国所得古文,非安国亲献之,而为安国后人所献

---

① 《古史辨》第五册,第529页。
② 同上书,第529—530页。

(详见阎若璩《尚书古文疏证》)。荀悦,东汉史学大家,与刘歆了无干系,《汉纪》亦为有关汉代重要史著,故荀悦所言必有所本。且阎著顾先生理应熟读,何对阎说未置一喙?此大不可解者。刘歆《移让太常博士书》确谓安国得古文于孔壁,当众言之凿凿。若歆在这件事上敢撒谎,那些对他恨之入骨的博士绝不会放过他。刘歆言之,博士听之而未因此揪住刘歆不放,有力地证明安国得古文于孔壁必有其事,此为"铁证"。是故刘歆虽然一时误记了献书年代,但因"基本事实"具在,故博士亦听之而不辩耳。其三,顾先生所举第三条,亦因阎若璩所辨安国后人献书一事而可释然不辨。

  要之,顾先生早年提出的"层累说",重在考察历史事态的逐渐变形(增大或缩小),以此作为考信辨伪的"一种"手段是行之有效的。但顾先生终因太过相信康有为,轻信了康氏的刘歆造伪说,故而提出了王莽时代刘歆曾主持过一场大规模的伪造古文经学运动。将刘歆的个人作用提得那么高,这就背离了顾先生"层累说"的方法论原则,使得顾先生在考辨中出现了某些原可避免的罅隙。

第四节 "新"、"老"之争与诸子学研究的"现代转型"——以章太炎、梁启超、胡适的诸子学研究为例

  诸子学是当代学术史、哲学史研究的重要学门之一。和其他学门一样,它也经历了一个"现代转型"的历史过程。这里说诸子学的"现代转型",实质上也就是探讨一个"现代哲学史"学门如何在中国确立的问题。因为处在学术现代转型历史关口的学界普遍是将周秦诸子的思想作为"哲学思想"来看待和处理的①。无论是章太炎、梁启超还是胡适,这三位现代诸子学研究的代表人物,他们所瞩目的亦均在掘发诸子思想中具有现代"哲学意义"的内容而不是其他。在他们看来,周秦诸子正是中国哲学的发端。与此同时,"六经皆史"的认识论和方法论也在敦促学界将哲学放在"史"的视野下加以审视,"现代哲学史"这一门学科应运而生。诸子学研究转型的这一特性,内在地规定了探讨这一课题所必须考虑的两个要素:首先是引入"西学"。在晚清民

---

  ① 在中国传统学术体系中,原没有"哲学"这一概念。"哲学"一词,系日本学者西周对西方"philosophy"的翻译(时在明治6年即1873年,见余又荪译、桑木严翼著:《康德与现代哲学》,"译者序",商务印书馆发行)。1895年前后由黄遵宪介绍到中国(参见杨国荣主编:《现代化过程中的人文向度》第五章,上海古籍出版社2006年版)。在以后的很长一段时期内,国人对于"哲学"概念,普遍存在一种接受上的紧张,如王国维所说:"海内之士颇有以'哲学'为诟病者。"(王国维:《哲学辨惑》,原载《教育世界》1903年7月,参见佛维校辑《王国维哲学美学论文辑佚》,华东师范大学出版社1993年版,第3页)这一说法准确地揭示了时人在接受"哲学"概念时普遍存在的心理状态。

初那种特殊的社会语境下,引入"西学"是大势所趋,无可避免。这既是一种"方法的改造",同时也是"观念的更新",它主要表现为使诸子学挣脱经学的附庸地位,改变过去那种因解经需要而侧重于考据、音韵训诂的做法,一变而为向重"义理"、重条贯的叙述方式转移。这里所说的"义理"不同于传统①,而是参照西方哲学对于本体论、宇宙观、知识论、人生观等概念的界定,将类似的内容从诸子学中提炼出来。第二,与历史学的"现代转型"一样,诸子学研究也需要"平民化",即需要一个"解放"诸子学,将它从贵族的殿堂"拉"向民间。用以上两要素衡鬻诸子学的"现代转型"过程即可发现,章、梁、胡三人适处在这一历史转折的"关节点"上。三人在现代诸子学研究方面筚路蓝缕,鼎足而立,学术成果最多,影响最大。下至于冯友兰《中国哲学史》及钱穆的《先秦诸子系年》问世,诸子学研究现代转型方初告成功。以年龄论,太炎长胡适25岁,梁启超比胡适大20岁,章、梁、胡分属"新"、"老"两代学人;以声誉论,章、梁二人不仅曾叱咤风云于政坛,且是公认的学界泰斗。而胡适不过是一位原名不见经传的留洋博士。三人年龄、辈分参差,治学理念各异,以此构成了"新"、"老"两代学人的交锋与嬗递。探索三位在诸子学研究方面的矛盾与纠葛,恰可从中扪及此学科现代转型的鲜明轨迹,故具有相当的"表征意义"。

一、义理与文风:章太炎、胡适诸子学研究比较

诸子学之学术辩证其来有自。《庄子·天下篇》开启先河,《荀子·非十二子》及《解蔽》、《韩非子·显学》、司马谈《论六家要旨》等筚路蓝缕,刘歆《七略》、班固《汉书·艺文志》接踵而起,晋荀勖分甲乙丙丁为图书四部,列诸子于乙部,至《隋书·经籍志》始标明经史子集四部分类,子部为有关诸子学撰述的集中。

下至于清代,清儒开诸子研究的先声。毕沅、孙星衍、卢文弨等人有对诸子著作的校刻,严可均、马国翰等人有对诸子著作的辑录,汪中、王念孙、俞樾、孙诒让等人有对诸子学说的梳理。但清代学者的以上工作都还未能离开经学的羁绊。经的断简残编,史料缺失,需要借助于子书的辅佐。诸子学要争得一个独立于经学的地位,成为一门符合哲学史学术规范的学科,那还是要到20世纪初叶。此时中国学界思想活跃百家争鸣,催迫着诸子学研究由"传统"向"现代"转型。当然,这需要有一个热烈的学术氛围作为基础和铺垫。恰在20世纪20年代,诸子学研究热出现了。按照钱穆的回忆,当时"北平、上海各大报章杂志,皆竞谈先秦诸子"②。梁启超弟子刘盼遂1926

---

① 清儒解诸子也并非全不讲"义理"。例如清初王夫之、颜元解孟,着眼于凸显孟子"道问学"和"践履"的一面,惠栋解荀,看重荀子的"礼学",仍然是"道问学"的面貌。此是为"理学清算"、"弃虚蹈实"之需要;乾隆年间戴震、焦循之解孟,戴震以荀补孟,亦即以荀子的"道问学"之长补孟子的"尊德性"之短,并辅以"辟二氏"(佛、老)之目的。焦循也大体如斯。此类"义理",均与清末民初所发掘的诸子学之"义理"不同。

② 《八十忆双亲·师友杂忆》,三联书店1998年版,第145页。

年6月为梁氏《先秦诸子考》所作"跋语"也说:"自西学东来,治周秦诸子者,殆如蜂起云涌。"①在这百舸争流的诸子学研究者队伍中,太炎先生是一位引人注目的人物。

太炎16岁即"浏览老、庄"②。20岁前后"旁理诸子史传,始有著述之志"③。25岁时所作《膏兰室札记》474条,其考释载籍涉及《管子》《墨子》《荀子》《庄子》《晏子春秋》《尸子》《列子》《文子》《吕氏春秋》等。太炎先生与"哲学"相关的学养可以从三个层面来理解:首先是政治哲学。太炎从小受外祖父朱有虔的教诲,懂得了"夷夏大防"。他读《东华录》后有了明确的排满意识。后置身于政治斗争的风口浪尖,从丰富的社会阅历中培养了他善于从政治上考虑问题的品格④。太炎的诸子学研究中蕴涵丰富的政治哲学得益于此。其次是扎实的考据之功。太炎接受过严格的音韵小学和考据学训练,尤其是1890年23岁入诂经精舍随俞樾治经,打下了扎实的"下学"根底,使得太炎治学"言必有据"而非"以空入空";但太炎先生迥异于清儒之处在于他有"理论"的兴趣而清儒一般没有,玄邈之思于太炎绝非格格不入。虽然他原本"不好宋学,尤无意于释氏",但30岁结识宋平子,宋平子"劝读佛书"后太炎先生就已"渐进玄门"⑤。1902年因《苏报案》入狱,在牢狱中他苦读佛书。出狱后流亡日本,又接触了大量西方哲学,如梁启超《清代学术概论》所说,太炎亡命日本期间"涉猎西籍,以新知附益旧学,日益闳肆"⑥。太炎先生对于宇宙本体论、人生哲学都有深入的思考,这使他下笔时"言之有物",能够从"下学"而"上达","翻"上"闳肆"的哲学。这些学养打并成一处,大大恢廓了太炎先生诸子学研究的视野。在现代学人中章太炎首先认识到了"义理"在诸子学研究中的重要性,从而树立了大不同于传统的现代诸子学研究标杆。

1908年,章太炎在《规〈新世纪〉》一文中已对"哲学"概念作出了界定,指出:

> 哲学者,一浑沦无圻堮(按,"堮"者,凸起、界线之谓。——笔者)之名,以通言、别言之异,而裒延之度亦殊。上世哲学为通言,治此者亦或简明算术,推寻物理,乃至政治、社会、道德、伦理诸言,亦一二陈其纲纪。此土与印度、希腊皆然。是一切可称哲学者,由其科目未分。欧洲中世,渐有形上、形下二途,而政事、法律,亦不可比于形下。近人或以文学、质学为区,卒之说原理者为一族,治物质者

---

① 载《古史辨》第四册,上海古籍出版社1982年版,第76页。
② 章太炎:《自定年谱》,转引自姚奠中、董国炎:《章太炎学术年谱》,山西古籍出版社1996年版,第19页。
③ 同上书,第26页。
④ 如光绪二十三年(1897年),太炎先生与宋恕、陈虬等人创立政治学术团体兴浙会,创《经世报》,太炎任总撰述,即发表《都管子书后》,风发议论,全是政治时事;又在《实学报》上连续发表《儒道》《儒兵》《儒法》《儒墨》等,借襃扬道、法、墨批评罢黜百家独尊儒术,太炎后将上述文收入《訄书》。参见《章太炎学术年谱》,49页。
⑤ 章太炎:《自述学术次第》,转引自《章太炎学术年谱》,第48页。
⑥ 《清代学术概论》,载《梁启超论清学史二种》,复旦大学出版社1985年版,第78页。

为一族,极人事者为一族。若夫万类散殊,淋离无纪,而为之蹑寻元始,举群丑以归于一,则哲学所以得名。乃如道德、伦理之说,特人类所以相齿,而近世往往附着哲学之林,此则失诸糅杂。①

"举一驭万"以简驭繁,太炎已经抓住了"哲学"的方法论本质。1910年6月,《国故论衡》出版,在下卷《明见》篇中,章太炎又将哲学解释为"见",亦即世界观、认识论,且援引荀子的"见"论以为说而谓:

> 九流皆言道。道者,彼也;能道者,此也。白萝门书谓之陀尔奢那,此则言见。自宋始言道学(理学、心学,皆分别之名),今又通言哲学矣。道学者,局于一家;哲学者,名不雅故,缙绅先生难言之。孙卿曰:"慎子有见于后,无见于先;老子有见于诎,无见于信;墨子有见于齐,无见于畸;宋子有见于少,无见于多。"(《天论》)顾予之名曰见者,是葱岭以南之典言也。见无符验,知一而不通类,谓之蔽(释氏所谓倒见见取);诚有所见,无所凝滞,谓之智(释氏所谓正见见谛)。天道恢恢,所见固殊焉。旨远而辞文,言有伦而思循纪,皆本其因,不以武断。②

太炎两说"哲学",他早胡适10年为"哲学"所下的定义已不可谓不精。其所言"万类散殊,淋离无纪,而为之蹑寻元始,举群丑以归于一,则哲学所以得名",抓住了哲学举一驭万的特点。他又将"哲学"概括为世界观,并以有无"符验"与理论表述的畅达性即"无所凝滞"为权衡各类哲学价值的标准,这就紧紧扣住了思维与存在、主体精神与自然界的关系这两对近代哲学最为重大的基本问题,作了比前人及同时代人,包括他本人过去的认识远为深入而系统的专门论述。特别是他明确指出哲学的使命与"治物质者"、"极人事者"等"应用性"学科的不同:哲学要求为"万类散殊,淋离无纪"的所有事物"蹑寻元始",并"举群丑以归于一"。这种论断,已经基本上触及了"哲学"的现代学术理念和诉求。很显然,太炎上述关于"哲学"的界定受到了"西学"的影响。虽然太炎将道德、伦理置于"哲学"之外,看不到道德哲学、伦理哲学也是哲学研究的当然对象,但这反映的是"哲学"初入国门时必然的幼稚以及太炎先生认识上无可避免的局限。

1909年9月,太炎发表了《致国粹学报社书》,论治小学及诸子学之门径。太炎谓:"弟近所与学子讨论者,以音韵训诂为基,以周秦诸子为极,外以兼讲释典。盖学问以语言为本质,故音韵训诂其管钥也;以真理为归宿,故周秦诸子其堂奥也。"③又

---

① 《规〈新世纪〉》,载《民报》第24号,第42页。转引自姜义华:《章太炎思想研究》,上海人民出版社1985年版,第328页。
② 《明见》,《国故论衡》,大共和日报馆1912年版,第183页,转引自姜义华:《章太炎思想研究》,第329页。
③ 转引自《章太炎学术年谱》,山西古籍出版社1996年版,第139页。

说:"诸子幸少异说(元明以来,亦有异论,然已无足轻重,近世则惟有训诂,未有明其义理者,故异说最少),而我所发明者,又非汉学专门之业,使魏晋诸贤尚在,可与对谈。"①太炎以探讨"真理为归宿"圭臬诸子学研究,从而挑明了他与清儒治诸子学门径的根本区别,即一重音韵训诂,此不过是"管钥",即工具;周秦诸子之义理阐发始为"堂奥",即目的。

对于中西哲学各自的优点与不足,太炎也有自己的认识。1919 年《与吴俭斋书》指出:"大抵远西学者,思想精微,而验证绝少。康德、肖宾开尔(按:即叔本华——笔者)之流,所论不为不精至。至于心之本体何如?我与物质之有无何如?须冥绝心行,默证而后可得。彼无其术,故不能决言也。陆王一流,验证为多,而思想粗率,观其所至,有绝不能逮西人者,亦有远过西人者,而于佛法终未到也。"②这是说,西方哲学思想深邃,概念明晰,表述精微,这一点为中国哲学所短。但陆王一派在返回本心的冥想"验证"过程中创立心学,涉及"心之本体"及"我与物质之有无"的关系问题,在太炎先生看来,康德等西方哲学家在类似问题上不及中国学人。

到了 1921 年,《太炎学说》在四川出版,其中收录《说新文化与旧文化》一文,已经明确将诸子学与哲学画等号,认为"原来我国的诸子学,就是现在的西洋所谓哲学"。他比较中西哲学的差异后再次指出:西方哲学系"从物质发生",其"理想高超",但"没有物质可以实验";中国哲学"从人事发生","人事是心造的,所以可从心实验。心是人人皆有的,但是心不能从理想去求,非自己实验不可"。故在"应变"、"造就人才"以及"实验"方面,"中胜于西",中国哲学的短处则在"不甚确实"③。

太炎对比中西哲学后得出的结论是否恰当?康德等西哲在"心之本体何如",以及"我"即主体与"物质"也就是客体的关系诸问题上是否"无其术,故不能决言"?这关乎全部哲学的根本大问题,非此区区小文能够解决。但有一点可以肯定,即太炎"敝帚自珍",对于本土文化自尊有加,在那个"全盘西化论"甚嚣尘上的当下,其拔出流俗戛戛独造的积极意义毋庸置疑;陆、王一派默默参证,经"百死千难"后得来的"一点滴膏血"(阳明语),其中艰深之体验即"验证"亦确为其方法论之根骸所在④。太炎一语中的,至少对于理解中国哲学中陆王一派之缘起具有重要的方法论意义。太炎先生的难能可贵还在于,他已经有了明确的"比较哲学"思想胚芽,与胡适同时(按,胡

---

① 转引自《章太炎学术年谱》,山西古籍出版社 1996 年版,第 139 页。
② 同上书,第 293 页。
③ 转引自《章太炎学术年谱》,第 309 页。
④ 阳明一派重"体验",关于这一点,阳明大弟子徐爱之论颇具代表性。其《赠薛尚谦》谈他的治学经历:"予始学于先生,惟循迹而行。久而大疑且骇,然不敢遽非,必反而思之。思之稍通,复验之身心,既乃若有见,已而大悟,不知手之舞,足之蹈,曰:此道体也,此心也,此学也。"见《明儒学案·浙中王门学案一》,上海古籍出版社 1985 年版。

适《中国哲学史大纲》初版于 1919 年 2 月)认识到了引入西学的必要性。以西方哲学为参照,回审中国哲学,这对于重新定位中国哲学提示了治学的门径。

1922 年 4—6 月太炎在上海讲授国学,即以"新义理"——西方的哲学思想来解读诸子。他讲告子,认为其"生之为性,无善无不善"之论"比荀孟都高一着"①。讲庄子,认为其"根本主张,就是'自由'、'平等'。'自由平等'的愿望,是人类所公同的"。庄子的自由平等思想,集中在《逍遥游》、《齐物论》两篇中,"《逍遥游》所谓'自由'是归根结底到'无待'两字"。"佛法中所谓平等,已把人和禽兽平等。庄子却更进一步,与物都平等了。"②很显然,太炎对诸子的解读受到了西方政治哲学的影响。这样一种解读诸子的观点和方法,传统诸子学不曾有过,却符合现代哲学史的基本规定。所以胡适比较章太炎和孙诒让后认为:"到了最近,如孙诒让、章炳麟诸君,竟用全副精力发明诸子学,于是从前作经学附属品的诸子学,到此时代,竟成专门学。"③但孙诒让的《墨子间诂》"终不能贯通全书,述墨学的大恉。到章太炎方才于校勘训诂的诸子学之外,别出一种有条理系统的诸子学。太炎的《原道》、《原名》、《明见》、《原墨》、《订孔》、《原法》、《齐物论释》都属于贯通的一类"④。

如此说来,肩负起诸子学研究的"现代转型"重任,太炎先生原应当仁不让,是最合适的人选。从"自我期许"的角度看,太炎也一直以"民众导师"自我定位其社会角色,尤其在思想文化领域更是如此。太炎的著名短文《癸卯狱中自记》就显露了他的自负:

> 上天以国粹付余。自炳麟之初生,迄于今兹,三十有六,凤鸟不至,河不出图,惟余亦不任宅其位。聚素王素臣之迹是践,岂直抱残守阙而已?……至于支那闳硕壮美之学,而遂斩其统绪。国故民纪,绝于余手,是则余之罪也。⑤

按,太炎此文作于 1903 年,时太炎身陷囹圄。其文典雅隽永大有深意,需细细品鉴。《易·系辞上》:"河出图,洛出书。"《系辞》相传为孔子所作,"河图洛书"圣人则之,是孔子尊重斯时之"传统文化";《左传·昭公十七年》:"我高祖少皞挚之立也,凤鸟适至,故纪于鸟。……凤鸟氏,历正也。"太炎"凤鸟"之用典指陈的是殷人祖脉。"素王"是谓孔子。孔子,宋人之后亦即殷人之后。"凤鸟不至",是谓中国传统文化根脉将断。太炎虽"不任宅其位"却以"聚素王素臣之迹是践"不稍自殆。以上用典,太炎盖以孔子自励且自诩,谓一己之生命实关系到中国传统文化存亡继绝之命运,正与

---

① 《国学概论》,上海古籍出版社 1997 年版,第 33 页。
② 同上书,第 34 页。
③ 《中国哲学史大纲·导言》,第 6 页。
④ 同上书,第 21 页。
⑤ 转引自《章太炎学术年谱》,第 83 页。

孔子之处境相同。这种在捍卫并光大"国粹"上大气磅礴舍我其谁的气魄是太炎性格中一极为突出的亮点，也是太炎最具人格魅力之所在。在辛亥以前，太炎的确充当着"思想领袖"和"青年导师"的社会角色。1929年周予同作《康有为与章太炎》。该文以确定的口气写道："在辛亥革命以前，把握着思想界的权威，作少数热情的青年们的导师的，不是他们两位（按，指康有为和章太炎）是谁呢？"①周予同的说法可以顾颉刚的感受作印证。1913年顾听了太炎在"国学会"的演讲后表示"我愿意随从太炎先生之风，用了看史书的眼光去认识六经"。太炎被袁世凯囚禁，顾颉刚说自己"失掉了这一个良师，自然十分痛惜。但从此以后，我在学问上已经认清了几条大路"②。

然而，民初后的十多年间社会急遽变动。大浪淘沙，历史人物的起落沉浮如"轻舟过山"目不暇接。五四狂飙骤起，文化运动的主将和"青年导师"的社会角色迅即由章太炎、康有为这批"老人"向以胡适为代表的"青年才俊"转移：章太炎这时已明显"落伍"。就诸子学研究而论，率领学界初步实现诸子学研究现代转型这一历史重任的代表人物最终并不是太炎，而是学养不及太炎的胡适。其标志就是1919年2月《中国哲学史大纲》（以下简称《大纲》）的面世。

作为第一部用现代学术理念和方法系统研究诸子哲学的学术专著，《大纲》的发表意义重大。例如，钱穆、顾颉刚均着眼于胡适方法论层面的"范式革新"意义，钱穆认为，自从胡适"造《诸子不出于王官论》，而考辨诸子学术源流者，其途辙远异于昔"③。顾颉刚也说：自从读了胡适的《诸子不出于王官论》，"仿佛把我的头脑洗刷了一下，使我认到了一条光明之路"④。钱、顾二人虽系针对《诸子不出于王官论》而有说，但考虑到该文与《大纲》渊源互接的学术关联，钱、顾的评价也完全可以移用到《大纲》上来。钱、顾这种观点在相当程度上反映着学术界的共识。蔡元培为《大纲》作序即认为，《大纲》所长，在于有"证明的方法"、"扼要的手段"、"平等的眼光"、"系统的研究"。他希望胡适能够"给我们一种研究本国哲学史的门径"，以"把我们三千年来一半断烂、一半庞杂的哲学界，理出一个头绪来"⑤。蔡的高期望，也从一个侧面反映了《大纲》的学术地位。因此顾颉刚虽然承认"整理国故的呼声倡始于太炎先生"，但终将整理国故之功归于胡适，认为"上轨道的进行则发轫于适之先生的具体的计画"⑥。

在诸子学研究现代转型的历史关口太炎未能像辛亥以前那样继续充当文化舵

---

① 载《周予同经学史论著选集》，上海人民出版社1983年版，第108页。
② 《古史辨》第一册，《自序》，上海古籍出版社1982年版，第25页。
③ 《古史辨》第四册，《钱序》，第1页。
④ 《古史辨》，《顾序》，第17页。
⑤ 《中国哲学史大纲》"序"，第2页。
⑥ 《古史辨》第一册，《自序》，第78页。

手,其中的原因何在?太炎对于新文化运动意存不慊,固然是他的基本立场。他的文章多登载在与《新青年》对垒的《国故月刊》上,《国故月刊》社并声称"太炎先生学问文章,本社同人素所景慕"云云,这样,太炎就自觉将其放在了一个与风头正健的新文化运动相对立的位置上,并几乎成了"旧文化"营垒(时人即如此看待《国故月刊》社及其中坚如刘师培、黄侃等人)的"精神领袖"。激进的青年当然排斥太炎而心仪胡适。但从学术本体的另一面来看,文风的因素恐怕意义更为吃紧。

行文渊雅、好用怪字冷僻字,这似乎是太炎的癖好。古文体本不易读,而太炎先生的文章尤其艰深,这是每一位读者都能体会到的。黄遵宪学问好,诗也写得漂亮,已可谓通儒,但他读太炎的文章仍感艰深。1897年太炎任职《时务报》,3月11日黄致书汪康年:"……章君《学会》,论甚雄丽,然稍嫌古雅。此文集之文非报馆之文。"叶瀚《致汪康年书》则谓:章氏"十九期报第二篇论文太艰涩,洗太散碎,观者颇不悦目,操笔人宜嘱其选词加润为要"①。然而,扫除"贵族"式的"学究气",改换以清通活泼的语言文字,"文体革命"的序幕,其实早在甲午战败后已悄然拉开。甲午战后民意觉醒,舆论沸腾,梁启超式的"报章体"应运而生风靡一时。——"这正是白话文体的第一步,亦即是文学革命的第一步。"②此后,新、旧文体之间的矛盾与争斗始终没有停止。此种矛盾与争斗的社会意义甚至已经逸出了文体之争本身而隐然预示了一场"社会革命"即将来临。在这意义重大的新旧文体之争中章太炎始终站在旧文体一边。其《菿汉微言》即讥评新文体为"报章小说,人奉为宗","堕于下流"③。除章太炎外,叶德辉也嘲笑"支那"、"起点"一类的新名词。更令人哑然失笑的是康有为,举凡"手段"、"手续"、"取消"、"取缔"、"打消"、"打击"、"崇拜"、"社会"、"价值"、"绝对"、"唯一"、"要素"、"经济"、"人格"、"谈判"、"运动"、"双方"等新名词皆被康指为不登大雅之堂的"俚词",大骂使用此等名词"无耻"④。可见19、20世纪之交旧观念旧势力还相当强大。当然,反对的呼声也不是没有。上文黄遵宪、叶瀚批评章太炎的文风就是显例。1902年严复《原富》翻译出版,《新民丛报》刊登了《介绍新著原富》一文,对于严复译笔渊雅而欠流畅练达曾提出过尖锐批评,且明确提出了"文界革命"的主张,有谓严复"文笔太务渊雅,刻意摹仿先秦文体,非多读古书之人,一翻殆难索解。夫文界之宜革命久矣!欧美日本诸国文体之变化,常与其文明程度成正比例。况此学理邃赜之书,非以流畅锐达之笔行之,安能使学僮受其益乎?著译之业,将以播文明思想于国民,非为藏山不朽之名誉也"⑤。面对批评,严复仍然强辩:"不佞之所从事者,

---

① 《章太炎年谱长编》,中华书局1979年版,第45页。
② 陈子展:《中国近代文学之变迁,最近三十年中国文学史》,上海古籍出版社2000年版,第207页。
③ 同上书,第206页。
④ 同上书,第207页。
⑤ 同上书,第188页。

学理邃赜之书也,非以饷学僮而望其受益也。吾译正以待多读中国古书之人,使其目未睹中国之古书,而欲稗贩吾译者,此其过在读者,而译者不任受责也。"① 然而此种过时且冥顽的观念怎经得起时代大变迁的风吹雨打! 在经过新文化运动的洗涤与冲击以后,简明易读的新文体尤其成为社会的共识。如陈子展所说,"语言文字的解放"是二、三十年代"文学革命的中心问题"。提倡"平民化"的语言文字,不仅仅是文学自身发展的需要,而且已经成为带有重要社会政治意义的一场"革命":

> 以前的文学,只算得士大夫的干禄之具或消遣之物,只是特殊阶级极少数人利用或享乐的东西;到了这个时期,文字要怎样才得给大众容易使用,文学要怎样才得成为平民的,就都成了问题。从今以后,文学成为替民众喊叫,民众替自己喊叫的一种东西,这样的时期,快要到来了。②

所以赵景深在1929年为陈子展《中国近代文学之变迁·最近三十年中国文学史》所作的"序"中谈到他读胡适等人的文章,"为他们流畅而又条理清楚的文笔所吸引,几至不忍释手",并且断然将章太炎的"反白话文"归入章士钊"之流",认为太炎的文体表现出一种"辞穷的窘态"③。的确,除了少数讲演后经人整理发表的文论如《国学概论》、《说新文化与旧文化》等系白话文外,辛亥以后太炎先生没有其他的白话文撰述。太炎抵制白话文,却对于魏晋文风情有独钟④。太炎又不仅作文欲踵武魏晋,甚至主张作诗作文要用古字来代替通行的今字⑤。此种"冥顽不化"立场,与五四前后的白话文潮流大相径庭,故1918年傅斯年在《新青年》第四卷第一号上发表《文学革新申义》,便直接拿太炎开刀⑥。傅特举"西土逻辑家言"、"西土表象写实之文"与魏晋文相颉颃,正是针对太炎《自述学术次第》而发。傅以文言、白话相对举,其背后的意蕴是"中学"与"西学"的对立。如前所述,太炎于西学并非一无所知,亦非一无所取。但在崇尚"新文学"的世风中,与以胡适为代表的直接受欧风美雨熏陶的新一代知识分子相比,太炎于"西学"的采纳毕竟不够⑦,他基本上仍固守中国传统文化。太炎之主张魏晋文风,本质上即拒斥西学固守中学意态的反映。太炎坚守佶屈聱牙的

---

① 《与新民丛报记者论所译原富书》,转引自陈子展:《中国近代文学之变迁·最近三十年中国文学史》,第189页。
② 陈子展:《中国近代文学之变迁·最近三十年中国文学史》,第122页。
③ 同上书,第115页。
④ 转引自姚奠中、董国炎:《章太炎学术年谱》,第212—213页。
⑤ 《检论》五《正名杂义》,参见陈子展:《中国近代文学之变迁·最近三十年中国文学史》,第68页。
⑥ 傅斯年:《文学革新申义》,载《新青年》第四卷第一号,1918年1月15日。
⑦ 胡适颇以其《大纲》用"西洋的哲学"作"参考资料"自负,在表彰并分析太炎先生诸子学"精到"的原因时胡适并未提太炎参引西学,而只是说"太炎精于佛学,先有佛家的因明学、心理学、纯粹哲学,作为比较印证的材料,故能融会贯通"。此说论太炎先生所长颇中肯綮,并且多少透露了"西学"在太炎学术体系中并不占重要地位的事实。见《中国哲学史大纲·导言》,第21页。

晦涩文笔,与他的文化立场多少也有关系。如此,太炎遂在其撰述外笼罩了一具坚硬的外壳。这具外壳之下虽然包裹着真知灼见和深刻的思想内核,但由于表达方式过于深奥即"贵族化"积习尚未褪尽,这就大大阻碍了太炎与大众的交流和与社会的互动,背离了"平民化"——从某种程度上说也就是"现代化"——的学术发展大趋势,这不能不是太炎先生的所短。太炎曾经说过"有通俗之言,有学术之言,此学说与常语不能不分之由"。又说:"有农牧之言,有士大夫之言,此文言与鄙语不能不分之由。"①然太炎此说实扞格难通。即试以太炎《国学概论》而言,其"深刻"思想之表达,并没有因使用白话文而受损,相反受益。例如太炎解庄子的"灵台者有持",认为此即"佛法的'阿陀那识'","'阿陀那'意即'持'。我们申而言之,眼目口鼻所以能运动自由,都有'持'之者,即谓'持生之本'也"②。解释何其明白晓畅!又如论阳明的"知行合一",谓:"阳明的知行合一和明道有些相同。明道以为曾经试行过,才算得'知'。……譬如不知道虎之凶猛的人,见虎不怕;受了虎的损害的,就要谈虎变色了。这类主张,渐变而为阳明的主张。阳明以为,知即是行,也可说'知的恳切处即行,行的精粹处即知'。"③所论何其深入浅出!当然,太炎系不满白话文运动以及胡适的《大纲》而有文言、白话的高下文野之论。然太炎本人的"通俗之言"既不妨碍用来谈高深的"学术",则更难说如《国故论衡》之类的古文可以高居"士大夫之言"的殿堂,而胡适的《大纲》只配为"农牧之言"的"鄙语"了。民初那个时代需要的并不是高深莫测的"学究用语",而是平实易懂的"平民语言";不是"用典"、"摹仿古人"④,而是"大白话"。傅氏批评太炎"舍本务末,不切群情",章太炎的"不合潮流"显而易见。

与太炎大不相同,胡适的文风清新可喜,这在《大纲》论述先秦诸子深奥的哲学思想时有鲜明体现。例如《墨子·经下》"闻所不知若所知,则两知之"。《说曰》:"闻在外者,所以不知也。或曰:'在室者之色,若是其色。'是所不知若所知也。犹白若黑也,谁胜是?若其色也若白者,必白。今也知其色之若白也,故知其白也。夫名,以所明正所不知,不以所不知疑。所明,若以尺度所不知长。外亲知也。室中,说知也。"

且看胡适的解读:

  此说一个人立屋子外,不知屋子里人是什么颜色。有人说:"屋里的人的颜色,同这个人一样。"若这个人是白的,我便知道屋里的人也是白的了。屋外的白色,是亲自看见的;屋里的白色,是由"推论"得知的。有了推论,便可坐在屋里,

---

① 《正名杂议》,转引自陈子展:《中国近代文学之变迁·最近三十年中国文学史》,第215页。
② 《国学概论》,上海古籍出版社1997年版,第35页。
③ 《国学概论》,第42页。
④ 胡适:《文学改良刍议》,载《回眸〈新青年〉》,河南文艺出版社1985年版,第260页。

推知屋外的事;坐在北京,推知世界的事;坐在天文台上,推知太阳系种种星球的事。所以说:"方不㢓,说也。"这是《墨辩》的一大发明(亲即佛家所谓"现量",说即"比量",传近似"圣教量"而略有不同也)。①

《墨辩》:"久,弥异时也。"(《经上》)《说》曰:"久,合古今旦莫。""宇,弥异所也。"(《经上》)《说》曰:"宇,冡东西南北。"胡适解曰:

> "久"即是"宙",即是"时间"。"宇"即是"空间"(Time and Space)有了久与宇的作用,才有"记忆"。《墨辩》叫作"止",止即是"志"。古代没有去声,所以"止"、"志"通用。"久"的作用,于"记忆"更为重要。

又如《墨子·经下》释"知":"知而不以五路,说在久。"《说》曰:"智以目见,而目以火见,而火不见。惟以五路知。久,不当以火见,若以火。"胡适先在此条下注明"参看章炳麟《原名篇》说",然后解道:

> "五路"即是"五官"。先由五路知物,后来长久了,虽不由五路,也可见物。譬如昨天看梅兰芳的戏,今天虽不在吉祥园,还可以想起昨天的戏来。这就是记忆的作用了。②

《墨子》难读,其"经"、"说"均寓意隽永而学理邃赜。经过胡适生动活泼趣味盎然的解读,对不易理解的墨子哲学,真使人有"豁然洞晓"之感。对于正处在"哲学饥渴"的民初学界来说,胡适这种"老少皆宜"的解读法真正可说是"雪中送炭"。

胡适不仅文风清通,而且有糅入西学阐明诸子义理的自觉。在《大纲》的"序"中胡适祖露心迹:"我做这部哲学史的最大奢望,在于把各家的哲学融会贯通,要使他们各成有头绪条理的学说。我所用的比较参证的材料,便是西洋的哲学。"③在解读墨子时胡适就注意用西学来点染墨子,明指墨子学说含中有"知识论"成分,《大纲》着力挖掘诸子学说中具有宇宙本体论、知识论、人生哲学、教育哲学、政治哲学、宗教哲学等性质的内容,这都得惠于西方哲学的启牖。如此看来,作为同时代的学人,顾颉刚的感受就具有了相当的说服力,他认为:"西洋的科学传了进来,中国学者受到它的影响,对于治学的方法有了根本的觉悟,要把中国古今的学术整理清楚,认识它们的价值","使中国史学完全脱离经学的羁绊而独立的是胡适",因为胡适"集合融会中国旧有的各派学术思想的优点,而以西洋某一种的治学的方法来部勒它,来涂饰它"④。

---

① 《中国哲学史大纲》,第 141—142 页。
② 同上书,第 140 页。
③ 《中国哲学史大纲》,第 22 页。
④ 周予同:《五十年来中国之新史学》,载《周予同经学史论著选集》,上海人民出版社 1983 年版,第 544 页。

这也印证了蔡元培观点的时代性:"古人的著作没有可以依傍的,不能不依傍西洋人的哲学史。"①

要言之,以太炎先生的名望和深厚的诸子学学养,原应当仁不让地率领学界在诸子学研究现代转型的历史关口闯关夺隘,却因为文化立场的保守,其"中西合璧"的诸子学研究成果终于被闷杀在太炎自造的古奥艰涩的文字外壳中,致使其学术成果未能"与时俱进",在诸子研究的现代转型中发挥统帅作用。这一点,只要看一看专门研究诸子的《古史辨》第四、第六册便可一目了然。这两册《古史辨》分别出版于1933年、1936年。第四册录文起1916年至1933年;第六册录文起1926年至1936年,其间太炎有不少关于诸子学的重要撰述,竟然没有收录一篇。这已很可见太炎遭遇冷落的现状。"文化旗手"的角色最后由胡适来担当也就在情理之中了。

二、章、胡之歧趋与角争

太炎由学界泰斗落伍为明日黄花,胡适则成为青年学子的精神偶像,可以想象太炎内心的愤愤不平。尤其是1919年2月《大纲》出版,27岁的胡适"暴得盛名",一夜之间成为万众瞩目特别是莘莘学子心仪的"学术明星",这种反差愈加使太炎对胡适不满。《大纲》只谈诸子学,围绕诸子学的诸多问题,章、胡之间遂展开了反复辩难。关于章、胡之歧趋与角争,前文曾有叙述,此处仅再稍作补充如下。

大要而言,章、胡之争,首先发难者为胡适。太炎在诸子学研究领域影响最大,而诸子出于王官论又是太炎的核心理念,胡适欲建立新诸子学,势必推翻太炎而不能成其效。故1917年4月胡适在《太平洋》第一卷第7号上发表研究诸子学的处女作《诸子不出于王官论》,即针对太炎《诸子学略说》和《国故论衡》而发。

针对胡适的挑战,太炎伺机应战。1922年,太炎借《致柳翼谋书》,矛头直指《大纲》②。同年10月,《中华新报》出版纪念增刊,因太炎的名望特请其撰文,"示国人以治学之津梁"。太炎作《时学箴言》,谓:

> 今之为时学者,曰好言诸子而已矣。经史奥博,治之非十年不就。独诸子书少,其义可以空言相难。速化之士,务苟简而好高名,其乐言诸子宜也。不悟真治诸子者,视治经史为尤难。③

太炎此文既针砭时弊,亦针对胡适。意谓好言诸子学者皆"时学"即媚俗之学,此辈皆避难就易走捷径者。而太炎所谓"苟简而好高名",当时能够承受得起"高名"的诸子学学者,除胡适外没有第二人。以此,太炎这里肯定是指胡适。"速化之士"云

---

① 《中国哲学史大纲·序》,第1页。
② 可参见姚奠中、董国炎:《章太炎学术年谱》,山西古籍出版社1996年版,第318页。
③ 同上书,第320页。

云,则认为胡适学根浅薄,名不副实。平心而论,胡适"暴得盛名"并非其本人沽名钓誉的结果,"好风凭借力,送我上青云",时代的风云际会将胡适推到了历史舞台的中心。且《大纲》也绝非一"速化"之作。而章氏谓之"好高名",一个"好"字,隐约显露了章内心的不平,其中并透露出诸子学研究热业已形成的时况。

次年,太炎两借《与章行严论墨学书》批评《大纲》,文载《华国月刊》。先是,章士钊在《新闻报》上发表《墨学谈》,太炎即撰《与章行严论墨学第一书》。然"项庄舞剑,意在沛公",名为评价章士钊,实则棒打胡适。文章的焦点落在了如何解"彼"和"佊"二字上①。太炎驳胡适全是前辈教训后辈的口吻。胡适既难忍太炎的调侃讥诃,更何况自《大纲》一书风行,洛阳纸贵,胡适身价骤升之后?因此胡即刻致信章士钊反驳太炎。胡适特举太炎谈到的高邮王氏父子,以子之矛刺子之盾。胡适又特以太炎之师俞樾和瑞安孙诒让为奥援②。

章士钊将信转给了太炎。有意思的是,太炎并不直接面对胡适作答,而是立刻撰《与章行严论墨学第二书》,通过章士钊转达他对胡适的批评。原应当章、胡面对面进行的学术交锋,现均通过致信第三者的方式进行,其中透露出的是章、胡二人关系不睦的原委。所以,太炎的《第二书》实际上和章士钊毫无关系,而只是针对胡适。太炎谓:"前因论墨辩事,言治经与诸子不同法。昨弟(按,指章士钊)出示适之来书,谓校勘训诂,为说经说诸子通则,并举王、俞两先生书为例",太炎指出,王念孙、俞樾"两先生,则暂为初步而已耳",意谓王、俞之诸子学尚幼稚不成熟,原因就在于"经多陈事实,诸子多明义理。诸子专言事实不及义理者绝少",以校勘训诂"治经治诸子,特最初门径然也。自校勘训诂而后,即不得不各有所主",而王、俞二子主在校勘训诂,阐发诸子之义理无多。在《第二书》中太炎并特意强调:

> 前书剖析未莹,故今复申明如此。请以质之适之。凡为学者,期于惬心贵当,吾实有不能已于言者,而非或胜于适之也。③

按,太炎对于胡适诘问中提到的王念孙父子和俞樾均作了负面性至少是批评性评价,这可以算是对胡适诘问的正面回应。但于胡适发问提及的孙诒让,太炎却未置一喙,原因何在?孙氏的《墨子间诂》,学界无有不高评者,太炎与孙氏私交甚深,故撰文对于《墨子间诂》评价亦极高。文中太炎借褒孙诒让来贬庄述祖、龚自珍以及"王闿运等百辈",庄、龚、王诸人皆为今文经学家,太炎古文家,其以经学家派斥之亦可以想见。古文经学家以训诂小学立身,此亦太炎熟惯之学。太炎以为世人诋诃孙之"破碎",恰恰是孙之高明处。因为"墨子书多古字古言,《经》上、下尤难读",非"审曲"无

---

① 汤志钧:《章太炎年谱长编》,中华书局1979年版,第733页。
② 《胡适文存二集》卷一,上海亚东图书馆1924年版,第221页。
③ 汤志钧:《章太炎年谱长编》,中华书局1979年版,第733—734页。

以成其事。"求是者,固无章采,文理密察,足以有别",是故"宜与文士不相容受"①。由此可见,太炎之所以肯定孙氏的墨子学,恰恰在音韵训诂上立论。然而,治诸子学孙诒让用得音韵训诂,胡适就用不得。同一种治诸子学的方法,在不同学人身上得到完全相反的两种评价,很显然,太炎的"双重标准"露出了立论上的逻辑破绽。胡适明鉴之,故拿了孙诒让的例来堵太炎的口。太炎对此只能自捂其口缄默不语:既不能"出尔反尔",为批胡适而降低对孙诒让的已有评价,对于自己一法两评的矛盾亦无从言说,以此太炎避开了胡适的诘问而不提孙诒让。

同年,太炎再作《墨子大取释义序》批评《大纲》,真可谓"连篇累牍"。然太炎仍意犹未尽。时隔两年以后的1924年太炎在《华国月刊》上再发长文《救学弊论》,其中写道:

> 夫学之庳鄙,无害于心术,且陋者亦可转为娴也。适有佻巧之师,妄论诸子,冀以奇胜其俦偶,学者波靡,舍难而就易,持奇诡以文浅陋,于是图书虽备,视若废纸,而反以辨丽有称于时。……其下者,或以小说传奇为教,导人以淫僻,诱人以倾险,犹曰足以改良社会,乃适得其反耳。②

这里,"妄论诸子"而能够"波靡学者"的"佻巧之师",又是太炎对胡适放的一支冷箭。特别是他提到"或以小说传奇为教",肯定是指胡适。胡适似对小说有考证癖。他1920年7月作《水浒传考证》,1921年3月作《红楼梦考证》,1922年5月《跋红楼梦考证》,1923年2月作《西游记考证》,同年3月有《西游记考证后记》。胡适的小说研究在20世纪20年代初曾风靡一时,影响过众多学子。顾颉刚就说:"适之先生带了西洋的史学方法回来,把传说中的古代制度和小说中的故事举了几个演变的例,使人读了不但要去辨伪,要去研究伪史的背景,而且要去寻出它的渐渐演变的线索,就从演变的线索上去研究,这比了长素先生的方法又深进了一层。"③

太炎对于胡适"穷追不舍"。但值得玩味的是章、胡这两位学坛上重量级人物的论学对垒,原应引起学界的兴趣与反响,事实却是未见跟风讨论(如"彼"、"佊"之争)。问题恐怕仍然出在太炎古奥的文字上。此外,章、胡所论问题太艰深专门,难以在"大众化层面"引动波澜也是原因之一。

要之,民初的二十年间,在热闹非常的学术界太炎虽已"过时",但作为民国元老国学耆旧,太炎余威尚存影响犹在。他首度提出当重诸子学义理之探讨且反复强调不厌其烦,抓住了现代诸子学研究的核心,开先河之功不可隐没。太炎以保守的立场频难胡适,虽不被当时学界主流所认可,但终究构成了与"新派"相对垒的另一面的存

---

① 《孙诒让传》,《章太炎全集》(四),上海古籍出版社1985年版,第213页。
② 转引自《章太炎学术年谱》,第368页。
③ 《古史辨》第一册,《自序》,第78页。

在,从而在诸子学研究现代转型的历史大潮中同样扮演了重要角色;太炎的文字聱牙古朴,但其中蕴含的深刻思想却弥足珍贵。时过境迁近百年之后,当人们论及诸子学研究现代转型时仍然绕不开太炎先生,正是这些深刻思想的作用使然,则太炎的诸子学研究成果终究不朽。

三、梁、胡之争

梁任公的文章曾经影响过几代人①。但试一睹 1917 年 7 月 1 日易明发表在《新青年》上的《改良文学之第一步》,其中不仅提到了太炎,且兼及任公,颇能反映出此时任公在"青年"心目中业已"老化"的形象:

> 今日文界,论古文则有王湘绮、章太炎诸先生辈,论时文则有梁任公、汪精卫先生辈。然文之体裁,犹未尽备也。诸先生辈或长于骈散之文,或专于声咏之学……洵足为文坛健者,发挥学业,迥非后生所可及。虽然,诸先生逝者逝矣矣,老者老矣,或仆仆风尘之中,或汶汶浊世之内。求欲奉斯人以改良文学,虽心有所向,恐亦势所不能。然则负此重任冀造福于吾国者,其惟我辈青年乎?②

平心而论,任公的本色是追随时代步伐"与时俱进"。他思想绝不僵化,行文清新可读。如任公《清代学术概论》谈其文风影响所云:"启超复专以宣传为业,为《新民丛报》、《新小说》等诸杂志,畅其旨义,国人竞喜读之。……二十年来学子之思想,颇蒙其影响。……至是自解放,务为平易畅达,时杂以俚语韵语及外国语法,纵笔所至不检束,学者竞效之,号新文体。老辈则痛恨,诋为野狐。然其文条理明晰,笔锋常带情感,对于读者,别有一种魔力焉。"时至今日读任公论文仍觉活泼清通,绝没有"老化"到上文所讥讽的地步。然而,何以在青年人心目中任公同样被视作"旧人"而遭摒弃?"沉舟侧畔千帆过,病树前头万木春",时代变迁催生出的新一代学人正大踏步地登上历史舞台,他们年轻气盛,大胆狂放,"舍我其谁",急于充当历史舞台上的主角。在那个以欧美为师,妄自菲薄,"自惭形秽",自觉中国传统文化处处不如人的时代氛围中,对于"旧人"如任公不屑一顾视若土埂而青睐正宗欧美留学归国的洋博士,青年人有此种心态再自然不过。

然而,任公本人却绝不自弃。1919 年他游历欧洲,回国后即退出政坛而属意于

---

① 直到 1941 年吕思勉作《史学上的两条大路》时还指出:"现在行辈较前的史学家,在其入手之处,大多数是受他(梁启超)的影响的。""他每提出一问题,总能注意其前因后果,及其和环境的关系,和专考据一件事情,而不知其在历史中的地位的,大不相同,所以其影响学术界者极大。"载《吕思勉遗文集》,华东师大出版社 1997 年版,第 469 页。

② 载《回眸〈新青年〉·语言文学卷》,河南文艺出版社 1998 年版,第 291 页。

学术。在诸子学研究方面,任公积蕴本厚,早在1904年即于《新民丛报》发表《子墨子学说》,后又发表《墨子之论理学》,专述墨子逻辑思想(这些文章后合为《墨学微》出版)①。时至20年代,诸子学研究大热,此正合任公之好,任公技痒,岂能嘿然无语? 恰好胡适就诸子学问题主动上门请教,有此机缘,任公作为"老一代"学人的代表遂真正融入了诸子学研究现代转型的历史洪流之中。

梁、胡适交往始于1918年11月7日(此时距《大纲》出版尚有3个月),徐振飞有一封介绍胡于梁启超的信:

> 任公年丈总长:胡适之先生现任北京大学掌教,主撰《新青年》杂志,其文章学问久为钧座所知,兹有津门之行,颇拟造谭,敢晋一言,以当绍介。

胡主动拜访,所祈望的正是向梁讨教诸子问题。本年11月20日胡致信梁,请梁允给"二十分钟"之谈话②,可见胡适当时的声望尚不及任公。但任公的奖掖后辈也很可嘉。到了第二年梁、胡关系已发展得很密切了。当年梁去清华大学演讲,提到了胡适及《大纲》:

> 去冬,应清华学校之招为课外讲演,讲国学小史……吾昔年曾为子《墨子学说》及《墨子之论理学》二篇……胡君适之治墨有心得,其《中国哲学史大纲》关于墨学多创见。本书第七章多采用其说。为讲演便利计,不及一一分别征引,谨对胡君表谢意。③

由1918年11月结识胡到1919年2月已仔细阅读并引用《大纲》,可见三个月中梁、胡关系发展迅速,也可知任公"与时俱进"的勤勉和对胡适学迹的关注。1925年7月3日梁有致胡书一通,附其近日所作词三首,谈到了作词的用韵,并说:"拙作《沁园春》过拍处试如尊论,俟有兴,当更改之。"可见梁、胡间常有诗赋往来。梁又云:"又有寄儿曹词写出呈教(乞赐评)。公勿笑其舐犊否?"④益可见梁、胡私交之密。

但在诸子学问题上,梁、胡毕竟观点不同,以此梁氏也未因与胡适之私交而隐没其观点。早在1920年即《大纲》出版次年的10月18日,梁即曾致函胡适,虽然主要是告知《清代学术概论》一书已脱稿事,但其中也谈到了他对于《大纲》的意见:

> 对于公之《哲学史纲》,欲批评者甚多,稍闲当鼓勇致公一长函,但恐又似此

---

① 参阅罗检秋:《近代诸子学与文化思潮》,中国科学出版社1997年版。
② 丁文江、赵丰田编:《梁启超年谱长编》,上海人民出版社1983年版,第872—873页。
③ 《饮冰室合集·专集第十一册》,第2页。
④ 载丁文江、赵丰田编:《梁启超年谱长编》,第1045页。

文下笔不能自休耳。①

到了1922年梁启超终于"主动上门",到北京大学发表了题为《评胡适之中国哲学史大纲》的讲演(见《饮冰室合集·文集》之三十八)。据《梁启超年谱长编》1922年条下:

> 从四月一日起,先生曾应各学校和团体之请为学术讲演二十余次。……在北京大学为哲学社所讲《评胡适之中国哲学史大纲》一篇。②

《长编》此说适有周谷城的回忆可为旁证,周提到的许多细节颇具学术史的意义。周指出,五四以后,辩论之风大盛。哲学方面的辩论,以"梁启超评胡适的《中国哲学史大纲》"引起的社会反响最大:

> 胡适在美国康乃尔大学读书时,曾用英文写了一篇博士论文,名叫《中国古代逻辑思想发展史》。所谓《中国哲学史大纲》实即是这本书的中文本。这本书看的人颇多,影响不小,胡适自己在北大文科也颇有声势。法科学生也想找一个适当的人到法科讲讲学。恰好这时,据说梁启超要批评胡适的著作,即被请到北大法科作报告。梁启超以评胡适著《中国哲学史大纲》为题,曾在北大法科大会堂作了两个半天的报告。第一个半天被批评者没有出席,听讲的人很多,批评也很尖锐。这情形胡适大概知道了,第二天他赶到会场,正当快要开讲之时,即向主持报告会的人请求先讲几句话,并说:"昨天因事,未能来听梁先生报告,很抱歉。本人自小就是读梁先生著作的,受益很多,今天请梁先生多予指正。"然后陪着听完了梁的报告。③

如果说1922年任公去北大批评胡适,其影响还只局限在较小范围之内,那么,1922年3月13日梁启超在《晨报副刊》上发表《论老子书作于战国之末》一文,就将他和胡适在老子问题上的分歧公开化了。梁认为,老子并非如《大纲》所说在孔子以前,《老子》的成书也应在战国之末。梁氏共提出了六条理由驳斥胡适④。梁文发表

---

① 丁文江、赵丰田编:《梁启超年谱长编》,上海人民出版社1983年版,第922页。在梁启超的晚年学术生涯中,诸子学研究占据重要地位。梁虽然很早就对诸子学有兴趣,但看五四以后他的诸子学研究,似都与《大纲》的出版在时间上存在着某种联系。从1920—1926年这七年间,梁启超的学术兴奋点集中在诸子学研究上。据统计,这一期间,梁启超有关的论著有《老子哲学》、《孔子》、《老孔墨以后学派概观》(附《先秦诸子表》)、《论孟子》(以上1920年);《墨经校释》、《慎子》、《墨子学案》、《诸子考证及其勃兴之原因》(以上1921年);《先秦政治思想史》(以上1922年);《汉书艺文志诸子略考释》、《淮南子要略书后》、《史记中所述诸子及诸子最录考释》、《先秦学术年表》、《庄子天下篇释义》、《荀子评诸子语汇解》、《韩非子显学篇释义》、《司马谈论六家要指书后》、《汉志诸子略各书存佚真伪表》、《尸子广泽篇吕氏春秋不二篇合释》、《荀子正义篇》(以上1926年)。
② 《梁启超年谱长编》,第952页。
③ 周谷城:《五四时期的自由辩论》,载《复旦大学学报》1979年第3期。
④ 见《古史辨》第四册,《论老子书作于战国之末》。

后在学术界引起了相当的震动:"梁先生的名望既然高,所举的证据又确凿,所批评的又是胡先生的名著,所以其说一出,学术界大为震动。"①梁文发表仅一周,张煦即有《梁任公提诉老子时代一案判决书》,对梁启超的论据逐条反驳②。不久,1923年2月顾颉刚在给钱玄同的信中,也表示他同意梁说,认为《老子》应成书于战国之末③。1923年"夏秋之间",钱穆参加到论战中,撰《关于老子成书年代之一种考察》,专就"思想上"的线索立论,并且提出了"老在孔后"的结论。老子研究热至此展开。到1933年专门讨论诸子问题的《古史辨》第四册出版,其中又用了相当篇幅专门讨论老子问题。仅据《古史辨》第四、第六册的统计,当时参加老子问题讨论的学者就有胡适、梁启超、顾颉刚、钱穆、冯友兰、熊伟、张西堂、张福庆、罗根泽、叶青、高亨、谭戒甫、马叙伦、唐兰、郭沫若、张煦、黄方刚、素痴、张季同。"关于考据老子年代的文章,止第四册及此册(《古史辨》第六册)所收,就有三十五六万言……不要说旁观者望而却走,当事者也见而生畏。"④可以说,二三十年代诸子问题的大讨论是从探讨老子问题切入的,其导火索则是梁、胡之争。

除老子以外,墨子也是梁氏批评胡适《大纲》的重点之一。

"墨子"是《大纲》施以浓笔重墨的一章,而"别墨"则是胡适希望在"非儒学派"中"找到移植西方哲学和科学最佳成果的合适土壤"的理想对象。对于"别墨"的"名学"胡适尤其自我激赏,认为别墨"实有科学的精神,可算得'科学'的方法","总而言之,古代哲学的方法论,莫如墨家的完密。从此以后,无论哪一派的哲学,都受这种方法论的影响","荀子、孟子、庄子无不皆然"⑤。胡适如此推重墨子,而梁启超恰恰针对胡适之论墨子批评最多。对于《大纲》中的相关论述梁氏虽也有赞誉,如说:"胡先生观察中国古代哲学,全从知识论方面下手,观察得异常精密,我对于本书这方面,认为是空前创作。""总说一句话,凡关于知识论方面,到处发见石破天惊的伟论",并且特别指出:"这部书讲墨子、荀子最好",讲墨子和别墨"都是好极了"⑥。但倘若试一读梁1923年发表的《读墨经余记》,便觉梁之赞胡言不由衷,而对于《大纲》的批评则是严厉的。

《大纲》在论及墨子时多采孙诒让说,梁则在《读墨经余记》中对孙诒让逐条驳斥,实际上也是针对胡适而发。例如,关于墨子的生卒年代,胡适袭用孙诒让成说,梁氏则指出孙氏的不确。胡适认为《墨经》不应有那样发达的"科学思想",故怀疑《墨经》

---

① 《古史辨》第六册,罗根泽《序》,第9页。
② 见《古史辨》第四册。
③ 见《古史辨》第一册,《与钱玄同先生论古史书》。
④ 《古史辨》第四册,《自序》,第1页。
⑤ 《中国哲学史大纲》,第163页。
⑥ 《评胡适之中国哲学史大纲》,《晨报副刊》1922年3月13日。后收入《饮冰室合集·文集之三十八》。

中的《经》上下、《经说》上下、《大取》、《小取》系为墨子以后的"别墨"惠施、公孙龙辈所作①。对于这一观点梁启超亦深不以为然,认为"断不能谓"《墨经》为惠施、公孙龙辈所作,"盖施、龙辈所祖述者,不过《墨经》中一小部分,而其说之内容,又颇与《经》异也"②。此外,1922—1925 年这四年间,梁还不断就《大纲》中论及的庄、荀诸家进行了驳难。

〈余论〉

　　从 1917 年胡适发表《诸子不出于王官论》、1919 年《大纲》发表,1922 年梁就老子问题对胡提出质疑,到 1933 年、1936 年《古史辨》第四、第六册出版,由诸子学的源起问题,逐渐牵蔓到对老子年代的考辨,再到墨子、庄子、杨朱、孟子、荀子、韩非子等史迹、史籍的考辨,前后迤逦长达 20 年之久。在这场波澜壮阔的诸子学大讨论中,胡适和梁启超充当了旗手和奠基人的角色。这从《古史辨》第四册上编以胡适的《诸子不出于王官论》起首,下编以从《大纲》中移录的《老子传略》为第一篇,梁启超的《论老子书作于战国之末》紧随其后就可以看出。在这一学术大潮中,胡适和梁启超始终参与了其中的一些重要问题如老子生年,《老子》的成书年代以及墨、庄、孟、荀、韩非、杨朱等史迹、史籍的讨论和考辨。当然,梁、胡系君子之争,驳难双方均以事实说话,意态敦厚平和,没有章、胡之争那样的火药味,为学界树立了榜样。这场大讨论基本上完成了诸子学研究现代转型的历史任务。其标志就是冯友兰《中国哲学史》(上下册)、钱穆《先秦诸子系年》以及郭沫若、侯外庐等人关于诸子问题的相关著述的面世。

　　冯著系冯友兰 1928 年在清华大学讲授中国哲学史课程时所撰,1931 年由上海神州国光社出版上册,1934 年商务印书馆出齐。这部书被认为"是中国近现代史上史论结合,有自己独立的理论体系的第一部哲学史著作"③。冯将中国哲学史分为"子学"、"经学"两个时代,而其径以"子学"称名先秦诸子,那么,可以说冯著正是诸子学大讨论的产物。

　　再以《先秦诸子系年》而论,钱穆《系年·序》:

　　　　先秦学术,惟儒、墨两派。墨起于儒,儒原于故史。其他诸家,皆从儒、墨生。要而言之,法原于儒,而道起于墨。农家为墨道作介,阴阳为儒道通圉。名家乃墨之支裔,小说又名之别派。而诸家之学交互融洽,又莫不有其旁通,有其

---

①《中国哲学史大纲》,第 135 页。
②《读墨经余记》,见《古史辨》第四册,第 256—258 页。该文收入《梁任公近著》第一辑,1923 年 5 月发表。
③《实说冯友兰》,北京大学出版社 2008 年版,第 61 页。

曲达。①

试对比同一时期钱穆的另一论断：

> 先秦显学，惟儒与墨。
> 儒墨初期，其议论归于反抗贵族阶级之骄僭而思加以改革。……
> 墨子兼爱之说一变而为惠施之万物一体论。惠施之万物一体论，复转化而为庄周之物化论，及公孙龙之惟名论。庄周与公孙龙之说合并而成老子之虚无论。②

合观钱穆之论，将先秦诸子融会贯通打成一片是其显著特点，而此间之枢机皆在于钱穆对诸子"义理"的理解。换言之，只有对诸子各家学说有义理上高屋建瓴的认知，才能做到以儒、墨为起点，贯穿法、道、农、阴阳、名、小说诸家的"首尾相应"。此种治诸子学之样类，在传统诸子学中不曾见，却在20年代以后越来越成为学界治诸子学的共同取径，而以太炎发其先声。以上所列冯友兰、郭沫若、侯外庐等人莫不重视对于诸子义理的挖掘与"现代诠释"。这样，我们再来读《先秦诸子系年·序》宾四先生极自负且极著名的那段话：

> 余之此书，上溯孔子生年，下逮李斯卒岁。前后二百年，排比联络，一以贯之，如常山之蛇，击其首则尾应，击其尾则首应，击其中则首尾皆应。③

钱穆之自诩良非虚语。《系年》虽用了相当篇幅考订诸子史迹，貌似与乾嘉诸老的做法雷同，然其"一以贯之"之"一"之"贯"却是清儒所缺而为《系年》之魂魄所在：这是一个由"义理"为根底建立起来的先秦诸子"系统"，而《系年》正拜赐于太炎先生之慧眼先觉，得益于任公、胡适的老、墨之争以及诸子问题的大讨论。如此看来，《系年》既是诸子学研究"现代转型"之产物，同时也可视之为诸子学研究"现代转型"业已成功的标志之一。

第五节 疑古史学对蒙文通的影响

蒙文通是"古史辨"疑古运动中涌现出来的著名古史专家。他的治学既与"疑古派"学分两途，同时二者间又存在着千丝万缕的联系。剖析蒙氏之学，可以透视出20世纪前半叶不同史学流派间矛盾、交流和交融的跌宕起伏，对于今天正确认识并评价

---

① 《先秦诸子系年·序》，商务印书馆2002年版，第46页。
② 载《古史辨》第六册，《自序》，第18页。
③ 《先秦诸子系年·序》，第21页。

"古史辨"疑古运动也具有相当价值。

一、早期疑古运动中传说中古史的研究

清理中国传说中的古史,这是现代疑古运动一上手就面临的一个课题。"自从盘古开天地,三皇五帝到于今",中国人头脑中的这一根深蒂固的意识,成为横亘在以破除封建迷信为职志的疑古健将面前的一大障碍。所以,早在提出著名的"层累说"以前的"民国十一年(1922年)",顾颉刚先生已在"《努力周刊》副刊的《读书杂志》里对于三王的第一代(禹)和五帝的末二代(尧舜)下了'一番破坏',把关于他们的传说作了一番系统的建设"①。同年,顾因祖母病重回乡,经胡适介绍,商务印书馆特邀顾编写一部《中学历史教科书》②,顾"想了许多法子,要把这部教科书做成一部活的历史,使得读书的人确能认识全部历史的整个的活动,得到真实的历史观念和研究兴味"。对于"上古史"中三皇五帝的传说,顾在编写前已经有了明确的认识:

> 三皇五帝的系统,当然是推翻的了。③

为此,顾拟仿夏曾佑《中国历史教科书》视三皇五帝为"传疑时期"的做法,专"列了一章'传说中的三皇五帝'"。正是在编写《中学历史教科书》的过程中,顾在理论上有一重大创获。他"忽然发现了一个大疑窦——尧舜禹的地位的问题"思考的结果,顾先生"建立了一个假设:古史是层累地造成的,发生的次序和排列的系统恰是一个反背"④。这说明,"层累说"的胎育与"三皇五帝"的辨正有着直接的因缘关系,并且早在1922年顾先生已经有了初步想法。编写《中学历史教科书》一事后虽因主管当局以"否定三皇五帝动摇了民族的自信力"为由加以阻挠最终未果⑤,但它在"层累说"的构思、酝酿及形成过程中的作用却不应忽视。

1923年顾提出了"层累说",此说仍然紧紧咬住传说中古史的一些问题,以此作为理论阐述的突破口。"层累说"发表后,刘掞藜、胡堇人提出了批评,1923年顾撰《答刘胡两先生书》,提出了理解中国古史的四条原则,四条中的两条比较具体地谈到了对传说中古史内容的甄别:(一)打破民族一元的观念。顾先生认为,自春秋以来,大国攻灭小国多了,疆界日益扩大,民族日益并合,种族观念渐淡而一统观念渐强,于是许多民族的始祖的传说亦渐渐归到了一条线上,有了先后君臣的关系,从而

---

① 顾颉刚:《三皇考·自序》,《古史辨》第七册中,上海古籍出版社1982年版,第45页。
② 同上。
③ 《古史辨》第一册,《自序》,第51页。
④ 同上书,第52页。
⑤ 顾颉刚:《三皇考·自序》,《古史辨》第七册中,第45页。

造成了"在现在公认的古史上,一统的世系已经笼罩了百代帝王,民族一元论可谓建设得十分巩固了"的现象。但是,根据史书的记载……任、宿、须句出于太皞,郯出于少皞,陈出于颛顼……他们原是各有各的始祖。所以,"我们对于古史,应当依了民族的分合为分合,寻出他们的系统的异同状况"。(二)打破古史人化的观念,指出:古人对于神和人原没有界限,所谓历史差不多完全是神话,人与神混,人与兽混,举不胜举。"他们所说的史固决不是信史,但他们有如是的想象,有如是的祭祀,却不能不说为有信史的可能。自春秋末期以后,诸子奋兴,人性发达,于是把神话中的古神古人都'人化'了。人化固是好事,但在历史上又多了一层的作伪。""所以我们对于古史,应当依了那时人的想象的史为史,考出一部那时的宗教史,而不要希望考出那时以前的政治史,因为宗教是本有的事实,政治是后出的附会,是假的。"①

显然,顾先生的所论明确指向对传说中古史的清理,其中涉及了许多民族始祖的神话传说。顾先生这里使用了神话的"人化"这个概念。虽然顾先生承认有关古史的神话传说中"有信史的可能",但同时又认为"他们所说的史决不是信史",这样,顾先生就自相矛盾地否定并轻易放弃了他论断中的一个非常有价值的思想胚芽,即:

> 我们对于古史,应当依了那时人的想象的史为史,考出一部那时的宗教史。

而顾的这一卓识却在相当程度上影响着蒙文通《古史甄微》的核心论点(见后文)。自然,1923年顾先生所谈传说中的古史,无论从内容的广度还是从论证的深度来看,都还是浅近的,因而是初步的。但将传说中的古史置于现代文化认知的背景下加以批判地考察,顾先生终是最先的觉悟者。

"层累说"发表后影响巨大,"竟成了轰炸中国古史的一个原子弹"②,顾说引起学界的广泛注意。就在"层累说"发表四年后的1927年,中国古史研究领域诞生了第一部从地缘性角度考察中国古代民族和文化差异的代表性专著——蒙文通的《古史甄微》。

从"疑古"的角度看,《古史甄微》的面世是值得重视的一件事。蒙文通治学的基本立场自然不是"疑古"而更接近于"考古"、"释古"一派;他撰《古史甄微》旨意也不在疑古上。如《古史甄微》"七"为"上古文化","八"为"虞夏禅让","九"为"夏之兴替",基本上是将从上古到夏代作为一部信史来勾勒的。而我们看顾颉刚、童书业的《夏史三论》,却认为整个夏代的历史系由神话传说演变而来③。此可见蒙文通与疑古派的不同。以此,蒙默《蒙文通先生小传》指出:

---

① 《古史辨》第一册,第100—101页。
② 《我是怎样编写〈古史辨〉的?》,《古史辨》第一册,第17页。
③ 载《古史辨》第七册下。

时疑古之风方兴,或颇引为同道,谓"在他之前,没有像他那样把三皇五帝彻底研究过"。并以此即先生之"层累地造成的中国古史观"。然先生之破三(皇)五(帝)说也,止以其体系不足据而已,并非蜗燧牺农两营祝公诸传说而摒弃之,故与疑古者流迥异其趣。①

蒙默之说虽不无根据,却仍然值得进一步探讨。谓蒙文通"与疑古者流迥异其趣",这大体上固然不错。但值得注意的是蒙默点出了"当时人"对蒙文通"此即先生之'层累地造成的中国古史观'"的定位。这个定位虽与蒙默谓蒙文通"与疑古者流迥异其趣"的立场相径庭,因此"大体上"可以视为当时学界的一部分人对于蒙文通的"误解"甚至是"曲解"。但此种"误解"乃至于"曲解"仍然有意义。它至少表明客观上当时人有将蒙氏视为疑古派的意思。在时过境迁八十年后的今天,此说提醒我们,在当时学人的眼中,"疑古"与"释古"、"考古"派之间的界限并不像今天的"考古派"之评价"疑古派"那样视同水火。其次,之所以说学界有人将蒙文通视为疑古派只是"大体上"的一种误解或曲解,是因为从蒙文通治学的具体内容着眼,存在着他对疑古派关键性学术成果的借鉴和利用。因此只能说:蒙仅仅"大体上""与疑古者流异其趣"。换言之,蒙文通与"疑古派"二者并非泾渭分明。尤其应当指出的是在20世纪20—40年代疑古之风炽烈,这个大背景对于蒙氏《古史甄微》的影响不容否认。事实上,作为当时影响最大的学术派别,疑古派的一些学术精华——尤其是疑古派的方法论——对于考古、释古两派都有影响。这一点从蒙文通的治学中体现得很明显。

二、蒙文通学术渊源和他的《古史甄微》

蒙文通与"前古史辨派"的疑古代表性学人在学术上有渊源互接的关系。这不仅是因为蒙文通是廖平的弟子,而且他的代表作《古史甄微》就是为了完成廖平的嘱托而撰述。此如《古史甄微》蒙氏《自序》所言:

> 乙卯(1915年)春间,蒙尝以所述《孔子古文说》质之本师井研廖先,廖先不以为谬。因命曰:"古言五帝疆域,四至各殊;祖孙父子之间,数十百年之内,日辟日蹙,不应悬殊若是。盖纬说帝各为代,各传十数世,各数百千年。五行之运,以子承母,土则生金,故少昊为黄帝之子。详考论之,可破旧说一系相承之谬,以见华夏立国开化之远,迥非东西各民族所能及。凡我国人,皆足以自荣而自勉也。"蒙唯诺受命。②

---

① 《蒙文通先生小传》,第324页。
② 《古史甄微》,载《中国现代学术经典·廖平蒙文通卷》,河北教育出版社1996年版,第335页。

按：廖平要破除古帝王世系的"一系相承之谬，以见华夏立国开化之远，迥非东西各民族所能及"，此说系针对20世纪初章太炎、刘师培等提出的华夏民族西来说而发，其中虽不乏与章、刘之间今古文经之争的经师门户意味，但基本旨趣是立在培养国人的中华民族自豪感上的。而顾颉刚"层累说"要破除"一统的世系"和"民族一元论"，顾说虽然是为铲除国人"自从盘古开天地，三皇五帝到于今"的迷信，与廖平的出发点不尽相同，但二说目标一致，这一点值得注意。蒙氏《古史甄微》提出了"太古民族显有三系之分"的卓越论断①，将我国上古先民的文化区域划分为江汉、河洛、海岱三大地区。蒙氏整个学术框架的逻辑起点即在于破除或者说否认中华民族起源之一系说。考虑到廖平与蒙文通的师承关系和蒙文通实际受到过疑古派重要影响的事实，蒙氏的论断既可以视为承袭并发展廖平而来，也可以说与"层累说"有关，至少不相枘凿。

蒙文通的治学系从治经入手，他的治经则从辩证今文经学和古文经学切入。

对于今文一派的一些核心观点蒙氏均感不满，指出：

> 刘（逢禄）、宋（翔凤）、魏（源）、崔（适）、康（有为）之流，肆为险怪之辨，不探师法之源，徒讥讪康成，诋诤子骏……即以是为今文，斯谓之能诎郑则可，谓之今文则不可。……鱼目混珠，朱夺于紫，其敝也久矣。②
>
> 《左》书多符六经，安得曰不祖孔子？③

按：蒙氏师廖平之学曾有数变，在撰《今古学考》时他尚能对今古两家不分轩轾。但到了蒙文通撰写《古史甄微》的1927年，廖平之学早已数变而根底移易，以大诋郑玄，尤以讥诃刘歆造伪为能事。现蒙氏对常州一派的非康成、刘歆深致不平，又谓《左传》"祖孔子"也就是认为《左传》"传"《春秋》，此皆大不同于刘逢禄下至于康有为视《左传》为经刘歆改窜之伪学的论断，亦与廖平数变之学根本不同。然溯其渊源，蒙氏之论却仍然系植根于廖《今古学考》而扬弃者。蒙默所言"先生以秦以前无经学，经学乃始于汉，既为先秦诸子之总结，故其精义在传记不在六经，在礼制不在义理，在行事不在空言"④，这个观点也与廖平针锋相对，然亦益发可见蒙氏之学脱胎于廖平之迹⑤。

蒙氏对今文经学不满，对于古文经学同样提出了批评。在蒙氏看来，古文之弊在

---

① 《古史甄微》，载《中国现代学术经典·廖平蒙文通卷》，河北教育出版社1996年版，第337页。
② 同上书，第336页。
③ 同上书，第338页。
④ 蒙默：《蒙文通先生小传》，载《中国现代学术经典·廖平蒙文通卷》，第324页。
⑤ 廖平认为经学起于先秦，早在先秦即已有今古文经之争："经在先秦已有二派：一主孔子，一主周公，如《三传》是也。"见廖平：《经学抉原·序》，载《中国现代学术经典·廖平、蒙文通卷》，第547页。

于"徒诋谶纬,矜苍、雅,人自以为能宗郑,而实鲜究其条贯"①。何谓"条贯"?"条贯"者,"义理"之谓也。蒙氏意谓若只重苍、雅考订,没有"条贯"义理,此于康成颇类买椟还珠,徒然袭得郑玄之皮毛而已,却并未明其精华之所在。这种议论,很容易使人想起章实斋批评乾嘉考据学的饾饤而缺乏"别识心裁"。自乾隆年间庄存与复兴濒临死绝的今文经学以来,上自清代中期的刘逢禄、宋翔凤,下迄中国近代的龚、魏、廖、康,重视六经中的"微言大义"始终是今文家坚守的治学方向,今文家并且以此为据批评古文家的繁琐考据不得要领。蒙氏学出廖平,在重条贯义理方面容或继承了今文经学的某些治学精神。古文家均信奉"六经皆史",尤其章太炎、刘师培等,"六经皆史"更是他们挂在嘴边的口头禅。但在蒙氏看来,史以真为先,六经中的历史人物如商汤、周武王的"记法"均与《汲冢书》、《山海经》所言相异,则究竟各说何者为真? 在这个问题未辨明以前,"六经皆史之谈显非谛说"②。蒙氏师从廖平,廖平与章太炎、刘师培辈势同冰炭。在《古史甄微》的写作时代,今古文经之争仍然激烈,"数十年来,两相诋諆嘲嚷,若冰炭之不可同刑"③。蒙氏指摘"六经皆史"论的瑕疵,恐多少受到了其师攻击章太炎、刘师培等古文经学的影响。但蒙氏毕竟已非一介经师而是一位学养深厚的现代史家,他批评"六经皆史",并不是站在传统今文家派立场上的狭隘陋见,他能够跳出今、古两家的门户,站在现代学术立场对于今、古文经作出评骘。以史之求真为旨归是蒙氏的基本立场。从治史求真出发,蒙氏既探究今文经学内部鲁学与齐学之异同,于上古因地缘之差异而导致的神化传说各不相同,蒙氏亦无不穷源而竟委之。

蒙文通之于廖平虽有上述如许矛盾,但在文化研究的地缘性方面,蒙氏却受到了廖平的深刻影响。

廖平提出了以地缘划分今文内部的鲁学、齐学和古文经学的主张,指出:

> 鲁、齐、古三学分途,以乡土而异。

> 邹与鲁近……荀子赵人,而游学于齐,为齐学。《韩诗》燕人,传今学而兼用古义,大约游学于齐所传也。《儒林传》谓其说颇异,而其归同。盖同乡皆讲古学,一齐众楚,不能自坚,时有改异,此韩之所以变齐也。而齐之所以变鲁,正亦如此。予谓学派由乡土风气而变者,盖谓此也。④

乡土异则学术文化受其影响必然存在差异,这是颠扑不破的真理。廖平能够认识到这一点是他的卓识。廖一生固守"鲁、齐、古三学分途,以乡土而异"的理念,这个

---

① 《古史甄微》,载《中国现代学术经典·廖平蒙文通卷》,第336页。
② 同上书,第338页。
③ 同上书,第336页。
④ 廖平:《今古学考》,载《中国现代学术经典·廖平蒙文通卷》,河北教育出版社1996年版,第41页。

认识成了蒙文通理论框架的基石。如其自谓：

> 余作《经学抉原》,深信齐鲁学外,而古文为三晋之学,则经术亦以地域而分。①

从辨镜学术源流出发,蒙氏再由今文而上,探其异同之故,指出：

> 古文学既南北异趣,今文学亦齐、鲁殊致,适海适岱,言各有宗。②

他分析地缘文化的差异性,认为：

> 盖鲁人宿敦礼义,故说汤武俱为圣智;晋人宿崇功利,故说舜禹皆同篡窃;楚人宿好鬼神,故称虞夏极其灵怪。三方所称述之史说不同,盖即原于其思想之异。《古史甄微》备言太古民族显有三系之分,其分布之地域不同,其生活与文化亦异。六经、《汲冢书》、《山海经》,三者称道古事各判,其即本于三系民族传说之史固各不同耶!③

六经、《汲冢书》、《山海经》之评价商汤和周武王的伐夏、商的确存在明显的矛盾。在学术史上过去从未有人探讨形成此种矛盾的原因,更无人从鲁、晋、楚因地缘差异而产生出的不同文化背景来加以说明。因此,蒙文通之说具有开创性意义。

又如,《孟子》中多载史事并且"尽人所信"④。但蒙文通注意到,如果"以《孟子》书证《孟子》书"即采用校勘学上的"内证法"可以发现,除了孟子的说法以外"显有异家之史存于其间",两相比较,"孟子所称述者若可疑,而孟子所斥责者翻若可信"⑤。如关于伊尹辅佐商汤一事,《孟子》提到了万章的说法。孟子不同意万章,但万章之说却有《韩非》之说为之佐证,蒙文通认为,《孟子》中的矛盾之处足见"万章之疑非诬",反证孟子之说却可疑⑥。以此,"六经皆史论"如何站得住脚? 蒙氏又指出,关于伊尹的相关说法,孟子与《韩非》、《天问》不同而"惟墨翟与合",这是什么原因? 蒙氏提出了一个大胆的推测：

> 岂以邹鲁所传自相同,而与晋、楚之说各异耶?⑦

从地缘角度考察经学内部的分化以及今、古二学之所以异趣,是廖平已经初步建

---

① 《古史甄微·自序》,载《中国现代学术经典·廖平蒙文通卷》,第348页。
② 《古史甄微》,载《中国现代学术经典·廖平蒙文通卷》,第337页。
③ 同上。按,后杨宽、童书业的神话地缘说即从蒙文通的文化地缘说变化而来。杨、童如此探究神话传说,既为神话学研究提供了一种全新的学术进路,同时也无形中影响着民俗学研究的取径,因此是有价值的。
④ 《古史甄微》,载《中国现代学术经典·廖平蒙文通卷》,第339页。
⑤ 同上书,第339页。
⑥ 同上。
⑦ 同上。

立的学术路径。蒙文通则进一步拓展了廖平,他的考察也从经学扩大到了社会学和文化人类学,范围从六经扩大到了《汲冢书》、子书、《山海经》和三皇五帝,这些都是廖平所未曾涉及的领域。但蒙文通的学术基点却仍然不能不说是由廖平奠定的。

三、"三皇五帝"的考订与蒙氏对"层累说"的袭用

救亡图存保国保种,这是自甲午战败后萦绕在国人脑际挥之不去的一个"结"。以此,探讨中华民族的起源,便成为20世纪初学界关注的一个热点。下至于疑古运动勃兴,因中华民族的起源问题与神话传说杂糅一处难解难分,世纪初已然兴起的民族研究热,到了二三十年代仍然持续不减。蒙氏的研究重点之一即是考察上古时代中华民族的起源与构成,厘清有关三皇五帝的传说便成为蒙氏绕不过去的第一道"坎"。蒙氏认为,三皇五帝的传说起于晚周,《汉书·郊祀志》中有"梁巫、晋巫、秦巫、荆巫、晋巫祀五帝"之说,可见"五帝"原先只是"神祇",并没有确指的人名。不仅如此,而且在天神中贵者为"泰一",五帝只是泰一之"佐",也就是说,在最初的传说中五帝的地位比起泰一来还要次一等,不像后世抬得那样高。到了汉武帝时有人上书说:"古者天子三年一用太牢,祀三一:天一、地一、泰一。"结合秦始皇时博士所奏言"古者有天皇、地皇、泰皇,泰皇最贵",蒙氏指出:

> 三皇之说,本于三一,五帝固神祇,三皇亦本神祇,初为神,不谓人也。

按,三皇五帝"本神祇,初为神,不谓人",也就是承认了三皇五帝之成为"人",系由"神"变化而来。这个论断中显然有着"层累说"提出的"自春秋末期以后,诸子奋兴,人性发达,于是把神话中的古神古人都'人化'了"的影子。1936年顾颉刚撰《三皇考》,其中即专列有"'皇'的由神化人"一节,认为"三皇""是介于神与人之间的人物"[①]。而顾《三皇考》的基本方法仍然是"层累说"。从考察三皇五帝传说的历史性着眼,自1923年顾的"层累说",到1927年蒙的《古史甄微》,再到1936年顾撰《三皇考》,"疑古"与"释古"或"考古",两家的结论基本一致,这表明了"疑古派"和"释古派"或"考古派"在学术上互依互存、相同相通的一面。

再看蒙氏论"三王"、"五帝"和"三皇"的发生次序,蒙氏谓:

> 撮周秦书之不涉疑伪者而论之,孟子而上,皆惟言三王,自荀卿以来,始言五帝,《庄子》、《吕氏春秋》乃言三皇。……战国之初惟说三王,及于中叶乃言五帝,及于秦世乃言三皇。[②]

按,孟在荀前,毫无疑义。而依照蒙氏时代的一般认识,《庄子》、《吕览》成书更在

---

① 《古史辨》第七册中,第51页。
② 《古史甄微》,载《中国现代学术经典·廖平蒙文通卷》,第349页。

荀子以后,那么,蒙氏之论中有关"三王"、"五帝"和"三皇"发生次序的考订,其与"层累说"时愈后则说愈详,"发生的次序和排列的系统恰是一个反背"的精神内核如出一辙。所以蒙文通认为:

> 帝之与皇,固无关人事也。方皇、帝说之起初,皇则一而帝五,及郑(玄)注《中候》,又列少昊于五帝,则又皇三而帝六,弥附会而弥离本也。①

看蒙氏的这个揭示,其基本方法与"层累说"同样灵犀相通,即追踪初始史实在历史上的"放大"或变更是顾、蒙两家的共同取径。

当然,蒙氏与顾颉刚也存在明显的不同,即按照地缘性差异来探讨神话传说之不同,并考察上古民族的形成以及学术文化的差别,这是蒙氏从廖平那里承袭而来并加以发展的独家之学,却是顾颉刚未曾措意或重视不够的。在考察"五帝"说的缘起过程中,蒙氏即具体运用了文化的地缘性差异的理念和方法,指出,《孙子·行军》:"凡此四军之利,黄帝之所以胜四帝也。"《蒋子万机论》:"黄帝初立,不好战伐,而四帝各以方色称号,交共谋之。"这是最早的五帝说。其说将黄帝与四帝并称为"五帝","与齐、秦之说各不同,别为吴楚之说。五帝说始见《孙子》,三皇说始见《庄子》,岂三五皆南方之说,邹子取之而为之释,乃渐遍于东方、北方耶?"②

这里,蒙文通以地域为据论五帝说的起源并推测其流布的路向,带有鲜明的地缘性文化研究的特点。由此出发,蒙文通将上古时期我国先民文化的发展,明确划分为三大块,即"江汉民族"、"河洛民族"和"海岱民族","其部落、姓氏、活动地域皆不同,其经济、文化亦各具特点"③。值得注意的是,蒙文通并没有将传说中的人物机械、僵硬地理解为某一个人,而是能够将其视为某一族群的代表。例如蒙氏在谈到共工与姜姓的关系时指出:"共工固世为诸侯之强,自伏羲以来,下至伯夷,常为中国患。而共工固姜姓炎帝之裔也。"④《史记·五帝本纪》言"黄帝披山通道,未尝宁居,迁徙往来无常处"。蒙氏据此认为西北的黄帝部族为"游猎民族","为行国";"九黎",群书或作"犁","犁"字从"牛";"三苗"者,则"盖意均谓农稼","则西南民族为农稼民族","为居国"。蒙文通"江汉"、"河洛"、"海岱"三大部族的重要构想,对于徐旭生1943年撰《中国古史的传说时代》,提出我国古代"部族"的三集团说,即华夏集团、东夷集团和苗蛮集团,具有重要的启迪。蒙文通及徐旭生的这一前瞻性构想现在已经被大量考古实践证明了其正确性。

---

① 《古史甄微》,载《中国现代学术经典·廖平蒙文通卷》,第349页。
② 同上书,第351页。
③ 蒙默:《蒙文通先生小传》,载《中国现代学术经典·廖平蒙文通卷》,第324页。
④ 《古史甄微》,载《中国现代学术经典·廖平蒙文通卷》,第375页。

〈余论〉

重新评价疑古派是现今学术界的一个热门话题。关于这个话题,与疑古派同时代学者的意见对于今天全面、正确评价疑古派或许更具参考价值,因为这些亲切而直接的评论本身即富含历史的因素和意味。而这里之所以选录郭沫若、钱穆、徐旭生的相关论断,是因为他们都不属于疑古派,因此他们对疑古派的评价应当更加中立、客观、公允并具参考价值。

郭沫若作为马克思主义历史学的开山,他的成名作《中国古代社会研究》有自序,该自序另题《评古史辨》,收在《古史辨》第七册下。文中郭首先肯定了疑古派先他而发的一系列结论,如钱玄同"易卦是生殖器崇拜时代底东西";丁文江《禹贡》晚出"等。胡适的见解也得到了郭的首肯,认为胡适"较一般的旧人大体上是有些科学观念","就《古史辨》看来,他于古代的边际却算是摩着了一些"。对于以顾颉刚为代表的疑古派,郭沫若承认原本存在着隔阂,说:"从前因为嗜好的不同,并多少夹以感情的作用,凡在《努力周报》上所发表的文章,差不多都不曾读过。"这可以理解为郭与疑古派"政治立场"不同,也可以说二者存在"意识形态"上的矛盾,因而郭"夹以了""感情的作用"。但在认真思考了"层累说"后,郭认识到政治上的"感情用事"无助于学术上的探讨真理,遂摒弃了"意识形态"分歧,承认顾说"确是个卓识",认为顾的"识见委实是有先见之明。在现在新的史料并未充足以前,他的论辩自然并未能成为定论,不过在旧史料中凡作伪之点大体是被他道破了的"①。至于具体的古史考辨,郭也部分借鉴了疑古派的成果。例如郭考黄帝的来历,引《山海经》并下按语谓:"黄帝即是皇帝、上帝"②,此说顾颉刚、杨向奎《三皇考》已先郭而发且考订极细密③。郭沫若的重要甲骨文研究专著《甲骨文释》中有《释干支》一篇,郭提出轩辕"又为星名,即西方之狮子座","亦称王星","与黄帝号有熊,鲧化黄熊等传说,均有关系"④。而黄帝号有熊,鲧化黄熊等传说正是杨宽《中国上古史导论》已经注意到并运用现代神话学加以研究的课题⑤。

在顾颉刚同时代的学者中,钱穆的意见学术含金量较高,值得注意。众所周知,钱穆的治学立场与疑古派存在诸多抵牾矛盾,但钱穆并没有因此而全面否定疑古派。《五德终始说下的政治和历史》是顾颉刚代表性的疑古论著,顾先生撰成此文后拿给钱先生看并请钱先生批评。钱穆撰《评顾颉刚〈五德终始说下的政治和历史〉》,对于

---

① 载《古史辨》第七册下,上海古籍出版社1982年版,第361—363页。
② 载《古史辨》第七册下,第365页。
③ 参阅《古史辨》第七册中,第52页以下。
④ 载《古史辨》第七册下,第365页。
⑤ 见《古史辨》第七册上,《杨序》,第2页。

顾文有关"五帝的传说"以及"刘歆伪造《左传》"、"五德终始说"中"五行相生"和"五行相克"等问题钱先生都提出了批评性意见,从中可见钱先生与疑古派的矛盾。但对于顾颉刚和《古史辨》特别是顾颉刚的"层累说",钱先生的整体性评价却仍然很高。梁启超《清代学术概论》提出:有清一代的学术是"以复古求解放","最后到今文家上复西汉之古解放东汉郑许之学。譬如高山下石,不达不止"。钱穆虽指出梁说仍残存今文家的门户遗绪,但基本上同意此种文化诠释的进路,并指出"自今以后,正该复先秦七国之古来解放西周,复虞夏之古来解放殷商,溯源寻根,把中国从来的文化学术思想从头整理一过,给予一种较为新鲜而近真的认识,对于将来新文化思想的发展上定有极大的帮助"①。钱认为,疑古派及《古史辨》的疑古也是"以复古求解放",指出:"顾先生的《古史辨》,不用说是一个应着上述的趋势和需要而产生的可宝贵的新芽。"对于"层累说",胡适从方法论层面曾经给予高评,钱穆对胡适的评价以及"层累说"的方法"也抱着相当的赞同",认为"《古史辨》也是一种以复古为解放的运动"②。时人有将顾颉刚和今文家混为一谈者③,钱穆则注意将顾颉刚与晚清今文家如康有为作了严格区分,指出:"《古史辨》所处的时代已和晚清的今文家不同。"④钱穆深刻揭示了顾颉刚方法的可取之处在于"重在传说的经历和演进","而康有为一辈人所主张的今文学,却说是孔子托古改制,六经为儒家伪造,此后又经刘歆王莽一番伪造,而成所谓新学伪经"⑤。分析传说的演进和造伪之不同,钱穆提出了几点区分的标准,都很中肯:

> 伪造与传说,其间究是两样。传说是演进生长的,而伪造却可以一气呵成,一手创立;传说是社会上共同的有意无意——而无意为多——的一种演进生长,而伪造却专是一人或一派人的特意制造;传说是自然的,而伪造是人为的;传说是连续的,而伪造是改换的;传说渐变,而伪造突异。⑥

虽然钱穆对于疑古派的诸多学术观点均不赞成,但他在方法论层面却充分肯定了"层累说",指出顾的不足正在于未能坚守住"层累说",未能用顾本人倡导的"演进的方法"看待古帝王传说以及今古文经问题,而是过分强调了刘歆、王莽个人的造伪。钱穆这种褒贬互见的分析鞭辟入里、合情合分。

徐旭生《中国古史的传说时代》第一章在谈到"古史辨派"的学术贡献时说:

---

① 载《古史辨》第五册,第618页。
② 同上书,第619页。
③ 当《五德终始说下的政治和历史》和《古史辨》第五册面世时,学界有人将顾颉刚称为"新今文家"。见《古史辨》第五册,顾颉刚"序",第3页。
④ 载《古史辨》第五册,第620页。
⑤ 载《古史辨》第五册,第620页。
⑥ 同上。

西欧直到19世纪中叶以后,评判史料的风气才大为展开,而且进步很快,在历史界中成为压倒一切的形式。自辛亥革命以后,这个潮流才逐渐扩大到中国。我国历史界受了西方的影响,地域古史才逐渐有所谓疑古学派出现(按,虽然受了西方影响,但主要自有中国学术背景)。这一次参加的人数很多,工作的成绩也很丰富,一大部分由顾颉刚先生及他的朋友们搜集到《古史辨》里面。……由于疑古学派(广义的)历史工作人员及考古工作人员双方的努力,才能把传说时代和狭义历史时代分开。①

众所周知,将"传说时代和狭义历史时代分开",这在史学史上是衡量历史学是否具有"科学性"的一条重要标准。例如,克罗齐在谈希罗多德的历史意义时即认为:"在那个时候,思想放弃了神话性的历史及其较为粗糙的形式,即神异的或奇迹的历史,变成了尘世的或人类的历史。也就是说,变成了我们今天所仍怀抱的一般概念。"②柯林武德也据此将希罗多德作为开创"科学历史学"的鼻祖③。徐旭生充分肯定了在历史学"科学化"进程中"疑古派"的历史功绩。徐将"历史工作人员及考古工作人员"全都囊括在"疑古学派"(广义的)中,不管他的这种划分在今天看来是正确还是错误,它却是当时具代表性的一种意见,表明了疑古派在当时学界的影响之大以及"疑古派"与"考古派"或"释古派"边际的模糊性。事实上,在马克思主义史学成为主流史学以前,"古史辨派"是我国史学界影响最大的学术流派。由于疑古运动的吸引④、砥砺和磨炼,我国学界的一大批栋梁之材在疑古运动中脱颖而出。饮水思源,疑古运动对于我国学术界人才培养的高功伟绩是后世学界应当永远铭记的。

从考辨古史的"操作性"层面看,"层累说"中如下一段人们耳熟能详的论述具有深刻的思想性,并为今人提供了可对之进行"现代性诠释"的丰富的学术内涵。顾先生说:

> 我们即不能知道某一件事的真确的状况,但可以知道某一件事在传说中的最早的状况,我们即不能知道东周时的东周史,也至少能知道战国时的东周史;我们即不能知道夏商时的夏商史,也至少能知道东周时的夏商史。⑤

以上一段话是"层累说"的精髓。在这段话中,实际包含"疑"和"信"两个层面的内容:"东周史"和"夏商史"往往非"东周"和"夏商"人所撰,而是"后人"的作品,史家

---

① 《中国古史的传说时代》,文物出版社1985年版。
② 克罗齐:《历史学的理论和实际》,商务印书馆1997年版,第144页。
③ 柯林武德:《历史的观念》,商务印书馆1997年版,第49页。
④ 钱穆提到,在《古史辨》第一、第二册中"便可以看出近时一辈学者对此问题的兴趣和肯出力讨论的情形"(载《古史辨》第五册,第618页)。
⑤ 载《古史辨》第一册,第60页。

考订并揭露这一"历史事实"理所当然。这是顾先生的"疑"。但顾说中还涵有"信"的一层要素,这一点,却因学界将顾定位为"疑古派"而长期被遮蔽掉了。顾先生的"我们至少能知道战国时的东周史"和"至少能知道东周时的夏商史",这个"史"字本质上即是一种"信"。顾先生之所以以"史"冠以"东周"和"夏商"的名下,这是指示我们应当明了:"战国"和"东周"史家笔下的历史仍然值得期待和信赖,因为它们本质上仍然是"史"。就是说,史家必须尊重史实这一原则,使得史著至少可以为后人提供值得信赖的历史讯息。换言之,顾先生的考辨,是建立在相信经过了传说的演变业已"凝固"、"定型"以后的古史的。传说的原貌究竟如何,这是顾先生要"打破沙锅问到底"[①]的。细细体会顾说,他要从"至少能知道"往"上"、往"前",往那个能够得知"某一件事的真确的状况"推进的。这一点极为吃紧,倘若抽去或存心"忽略"这一点,即是对顾先生"层累说"釜底抽薪的"曲解"。这也就是钱穆先生指出的顾先生及《古史辨》"以复古求解放"的本质。就"古史的传说"来看,顾认为辛亥以后到处张贴的"黄帝纪元四千六百零九年"的布告不可信,因此怀疑。但顾要知道的是"这些相信四千或五千年的年数是从什么地方出来的"[②],亦即要求厘清此种说法的源头以及何时"定型",这是"层累说"的根本目的所在。因此本质上仍然是一种"疑中考信"。顾先生的辨伪固然存在"疑过头"之处,每每使得"至少能知道"变成了"只能知道",此即张荫麟深刻批评过的"默证法";但我们却不能因顾先生辨伪中某些具体操作失当便全盘否认顾说,对于其中具有方法论意义的"信"的一面视而不见。例如,顾在谈到他考察戏剧、歌谣的"分化"时指出:戏园中有"尧舜生,汤武净,五霸七雄丑末耳"的说法,顾认为戏曲中这种对历史人物的"定性"很可以用来观察史书上对"圣贤"与"恶魔"的理解,倘若用了"角色"的眼光去看古史,"便可以明白尧、舜们和桀纣们所以成了两极端的品性,作出两极端的行为的缘故,也就可以领略他们所受是颂誉和诋毁的积累的层次"[③]。这个揭露,其方法论上的意义在于:它提示我们注意史家撰史时存在着按照"好人"、"坏人"的模式简单化地对历史人物进行"归类"。再如关于纣。在从《尚书》到《史记》的不同典籍中的确有各种不同的"记法",这是一个事实。揭露此类事实,是顾说的重要构成部分和顾先生疑古取得的重要成就,这一点不容否认。而此类的"疑"目的均在探究某种历史传说的源头及其演变过程和原因,即归根到底是为了"信"。若以认识论为视角则必须承认:后人对业已存在的前人思想的任何诠释都不能不带有诠释者的时代性和诠释者的个人烙印,因此总有不尽符合诠释对象的本真

---

① 《古史辨》第一册,"顾序",第45页:"你又要'打破乌盆问到底'了!这是我的祖母常用来禁止我发言的一句话。"
② 《古史辨》第一册,"顾序",第45页。按,以"黄帝"为纪元,这是20世纪初章太炎、刘师培等"革命派"为反清而鼓吹的一种"政治手段"。
③ 《古史辨》第一册,"顾序",第41页。

之处,总是存在一定程度的"失真",这一原理是现代诠释学普遍认定并被当今历史学有效引进的一条重要准则。克罗齐认为"一切真历史都是当代史",柯林伍德说"一切历史都是思想史"。顾先生的"我们至少能知道传说中的历史真相"一说,用了顾本人的学术语言,表达了与克罗齐、柯林伍德同样深刻的思想,即顾先生同样注意到了"人"的主观性、"思想性"在历史演化过程中的重要作用。以此,对于"后人"在诠释过程中的种种"失真",我们就可以视之为原始史实的"放大"、"缩小"或"更改",并且可以用"层累说"的表达来加以理解和剖析。从这个意义上说,"层累说"到目前为止并没有"过时",仍然具有相当的学术效应,至少我们现在还提不出全面否定或取代"层累说"的新方法和新理论。

第六节　关于新文化运动和"古史辨"疑古运动的几点思考

新文化运动以及在新文化运动中孕育勃兴起来的"古史辨"疑古运动已经过去整整八十年了。站在今天的立场来看,新文化运动和"古史辨"疑古运动为我们留下了太多值得深思的问题。这里,不揣冒昧,将自己一些并不成熟的意见公布出来,希望能够抛砖引玉,引起学界同仁对这些问题的进一步思考。

一、关于"民主"与"科学"

"民主"与"科学"是时代的号角,在五四新文化运动中成了最能够鼓舞人心的口号。

1. "民主"与"民本"

"民主"与"民本"二者之间的相互关系,是分析"民主"思想时值得注意的一个问题。"民主"与"民本"虽只有一字之差,但二者反映的时代与社会制度内涵却不相同:"民本"在中国有久远的历史渊源,是传统社会的产物,反映的基本上是传统社会的本质;"民主"思想则是近代社会的产物,它反映着当时先进的中国人所向往的西方社会制度的本质,在历史发展的特定时期内,它又主要是指资本主义政治体制。

"民本"与"民主"固然有上述本质差别,但同时也应看到,"民本"思想中包含着可以向"民主"转化的思想胚芽。"民主"与"民本"的一字之差,在一定条件下也就是两种思想的一步之遥。这里并无意夸大"民本"思想的重要性,而只是想指出,在中国传统文化中有没有民本思想,这对于"民主"能不能在中国近代顺利诞生,其迎拒的难易坎顺是大不相同的。从这个意义上说,民本思想为民主思想在中国近代的诞生事先准备了一张产床,并使"民本"具备了一步步向"民主"推进的有利条件。

"民主"的思想内核是平等、自由,因此"民主"尊重人,尊重包括思想自由在内的人的种种权力。中国封建专制主义统治与上述原则的矛盾抵牾自然不容否认,但"民本"毕竟主张以"民"为"本",且这种思想在中国源远流长,它与以民为"主"并不抵触枘凿。因此,当鸦战国门洞开以后,处在欧风美雨飘打下的中国已经具备了接受西方文化的条件,先哲们对于西方民主制度的理解与接纳一开始是站在民本的立场上进行的,他们用了中国的"民本"来附会来理解西方的"民主"。当然,直到甲午战败以前,先哲们在拿中国的封建制度与西方的民主制度相对比时仍然没有"民主"的概念。因为"帝制"还未死亡,作为政治实体的"清朝"仍然具有"合法性"和一定的向心力、凝聚力,在那种情势下要求"以民为主"是不现实的。因此,先进的思想家还是用传统的"民本"来理解西方的"民主"。自然,其中具备的向"民主"转化的思想萌芽,却是一种可贵的存在与积累。

甲午战败特别是戊戌变法失败以后,封建制度"专制"的不合理性日益显露,清廷"非我族类其心必异"的一面开始引起汉族人民的怀疑。到了这时,清朝统治的合法性开始遭到质疑,"改制"呼声的高涨可以看做它的表征。按照梁启超的划分,中国近代的社会变动,这时已经走到了"制度层面"甚至"文化层面"的嬗变阶段。这时,对于西方"民主"的理解也进入了一个新阶段。1895年严复在甲午战败后撰《论世变之亟》,其中说道:"夫自由一言,真中国历古圣贤之所深畏,而从未尝立以为教者也。彼西人之言曰:惟天生民,各具赋畀,得自由者乃为全受。故人人各得自由,国国各得自由,第务令无相侵损而已。侵人自由者,斯为逆天理,贼人道。……"①同年又在《原强》中写道:"自其(指西方人)自由平等以观之,则捐忌讳,去烦苛,决壅蔽,人人得其言,上下之势,不相悬隔,君不甚尊,民不甚贱,而联若一体者。……苟求其故,则彼以自由为体,民主为用。"②严复以西方天赋人权的"自由"与中国封建专制相对比并贬斥后者,他所说的"民主"已不复再是传统意义上的"民本",而带有了现代真正意义上"民主"的内涵。五四以前对于"民主"的最初提倡,以及强调"民主"所包含的自由、平等、"人权",为五四新文化运动提出"民主"口号创造了条件。所以五四运动的健将们在宣扬"民主"时都凸显其中的"人权"意涵。如陈独秀所说:"举一切伦理、道德、政治、法律、社会之所向往,国家之所祈求,拥护个人自由权利与幸福而已。思想言论之自由,谋个性之发展也,法律之前,人人平等。个人之自由权利,载诸宪章,国法不得而剥夺之,所谓人权是也。"③

"民主"反对压迫人权,而人的自由思想权又是"人权"的重要内容;"科学"的本质

---

① 郑振铎编:《晚清文选》,上海生活书店1937年版,第668页。
② 同上书,第661页。
③ 陈独秀:《东西民族根本思想之差异》,《青年杂志》第一卷第四号。

在于不相信任何未经理性思考的"先验真理",因而"科学"排斥任何"外在"权威事先设定的结论。从这个角度看,"民主"与"科学"二者在精神层面上灵犀相通。

2. "科学"探源与评析

"科学"("science")一词源于拉丁文"scientia",意指知识、学问。"科学"一词是从日本进口的。1897年康有为撰《日本书目志》,第一次使用了"科学"一词。日本之"科学"是受孔德实证主义的影响以后提出的。它的最初意涵是指学科分类,就是说,日本最初是从"分科之学"的意义上使用"科学"一词的。当然,"分科之学"也是"学",也以"知识"为本,因而,日本所使用的"科学"一语与"科学"的本义并不违忤①。

与"民主"之在中国有"民本"为其最初的思想铺垫相似,"科学"之在中国,也有其最初近似的对应词,这个词就是"格物致知",简称"格致"。其学术渊源来自朱熹。

朱熹释"知"为知识,训"格"为求,为探讨、穷至,要求人们通过对天下万物穷究其理的途径达于"致知"。这是一种"知识主义"倾向,其中贯穿着"求真"精神。这种精神本质上可以视为"科学精神"。

从"格致"的角度理解"科学",同样起于甲午战败以后。最先对之详加阐述的又是严复。甲午以后严复开始着手翻译《天演论》。他在《译天演论》一文中说:"及观西人名学,则见其于格物致知之事,有内籀之术焉,有外籀之术焉。内籀云者,查其曲而知其全者也,执其微以会其通者也,外籀云者,据公理以断众事者也,设定数以逆未然者也。""内籀"和"外籀","二者即物穷理之最紧要途术也。"②

"内籀"、"外籀"即"归纳"与"演绎",严复将二者提到"即物穷理之最紧要途术"之高度,这就凸显了"科学方法"的重要性。1895年严复撰《论世变之亟》与《原强》,在《论世变之亟》中,严复提到西方人"其为事也,一一皆本诸学术,其为学术也,一一皆本于即物实测,层累阶级,以造于至精至大之途"③。在《原强》中,严复表彰西方人"其论一事,持一说,必根据理极,引其于至真之原,究其极于不遁之效"④。

严复的上述名篇虽然没有明确提出"科学"一词,但他对"格物致知"的解释却符合"科学"的本义。他赞扬西方人"其论一事,持一说,必根据理极,引其于至真之原,究其极于不遁之效"的治学精神,认为这就是中国的"格物致知",严复这里的"格物致知"的精神符合"科学概念内涵的规定性"。严复对"格物致知"的理解有两点值得注意。

首先,"格物致知"是一种精神,集中到一点就是"求真"。因为对万物之"理"的获

---

① 关于"科学"一词在中国的落户以及从"格致"到"科学"的演变,请参阅樊洪业:《从"格致"到"科学"》,载《自然辩证法通讯》第10卷第55期。
② 郑振铎编:《晚清文选》,第648页。
③ 同上书,第661页。
④ 《原强》,郑振铎编:《晚清文选》,第657页。

得,必须通过"求"这个环节,这就排除了对任何未经"求"已经"外在"、"先验"存在的"真理"的信仰,这就提倡了理性,破除了迷信。这种精神与"民主"精神有天然联系。正如陈独秀所表述:"科学之兴,其功不在人权说(笔者案,此即"民主"之义)下,若舟车之有两轮焉。今且日新月异,举凡一事之兴,一物之细,罔不诉之科学法则,以定其得失从违;其效将使人间之思想云为,一遵理性,而迷信斩焉,而无知妄作之风息焉。"①

将"科学"与"民主"比之为"舟车之有两轮",此可见在五四运动中"科学"与"民主"并提绝非偶然。

"科学"精神因对万物之理只认其"真",这就自我认定了非"真"莫取,非"真"不"信",以"求真"为第一要务的准则,这一准则用于"治学",就将坚持学术的独立性提到了首位。而这后一点最易遭到"工具理性"急功近利治学目的论的干扰,此即严复《原强》所说"今夫尚学问者,则后事功,而急功名者,则轻学问。……顾功名之士多有,而学问之士难求,是则学问贵也"。"学问之士,倡其新理,事功之士,窃之为术,而大有功焉。"②因此,不阿世,不媚俗,不为眼前利益所驱使,又成为能否坚持学术独立性的关键。此一点至为吃紧,它对五四前后的学术界曾经产生过巨大影响。如顾颉刚1918年作《中国近来学术思想界的变迁观》,顾说:

> 在学术上面,我想了中国近来学术的变迁,虽然新的大是可悲,而承前的实在不坏。记得《新民丛报》里边,有一篇郑浩的《中国学术穷通变化论》说:中国学问,元、明后腐败已甚,清代的学问,是由腐败而进于精辟的境界。即此进步,自能弘通;即无欧洲科学之传播,亦当有笛卡儿、培根其人生于其间。……我想这话并非虚诬,只因近日学者,过分受了社会的牵制,所以停滞不能进步;至于从前所取的路径,已有向科学方面走去之势,终是可信。……(清儒的考据)虽多是就零碎事物去立证,不能尽用科学的方法去驾驭事物,但明确的证据供给得多了,后来的人自然容易联络成完整的体系。清以前的学问是个"应用主义",都悬一修齐治平的目标,看得学与用最是密切。……清代朴学家所学的只是一个"求是主义",并不要用而且晓得他所学的并不是学的本体,乃是学的途径,离开实用尚是远得很,要费极繁难的力量才能达到真实的用,所以看那些夸言经世的是个"无本之学"或是个"不学之夫"。这样做去虽是迂缓却是深教人由学致用,不要轻率做去,已留下了以后用当其时的端苗了。后来科学知识灌输进来,中国的学人对他很表景仰,就是顽固的人也得说声"西学为用",这便是清代朴学的功效。因为朴学是向科学方面走去的,所以一旦碰见就得吸引进来。你看二三十年前

---

① 《敬告青年》,《独秀文存》,第9页。
② 同上书,第665页。

那些学者,如李善兰、华蘅芳、刘铎这辈人同全国向风之士,对了数学、物理学等科何等的用心,倘使学者社会常能保持那时的热忱,到今日应如何的进步?①

顾颉刚上述坚持学术的独立性之论,很能反映学界对此种精神的普遍性认同。王国维、梁启超、章太炎、胡适、陈寅恪等学界泰斗都曾有过类似于顾颉刚的论述。究其原因,五四以后坚持学术独立性是被作为"科学精神"来对待的。顾颉刚以清儒主观上明知其"学""离开实用尚是远得很",却仍然乐此不疲的"求是主义"精神与清以前"看得学与用最是密切"的"应用主义"相对举,而将前者誉为"向科学方面走去"的"科学精神",并认为这种"科学精神"是被大家普遍接受的,这是"清代朴学的功效",也就是清儒"求是主义"精神的功效。顾颉刚期待这种精神"常能被学者社会保持下去"并发扬光大,这说明,坚持学术的独立性,摒弃急功近利之心,因被学界作为"科学精神"来崇奉,故而使这种精神在学界产生了相当大的影响。而究其筚路蓝缕的首倡,却不能不归功于严复。

其次,严复在解释西人的"格物致知"时特别注重方法论。晚清学界能自觉强调、凸显"方法"的重要性,严复为第一人。他把归纳法的"内籀"和演绎法的"外籀"提到"二者即物穷理之最紧要途术也"的高度来认识,这一点,直接开启了五四新文化运动以后将"科学"普遍理解为一种"科学方法",并以此为学界相号召之先河。

我国学界关注方法论问题,是随着中国社会近代化发展历程而逐渐加强的。明末李之藻翻译《名理探》,这是我国从西方引进方法论的肇端。这部书在当时引起的反响十分微弱。三百年后,严复翻译《穆勒名学》、《名学浅说》等西方方法论书籍,学界反响之热烈,却是三百年前无法比拟的。特别是五四前后,经学独断论的传统思维模式遭到怀疑与批判,客观上就有了用新的方法论取而代之的要求与可能。学者层对方法论问题兴趣之浓厚,从当时各大学都开设了论理学课程一事中也可见一斑。20年代,美国的杜威、英国的罗素、德国的杜里舒、印度的泰戈尔等一些以方法论研究见长的学者纷纷来华讲学,他们的讲演被译成中文在报刊上广为传播,这就更加刺激了学界对方法论问题的重视。任鸿隽(叔永)是胡适在康乃尔大学留学时的校友,1914年他创立了"中国科学社"和《科学》杂志,1915年任鸿隽在《科学》杂志上撰文《说中国无科学家之因》、《科学精神论》等,宣扬"科学精神"。他认为,科学既非物质亦非功利,而是一种学问,这种学问根植于以求真理为使命的科学精神之上;科学的本质"不在物质"而在"方法","诚得其方法,则所见之事无非科学者"。学成归国后,任鸿隽1919年又指出:"要懂得科学,须懂得科学的构造,要懂得科学的构造,须懂得科学构造的方法",而"归纳逻辑虽不能包括科学方法,但总是科学方法根本所在"。

---

① 载《中国哲学》第十一辑,第304页。

按照任的解释，归纳逻辑的要点有四：（1）由事实的观察而定一假说；（2）由此假说演绎其结果；（3）以实验考察其结果之现象，是否合于所预期者；（4）假说既经实验，合于事实，乃可定其为代表天然事实之科学律①。

与任鸿隽相比，在五四新文化运动中以"科学方法"相号召于学界的胡适当然名气更大，因而影响也更大。熊十力曾说："在五四运动前后，适之先生提倡科学方法，此甚紧要。又陵先生虽首译名学，而其文字未能普遍。适之锐意宣扬，而后青年皆知注重逻辑。视清末民初，文章习气，显然大变。"②实际上，以任鸿隽对于"科学方法"的界定与胡适相比较，二者之意蕴如出一辙，而任的界定却要比胡适早了9年。

综上所述，"科学"的内涵有二：一是指"科学精神"。"科学精神"又有两方面的内容：一是反对迷信，反对经学独断论的思维方式，要求任何结论都须经个人的理性思考，然后抉择去取；二是由"求真理"出发，非"真"莫取，非真不"求"，以此发展出坚持学术独立性的意识，并使这种意识在五四前后被学界的某些翘楚作为"科学精神"加以宣扬与崇奉。"科学"的第二重意涵是指"科学方法"，即"归纳法"和"演绎法"。五四以后将"科学"化约为方法论的观点曾经风靡一时。

但是值得注意的是，在具体实践"科学"的过程中，"科学"又曾经被作为反封建的政治工具来使用，这一点，当时的文化精英毫不讳言。1919年3月15日罗家伦在给易君左的信中就说："思想革命是各种革命的总因。因为人们的思想变了，所以会起革命。革命虽有缓急大小之不同，而其本于思想则一。"③1919年11月8日答张继："我们认定中国现在政治社会的不良，就是人民的思想不曾变换。……我们因此抱改造思想之心颇切。老实说，文学革命不过是我们的工具，思想革命乃是我们的目的。而且思想革命同文学革命是一刻儿离不了的。"④

"科学"在政治上反封建迷信的积极影响固不待言。然而，用"科学"作反封建的工具，承担起意识形态的"政治任务"，其间产生的负面作用也不容忽视。这种负面作用主要体现在对中国传统文化的全盘否定上，体现在狭隘"崇拜"乃至于"迷信""科学"上。

首先，因用"科学"反封建是"政治任务"，而在当时的文化精英心目中中国传统文化早已变成了"封建"的代名词，这就使得在"科学"旗号下勃兴的"批判"传统文化质变为对传统文化的"否定"，最后出现了全盘否定中国传统文化的错误主张。

顾颉刚说："我的心中一向有一个历史问题，这个问题是：中国民族是否确为衰

---

① 任鸿隽上述对"科学"的解释，见《科学》卷一、卷二、卷四，转引自杨翠华：《任鸿隽与中国近代的科学思想与事业》，《"中央研究院"近代史研究所集刊》（台湾）第二十四期上册，第302—303页。
② 《纪念北京大学五十年并为林宰平视瑕》。
③ 《新潮》一卷四期"通信"，载《五四时期的社团》（二），三联出版社1979年版，第81页。
④ 《新潮》二卷二期"通信"，载《五四时期的社团》，第89页。

老,抑尚在少壮?……中国民族的衰老,似乎早已成为公认的事实。战国时,我国的文化,固然为了许多民族的新结合而非常壮健,但到了汉以后便因君主的专制和儒教的垄断,把它弄得死气沈沈了。"①

顾的认识中,第一,中华民族确乎已经"衰老"。第二,这种"衰老"又主要体现在中国"文化"的死气沉沉上。顾的这种认识在当时的学界具有相当的普遍性。这样,我们看在五四新文化运动中何以竟然出现把"线装书""丢进茅厕里去"的偏激主张,便能有一层感性的体悟——"线装书"正是中国传统文化一个很形象的隐喻。更加荒谬者,钱玄同竟然提出了废除汉字的主张。1918年4月鲁迅写《狂人日记》。就在此前一个月,钱玄同在给陈独秀一封信中起首便说:"先生前此著论,力主推翻孔教,改革伦理,以为倘不从伦理问题上根本解决,那就这块共和招牌一定挂不长久。玄同对于先生这个主张,认为救现在中国的唯一办法。然因此又想到一事,则欲废孔学,不可不先废汉文,欲驱除一般人之幼稚的野蛮的顽固的思想,尤不可不先废汉文。"②

又说:"欲袪驱三纲五伦之奴隶道德,当然以废孔学为唯一之办法;欲袪驱妖精鬼怪、炼丹画符,当然以剿灭道教——是道士的道,不是老庄的道——为唯一的办法。欲废孔学,欲剿灭道教,惟有将中国书籍一概束之高阁之一法。何以故?因中国书籍千分之九百九十九都是这两类之书故,中国文字自来专用于发挥孔门学说及道教妖言故。"③

反迷信,反画符说鬼自然合理,但"欲剿灭道教"就"惟有将中国书籍一概束之高阁之一法"吗?"中国书籍千分之九百九十九"都是"这两类书",钱玄同将"孔学"之书与画符说鬼的道教书混为一谈,浅薄与狂妄中透露出的是那种当时文化精英们"自惭形秽",对中国传统文化的抱一种轻蔑乃至于"仇视"的心态。

与全盘否定中国传统文化的妄自菲薄相对应,新文化运动的健将们对西方文化则显示出不应有的与"科学精神"格格不入的顶礼膜拜。如傅斯年就说:"觉得欧美的东西都是好的,固然是荒谬极了,但是极端的崇外却未尝不可。人类文明的进化,有一步一步的阶级,西洋文化比起中国文化来,实在是先了几步,我们只是崇拜先进于我们的文化。"④如此看来,在"崇洋媚外"观念的孕育下产生"全盘西化"论也就不足为怪。

其次,"科学"与"迷信"冰炭难容,"怀疑"与"批判"精神是"科学精神"的内核。但是,当"科学"承担起反封建的意识形态任务时,"科学"就质变成了"科学主义"——"科学"本身成了"崇奉"、"迷信"的对象。意识形态的本质是"不容证伪",亦即不容怀

---

① 《古史辨》第一册,《自序》,第89页。
② 周作人:《钱玄同的复古与反复古》,载《钱玄同印象》,学林出版社1997年版,第13页。
③ 同上书,第14页。
④ 《五四时期的社团》,三联书店1979年版,第76页。

疑。时人对"科学"亦作如是观。

1923年,学界发生了著名的"科玄之争",胡适在当年所写的《科学与人生观序》中说道:"这三十年来,有一个名词在国内做到了无上尊严的地位;无论懂与不懂的人,无论守旧和维新的人,都不敢公然对他表示轻视或戏侮的态度。那个名词就是'科学'。这样几乎全国一致的崇信,究竟有无价值,那是另一问题。我们至少可以说,自从中国讲变法维新以来,没有一个自命为新人物的人敢公然毁谤'科学'的。"①

这种以"科学"俯视群伦、人莫与夺的傲慢,实与真正的"科学精神"南辕北辙。"科学"只服从真理,而真理是发展变化的,因此,"科学"绝不拒绝批评和检验;也因此,"科学"的态度是谦虚而不是趾高气扬。将"科学"戴上"无上尊严"的桂冠,其本身即与"科学"精神格格不入。

"科学"被意识形态化,必然从中产生出"惟我独尊"的"科学万能论";必然轻视以至于否定那些无法"实验",因而被错判为"非科学"的学科,尤其是否定形上学。众所周知,形上学在"科玄之争"的大讨论中,被贴上了"玄学鬼"的标签而遭到讥笑和排斥。顾颉刚在《古史辨》第一册《自序》中也充满了对"神学家和哲学家"的不屑一顾,认为"我知道最高的原理是不必白费气力去探求的"。这种对神学与哲学浅薄轻率的否定,将形上学一棍子打死的态度本不值一驳。在时过境迁近百年之后的今天,能够引起人们兴趣的问题是:为什么顾颉刚等一大批五四时代的学术精英会得出如此浅薄、如此显而易见的错误见解?

古老的宗教承认了上帝,这或许是主张"科学"的人们所无法接受的。形上学中也有一个宇宙万物之本的"道",主张"科学"的人们或许将"上帝"与"道"等同起来,因否定上帝而否定"道论"的学术合理性与合法性?然而,为什么千百年来人类没有,也永远不会停止对于"道"亦即对万物本体的探讨?"道可道,非可道","非可道"却仍然"求"而"道"之,缘此而形成了一部人类的形而上学史。"形上学"自有其内在的"科学"体系,"科学"何能穷尽并涵盖形上学?站在真正"科学"的立场,不说形上学的砥砺、磨炼与启迪对于人类思想与智慧无可替代的滋养之功;形上学本身所创造的灿烂文化(宗教、哲学、宋明理学中的形上学等),也是人类文明史上的无价之宝。至于形上学在人生"价值意义"方面的功能,更不是"科学"所能取代的。然而,20世纪上半叶流行的是逻辑经验论和科学哲学独断论。人们普遍相信,人类知识只能由观察实验来验证,凡不能由观察来证实或证伪的陈述皆无意义。科学理论是由客观描述及普遍法则组成的公理系统,并且由此推导出大量的经验现象。"这便将价值取向排除在知识乃至科学活动之外了。但是人们发现,科学理论中有许多不可观察的对象,而

---

① 《科学与人生观》,山东人民出版社1997年版,第11页。

指称这些对象的陈述并非无意义。"①实际上,早在19世纪,美国学者禄尔克在《教育心理学》中已对斯宾塞等人所鼓吹的若不能通过实验来加以证实的不可谓"科学"的说法提出了质疑,王国维注意到了这一点,是故他在宣统二年(1910年)翻译了禄尔克的这部书。禄尔克指出,斯宾塞"苟不能示最强烈之欲望或运动观念,其分量重且大于他欲望或他观念,则其说全无价值也"②。这就是说,价值判断(欲望是在进行了价值判断以后产生的某种要求)是不能通过"实验"加以证实的一种"主体愿望"。价值判断本身不仅合理,而且构成了人类信仰和生存意义的重要基础。尼采用"智慧取代科学",使"智慧""成为最高目的,它不受科学的引诱干扰,以坚定的目光凝视世界的完整图景,以亲切的爱意努力把世界的永恒痛苦当作自己的痛苦来把握"③。此种与理性主义、科学主义相对立的观念并非无价值,从这个意义上说宗教就有其存在的合法性。就宗教本身的历史实践来看,其实宗教并非"科学"的天敌,毋宁说它曾经是科学的"育娘"。在中世纪,只有教会有能力建设大学。当时的许多科学成就都是在教会大学里创造的。很多科学家(如哥白尼)本身就是神职人员,这一点,也说明了宗教并非与科学天然对立。著名科技史家李约瑟在探讨中国历史上何以科技发达却未能产生科学的原因时曾经提出过一个"李约瑟之问"。他有一种诠释:认为这是由于中国人不信仰比人更有理性的上帝创造了有内在理性的宇宙,故缺乏博大的信念去全面揭示自然规律。李约瑟说:"我不信上帝,因为上帝是不可知的。但我相信,宇宙的不可穷尽性制约着人类,使人类对于宇宙的探索也永无穷尽。"从这个意义上说,李约瑟对于的"上帝"的诠释也可以视同为形上学的"道论"。若包括价值判断在内的形上学本身即被"鬼化"、"妖魔化",又何谈对其"批判地继承"?

二、"古史辨"疑古派历史地位的分析与评价

这里采用"疑古派"这一名称,是沿用已经得到当时学界认可的旧称。"疑古派"并不是一个学术团体,一些最初疑古很激烈的人,后来的立场也发生了变化。如前文指出胡适自1929年后就由"疑古"变为"信古"。随着时间的推移,"十余年间,古史的研究,因着参加者的进行方法和实际工作的不同,已经转变过好几次了。转变的途径是很自然的。就是,我们最初都是疑古的。由疑古进而释古,又由释古进而考古"④。

不过,从本书将要涉及的内容来看,疑古派在"疑古"这一学术领域内毕竟比较相似,具有一定"共性"的治学观和方法论。因此,这也就成了本书沿用"疑古派"旧称的一个考虑和根据。

---

① 唐逸文,见《光明日报》1996年12月14日。
② 禄尔克:《教育心理学》,王国维译,《哲学丛书》初集,宣统二年学部图书局印行(抄件)。
③ 尼采:《悲剧的诞生》,熊希伟译,华龄出版社1996年版,第91页。
④ 柳存仁:《纪念钱玄同先生》,《古史辨》第七册上,第3页。

1. "古史辨"疑古运动的历史功绩

如前所述,五四新文化运动是疑古思潮澎湃涌动的思想温床。如果说五四新文化运动是以全面怀疑和批判中国传统文化为核心的一场运动,那么,疑古思潮便是处在中枢地位、能够制约或者说影响全局的一种思潮。而这一思潮的直接产物,便是"古史辨"疑古运动的兴起。因此,"古史辨"疑古运动对中国现代学术史的发展所产生的影响是巨大而深远的。疑古运动的正面影响,要者可分为两端。

首先,从政治上看,疑古思潮将两千余年来长期禁锢人们头脑的"经"的权威性彻底拔除,今天再也没有人会对"经"顶礼膜拜,疑古运动这一反封建解放思想的功绩是巨大的。贺麟就曾经指出:"胡适之等所提倡的实验主义……在五四运动后……支配整个中国思想界,尤其是当时的青年思想,直接间接都受此思潮的影响。而所谓新文化运动,更是这个思想的高潮。"[1]中共理论家艾思奇在分析实用主义何以当时能够独领风骚的原因时也认为:"五四文化运动是德先生和赛先生的得意时代。在哲学上,胡适所标榜的实验主义占了一时代的上风,其他的哲学思潮自然未尝没有介绍,但对传统的推翻,迷信的打破,科学的提倡,是当时的急务。以'拿证据来'为中心口号的实验主义被当时认作典型的科学精神。"[2]30年代以后,胡适已经遭到中共的批判,但瞿秋白在批判实用主义的同时仍然指出:"中国五四前后,有实验主义出现,实在不是偶然的。中国宗法社会因受国际资本主义的侵蚀而动摇,要求一种新的宇宙观和人生观,才能适应中国所处的新环境——实验主义哲学,刚刚用它的积极反面来满足这种要求。"[3]

这里,贺麟、艾思奇、瞿秋白所首肯的虽是胡适的实验主义,但是"拿证据来"既是实验主义的中心思想,同样也是疑古运动的中心口号。因此,人们对实验主义推翻传统,打破迷信,提倡科学的肯定性评价,同样适用于对疑古运动的评价。

从学术上看,自从疑古运动勃兴以后,"经"由迷信的对象变成研究的对象。古已有之的"六经皆史"理念至此才算真正实现。时至今日,凡受过现代学术规范训练,具有现代学术意识的学者,他们在引用史料时都不会不抱有一重对史料的批判意识。这种态度和精神,是在疑古运动后才得到最大程度的强化而真正奠定其方法论基础的。涉及我国古代史料各个方面的大批典籍被疑古运动清理一过,其文献学上的成绩也毋庸置疑。

西方史学界有一种观点认为,在40年代马克思主义历史学发达以前,顾颉刚和疑古学派在史学领域中占主导地位[4]。

---

[1] 《当代中国哲学》,《资产阶级学术思想批判参考资料》第四集。
[2] 《廿二年来之中国哲学思潮》,《中华月报》第二卷第一期,1934年1月。
[3] 《实验主义与革命哲学》,《新青年》季刊第三期。
[4] 刘起釪:《古史续辨》,第3页。

从学术积累的角度看,由于疑古运动的吸引、培养、激励和磨炼,我国学术界的一大批栋梁之材在疑古运动中脱颖而出。据不完全统计,仅被收录到《古史辨》一书中的参与过"疑古"问题讨论的学者,就涉及历史学、考古学、古典文学、哲学等各个学科,他们包括:历史学的郭沫若、范文澜、梁启超、王国维、胡适、顾颉刚、傅斯年、钱穆、钱玄同、魏建功、张荫麟、朱希祖、吕思勉、余嘉锡、姚名达、缪凤林、周予同、陆懋德、曹养吾、张尔田、童书业、杨向奎、游国恩、张希堂、翁独健、蒙文通、齐思和等人;哲学的冯友兰、高亨、李镜池等人;社会学的蔡元培、钟敬文、梅思平、王伯祥、马叙伦等人;考古学的唐兰、徐旭生、陈梦家、容肇祖、马衡等人;历史地理学的丁文江等人;古典文学的郑振铎、俞平伯、周作人、刘大白、朱自清、刘盼遂、罗根泽等人。这是一批星光灿烂,令人眩目而肃然起敬的名字,他们是现代学术界的泰斗,在当时已大多成为公认的相关学科的扛鼎和学术带头人。疑古运动对这些学科的发展和人才培养的促进作用无可替代。

疑古运动,由于它对中国传统文化所采取的某些全盘否定的偏激态度,特别是它对于"形上学"的宋明理学的轻视以至于"贱视",激起了学者层的回应,"现代新儒学"因而有最初雏形的胎育,这或许也可以看作是疑古运动消极后果中的积极因素。

2. "古史辨"疑古运动的历史局限性分析

但是,疑古派的历史局限性同样毋庸讳言。这主要表现在疑古派提出的全盘否定中国传统文化的口号和他们治学观上。关于疑古运动中所提出的全盘否定中国传统文化的口号,前文在分析"科学"口号的负面影响时已有论述。这里着重对疑古派的治学观作一番检讨。

"科学"与"迷信"冰炭难容,"怀疑"与"批判"精神应当是"科学"的精神内核所在。但是,当"科学"承担起反封建的意识形态任务时,由于反封建的意识形态工具的需要,学术独立性受到了伤害。

余英时在检讨五四新文化运动的缺点时指出:"中国知识分子无形中养成了一种牢不可破的价值观念,即以为只有政治才是最后的真实,学术则是次一级的东西,其价值是工具性的。换句话说,政治永远是最后的目的,学术与文化不过是手段而已。在这种情形之下,学术与文化是谈不上有什么独立的领域的。"①

与余英时不同,牟宗三更多从思维的逻辑过程中去思考中国传统文化的缺点。他认为,中国传统文化"在全幅人性的表现上,从知识方面说,它缺少了'知性'这一环,因而也不出现逻辑数学与科学"②。牟宗三指出,所谓"科学精神"也就是"学统","道德理性必须能够通出去",必须于精神主体中转出"知性主体",从而成立并肯定

---

① 《内在超越之路》,中国广播电视出版社1992年版,第66页。
② 《道德理想主义的重建》,中国广播电视出版社1992年版,第13页。

"科学",这也就是"学统之开出",是"融纳希腊传统,开出学术之独立性"①。

这些所谓"现代新儒家"对五四新文化运动的检讨是深刻的。坚持学术独立性,让学术与政治保持一定的张力,这是中国学术是否能够或已经实现了"近代化"(现代化)的一个重要标志。在从严复开其端绪的近二三十年中,中国学术的近代化曾经有过一段比较像样的发展,但中国学术的近代化终于未能顺利地发展下去,其中一个不容忽视的原因就在于"科学"本身意识形态化和工具化。

如前所说,早在甲午战败,尤其是戊戌变法失败以后,以严复为代表的一些受到过西方"科学精神"洗礼的学者,就已经提出了坚持学术独立性的主张。到了五四新文化运动前后,"科学"与"民主"成为时代的号角。这时,坚持学术独立性曾一度被当成"科学精神"受到学者层的普遍崇奉。随着现代疑古运动的发展,运动的参与者比起他们的前辈来有了更加理性的自觉,不愿再走学术隶属于政治,被作为政治工具使用的老路,而希望以实事求是之心,求不计功利的"纯"学术研究。1918年8月,胡适在写给毛子水的信中就提出:"现在整理国故的必要,实在很多。我们应当尽量指导'国故家'用科学的研究法去做国故的研究,不当先存一个'有用无用'的成见,致生出许多无谓的意见。"并进而指出,研究学问的态度应当是"为真理而真理"②。

顾颉刚在《古史辨》第一册的《自序》中谈他在听了章太炎讲演后的认识:

> 经过了长期的考虑,始感到学的范围原比人生的范围大得多,如果我们要求真知,我们便不能不离开了人生的约束而前进。所以在应用上虽是该作有用与无用的区别,但在学问上则只当问真不真,不当问用不用。学问固然可以应用,但应用只是学问的自然的结果,而不是着手做学问时的目的。从此以后,我敢于大胆作无用的研究,不为一班人的势利观念所笼罩了。这一个觉悟,真是我的生命中最可纪念的。我将来如能在学问上有所建树,这一个觉悟决是成功的根源。追寻最有力的启发就在太炎先生攻击今文家的"通经致用"上。③

> 我爱好他们(按,指清儒——笔者)的治学方法的精密,爱好他们的搜寻证据的勤苦,爱好他们的实事求是而不想致用的精神。④

顾颉刚不求"致用",愿意坚持走学术独立的治学之路,其思想的轨迹前后一致。值得注意的是,无论是胡适还是顾颉刚,他们都将能否坚持学术独立性作为判断是否符合"科学精神"的标准。

然而,疑古运动的健将们虽然主观上有坚持学术独立性的意识,并将此当作"科

---

① 牟宗三:《历史哲学》,台湾学生书局1984年版,第191页。
② 《论国故学——答毛子水》,《胡适文存》第一集卷二。
③ 《古史辨》第一册,《自序》,第25—26页。
④ 同上书,第29页。

学精神"的体现,但是,处在社会大动荡的风口浪尖之上,疑古本身就是时代的产物,如顾颉刚所说:"这个讨论何尝是我的力量呢?原是现在的时势中所应有的产物!"①"要不是遇见孟真和适之先生,不逢到《新青年》的思想革命的鼓吹,我的胸中积着的许多打破传统学说的见解也不敢大胆宣布。"②因此,在他们的意识底层,没有、也不能自觉守定坚持学术独立性的治学立场。这一点,典型地表现在疑古健将一方面主张"为学术而学术",另一方面却又主张治学应当为"反封建"服务上。当有人对顾颉刚的古史研究工作不理解,认为这是脱离实际,顾颉刚不以为然。他反驳的理由是:"我们现在的革命工作,对外要打倒帝国主义,对内要打倒封建主义,而我的《古史辨》工作则是对于封建主义的彻底破坏。其要使古书仅为古书而不为现代的知识;要使古史仅为古史而不为现代的政治与伦理,要使古人仅为古人,而不为现代思想的权威者。"③

这一段话是顾先生1980年所说,其中自然不免数十年来世界观的转变所带来的影响,或顾要证明疑古的合法性,不得不有披上"反封建"外套的苦衷。但这一表白仍然多少反映着顾先生当年的思想,因而仍然有历史性的一面。疑古运动受着"科学"意识形态工具化的影响,主要表现为疑古派不自觉地陷入了家派门户的泥沼。

三、悖论:"超家派"的主观意愿与家派限制的客观效果

作为经过了"科学精神"洗礼的新一代学人,疑古派深知家派门户之见与科学精神相枘凿,因而主观上都曾有过以客观公正的"超家派"立场进行学术研究的表述。这种治学立场一定程度上也曾落实于其具体的辨伪上,因而他们的辨伪工作多少带有其追求的"科学性"。

胡适在整理国故运动初起时就提出:"各家都还他一个本来真面目,各家都还他一个真价值。"④具体说就是:"以汉还汉,以魏晋还魏晋,以唐还唐,以宋还宋,以明还明,以清还清,以古文还古文家,以今文还今文家,以程朱还程朱,以陆王还陆王,各还他一个本来面目",认为这就是整理国故运动的"准则"⑤。

1925年,胡适撰《戴东原的哲学》。针对章实斋攻击戴东原学出朱熹却数典忘祖批判朱熹,胡适指出:"章氏说戴学出于朱学,这话很可以成立。但出于朱学的人难道就永远不可攻击朱学了吗?……我们但当论攻的是与不是,不当说凡是出于朱的必

---

① 《古史辨》第一册,《自序》,第79页。
② 同上书,第80页。
③ 《我是怎样编写古史辨的?》,《古史辨》第一册,第28页。
④ 《新思潮的意义》,《胡适文存》第一集卷四。
⑤ 《国学季刊发刊词》,《胡适文存》第二集卷一。

不应攻朱。"①"历史家只应该从材料里,从证据里,去寻出客观的条理。如果我们先存一个'理'在脑中,用理去'验'事物,那样的'理'往往只是一些主观的'意见'。"②

钱玄同曾经师从章太炎受音韵训诂之学。但早在1908年拜章为师之前的1901年,钱已读过了刘逢禄的《左氏春秋考证》,从那时起,钱"就不信任《左传》了"。师从章太炎以后,钱见章专对刘逢禄进行攻击,"不免起了疑心",便"再取刘书细读,终不敢苟同太炎师之说"③,因此,从1909年起,钱的学术立场发生了转变,"始'背''而宗今文家言"④。1911年,钱玄同谒崔适为师,读了他的《史记探源》,又读了康有为的书,于是,"乃专宗今文"。这时,钱玄同虽已"专宗今文",但他对于今文经学似乎仍抱有几分警惕,在主观上也有过"超家派"的意愿,对于"康有为推倒古文经,却又尊信今文经——甚而尊信纬书",钱玄同是不满意的,他指出:"康氏之《伪经考》,本因变法而作;崔师则是纯粹守家法之经学老儒,笃信今文过于天帝。他们一个是利用孔子,一个是抱残守缺;他们辨伪的动机和咱们是绝对不同的。……我前几年对于今文家言是笃信的;自从一九一七年以来,思想改变,打破'家法'观念,觉得'今文家言'什九都不足信。"⑤

1930年,钱玄同发表在《国学丛刊》第一卷第二期的《左氏春秋考证书后》一文中赞誉崔述"为最能破除家法与派别之成见而实事求是者"。"没有门户之见的人应该像姚立方、崔东壁那样用超家法超派别的眼光,把他们考辨的话拿来仔细研究,才是正当的态度。"⑥从钱的具体治学来看,他也确曾作过某些"超今文家派"的努力,例如,他曾表彰魏源《诗古微》的自出新解,不守今文家法,认为"古文学者的章太炎师和今文学者的皮鹿门皆诋其不守家法,我则以为这正是他的卓越之处,推翻马郑,不专主伏生"⑦。又如,在对《六经》、《春秋》及其"微言大义"的认识上,钱玄同指出:"我现在以为——(1)孔丘无删述或制作《六经》之事。(2)《诗》、《书》、《礼》、《易》、《春秋》,本是各不相干的五部书。……(4)《六经》底配成,当在战国之末。""从实际上说,《六经》之中最不成东西的是《春秋》。……王安石说它是'断烂朝报',梁启超说它像'流水帐簿',都是极确当的批语。就这部断烂朝报,硬说它有'义',硬说它是'天子之事',一变而为《公羊传》,再变而为董仲舒之《春秋繁露》,三变而为何休之《公羊解诂》,于是'非常异义可怪之论'愈加愈多了。"⑧

---

① 《戴东原的哲学》,商务印书馆民国十六年版,第93页。
② 《古史讨论的读后感》,《古史辨》第一册,第196页。
③ 《左氏春秋考证书后》,《古史辨》第五册,第4页。
④ 《论今古文经学及辨伪丛书》,《古史辨》第一册,第30页。
⑤ 同上。
⑥ 《左氏春秋考证书后》,《古史辨》第五册,第9页。
⑦ 同上书,第11页。
⑧ 《答顾颉刚先生书》,《古史辨》第一册,第78页。

今文家认定孔子修《六经》，认为《六经》中蕴含孔子的"微言大义"。故今文家否认"六经皆史"，将《六经》视为孔子"托古改制"的政治蓝图。这是康有为《孔子改制考》一书的灵魂。钱玄同则认为《六经》非孔子所修，他讥《六经》首指《春秋》，再指《公羊》、董仲舒、何休，这种立场，均与今文家不类。

顾颉刚原也有着明确的反对家派门户的思想。民国二年（1913年），顾在初次听章太炎的演讲后佩服他的博洽。但后来知道章攻击康有为大多是为了党争，便对章起了反感，认为这是一种"经师"的行径而不是"学者"应有的态度。章太炎"信古之情比较求是的信念强烈得多，所以他看家派重于真理，看书本重于实物，他只是一个从经师改装的学者"①。1915年前后，顾拟仿《太平御览》例，分类抄录材料，编一部《学览》，他自定了一个"不以家派限"的著述宗旨，指出："是书之辑，意在止无谓之争舍主奴之见，屏家学之习，使前人之所谓学皆成为学史，自今以后不复以学史之问题为及身之问题，而一归于科学。此则余之志也。"并认为："古来诸学，大都崇经而黜子，崇儒学而黜八家，以致今古文有争，汉宋学有争，此亦一是非彼亦一是非。欲为调人，终于朋党。"又指出："苟其不有主奴之见，长立于第三者之地位，则虽在矢溺，亦资妙观。……余前称为学，始观中化观者，任物自行而我知之，为内籀之法；化者，我有所主而以择物，为外籀之法。"顾颉刚指出，家派门户与"科学精神"冰炭难容，因为建立在家派门户基础上的所谓"统系""非科学之统系也"。"惟其不明于科学之统系，故鄙视比较会合之事，以为浅人之见，各守其家学之壁垒而不肯察事物之会通。"即是说，有了家派门户之见，必然排斥别家别户学说，违反了"学术者与天下共之"的精神。所以，顾颉刚总结中国历史上之所以"学术之不明，经籍之不理"，其根本原因"皆家学为之也"。顾颉刚的结论是："今既有科学之成法矣，则此后之学术应直接取材于事物，岂犹有家学为之障乎？"②

到顾颉刚参加疑古运动开始编著《古史辨》以后，他这种反对家派门户之见的主观立场仍然没有改变。

1921年顾颉刚说："我们辨伪，比从前人有个好处：从前人必要拿自己放在一个家派里才敢说话，我们则可以把自己的意思尽量发出，别人的长处择善而从，不受家派的节制。譬如《伪经考》、《史记探源》等书，党争是目的，辨伪是手段。这种的辨伪，根本先错了。"③1926年说："我的心目中没有一个偶像，由得我用了活泼的理性作公平的裁断，这是使我极高兴的。……我在学问上不肯加入任何一家派，不肯用了习惯上的毁誉去压抑许多说良心话的分子，就是为此。"④1934年说："我们已无须依靠旧

---

① 《古史辨》第一册，《自序》，第26页。
② 同上书，第30—32页。
③ 《论辨伪工作书》，《古史辨》第一册，第26页。
④ 《古史辨》第一册，《自序》，第81页。

日的家派作读书治学的指导。家派既已范围不住我们,那么今古文的门户之见和我们再有什么关系!我们的推倒古文家,并不是要帮今文家占上风,我们一样要用这种方法来收拾今文家。"①

在辨伪的具体问题上,顾颉刚也并非像时人所讥切的那样全宗今文家说,最明显的例证是今文家认定孔子修《六经》,顾则认为孔子非但没有"制作"《六经》,甚至《六经》亦非孔子"删定",顾指出:"'《六经》皆周公之旧典'一句话,已经给'今文家'推翻,'《六经》皆孔子之作品'一个观念,现在也可驳倒了。"②

《五德终始说下的政治和历史》一文,是顾颉刚1930年的作品,载于《古史辨》第五册。文中坚持刘歆造伪说,故《古史辨》第五册出版,学界就有人将顾称之为"新今文家"③。时至今日,学术界仍然有人认为,顾文攻击刘歆,"滑到了今文家的宗派里"④。但将顾颉刚等同于今文家实际上有失公允。因为首先今古文经之争是经学史上一个客观事实,应当允许学者对其进行研究,尤其在涉及古史和古书真伪问题时,打破今古文经的关隘是一个前提,此即如顾颉刚所说:"我们为要了解各家派在历史上的地位,不免要对于家派有所寻绎,但这是研究,不是服从。"⑤其次,就在顾写《五德终始说下的政治和历史》一文的同年,他又作《中国上古史研究课第二学期讲义序目》一文。文中顾认为,古文家的经文固然是伪,"但他们的经说出在今文家之后,当然有胜过今文家的地方"⑥,我们却不能据此而将顾归入古文家之列。

文中顾又说:"从我们看来,今文经说不过是西汉前期的经师所说的话而已,与孔子不见得能发生密切的关系。但康、崔诸先生则先已认定自己是今文家,凡今古文经义有不合的必扬今而抑古。甚而至于春秋时的历史,凡《左传》与《公羊传》违异的,也以《公羊》为信史而以《左氏》为谬说。其实他们既说《国语》是《左传》的前身,则《左传》的记事出于古文家之前,原不当因它为古文家改编之故,使它蒙了古文之名而与今文对垒。在这种地方,很可以为是他(指康有为——笔者)当作运动的工具用的。"⑦

这里,顾申《左传》斥《公羊》,对于康有为、崔适亦批评有加,与今文经学家的立场不类。这篇与《五德终始说下的政治和历史》写于同一年的文章,加以顾在《古史辨》

---

① 《古史辨》第五册,《自序》,第3页。
② 《论孔子删述六经说及战国著作伪书书》,《古史辨》第一册,第42页。
③ 《古史辨》第五册,《自序》,第3页。
④ 见《史学史研究》1992年第1期,第10页。
⑤ 《古史辨》第一册,《自序》,第82页。
⑥ 《古史辨》第五册,第257页。
⑦ 同上。

诸册中反复批驳家派门户之见,清楚地表明顾主观上摒弃门户之见的立场。

然而,疑古运动的健将们虽标榜"科学精神",主观上也确曾有过"实事求是"的"超家派"主张,但他们的主观愿望与客观研究效果却出现了某种程度的悖论。疑古派最终并未能坚持"科学精神"到底,特别是顾颉刚与钱玄同,走到了反家派主张的反面,最终仍然未能摆脱今文家派的束缚与限制。最明显的例证是钱玄同的《重论经今古文学问题》和顾颉刚的《五德终始说下的政治和历史》。在这两篇文章中,钱、顾完全秉承了康有为的陈说,认为《左传》系刘歆伪造,是从《国语》中分出来的。钱玄同不仅完全同意刘逢禄的"《左氏》不传《春秋》"说,而且认为,在"《左氏》不传《春秋》"的问题上康有为之功乃过于刘逢禄。因为康"考证"出了刘歆将"左氏春秋"之名窜入了《史记》,因而比刘逢禄所指出的《左氏春秋》与《晏子春秋》、《吕氏春秋》性质相同的"幼稚见解""更进了一大步"。然而,如前文所指出,《左传》之解经处数不一数,且《左传》经义——特别在涉及礼制等重大问题时——每与《公》、《榖》相近或相同。《左传》中的"君子曰"、"书曰"先秦文献如《韩非子》袭用之,不可能是刘歆伪造。《五德终始说下的政治和历史》一文中承袭今文经学,不可说而强为之说更是再再不少。对于顾、钱等袭用今文家说,同时代的学人提出过许多中肯的批评,如钱穆先生在《评顾颉刚五德终始说下的政治和历史》一文中,一方面肯定了顾颉刚等与晚清今文家有区别,但同时又指出:"顾先生在此上,对晚清今文学家不免要引为知己同调。所以《古史辨》和今文学,虽则尽不妨分为两事,而在一般的见解,常认其为一流,而顾先生也时时不免根据今文学派的态度来为自己的古史观张目。"①

疑古派主观上希望摆脱家派干扰,客观上却未能做到,原因何在?造成这种现象的原因固然不止一端,例如,钱玄同学出今文,受今文经学的影响原本就深②;顾颉刚在初次读康有为《新学伪经考》和《孔子改制考》时就对康"敏锐的观察力不禁表示十分的敬意"③,"我的推翻古史的动机固是受了《孔子改制考》的明白指出上古茫昧无稽的启发,到这时而更倾心于长素先生的卓识"④。这说明,顾对康抱有好感。这些因素,都对疑古派,对顾先生、钱先生最终受今文家派的束缚起作用。但这其中更为重要的原因恐怕仍然在于反封建的意识形态工具论影响。正如钱穆所指出的那样,中国近代,因时势的急迫,今文学家"急图变法维新,却把旧的经学来勉强装点门面"。用学术为政治斗争"装点门面",这一点,顾、钱等人恰与晚清今文家在某种程度上相

---

① 《古史辨》第五册,第 620—621 页。
② 周作人曾经回忆说钱玄同自从信奉今文以后,"他总以今文学派自居,定别号曰'饼斋',刻有一方'饼斋钱夏'的印章,就是到了晚年,也仍旧很爱这个称号的"。见《钱玄同印象》,第 11 页。
③ 《古史辨》第一册,《自序》,第 26 页。
④ 同上书,第 43 页。

契合。在反对家派门户之见,顾、钱等人虽也曾反复指出并批评过晚清今文家康有为等人以学术为"工具",然而,顾颉刚等疑古学者并没有以此来反观自身,更没有以此来自我约束。"不识庐山真面目,只缘身在此山中",处在反封建的时代浪潮之中,疑古学者并没有意识到他们实际上也是将疑古作为一种反封建的"工具"来使用的。因为要反封建,要从学术上将封建主义的老根挖断,从而"彻底否定"代表封建的中国传统文化,拿什么作武器呢?最现成的武器,那就是刘歆的"造伪",就是康有为全盘否定传世典籍的"两考"。这种认识在当时具有一定的普遍性。钱穆就曾提到,在他撰《刘向歆父子年谱》的1930年前后,钱先生时任教于燕大,当时北京各大学所开设的经学通论课程"都主康南海今文家言"[①]。康说风靡一时,正是反封建的疑古运动带来的直接后果。这样,在反封建意识形态工具论的要求下,顾颉刚等疑古学者不期而然地走向了其初衷的反面,以至于钱玄同竟然将"破除家派的成见而实事求是"中的"实事求是"内涵,归结为"与其过而信之,宁过而疑之,这才是实事求是的治学精神"[②]。这样一种偏激的定位,使得疑古派在处理中国传统文化的过程中最终仍然不得不陷入了家派的泥沼。

[①] 《八十忆双亲·师友杂忆》,三联书店1998年版,第160页。
[②] 同上书,第10页。

附录
《互校记》①与《先秦诸子系年》之史源发覆

《先秦诸子系年》(以下简称《系年》)是钱穆有关诸子学研究的代表作,初版于1935年冬②。《系年》面世三十年后,围绕着《系年》曾经引发过一场风波。风波缘起于钱穆弟子余英时先生的《〈十批判书〉与〈先秦诸子系年〉互校记》(以下简称《互校记》)。该文"原先发表在香港《人生》半月刊第八卷第六、七、八期,时间是1954年8月和9月"③。

据余先生说,他写作《互校记》起因是钱穆和他的一次谈话。余先生写道:

> 此文的撰写起于和钱先生的偶然谈话。一九五四年我在新亚研究所进修,天天有机会向钱先生问学。有一次讨论战国时代的变法问题。钱先生偶然提起他在成都的时候,曾有人对他说,《十批判书》中论前期法家是暗用《先秦诸子系年》的材料和论断。但钱先生似乎没有细读过《十批判书》,因此他问我是不是有同样的印象。这才引起我仔细检查《十批判书》的兴趣。④

从余先生的说明可以看出,钱穆先生对于《系年》的"知识产权"是重视的。他很注意自己的著述是否遭人"剽窃"。不过,钱先生这里使用了"暗用"一词,钱因为没有"细读过《十批判书》",他尚不能"坐实"郭是否"抄袭"(余英时批评郭沫若所用语)了《系年》,因此行辞比较谨慎。

《互校记》出版后,因大陆和港、台在很长一段时期内咫尺暌违,因此余先生此文虽在港台学术圈内激起过反响⑤,但在大陆的知名度并不高。现在知道和《系年》"风

---
① 《互校记》,原题《〈十批判书〉与〈先秦诸子系年〉互校记》,现略之如斯,以免文题冗长之弊。
② 《系年·新版增定本识语》,《系年》,商务印书馆2002年版,第19页。
③ 《互校记跋语一》,载《钱穆与中国文化》,上海远东出版社1994年版,第120页。
④ 载《钱穆与中国文化》,第121页。
⑤ 据《互校记·跋语一》,余先生将《互校记》写作的情况告诉了《人生》半月刊的主编王道,王"觉得这正是可以为《人生》增添热闹的题材"(《钱穆与中国文化》,第121页)。推想余文发表后港台地区的文化界、学术界应当"热闹"过一番。

波"有关联的事件是《互校记》发表数年之后,大陆知名学者白寿彝在《历史研究》上刊登了一篇《钱穆和考据学》,这或许是大陆学术界对于《互校记》所作的最早的一篇回应性学术文章①。这一点,余先生也注意到了。余先生指出,白寿彝文特别强调《系年》系"剽窃"而成,"又刻意把《系年》的考据说成一无是处,而《十批判书》则处处精到,充满创见"。"在我看来,这两点似乎正是针对着我的文章而发。否则也未免太巧合了。我虽然没有任何证据可以支持我的推测,但是我的直觉告诉我:这一推测大概是虽不中,亦不远。"②

改革开放以后,"内封闭"局面被打破,大陆与港台间的交往日益频繁,余先生的著述通过各种渠道进入了大陆学人的视野。特别是其中的《互校记》因为涉及对于马克思主义史学泰斗郭沫若的批评,因此引起了大陆学界的广泛关注。近年来大陆数家出版社出版了余先生的文集,《互校记》便随着余先生知名度的不断提升而越来越被学术圈内外的人们所熟知。可以说,《互校记》现在已经差不多到了"家喻户晓"的地步。当然,这种状况的出现和媒体的积极参与密不可分。例如,大陆一份发行量很大的报刊(据我可能已不够准确的回忆,此份报刊为《报刊文摘》)就曾经节引刊登过《互校记》批评郭沫若"剽窃"《系年》的主要论点。现在打开任何一个学术网站,也都能够很轻易地寻找到《互校记》所引起的回应性质的文章。

数年前,笔者曾经拜读过余先生和白先生的大作,当时感觉两家的讨论均涉及端正学风的大问题,因此具有很强的"现实意义"。但同时又觉得两家之言均带有过于强烈的"意识形态"色彩而有失学术探讨的平和之气。这一观点,笔者至今没有改变。那么,回顾围绕着《系年》而产生的种种已经成为"历史"的学术现象便有了很"当下"的意义。

首先来看余先生。

在1992年所写的《互校记跋语二》中,余先生是希望能够在学术上"撇开一切成见",对《十批判书》"作一个比较客观的评估"③。但就在《互校记跋语一》中,余先生又直言不讳地承认了他对于郭沫若的"偏见",他说:

> 一九四九年的秋天,我还在北平,曾在报上读到《十批判书》作者歌颂斯大林的诗:"永恒的太阳,亲爱的钢!"因此我对他确是有偏见的。

余先生自称《互校记》是自己"幼稚"的"少作","落笔甚重","行文也流于轻佻刻薄"。这都是余先生的自我评价。但余先生又认为,《互校记》文风上存在的这些毛病,并非他自身的原因所造成,而是因为"受到《十批判书》的文体的影响"使然,这样,

---

① 这篇文章1962年又收入了白先生的论文集《学步集》,可见白对于此文的重视。
② 《互校记跋语一》,载《钱穆与中国文化》,上海远东出版社1994年版,第124页。
③ 《钱穆与中国文化》,第126页。

余先生就将原本应当由自己承担的文风不淳的责任,一股脑儿地推到了郭沫若的身上。如此,我们再来看余先生对于《互校记》的表态:

> 可以说,我从来便不喜欢自己这篇少作。①

为自己的老师钱穆编辑纪念文集,这是一件大事,相信余先生是认真对待的。然而,余先生在编钱先生的纪念文集时并没有"割爱"舍弃《互校记》,而是将之收入了文集中,余并且分别在1991年8月和1992年8月两次为《互校记》作"跋语",这说明,余先生虽说"从来便不喜欢自己这篇少作",但这种说法有一点言不由衷。我们至少可以说他对于《互校记》是重视的,起码余先生认为将这篇他"不喜欢"的"少作"收入钱穆的纪念文集中是"合适"的。

据余先生说,此文再发表时他曾经"废除旧题,改用了副题",那"是为了避免刺激性,以归于平实"②。余先生亦自称曾"大体上""把过分轻佻刻薄的语句删除了",但实际情况是,经过修改以后,《互校记》中仍然相当"刺激",保留了大量讽刺、挖苦、调侃性的话语。这一点给人们留下了深刻的印象。例如余文批评郭沫若对于《系年》的"抄袭是一望而知、无由辩解的"③;"《十批判书》作者在其《稷下黄老学派的批判》一文中,竟把钱先生的精密考据轻轻巧巧地夺去了"④。郭沫若"对于慎子是伪书这一点故示立异"⑤;"《十批判书》的作者竟说'列御寇我们要说他是一位辨者,或许有人会诧异',似乎是自己的特别发现一样,真是可笑"⑥。以上余先生批评,涉及的不仅有郭沫若是否"抄袭"钱穆的问题,而且还有郭有没有进行学术批评的权力和资格的问题。很显然,余先生的这些话头,一望而知充满了"偏见"。

当然,《互校记》也有一些"站得住脚"的理由。最重要的一条证据是余先生将《十批判书》和《系年》中关于稷下的考证进行对勘的那一段。《十批判书》:

> 所谓"稷下"是在稷门之下,稷是齐国国都的西门。刘向《别录》云:"齐有稷门,齐之城西门也。外有学堂,即齐宣王所立学宫也。故称为稷下之学。"(《太平御览》卷十八"益都"条下所引)

而《系年》的文字则如下:

> 稷下者,《史记·田齐世家集解》引刘向《别录》云:"齐有稷门,城门也。谈说之士期会于稷下也。"(原双行夹注云:《太平寰宇记》卷十八"益都"下引)《别录》

---

① 《钱穆与中国文化》,第120页。
② 同上书,第121页。
③ 同上书,第96页。
④ 同上。
⑤ 同上书,第99页。
⑥ 同上书,第100页。

云:"齐有稷门,齐之城西门也。外有学堂,即齐宣王立学所也,故称为稷下之学。……"

余文在引用了郭、钱两家的引文后指出:"两相对照,《十批判书》所引刘向《别录》之文出于《太平御览》卷十八'益都'条下;而《系年》双行夹注所引《别录》之文则出于《太平寰宇记》卷十八'益都'条下。两文基本相同,卷数与条目亦同,应出同一史源,但却有《太平御览》与《太平寰宇记》之异。"①

余先生以上的考订比较扎实,同时也点中了问题的要害。因为《十批判书》与《系年》所引用的史源相同,而有"《太平御览》"与"《太平寰宇记》"之不同,那么,二者之中必有一误。看来误在郭沫若。这也就间接"坐实"了郭的确"参考"过《系年》。

现在再来看白寿彝先生。

白先生批评钱穆的用语也同样激烈。例如被余文引用的白先生的那一段话指出:

> 以钱穆对于考据学传统的无知和对考据学知识的浅陋,是不可能在考据工作上作出什么成绩来的。拿他在考据上的代表作品《先秦诸子系年考辨》而论,在数量上虽在七百页上下,但并没有什么可取之处;恰恰相反,只有暴露他在考据工作实践上的荒唐胡来而已。②

实际上,钱穆绝非不懂考据,他的《系年》更不是"荒唐胡来","并没有什么可取之处",而是建立在非常扎实的史料及考订基础上的。这一点,相信任何不带偏见并且认真阅读过《系年》的读者都能够作出同样的判断。但白文虽然用语尖锐,却也并非没有切中肯綮之处。最为重要的是被余英时引用的那一段。白指出:

> 首先,应该指出来的,是钱穆在这书里所表现的剽窃行为,他对于以《竹书纪年》校《史记》,从而找出《史记》在纪年上的错误,是大力自吹自擂的。他在自序里提出了《纪年》胜《史记》的五个明证,这五个明证的内容事实上构成了这部书在各国世系年代推算上的主要骨干。但这五个所谓明证,都是剽窃雷学淇《竹书纪年义证》的。这不只在论点上是剽窃《义证》的,并且在材料上也基本是剽窃《义证》的。钱穆只有在很个别不同意《义证》的细节上提出了《义证》的书名,但对于这五个牵涉很大的问题就绝口不说到《义证》了。他在《义证》以外,还剽窃别的书。友人中曾有以林春溥《战国纪年》和黄式三《周季编略》跟他的书对勘的,也发现了相当多的剽窃的东西。③

---

① 载《钱穆与中国文化》,第129页。
② 同上书,第122页。
③ 同上。

按,白文指出钱穆"剽窃"和《纪年》胜《史记》的五个明证,这五个明证的内容事实上构成了这部书在各国世系年代推算上的主要骨干",这两点都有一定的根据。不知余英时在引用了上面一段话之后,为什么没有就白文这一非常要害的指摘作正面的回应?

首先是关于"剽窃"的问题。我们固然不必像白文那样使用"剽窃"这个词,但《系年》的确存在至少是"暗用"了前人的"材料和论断"而未加注明之处。白文认为《系年》系"剽窃"雷学淇《竹书纪年义证》,实际上白氏不必"舍近求远",因为《竹书纪年义证》的论述冗沓烦琐,考证和结论远没有梁启超的相关论述清新可读。更为重要的是,雷学淇并没有指出《竹书纪年》与《史记》的记载不同对于"通解"先秦诸子的重要意义,这一点,梁启超予以了破解。据笔者陋见,钱穆关于在诸子纪年问题上《竹书纪年》胜于《史记》的结论系受到了胡适尤其是梁启超的启迪。

一、《史记·六国年表》之误与《竹书纪年》

在现代学人中,胡适首先注意到了《史记·六国年表》记载的史实与《竹书纪年》不同。《中国哲学史大纲》中有一条不易引人注意的有关《史记》和《竹书纪年》记载相异的说明:

> 自田成子到齐亡时仅得 12 世(此依《竹书纪年》。若依《史记》,则但有十世耳)。①

据此可知,至少在 1918 年(《中国哲学史大纲》1918 年 8 月以前写定,1919 年 2 月初版②)胡适已经注意到了自田成子至齐国灭亡有十二世和十世两说,《竹书纪年》与《史记》所载不同。胡适并且相信了《竹书纪年》而摈弃了《史记·六国年表》的说法。可惜的是对于《竹书纪年》为什么与《史记·六国年表》记载不同这一具有重大意义的嫌疑胡适没有作进一步的考辨,而是轻易地把它放过了。

梁启超的眼光显然较胡适尖锐。他明确指出了《史记·六国年表》的错误。1926 年 7 月梁启超在《实学》第四期上发表了《先秦学术年表》,指出:

> 纪先秦年代唯一之凭藉资料为《史记·六国表》,尽人所能知也。然《六国表》有极重大之谬误两事:其一,《表》谓梁惠王在位三十六年卒,子襄王立,在位十六年卒,子哀王立。殊不知梁只有襄王,并无哀王,惠王之三十六年,与诸侯会于徐州相王,因改元,又十六年然后卒。《表》所称襄王元年,实惠王后元年。惠

---

① 《中国哲学史大纲》,第 183 页。
② 按,蔡元培 1918 年 8 月 3 日为《中国哲学史大纲》作序,是《大纲》当成书于 8 月以前,而非耿云志为《大纲》作"导读"所说"胡适著《中国哲学史大纲》写定于 1918 年 9 月"。

王在位五十二年,《史记》将后十六年误属襄王;至襄王即位时,事无所隶,乃以形近之故,复伪襄为哀,于是梁之世系,凭空添出一代。其二,田齐自陈恒以后,经十二代而亡,屡见于《庄子》等书,而《史记》所纪,仅有十代,遗却悼子及田侯郯两代。又太公和在位年,亦少却数年。因此威王、宣王两代,误移前二十二年。以上两事,皆赖晋太康间《竹书纪年》出土,得以证《史记》之误。

梁启超特别强调厘清以上史实有着重要的学术意义。因为"梁之惠、襄,齐之威、宣,正当战国中叶全盛时代;两国又为文化渊薮之地,各大思想家之行历,多以两国之时事为尺度,以定其先后。因《史记》有此两点重大之错误,致读史者随处感抵牾,莫衷一是",所以,"今本表悉依《纪年》改正之,一切障碍皆通矣"①。

值得注意的是《系年》之论。以下是《系年·自序》的一段话:

> 《史记》载春秋后事最疏失者,在三家分晋,田氏篡齐之际。其记诸国世系错误最甚者,为田齐、魏、宋三国。《庄子》曰:"田成子弑其君,而十二世有齐国",《鬼谷子》亦云。今《史记》自成子至王建之灭只十代。《纪年》则多悼子及侯剡两世,凡十二代,与《庄子》、《鬼谷子》说合。又齐伐燕,据《孟子》及《国策》为宣王,非湣王。而《史记》于齐系前缺两世,威、宣之年误移而上,遂以伐燕为湣王,与《孟子》、《国策》皆背。昔人谱孟子者,于宣、湣年世,争不能决。若依《纪年》增悼子及侯剡,排比而下,威、宣之年,均当后移,乃与《孟子》、《国策》冥符。此《纪年》胜《史记》,明证一也。《史记》梁惠王三十六年卒,子襄王立,十六年卒,并惠襄王为五十二年。魏、齐会徐州相王,在襄王元年。是惠王在世未称王,《孟子》书何乃预称惠王为王?又《史记》梁予秦河西地,在襄王五年,尽入上郡于秦,在襄王七年,楚败魏襄陵,在襄王十二年,皆惠王身后事。而惠王告孟子,乃云'西丧地于秦七百里,南辱于楚',何能预知而预言之?若依《纪年》,惠王三十六年改元,后元十六年而卒,则魏、齐会徐州相王,正惠王改元称王之年也。然后《孟子》书皆可通。又与《吕览》诸书所载尽合。此《纪年》胜《史记》,明证二也。②

今按,以上是钱氏放在《系年》之"眉眼"——《系年自序》中的一段话。白寿彝认为钱氏"对于以《竹书纪年》校《史记》,从而找出《史记》在纪年上的错误,是大力自吹自擂的"。我们虽然同样不必用"大力自吹自擂"的挖苦性语言,但钱先生将以上考订内容在《系年》的《自序》中加以论述,这肯定是钱先生最为重视或者说最为"得意"的部分,正如钱先生自己所说:"而其精力所注尤在最后一事(笔者按,即指《竹书纪年》

---

① 载《古史辨》第四册,上海古籍出版社1982年版,第76页。
② 《系年自序》,第24页。

与《史记六国表》记载的不同)。"① 然而,以上考订却与梁启超如出一辙。那么,有没有梁启超"参考"钱穆的可能性? 这种可能性不存在。因为梁启超的文章1926年已经公开发表②,而这时钱穆正在"写作"他的《系年》。《系年·自序》言:

> 余草《诸子系年》,始自民国十二年秋。积四五载,得《考辨》百六十篇,垂三十万言。③

据《八十忆双亲·师友杂忆》:

> 余在苏中一意草为《先秦诸子系年》一书。时北平、上海各大报章杂志,皆竞谈先秦诸子。余持论与人异,但独不投稿报章杂志,恐引起争论,忙于答辩,则浪费时间,此稿将无法完成。故此稿常留手边,时时默自改定。④

综合以上两段史料可知,《系年》的大体完稿于1927年,但钱穆任教于苏州中学是1928年,因此,至1928年时《系年》一书尚未杀青。也就是说,在关于齐国的世系记载《竹书纪年》较《史记》多出两代的问题上,梁在前,钱在后,以此,只能是钱穆"暗用"至少是"参考"了梁启超。更为关键的是,梁氏已经明确指出"梁之惠、襄,齐之威、宣,正当战国中叶全盛时代;两国又为文化渊薮之地,各大思想家之行历,多以两国之时事为尺度,以定其先后。因《史记》有此两点重大之错误,致读史者随处感抵牾,莫衷一是。今本表悉依《纪年》改正之,一切障碍皆通矣。"即是说,厘清"梁之惠、襄,齐之威、宣"是打通先秦诸子系年的一道重要的关隘,其意义是"枢纽性"的。而这一点,恰恰是钱穆《系年》考订的关键所在。正如钱穆在《系年自序》中反复强调的那样:

> 知齐梁世系之误,重定齐威、宣,梁惠、襄之先后。而后知孟子初游齐,当齐威王时;游梁,见惠王、襄王,返齐,见宣王。⑤

由此可见,关于《纪年》比《史记》多悼子及侯剡两世,凡十二代的说法,以及关于梁惠王至襄王的订误的确构成了《系年》推算诸子之重要认识论基础,而这两点,前一

---

① 《系年自序》,第22页。
② 梁氏弟子刘盼遂有一段作于1926年6月的关于梁启超《先秦诸子考》的"跋语",颇可见当日诸子学研究之"热",亦可知梁启超《先秦诸子考》之学术本质。刘氏谓:"盼遂谨案,自西学东来,治周秦诸子者,殆如蜂风云涌矣夫。然研治古之难关首在辨真伪,而真者又往往被窜乱附益……吾师任公先生忧之,爰著《先秦诸子考》,得十一篇,曰《先秦诸子年表》……傫支别以观其通,总纲纽以求其异,统括大类,厘定一书,然后诸子之学本原昭然庶燕石不冒于华嚣,渥洼弗服于陇阪,得失真伪,各即其职,无相夺伦,诚治诸子之津逮,勘古籍之斤柯也。"(载《古史辨》第四册,第76页)
③ 《先秦诸子系年》,第21页。
④ 《八十忆双亲·师友杂忆》,第145页。
⑤ 《系年自序》,第45页。

点胡适尤其是梁启超已经有了详尽的考证;后一点,梁启超先已有了充分的说明。据此,白寿彝所说钱穆在"应用"了前人成果后形成的考订内容"事实上构成了这部书在各国世系年代推算上的主要骨干",这个结论还是站得住脚的。

二、关于荀子的考订

《系年》中有关荀子的考订,也同样袭用了梁启超的成果。
先来看一段《系年》中钱穆的相关论述:

>《史记·孟荀列传》谓:"荀卿年五十,始来游学于齐。至襄王时,而最为老师",顾不言其来齐在何时。刘向序《荀卿》书,则曰:"方齐宣王威王之时,聚天下贤士于稷下,尊崇之,是时孙卿有秀才,年五十,始来游学。至齐襄时,孙卿最为老师。"应劭《风俗通穷通篇》则云:"齐威宣之时,孙卿有秀才,年十五,始来游学。至襄王时,孙卿最为老师。"三说相舛,以后为是。何者?曰游学是特来从学于稷下诸先生而不名一师,非五十以后学成为师之事也。曰有秀才此少年英俊之称,然五十以后学成为师之名也。曰始来游学此对以后之最为老师而言,谓卿之始来尚年幼,如从学,而其后最为老师也。且荀卿于湣王末年去齐,至襄王时复来,则始来者又对以后之一再重来而言也。据此则荀卿之齐,其年为十五之年,明矣。①

再看梁启超的《荀卿及荀子》:

>荀卿游齐,盖在湣王末年。旋因进谏不用,遂去齐适楚。及襄王时再游齐,则年辈已尊,三为祭酒也。然自湣王最末一下至秦始皇三十四年,亦已七十一年,若荀卿其时年五十,则亦必百耳食余岁始能见李斯之相,其说仍不可通。年"年五十"之文,《风俗通》作"年十五"似较近真。今本《史记》及刘向《叙录》或传写之伪。②

以钱、梁之文两相互勘,有几个要素值得注意。首先是"材料"即有关荀子的史源问题。梁启超《荀卿及荀子》所引用的史料为《史记·孟荀列传》、刘向序《荀卿》、应劭《风俗通穷通篇》,钱先生《系年》之引用不出梁氏之范围而与之完全相同;其次是"论断"即三个结论。第一,钱先生有"且荀卿于湣王末年去齐,至襄王时复来"的说法,梁氏则谓"荀卿游齐,盖在湣王末年。旋因进谏不用,遂去齐适楚。及襄王时再游齐"。两相比较,性质完全相同,只是用语稍异;第二,钱先生说《史记·孟荀列传》、刘向序《荀卿》书以及应劭《风俗通穷通篇》"三说相舛,以后为

---
① 《先秦诸子系年》,第387页。
② 载《古史辨》第四册,第108页。按,梁氏《荀卿及荀子》发表于1925年12月,早于钱穆《系年》两年。

是",这一点梁也已经明确指出;第三,钱先生关于荀子"少年英俊之称,然五十以后学成为师"的说法,也脱化于梁氏的荀子"年辈已尊,三为祭酒"。然而钱先生在《系年》中一点也没有提及梁氏,但我们是不是据此便可以认为钱"竟把梁先生的精密考据轻轻巧巧地夺去了"呢?

三、钱穆所受胡适之影响

胡适《中国哲学史大纲》(以下简称《大纲》)是第一部用现代学术理念贯穿、诠释先秦诸子的哲学专著。钱穆自己也承认:"尝谓近人自胡适之先生造《诸子不出于王官论》,而考辨诸子学术源流者,其途辙远异于昔。"①顾颉刚也说:自从读了胡适的《诸子不出于王官论》,"仿佛把我的头脑洗刷了一下,使我认到了一条光明之路"②。钱、顾二人的评价虽然系针对《诸子不出于王官论》而发,但考虑到《诸子不出于王官论》与《大纲》渊源互接的学术关联③,钱、顾的评价也完全可以移用到《大纲》上来。钱、顾均提到了胡适在诸子学研究的方法论层面上所提供的"范式革新"的意义。这种观点在相当程度上反映着学术界的共识。蔡元培在为《大纲》作序时即认为,《大纲》之所长,在于有"证明的方法"、"扼要的手段"、"平等的眼光"、"系统的研究"。他希望胡适能够"给我们一种研究本国哲学史的门径",以"把我们三千年来一半断烂、一半庞杂的哲学界,理出一个头绪来"④。蔡的期望值之高,从一个侧面也反映了《大纲》的学术地位。因此,若将《大纲》视为现代哲学史学科得以确立,诸子学研究重开新境的标志,这样说似乎并不是过誉之评⑤。

《系年》受胡适的影响不小。这主要表现在对于诸子学缘起的理念和儒墨之间关系的理解问题上。

《诸子不出于王官论》,这不仅是胡适先于《大纲》以及《大纲》的前身——《先秦名学史》撰写的一篇论文,而且,这篇论文的主要精神,构成了《大纲》学术上的逻辑起点。在诸子学研究的领域内,提出"诸子不出王官论"的,胡适为第一人。钱穆于此颇

---

① 《古史辨》第四册,《钱序》,第1页。
② 见《古史辨》,《顾序》,第17页。
③ 按,胡适早期有关诸子学研究的撰述共三种,即《诸子不出于王官论》、《先秦名学史》和《大纲》。此三种中《诸子不出于王官论》最先动笔,发表于1917年4月的《太平洋》第一卷七号上。论文意在打破当时影响最大的章太炎的诸子出于官学的论断。胡适需要建立起自己的诸子学学术体系,不将太炎之论驳倒便不能成其效。故胡适"诸子不出于王官论"主要系针对太炎而发。循着这一论断,胡适遂建立起了他对诸子学缘起及特质的一些基本观点,这些观点均构成《大纲》的指导性思想。所以,当1919年2月商务印书馆初版胡适的《中国哲学史大纲》时,胡适将这篇论文作为"附录"收入,并在《大纲》中特别提到:"《汉书·艺文志》九流之别是极不通的。说详吾所作《诸子不出于王官论》,《太平洋》第一卷七号。"(《大纲》,第136页)显示了他对这篇论文的重视。1933年初版的《古史辨》第四册,《诸子不出于王官论》又被收入并被安排在首篇。
④ 《大纲》"序",上海古籍出版社1997年版,第2页。
⑤ 参阅《大纲》,耿云志、王法周"导读"。

多吸收。在编著于1926年夏①——即编著于《系年》以前——的《国学概论》中,钱穆引用了胡适"诸子不出王官论"的主要论点后指出:"官学日衰,私学日兴,遂有诸子。后人言诸子学者,皆本刘歆《七略》,有'九流'之目。""今考诸子师授渊源,以及诸家所称引,则其间多有出入,可以相通,固不能拘泥于九流、六家之别。"②并且认为,"某家者流,出于某官之说"不可信。③

钱穆《国学概论》又指出:"所谓诸子学者,虽其议论横出,派别纷歧,未可一概,而要为'平民阶级之觉醒',则其精神与孔子为一脉。"④这一点,在《系年》中进行了反复的阐发,并且成为《系年》关于诸子学缘起的重要理念。然此说与《诸子不出于王官论》之精神意趣亦大体相同。试对比胡适说:

> 诸子之学不但决不能出于王官,果使能与王官并世,亦定不为所容而必为所焚烧坑杀耳。此如欧洲教会尝操中古教育之权,及文艺复兴之后,私家学术隆起,而教会以其不利于己,乃出其全力以抑阻之。如哲人卜鲁诺乃遭焚杀之惨。其时科学哲学之书多遭禁毁,笛卡儿至自毁其已著未刊之"天地论"。使教会当时竟得行其志,则欧洲今世之学术文化尚有兴起之望耶?是故教会之失败,欧洲学术之大幸也;王官之废绝,保氏之失守,先秦学术之大幸也!而世之学者,乃更拘守刘歆之谬说,谓诸子之学皆出于王官,亦大昧于学术隆替之迹已。⑤

儒、墨两家为先秦诸子之渊薮,这是《系年》中的又一重要观点。《系年》指出:

> 先秦学术,惟儒墨两派。……其他诸家,皆从儒墨生。要而言之,法源于儒,而道起于墨。农家为墨道作介,阴阳为儒道通圃。名家乃墨支裔,小说又名之别派。⑥

故《系年》之考墨必附见于孔,考孔则必附见于墨。孔、墨互勘,纲举目张,网织杂糅而成一先秦学术的谱系,此为《系年》之所长。然钱氏这一论断的前提是"墨从儒来"。关于这一点钱穆曾经反复强调。早在《国学概论》中钱氏已指出:"墨子学儒者之业,受孔子之术,则墨源于儒。"⑦到了《系年》,钱穆则进一步发挥为"墨子初亦学儒

---

① 钱穆:《国学概论弁言》,商务印书馆1997年版,第1页。《国学概论》中有关诸子学的论述实为理解《系年》之津筏。这一点,钱穆在《系年·跋》也作了说明。
② 《国学概论》,商务印书馆1997年版,第30、32页。
③ 同上书,第34页。
④ 同上书,第39页。
⑤ 载《古史辨》第四册,第6页。
⑥ 《系年自序》,第46页。
⑦ 《国学概论》,第32页。

者之业,受孔子之术,继以为其礼烦扰,厚葬靡财,久服伤生,乃始背业,自倡新义。"①
"墨子初亦治儒术,继而背弃,则墨固从儒中来,而儒反受其抵排。"②

然而,"墨从儒来"的观点实倡自清儒汪中。汪中为清儒中最先整理墨子者。观其《述学》之《墨子序》,汪中起首便云:

> 《墨子》七十一篇,亡十八篇,今见五十三篇。明陆稳所叙刻,视它本为完。其书多误字,文义昧晦不可读,今以意粗为是正,阙所不知,又采古书之涉于墨子者别为《表微》一卷。③

可见汪中已成《墨子表微》一书。其《墨子序》又云:

> 古之史官,实秉礼经以成国典,其学皆有所受,鲁惠公请郊庙之礼于天子,桓王使史角往,惠公止之,其后来在于鲁,墨子学焉(汪中自注:《吕氏春秋·当染篇》)。其渊源所渐,固可考而知也。

按,汪中这里已明白无误地道出了墨学与儒学的发源地——鲁国的关系。《述学》更进而考出了墨子生活的年代。汪中说:

> 墨子实与楚惠王同时(《耕柱篇》、《鲁问篇》、《贵义篇》)……其年于孔子差后,或犹及见孔子矣。……《非攻》中篇言知伯以好战亡,事在春秋后二十七年。又言蔡亡,则为楚惠王四十二年。墨子并当时及见其事。《非攻》下篇言:"今天下好战之国,齐、晋、楚、越。"又言:"唐叔、吕尚邦齐晋,今与楚越四分天下。"《节葬》下篇言:"诸侯力征,甫有楚越之王,北有齐晋之君。"明在勾践称霸之后(《鲁问篇》越王请裂故吴地方五百里以封墨子,亦一证),秦献公未得志之前,全晋之时,三家未分,齐未为陈氏也。
>
> 楚惠王以哀公七年即位,般固逮事惠王。《公输篇》:"楚人与越人舟战于江。公输子,自鲁南游楚作钩强以备越。"亦吴亡后楚与越为邻国事。惠王在位五十七年,本书既载其以老辞墨子,则墨子亦寿考人欤?④

胡适全面引用了汪中上述论点,并谓"汪中所考都很可靠","我以为孙诒让所考不如汪中考的精确"⑤。在汪中的基础上,胡适明确指出:

---

① 《系年》,第107页。
② 《系年》,第113页。
③ 见《述学》,辽宁教育出版社2000年版,第41页。另,看汪中之《墨子序》、《墨子后序》、《荀卿子通论》,议论风发,思如泉涌,虽重训诂考据,然多谈墨子"义理",绝然不类当时斤斤于考据者。其中已经蕴涵了某些诸子学研究的"现代性"要素。惜乎汪中英才早逝,著述凋零散逸殆尽,其有关墨子之书不传,是故毕沅的《墨子注》成为乾隆时流传下来的唯一一部注墨之作。
④ 《述学·墨子序》,第42页。
⑤ 《中国哲学史大纲》,第104页。

"墨子生时约当孔子50岁60岁之间(孔子生西历纪元前551年)。……墨子的生地和生时,很可注意。他生当鲁国,又当孔门正盛之时,所以他的学说,处处和儒家有关系。""墨子所受的儒家影响,一定不少。"(《吕氏春秋·当染篇》说史角之后在于鲁,墨子学焉。可见墨子在鲁国受过教育)。我想儒家自孔子死后,那一班孔门弟子不能传孔子学说的大端,都去讲究那丧葬小节。请看《礼记·檀弓篇》所记孔门大弟子子游、曾子的种种故事,那一桩不是争一个极小极琐碎的礼节?……再看一部《仪礼》那种繁琐的礼仪,真可令今人骇怪。墨子生在鲁国,眼见这种怪现状,怪不得他要反对儒家,自创一种新学派。……这个儒墨的关系是极重要不可忽略的,因为儒家不信鬼,所以墨子倡"明鬼"论。因为儒家厚葬久丧,所以墨子倡"节葬"论。因为儒家重礼乐,所以墨子倡"非乐"论;因为儒家信天命,所以墨子倡"非命"论。①

以钱穆与胡适所说两相对照,可知胡适已率先指出:一、墨子受到了儒学的熏染;二、墨子因为不满孔门"弟子"的厚葬、烦礼,故另立他宗。胡适并且实事求是地说明了他对于汪中的承袭,表现出胡适对于前贤学术成果的尊重。而胡适明确归纳出来的两点,均为《系年》所采用,只不过胡适将主张厚葬、烦礼的责任归于孔门弟子,而《系年》则认为孔子本身就有此主张。因此,有理由认为,《系年》的某些重要"论断"受到了胡适方法论的启迪。但在《系年》中亦同样未见钱先生关于这一点的任何说明。

〈结语〉

如此看来,郭沫若虽有引用前人学术成果而未加注明的疑点,但钱穆也同样未能免。钱先生注意保护自己的"知识产权",但对于他人知识产权的保护却不免忽略。余英时身为钱穆弟子,未知余先生在拿《十批判书》与《先秦诸子系年》互校时,何不也拿《先秦诸子系年》与梁启超、胡适的相关著述互相校勘一番,以实践先贤"吾爱吾师,吾更爱真理"之旨?

中国的现代诸子学研究,筚路蓝缕者为章太炎、梁启超、胡适三人。其中尤以梁启超、胡适之影响为大。自从胡适《大纲》面世以后,引发了以章太炎、梁启超为代表的"老一代"学人对于"新潮"代表人物胡适及其《大纲》的辩难,由此兴起了现代诸子学的研究热潮,从而奠定了诸子学研究从"传统"向"现代"转型的基础。无论是钱穆的《系年》,还是郭沫若的《十批判书》,均是这一学术热潮下的产物。以诸子学研究成果问世之时序论,胡、梁在前、钱穆随之,郭在后。钱袭用胡、梁;郭"参考"钱穆,这都

---

① 《中国哲学史大纲》,第105—106页。

是顺理成章之事。吃紧的是,对于前人呕心沥血而得到的学术成果,后人在承用的同时应当实事求是地予以说明①——无论是钱穆还是郭沫若均应如此。因为这是学者"学品"之关键所在。

---

① 梁启超在此类问题的处理上就很"规范"。他 1919 年于清华大学作演讲,后在演讲稿的基础上修改而成《墨子学案》,其中引用了胡适的《大纲》。梁氏在"自叙"中,对此实事求是地作了说明。梁谓:"吾昔年曾为子《墨子学说》及《墨子之论理学》二篇,坊间有汇刻之名为墨学微者。今兹所讲与少作全异其内容矣。胡君适之治墨有心得,其《中国哲学史大纲》关于墨学多创见。本书第七章多采用其说。为讲演便利计,不及一一分别征引,谨对胡君表谢意。"(《饮冰室合集·专集第十一册》,第 2 页)

参考书目*

《十三经注疏》,中华书局 1979 年版。
《史记》,中华书局校点本。
《汉书》,中华书局校点本。
《后汉书》,中华书局校点本。
《明史》,中华书局校点本。
《清史稿》,中华书局校点本。
(西汉)贾谊:《贾谊集》,上海人民出版社 1976 年版。
(梁)慧皎等:《高僧传合集》,上海古籍出版社 1991 年影印本。
(唐)刘知幾:《史通通释》,浦起龙释,上海古籍出版社 1978 年版。
(北宋)程颢、程颐:《二程集》,中华书局 1981 年版。
(南宋)朱熹:《朱子语类》,中华书局 1983 年版。
(南宋)朱熹:《朱文公全集》,《四部丛刊》本。
(南宋)陆九渊:《陆九渊集》,中华书局 1980 年版。
(明)杨慎:《升庵经说》,丛书集成本。
(清)王先谦:《荀子集解》,中华书局 1988 年版。
(清)黄宗羲:《明儒学案》,中华书局 1986 年版。
(清)顾炎武:《日知录》,上海古籍出版社 1985 年版。
《中国佛教资料选编》第三卷,中华书局 1989 年版。
(清)阎若璩:《尚书古文疏证》,上海古籍出版社 1987 年版。
(清)阎若璩:《潜邱札记》,皇清经解本。
(清)胡渭:《易图明辨》,巴蜀书社 1991 年版。
(清)陈确:《陈确集》,中华书局 1963 年版。

---

* 限于篇幅,参考论文从略。

（清）陈确：《陈确哲学选集》，科学出版社 1958 年版。
（清）戴震：《戴震全集》，清华大学出版社 1991 年版。
（清）戴震：《戴震集》，上海古籍出版社 1980 年版。
（清）戴名世：《戴名世集》，中华书局 1986 年版。
（清）许宗彦：《鉴止水斋集》，皇清经解本。
（清）许宗彦：《鉴止水文录》，《国朝文录》光绪石印本。
（清）焦循：《雕菰集》，丛书集成本。
（清）凌廷堪：《复礼》，《皇清经解》本。
（清）凌廷堪：《慎独说》，《皇清经解》本。
（清）江藩：《汉学师承记》。
（清）陈澧：《东塾读书记》，《皇清经解续编》本。
（清）章学诚：《章氏遗书》，文物出版社 1985 年版。
（清）廖平：《今古学考》，《廖平学术论著选集》（一），巴蜀书社 1989 年版。
（清）魏源：《魏源集》，中华书局 1975 年版。
（清）龚自珍：《龚自珍全集》，中华书局 1959 年版。
（清）庄存与：《周官记》，《续皇清经解》本。
（清）庄存与：《春秋正辞》，《皇清经解》本。
（清）庄存与：《春秋举例》，载《味经斋遗书》，光绪八年刻本。
（清）刘逢禄：《刘礼部集》，道光庚寅刻本。
（清）刘逢禄：《左氏春秋考证》，《皇清经解》本。
（清）刘逢禄：《论语述何》，《皇清经解》本。
（清）宋翔凤：《过庭录》，《皇清经解续编》本。
（清）宋翔凤：《论语说义》，《皇清经解续编》本。
（清）宋翔凤：《大学古义说》，《皇清经解》本。
（清）皮锡瑞：《经学历史》，中华书局 1959 年版。
（清）皮锡瑞：《经学通论》，中华书局 1954 年版。
（清）钱大昕：《潜研堂集》，上海古籍出版社 1989 年版。
（清）崔述：《崔东壁遗书》，上海古籍出版社 1983 年版。
杨树达：《汉书窥管》，上海古籍出版社 1984 年版。
顾颉刚等：《古史辨》第一册至第七册，上海古籍出版社 1982 年版。
［法］戴廷杰：《戴名世年谱》，中华书局 2004 年版。
施耐德（Schneider, Laurence A.）：《顾颉刚与中国新史学》，梅寅生译，台北华世出版社 1984 年版。
陈寅恪：《金明馆丛稿初编》，上海古籍出版社 1980 年版。

陈寅恪：《金明馆丛稿二编》，上海古籍出版社1980年版。
侯外庐等：《宋明理学史》，人民出版社1984年版。
张立文：《宋明理学研究》，中国人民大学出版社1985年版。
钱穆：《宋明理学概要》，（台湾）学生书局1977年版。
周予同：《周予同经学史论著选集》，上海人民出版社1983年版。
邵东方：《崔述与中国学术史研究》，上海人民出版社1998年版。
邵东方：《论胡适、顾颉刚的崔述研究》，新加坡国立大学中文系汉学研究中心1996年版。
[美]艾尔曼：《经学、政治和宗族》，赵刚译，江苏人民出版社1998年版。
蒋庆：《公羊学引论》，辽宁教育出版社1995年版。
陈其泰：《清代公羊学》，东方出版社1997年版。
李学勤：《李学勤集》，黑龙江教育出版社1989年版。
吕思勉：《读崔东壁遗书》，载《论学集林》，上海教育出版社1987年版。
吕思勉：《吕思勉读书札记》，上海古籍出版社1982年版。
梁启超：《中国近三百年学术史》，东方出版社1996年版。
钱穆：《中国近三百年学术史》，商务印书馆1997年版。
徐旭生：《中国古史的传说时代》，文物出版社1985年版。
王国维：《殷周制度论》，《观堂集林》卷10，中华书局1959年版。
王国维：《古史新证》，清华大学出版社1994年版。
余英时：《从宋明儒学的发展论清代思想史》，《历史与思想》，（台湾）联经出版事业公司1976年版。
杨向奎：《绎史斋学术文集》，上海人民出版社1983年版。
余英时：《中国近代思想史上的胡适》，台北联经出版事业公司1984年版。
许冠三：《新史学九十年》（上、下），香港中文大学出版社1986年版。
王汎森：《古史辨运动的兴起》，台北允晨文化出版公司1987年版。
林庆彰：《清初的群经辨伪学》，（台湾）文津出版社1990年版。
林庆彰：《明代考据学研究》，（台湾）学生书局1986年版。
彭明辉：《疑古思想与现代中国史学的发展》，台湾商务印书馆1991年版。
逯耀东：《胡适与当代史学家》，台北东大图书公司1998年版。

后 记

"作"史学的人对于"真假"之辨总有挥之不去的"情结"。"真"不能全真,"真"中总会有"假";"假"也不会全假,"假"中必然有"真"。"真"、"假"相对因此难辨,是"作"史学的人最感头痛但又最有兴趣,因此又是他们最喜爱做的事。曹雪芹说:"假作真时真亦假"。这话说得好,最堪史学工作者玩味。其中的那个"作"一字二训,所用最妙。"作"是"做作"而"弄假":或指鹿为马,或颠倒黑白,以假"乱"真亦即"作"真;"作"又训"变作"之"作","成真"之"成"即"作"义,即是说:"假"的又的确可以"变成""真"的。"弄假成真"之"弄"与"成"皆可训为"作"。"弄假"即"故意",存心为之,出于主观;"成真"却非主观得以掌控,"势"使之然,出于客观。"真"、"假"于是互位:"真"的"变"了"假"的,"假"的却成了"真"的:明明是先秦传下的"真"典籍,在康有为的嘴中却成了伪造的赝品。这是"真亦假"的一例;但按钱穆的说法,20世纪30年代康氏说曾经大行其道,北方各大学多信以为"真"而奉康说;周予同作于1929年的《康有为与章太炎》即认为康有为"在辛亥革命以前"是"把握着思想界的权威",充当着"少数热情的青年们的导师";①顾颉刚、钱玄同也均不否认康氏对他们"疑古"的影响,是康氏之"假说"真真切切又曾经是时代风行的"真理论"。"假"何以能够"作真"?"存在即合理。"有"以假乱真"的需要才会"弄"假"成"真,以此,真假互位中便蕴涵了丰富的历史讯息,反映了时代的真实。当康有为的"作假"已然凝固为"真历史"时,它无疑已经成了今天研究现代学术史的"真"史料。这又是"假作真"的一例。按照"假作真时真亦假"的逻辑,我们也可以反过来说:"真作假时假亦真。"缘此,"古代史"、"近代史"、"现代史"就都成了"当代史"——而且按照当下时髦的意见,"古代史"、"近代史"、"现代史"若不成为"当代史"它们就不算"真历史",原本的"真历史"反被否定为"假历史"。等等。"真的"?"假的"?何谓"真"?什么是"假"?"真"、"假"之辨于是构成了

---

① 载《周予同经学史论著选集》,上海人民出版社1983年版,第108页。

无数代史家的"人"——"生"内容及其基本的"生活方式"。然而,史家在"作"史学时最明白一件事:处于时间之流中的"历史"与"现实","古代史"与"当代史"虽然割不断,史家却须在一己的"主观上"将其"割断"。若不如此"割断",他们求得的"古代史"就"真"成了"当代史"而且只是"当代史"而不是"古代史"、"近代史"了。史家都知道:现实的真实与历史的真实是两码事。因此他必须超越现实的虚幻之"真"去追求历史的切实之"真",这是他的"学品"即人品命令他,迫使他如此做去,不如此他就不配称为"史家"。按照黑格尔的说法,历史学家是有"职责"的,这职责就是"不外乎把现在和过去发生过的事变和行动收入他的记载之中,并且越是不离开事实就越是真实。"①而"美与真是一回事。这就是说,美本身必须是真的"②。出乎"真",归于"美",那才是"善"——真善美须以"真"为前提才能够在本质上相互统一。"所以科学的活动也还是一种艺术的活动。不但善与美是一体,真与美也并没有隔阂。"③所以"科学"意涵下的"历史",其真谛只当问"历史"不必问"现实",只当问"古代史"、"近代史"不必问"当代史",根本上亦即只当问"真不真"却并不问"用不用",所以"作"历史应当使历史学"脱离它的从属地位,提升到自由独立的地位,达到真理。在这种地位,它就无所以来,只实现它自己所特有的目的。只有靠它的这种自由性,美的艺术,才成为真正的艺术。"④黑格尔说"科学"可以成为"艺术",那么历史学也可以成为艺术,而且应当"成为认识和表现神圣性、人类的最深刻的旨趣以及心灵的最深广的真理的一种方式和手段",从而尽"它的最高职责。"⑤文学将"体悟痛苦,叩问人性,欣赏高雅,洗涤灵魂",⑥归根结底创造一种有"人味"的知识作为它的追求,这也同样应当是历史学的追求。人谓"文学是人学"⑦,历史学归根到底也是"人学"。只是人们对于文学作品和史学作品的内心期许并不相同:文学作品可以而且应当虚构,因此读者的意念里并不视其为真人真事;但史作不一样。凡够资格被冠以"历史"的作品,在读者的潜意识中都一定对其报有"真实"的企待和要求。文学作品因其本质上的"虚构",它虽然反映文学作品作者生活时代的真实,但它不反映"历史的真实";史学的本质是"求真",则史著不仅反映着史学作品的作者生活时代的真实(克罗齐"一切真历史都是当代史"的相对合理性在此),并且在"史德"的制约下史著还必须承担还原"历史真

---

① 黑格尔:《历史哲学》,王造时译,三联书店出版社1958年版,第46页。
② 黑格尔:《美学》第一卷,第142页。
③ 朱光潜:《谈美》,第174页。
④ 黑格尔:《美学》第一卷,商务印书馆1979年版,第10页。
⑤ 同上。
⑥ 彭瑞高:《文学阅读的"科普"》,《文汇报》2012年8月7日第十版"笔会"。
⑦ 早在1917年前后,周作人已发表了《人的文学》,见《周作人散文》"编者前言",第3页,中国广播电视出版社1992年版。

实"的首要责任。史学作品具有"历史"和"现实"的"双重真实"而文学作品只具"现实"的"单一真实",这是文学不可比拟史学之处。因为史作是"还原"曾经的"真人真事",因此史作对人心的震撼力当然要超过文学作品。据此,每一位"作"史学的都应洞晓:他们是在"作"史学而不是在"写"小说;是在"作""古代史"、"近代史"而不是在"作""当代史"。任何史学作品客观上总也摆脱不了现实的种种影响、逼迫和制约,这个道理史家不是不清楚。但为求真而进至于使之与"善"、"美"统一,那就首先要诚实无欺地求"心安",——"心安"才能"理得"。得"理"之"心"实即史家精神。章学诚说:"盖欲为良史者,当慎辨于天人之际,尽其天而不益以人也。尽其天而不益以人,虽未能至,苟允知之,亦足以称著述者之心术矣。"①"天"之欲"尽",用今天的话来说,就是史家对历史之"天"(历史之"绝对真相",包括历史现象之真与本质之真的总和)的尽力追求。"不益以人"是不篡改,不歪曲史实,不让史实屈从于个人的意志。"虽未能至",是谓史家对历史之"天"追求之永无穷尽,亦即客观上永远达不到历史之"天"。但"夸父追日",虽未能至,心向往之。只要主观上去"尽",建立了求真的信念并努力去实践,也就称得上一个有史德的史学家了。因此,史家主观上求不求真是一回事,客观上求得到求不到历史之真又是一回事。我们总应当将史家主观上求不求真这一点大大凸显出来,将史家的主观求真与其所求客观上不可能尽纯尽真区别开来。历史总体认识的不可穷尽性,并不妨碍史家主观上对历史之真的追求,更不能成为史家不求真甚至"弄假成真"、"以假乱真",随心所欲地歪曲和篡改史实的理由。历史总体认识的不可穷尽性和人类繁衍的世代不绝性同属"无限",处于同一个"终点"。"无限大"="无限大"。在"无限"面前,任何在"求真"过程中出现的偏差都是有限的,而有限相对于无限是可以忽略不计却又可以而且应当不断校正的。

之所以敢不避"啰嗦"的嫌疑,将以上一段"空话"徒作野芹之献,固然有激起史界同仁思考当今的历史学何以浮嚣四起之原因的野心,它却也是我近30年治学的一点点心得,在对旧作增订时刻刻提醒自己辩证地看待"真"、"假"的圭臬。

人们常说:"十年磨一剑。"我这部书稿却已经历了近30年的磨砺。回想起了1987年修读完硕士研究生的往事。当时硕士论文《崔述与他的考信录》刚完成,苦读的劳累与满足感就引诱我暗下了私愿,准备将毕生奉献给神圣的历史学事业,首先奉献给对中国传统学术思想的研究和整理,而又欲以"中国近三百年疑古思潮研究"为入手。那时,陈寅恪先生的《金明馆丛稿二编》刚买到手,读到《冯友兰中国哲学史下册审查报告》一文中这段话:

---

① 章学诚:《文史通义·史德》。

佛教经典言:"佛为一大事因缘出现于世。"中国自秦以后,迄于今日,其思想之演变历程,至繁至久。要之,只为一大事因缘,即新儒学之产生,及其传衍而已。①

对于陈先生的高论,因当时学养谫陋,于理学所知甚少,所以读后懵懵懂懂并没有很深的体悟,只是隐约觉到理学的兴衰或许是中国学术思想史千姿万态波澜起伏百折不回的一大枢机所在。沉潜"疑古思潮研究"数年,特别是在追踵业师王家范先生以后,先生不弃我愚钝,教我读书,教我做人,耳提面命之,循循善诱之,悉心指导之,使我对宋明理学略知了皮毛,使我对中国近三百年学术史的发展有了一二体会,尤其使我对治学精神与一己生命之相关度有了比较亲切的体悟,方觉陈先生先贤觉后学之苦心孤诣所在。再回头反复咀嚼陈先生《清华大学王观堂先生纪念碑铭》中的那段名言:

> 士之读书治学,盖将以脱心志于俗谛之桎梏,真理因得以发扬。思想而不自由,毋宁死耳。……先生之著述,或有时而不彰。先生之学说,或有时而可商。惟此独立之精神,自由之思想,历千万祀,与天壤而同久,共三光而永光。

近30年前读陈先生话时怦然心动竟至于热泪盈眶的那一刻,至今回想起来仍然是那般鲜活而亲切。它带给我的震撼、警策与教训,真真黄钟大吕振聋发聩!如醍醐灌顶令我顿然醒悟。陈先生给了我治学目的论的精神指示,给了我凿破混沌的最初棒喝。

后再再细读了钱穆先生《中国近三百年学术史》,其"引论"有言:

> 治近代学术者当何自始?曰:必始于宋。何以当始于宋?曰:近世揭橥汉学之名以与宋学敌,不知宋学,则无以平汉宋之是非。且言汉学渊源者,必溯诸晚明诸遗老。然其时如夏峰、梨洲、二曲、船山、桴亭、亭林、蒿庵、习斋,一世魁儒耆硕,靡不寝馈于宋学。继此而降,如恕谷、望溪、穆堂、谢山乃至慎修诸人,皆与宋学有甚深契诣,而于时已及乾隆,汉学之名,始稍稍起。而汉学诸家之高下浅深,亦往往视其所得于宋学之高下浅深以为判。道咸以下,则汉宋兼采之说渐盛,抑且多尊宋贬汉,对乾嘉为平反者。故不识宋学,即无以识近代也。

> 然则治宋学当何自始?曰:必始于唐,而昌黎韩氏为之率。何以治宋学必始于唐,而以昌黎韩氏为之率耶?曰:寻水者必穷其源,则水之所自来者无遁

---

① 《金明馆丛稿二编》,第250页。

隐。韩氏论学虽疏,然其排释老而返之儒,昌言师道,确立道统,则皆宋儒之所滥觞也。

钱穆先生的巨著,其内在理路之清晰,其论析诸家诸派治学之曲折婉转而又一线相悬一以贯之,使我懂得了学术史原来是可以而且应当这样"作"的。钱穆先生给了我治学方法论思考路径的明确指引。

这部书稿精神意趣与著述架构之确立,陈、钱二先生对我的影响最大。

忆及了1999年的博士论文答辩。当时请了汤志钧先生担任答辩委员会的主席;吴浩坤、葛剑雄、谢维扬、杨国强、陈卫平、严耀中诸先生则担任答辩委员会委员。汤先生时已年届耄耋,却扶掖后学,不辞辛劳赶来参加我的论文答辩,令我感佩! 就在答辩会上汤先生指出:我的论文缺姚际恒一节是一大不足。并且告知我:台湾学界在以林庆彰先生为首的学术团队的努力下已集结了姚际恒遗著。但当时大陆与台湾间的学术交流很困难,就我的能力而言也无法搜集到台湾学界整理的姚际恒著述。因此只能抱憾阙遗。直到去年6—7月间我赴台湾"中研院"访学拜谒了林庆彰先生,林先生当即送我由他主编的《姚际恒著作集》六大册及《姚际恒研究论集》上、中、下三大本。此次增订原当补入姚际恒一节。然《姚际恒著述集》六大册达数百万言,未遑细读何敢贸然下笔? 故此次增订仍然只能阙遗,惶愧何如! 亦只能够有待他日再作补入了。

在博士论文答辩会上,以汤先生为首的诸位先生当时即对论文即拙著之前身提出了多方面的批评指正,受益匪浅,在此谨表谢忱! 当然,书稿撰写过程中,业师王家范教授费心费力多所郢政,感铭之念永志不忘。

林庆彰先生在经学史、疑古思潮研究领域造诣精深,他的相关大作特别是其中的《明代考据学研究》、《清初的群经辨伪学》,我读博士时已细细拜读过。看那论证的细密和材料的丰富,原以为必出自一位耄耋学人或"饱学宿儒"的手笔。去年赴台"中研院"访学,便满怀了拜谒的希望,到台湾后主动发了函。未曾想不久就接到约见的音讯,一见面才知道林先生刚60岁出头。林先生中等身材,架一副眼镜,穿着极普通,操一口浓重的"台湾国语",语调低沉,语速缓慢。初次见面谈话约1小时,很投缘。后便与林先生熟惯,常常天南地北地聊天,聊经学亦多,如今古文经之争,经学在当下的处境,经学史上的"回归元典"现象,魏晋时期的"古学"等,长我学识,开我眼界。台湾访学期间印象最深的是与林先生交往的点点滴滴。此次拙著出版,冒昧向林先生祈赐"序言",林先生欣然允诺,亦在此深表谢忱!

最后还想花费些许笔墨,劳烦一下读者的脑筋,说几句"题外话"。

读者忍着艰辛读完这部冗长的书稿后或许会起以下疑问:13年间作者如何只

产出区区 5 篇与"疑古思潮"相关的小文?是"尸位素餐"还是有其他原因?书稿中何以又掺杂了某些"历史美学"的内容?这三点疑问涉及的其实是同一个问题。若不对此作出交代终于心难安。

  13 年间,命运曾一度将我逼到生命的危崖边,在"精神独白"的孤独与绝望中挣扎度日。从那一度起,美学走进了我的生命,成为精神伴侣和灵魂药剂。经历过一番刻骨铭心的精神洗礼后,跃至眼前的是"人"—"生"的价值和意义这一命题。出于职业的本能便将治学的目光渐次移向对"历史"和"历史学"的再审视,思考"历史"和"历史学"的终极意义所在。无论这思考的结果是"对"还是"错",但它都"真",因为这些不同于前往的新领悟是彻入骨髓、透于良知的。那时便产生了将"美学"引入"历史学"的初愿。13 年来,将相当的精力用在了"历史美学"相关问题的考量上,是现在只能拿出 5 篇与"疑古思潮研究"相关论文"增入"《史纲》的原因。试看标榜"科学"的历史学在陷入"科学主义"泥潭后已经走过而且至今似仍在走着的歧路,其见"规律"而不见"人"的痼疾与将"人"、"仁"置于首位的源远流长的中国传统史学相较,二者之间的意趣"真""假"、文野高下实不可以道里计!我真心追求一种浸润生命意义的"人"的历史学,使历史学最终能够"指向高贵的意向",引起"对我们人格中的人类尊严的敬重"①,并且顽固地认为这也应当而且必然是所有"作"史学人的共同目标。是故敢在对旧作增订时作某种"尝试",将尚不成熟的"历史美学"拿来剖析学人、论述"历史"和"史著"。

  书稿即将杀青,"家庭"的港湾自然是书稿得以初成并能够顺利"增订"的保证,所以现在我郑重地将它献给我的"家",献给我相濡以沫的妻子。

  新生后记。

2014 年元月

---

① 康德:《判断力批判》,邓晓芒译,人民出版社 2002 年版,第 113 页。

图书在版编目(CIP)数据

中国近三百年疑古思潮史纲/路新生著.—上海:复旦大学出版社,2014.3
ISBN 978-7-309-10117-1

Ⅰ.中… Ⅱ.路… Ⅲ.思想史-研究-中国 Ⅳ.B2

中国版本图书馆 CIP 数据核字(2013)第 235718 号

中国近三百年疑古思潮史纲
路新生 著
责任编辑/关春巧

复旦大学出版社有限公司出版发行
上海市国权路 579 号 邮编:200433
网址:fupnet@fudanpress.com http://www.fudanpress.com
门市零售:86-21-65642857 团体订购:86-21-65118853
外埠邮购:86-21-65109143
常熟市华顺印刷有限公司

开本 787×960 1/16 印张 31.75 字数 590 千
2014 年 3 月第 1 版第 1 次印刷

ISBN 978-7-309-10117-1/B·487
定价:68.00 元

如有印装质量问题,请向复旦大学出版社有限公司发行部调换。
版权所有 侵权必究